ARBEITEN AUS DEM INSTITUT FÜR AFRIKA-KUNDE

40

Udo Bude

Gemeindeorientierte Primarschulen als Faktor ländlicher Entwicklung in Schwarzafrika

Möglichkeiten und Grenzen eines Reformkonzepts

INSTITUT FÜR AFRIKA-KUNDE
im Verbund der Stiftung Deutsches Übersee-Institut

Bude, Udo:
Gemeindeorientierte Primarschulen als Faktor ländlicher Entwicklung in Schwarzafrika. Möglichkeiten und Grenzen eines Reformkonzepts/Udo Bude. - Hamburg: Institut für Afrika-Kunde, 1984.
(Arbeiten aus dem Institut für Afrika-Kunde; 40)
ISBN 3-923519-55-9

Alle Rechte vorbehalten

Institut für Afrika-Kunde

im Verbund Stiftung Deutsches Übersee-Institut,

Neuer Jungfernstieg 21, 2000 Hamburg 36

VERBUND STIFTUNG DEUTSCHES ÜBERSEE-INSTITUT

Das Institut für Afrika-Kunde bildet mit anderen, überwiegend regional ausgerichteten Forschungsinstituten den Verbund der Stiftung Deutsches Übersee-Institut.
Dem Institut für Afrika-Kunde ist die Aufgabe gestellt, die gegenwartsbezogene Afrikaforschung zu fördern. Es ist dabei bemüht, in seinen Publikationen verschiedene Meinungen zu Worte kommen zu lassen, die jedoch grundsätzlich die Auffassung des jeweiligen Autors und nicht des Instituts für Afrika-Kunde darstellen.

Hamburg 1984
ISBN 3-923519-55-9

INHALTSÜBERSICHT

Verzeichnis der Tabellen..................................V
Verzeichnis der Abbildungen..............................VI
Verzeichnis der Übersichten.............................VII

I. EINLEITUNG..1

1. Problemhintergrund....................................1
2. Vorgehensweise..8

II. BEGRIFFSDEFINITIONEN..............................12

1. Gemeinde...12
2. Primarschulen..13
3. Ländliche Entwicklung................................14
4. Gemeindeorientierte Primarschule.....................17

III. HISTORISCHE URSPRÜNGE UND ANSÄTZE DES KONZEPTS EINER GEMEINDEORIENTIERTEN ERZIEHUNG FÜR SCHWARZAFRIKA......19

1. Die Funktion der Erziehung in Schwarzafrika:
   Ein Überblick in Zitaten.............................20
2. 'Industrie'-Schulen für die Kolonien:
   Arbeitserziehung als Disziplinierungsmittel..........22
3. Die Phase der Anpassung der Erziehung auf die besonderen
   Bedingungen Afrikas im Rahmen kolonialer Erziehungspolitik.....30

   3.1. Amerikanische 'Negererziehung': Collegeausbildung
        von Hampton-Tuskegee als Modell für Schwarzafrika.........30
   3.2. Adaptation der Erziehung zur Absicherung kolonialer
        Herrschaft: Lugards Erziehungspolitik in Nigeria..........35
   3.3. Der Entwurf einer empirisch begründeten Erziehungs-
        politik für Schwarzafrika: Gemeindeorientierte Primar-
        schulen als Kernstück einer adaptierten Erziehung -
        Die Berichte der Phelps-Stokes-Kommissionen zur
        Situation des Erziehungswesens in Schwarzafrika...........38
   3.4. Versuche, das Adaptationskonzept in die Praxis
        umzusetzen..46
   3.5. Kritik der 'angepaßten' Erziehung und Ablehnung
        durch die Betroffenen.....................................56

4. Schulen als Korrektiv sozio-ökonomischer Benachteiligungen und gesellschaftlicher Probleme: Anglo-amerikanische Reformansätze und ihre Auswirkungen auf Afrika..61

5. Rückbesinnung auf die Vergangenheit: Die Einbeziehung der traditionellen afrikanischen Erziehung in das Konzept der Gemeindeorientierung der Primarschule.......68

6. Zusammenfassung der historischen Entwicklung des Reformkonzepts der gemeindeorientierten Primarschule für Schwarzafrika..80

IV. ZUSAMMENARBEIT ZWISCHEN PRIMARSCHULE UND GEMEINDE ALS ANSATZ EINER VERBESSERUNG DER LEBENSBEDINGUNGEN DER LÄNDLICHEN BEVÖLKERUNG..82

1. Primarschule und ländliche Entwicklung........................83

   1.1. Der Beitrag der Primarschulausbildung zur Produktionssteigerung..................................84
   1.2. Der Beitrag der Primarschulausbildung zur sozio-politischen Entwicklung........................90
   1.3. Der Beitrag der Primarschule zur ländlichen Entwicklung in den anglophonen Provinzen Kameruns.........94
   1.3.1. Zur Situation der Primarschulen und Gemeinden......94
   1.3.2. Verbreitung und Rolle der Primarschule im Kontext kolonialer Erschließung und Konsequenzen für die Gemeinden........................101
   1.3.3. Auswirkungen der Kolonisierung und gegenwärtiger Entwicklungsstand der Gemeinden: Gemeindetypologie aufgrund infrastruktureller Erschlossenheit....................................110
   1.3.3.1. Methodisches Vorgehen....................110
   1.3.3.2. Einteilung und Merkmale der Gemeinden nach unterschiedlichen Entwicklungszonen.112
   1.3.4. Verstärkung ungleichgewichtiger regionaler Entwicklung dargestellt am Beispiel der Selektion zur Sekundarschule......................117

2. Theoretische Grundlagen der Beziehungen zwischen Primarschule und Gemeinde im Rahmen des gemeindeorientierten Reformkonzepts...121

   2.1. Allgemeine Charakteristika des gemeindeorientierten Primarschulkonzepts..................................122
   2.2. Curriculare Aspekte gemeindeorientierter Primarschulen in Schwarzafrika.................................130
   2.3. Ansätze zu einem Interaktionsmodell der Beziehungen zwischen Schule und Gemeinde in Schwarzafrika............136
   2.4. Formen der Gemeindeorientierung der Primarschule.........140
   2.4.1. Politisch-administrative Zuordnung................141
   2.4.2. Soziologische Zuordnung...........................142

3. Die Umsetzung des Konzepts der Gemeindeorientierung
   in die Praxis:
   Evaluierung der Zusammenarbeit von Schule und Gemeinde
   in den anglophonen Provinzen Kameruns.........................147
   3.1. Partizipation der Gemeinde in Fragen der Schulver-
        waltung und des Unterhalts schulischer Einrichtungen.....148
   3.2. Partizipation der Gemeinde in Curriculumfragen...........159
   3.3. Die erweiterte Rollendefinition der Primarschule:
        Verbesserung der lokalen Lebensbedingungen mit Hilfe
        der Schule..165
        3.3.1. Selbsthilfeprojekte und Grundbedürfnisse der
               Gemeinden der anglophonen Provinzen Kameruns......166
        3.3.2. Typologie gemeindeorientierter Curricula..........178
        3.3.3. 'Entwicklungsprojekte' der Primarschulen
               in den Gemeinden..................................182
        3.3.4. Dienstleistungen der Schule an die Gemeinde
               gegen Entgeld.....................................186
        3.3.5. Die Nutzung schulischer Einrichtungen durch
               die Gemeinden.....................................189
        3.3.6. Auswirkungen der Schulfarmen auf die Gemeinde.....192
        3.3.7. Schule und lokale Kultur..........................204
        3.3.8. Sensibilisierung für lokale Probleme und
               regionale Entwicklungen durch relevante
               Unterrichtsmaterialien: Der Einsatz von
               Gemeindegeschichten in den oberen Klassen
               der Primarschule..................................212
   3.4. Die veränderte Rolle des Lehrers.........................220
        3.4.1. Die Schlüsselrolle des Lehrers bei Reformen.......220
        3.4.2. Animationsmodelle und daraus abgeleitete
               Zusatzaufgaben für den Lehrer.....................222
        3.4.3. Analyse der dem Lehrer/Animateur-Konzept
               zugrunde liegenden Annahmen und ihre Über-
               tragbarkeit auf die Verhältnisse in Kamerun.......223
        3.4.4. Soziale Charakteristika und berufliche
               Qualifikation der Lehrer..........................225
        3.4.5. Einsatz der Lehrer und ihre Mitgliedschaft
               in lokalen Organisationen.........................228
        3.4.6. Individuele Hilfeleistungen der Lehrer
               für Gemeindemitglieder............................232
        3.4.7. Schulprobleme und Reformbereitschaft..............338

V. SCHLUBBEMERKUNG: MÖGLICHKEITEN UND GRENZEN DES KONZEPTS
   DER GEMEINDEORIENTIERTEN PRIMARSCHULE IN SCHWARZAFRIKA........246

APPENDIX

1: Faktoranalyse im Rahmen der Einteilung der Gemeinden
der anglophonen Provinzen Kameruns nach Zonen unterschiedlicher infrastruktureller Erschlossenheit..............255

2: Armutsorientierte Selbsthilfeprojekte und ungleichgewichtige regionale Entwicklung:
Das Beispiel der Projekte der Trinkwasserversorgung
in der Südwest- und Nordwestprovinz Kameruns.................259

3: Koffa - The Story of a Community............................265

ANMERKUNGEN

zu Kapitel   I..273

zu Kapitel   II...279

zu Kapitel   III..282

zu Kapitel   IV...302

zu Kapitel   V..333

LITERATURVERZEICHNIS (allgemein)..................................334

LITERATURVERZEICHNIS (Kamerun)....................................357

Kurzbiographie..365

VERZEICHNIS DER TABELLEN

Tabelle 1: Schulsituation zur Zeit der Deutschen Kolonialherrschaft in dem Gebiet der heutigen anglophonen Provinzen Kameruns (Stichtag: 1. Juni 1911)..........103

Tabelle 2: Eröffnung staatlich unterstützter Primarschulen vor 1930 und bis 1940 verglichen mit den heutigen 'Entwicklungszonen' der anglophonen Provinzen Kameruns..........106

Tabelle 3: Stichprobengemeinden nach Provinz und 'Entwicklungszone'..........114

Tabelle 4: Ergebnisse der Aufnahmeprüfungen für die Sekundarschule und tatsächlicher Schulbesuch weiterführender Schulen von Schülerinnen und Schülern der Abschlußklasse der Primarschule bezogen auf Schulgröße und 'Entwicklungszone' für 1974/75 in den anglophonen Provinzen Kameruns..........119

Tabelle 5: Diskussionsthemen der Zusammenkünfte der Eltern - Lehrer - Vereinigungen..........152

Tabelle 6: Dringend erforderliche Verbesserungen an Schulgebäuden und Klassenräumen nach Schultyp und Provinz..........154

Tabelle 7: Aufwendungen der Gemeinden für Reparaturen und Unterhalt von Primarschulen..........156

Tabelle 8: Gründe für die unzureichende Unterstützung der Schulen durch die Gemeinden aus der Sicht der Lehrerschaft nach Schulart..........157

Tabelle 9: Einsatz von lokalen Handwerkern im Schulunterricht..162

Tabelle 10: Selbsthilfeprojekte in Gemeinden der Nordwest- und Südwestprovinz Kameruns..........169

Tabelle 11: Vorschläge zur Verbesserung der Lebensbedingungen in den Gemeinden..........172

Tabelle 12: Durchschnittliche Zahl der Verbesserungsvorschläge pro Gemeinde nach 'Entwicklungszonen' und Bedürfnisbereichen..........173

Tabelle 13: Kostenlose Leistungen der Primarschule für die Gemeinde..........183

Tabelle 14: Zusammensetzung und Anzahl der Auftragsarbeiten pro Schule nach Schulgröße und Gemeindetyp..........188

Tabelle 15: Nutzung schulischer Einrichtungen außerhalb der
Unterrichtszeit für Gemeindezwecke und Lehrervorschläge für künftige Nutzungen....................191

Tabelle 16: Gesamteinnahmen der Primarschulen nach Schulgröße
und Anteil der Einnahmen aus landwirtschaftlichen
Aktivitäten (Dienstleistungen / Verkauf von Prod-
dukten)..195

Tabelle 17: Vermarktungsgremien für Schulfarmprodukte nach
Schultyp und Provinz...............................196

Tabelle 18: Elemente lokaler Kultur und ihre Einbeziehung in
den Unterricht der Primarschulen...................208

Tabelle 19: Mitgliedschaft der Primarschullehrer in lokalen
Organisationen der Schulgemeinde...................230

Tabelle 20: Gründe für Hausbesuche durch Lehrer aus der Sicht
der Lehrer und Eltern..............................233

Tabelle 21: Außerschulische Ansprüche an Lehrer durch Gemeindemitglieder.......................................235

Tabelle 22: Schulprobleme aus der Sicht der Lehrerschaft.......239

V E R Z E I C H N I S   D E R   A B B I L D U N G E N

Abbildung 1: Beziehungen zwischen Schuldauer und anderen
Faktoren bei Landwirten in Uganda (1970)...........85

Abbildung 2: Auswirkungen des Schulbesuchs auf die landwirtschaftliche Produktivität: Untersuchungsergebnisse aufgeteilt nach 'modernen' und 'nicht-
modernen' Stichproben..............................87

Abbildung 3: Bodenrechtsarten nach 'Entwicklungszonen' in
den anglophonen Provinzen Kameruns................100

Abbildung 4: Schwerpunkte wirtschaftlicher Tätigkeiten in der
Südwestprovinz der Vereinigten Republik Kamerun...105

Abbildung 5: Verteilung der Primarschulen zwischen 1930 und
1940 bezogen auf die heutigen 'Entwicklungszonen' der anglophonen Provinzen Kameruns.........108

Abbildung 6: Einteilung der anglophonen Provinzen Kameruns
nach 'Entwicklungszonen'..........................116

Abbildung 7: Grundbedürfnisse und infrastrukturelle Erschlossenheit (Entwicklungszone) der Gemeinden in den
anglophonen Provinzen Kameruns....................176

VERZEICHNIS DER ÜBERSICHTEN

Übersicht 1: Gemeindeorientierte Primarschule nach den Vorstellungen der Phelps-Stokes-Kommissionen.......44

Übersicht 2: Fortbildungskurse für 'Visiting Teachers' in Nordnigeria (1936 - 1938).......53

Übersicht 3: Projektansätze zur 'adaptierten Erziehung' in Schwarzafrika (1925 - 1940).......55

Übersicht 4: Situationsanalyse zur Übertragbarkeit des Konzepts der Gemeindeschule auf die Verhältnisse schwarzafrikanischer Länder.......67

Übersicht 5: Curriculare Struktur traditioneller Erziehung in Schwarzafrika.......74

Übersicht 6: Vergleich zwischen traditioneller schwarzafrikanischer Erziehung und westlicher Primarschulerziehung.......77

Übersicht 7: Modellvorstellungen zum Konzept der gemeindeorientierten Primarschule bei verschiedenen Autoren.......124-126

Übersicht 8: Wandel der Funktion der Primarschule in Schwarzafrika: Vom Konzept individueller Mobilität zur Gemeindeentwicklung.......129

Übersicht 9: Ansätze zu entwicklungsbezogenen Curricula für die Primarschulen Schwarzafrikas.......133

Übersicht 10: Grund- und Zusatzbeziehungen zwischen Primarschule und lokaler Gemeinde.......139

Übersicht 11: Zuordnung von Primarschulen zu Gemeinden nach Schulträgern, Schultyp und Einzugsgebiet.......146

Übersicht 12: Versuch einer Typologie gemeindeorientierter Primarschulcurricula.......180

Übersicht 13: Gliederung der Gemeindegeschichten nach infrastruktureller Erschlossenheit (Entwicklungszone) und verwaltungspolitischer Zugehörigkeit (Provinz).......214

Übersicht 14: Methodische Anwendung der Gemeindegeschichten im Unterricht.......216

Übersicht 15: Einsatz der Gemeindegeschichten im Primarschulcurriculum.......218

Übersicht 16: Analyse der Situation in den Primarschulen nach regionaler Zugehörigkeit und Schultyp.......241

für

Hildegard, Daniel Tabi,

Inga Christiane und George Tabi

I. EINLEITUNG

1. Problemhintergrund

Mit dem Eintritt in die dritte Entwicklungsdekade wird immer deutlicher, daß sich die Probleme und Spannungen in den Ländern der Armen Welt - oft auch die 'Dritte Welt' genannt - weiter verschärfen. Trotz der großangelegten Analysen und internationalen Empfehlungen zur Lösung der untragbaren Situation in diesen Ländern zu Beginn der 70er Jahre hat sich in den betroffenen Ländern für die Mehrheit der Bevölkerung wenig geändert, haben Armut und Ungerechtigkeit zugenommen 1).

Dies trifft in besonderem Maße für die Erziehungssysteme der Länder der Armen Welt zu. In den 50er und 60er Jahren noch wurde der Erziehung die Schlüsselrolle im Prozeß einer unabhängigen politischen, sozialen und wirtschaftlichen Entwicklung der gerade selbstständig gewordenen Staaten der Dritten Welt zuerkannt 2). Politiker und Bildungsfachleute hofften, durch eine allen Bevölkerungsschichten gleichermaßen zugängliche Bildung, die Grundlagen für eine Verbesserung der Lebensbedingungen und den Ausgleich für die aus kolonialer Zeit entwachsenen regionalen und gesellschaftlichen Ungleichheiten zu legen. Folglich wurde das von den Kolonialmächten übernommene Erziehungssystem zunächst quantitativ erweitert, um die Voraussetzungen für die als notwendig erachtete Massenbildung zu schaffen und um gleichzeitig einheimische Fach- und Führungskräfte heranzubilden, die die noch vorhandenen ausländischen Spezialisten in Wirtschaft und Verwaltung ablösen konnten. "The more optimistic expected that education would, of itself stimulate the creation of jobs and thus generate economic development" 3).

Für Überlegungen, ob das in Schulen gelehrte 'relevant' für die jungen Staaten sei, blieb meist wenig Zeit. Die Bevölkerung verlangte nach mehr Schulen aller Art und verlieh diesen Forderungen durch Stimmabgaben für diejenigen Politiker Druck, die quantitative Erweiterungen der Bildungseinrichtungen versprachen; denn ein Mehr an formaler Bildung, eine Verbesserung der Qualität des menschlichen Produktionsfaktors, war nicht nur eine Maxime politischen Handelns, von der sich der einzelne Bewohner der jungen Staaten eine Verbesserung seiner Lebensbedingungen erhoffte, sondern es galt auch nach Aussagen der Bildungsökonomen der 50er und 60er Jahre als eine vernünftige Investition für die Zukunft 4).

Auf der Konferenz der Erziehungsminister der afrikanischen Staaten 1961 in Addis Abeba, Äthiopien, verpflichtete man sich, bis 1980 für alle Kinder zwischen sechs und 14 Jahren den Zugang zur Schule zu ermöglichen 5). Trotz großer nationaler Anstrengungen und Hilfen ausländischer Geber zur Erweiterung der Kapazitäten im formalen Bildungsbereich zeigte sich gegen Ende der 70er Jahre die Unmöglichkeit, die erhofften Ziele zu erreichen:
"... in more than half of the 46 countries in tropical Africa it is now perfectly obvious that universal primary education will not be achieved even by the year 2000" 6).

Wenn auch die Verwirklichung der allgemeinen Primarschulbildung auf Schwierigkeiten stieß, so erwies sich die quantitative Erweiterung der

Bildungseinrichtungen noch als relativ problemlos verglichen mit der Beschaffung ausreichender Beschäftigungsmöglichkeiten im modernen Wirtschaftssektor und in der Verwaltung, um die wachsenden Zahlen ausgebildeter Jugendlicher aufzunehmen 7). Anstelle des erhofften raschen wirtschaftlichen Wachstums und der Verdienstmöglichkeiten durch die hohen Bildungsinvestitionen sahen sich die Politiker und Fachleute in Schwarzafrika plötzlich immer mehr ausgebildeten Arbeitslosen, einer zunehmenden Abwanderung von den ländlichen Gebieten in die Städte und leeren Staatskassen gegenüber 8).

Aber auch in den afrikanischen Ländern, in denen es gelungen war, die große Mehrheit der Kinder im schulpflichtigen Alter in Primarschulen unterzubringen, konnte man mit den Ergebnissen der sechs- oder achtjährigen schulischen Bemühungen nicht zufrieden sein: Da der Unterricht in der Regel in einer für die Kinder fremden Sprache stattfindet, beherrschen sie auch nach Abschluß der Schulzeit nur unvollkommen Schreib- und Lesetechniken und zeigen Schwierigkeiten in den Grundfertigkeiten im Rechnen. Das in der Schule vorgestellte Wissen hat kaum Bezug zur eigenen Umwelt und ist auf Werte und Ideale angelegt, die wenig mit den Lebensbedingungen der meist ländlichen Gebiete gemeinsam haben 9).

Die eindrucksvollen Steigerungsraten beim quantitativen Ausbau des Bildungswesens in allen schwarzafrikanischen Ländern erweisen sich somit eher als "... Pyrrhussiege über eine ungebrochen krisenhafte Bildungentwicklung" 10) denn als Beitrag zur eigenständigen gesellschaftlichen und wirtschaftlichen Entwicklung. Viele junge Afrikaner brechen den Schulbesuch nach ein oder mehreren Jahren ab und müssen der großen Zahl der Analphabeten zugerechnet werden. Und diejenigen, die bis zum Abschluß durchhalten, müssen in immer stärkerem Maße feststellen, daß auch nach erfolgreichem Schulbesuch nicht die Arbeitsmöglichkeiten vorhanden sind, die ihren Vorstellungen und Wünschen entsprechen. Waren es in den 60er Jahren zunächst die Primarschulabgänger, die keine Arbeitsplätze fanden und als 'school-leaver'-Problem die Aufmerksamkeit der Fachleute erregten, so gesellten sich in den 70er Jahren bereits die Absolventen der nächsten Bildungsstufe hinzu 11).

Trotz dieser Unzulänglichkeiten hat sich die von den Kolonialmächten übernommene Institution der Schule, die heute bereits in vielen Teilen Afrikas von der zweiten und dritten Generation besucht wird, einen festen Platz in der afrikanischen Gesellschaft erobert. Das formale Schulsystem, und damit auch die Primarschule, "is at present, and it will probably remain, the most important vehicle for bringing education to populations of both rural and urban areas"12).
Während jedoch in den Bevölkerungsschichten und Kulturgruppen, die die Schule immer noch als Vehikel des wirtschaftlichen und sozialen Aufstiegs ansehen, zumindest dort, wo es um die materiellen Voraussetzungen des Schulbetriebs geht, eine Zusammenarbeit zwischen Schule und Gemeinde zu beobachten ist, wird die Schule in den stärker traditionell ausgerichteten afrikanischen Gesellschaften immer noch als Fremdkörper empfunden und bleibt relativ isoliert vom gesellschaftlichen Leben in den Schulgemeinden 13). Dubbeldam kommt in einer empirischen Analyse für Tansania 1970 zu

der Schlußfolgerung:
> "School is an isolated body in the community and ... the majority of teachers find themselve outside the local community. For one reason or another they failed to make contacts with social organisations, village life goes on without them and they cannot find an administrative body close enough to village life to be of any help to them" 14).

Noch in einem weiteren Bereich sieht sich die Schule Kritik ausgesetzt, nämlich bei der Vermittlung von Werten und Verhaltensweisen. Einerseits wird von der Schule ein größerer Beitrag zur Beeinflussung der Bevölkerung hinsichtlich gesellschaftlicher und produktionstechnischer Veränderungen und Neuerungen erwartet, um entwicklungshemmende Strukturen abzubauen 15). Auf der anderen Seite wird der Vorwurf erhoben, die in der Schule vermittelte Erziehung sei an westlichen Werten ausgerichtet, die die Schüler der eigenen afrikanischen Umwelt entfremdeten.
> "Western education is often irrelevant; it leads to the neglect of local arts and crafts and the rural way of life and leaves many young people with knowledge they cannot apply or use"16).

Wichtiger aber als die Angst afrikanischer Eltern vor der 'Entfremdung' der Kinder gegenüber der eigenen Umwelt scheinen wirtschaftliche Überlegungen für die Entscheidungen gegen einen Schulbesuch zu sein. Da Erziehung als eine langfristige Investition für eine bessere Zukunft der erweiterten Familie angesehen wird, ändert sich die Einstellung zur Schule sobald ersichtlich wird, daß selbst jahrelange Aufwendungen für einen erfolgreichen Schulabschluß nicht mehr automatisch, wie in der Vergangenheit, einen gesicherten Arbeitsplatz mit lukrativem Gehalt garantieren 17). Zunehmende Arbeitslosigkeit unter den Primarschul- und Sekundarschulabgängern führt daher in weiten Teilen der ländlichen Bevölkerung in solchen Gebieten, in denen kaum Überschüsse an landwirtschaftlichen Produkten erzielt werden, zum Verzicht auf den mit steigenden Kosten verbundenen Schulbesuch der Kinder.

Die Diskussion über die Probleme des Bildungswesens in Schwarzafrika fiel in eine Periode, in der auch in den Industrieländern bildungsmäßig ein 'Notstand' diagnostiziert worden war. Radikale Kritiker der bisherigen Bildungssysteme forderten die 'Entschulung' der Gesellschaft und versuchten Gegenmodelle in die Praxis umzusetzen 18). Trotz berechtigter Kritik an Auswüchsen und Mißständen der Bildungssysteme der westlichen Länder fanden die Vertreter der Entschulungsbewegung in Afrika wenig Resonanz.
> "The debate on the 'deschooling' of societies does not greatly impress these people (in East Africa). Admittedly, alternative patterns of school may have to be considered; but that schools will be part of the apparatus of development seems unquestioned in these countries ... the apparant gap between societal and individual aspirations on the one hand and the performance of schools on the other is only a concern for the reform of schools. It is not a concern for their abolition". 19)

Die in vielfacher Hinsicht auf gesellschaftlicher Harmonie begründeten Vorstellungen der Reformer waren vielen Afrikanern suspekt, die befürchteten, daß unter den gegebenen Verhältnissen jegliche Entschulung bzw. ein Abbau der Kapazitäten im formalen Bildungssektor die Länder der Armen Welt nur noch stärker in Abhängigkeit von den Industrieländern bringen würden 20).

Die Auseinandersetzung mit den krisenhaften Erscheinungen in den Bildungseinrichtungen der Industrieländer und den Reformvorschlägen unter dem Einfluß des Entschulungskonzepts führten auch in Schwarzafrika dazu, daß man nach Alternativen außerhalb des formalen Schulsystems suchte, um eine entwicklungsgerechte Bildung für die Massen der Bevölkerung anzubieten, die nur kurzfristig oder überhaupt nicht mit formalen Bildungseinrichtungen in Berührung gekommen waren 21). Doch sehr bald zeigte sich, daß alle Bemühungen im außerschulischen Bereich auf der nationalen Ebene der einzelnen Länder in der Regel weit hinter den hochgesteckten Zielen zurückblieben 22).

Umso dringender suchte man nach Lösungen, um das bereits vorhandene formale Schulsystem den Bedürfnissen und Perspektiven der Länder Schwarzafrikas anzupassen, damit es den gewünschten Beitrag zur unabhängigen Entwicklung der Länder leisten konnte 23). Wie die Neugestaltung für den Primarschulbereich aussehen sollte, um bei größerer Relevanz für die nationalen Belange gleichzeitig noch sogenannte internationale Standards zu gewährleisten, an denen wichtige und einflußreiche Gruppen in den schwarzafrikanischen Staaten interessiert waren, blieb kontrovers.
"The paradoxical situation prevails in much of the Third World that whilst existing provision is constantly under attack as a colonial inheritance dominated by metropolitan models, it is precisely the most internationally conventional aspects of educational systems which are being vastly expanded and to which most of the scarce resources allocated to education are being devoted. With few exceptions ... the reform of educational systems has been peripheral and unsystematic. The systems, the institutions, the curricula and methodologies have survived largely unchanged and in practice largely unchallenged ... for reasons which stem from inertial factors within both the systems themselves and the societies they serve" 24).

Überall dort, wo Primarschulen begonnen wurden, sahen sich die Bildungsplaner dem Dilemma gegenüber, Strukturen und Inhalte so zu gestalten, daß einerseits diejenigen, die aus dem bisherigen System Vorteile zogen, die reformierte Schule akzeptierten, daß aber andererseits auch die Bevölkerungskreise, die sich immer weniger für die Schule interessierten, ein Bildungsangebot erwarten konnten, das ihren Bedürfnissen gerecht wurde 25).

Die entwicklungspolitische Rolle, die die Reformer der Primarschule zuwiesen, fand jedoch zumeist bei keiner der verschiedenen gesellschaftlichen Gruppierungen volle Unterstützung. Einflußreiche Gruppen, insbesondere in der Beamtenschaft der betreffenden Länder, versuchten ihre Privilegien zu bewahren, indem sie die Reformen zu ihren Gunsten änderten oder boykottierten 26). Die Bevölkerung in den ländlichen Gebieten begegnete den Reformen mit Mißtrauen, sobald sie in größerem Umfang vom bisherigen Fächerkanon abwichen.
"Both parties do indeed perceive the school as a mechanism for modernization. But, whereas the one insists ... that modernization is

worthwhile and necessary not merely for instant life with good wages and secured salaries, but also ... for varieties of self-employment; the other persists in behaving as though modernization is worthwhile only if it maximizes the hope of a modern life" 27).

Auf der Suche nach Lösungen ging man daher in vielen Ländern Afrikas den Weg des geringsten Widerstandes: Über eine Reform der I n h a l t e erhoffte man von der Schule einen Beitrag zur Entwicklung der ländlichen Gebiete, unterließ aber strukturelle Änderungen bzw. Reformen in anderen gesellschaftlichen Subsystemen 28). Die Unterrichtsfächer der Primarschule wurden 'ruralisiert' oder das Curriculum relevanter gestaltet 29). Die gängige Begründung dafür läßt sich kurz folgendermaßen umreißen: In Ländern, deren hauptsächliche Erwerbsquelle die Landwirtschaft bildet, können diejenigen Primarschulabgänger, die keine weiterführenden Schulen besuchen, nur in diesem Wirtschaftssektor Beschäftigung finden, da das Wachstum von nichtlandwirtschaftlichen Arbeitsplätzen marginal bleibt 30). Eine Primarschulausbildung im herkömmlichen Sinne, die mit ihrem Schwerpunkt auf die sogenannten akademischen Fächer nur auf der Sekundarschule vorbereitet, verstärkt in den Schülern die Haltung, landwirtschaftliche Tätigkeiten abzulehnen und Arbeit im modernen Wirtschaftsbereich zu suchen. Hierdurch wird die Landflucht angeregt und die Zahl der Arbeitslosen in den urbanen Gebieten erhöht. Wird der Unterricht in der Primarschule dagegen auf praxisbezogene landwirtschaftliche Probleme abgestellt, die auf eine spätere Beschäftigung als Bauer vorbereiten, kann eher damit gerechnet werden, daß die Jugendlichen nach Schulabschluß auf dem Lande bleiben 31).

Die Erfahrungen mit ruralisierten Curricula für die Primarschulen in Afrika zeigen, daß Änderungen der Inhalte allein nicht ausreichen:
"In most cases, ruralized education is but a marginalized form of education that is more of consolation prize for pupils who could not enter the general schools" 32).
Da die grundlegenden gesellschaftlichen Reformen ausbleiben, sind auch die Benachteiligungen weiterhin wirksam, und die Schule kann keinen Beitrag zu einer Verbesserung der Lebensverhältnisse der Mehrheit der Bevölkerung leisten. Sie trägt im Rahmen der bestehenden gesellschaftlichen Verhältnisse eher zur Verstärkung der Unterentwicklung in Schwarzafrika bei 33).

Trotzdem sind auch diese Kritiker der Ansicht, eine grundlegende Bildung für die Masse der Bevölkerung sei durch die Primarschule möglich:
"It has the potential for mobilizing human resources ... and for ensuring social progress and participation in economic development ..." 34).
Bildung sei deshalb unabdingbare Voraussetzung für eine Entwicklung dieser Länder, die mehr sein will als bloßes wirtschaftliches Wachstum und die unter der Kurzformel 'Integrierte ländliche Entwicklung' Eingang in die Literatur gefunden hat 35).

Die unabhängigen afrikanischen Staaten suchen daher immer noch nach Wegen, wie die Primarschulen ihrer Länder den jetzigen sozio-ökonomischen und kulturellen Bedürfnissen entsprechend gestaltet werden müssen. Trotz negativer Erfahrungen in der Kolonialzeit mit Versuchen, die Erziehung der Afrikaner den besonderen Bedingungen in den Kolonien anzupassen 36), können heute die unabhängigen Nationen in Schwarzafrika eine klare historische Unterscheidung treffen zwischen dem, was als spezifische Erziehung im Zusammenhang mit kolonialer Ausbeutung angesehen wurde

und der notwendigen Relevanz eines Erziehungssystems unter den Bedingungen armer Länder
"... as the key to a realistic, independent government's education policy. But it is much more difficult for the 'man in the street' or 'in the field' to do so. Yet in nearly all Africa's new policies for more suitable education are plans to increase cooperation between school and community ..."37).

Eine aktive Beteiligung der lokalen Gemeinden am Schulgeschehen und eine Zusammenarbeit beider Institutionen auch im außerschulischen Bereich sollte nachhaltig unterstreichen, daß die Schule sich an den Bedürfnissen der Mehrheit der Bevölkerung zu orientieren versuchte. Die Idee der Gemeindeorientierung der Primarschule gewann in den Reformdiskussionen der letzten Dekade immer mehr an Bedeutung. Afrikanische Staatsmänner sahen in einer solchen Neuorientierung der Erziehung die Möglichkeit, die Institutionen des formalen Bildungswesens endgültig von der Hypothek des kolonialen Erbes zu befreien, und unter Mitbestimmung der Bevölkerung Erziehung als "Mittel zur Befreiung für die Völker Afrikas zu gebrauchen"38). Die Konferenz der afrikanischen Erziehungsminister von 1976 in Lagos, Nigeria, gibt anschaulich wieder, welche zentrale Rolle der lokalen Gemeinde im Kontext von Primarschulreformen zuerkannt wird. Reformen im Primarschulbereich sollen von drei Grundprinzipien getragen werden:
(1) "The linking of school and the community;
(2) the linking of school and working life;
(3) the strengthening of the African cultural identity"39).

Erziehung in der Primarschule solle mit und für die Gemeinden unter Berücksichtigung ihrer spezifischen Bedürfnisse und sozio-kulturellen Besonderheiten stattfinden 40). Der in der Schule vermittelte Wissensstoff und die gelernten Fertigkeiten sollen zur Verbesserung der Lebensverhältnisse unmittelbar eingesetzt werden, um zur Entwicklung der ländlichen Gebiete beizutragen 41). Im Vertrauen auf eine Entwicklung aus eigener Kraft wurde dabei von den Gemeinden eine Erhöhung der finanziellen Unterstützung der Schule erwartet, um die staatlichen Erziehungsbudgets zu entlasten. Als Gegenleistung sozusagen sollte die Schule u.a. Beratung in Landwirtschaftsfragen, Alphabetisierungskurse, Hilfe im Umgang mit Behörden etc. leisten und Projekte zur Verbesserung der lokalen Infrastruktur anregen und leiten 42).

Die Befürworter der Idee einer gemeindeorientierten Primarschule als Faktor ländlicher Entwicklungen gaben sich stets optimistisch, wenn es um die Möglichkeiten der Umsetzung dieses Konzepts in die Praxis ging. So heißt es z.B. bei Bowers 1970, "... nothing but good can result from any movement towards the community school ideal ..."43). Dabei hätte eine historische Analyse fehlgeschlagener Versuche in den Ländern Afrikas bereits ausreichend Argumente für eine wesentlich vorsichtigere Beurteilung erbracht.
"The century-old list of attempts to make school 'relevant to the needs' either of the majorities of students or of the communities whence they came, is long and of almost unrelieved depression"44).

Einen Beitrag zur ländlichen Entwicklung in Schwarzafrika kann aber diese gemeindeorientierte Schule nur dann erbringen, wenn ihre Leistungen und Ergebnisse besser sind als die der alten akademisch orientierten Primarschu-

le und wenn sie bei der Bevölkerung auf einen gewissen Bedarf an Hilfe zur Verbesserung der Lebensbedingungen trifft. Nur unter diesen Voraussetzungen werden Schüler und Eltern zu Verhaltensänderungen bereit sein und die erweiterte Rolle der Schule akzeptieren.
"To create a new commitment to rural life and agricultural development not only the schools but the attitudes of people towards them, will need changing ... (school) must ... conform to the expectations of the community effectively enough to retain the confidence and cooperation of the community. At the same time it must initiate changes, and in so doing present new insights to pupils and parents clearly enough to stimulate them into reconsidering their values and aspirations and supporting the new form the school is taking"45).

Wenn aber eine gemeindeorientierte Schulreform nur auf bestimmte Gebiete eines Landes beschränkt bleibt und somit ein Zwei-Klassen-Schulsystem geschaffen wird, dann sind solche Reformen zum Scheitern verurteilt, weil die Bevölkerung schnell erkennt, daß hierdurch bestehende Ungleichheiten institutionalisiert werden 46).

Weiter ist zu fragen, ob Erziehung unter den gegenwärtigen Bedingungen unabhängiger Nationalstaaten Schwarzafrikas von der Bevölkerung immer noch als Kollektivaufgabe wie in vorkolonialer Zeit angesehen wird oder ob durch die sozialen Wandlungsprozesse heute der individuelle Aufstieg, mit eventueller Unterstützung und Verpflichtung für die Großfamilie, angestrebt wird. Darüber hinaus ist zu diskutieren, wie die im Konzept der Gemeindeorientierung der Primarschule enthaltene kulturelle Komponente, die sich als Rückbesinnung und Rückgriff auf die traditionellen Werte der afrikanischen Kulturgruppen versteht 47), in Einklang zu bringen ist mit einer Einrichtung, die sich in der Vergangenheit als höchst 'dysfunktional' für die traditionellen Sozialstrukturen und Systeme der Statusdifferenzierung erwiesen hat, unabhängig von den von ihr vermittelten Inhalten, "... since formal education constituted a new dimension of social structure"48).

In den 70er Jahren sind in verschiedenen afrikanischen Ländern Reformen im Primarschulbereich eingeleitet worden, die in ihrem Kern eine Orientierung der Schule zur Gemeinde beinhalten. Vom eigenen Selbstverständnis her soll die Primarschule eine bedarfsgerechte Erziehung für die Mehrheit der Bevölkerung anbieten, sozusagen einen "educational survival kit" bereithalten, der hilft, unter den wachsenden wirtschaftlichen Schwierigkeiten zu überleben 49). Die afrikanischen Erziehungsminister kamen 1976 in Lagos zu folgender Formulierung bezüglich der Aufgaben der Primarschule:
"Integrating the individual with the community and the environment, equipping him for productive work and for active participation in the transformation and progress of the community and in rural development"50).

Bisher ist jedoch nirgendwo in größerem Rahmen gezeigt worden, wie diese anspruchsvolle Konzeption verwirklicht werden kann. Reformversuche sind bisher vorwiegend als Pilotprojekte in Schwarzafrika begonnen worden, die meist mit besonders motiviertem und qualifiziertem Personal (davon in der Regel eine größere Anzahl internationaler Fachleute) und ausreichender finanzieller Ausstattung versehen waren, unter Bedingungen also, die die Finanzkraft der meisten Länder übersteigt, wenn es um die Erweiterung solcher Projekte auf nationale Größenordnungen geht 51). Größer angelegte

nationale Reformvorhaben zeigen wenig Auswirkungen auf die Schulpraxis, sind über einige Ansätze zu Änderungen nicht hinausgekommen, werden in zunehmendem Maße nur noch verwaltet und haben sich tendenziell schon wieder von den ursprünglichen Reformzielen entfernt 52).
"There is no doubt that there have been some minor reforms, in particular a greater emphasis on African history and geography, but generally it can be said that, except in Guinea and Tanzania, there has been no fundamental change in the system of education itself, which continues to mimic either the British or the French model"53).

Aber selbst über die Reformen in den sozialistischen Ländern Afrikas liegen nur unzureichende empirische Erhebungen vor, wobei neuere Studien zu dem Schluß kommen, daß auch in Tansania z.B. das Bildungswesen überwiegend der Funktionärs- und Beamtenschicht zugute kommt 54). Andere Länder haben gerade erst mit der Umsetzung von Reformen begonnen oder sich eine Maschinerie geschaffen, die die Reformvorschläge in konkrete Maßnahmen umsetzen soll 55). Allgemein gesehen tun sich die Reformversuche im Primarschulbereich schwer, erweisen sich bei näherer Analyse als 'Scheinreformen' und Lippenbekenntnisse der herrschenden Oligarchien, die sich durch marginale Änderungen die bilateralen und multilateralen Geldquellen für die Entwicklung ihrer Länder erhalten wollen, ohne daß sie die gewonnenen Privilegien aufgeben müssen 56).
"Countries tend to have the type of educational structure which will reinforce the type of society supported by those in power"57).

Ob die mit der Gemeindeorientierung der Primarschule verbundenen Reformideen eher in der Lage sein werden, die unbefriedigenden gesellschaftlichen Verhältnisse in Schwarzafrika aufzubrechen und selbstständige Entwicklungsprozesse einzuleiten, bleibt offen. Die Vermutung liegt jedoch nahe, daß durch die nicht reflektierte Übernahme bestimmter Grundvoraussetzungen des Konzepts der Gemeindeorientierung Erwartungen hervorgerufen werden, die nicht einlösbar sind. Wenn also eine kritische Bestandsaufnahme für die Erneuerung des Bildungswesens in Afrika Voraussetzung für sinnvolle Reformen ist, kann mit der Aufarbeitung des Konzepts der Gemeindeorientierung der Primarschule ein erster Schritt in diese Richtung getan werden 58). Eine solche Reflektion sollte aber empirische Befunde mit in die Überlegungen einbeziehen,, um nicht allein auf historisch-theoretische Analysen angewiesen zu sein 59).

2. Vorgehensweise

In dieser Arbeit wird versucht, über die Erörterung historischer und theoretischer Aspekte der gemeindeorientierten Primarschule hinaus am Beispiel der anglophonen Provinzen der Vereinigten Republik Kamerun Umfang und Art der bereits bestehenden Zusammenarbeit zwischen Primarschule und Gemeinde in Afrika zu erheben, um Grundlagen für eine Beurteilung der Realisierungschancen des Konzepts der gemeindeorientierten Schule zu gewinnen. Die empirischen Erhebungen stammen überwiegend aus Forschungsarbeiten der Jahre 1974 bis 1978, die der Verfasser als Mitarbeiter des Instituts zur Vorbereitung der Primarschulreform, kurz IPAR-Buea genannt, im Rahmen bilateraler technischer Hilfe der Bundesrepublik Deutschland durchführte.

Nach einer Klärung und Abgrenzung der wichtigsten Begriffe, wie sie durch das Thema vorgegeben sind, sollen folgende Bereiche eingehend untersucht werden:

* Die historischen Ursprünge des Konzepts der gemeindeorientierten Erziehung für Schwarzafrika, insbesondere die Reformversuche kolonialer Erziehungspolitik, die für Afrika eine 'adaptierte' Erziehung vorsahen und bis heute die Beziehungen zwischen Schule und Gemeinde prägen.

Die Beschäftigung mit den verschiedenen Ansätzen einer Gemeindeorientierung der Primarschulen während der kolonialen Epoche ist umso dringlicher, als sich hinter dieser Erziehungspolitik der Anspruch verbarg, für Schwarzafrika eine auf die Bedürfnisse der Bevölkerung zugeschnittene Bildung zu vermitteln, die zu einer Verbesserung der materiellen Lebensbedingungen in den Gemeinden beitrug. Eine bedürfnisgerechte Bildung, die der Entwicklung der Gemeinden in Afrika dienen soll, wird heute wieder in den Reformkonzepten der unabhängigen Staaten Afrikas als wichtiger Faktor für die Beseitigung der durch die Kolonialisierung entstandenen ungleichgewichtigen regionalen Entwicklungen und als Möglichkeit zur Lösung wirtschaftlicher und sozialer Probleme aus eigener Kraft gesehen. Die historische Analyse solcher Konzepte und die Evaluierung ihrer Umsetzungsversuche in Afrika kann Hinweise auf die Möglichkeiten bzw. Beschränkungen bildungspolitischer Maßnahmen auch unter veränderten politischen Bedingungen liefern und diejenigen Faktoren aufdecken helfen, die die Verwirklichung gemeindeorientierter Aktivitäten der Schule positiv oder negativ beeinflussen.

Die Kontinuität in der Suche nach einer 'relevanten' Erziehung für Schwarzafrika wird durch eine Auswahl von Zitaten aus entsprechenden Dokumenten der letzten 150 Jahre zu veranschaulichen versucht. Es folgt eine Auseinandersetzung mit den Bemühungen verschiedener Missionsgesellschaften und der britischen Kolonialpolitik, die Erziehung für die Afrikaner aus westlicher Sicht relevant und praxisorientiert zu gestalten, sowie einer Erörterung der Gründe für die Ablehnung solcher Bildungskonzepte durch die afrikanische Bevölkerung.

Nach dem Zweiten Weltkrieg verstärkten sich die Einflüsse aus anglo-amerikanischen Erfahrungen der Gemeinwesenentwicklung auf die Vorstellungen, wie Erziehung in Afrika angelegt sein sollte. Dies führte zu einer Wiederbelebung der gemeindeorientierten Aktivitäten der Primarschule, um gesellschaftliche und wirtschaftliche Benachteiligungen abzubauen. Hinzu kam eine Rückbesinnung auf Formen und Werte afrikanischer Erziehung der vorkolonialen Zeit, die Eingang in die Überlegungen eines gemeindeorientierten Schulkonzepts fanden. Mit diesem Rückgriff auf die Vergangenheit hofften afrikanische Bildungsexperten die Nachteile des auf individuellen Aufstieg ausgerichteten westlichen Erziehungsmodells zu überwinden.

* Aus der verfügbaren Literatur wird anschließend der Beitrag der Primarschule zur Entwicklung ländlicher Gebiete in Ländern der Armen Welt beschrieben. Am Beispiel der anglophonen Provinzen Kameruns wird näher untersucht, welche Rolle die Primarschule im Prozeß der räumlichen Erschließung durch die Kolonialmächte spielte und welcher

Art die Auswirkungen sind, die sich bis heute in einer ungleichgewichtigen Versorgung mit für die ländliche Bevölkerung lebensnotwendigen Einrichtungen niederschlagen.

Um den 'Entwicklungsstand' einer Gemeinde erheben zu können und diesen sowohl in seiner historischen Entstehung zu erfassen als auch Rückschlüsse für eine künftige Curriculumentwicklung bzw. Schulstrukturpolitik zu ermöglichen, wurde ein differenzierter Analyseansatz gewählt, der die Nähe oder Ferne einer Gemeinde zu lebensnotwendigen Diensten berücksichtigt. Hierdurch ergeben sich Zonen unterschiedlicher infrastruktureller Erschlossenheit, die Rückschlüsse auf die Lebensbedingungen der Bewohner zulassen. Durch eine solche Zonierung lassen sich intraregionale und interregionale Ungleichgewichte herausarbeiten, die mit den üblichen Gegenüberstellungen von Stadt-Land oder Nord-Süd oder Küste-Hinterland nicht zu erfassen sind.

Auf Grund der Einteilung von Gemeinden der anglophonen Provinzen Kameruns nach Zonen unterschiedlicher Entwicklung soll gezeigt werden, wie sich die ungleichgewichtige Ausstattung der Gemeinden mit lebenswichtigen Diensten durch das Bildungssystem verstärkt und die Chancen auf den Besuch einer weiterführenden Sekundarschule für diejenigen Kinder, die in isolierten und entlegenen Gemeinden die Primarschule besuchen, im Vergleich zu besser versorgten Gemeinden gering bleiben.

* Aus der Analyse der Vorstellungen verschiedener Autoren zum Konzept der gemeindeorientierten Primarschule werden die wichtigsten Elemente zu einem einheitlichen Modellansatz, dem die Mehrheit der Autoren folgt, zusammengefaßt und die Konsequenzen des konzeptionellen Anspruchs, zur Gemeinwesenentwicklung beizutragen, für die Interaktion zwischen den Vertretern der Schule und der Gemeinde erörtert.

* Die Übertragungen der Modellvorstellungen zur Gemeindeorientierung der Primarschule in der Praxis, wie sie in Teilaspekten seit mehreren Jahrzehnten im anglophonen Kamerun verwirklicht ist, soll danach beschrieben und analysiert werden, um Schlußfolgerungen für allgemeine Realisierungschancen dieses Bildungskonzepts in Afrika ziehen zu können. Hierbei werden die Faktoren untersucht, die Art und Umfang der Zusammenarbeit zwischen der Schule und der Gemeinde sowie die Einbeziehung des Lehrers in das Gemeindegeschehen bestimmen. Die Berücksichtigung lokaler Möglichkeiten und Bedürfnisse für die Gestaltung der Beziehungen zwischen Schule und Gemeinde wird dabei vorwiegend zonal differenziert erfaßt. Ausführlich werden folgende Bereiche analysiert:

** Wie stellt sich die Beteiligung der Gemeinde an der Verwaltung und dem Unterhalt der Schule sowie in Curriculumfragen in der Praxis dar, und unter welchen Bedingungen läßt sich eine Gemeindepartizipation intensivieren?

** Was sehen die Gemeinden als wichtigste Probleme an, deren Lösung die Lebensbedingungen verbessern hilft, und in welchem Umfang wird bereits durch Selbsthilfeprojekte versucht, eigene Vorstellungen und Möglichkeiten zur Gemeinwesenentwicklung zu verwirklichen? Kann die Schule durch eine Erweiterung ihrer bisherigen Aufgaben, insbesondere durch die Übernahme von Gemeindeprojekten, die geäußerten Bedürfnisse befriedigen und kann sie in dieser Rolle auf die Unterstützung der Bevölkerung rechnen?

** Welche Qualität und welches Ausmaß haben Aktivitäten der Schule, die der Gemeinde in direkter oder indirekter Weise zugute kommen? Sind solche schulischen Projekte und Dienstleistungen mit den theoretischen Aspekten des Curriculums verbunden, und werden sie pädagogisch für den Unterricht genutzt?

** In welcher Weise werden schulische Einrichtungen außerhalb des Unterrichts durch Gemeindemitglieder genutzt? Besteht in den Gemeinden ein Bedarf an einer erweiterten Nutzung dieser Einrichtungen, und wie reagieren die Lehrer auf eine größere Inanspruchnahme durch die Gemeinde?

** Welchen Beitrag leisten die Schulen zur Deckung der laufenden Kosten des Schulbetriebs durch Aktivitäten innerhalb des landwirtschaftlichen Unterrichts? Versetzt das in der Schule vermittelte Wissen und die erworbenen Fertigkeiten Schulabgänger in die Lage, sinnvoller und ertragreicher die Bestellung der Felder vorzunehmen? Berücksichtigt also die praktische Schulfarmarbeit in ausreichendem Maße die Verhältnisse lokaler Produktion, und ist sie in der Lage, beispielhaft in den Gemeinden Verbesserungen bzw. Innovationen vorzuführen?

** Gibt es innerhalb des Schulcurriculums Ansätze und Berührungspunkte für eine Beschäftigung mit lokaler Kultur, und in welcher Weise kann die Aufnahme solcher Elemente helfen, die durch den rapiden Wandel hervorgerufenen kulturellen Entfremdungserscheinungen zu überwinden?

** Unter Benutzung des Zonierungsansatzes wird danach der Versuch dargestellt, über sogenannte Gemeindegeschichten Schüler und Lehrer für lokale Probleme zu sensibilisieren und ungleichgewichtige regionale Entwicklungen zu verdeutlichen. Hierdurch ist auch im Rahmen eines national vorgegebenen Curriculums eine dezentralisierte Entwicklung von Unterrichtsmaterialien möglich, die den Schülern helfen kann, die eigene Umwelt und deren Probleme bewußt zu erfassen und zu hinterfragen.

* Abschließend wird die Rolle des Lehrers im Konzept der gemeindeorientierten Primarschule untersucht. Die konzeptionellen Anforderungen werden dabei mit den empirischen Fakten zur Situation der Lehrerschaft in den anglophonen Provinzen Kameruns verglichen; insbesondere wird geprüft, von welchen Faktoren die Einbeziehung des Lehrers in eine Gemeinde und die sich daraus ergebenden Animationsmöglichkeiten bestimmt werden und unter welchen Bedingungen für die neuen zusätzlichen Aufgaben - wie sie die gemeindeorientierten Reformvorhaben vorsehen - auf die Mitarbeit der Lehrer gerechnet werden kann.

II. BEGRIFFSDEFINITIONEN

1. Gemeinde

Die vielfältige Anwendung des Begriffs "community" in der relevanten englischsprachigen Literatur 1) macht eine Klärung des Begriffs unumgänglich. Allgemein wird als Gemeinde eine Gruppe von Individuen bezeichnet, die sich durch ihr Zusammenleben in einem überschaubaren, räumlichen Bereich ein bestimmtes örtliches Sozialsystem geschaffen haben, das durch ein gewisses Zusammengehörigkeitsgefühl gekennzeichnet ist und politisch-administrativ als eine Einheit angesehen wird 2). Je kleiner das Gebiet ist, um so stärker sind in der Regel die persönlichen Kontakte der Bewohner untereinander und die Bereitschaft, gemeinsame Probleme durch gegenseitige Hilfeleistungen zu bewältigen.

Joerges weist darauf hin, daß sich der Begriff im Zusammenhang mit Fragen der Gemeinwesenentwicklung in den Ländern der Dritten Welt
"... eindeutig auf die residentielle Gruppe und darüber hinaus auf die in irgendeiner Form auch administrativ-politisch abgegrenzte lokale Einheit eines staatlichen Gemeinwesens bezieht, ganz im Sinne geläufiger Definitionen der soziologischen Gemeindeforschung"3).
Wird der Begriff Gemeinde auf die tropischen Gebiete Schwarzafrikas angewendet, bezieht er sich meist auf Siedlungen und Dörfer in der Größenordnung von wenigen hundert bis zu einigen tausend Bewohnern. Durch die starke Abwanderung vom Land in urbane Gebiete läßt sich der Begriff Gemeinde auch auf Stadtviertel anwenden, die oft zehntausende von Menschen umfassen, die sich vorwiegend aufgrund der Zugehörigkeit zu einer Kulturgruppe oder Nation oder sozialen Schicht in bestimmten Vierteln einer Stadt niedergelassen haben. Trotz der Verschiedenartigkeit der Siedlungsformen lebt bzw. arbeitet die Mehrheit der schwarzafrikanischen Bevölkerung in Dörfern oder Stadtvierteln, mit denen sie sich in besonderem Maße verbunden fühlt 4). Historisch gesehen war die Gemeinde - oft nur der Zusammenschluß mehrerer Familien - der Ausdruck der Geschlossenheit und des Überlebenswillens einer Gruppe 5). Solche eng miteinander verbundenen Gemeinden finden sich immer weniger in dem Gebiet südlich der Sahara. In sehr abgelegenen, kaum zugänglichen Gebieten, haben sich Siedlungsformen dieser Art noch erhalten. Mit zunehmender Mobilität und steigenden Kommunikationsmöglichkeiten in den Staaten Afrikas wird ihre Zahl jedoch weiter zurückgehen.

Der Gemeindebegriff kann also nicht in einem romantisierenden Verständnis von gesellschaftlichem Zusammenleben in Afrika verwendet werden, das in der Realität kaum noch vorzufinden ist. Für die Zwecke dieser Untersuchung wird von einer Begriffsdefinition ausgegangen, die versucht, den sozio-ökonomischen Bedingungen der jungen afrikanischen Staaten gerecht zu werden.

Mit "Gemeinde" wird daher eine Gruppe von Menschen bezeichnet, die in traditioneller oder adaptierter Form an einem bestimmten Ort zusammenlebt und durch eine bestimmte Organisationsweise gekennzeichnet ist.

Große Teile der Bevölkerung Schwarzafrikas leben auch heute noch in Gemeinden, in denen die traditionellen Formen und Werte der verschiedenen Kulturgruppen das tägliche Leben bestimmen und die gemeinsame Herkunft

und Ahnen ein verbindendes Element ihrer sozialen Organisation bilden:
"... a group of people living in the same place, with common values and history, bound together by multiple economic, social, religious and kinship ties, descended from people who also lived in that place. Among the members of a community of this type is the consciousness of the group's continuity over time into both the past and the future, and there is an almost mystical bond between the group and the land which they occupy"6).

Auf der anderen Seite haben sich jedoch modifizierte Formen des Zusammenlebens entwickelt: Man wohnt zwar im gleichen Dorf oder Stadtviertel und nimmt am sozialen Leben der Gemeinde teil, fühlt sich jedoch nicht unbedingt an den Ort geschichtlich-mystisch gebunden, da man selber bzw. die Vorfahren aus einer anderen Gegend stammen. In der Gemeinde werden solche Bewohner als Fremde ('strangers') bezeichnet, auch wenn sie oft seit mehreren Generationen schon an einem Ort siedeln. Trotzdem ist auch in solchen gemischten Gemeinden ein gewisses Zusammengehörigkeitsgefühl festzustellen, das alle Gruppierungen umfaßt. Es zeigt sich vor allem in der Bereitschaft, an gemeinschaftlichen Projekten (wie den Bau von Schulräumen, Brunnen, Straßenarbeiten usw.) mitzuarbeiten und durch Vertreter in den Gemeindegremien an der internen Selbstverwaltung der Gemeinde beteiligt zu sein.

2. Primarschulen

Mit Primarschulen werden Einrichtungen des formalen Bildungssystems bezeichnet, die innerhalb eines Zeitraums von sechs bis acht Jahren Kindern im schulfähigen Alter die Grundlagen im Lesen, Schreiben, Rechnen sowie elementare Kenntnisse und Fertigkeiten in sogenannten allgemeinbildenden Fächern zu vermitteln versuchen. Primarschulen unterrichten nach einem für ein Land als verbindlich geltenden Lehrplan. Lokale Variationen und Modifikationen des Unterrichts sind in begrenztem Maße möglich. Die Schule wird als Instrument der Vorbereitung der heranwachsenden Generation auf die Erwachsenengesellschaft angesehen (Sozialisation) und wählt diejenigen aus, die weiterführende Schulen nach Abschluß der Primarschule besuchen können (Selektion). Der Unterricht wird vorwiegend von Spezialisten durchgeführt, die für die Aufgaben in der Schule in besonderen Institutionen vorbereitet wurden.

Primarschulen in Schwarzafrika sind zwar relativ weit verbreitet und selbst in entlegeneren Gebieten vorzufinden, zeichnen sich aber meist durch unzureichende Ausstattung an Personal und finanziellen Mitteln aus. Die Situation in den Schulen ist weniger stimulierend als frustrierend,
"Where primary schools exist, they often lack the necessary intellectual and material equipment. Teachers follow a short course of general education and their vocational training is often neglected ... Attendance ... is irregular and tends to fall off as the children grow older. The beginner' classes are overcrowded while classrooms for the older children are almost deserted: on average, 50 per cent of children leave primary school before completing the course"7).

Dennoch hat sich die Primarschule in weiten Teilen Schwarzafrikas als gesellschaftliche Institution fest etabliert, die, wenn auch nicht in allen Gruppen der Gesellschaften mit gleicher Aufmerksamkeit für die Heranbildung der Kinder bedacht, so doch immer noch als Chance angesehen wird, für eine erhoffte bessere materielle Zukunft der nächsten Generation sorgen zu können:
"... it can be said with some assurance that the school is here to stay. It can be said that the learning opportunities provided by the schools are generally considered to be a basic education, even if dissatisfaction exists with the composition of the 'package' provided, and even if there is recognition that ... the school is not as efficient as it might be"8).

3. Ländliche Entwicklung

Trotz zunehmender Verstädterung siedelt die Mehrheit der Bevölkerung Schwarzafrikas immer noch in ländlichen Gebieten, wobei sie je nach Land zwischen 75 % und 90 % der Gesamtbevölkerung ausmacht 9). Die Entwicklungsbemühungen zweier Jahrzehnte haben es nicht vermocht, die Lage dieser Menschen wesentlich zu verbessern,
"Das aggregierte Wirtschaftswachstum, das die Entwicklungsländer während der letzten 25 Jahre erreicht haben, hat trotz seines Ausmaßes wenig zur Beseitigung der Armut beigetragen... Selbst in den Entwicklungsländern mit hohen Wachstumsraten haben die ärmsten Einkommensschichten daran keinen gerechten Anteil gehabt. Das Wachstum ihrer Einkommen erreichte nur etwa ein Drittel des nationalen Durchschnitts ...Wir müssen eine weitgefaßte und wirkungsvolle Entwicklungsstrategie entwerfen, die sowohl ökonomisches Wachstum beschleunigt, als auch den abslout Ärmsten einen größeren Anteil am erzielten Wachstum zur Befriedigung ihrer Grundbedürnisse zusichert"10).

Ländliche Entwicklung wird nicht länger mehr nur mit gesteigerter landwirtschaftlicher Produktion gleichgesetzt 11) oder im Sinne der Modernisierungstheorien der frühen entwicklungspolitischen Jahre als eine Übernahme von Verhaltensweisen und Techniken der westlichen Industriegesellschaften angesehen 12). Trotzdem bleiben die Strategien, die den bisher benachteiligten ländlichen Massen Verbesserung bringen sollen, umstritten 13).

Was kennzeichnet die Situation in den ländlichen Gebieten, und in welchen Bereichen müssen Änderungen erfolgen? Die Deckung von Grundbedürfnissen im ländlichen Afrika erfolgt vorwiegend durch die Produktion von Nahrungsmitteln und den Ergebnissen von Fischfang und Jagd, oft beschränkt auf die Produktion von Grundnahrungsmitteln im Rahmen von Subsistenzwirtschaften und der Herstellung von einfacheren handwerklichen Erzeugnissen 14).
"Generally agriculture is the main economic activity supported by some rural industries, handicrafts, trade and services. The activities are marked by traditional technology, low investments and invariably poor inputs and consequently low productivity. Knowledge about marketing techniques ... are poor and in many cases rather rudimentary. The absence of effective control of plant and animal diseases and pests further reduces the poor yields ... there are problems of small holdings, lack of, or inadequate capital complicated

land tenure system and poor marketing facilities ... And for the whole rural areas, there is very little incentive to work hard due to poor prices of food. The hard life characteristics of most village life which is devoid of many social amenities, also make life unattractive and boring"15).

Jegliche Verbesserung der Situation der unter und in diesen Bedingungen lebenden Menschen muß folglich in den oben genannten Problembereichen ansetzen, jedoch in einer solchen Form, daß die Bevölkerung der ländlichen Gebiete in die Lage versetzt wird, selber zu bestimmen, wo die dringendsten Probleme liegen und befähigt wird, einmal erreichte Verbesserungen für die Zukunft abzusichern. Anhand der aufgezeigten allgemeinen Situation in den ländlichen Gebieten Afrikas ist zu ersehen, daß die sogenannte Verbesserung des Lebensstandards für die Masse derjenigen mit niedrigen Einkünften von Land zu Land und von Region zu Region differieren dürfte, sowohl im Ausmaß der Probleme, die einer Verbesserung der Lebensverhältnisse entgegenstehen, als auch in ihrer Qualität. Gilt es in einigen Regionen Afrikas zunächst einmal das nackte Überleben der Menschen zu sichern, wie in vielen Ländern der Sahel-Zone, so besteht in anderen ländlichen Gebieten das Problem etwa darin, wie verbessertes Saatgut eingeführt werden kann oder in welcher Form sich Bauern organisieren können, um ihre Produkte ohne Zwischenhändler abzusetzen.

Der generelle Nenner der entwicklungspolitischen Strategien für die ländlichen Gebiete heißt daher 'Erfüllung von Grundbedürfnissen'16), die z.B. vom Internationalen Arbeitsamt (ILO) interpretiert werden als der Mindestlebensstandard, den eine Gesellschaft für ihre ärmsten Gruppen festsetzen sollte. Die Erfüllung der Grundbedürfnisse bedeutet die Deckung des privaten Mindestbedarfs einer Familie an Ernährung, Unterkunft und Bekleidung. Sie umfaßt ferner die Inanspruchnahme lebenswichtiger Dienste; wie die Bereitstellung von gesundem Trinkwasser, sanitären Einrichtungen, Transportmitteln, Gesundheits- und Bildungseinrichtungen, und das Erfordernis, daß für jede arbeitsfähige und arbeitswillige Person eine angemessen entlohnte Arbeit zur Verfügung steht. Schließlich sollte sie auch die Erfüllung mehr qualitativer Bedürfnisse umfassen: eine gesunde, humane und befriedigende Umwelt, sowie eine Beteiligung des Volkes an Entscheidungen, die sein Leben und seinen Lebensunterhalt sowie seine individuellen Freiheiten betreffen 17).

Vor dem Hintergrund der dringendsten Probleme der ländlichen Gebiete in Afrika südlich der Sahara und bei der Betrachtung der Ergebnisse der Bemühungen, ländliche Entwicklung einzuleiten, erinnert dieser Forderungskatalog einer internationalen Organisation eher an ein Wahlprogramm einer westeuropäischen Partei, als an ein realisierbares Konzept. Die von Chambers getroffene Feststellung für Ostafrika über die Diskrepanz zwischen entwicklungspolitischem Anspruch und entwicklungspolitischer Praxis dürfte mit Einschränkungen auch für das restliche Afrika Gültigkeit haben,

"... despite official pronouncements about equity and the desire to help the poorer people, it has only been through some settlement schemes in Kenya and through Ujamaa Vijijini in Tanzania that there have been ... any major development initiatives intended permanently to assist poorer people in the rural areas."18)

Sollten die gutgemeinten Konzepte zur Verwirklichung der Grundbedürfnisse in die Praxis umgesetzt werden, um die Lebensbedingungen in den ländlichen Gebieten erträglicher zu gestalten, dann müssen folgende drei Kriterien berücksichtigt werden,
(1) "Improving the living standards of the subsistence population involves mobilization and allocation of resources so as to reach a desirable balance over time between the welfare and productive services available to the subsistence rural sector.
(2) Mass participation requires that resources be allocated to low-income regions and classes and that the productive and social services actually reach them.
(3) Making the process self-sustaining requires development of the appropriate skills and implementing capacity and the presence of institutions at the local, regional, and national levels to ensure the effective use of existing resources and to foster the mobilization of additional financial and human resources for continued development of the subsistence sector. Self-sustenance thus means involving as distinct from simply reaching, the subsistence populations through development programs.19).

Ländliche Entwicklung kann erst eingeleitet werden, wenn den Proklamationen Taten folgen, indem zunächst die erforderlichen Mittel für den produktiven und den sozialen Sektor bereitgestellt und verteilt werden. Dieser erste Schritt zu mehr sozialer Gerechtigkeit für die bislang benachteiligte ländliche Bevölkerung bedarf aber der Fähigkeit von Organisationen und Institutionen, die bereitgestellten Mittel auch an die Empfänger zu bringen, was als Umsetzungsvermögen bezeichnet werden kann. So ist es z.B. nicht allein mit dem Aufbau einer Organisation getan, die Kredite für Kleinbauern bereitstellt, wenn nicht dafür gesorgt wird, daß die Kredite auch tatsächlich an die Kleinbauern und nicht etwa in andere Kanäle geleitet werden. Schließlich werden die beiden Kriterien 'Soziale Gerechtigkeit' und 'Umsetzungvermögen' (Realisierungskapazität) durch ein drittes ergänzt, das durch die Heranbildung von individuellen Fertigkeiten und Verhaltensweisen die Errichtung von Institutionen auf lokaler, regionaler und nationaler Ebene ermöglicht, um die ländliche Bevölkerung in die Lage zu versetzen, über Mitteleinsatz und -verwendung selbst bestimmen zu können. Dieses Partizipationskriterium muß als entscheidender Maßstab für die Beurteilung von Entwicklungsbemühungen im ländlichen Raum angesehen werden 20). Einmal müssen die Betroffenen sich ihrer Situation selber bewußt werden; müssen um ihre Rechte und Möglichkeiten wissen und in der Lage sein, sich zu organisieren. Zum anderen müssen sie genügend Selbstvertrauen gewinnen, um mitbestimmen zu können.
"People cannot be developed," schreibt Nyerere, "they can only develop themselves. For while it is possible for an outsider to build a man's home, an outsider cannot give the man pride and self-confidence in himself as a human being... a man is developing himself if he grows or earns enough to provide for himself and his family; he is not being developed if someone gives him these things"21).
Wichtig bleibt, daß die ländliche Bevölkerung durch eigene Anstrengungen ihre Grundbedürfnisse befriedigen kann und Unterstützung findet bei Versuchen, sich zu organisieren und zu artikulieren.
"Growing participation and self-confidence will enable a whole section of the rural population both to initiate more of their own small-scale development and to assume their share of the civic responsibility and

influence which has hitherto been almost wholly outside their grasp"22).

Entwicklung in diesem Sinn kann nicht länger eine abstrakte Zielgröße bleiben, die auf eine Gesellschaft bezogen ist, die sich als ein harmonisches Ganzes begreift, die jedoch bisher nicht der gesamten Gesellschaft eines Landes der Dritten Welt, sondern nur einer Minderheit Vorteile, Privilegien und einen gehobenen Lebensstandard gebracht hat. Das erkenntnisleitende Interesse dieser Arbeit an einer Entwicklung der ländlichen Gebiete beinhaltet folglich ein Eintreten für die Verbesserung der Lage der bisher benachteiligten Bevölkerungskreise. Diese Verbesserung ist als ein gesamtgesellschaftlicher Änderungsprozeß zu sehen, der unter Mitbestimmung und Mitbeteiligung die Mehrheit der unterprivilegierten Schichten in den ländlichen Gebieten Schwarzafrikas in die Lage versetzen soll, durch eigene Anstrengungen ihre materiellen und geistigen Grundbedürfnisse zu befriedigen. Dabei muß dieser Veränderungsprozeß notwendigerweise von Maßnahmen begleitet sein, die die bisherige ungleichmäßige Einkommensverteilung mindern 23).

4. Gemeindeorientierte Primarschule

Die Beschäftigung mit der Primarschule in den ländlichen Gebieten Schwarzafrikas enthält implizit eine konzeptionelle Vorstellung von den idealen Beziehungen zwischen Schule und Gemeinde, wie sie sich allgemein gesprochen im Begriff der 'Gemeindeschule' niederschlägt. Da sich dieser Begriff historisch gesehen aus dem anglo-amerikanischen Raum herleitet, wo Gemeindeschulen, (Community Schools) meist in der Absicht gegründet worden waren, benachteiligten Bevölkerungsgruppen, wie der Landbevölkerung, wie Einwanderern, Farbigen, Arbeitern zu helfen, ihren Wohngebieten wieder eine gewisse Attraktivität und ihrem Leben einen Sinn zu geben, um gleichzeitig den Anschluß an die allgemeine nationale Entwicklung zu ermöglichen, wird auf die Übernahme dieses Begriffs für die afrikanischen Verhältnisse verzichtet und statt dessen von 'Gemeindeorientierung' gesprochen 24).

Hinzu kommt, daß diese Art von Strategie zur Pazifizierung von Randgruppen der Gesellschaft 25), "...a stance to which it (the school) is particularly prone in poorer, working class neighbourhoods"26), sich vornehmlich auf Sekundarschulen bezog, die unter dem Etikett 'Gemeindeschulen' organisiert waren, während in dieser Untersuchung der Schwerpunkt auf Primarschulen liegt 27).

Es lag nahe, daß Politiker und Bildungsplaner in Schwarzafrika bei der Suche nach Lösungen für die sich aus ihren Bildungs- und Gesellschaftssystemen ergebenden Schwierigkeiten auf die Primarschulen verfielen. Warum sollte eine auf nationaler Ebene derart weit gestreute Institution wie die Primarschule nicht Aufgaben übernehmen, die über die bloße Vermittlung von Grundfertigkeiten im Lesen, Schreiben und Rechnen hinausgingen? War es nicht möglich, die Primarschule derart zu gestalten, daß durch ihren Einfluß in den ländlichen Gemeinden die dringenden Probleme wie Landflucht, Arbeitslosigkeit, sinkende Erträge in der Landwirtschaft, usw. gemindert bzw. gelöst werden könnten?

"If schools are not to operate as closed communities, cut off from the rest of the community, and if they are not by their teaching content, methods and organization to bring about an exodus to the towns, they must be integrated within their community... An integrated rural school would seek primarily to become a true emanation of the community it serves and of the society for which it is conceived"28).

Die gemeindeorientierte Primarschule sollte versuchen, den Erziehungs- und Sozialisierungsprozeß ihrer Klienten in Abstimmung und Zusammenarbeit mit den Bewohnern einer Gemeinde durchzuführen, damit die späteren Jugendlichen befähigt werden, produktiv zur Entwicklung der vorwiegend ländlichen Gemeinden beizutragen. Vier Leitideen charakterisieren diese Primarschule:

(1) Umweltorientierung bei der Entwicklung der Grundfertigkeiten in Lesen, Schreiben und Rechnen und die Befähigung, diese Fertigkeiten unter sich ändernden sozio-ökonomischen Verhältnissen anzuwenden.
(2) Gemeindemitglieder mit besonderen Fertigkeiten oder Wissen (z.B. Handwerker oder Herbalisten) vermitteln ihre Kenntnisse an die junge Generation im Rahmen der Schule.
(3) Schulgebäude und -einrichtungen stehen allen Gemeindemitgliedern für Fortbildungsmaßnahmen, insbesondere Alphabetisierungsklassen, kulturellen Veranstaltungen oder Freizeitbeschäftigungen zur Verfügung.
(4) Der Lehrer ist Organisator bzw. Koordinator von Entwicklungsprojekten zur Verbesserung des Lebensstandards der Gemeinden.

Dieses Konzept wird als wichtiges Instrument für eine Stabilisierung und Entwicklung der ländlichen Gebiete angesehen, ist Teil der Entwicklungsstrategie, wie sie von internationalen Organisationen vertreten wird 29), und hat seit der letzten Dekade immer stärkeren Eingang in die Reformpolitik schwarzafrikanischer Länder für die Primarschule gefunden.

III. HISTORISCHE URSPRÜNGE UND ANSÄTZE DES KONZEPTS EINER GEMEINDEORIENTIERTEN ERZIEHUNG FÜR SCHWARZAFRIKA

Die Diskussion um die 'richtige' Erziehung für die Bewohner Schwarzafrikas ist fortgesetztes Thema in Missions- und Kolonialregierungskreisen seit der Errichtung der ersten Schulen durch europäische Missionsgesellschaften 1). War für die Missionen eine rudimentäre Alphabetisierung eng mit der Glaubensverbreitung und der Verkündigung der Bibel verknüpft und kam der Schule von daher eine zentrale Rolle in der Missionsarbeit zu, so benötigten Kolonialverwaltungen und Handelshäuser im Verlauf der Absicherung ihrer Herrschafts- bzw. Einflußzonen ein immer stärkeres Kontingent von einheimischen Kräften, die für niedrigere und mittlere Tätigkeiten in Verwaltung und Wirtschaft eingesetzt werden konnten 2). Entsprechend ausgebildete einheimische Arbeitskräfte waren zudem wesentlich kostengünstiger als die Entsendung von ähnlich qualifiziertem Personal aus Europa. Schule brachte aber auch den Afrikanern Vorteile, die sie erfolgreich durchliefen, und gewann schnell in weiten Teilen Schwarzafrikas immer mehr Klienten, denen sie teilweise sozialen Aufstieg bis in höchste Verwaltungspositionen ermöglichte.

Das Problem bestand jedoch darin, die Afrikaner derart zu erziehen, daß sie von der Höherwertigkeit der westlichen Kultur im Vergleich zu ihren eigenen Lebensformen und Traditionen überzeugt werden konnten, daß sie Fertigkeiten erlernten, die im Rahmen kolonialer Verwaltung und Exportwirtschaft benötigt wurden, und daß sie darüber hinaus den Herrschaftsanspruch der Kolonialmacht nicht in Frage stellten 3). Diese Allianz von Glaube und Profit zeigt sich am deutlichsten in den englischen Versuchen, unter dem Schlagwort "Bibel und Pflug" eine afrikanische Mittelklasse zu schaffen, die Exportfrüchte anbauen sollte, um so den rückständigen Kontinent zu entwickeln. Auf diese Weise hofften um die Mitte des vorigen Jahrhunderts Missionen und Wirtschaft die zivilisatorischen Errungenschaften nach Afrika bringen zu können 4). Die über ein Jahrhundert währenden Versuche der Missionen und später die der Kolonialregierungen, den akademischen Fächerkanon (Lesen, Schreiben, Rechnen und religiöse Unterweisung) um sogenannte praktische Fächer bzw. Tätigkeiten zu erweitern, werden vor diesem Hintergrund verständlich.

Die Erziehungspolitik der Kolonialmächte verhalf einer ausgebildeten Elite zu Privilegien bei gleichzeitiger Vernachlässigung der Grunderziehung für die Mehrheit der Bevölkerung in den Kolonien. Dies trug dazu bei,
"... die Barriere zwischen einer isolierten oberen Klasse und der Masse der Bevölkerung nicht nur zu erhalten, sondern unüberwindbar zu machen ... Das Erziehungssystem war also vom Standpunkt der Kolonialmächte aus gesehen 'funktional'. 'Funktional' war es jedoch auch für die oberen Klassen in den Kolonien, die mit Hilfe dieses Systems die sich ergebenden Vorteile ausschöpfen konnten"5).
Aber trotz der Bemühungen der Kolonialmächte, die afrikanische Bildungselite auf i h r e gesellschaftlichen und politischen Vorstellungen festzulegen, waren es gerade einige dieser westlich ausgebildeten Afrikaner, die für ihre Länder die Unabhängigkeit von den Mutterländern forderten und sie am Ende oft langer Auseinandersetzungen auch erreichten 6). Sie waren es, die in gewissem Sinne die westliche Erziehung als Möglichkeit politischer und

geistiger Emanzipation auffaßten, um beweisen zu können, daß Afrikaner über die gleichen intellektuellen Fähigkeiten verfügten wie die Europäer 7).

1. Die Funktion der Erziehung in Schwarzafrika - Ein Überblick in Zitaten

Bei näherer Betrachtung der Geschichte der Pädagogik in Schwarzafrika seit der Kolonialzeit entdeckt man die kontinuierlichen Bemühungen der für die Bildungspolitik zuständigen Gremien und Experten, Erziehung den afrikanischen Verhältnissen 'anzupassen', sie 'relevant' werden zu lassen, sie auf die 'Bedürfnisse' der Gemeinde abzustellen etc.

Die folgende Auswahl von Zitaten aus Stellungnahmen und Dokumenten von Vertretern der verschiedensten Institutionen, die mit der Erziehung in Schwarzafrika befaßt waren, zeigt gleichzeitig, daß die Geschichte der Pädagogik dieser Länder ebenso den Beweis in sich trägt, daß über mehr als ein Jahrhundert über die Köpfe der Betroffenen hinweg Bildungspolitik betrieben wurde. Die in vielen Ländern noch anhaltende Fremdbestimmtheit des Bildungswesens, sowie die unterschwelligen und offenen Widerstände gegen bestimmte Reformansätze in der Schulpolitik, werden durch diese Zitate vielleicht verständlicher. Mögen uns die Sprache und angeschnittenen Probleme in diesen Dokumenten vertraut erscheinen, da sie heute - oft in ähnlichen Zusammenhängen - wieder auftauchen, so ist jedoch gegenwärtig wie für die damalige Situation die Kernfrage zu stellen, welche Interessen in der Bildungspolitik wahrgenommen wurden. W e r definiert die Bedürfnisse der Gemeinden und die Relevanz der Erziehung und w e m soll sie was bringen 8)? Die ungebrochene Ausstrahlungskraft formaler Erziehungseinrichtungen auf die afrikanische Bevölkerung hat folglich weniger etwas damit zu tun, was die Schule vermittelt - allgemeine, technische, landwirtschaftliche Inhalte -, sondern welche hochdotierten Positionen mit einer bestimmten formalen Erziehung erreichbar sind.

"There is too much time employed in the school in the mere exercise of memory, too much of a mere teaching of words, and neglect of the knowledge of things, and too little employment of the faculty of thinking and of instruction in the habits of industry", (Report of the Committee on the West Coast of Africa, 1842)9).

"A problem facing the educational authorities is to devise a curriculum which will meet the needs not only of a small minority who engage in non-agricultural pursuits but the bulk of the population in order that they may be able to lead a better, richer life in a rural environment", (Minutes of the Education Committee of the Privy Council to the Colonial Office, 1847)10).

"It is insisted that education must be closely related to the actual life of those who have to be taught. It must take account of their instincts, interests as distinct from those of people living in quite different conditions. Its aim must be to equip them for the life which they have to live. Hence the main emphasis must not be on a purely literary curriculum, such as still prevails in many schools, but on training in such necessities of actual life as health, hygiene, the making and keeping of a home, the earning of a livelihood and civic knowledge and spirit", (Oldham, J.H., Christian Missions and the Education of the Negro, 1918)11).

"The primary function of education should in my judgement be to fit the ordinary individual to fill a useful part in his environment with happiness to himself and to ensure that the exceptional individual shall use his abilities for the advancement of the community and not to its detriment or to the subversion of constituted authority", (Lord Lugard, F. D., Political Memoranda 1913-1918)12).

"Education should be adapted to the mentality, aptitudes, occupations and the traditions of the various peoples, conserving as far as possible all sound and healthy elements in the fabric of their social life, adapting them where necessary to changed circumstances and progressive ideas ... Its aim should be to render the individual more efficient in his or her condition of life, whatever it may be, and to promote the advancement of the community as a whole through the improvement of agriculture, the development of native industries, the improvement of health, ... The central difficulty in the problem lies in finding ways to improve what is sound in the indigenous tradition ... Every department of Government concerned with the welfare or vocational teaching of the people ... must cooperate closely with educational policy", (Memorandum on Education Policy in British Tropical Africa, 1925)13).

"In attracting to the Village Schools the greatest possible number of children under eleven years, we will have satisfied our principles of justice and equality ... For the first ten months they will be introduced only to spoken French, and to the rudiments of Arithmetic and the metric system. At the same time we will make special efforts to make them feel the need for, and the advantage of, hygienic habits, to which they will become accustomed. At the end of the year the first selection of students will take place. Most of the children will be sent back to their homes. The little knowledge they will have acquired will be of some use to them in their lives as farmers and labourers, which they will be, and their short stay at the school will not have the pernicious effects of a long sojourn. They will resume without difficulty their place in their homes and their role in the family life ... When they become adults, they will be more receptive to our suggestions for progress; they will be better able to understand us." (Governor General for French Equatorial Africa, R. Antonetti, 1925)14).

"The basis of African life is, and is likely to remain, agricultural. If this is so, one of the primary tasks of African education must be to assist in the growth of rural communities securely established on the land ... The efficiency of the school in promoting the good life of the community depends on the extent to which it is able to cooperate with the moral forces operative in native society and to build on these as a foundation ... The school can fulfil its function only if it is part of a more general programme conceived in terms much wider than the work of the school. Experience tends to show that efforts to educate the young are often largely wasted unless a simultaneous effort is made to improve the life of the community as a whole", (Memorandum on the Education of African Communities, 1935)15).

"La nouvelle formule de l'enseignement récemment adoptée tend à mettre l'école de village à la proximité des masses rurales et de leurs véritables besoins", (Ministére des Colonies, Rapport 1937)16).

"Increased educational facilities cannot be provided with advantage except with the active cooperation of the communities concerned. The stage has been reached at which popular education will cease to be popular unless the communities concerned have a measure of control: and popular share in the control depends on the creation of some machinery of local government", (Memorandum on Education Policy in Nigeria, 1947)17).

"It is the duty of every school to relate the whole of the curriculum to the life of the community it serves", (Report of the 1951 Mission on Education in East and Central Africa)18).

"Each school should have, as an integral part of it, a farm or workshop which provides the food eaten by the community ... primary schools ... and their pupils, should be thoroughly integrated into the village life. The pupils must remain an integral part of the family (or community) economic unit ... There are many different ways in which this integration can be achieved. But it will have to be done deliberately, and with the conscious intention of making the children realize that they are being educated by the community in order that they shall become intelligent and active member of the community ... Again if development work - new buildings or other things - are needed in the school, then the children and the local villagers should work on it together, allocating responsibility according to comparative health and strength." (President Nyerere, Tanzania, Education for Self-Reliance, 1967)19).

"The main objective of the Community Schools programme is to improve the quality and relevance of primary education for the development of human resources with the view of making the programme responsive to the needs of integrated rural development as well as National Development". (Annual Report of the Ministry of Education for 1977, Liberia)20).

2. 'Industrie'-Schulen für die Kolonien:
Arbeitserziehung als Disziplinierungsmittel

Die Idee der Gemeindeorientierung der Schule zur Verbesserung der Lebenssituation der ländlichen Bevölkerung taucht vorwiegend in Dokumenten der britischen Erziehungspolitik für die Kolonien in Afrika auf.

Bis zur Mitte des 19. Jahrhunderts hatten die wenigen Schulen, die im Zusammenhang mit europäischen Handelsniederlassungen an den Küsten Schwarzafrikas entstanden waren, schlecht und recht ihre Klienten in die Geheimnisse des Lesens und Schreibens und des christlichen Glaubens einzuweihen versucht. Die Nachfrage nach westlicher Erziehung von Seiten der Afrikaner war alles andere als enthusiastisch und beschränkte sich meist auf den Teil der Küstenbevölkerung, der durch die Handelsposten der Europäer schon seit längerer Zeit mit ihnen Verbindung hatten. Die Schule selber wurde als etwas angesehen was nützlich für den Weißen war, aber dem Afrikaner wenig bedeutete 21).

Insbesondere im sogenannten Hinterland Schwarzafrikas hatten die Missionare Schwierigkeiten, die Bevölkerung von der Nützlichkeit der Schule, die im Rahmen ihrer Missionierung einen hohen Stellenwert einnahm, zu überzeu-

gen. Man mußte auf eine Reihe von materiellen Anreizen bzw. von Kompensationen für die Eltern zurückgreifen, um überhaupt Kinder in die Schule zu bekommen.
"Some of the students' parents were paid a small amount by the missionary for allowing their children to board with them and attend his school. Pupils were provided free clothes, copy books, and slates ...")22.

In den sich herausbildenden städtischen Siedlungen der Küste wurde dagegen die von den Missionaren vermittelte 'akademische' Erziehung immer stärker wegen ihrer ökonomischen Verwertbarkeit unter den Afrikanern geschätzt. Wer die Sprache der Weißen in Wort und Schrift erlernt hatte und über Grundfertigkeiten im Rechnen verfügte, hatte gute Aussichten, eine bezahlte Anstellung zu finden.
"Education, in practice, was valued for its cash return, and it remained virtually the only mode by which individuals could partially dissociate themselves from traditional society and enter the small but relatively lucrative number of posts then open to Africans"23).

Die utilitaristische Einschätzung der Schule durch Eltern und Schüler verstärkte sich, je gefestigter die politische Machtausübung der Kolonialmächte wurde, da in allen Bereichen der Kolonialgesellschaft mehr alphabetisierte Arbeitskräfte benötigt wurden. Um die Afrikaner von der Nützlichkeit der Schule zu überzeugen, wies in Nigeria z.B. der katholische Bischof Shanahan mit viel Erfolg auf die wachsenden Beschäftigungsmöglichkeiten im modernen Sektor hin, die den Absolventen der Missionsschulen offen stünden. Dadurch gelang es ihm bereits zu Beginn des 20. Jahrhunderts, in den neugegründeten katholischen Gemeinden die Mitglieder für den Unterhalt der Schulen und Bezahlung der Lehrer heranzuziehen 24). So kann man Lewis nur zustimmen, wenn er feststellt:
"The idea of education as an investment was recognised and pursued by Africans long before the economists made it a feature in the theory of education for development ... The hard facts were that a literary education was more likely to be fruitful than a manual, vocational or agricultural education ... Even when the changing economic conditions have debased the currency of the literary education ...the belief in the link between certificate and job persists. The shortage of the desirable jobs does not of itself lead to farming becoming an acceptable alternative; for the individual there is always the possibility that he will be the lucky one to gain a place in the salary earning sector of society"25).

Die verschiedenen Missionsgesellschaften, die in Afrika Schulen gegründet hatten und unterhielten, orientierten sich bewußt oder unbewußt an Modellen, die sie aus ihren Heimatländern her kannten 26). Vereinfacht dargestellt verfuhr man nach dem Motto: was für die Armen Europas nützlich an Erziehung ist, kann für die dem Christentum zu gewinnenden Bewohner Afrikas nicht falsch sein. Variationen in der Schulorganisation und dem Unterricht bestimmten sich aus der Art der Missionsgesellschaft, die in einem bestimmten Gebiet des Landes tätig war.
"If the mission was of an evangelical character, there was a greater possibility that its missionaries came from the artisan class in Europe and the United States, and that they would teach manual skills in addition to the literacy classes found in all mission schools. If the mission was composed of individuals with a more liberal education,

the school curriculum reflected this. Anglican and Catholic missions - which constituted the great majority - generally established academic schools"27).

Die so errichteten Schulen unterschieden sich kaum von den Armenschulen in England um die Mitte des 19. Jahrhunderts hinsichtlich der Qualität des Unterrichts und der Zielsetzung der Erziehung 28). Bereits im 18. Jahrhundert gab es in Europa Überlegungen und Versuche, die Kinder der armen Bevölkerung durch praktische Arbeiten während der Schulausbildung frühzeitig auf ihre spätere Rolle in der Gesellschaft vorzubereiten und um die Kosten ihrer Ausbildung zu senken 29). Berichte über erfolgreiche 'Projekte' aus dieser Zeit erinnern an ähnlich klingende Erfolgsmeldungen über Reformprojekte und angepaßte Technologien in Entwicklungsländern des 20. Jahrhunderts: Da wurden Schulgärten zum "Vorteil der Jugend" angelegt, Schüler halfen bei Aufforstungsprojekten, lernten das Spinnen von Wolle, das von innovativen Lehrern eingeführt wurde; Mädchen strickten und nähten, und alles half, die Kosten der Schulen zu senken,dem Müßiggang vorzubeugen, und den wachsenden Industriebetrieben "viele tausend junge, gesunde, muntere, fleißige und geschickte Arbeiter mehr" zu gewinnen. Selbst Auswirkungen auf die Eltern der armen Schülerinnen und Schüler werden gemeldet, die angeregt durch die Schule ebenfalls begannen, Wolle zu verarbeiten 30).

Neben den herkömmlichen Armen- und Arbeitsschulen gab es zu Beginn des 19. Jahrhunderts Versuche, im Rahmen philanthropischer Bildungstheorien Schulen und Lehrerausbildungsstätten zu gründen, die die produktive Arbeit nicht nur als reines Disziplinierungsinstrument, sondern als Mittel der 'Charakterbildung' einsetzten. Ausgehend von Modellversuchen Schweizer Pädagogen wie z.B. Pestalozzi und Fellenberg, wurden auch in England Schulversuche gestartet, in denen die Hälfte oder ein Drittel der Zeit der praktischen Arbeit gewidmet war. Die Kinder bearbeiteten ein ihnen zugewiesenes Stück Land und durften die Hälfte der Ernte für sich behalten, während die andere Hälfte der Schule gehörte und als Pacht und Werkzeugbenutzung angesehen wurde 31).

Ausgehend von der Überzeugung, daß die Dorfschule zur zentralen Einrichtung der Gemeinden werden müsse, die helfen könne, die Situation in den ländlichen Gebieten zu verbessern, gründete Kay-Shuttleworth 1840 in Battersea eine Lehrerausbildungsanstalt, deren Modell in der Folgezeit überall in England Verbreitung fand. Ziel dieser Ausbildungsstätten war es, Lehrer aus den armen Bevölkerungsschichten für ein zukünftiges Leben in den durch Armut geprägten ländlichen Gebieten Englands vorzubereiten, ohne sie ihrer sozialen Herkunft zu entfremden. Diese Entfremdung hoffte man durch eine arbeits- und umweltbezogene Lehrerausbildung zu verhindern. Praktische Arbeiten in Garten und Werkstatt gehörten ebenso zum Programm wie die Erkundung der Umgebung, um die historischen und geographischen Aspekte der Umwelt für den Unterricht nutzbar zu machen 32). In seiner Eigenschaft als Sekretär des 'Committee of the Privy Council on Education' gelang es Kay-Shuttleworth durch staatliche finanzielle Unterstützungen diejenigen Primarschulen, die praktische Tätigkeiten in ihre Curricula aufnahmen, in ihrer Arbeit zu fördern. Schulen mit Schulfarmen und Werkstätten, Küchen und Waschhäusern erhielten ebenso Zuwendungen wie Lehrkräfte, die ein Handwerk oder Hauswirtschaft unterrichten konnten 33).

Die Begeisterung für eine praxisorientierte Erziehung hielt keine zwanzig Jahre in England an. Nach der Einführung des 'payment-by-results' Systems 1861 konzentrierten sich die große Mehrzahl der Primarschulen wieder auf die Grundfächer Lesen, Schreiben, Rechnen. Bei diesem Verfahren der englischen Schulbehörden richtete sich die Unterstützung der Schulen für die Deckung ihrer laufenden Kosten nach ihrem Abschneiden in den Abschlußprüfungen, in denen jedoch die praktischen Tätigkeiten der Schüler nicht bewertet wurden. Die Schulgärten verschwanden daher allmählich ebenso wie die praktischen Unterweisungen 34). Trotzdem hatten die Vorstellungen Kay-Shuttleworths weiterreichende Auswirkungen auf die Erziehung in den britischen Kolonien. Als in den 40er Jahren des 19. Jahrhunderts erste Kritiken an der Art der Erziehung der Missionen in Afrika laut wurden und der Mangel an landwirtschaftlicher Unterweisung und an Schulfarmen beklagt wurde, verfaßte Kay-Shuttleworth ein Memorandum für das Kolonialbüro, in dem er seine Erfahrungen aus England auf die Kolonien übertrug 35). In dieser ersten allgemeinen Stellungnahme britischer Erziehungspolitik für die Kolonien sind Überlegungen enthalten, "...which could have been written by today's proponents of the community school"36).

Das Memorandum enthält zunächst die Feststellung, daß es notwendig sei, detaillierte Kenntnisse von den lokalen kulturellen Gegebenheiten zu besitzen, um die Erziehungseinrichtungen auf die lokalen Bedürfnisse der Kolonien abstellen zu können. Außer diesen speziellen Kenntnissen werden folgende allgemeine Erziehungsziele und -methoden vorgeschlagen:
"1. To inculcate the principles and promote the influences of Christianity by such instruction as can be given in elementary schools.
2. To accustom the children of these races to habits of self-control and moral discipline.
3. To diffuse a grammatical knowledge of the English language as the most important agent of civilization.
4. To make the school the means of improving the condition of the peasantry by teaching them how health may be preserved by a proper diet, cleanliness, ventilation and clothing, and by the structure of their dwellings.
5. To give practical training in household economy and in the cultivation of the cottage garden as well as in those common handicrafts by which a labourer may improve his domestic comfort.
6. To communicate such a knowledge of writing and arithmetic and of their application to his wants and duties as may enable a peasant to economize his means, and give the small farmer the power to enter into calculations and agreements.
7. Improved agriculture is required to replace the system of exhausting the virgin soils, and then leaving to natural influences alone the work of reparation. The education of the coloured races would, therefore, not be complete for the children of small farmers, unless it included this object.
8. Lesson books should teach the mutual interests of the mother country, and her dependencies, the natural basis of this connection and the domestic and social duties of the coloured races.
9. Lesson books should also set forth simply the relation of wages, capital, and labour, and the influence of local and general government on personal security, independence and order"37).

Um die genannten Ziele zu erreichen wurde ein Bildungssystem empfohlen, das mit der Elementarschule einsetzte und sich dann mit Arbeitsschulen, Schulen mit landwirtschaftlichen Musterbetrieben oder Lehrerausbildungsanstalten fortsetzte. Jugendliche im Alter von 13 bis 19 Jahren waren für den Besuch der an der Praxis orientierten Ausbildungsstätten vorgesehen. Die Arbeitsschulen (Day Schools of Industry) sollten durch den Verkauf ihrer Erzeugnisse bzw. Dienstleistungen teilweise für ihren eigenen Unterhalt aufkommen. Auf den Modellfarmen sollten systematische Unterweisungen in Landwirtschaft erteilt werden und die zukünftigen Lehrer sollten u.a. Unterricht in der Landvermessung, in für die Landwirtschaft relevanter Chemie, in Theorie und Praxis der Landwirtschaft, in Viehhaltung usw. erhalten. Durch diese Kombination von verschiedenen Erziehungsinstitutionen und -maßnahmen hoffte man die Afrikaner zu arbeitsamem und fleißigem Verhalten anzuhalten, "leading to the formation of a settled and thriving peasantry"38).

Die Vorschläge von 1847 sind in ihrem Kern ökonomischer Natur: Mit Hilfe der Institution Schule glaubte man die Exporte aus landwirtschaftlicher Produktion steigern zu können und damit auch zur Verbesserung des allgemeinen Lebensstandards auf dem Lande beizutragen. Gleichzeitig bedeuteten die Vorschläge für die Bewohner der Kolonien eine Einübung und Verinnerlichung von politischen Verhaltensweisen, die die politische Macht der Kolonialherren absicherte.

Die zivilisatorischen Absichten eines vom Philanthropismus geprägten Erziehers wie Kay-Shuttleworth trafen sich mit den Interessen der Verteter von Handel und Verwaltung in den Kolonien, die für die wachsende Ausbeutung der afrikanischen Länder qualifizierte Einheimische benötigten.
"Commerce grumbled because, as trade became more developed and complicated, the African school products, educated on a bookish curriculum by the rote method, were good enough for repetitive work but unreliable when initiative and resourcefulness were called for."39)

Nach ihrer Verbreitung in den britischen Kolonien zeigten die Empfehlungen zunächst keine unmittelbaren Auswirkungen. Erst Jahrzehnte später kam es zur Gründung von Arbeitsschulen in Afrika und zur Aufnahme praktischer Arbeit in die Curricula der Primarschulen. Von den ca. 10.000 Schülern, die um die Jahrhundertwende in der Goldküste die Schule besuchten, erhielten z.B. nur 400 eine handwerklich orientierte Ausbildung 40). Trotzdem hielt die Diskussion um die Notwendigkeit einer berufsbezogenen handwerklich-landwirtschaftlichen Erziehung für die Afrikaner an und brachte immer wieder Schulversuche und Reformansätze hervor. Bis zur großen Auseinandersetzung über die Vorschläge für eine adaptierte Erziehung für Afrika nach dem I. Weltkrieg hatten die Reformer jedoch eines wiederholt feststellen müssen: Ihre Versuche, die Curricula der Primar- und Postprimarschulen um praktische Fächer zu erweitern, stießen bei Eltern und Schülern auf Ablehnung. Zum einen mißtraute man frühzeitig diesem Schulkonzept, weil es von der herkömmlichen europäischen Schulausbildung abwich 41) und nicht auf die erträglicheren 'white-collar-jobs' vorbereitete. Zum anderen waren viele Bauern keinen Grund, warum ihre Kinder sich in der Schule mit Landwirtschaft befassen sollten, da im Rahmen der vorherrschenden Subsistenzwirtschaften ohne arbeitsintensive Methoden ausreichend Nahrungsmittel erwirtschaftet werden konnten. Darüberhinaus haftete in weiten Teilen Afrikas körperliche Arbeit der Geruch von Sklavenarbeit an und wurde allein aus diesem Grunde abgelehnt 42).

Die protestantische Basler Mission hatte seit der Aufnahme ihrer Tätigkeit in Afrika am konsequentesten im Rahmen ihrer Evangelisationsbemühungen Alphabetisierung mit der Ausbildung in praktischen handwerklichen und landwirtschaftlichen Fertigkeiten verbunden. Vertreter der Mission begründeteten dieses Vorgehen folgendermaßen,
> "The Basel Mission, recognizing the fact that industrial training is a most important factor in the education of a heathen un-civilised nation, tried to exercise an every-day influence on the people, making the spade and other instruments go hand-in-hand with the Bible"43).

Die Erziehung zur Arbeit durch die Mission hatte sowohl religiös-moralische als auch ökonomische Ursachen. Den Missionaren erschienen die Lebensformen der Afrikaner als Müßiggang, der als unsittlich und unfromm angesehen wurde und den man durch die Erziehung zur Arbeit zu überwinden hoffte 44). Da man die Afrikaner im allgemeinen als von der Zivilisation - wohlgemerkt westlichen Typs - unberührte Kinder betrachtete, die unfähig zu freiem, selbstständigem Entscheiden und Denken waren, schien durch die Erlernung eines praktischen Berufes die Möglichkeit gegeben, gewissenhafte, fleißige, tüchtige - kurz gesagt, christliche Afrikaner zu erziehen 45). Die heile Welt der überwiegend aus der unteren Mittelschicht der Handwerkerkreise stammenden protestantischen Missionare wurde zur Maxime der Erziehung der Afrikaner.
> "Weshalb sollten junge Mädchen, die Farmen und Haushalt von ihren Müttern und Tanten erlernt hatten, Wohnung und Kleidung in Ordnung halten? Die Forderung nach Hygiene kam sowohl aus der sichtbaren Not der Kindersterblichkeit als auch aus dem Reinlichkeitsgefühl einer württembergischen Hausfrau. Warum mußten tüchtige junge Männer Schreiner und Maurer werden, während sie bereits Bauern waren, und hauptsächlich die Weißen in soliden Häusern zu wohnen wünschten? Die Forderung einer christlichen Tugendlehre hatte ihre Parallele in der beruflichen Tüchtigkeit der Lehrlinge ... Die Ethik des einfachen Bürgertums zeigte Neigung zu formalistischen Apellen. Z.B. wurde die Sauberkeitserziehung und Hygiene als Beweis für den Triumpf ihres Glaubens angesehen"46).

Die Arbeit der Basler Misssion verfolgte von Anfang an den Aufbau selbständiger christlicher Gemeinden. Der Primarschule kam dabei besondere Bedeutung zu, wurde sie doch als Keimzelle der Glaubensverbreitung angesehen. Um die Missionsstationen und ihre Gemeindemitglieder unabhängiger von der heidnischen Umwelt zu machen, mußten sie in der Lage sein, die wichtigsten Nahrungsmittel selbst zu gewinnen und die notwendigsten handwerklichen Arbeiten selbst auszuführen. Eine landwirtschaftlich-handwerkliche Ausbildung war somit untrennbar mit der Missionsarbeit verbunden.
> "The aim of Basel industrial and agricultural training combined with residential institutions and the practice of pupils 'boarding in' with the missionaries was aimed at isolating the African Christians from traditional culture and establishing self-supporting Christian communities"47).

In den von den Basler Missionaren geführten Primarschulen, den 'Infant Vernacular Schools' 48), gehörten Schulfarmen zur selbstverständlichen Einrichtung, auf denen Nahrungs- und Exportfrüchte angebaut wurden 49). In vielen Kolonien wurden Versuchsfarmen angelegt, deren Forschungsergebnisse an die Schulen weitergegeben wurden 50).

Im Wettbewerb mit anderen Religionsgemeinschaften, die eine fast ausschließlich literarische Bildung vermittelten, die bei den Afrikanern eher Anklang fand, als die praktische Bildung der Basler Mission, gewannen die dem europäischen Fächerkanon entsprechenden Schulfächer auch in den Schulen der Basler Mission wieder ein größeres Gewicht 51). Die praktische Arbeit wurde immer weniger in den Unterricht integriert und diente immer mehr der Versorgung der einheimischen Lehrer mit Nahrungsmitteln durch die Arbeit der Schüler. Der Arbeit war so jegliche pädagogische Relevanz genommen, sie diente nur noch zur Disziplinierung.

"Viele Lehrer lassen durch ihre Schüler ihre Farm bearbeiten ... Wenn die Verwendung der Schüler im Dienst des Lehrers auch pädagogisch sehr anfechtbar sein dürfte, - praktisch ist erreicht, was erreicht werden soll, die Heranziehung der Schüler zur Arbeit"52).

Es kann nicht die Aufgabe dieser Arbeit sein, eine Geschichte der Erziehung für Schwarzafrika zu schreiben. Es soll vielmehr versucht werden, anhand einiger exemplarischer Beispiele Ansätze von Denkweisen und Erfahrungen aufzuzeigen, die heutzutage im Rahmen einer gemeindeorientierten Primarschulerziehung wiederzufinden sind. Für die Phase bis zum ersten Weltkrieg sollen daher abschließend noch die Versuche der deutschen Kolonialregierung erörtert werden, die Primarschule im Rahmen großangelegter Programme zur Modernisierung der Landwirtschaft einzusetzen.

Mit der verstärkten Übernahme und Neuerrichtung von Schulen durch die Kolonialregierung in den deutschen Kolonien zu Beginn des 20. Jahrhunderts, versuchte man die Primarschule derart zu gestalten, daß von ihr ein Beitrag zur Modernisierung der afrikanischen Landwirtschaft erwartet werden konnte. Mit 'Modernisierung' war hauptsächlich der Anbau von Exportkulturen gemeint, z.B. der Anbau von Baumwolle in Togo oder von Kakao in Kamerun. Im Interesse einer Steigerung der Produktion wurden landwirtschaftliche Forschung, landwirtschaftliche Beratung und die allgemeine Schulausbildung koordiniert 53).

Während in Togo farbige Baumwollexperten vom Tuskegee Institute in den USA unter den einheimischen Bauern den Anbau dieser Pflanze propagierten, wurden in Kamerun Versuchsstationen und Demonstrationsfarmen angelegt, um die Bauern mit modernen Ackerbaumethoden vertraut zu machen 54). Trotz des Einsatzes von landwirtschaftlichen Experten der Kolonialverwaltung, die von Häuptlingsversammlung zu Häuptlingsversammlung durchs Land zogen und Belohnungen für den Fall versprachen, daß die ausgegebenen neugezüchteten Saatsorten und Pflänzlinge verwendet wurden, blieb der Erfolg dieser Beratungskampagne gering. Für die Situation in Kamerun wurde z.B. festgestellt,

"Es zeigte sich jedoch in der Regel, daß die ökonomischen Anreize beim Anbau von Lebensmitteln und minderwertigen Massengütern für die Afrikaner viel zu gering waren, weshalb man sich dann mit Zwangsmaßnahmen behalf: Neupflanzungen wurden einfach von den Verwaltungsstellen angeordnet und mußten nolens volens ausgeführt werden"55).

Warum also nicht die Primarschule benutzen, um die zukünftigen Bauern zumindest rudimentär in die moderne Landwirtschaft einzuführen und die

Bewohner auf dem Lande durch das Beispiel der Schulfarm für den Anbau von Exportprodukten zu interessieren? Eine großangelegte empirische Untersuchung des Kolonialinstituts in Hamburg zur Situation der Schulen für die 'Eingeborenen' in den deutschen Schutzgebieten ergab u.a., daß die Schulen in Afrika ihre Schüler von der afrikanischen Umwelt entfremdeten und daß die Vermittlung von Lesen und Schreiben über Texte, die aus einem deutschen bzw. europäischen Kontext entnommen waren, pädagogisch gesehen fragwürdig war 56). Christel Adick weist jedoch für Togo zu Recht darauf hin, daß eine solche kritische Feststellung für die Kolonialerziehung außer Acht läßt,

"daß diese Entfremdung eben keine bedauernswerte Begleiterscheinung der Kolonialherrschaft war, sondern für Zwecke der Verknüpfung von Kolonie und Mutterland ... geradezu notwendig war"57).

Die festgestellte Entfremdung der afrikanischen Schüler sollte durch Unterrichtsmaterialien, die auf die afrikanische Umwelt bezogen waren und durch eine Arbeitserziehung mit dem Schwergewicht auf landwirtschaftliche und handwerkliche Tätigkeiten aufgehoben werden. Unterricht im Klassenraum und die Arbeiten auf der Farm sollten sich abwechseln. Durch die Erträge der Schulfarmen sollten die Schulen zum eigenen Unterhalt beitragen 58). Bei genauerer Analyse finden sich sowohl Vorstellungen einer 'low cost' education wieder, wie Ansätze zur arbeits- und umweltorientierten Curricula, wie sie in neueren Reformvorschlägen für Afrika zu finden sind 59). Von dieser Art der Erziehung versprach man sich die Schaffung von fleißigen und gehorsamen Untertanen, die zur Vermehrung des Reichtums des Mutterlandes tatkräftig beitrugen,

"...if a colony is to be considered economically profitable, also the native labour must be exploited. It is therefore a matter of raising the material, intellectual and moral standard of the native population, and the road to this goal is 'training to work' "60).

Es lag nahe, daß die Kolonialregierung die Zusammenarbeit mit den Missionsgesellschaften suchte, die eine praktische Erziehung forcierten, um agrarische Neuerungen unter den Einheimischen einzuführen. Ende 1912 vereinbarte die Kolonialverwaltung in Kamerun mit den Missionen, insbesondere der Basler Mission, die Schulen als Beratungs- und Demonstrationszentren für die Propagierung des Anbaus von Kakao einzusetzen. Jede Missionsschule sollte, falls es die ökologischen Verhältnisse zuließen, eine Kakaopflanzung anlegen.

Durch die tägliche Beschäftigung mit dem Kakaoanbau würden die Schüler frühzeitig mit der Exportfrucht vertaut gemacht. Die Schulen sollten kostenlos Saatgut erhalten, darüber hinaus war die Verwaltung bereit, ein Drittel der Anschaffungskosten für die landwirtschaftlichen Geräte zu tragen, sowie jeder Schule pro Schüler und Jahr eine Prämie von fünf Reichsmark zu gewähren. Das Programm sollte durch Fortbildungskurse für Lehrer während der Schulferien an der landwirtschaftlichen Versuchsanstalt in Victoria ergänzt werden. Die Verwirklichung des wohldurchdachten Programmes scheiterte am Ausbruch des ersten Weltkrieges 61).

3. Die Phase der Anpassung der Erziehung auf die besonderen Bedingungen Afrikas im Rahmen kolonialer Erziehungspolitik

Die Frage, ob es pädagogisch sinnvoll sei, Bildungssysteme aus einem bestimmten Kulturkreis ohne nennenswerte Änderungen auf einen anderen Kulturkreis zu übertragen, wird immer dann zur Diskussion stehen, wenn die Ergebnisse des Systems nicht mehr den Erwartungen derjenigen gesellschaftlichen Gruppen entsprechen, die sich bisher dieses Systems für ihre Zielsetzungen bedient haben. Auf Afrika bezogen zieht sich die Auseinandersetzung über die relevante Erziehung seit mehr als 100 Jahren wie ein roter Faden durch die Erziehungspolitik und scheint heutzutage an Aktualität nichts eingebüßt zu haben:
"The idea of relevance ... thus appears largely as a common denominator likely to guide the policies, reforms and innovations of the African countries in the coming years ..."62).

Immer wenn die Krisensymptome des Bildungssystems alarmierend wurden, setzte eine verstärkte Beschäftigung mit Reformen ein, die die schwarzafrikanische Erziehung 'angepaßter' gestalten wollten. Missionare und Kolonialbeamte, die für die Erziehung in den Kolonien verantwortlich waren, suchten daher immer dringender nach Beispielen oder Bildungsmodellen, von denen sie sich Hilfe bei der Lösung der wachsenden Probleme wie Landflucht, Arbeitslosigkeit der Schulabgänger, politische Unruhe usw., erhofften.

3.1 Amerikanische 'Negererziehung': Collegeausbildung von Hampton-Tuskegee als Modell für Schwarzafrika

Die für Schwarzafrika propagierten Ideen einer spezifischen, auf die Verhältnisse der ländlichen Umwelt abgestimmten Erziehung, haben ihre Ursprünge in Erziehungsprogrammen für Farbige in den Südstaaten der USA. Nach dem Ende des amerikanischen Bürgerkrieges 1865 befanden sich die ehemaligen Südstaaten in einem Zustand wirtschaftlicher und sozialer Auflösung. Viele der gerade befreiten ehemaligen Sklaven fanden keine Arbeit oder mußten sich gegen geringen Lohn als Tagelöhner einstellen lassen, da die wenigsten für qualifizierte Arbeit vorgebildet waren, und die Diskriminierung durch die herrschenden Weißen, trotz der Niederlage im Bürgerkrieg, andauerte. Schulen für Farbige hatte es bis dahin im Süden nicht gegeben. Weiße aus den Nordstaaten, die sich für die Befreiung der Sklaven eingesetzt und gekämpft hatten, zogen daher nach Kriegsende in die Südstaaten und bauten Schulen für die befreiten Sklaven auf, in denen Unterricht erteilt wurde, der dem normalen Lehrplan der Schulen in den Nordstaaten folgte.

Eine Ausnahme in den Bemühungen, für die bisher benachteiligten farbigen Südstaatler Erziehungsinstitutionen einzurichten, die von dem üblichen Fächerkanon des Nordens abwichen, bildete der ehemalige Bürgerkriegsgeneral Armstrong. Armstrong, der im Krieg ein Regiment Farbiger leitete, hatte durch seinen Vater in Hawai Industrieschulen kennengelernt, die von der Mission geführt wurden. Etwas Ähnliches hoffte er für die Farbigen der Südstaaten aufzubauen, um sie durch praktische Arbeiten in die Lage zu versetzen, selbständig einen Unterhalt zu verdienen. Die Absolventen seines Colleges wollte er mit solchen Führungsqualitäten ausstatten, daß sie durch gute Beispiele ihre farbigen Mitbürger zu ähnlichem Verhalten anleiten

konnten.
"Spend your life doing what you can do well. If you can teach, teach. If you can't teach, but you can cook well, do that ...Help your people in teaching, in care of the sick, in improving land, in making better homes"63).

Mit der finanziellen Unterstützung durch Philanthropen aus dem Norden der USA gründete Armstrong 1868 in Virginia das Hampton Institute. Neben den herkömmlichen akademischen Fächern gehörten landwirtschaftliche, handwerkliche und hauswirtschaftliche Tätigkeiten zum Curriculum des Instituts. Das Erziehungskonzept von Hampton - und später im Schwesterinstitut Tuskegee - für die Farbigen war auf die völlige Anpassung an die bestehenden Bedingungen ausgelegt;
"Education for him (Armstrong) had primarily practical value, and was strictly governed by the conditions of Negro life in the white South. If that white community was deeply prejudiced against any competitive political or professional role for Negroes, then the educational system must be planned accordingly, and Negroes prepared for the sort of life open to them"64).
Armstrongs Erziehungsmaxime, daß Hampton 'aufs Leben' vorbereiten und daß Erziehung helfen müsse, die 'Bedürfnisse der Gemeinden' zu befriedigen, erweist sich bei genauerer Betrachtung als ein apolitisches Konzept, dem das Bild einer statischen Gesellschaft zu Grunde liegt, in der die Plätze längst vergeben sind. Wer in einfachen ländlichen Verhältnissen aufwächst und durch eine entsprechende adaptierte Erziehung für die Bedingungen dieser Art von Zivilisation (simple civilization) ausgerüstet ist, der akzeptiert dieses Leben und stellt seine Rolle nicht in Frage 65).

Der Farbige Booker T. Washington, ein Schüler Armstrongs, übernahm 1881 das neugegründete College in Tuskegee, Alabama, das nach gleichen Grundsätzen arbeiten sollte wie das Institut in Hampton. Die Rekrutierung von Schülern für das neue College bereitete zunächst Probleme, da die Eltern von der Nützlichkeit von Schulfarm und handwerklicher Arbeit keineswegs überzeugt waren, sondern im Gegenteil auch für ihre Kinder eine akademische Ausbildung wünschten 66). Washington war der Ansicht, daß für die Farbigen eine akademische Ausbildung nach dem Muster der Nordstaaten keine adäquate Lösung sei. Eine Arbeitserziehung nach dem Muster von Hampton und eine direkte Beratung der farbigen Gemeinden schienen eine sinnvolle Alternative darzustellen. Ähnliche Ideen vertrat Edward Wilmot Blyden, der ebenfalls 1881 die Leitung des Liberia College in Monrovia übernommen hatte. Bei ihm wird allerdings im Gegensatz zu Armstrong und Washington die kulturelle Komponente der Erziehung stärker betont als die manuelle. King führt hierzu aus
"He had been becoming increasingly convinced that Africa had a sufficiently valuable civilization of its own, in the traditions of which its youth might be educated without imitating the West"67).

Zwei wichtige Komponenten einer gesonderten Erziehung für Farbige bildeten sich heraus, die bei kommenden Reformansätzen immer wieder genannt werden: Die Nützlichkeit einer Arbeitserziehung wegen der Heranbildung disziplinierender Charaktereigenschaften und die Berücksichtigung originärer afrikanischer kultureller Werte, um nicht unkritisch westliche Verhaltensmuster zu übernehmen.

War in der Erziehungsideologie von Hampton und Tuskegee kein Platz für eine politische Emanzipierung der farbigen Bevölkerung, so bemühte man sich andererseits, ihre materiellen Lebensbedingungen zu verbessern. Um es nicht bei Schlagworten zu belassen, konzentrierte man sich neben der allgemeinen Ausbildung der College-Studenten auf zwei Bereiche,

(1) auf den Aufbau eines landwirtschaftlichen Beratungsdienstes für die farbige Bevölkerung der umliegenden ländlichen Gemeinden; und
(2) auf die Verbesserung des Unterrichts in den Primarschulen und auf die Benutzung der Schulen für die allgemeine Anhebung der Lebensqualität in den Dörfern.

Beide Institute leisteten Beratungsarbeit in den umliegenden ländlichen Gemeinden. Insbesondere Tuskegee war durch die engagierte Arbeit des Agrarwissenschaftlers George Wahington Carver, den man für die Beratung der farbigen Bauern gewinnen konnte, sehr erfolgreich. Carver entwickelte mit großem persönlichem Einsatz verbessertes Saatgut und Anbaumethoden, die zu immensen Steigerungen der Ernteerträge führten. Unter Berücksichtigung der ökologischen Verhältnisse veröffentlichte er einen Bauernkalender, der genaue Anweisungen der Pflanzzeiten, geeignete Bodenarten für bestimmte Pflanzensorten, und sonstige landwirtschaftliche Arbeiten im Ablauf des Jahres enthielt. Desweiteren schrieb er ungezählte Broschüren zu landwirtschaftlichen Themen, die die farbigen Bauern interessierten.
"Spurred on by the agricultural conferences and extensive efforts of the Institute, more than 500 of the 3.800 Black farmers in the County owned their farms by 1910 while more than 90 per cent were either owners or paid their rent in cash and had put share cropping behind them"68).

Die Erfolge dieser landwirtschaftlichen Beratungsarbeit des Tuskegee Instituts führten dazu, daß andere Institutionen Rat und Hilfe für den Aufbau ähnlicher Beratungseinrichtungen suchten 69). Jedoch wurde leicht übersehen, wie sehr diese erfolgreiche Arbeit von der Persönlichkeit und dem Einsatz Carvers abhing. Durchschnittliche Primarschullehrer konnten beim besten Willen und trotz zusätzlicher Ausbildung nicht derartige Erfolge in den ländlichen Gebieten erzielen 70).

Aus Mitteln der Jeanes Stiftung konnte im Verlauf der Jahre eine Gruppe reisender Lehrer aufgebaut werden, die von Primarschule zu Primarschule zogen und die Lehrer bei ihrer Arbeit unterstützten, gleichzeitig jedoch die Kinder an einfache praktische Arbeiten heranführten. Diese 'Jeanes' Lehrer, von denen 1914 ungefähr 200 in 214 Counties in 14 Südstaaten tätig waren, rekrutierten sich hauptsächlich aus den weiblichen Absolventen von Hampton und Tuskegee. Sie versuchten nicht nur, durch teilnehmende Beobachtung im Klassenraum den Unterricht zu verbessern, sondern leiteten Lehrer und Schüler zu landwirtschaftlicher und handwerklicher Arbeit an. Schulfarmen wurden angelegt und mit Hilfe einfacher Techniken Reparaturen am Schulgebäude bzw. an Gemeindeeinrichtungen ausgeführt. Durch wiederholte Besuche wurde eine Vertrauensbasis zwischen Schule und Gemeinde geschaffen, Elternpflegschaften und Schülerclubs gegründet, alles mit dem Ziel, die allgemeine Situation der Gemeinde zu verbessern 71).

Das Erziehungsmodell für die farbige Bevölkerung der amerikanischen Südstaaten, wie es in Hampton und Tuskegee praktiziert wurde, fand

wachsende Anerkennung unter den weißen Vertretern der Nordstaaten, die Missions- oder Philanthropenkreisen nahestanden. Immer mehr Mittel wurden zur Verfügung gestellt, da man die moralischen Werte der Arbeitserziehung für die Farbigen als wichtigen Schritt zur Entwicklung einer eigenständigen 'Negerpersönlichkeit' ansah. Die weißen Südstaatler dagegen hatten schnell die Nützlichkeit dieser Ausbildung erkannt, die ihnen die Möglichkeit eröffnete, anstelle militanter weißer Arbeiter praktisch vorgebildete, unpolitische Farbige als Arbeitskräfte einzusetzen;
"For the Southern whites it signified disavowal of all political ambition on the part of the Negroes, and a readiness to stay in the South as a steady labour supply"72).
Mit zunehmender Verweigerung der politischen Rechte für die farbige Bevölkerung in den Südstaaten wuchs die Kritik an einer Erziehungsmethode, die zwar den Gegensatz zwischen allgemeiner und beruflicher Bildung aufzuheben versuchte, jedoch den zu Erziehenden zum Domestiken der weißen Südstaatengesellschaft machte. Da Washington für die Farbigen politische Betätigung und Universitätsausbildung als nicht erwünscht betrachtete, hielten ihm sowohl farbige wie weiße Amerikaner seine unpolitische Betrachtungsweise entgegen 73).

Die Kritiken in den Staaten konnten allerdings die Popularität, die Tuskegee und Hampton für die Erziehung in den schwarzafrikanischen Kolonien gewann, nicht verhindern. Kontakte mit Afrika gab es in verstärktem Maße seit den 80er Jahren des vergangenen Jahrhunderts 74). Washington wurde immer häufiger um Rat gefragt, wenn es um afrikanische Erziehungsprobleme ging,
"... both the white men who ruled in Africa and the natives who are ruled there have come to believe that in this school a method and a type of education has been evolved which is peculiarly suited to their needs"75).

1912 wurde in Tuskegee eine internationale Konferenz einberufen, auf der führende englische und amerikanische Missionare und Kolonialbeamte, die für Erziehungsfragen in Afrika zuständig waren, mit den Methoden und Arbeitsweisen von Tuskegee vertraut gemacht wurden. Wie so oft auf Konferenzen wurden die eigentlichen Probleme gar nicht erst diskutiert. Man fragte sich nicht, ob das Hampton-Tuskegee-Modell überhaupt auf die afrikanischen Verhältnisse zu übertragen war, nur weil in Weißen Kreisen die Überzeugung wuchs, daß die Erziehung, die für den farbigen Südstaatler richtig zu sein schien, auch gut und richtig für die Afrikaner sein müsse. Hatte eine arbeitsorientierte Erziehung wirklich eher etwas mit der afrikanischen Realität zu tun als eine akademisch ausgerichtete westliche Erziehung? Und was war so spezifisch 'afrikanisch' an der Arbeitserziehung? Konnten Änderungen im Lehrplan afrikanischer Schulen die Einstellungsmuster der Afrikaner gegenüber der westlichen Erziehung ändern? War die propagierte Methode wirklich in der Lage, den Menschen in Afrika trotz eines rapiden sozialen Wandlungsprozesses bei der Bewahrung ihrer spezifisch afrikanischen Kulturwerte behilflich zu sein 76)?

Drei Jahre nach dieser Konferenz starb Washington. Das Interesse an Tuskegee nahm jedoch weiter zu. Ausländische christliche Missionare sahen in dem Modell amerikanischer 'Farbigenerziehung' eine Alternative zur westlichen Erziehung für die afrikanischen Kolonien. Die finanzstarken Stiftungen der Philanthropen, die Erziehungseinrichtungen für Farbige in den

Südstaaten unterstützten, forderten einen umfassenden Entwurf für ein spezifisches Erziehungsmodell für Farbige, für das sie bereit waren, weitere Mittel gezielt zur Verfügung zu stellen 77). Auf dem Hintergrund der Ideen und Experimente von Hampton und Tuskegee entwickelte Thomas Jesse Jones eine Theorie für eine spezielle 'Negererziehung', die die Notwendigkeit einer Erziehung für praktische Tätigkeiten mit empirisch erhobenen Fakten über die wirtschaftliche Lage der Farbigenbevölkerung der Südstaaten begründete. Ziel der Studie war es, die Bedürfnisse der Bevölkerung hinsichtlich ihrer Erziehung zu bestimmen, und festzustellen, in welchem Umfang Schule zur Befriedigung dieser Bedürfnisse bisher beigetragen hatte 78). 1917 legte Jones die Ergebnisse seiner Untersuchung in zwei Bänden vor 79).

Ausgehend von den Statistiken der Volkszählung von 1910, die anzeigten, daß 80 % der farbigen Südstaatenbevölkerung in ländlichen Gebieten lebte, folgerte Jones, daß landwirtschaftliche Erziehung zum Schwerpunkt des Curriculums gemacht werden müsse. Die farbigen Eltern, die eine akademische Ausbildung ihrer Kinder wünschten, hoffte er von der Nützlichkeit seiner Vorschläge überzeugen zu können, wenn die Schule dazu beitragen werde, die Lage der farbigen Gemeinden auf dem Lande zu verbessern. Die aus politischen und ökonomischen Gründen immer größer werdende Abwanderung Farbiger in die Städte des Nordens der USA wurde als unwichtig abgetan 80). Jones glaubte, durch Lehrplanreformen, abgestellt auf die 'wahren' Bedürfnisse der Farbigen, gesellschaftliche Verbesserungen für die Betroffenen zu erreichen. Doch zunächst sollten erstmal in den Schulen, die noch wenig Interesse am landwirtschaftlichen Unterricht zeigten - laut Bericht 50 % der besuchten Schulen - Schulgärten angelegt werden, um jedem Schüler Theorie und Praxis der Gartenarbeit näher zu bringen. Anhand seiner gesammelten Statistiken wies er die Bedürfnisse der 'Negergemeinden' nach:
(1) Verbesserte Wohnbedingungen,
(2) ausreichende sanitäre Einrichtungen,
(3) Gesundheitsversorgung,
(4) Ausbildung in handwerklichen und landwirtschaftlichen Tätigkeiten.
Um zur Verbesserung der Lebensbedingungen dieser Gemeinden beizutragen, mußte Schule folglich ihren Lehrplan auf die Bedürfnisse der Schüler und Gemeinden abstellen 81). Alles, was in der Schule gelehrt und gelernt wurde und nicht zur Beseitigung der Rückständigkeit der Gemeinden beitrug, wurde als 'künstlich' und 'selbstsüchtig' verurteilt und hatte in der Erziehung der Farbigen nichts zu suchen.

Jones war es gelungen, mit zahlreichen Fakten über die 'Bedürfnisse' der farbigen Bevölkerung die Notwendigkeit eine arbeits- und gemeindeorientierten Erziehung zu belegen, die von der traditionellen weißen Erziehung verschieden war, ohne auf die delikate Frage einzugehen, ob die Farbige aus rassischen Gründen eine andersartige Erziehung erhalten müsse. Die Adaptation der Erziehung auf die Bedürfnisse der Gemeinde wurde zum konstituierenden Kriterium einer besonderen Erziehungstheorie für die Farbigen. Konsequent auf die schulischen Verhältnisse angewendet hätte dieses Konzept bedeutet, daß "the school population did not advance beyond the pace of the community"82). So wurde die Hampton-Tuskegee-Philosophie nunmehr in Zahlen und soziologischen Begriffen gekleidet, ohne emanzipatorische Ansprüche der Farbigen zu berücksichtigen, jedoch äußerlich befreit von dem Makel, in rassistischen Vorurteilen befangen zu sein 83).

Die Auswirkungen der Tuskegee-Erziehungsphilosophie in immer wieder abgewandelten Formen bestimmte die afrikanische Bildungspolitik bis in unsere Tage. Schon 1902 stellte Michael Sadler für Großbritannien fest,
"The work which is going forward in the industrial and agricultural training schools for the coloured race in the United States, is one of great significance. Lessons can be learned from it which are of value for those engaged in education in parts of the British Empire; for example, in West Africa and the West Indies, where there are large black populations"84).

Die Attraktivität des Hampton-Tuskegee-Modells bestand vor allem darin, daß es Lösungen anzubieten schien für die wachsenden Probleme, denen sich die europäischen Kolonialvertreter in Afrika gegenübersahen: Ein Bildungskonzept für eine farbige Bevölkerung, das durch angepaßte Lehrpläne die Abwanderung in die Städte verminderte, unter Berücksichtigung der Bedürfnisse der ländlichen Bevölkerung zur Hebung des Lebensstandards beitrug, und solche Fertigkeiten vermittelte, die die landwirtschaftliche und handwerkliche Qualifikation der Arbeitskräfte verbesserte. Arbeitserziehung á la Tuskegee forderten immer mehr Weiße für Afrika, die mit den Ideen der amerikanischen 'Negererziehung' in Berührung gekommen waren und/oder sich durch persönliche Besuche in den Südstaaten der USA informiert hatten. Der unpolitische Charakter des Erziehungsmodells gewann ihm Freunde sowohl unter der weißen Siedlerbevölkerung in Süd- und Ostafrika, ebenso wie Befürworter unter den Vertretern der Politik indirekter Herrschaft:

"Tuskegeeism for the white man's country, designed to prevent the political growth of Africans while increasing their value to the economy; and Tuskegeeism for black Africa, soon to be associated with indirect-rule doctrines of keeping the African true to his own best nature"85).

Und die erste Weltmissionskonferenz, die 1910 in Edinburgh tagte, empfahl insbesondere für Afrika eine arbeitsorientierte Erziehung, unter Berufung auf die in Hampton und Tuskegee gemachten Erfahrungen 86).

3.2 Adaptation der Erziehung zur Absicherung kolonialer Herrschaft:
Lugards Erziehungspolitik in Nigeria

Die koloniale Erziehungspolitik der europäischen Mächte war generell durch eine stark ausgeprägte Klassenerziehung gekennzeichnet. Für einen kleineren Teil der Bevölkerung in den Kolonien war eine Eliteausbildung vorgesehen, die sich ganz an dem Vorbild der Erziehungseinrichtungen der Mutterländer orientierte; die breite Masse der Bevölkerung erhielt eine Elementarausbildung nach europäischem Muster. Während die Vorbereitung der afrikanischen Elite auf Aufgaben im Rahmen der kolonialen Wirtschaft und Verwaltung und ihre Orientierung auf die politischen Wertvorstellungen der Metropolen weniger in Zweifel gezogen wurden, gab es frühzeitig Diskussionen und Versuche, die sich mit einer 'angepaßten' Erziehung für die Massen befaßten. Die Auseinandersetzung mit der Erziehungspolitik Lugards für Nigeria soll daher im folgenden exemplarisch für die schwarzafrikanischen Verhältnisse erörtert werden 87).

Erziehungseinrichtungen westlicher Art wurden in Nigeria anfänglich ausnahmslos von den christlichen Missionen getragen 88). Mit der Konsolidierung der Machtverhältnisse engagierte sich die Kolonialverwaltung stärker im Erziehungswesen, insbesondere durch den Aufbau von Schulinspektoraten und durch finanzielle Unterstützung der Missionsschulen 89). Die Tätigkeit der christlichen Missionsgesellschaften fand jedoch ihre Grenze im muslimischen Norden Nigerias. Hier stützte sich die englische Herrschaft auf die vorgefundene Herrschafts- und Sozialordnung, wobei den Emiren zugesagt worden war, die islamische Ordnung unangetastet zu lassen 90). Um im Rahmen der Treuhandverwaltung für Nordnigeria auf Einheimische zurückgreifen zu können, mußten Verwaltungsbeamte herangebildet werden, deren Kenntnisse über den von der Koranschule vermittelten Fächerkanon hinausging. So suchte man als Lösung eine Symbiose zwischen Koranschule und europäischer Schule, um einerseits die muslimische Tradition zu erhalten, andererseits aber Elemente westlicher Erziehung einzuführen.

Erste Versuche, die große Anzahl von Koranschulen in ein neues Schulsystem einzubauen, waren gescheitert, da sich die muslimischen Lehrer geweigert hatten, an den Lehrerbildungskursen teilzunehmen 91). Mit der Eröffnung einer Regierungsschule in Kano in den Jahren 1905 - 1909 wurde für den Norden eine Erziehungspolitik eingeleitet, die versuchte, die bestehenden traditionellen Erziehungsstrukturen und kulturellen Verhaltensmuster mit westlicher Erziehung in Übereinstimmung zu bringen. Hanns Vischer, seit 1910 erster Direktor des neueingerichteten Erziehungsdepartments, begann mit einigen Koranlehrern den Söhnen von Häuptlingen und einflußreichen Männern Unterricht zu erteilen 92). Die Vorbereitung dieser Oberschichtkinder auf ihre zukünftige Aufgabe als Verwaltungsbeamte erfolgte strikt unter der Einhaltung traditioneller Sitten und Umgangsformen. Die Unterrichtssprache war Haussa, die lingua franca des muslimischen Nordens. Das dem Unterricht zugrunde liegende Curriculum war eine modifizierte Version des Lehrplans, auf den die Ausbildung der Koranlehrer aufbaute, jedoch erhielten die Schüler auch landwirtschaftlichen Unterricht. Der angelegte Schulgarten diente zur Demonstration des Anbaus von Exportfrüchten und verband praktische Arbeit mit Unterricht im Klassenraum 93). Vischers arbeits- und umweltbezogenes Erziehungskonzept für den Norden bezog das lokale Handwerk mit in die Schule ein, wobei erste Schritte unternommen wurden, das traditionelle Handwerkszeug mit einfachen Mitteln zu verbessern. Die Schulorganisation wurde so aufgebaut, daß die Schüler nicht ihren Familien und Gemeinden entfremdet wurden.
"Pupils brought their attendants and in some cases their wives to stay in the compound, and had two months vacation each year to travel home and spend Ramadan with their families, the aim being to maintain continuity of relationship with their homes and communities"94).
Da es kein relevantes Lese- und Unterrichtsmaterial in Haussa gab, wurden entsprechende Texte zu technischen und hygienischen Problemen von Vischer entworfen, ebenso wie Arbeitsbücher für Geschichte und Geographie, die sich auf den Norden Nigerias konzentrierten. Ausgestattet mit diesem Unterrichtsmaterial - "Haussa in thought and structure"95) - wurden die von Vischer ausgebildeten ehemaligen Koranlehrer von 1911 an in den neugegründeten Primarschulen eingesetzt. Hanns Vischers Bestrebungen, das westliche Erziehungsmodell für die andersartige Kultur des islamischen Nordens zu adaptieren, weist noch eine weitere interessante Komponente auf: Das Curriculum wurde nach Rücksprache mit den Eltern der Schüler entwickelt 96).

Vischers Experimente einer adaptierten Erziehung fallen in die Gouverneurszeit von Lugard, der der Erziehung eine Schlüsselrolle für die Entwicklung der Kolonie einräumte 97). Als leitender Kolonialbeamte war er daran interessiert, daß 'seine' Kolonie reibungslos verwaltet werden konnte und wirtschaftliche Vorteile für das Mutterland brachte. Folglich ging es ihm nicht um eine gleiche Bildung für alle Nigerianer zum Fortschritt ihres Landes, sondern um ein Erziehungssystem, das den britischen Herrschaftsanspruch nicht gefährdete. Lugard mußte bald erkennen, daß das bisher von den Missionen getragene Erziehungssystem im Süden Nigerias mehr Probleme schaffte, als seinen politischen Ambitionen nützlich war.

> "The schools were producing large numbers of people with skills either too limited or too great for use within the existing political and administrative structure and with attitudes that directly threatened its continued effectiveness ... Well-educated Africans ... were difficult to accommodate within the colonial system ... Lugard and the educated elite of Lagos were in continual disagreement ..."98).

Darüber hinaus hatte die überwältigende Mehrheit der Nigerianer überhaupt keine westliche Erziehung erhalten, oder aber wurden in kleinen Dorfschulen von nichtausgebildeten Lehrern der Missionen unterrichtet. Lugard war der Ansicht, daß eine schlechte schulische Ausbildung verantwortlich für eine niedrige Moral unter den Einheimischen war und im Endeffekt die politische Stabilität bedrohte 99).

Für ihn schien die Lösung darin zu liegen, ein Erziehungssystem zu entwickeln, das Charakterbildung und Disziplin förderte und die Absolventen im Rahmen der Kolonialherrschaft verwertbar machte, ohne sie aus ihrer traditionellen Lebensform herauszureißen. Eine grundlegende Primarschulerziehung für die Massen sollte Priorität haben. Um die Antinomie der Einbettung der westlichen Schule in die traditionellen Formen der afrikanischen Gesellschaft aufzuheben, sollten die Schulen zur Verbesserung des Lebensstandards auf dem Dorfe beitragen und dadurch die Bewohner von der Nützlichkeit einer solchen Erziehung überzeugen 100).

> "In der Tat, die Erziehung der großen Menge der Analphabeten ... ist von noch größerer Bedeutung als die höhere Ausbildung von einigen ... Deshalb verlangt die ländliche Grund- oder Buschschule zuerst Aufmerksamkeit ... Vordringlichstes Ziel der Schule sollte es sein, die Schüler in den täglichen Arbeiten des Dorflebens, in den im Dorf ausgeübten Handwerken, in der Landwirtschaft und Viehhaltung erfolgreich auszubilden. Wesentlich ist deshalb, daß sie ihrer Umgebung angeglichen und Teil der Gemeinschaft wird und dadurch - außerhalb des Schulunterrichts - einen Einfluß auf den Lebensstandard des Dorfes ausübt" 101).

Neben der Vermittlung der Elementarkenntnisse im Lesen, Schreiben und Rechnen sollte sich der Unterricht vor allem auf Landwirtschaft und Handwerk konzentrieren. Noch heute findet sich in den Primarschulen anglophoner afrikanischer Staaten die ganze Palette sogenannter moderner Landwirtschaftsmethoden, die die Schule an Schüler und Gemeindemitglieder weitergeben soll 102): Lugard wollte über die Primarschulen eine systematische Steigerung des Wissens um landwirtschaftliche Verbesserungen einführen. Um höhere Erträge zu erwirtschaften, sollten die Bauern vom Nutzen der Fruchtwechselwirtschaft (Crop rotation) ebenso überzeugt werden, wie von der Verwendung von Dünger, um Brandrodung und

Wanderackerbau aufzugeben. Insbesondere galt es, die Bauern für den Anbau von Exportkulturen zu gewinnen. Die Lehrer sollten ermuntert werden, sich die notwendigen Kenntnisse in Landwirtschaft zu beschaffen. Was die Aufnahmebereitschaft der ländlichen Bevölkerung für derartige Innovationen anging, gab es für Lugard keine Probleme. Er hielt die Bauern für lernwillig, ja, meinte sogar, sie würden für die landwirtschaftlichen Unterweisungen zahlen, wenn diese nur ausreichend praxisbezogen durchgeführt würden 103).

Die Betonung der Vorrangigkeit der Primarschulerziehung vor der Sekundarschul- und Universitätserziehung wird nach den Erfahrungen der Länder der Dritten Welt beim Aufbau ihrer Erziehungssysteme nach der Unabhängigkeit heute wieder unterstrichen 104). Insofern erweist sich dieser Gedanke in der Erziehungspolitik Lugards als seiner Zeit weit voraus. Die Einbettung der Schule in die unmittelbare Umwelt hatte jedoch eindeutig politische Funktionen, die später von Afrikanern zu Recht kritisiert wurden, nämlich der Sicherung der britischen Herrschaft in Nigeria, für die eine nur mit begrenztem lokalem Wissen ausgestattete Bevölkerung leichter zu regieren war. Durch die Trennung von ländlicher und städtischer Erziehung entschied der Zufall der Geburt über das Schicksal und die Entwicklungsmöglichkeiten des Individuums. Eine konsequente Durchführung der Erziehungsideen Lugards hätte sicherlich die Abwanderung in die Städte noch verstärkt, da nur hier für die Ausbildung der lukrativeren Berufe in Verwaltung und Wirtschaft gesorgt werden sollte 105). Lugard übersah das weitere, daß sich die Bildungselite in Lagos, mit der er im Verlauf seiner Amtszeiten laufend Schwierigkeiten hatte, gegen alle Vorschläge wehren würde, die sozusagen das Rad der Erziehungsentwicklung zurückdrehen wollten, da sie sich an den Erziehungsstandards des englischen Mutterlandes orientierten 106).

So blieben die erziehungspolitischen Ideen Lugards mehr Absichtserklärungen als Konzepte für die Praxis. Sie prägen jedoch bis in unsere Tage die Diskussion um die 'richtige' Erziehung für Schwarzafrika, wobei oft der historische Bezug der Adaptationsdiskussion außer Acht gelassen wird.
"He was laying the basis of what is now known as 'African Education'. Indeed, educationists have swallowed Lugard's indoctrination pill", kommentiert Fajana, "His proposals were meant principally to train Nigerians to produce raw materials for European factories... It was a happy thing that the proposals for rural schools did not meet with the good response of the people"107).

Den Versuchen Vischers im Norden Nigerias erging es nicht anders: Nach anfänglichen Erfolgen nahm die Begeisterung für den von ihm entwickelten Typus adaptierter Erziehung ab und die Nachfrage nach westlicher Erziehung zu, da diese allein ein Aufholen des Bildungsabstandes zum Süden und damit eine Mitsprache im sozio-ökonomischen Wandlungsprozeß der 20er und 30er Jahre versprach 108).

3.3 Der Entwurf einer empirisch begründeten Erziehungspolitik für Schwarzafrika: Gemeindeorientierte Primarschulen als Kernstück einer adaptierten Erziehung - Die Berichte der Phelps-Stokes-Kommissionen zur Situation des Erziehungswesens in Schwarzafrika

Wachsende Unzufriedenheit bei den in Afrika tätigen protestantischen Missionen über die Ablehnung ihrer praktisch-orientierten Erziehungsbemü-

hungen unter der schwarzafrikanischen Bevölkerung und der moralisch-politische Anspruch der Siegermächte des I. Weltkrieges, die die als Mandatsgebiete des Völkerbundes übernommenen ehemaligen deutschen Kolonien in Afrika zum größten Nutzen ihrer Bewohner zu verwalten beanspruchten, führten zur erneuten Diskussion über die geeignetste Erziehung für Schwarzafrika 109). Noch vor dem Beginn des Krieges hatte 1912 in London eine 'Imperial Conference' die britische Erziehungspolitik in den Kolonien kritisch analysiert. Jedoch verhinderte der Ausbruch des Krieges weitere Auseinandersetzungen mit den Problemen und der Umsetzung von geplanten Reformen 110). In den Vereinigten Staaten dagegen war das Interesse an der Erziehung in Schwarzafrika ständig gewachsen. Auf Vorschlag der American Baptist Foreign Missionary Society berief und finanzierte 1919 der Phelps-Stokes Fund die erste Kommission zur Evaluierung der kolonialen Erziehungssysteme in Afrika 111). Mit der Leitung der Kommission wurde Thomas Jesse Jones beauftragt, der seit Jahren theoretisch und praktisch mit der Erziehung der Farbigenbevölkerung in den Südstaaten der USA befaßt war und im Hampton-Tuskegee-Modell einen Ansatz für eine Erziehungspolitik in Schwarzafrika sah 112). Die weiteren fünf Kommissionsmitglieder kamen aus amerikanischen und englischen Missionskreisen, einschließlich des aus dem heutigen Ghana stammenden Afrikaners James Aggrey 113). Aufgabe der Kommission war es, über die Bedingungen und Möglichkeiten von Erziehung für die Bewohner Schwarzafrikas zu berichten, unter besonderer Berücksichtigung von Erziehungsformen, die geeignet erschienen, die Bedürfnisse der Einheimischen zu erfüllen 114). Was die Auftraggeber als geeignete Erziehungsform ansahen, stand außer Zweifel: Arbeitsorientierung à la Hampton-Tuskegee! Das Protokoll der Konferenz der amerikanischen Auslandsmissionen vermerkt dazu, Hauptaufgabe der Kommission sei es:
"to study and report upon the i n d u s t r i a l e d u c a t i o n adapted to the needs of the African"115).

Die Kommission führte ihre Erhebungen in London, West-, Zentral- und Südafrika in den Jahren 1920 und 1921 durch und legte 1922 ihren Bericht "Education in Africa" vor 116). Aufgrund des Erfolges dieses Berichtes wurde 1924 eine weitere Erhebung zur Situation des Erziehungswesens in Ostafrika durchgeführt. Die Zusammensetzung dieser Kommission hatte sich verändert: Von den Mitgliedern der ersten Kommission waren nur noch Jones und Aggrey übriggeblieben. Die restlichen Kommissionsmitglieder vertraten vorwiegend die Interessen amerikanischer philanthropischer Stiftungen und der britischen Kolonialpolitik 117). Der Bericht der zweiten Kommission wurde 1925 unter dem Titel "Education in East Africa" veröffentlicht 118). Die Zusammensetzung beider Kommissionen war der Ausdruck enger Zusammenarbeit zwischen den Missionsgesellschaften der Vereinigten Staaten und Großbritanniens. Durch die Hinzuziehung von Vertretern des britischen Kolonialbüros fanden die Ideen und Vorschläge der Kommissionen später Eingang in die offizielle britische Erziehungspolitik in den Kolonien 119).

Das methodische Vorgehen der Kommissionen bei ihrer Bestandsaufnahme der Erziehungssituation in Afrika wird von vielen Autoren als vorbildlich und nachahmenswert angesehen, weil es versuchte, durch Fallstudien, Befragungen und Fakten die Argumente zu belegen 120). Über mehrere Monate hinweg wurden Vorstudien in den USA und Großbritannien gemacht und die vorhandene Literatur zum Thema ausgewertet. Regierungsvertreter auf den

verschiedenen Ebenen der Verwaltungshierarchie in London und in den Kolonien wurden um ihre Meinung zur Erziehungspolitik der Vergangenheit befragt und um ihre Ansichten für eine zukünftige Gestaltung des Erziehungsystems gebeten. Mit Vertretern von Handel und Industrie wurden zum gleichen Thema Konferenzen veranstaltet. Ebenso bemühten sich die Kommissionsmitglieder um Gespräche mit Afrikanern,
"The Commission came into intimate relations with many varying African groups; the educated and the uneducated, the barrister, the clerk, the preacher, the teacher, the farmer, the blacksmith, and the fisherman; the women and the girls, in the homes and the schools" 121).

Wenn auch nichts über die Repräsentativität der Gesprächspartner gesagt wird, so verdient allein der Versuch Anerkennung, gerade die Meinung der Betroffenen zu erkunden und sich nicht auf die Vertreter der kolonialen Interessen zu beschränken. Die Kommissionen versuchten sich durch Besuche und Hospitationen in städtischen und ländlichen Gebieten ein Bild von der aktuellen Situation in den Schulen zu machen. Insbesondere wollte man herausfinden, welche Fächer bzw. Inhalte in den Primarschulen unterrichtet wurden. Man begnügte sich nicht damit, die Lehrer zu befragen oder sich die Stoffverteilungspläne oder die wöchentlichen Stundenpläne anzusehen. Die Mitglieder der Kommissionen wandten sich direkt an die Schüler, die gebeten wurden, die Fächer, die unterrichtet wurden, zu benennen. Dieser verblüffend einfache Ansatz zeigte genau, welchen Fächern in der Schule Wichtigkeit zugemessen wurde, und welche Fächer bzw. Aktivitäten mehr oder weniger nur auf dem Papier zu finden waren.

Für die Mehrheit der Schulen in der damaligen Goldküste und Nigeria ergab sich folgende Reihenfolge: Englisch wurde zuerst als Fach genannt, gefolgt von Rechnen und Schreiben; schon wesentlich weniger wurden die Fächer eines zweiten Blocks genannt, der Geschichte, Geographie, Singen und Exerzieren (drill) umfaßte; den Schluß in dieser Skala bildeten Hygiene, Naturkunde und Landwirtschaft, die kaum von den Schülern genannt wurden. Obwohl auch die zuletzt genannten Fächer in den Stoffverteilungsplänen vorgesehen waren, wurden sie in den Schulen nicht unterrichtet 122).

Die Analyse des Ist-Zustandes des Erziehungswesens in Afrika läßt die Kommission von Fehlentwicklungen sprechen, die hervorgerufen seien durch die Übertragung von veralteten Erziehungsmethoden aus Europa und Amerika.
"The adaptation of education to the needs of the people is urged as the first requisite of school activities. Much of the indifference, even opposition to education in Africa is due to failure to adapt school work to African conditions. School methods now being discarded in Europe and America are still too frequently found"123).
Außer der fehlenden Adaptation der Erziehungseinrichtungen auf die afrikanischen Verhältnisse werden drei weitere Gründe genannt, die als verantwortlich für die Fehlentwicklungen angesehen werden:
(1) Mangelnde Organisation und Inspektion der Schulen auf Seiten der Regierungen und Missionsgesellschaften.
(2) Vernachlässigung einer ausgewogenen Erziehungspolitik, die sowohl für eine Ausbildung der breiten Masse der Bevölkerung, als auch für die Heranbildung einer Führungsschicht sorgt.
(3) Mangelnde Kooperation zwischen den Vertretern der nicht-afrikanischen

Institutionen der Kolonialherrschaft (Missionen, Regierungen, Wirtschaft) und fehlende Beteiligung der Afrikaner im Rahmen der Erziehungseinrichtungen 124).

Gestützt auf die Erfahrungen derjenigen Mitglieder der Phelps-Stokes Kommissionen, die mit den Erziehungsmodellen für Farbige in den Südstaaten der USA vertraut waren, wird für die afrikanischen Verhältnisse ein Paradigma entworfen, das sich auf den in Hampton und Tuskegee entwickelten Ansatz stützt. Erziehung wird ganz auf das Leben der Familie und Gemeinde bezogen. Sowohl Kinder als auch Erwachsene sollen befähigt werden, die sich ihnen stellenden Probleme auf der Gemeindeebene selbstständig zu bewältigen, um dadurch die Lebensbedingungen ihrer Umwelt zu verbessern.
"Consciousness of community life... is the key to educational reform. With this consciousness as the determinant of educational aims the merely factual contribution of education will be subordinated to such creative powers as are related to the needs of the community, and the merely decorative elements will give way to the necessary equipment for service and citizenship ... An intelligent outlook upon the conditions and needs of the community is therefore urged as an attitude of mind in the formulation of educational policies in Africa as elsewhere"125).
Die Orientierung der Erziehung an den Bedürfnissen der Gemeinden sollte den Afrikanern Selbstvertrauen geben und die Entfremdung durch das bisher vermittelte Buchwissen aufheben 126). Alle in der Schule unterrichteten Fächer, die Grundfertigkeiten vermitteln, sollten für die Realität des Gemeindelebens verwertbar sein.

Neben der Gemeindeorientierung wird hiermit eine zweite Komponente eingebracht, die Adaptation der Erziehung auf die Umwelt. Der Bericht ist voller Beispiele, wie anhand der afrikanischen Situation der Unterricht in der Primarschule zu gestalten sei. Für das Fach Rechnen werden z.B. Hinweise gegeben, wie sie heute wieder - oder immer noch - als vorbildlich angesehen werden:
"The children may begin by making various calculations with regard to the food crops of the community; the number of families having crops of various kinds; comparisons of the amounts of different cereals and vegetables; the length of time taken to consume the crop; the amount sold; the value of the crop, and so on"127).

Geschichte und Geographie sollten sich ebenso vornehmlich mit afrikanischen Verhältnissen beschäftigen, wie Musik und Gesang die lokalen Traditionen berücksichtigen sollten. Den einheimischen Sprachen wurde als wichtigstes Kommunikationsmedium eine besondere Rolle zugestanden. Einmal als geeignetes Mittel zur Erziehung der Kinder und Jugendlichen, um eine kulturelle Entfremdung zu verhindern, zum anderen als einzig mögliches Instrument, eine gemeindeorientierte Erziehung sinnvoll einzusetzen, da es die Erwachsenen über die Sprache miteinbezieht und ihnen erlaubt, sowohl ihre Bedürfnisse zu artikulieren, als auch ihr reiches Wissen um ihre eigene Kultur im Rahmen der organisierten Lernveranstaltungen zu vermitteln.
"Through the Native language the older people will become known as well as the youth in school - their health, their agricultural needs and achievements, their village crafts, their homes, or lack of homes, their play, both good and bad, their music and folk melodies ..."128).
Die in der Schule erlernten Grundfertigkeiten sollten vor allem in vier

'Kernbereichen' erprobt, angewandt und vertieft werden. Diese Bereiche wurden gleichzeitig als die wichtigsten Felder für Gemeindeaktivitäten angesehen, die die Situation der Bevölkerung verbessern helfen konnten: Als bedeutendster Bereich wurden Gesundheit/Hygiene angesehen,
"The potentialities of the school not only for the prevention of disease but for the building up of the physical welfare of the community are not adequately reflected in the school curriculum"129).

Weitere Bereiche umfassen die individuellen Wohn- und Lebensbedingungen, die Nutzung einheimischer Ressourcen in Landwirtschaft und Handwerk und die Gestaltung der Freizeit. Aktivitäten und Projekten in den vier genannten Bereichen sollen jeweils Erhebungen auf Gemeindeebene vorausgehen. Hierdurch sollen sowohl bewahrenswerte traditionelle Elemente herausgefunden als auch Hindernisse festgestellt werden, die der Verbesserung der Lebensbedingungen entgegenstehen. Besondere Aufmerksamkeit im curricularen Bereich wird der Landwirtschaft gewidmet.
"It is imperative that schools shall cease to give the impression that knowledge of the three R's and of the subjects usually in the curriculum is of more importance than agricultural knowledge" 130).
Um ein Bild von der landwirtschaftlichen Situation in einer Gemeinde zu gewinnen, sollen die Lehrer selbständig Erhebungen durchführen. Hierbei wird in geradezu vorbildlicher Weise auf das traditionelle Wissen der Bauern aufmerksam gemacht, das die Schule nutzen soll:
"The Natives' knowledge of plant life, their ingenuity in dealing with soil and weather conditions, their acquaintance with the seasons, their methods of protecting the crops from pests, their industry and amount of labour, awaken a much needed respect for Native ability" 131).

Die vom Lehrer zu erfassenden Informationen beziehen sich auf alle landwirtschaftlich relevanten Bereiche, von der Art des Anbaus über Vermarktungsprobleme, Beratungsagenturen, Bodennutzung, Arbeitsteilung etc. 132). Damit Landwirtschaft in der Schule nicht zu einer reinen Beschäftigungstherapie ausartet, soll sie vom Prinzip der Wissenschaftlichkeit geprägt sein: Einfache Experimente sollen den Schülern die Entwicklung des pflanzlichen Wachstums verdeutlichen; die Schüler sollen erkennen, daß Ernteerträge von planvollem Vorgehen abhängen; einfachere naturwissenschaftliche Vorgänge sollen anhand landwirtschaftlich relevanter Probleme erklärt werden; erfolgreiche Methoden moderner Landwirtschaft sollen auf die lokalen afrikanischen Gegebenheiten übertragen werden. Ferner werden für die Bearbeitung der Schulfarm lokal übliche Werkzeuge ebenso empfohlen, wie davor gewarnt wird, landwirtschaftliche Arbeit als Strafmittel einzusetzen 133).

Neben der landwirtschaftlichen Ausbildung wird die Notwendigkeit einer handwerklich-technischen Ausbildung für die Afrikaner betont, um ihnen den Anschluß an die 'moderne Zivilisation' zu ermöglichen 134). Die unzureichenden Verhältnisse in den meisten Gemeinden hinsichtlich der Wohnungen, der im Haushalt benutzten Geräte, der Farmwerkzeuge, sowie das Fehlen von einfachen Geräten für die Beförderung von Lasten, Bekleidung usw. bestimmen die zu vermittelnden Fertigkeiten in der Schule. Das Erlernte kann sodann in gemeinsamer Arbeit mit den erwachsenen Gemeindemitgliedern angewendet werden. So wird z.B. vorgeschlagen, daß die Schulen in eigener Regie für den Unterhalt und die Reparatur der Gebäude und Anlagen aufkommen können:

"Building construction and repairs and the general material needs of the school should furnish considerable practice for the pupils"135).
Handwerkliche Fertigkeiten sollen vor allem in sogenannten Dorfindustrien ('village industries') vermittelt werden, die u.a. Weben, Lederarbeiten, Flechten von Körben und Matten, Töpfereiarbeiten umfassen 136).

In der Übersicht 1 wurde versucht, die Vorschläge der Kommissionen, die sich auf die Primarschulen beziehen, zusammenzufassen. Die Empfehlungen beziehen sich zwar vorwiegend auf ländliche Gemeinden, jedoch wird auch die Situation der städtischen Gemeinden angesprochen. Das Curriculum in den Primarschulen der Städte soll dazu beitragen, den Schülern die Abhängigkeit der Stadt von der Entwicklung des Hinterlandes deutlich zu machen. Durch die Anwendung von drei didaktischen Auswahlkriterien: Gemeinde, Umwelt und Arbeit läßt sich auch für die städtischen Gemeinden das Konzept der adaptierten Erziehung anwenden. Jedoch wird hier, ganz im Gegensatz zu den Empfehlungen für die Schulen in ländlichen Gemeinden, darauf hingewiesen, daß eine gemeindeorientierte Primarschule mit erweiterten Aufgaben ohne zusätzliches Personal und Einrichtungen nicht auskommen kann 137).

Übersicht 1: Gemeindeorientierte Primarschule nach den Vorstellungen der Phelps-Stokes Kommissionen

Struktur / Ziele	Lernbereiche	Methoden	Lehr-/Lernort	Zielgruppe	Organisator
KENNTNISSE: - Gesundheit/Hygiene - Nutzung physischer Ressourcen - Haushaltsführung - Freizeitgestaltung FERTIGKEITEN: - Schreiben - Lesen - Rechnen - landwirtschaftliche und handwerkliche Grundfertigkeiten VERHALTENSWEISEN: - Erkennen der Bedürfnisse auf lokaler Ebene - Selbsthilfebereitschaft - Wertschätzung der eigenständigen kulturellen Tradition - Beitrag zur Verbesserung der Gemeindesituation	Gemeindebezogene Probleme z.B.: - Hygienische Verhältnisse - Wohnsituation - Infrastruktur - Märkte - landwirtschaftl. Produktion und Absatz - Beratungseinrichtungen - Rohmaterialien für Zwecke der Weiterverarbeitung - Ernährungsgewohnheiten - Kleintierzucht - afrikanische Musik/Tanz - Kirche/Religion	- "Learning by doing" - Gebrauch afrikanischer Sprachen - Umfragen/Erhebungen - Fächerübergreifende Projekte - Gruppenarbeit - Einbezug der Erwachsenen - Beratung für Erwachsene	- Klassenraum - Schulfarm - Schulwerkstatt - Gemeindeeinrichtungen - Gemeindesituationen - Experimentalfelder	- Kinder - Jugendliche - Erwachsene (einschl. Frauen)	- Primarschule auf Gemeindeebene - Lehrer als Animateur - "Movable Schools" (umherziehende Schulen) - "Home Demonstration Movement" (Hauswirtsch. Verbesserungen) - Landwirtschaftsberater - Demonstrationsbauern - Kirchen

Die Systematisierung erfolgte auf Grund der Ausführungen in Lewis, L.J. (ed.), Phelps-Stokes Reports on Education in Africa, a.a.O.

Die Überbetonung curricularer Aspekte in den Phelps-Stokes Berichten und die dahinter stehende Annahme, über die Änderung des Curriculums ließen sich soziale und ökonomische Verbesserungen für die Bevölkerung Afrikas erreichen, ohne daß politische Forderungen nach Unabhängigkeit von der Kolonialherrschaft erhoben würden, haben oft vergessen lassen, daß viele der 'Rahmenvorschläge' der Kommissionen durchaus emanzipatorische Elemente enthielten, auch wenn das in der paternalistischen Diktion der Berichte nicht zum Ausdruck kommt 138). Die Erziehung der Erwachsenen und der Kinder/Jugendlichen wurde als gleichbedeutend angesehen. Eine Veränderung in den Dörfern konnte nicht allein von den zur Schule gehenden Kindern ausgehen; daher die immer wieder aufgeführten Beispiele aus der Beratungsarbeit mit Erwachsenen in den Südstaaten der USA. Die auf die Verhältnisse Afrikas zugeschnittene gemeindeorientierte Erziehung sollte sowohl die Bildung der Massen, als auch das Entstehen einer verantwortungsvollen afrikanischen Führungsschicht ermöglichen. Schließlich wurde bereits zu diesem Zeitpunkt die Notwendigkeit von 'integrierten' Maßnahmen für die Entwicklung der ländlichen Gebiete betont, die die Bemühungen der Primarschule unterstützen bzw. ergänzen sollten:
"A complete program for rural education may also require the assistance of educational activities that are planned and supported by the government or private concerns not immediately responsible for the schools"139).

Die Bedeutung der Berichte der Phelps-Stokes Kommissionen liegt weniger darin, daß sie neue bisher unbekannte Ideen oder Konzepte enthalten. Wie in den vorangegangenen Kapiteln ausgeführt wurde, hatte es früher bereits wiederholt Versuche gegeben, für Schwarzafrika eine adaptierte Erziehung zu entwickeln, die arbeits- und umweltorientiert war. Neu ist die methodische Beweiskraft, mit der für die Verwendung der Primarschule als Faktor der Entwicklung ländlicher Gemeinden eingetreten wird, wobei 'community consciousness' (Gemeindebewußtsein) sowohl zum Kriterium individueller als auch gesellschaftlicher Entwicklung wird 140). Neu ist demnach vor allem der Versuch, die Bedeutung der in den Berichten entwickelten Ideen durch Fallstudien und Analysen zu belegen und somit dem allgemein vorherrschenden Problembewußtsein zur Situation des Erziehungswesens in Afrika konkreten Ausdruck zu verleihen. Wo immer die Kommissionsmitglieder während ihrer Reisen in Afrika Schulen besuchten, hielten sie Ausschau, ob der Unterricht den afrikanischen Realitäten angepaßt war. Ihre dabei benutzten Kriterien stammten aus der Evaluierungsbatterie von Thomas Jones, dem Leiter der Phelps-Stokes Kommissionen, die dieser bei seiner Untersuchung über die Erziehung der Farbigen der Südstaaten der USA verwendet hatte 141). Landwirtschaftlich ausgerichtete Schulen rangierten auf der Bewertungsskala ganz oben. Schulen, die nur ein akademisches Curriculum westlichen Typus unterrichteten, galten am wenigsten den afrikanischen Verhältnissen angepaßt. King faßt die Gründe für die Aufmerksamkeit und den Einfluß, den die Berichte der Kommissionen auslösten, wie folgt zusammen,
"The case for African education's departing from white, western standards was presented more cogently than before, and there was a corresponding response from influential educators in many parts of West and South Africa who had themselves been moving towards such a conclusion. It placed a seal of international approval on the plans of individual men, endorsing their own initiatives in adapting western education to the African environment"142).

3.4 Versuche, das Adaptationskonzept in die Praxis umzusetzen

Die Ideen der Phelps-Stokes Berichte fanden Eingang in die Leitlinien britischer Kolonialpolitik für Afrika. In zwei Memoranden entwarf 1925 und 1935 das Advisory Committee on Educational Policy in British Tropical Africa den Rahmen für eine Erziehungspolitik in Schwarzafrika, der fast bis zur Unabhängigkeit der meisten afrikanischen Staaten wirksam war 142). Noch pointierter als in den Phelps-Stokes Berichten wurde die Notwendigkeit der Integration von Schule und Gemeinde betont, um eine friedliche evolutionäre Entwicklung der traditionellen afrikanischen Gesellschaften zu ermöglichen.

"The ideal was to achieve integrated community progress. It was an ideal inspired by the fear that African society would be disrupted by the multitude of external forces which were coming to act upon it, an ideal based upon the conviction that education should serve to cement and strengthen those elements in African society which would enable it to adjust to the world of the twentieth century without losing its soul"144).

Die Primarschule hatte auf der Gemeindeebene eine duale Aufgabe zu erfüllen: Sie sollte die annehmbaren, guten Elemente der traditionellen Gesellschaft bewahren helfen, gleichzeitig jedoch auf soziale und ökonomische Veränderungen vorbereiten. Die Entwicklung der Gemeinden konnte jedoch nicht den Schulen alleine überantwortet werden, sondern sollte in Zusammenarbeit mit anderen Interventionsgesellschaften, staatlicher oder privater Organisationsform, erfolgen. Bemerkenswerterweise zeigte das Memorandum von 1935 - wahrscheinlich auf Grund der bis dahin gemachten Erfahrungen - bereits die Grenzen der gemeindeorientierten Primarschule auf: einmal die beschränkten Möglichkeiten eines adaptierten Curriculums auf die Entwicklung der Gemeinde und zum anderen die Abhängigkeit erfolgreicher Maßnahmen von der Auswahl, Ausbildung und Überwachung der Lehrer 145).

Mit der Propagierung des Konzepts der adaptierten Erziehung für Schwarzafrika im Rahmen der britischen Kolonialpolitik erhielten alle jene Ansätze praktischer, auf die Umwelt bezogener Erziehung, weiteren Auftrieb, die vor allem in Missionsschulen übliche Schulpraxis waren. Weniger aus pädagogischen, als vielmehr aus finanziellen Gründen konnten die meisten Primarschulen der Missionen nur unterhalten werden, indem die Gemeinden für den größten Teil der Unterhaltskosten aufkamen. Fehlende Ausstattung und Unterrichtsmittel wurden durch kreative Nutzung lokal vorhandener Materialen genutzt. Die Schilderung der Situation in Uganda kann als exemplarisch für die übrigen britischen Kolonien in Afrika angesehen werden, ja, sie ist darüber hinaus in den 30er Jahren dieses Jahrhunderts auch für die französischen und portugiesischen Kolonien kennzeichnend gewesen. Wandira berichtet:

"Thus in the school days of many living Ugandans, 'manual' or 'communal' activities were a common feature of the school programme. Long hours were spent out of doors cleaning the compound, sweeping paths, planting flowers, cash and subsistence crops, scrubbing floors, and doing a number of odd jobs that today constitute a charge upon the school budget. Produce from school gardens went towards the feeding of schools or the purchase of equipment. Most boarding schools of size kept such gardens, ostensibly for lesson in practical agriculture or the virtues of manual labour. In reality, by design or accident, they provided much needed relief to school finances"146).

Ebenso wurden nunmehr die Bemühungen lokaler oder regionaler Selbsthilfe in verschiedenen Ländern als Ansätze zur Verwirklichung der Adaptationsideen der Phelps-Stokes Berichte angesehen und von den staatlichen Stellen als Experimente unterstützt.Viele Primarschulen waren aufgrund lokaler Eigeninitiative gebaut worden und arbeiteten über viele Jahre hinweg ohne jegliche finanzielle Unterstützung von außerhalb. Oft nur mit unausgebildeten Lehrkräften ausgestattet, paßten sich diese Schulen den Bedingungen ihrer Umwelt notwendigerweise an, um überhaupt Lernen zu ermöglichen. Da es generell an Unterrichtsmaterial und Lesestoff mangelte, wurden die Erzählungen und Sprichworte des Stammes und der Gemeinde, die Gebräuche und Sitten der Kulturgruppe und die lokale Sprache zum Unterrichtsstoff und Medium dieser Schulen. Die Verwaltung dieser Primarschulen und die Bezahlung der Lehrer lag bei örtlichen Institutionen, wie den Native Authorities, die je nach Interesse, Ausstattung und Möglichkeiten die lokalen Lehrpläne, den Unterricht und die Schulorganisation bestimmten. Die ausgeprägte Orientierung der Primarschule zur Gemeinde hin war jedoch nur von temporärer Dauer. Mit zunehmender staatlicher Kontrolle dieser Schulen durch ihre offizielle staatliche Anerkennung wurden die zentralistischen Elemente in den Lehrplänen und der Schulverwaltung immer bestimmender und der experimentelle, gemeindeorientierte Charakter immer schwächer 147).

Neben solchen Reformansätzen durch lokale Initiativen gab es eine Reihe von gezielten Reformversuchen staatlicher bzw. staatlich geförderter Träger in den britischen Kolonien. Nach den Schwerpunkten dieser Reform lassen sich im Rahmen der Adaptationsversuche drei Formen unterscheiden,
(1) Curriculumreformen für Primarschulen (z.B. Ansätze in Ghana, Nigeria, Tansania);
(2) Versuche, Reformideen ganzheitlich in Pilotprojekten auszuprobieren (z.B. Omu, Nigeria; Malangali, Tansania);
(3) Reformansätze in der Ausbildung von Primarschullehrern ('Visiting Teachers', Nordnigeria; 'Jeanes-Teacher', Kenia u.a.).

Zu Beginn der 30er Jahre versuchten englische Schulverwaltungsbeamte in ihren Kolonien die Adaptationstheorien in die Praxis umzusetzen. Durch entsprechende Änderungen im Primarschulcurriculum und durch eine Reduzierung der Primarschuldauer von acht auf sechs Schuljahre hoffte man z.B. in Nigeria die Landflucht einzudämmen und die Jugendlichen wieder für landwirtschaftliche Tätigkeiten in ihren Heimatdörfern zu begeistern 148). Die anspruchsvollen Ziele der Reformer wurden zwar nicht erreicht, aber die inhaltlichen Änderungen setzten sich zunächst in den Schulen durch. Die drei tragenden didaktischen Elemente der Umwelt-, Arbeits- und Gemeindeorientierung fanden in Ansätzen Eingang in den Schulalltag, wie der Bericht eines zeitgenössischen Beobachters aus der früheren Goldküste zeigt:
"... hygiene was taught with many a practical demonstration of boiling and filtering water by simple means within the scope of any household. Flytraps were made; latrine construction and management were taught. The first half hour of every school day was a practical hygiene lesson in school cleaning. The African vernacular languages were receiving very considerable attention. African traditional history and custom appeared as subjects in the scheme of work. Handwork was prominent and African crafts ... were supposed to have a place. Almost every school had its

garden with control plots, experimental plots, rotation plots and compost heaps ... The theory was that the farmers in the area around would learn new ideas and modern practice from these gardens, and the school would thereby help the community ... there were health days once a month, when the whole school would sally forth into the community and clean up the village, paying special heed to measures to prevent the breeding of mosquitoes ... tree planting was indulged in by the schools, some planting hedges and grass to stop soil erosion. Some school workshops made - out of old tins and scrap materials - all sorts of useful mugs, containers and household articles, such as had been seen by the Phelps-Stokes Commission in extension work among American Negroes"149).

Im Verlauf der folgenden Jahre bis zur politischen Unabhängigkeit wurden diese Curriculumaspekte aber immer mehr zu lästigen Pflichtübungen, bei Lehrern und Schülern gleichermaßen unbeliebt. Vielen, wenn nicht den meisten Lehrern, fehlte das nötige fachliche Wissen, um das anspruchsvolle Erziehungskonzept in der Praxis ausführen zu können. Die Ergebnisse der Schulfarmen waren in der Regel schlechter als vergleichbare Ernten auf den Farmen lokaler Bauern, trotz der kostenlosen Arbeitskräfte der Schüler. Hygienekampagnen, die sich im jährlich wiederholenden Reinigen des Dorfes äußerten, wurden als seltsames 'Hobby' des Lehrers angesehen. Und selbst die ursprünglich auf die Lösung praktischer Gemeindeprobleme ausgerichteten Unterrichtseinheiten in allen Bereichen verloren immer mehr an Anschaulichkeit, da sie nur noch im Klassenzimmer in dozierender Form vom Lehrer 'vorgeführt' wurden. Da die bereits im Dienst sich befindenden Lehrer nicht zu Lehrgängen herangezogen wurden, um mit den neuen Unterrichtsideen vertraut gemacht zu werden, verschwand das Engagement und Gelernte der jungen Lehrer, die in vielen Lehrerausbildungsanstalten mit dem Adaptationskonzept und seiner Umsetzung in Berührung gekommen waren, im konservativen Schulalltag, in dem nach wie vor die akademischen Fächer mit Prüfungsrelevanz dominierten 150).

Wesentlich originellere Versuche zur Umsetzung der Adaptationstheorie wurden in einzelnen Projekten unternommen. Meist unter der Leitung und Verantwortung eines engagierten Erziehungsfachmanns, der sich 'vor Ort' sowohl um die curricularen, als auch um die organisatorischen Aspekte kümmerte, bemühte man sich ein Symbiose zwischen westlicher Erziehung und traditionellen Erziehungsformen zu finden. In der islamischen Yoruba Gemeinde Omu in der Provinz Ilorin in Nordnigeria wurde in den 30er Jahren erneut versucht, was Vischer bereits zuvor vergeblich versucht hatte: Primarschule unter Berücksichtigung der lokalen sozio-ökonomischen Bedingungen und unter Einbeziehung der Bevölkerung zu ermöglichen. Die einflußreichen Gemeindemitglieder unterstützten diesen Versuch. Sie hofften, daß die unerwünschten 'subversiven Tendenzen', die sie mit westlicher Bildung verbanden, auf diese Weise vermieden werden konnten und ihre Tradition erhalten bliebe. Gleichzeitig sahen sie in dieser Form der Schule eine Möglichkeit, die Bevölkerung auf unausweichliche soziale Änderungen vorzubereiten 151).

Fast zur gleichen Zeit, als Clarke in Nordnigeria in der Gemeinde Omu experimentierte, versuchte Mumford in Tansania, in Malangali, ein Konzept in die Praxis umzusetzen, das noch stärker als es die Phelps-Stokes Berichte empfahlen, von anthropologischen Bedingungen der traditionellen Gemeinde ausging. Mumford sah die Hauptursache für das Scheitern westlicher Erziehung in Schwarzafrika in der Tatsache, daß man zunächst ein prinzipiell europäisches Konzept auf Afrika übertrug, und es erst nach der Übertragung in eine andere Kultur auf die lokalen Bedingungen umzustellen versuchte 152). Er versuchte daher in einer traditionellen Gemeinde in Tansania unter Einbeziehung von Elementen der Stammesorganisation Schule zu ermöglichen, sozusagen den umgekehrten Weg zu gehen.

"The school was modelled on tribal organisations, and tribal elders accompanied the boys to instruct them in tribal traditions. Clothing, buildings and furniture were of modified local design. Studies and recreations were based upon both African and European activities, with attention to local agriculture and cattle interests and local industrial potentialities"153).

Der von Mumford inszenierte Versuch in Malangali berücksichtigte erstmals die Interessen der Betroffenen in einer Weise, die es ihnen möglich machte, sich an der Erziehung zu beteiligen, mitverantwortlich für die Ausbildung der Kinder und Jugendlichen zu sein und die an sie herangetragene westliche Form der Erziehung für die Lösung ihrer Gemeindeprobleme einzusetzen. Leider gelangte dieses interessante Projekt niemals über das Versuchsstadium hinaus, bzw. es wurde unterlassen, ähnliche Ansätze in Gemeiden anderer kultureller Gruppen auszuprobieren. Der Entzug der zuvor bestehenden offiziellen Unterstützung für das Projekt durch einen Wechsel im Amt des Direktors für Erziehung 1931 und Intrigen der Beamten der Kolonialverwaltung gegen Mumford zwangen ihn nach drei Jahren das Projekt zu beenden 154).

Ob man wirklich dabei war, eine für Afrika adäquate Erziehungsform zu entwickeln, die sowohl die praktischen Bedürfnisse der Gemeinde befriedigte, wie auch die Bewohner auf sozialen Wandel vorbereitete, ohne mit den Traditionen zu brechen, bleibt fraglich 155). Derartige Schlußfolgerungen verbieten sich allein schon aufgrund der Kürze des Versuchs und der Abhängigkeit von der Person seines Initiators, sowie den anders gelagerten Ambitionen und Verhaltensmustern anderer städtischer oder ländlicher Gemeinden, die in der westlichen Form der Erziehung ein Vehikel für wirtschaftlichen und politischen Aufstieg und Gleichberechtigung mit den Kolonialherren sahen. Allerdings weist Mbilinyi in einer neueren Untersuchung darauf hin, daß auch solche Reformversuche wie die von Mumford in Malangali nicht aus dem Gesamtzusammenhang kolonialer Politik zu lösen sind. Der Rückgriff auf die Eigenart kultureller Gruppen beim Aufbau eines formalen Erziehungssystems fördere den Tribalismus und verhindere damit das Entstehen größerer politischer Einheiten, wodurch die indirekte Herrschaft auch auf den Erziehungsbereich übertragen werde 156).

Die geänderte Auffassung über die Rolle des Lehrers machte auch eine Neuorganisation der Curricula für die Lehrerausbildung erforderlich. Während sich in der Mehrheit der Ausbildungseinrichtungen für Lehrer in Schwarzafrika bestimmte Ideen der Gemeindeorientierung nur mit zeitlicher Verzögerung durchzusetzen begannen, wurden in einigen Kolonien neue Programme für die Lehrerausbildung geschaffen, die sich voll auf die Vorbereitung des Lehrers für seine Aufgabe als 'Motor' der Gemeindeentwicklung konzentrierten 157).

Aufgrund der Empfehlungen der zweiten Phelps-Stokes Kommission wurde bereits 1925 mit Unterstützung amerikanischer Stiftungen in Kabete, Kenia, eine 'Jeanes-Lehrer' Ausbildungsstätte gegründet, die - gestützt auf den Erfahrungen in den Südstaaten der USA - Lehrer ausbilden sollte, die später mehrere Primarschulen in Problemen der Gemeindeentwicklung zu beraten hatten. James Dougall, Sekretär der zweiten Phelps-Stokes Kommission, wurde von der schottischen Kirche freigestellt, um die Leitung der Ausbildungsstätte zu übernehmen. Es hätte nahegelegen, aufgrund der engen Verbindungen zu amerikanischen Pädagogen, die die Erfahrungen mit der farbigen Bevölkerung in den Südstaaten der USA und die Erziehungsmodelle von Hampton und Tuskegee auf afrikanische Verhältnisse übertragen wollten, Absolventen dieser Colleges für eine Mitarbeit an der neugegründeten Jeanes-Lehrer Ausbildungsstätte zu gewinnen. Jedoch gab Dougall diese Idee schon 1925 nach einem Besuch der Südstaaten auf, da die farbigen Studenten der Renommierschulen von Hampton und Tuskegee wachsendes politisches Bewußtsein entwickelt hatten und als potentielle Unruheträger für die von den weißen Siedlern dominierte Gesellschaft in Kenia angesehen wurden 158). Folglich wurde der Lehrkörper in den nachfolgenden Jahren aus sechs europäischen Fachleuten gebildet, die sowohl in angewandter Forschung als auch in der Ausbildung der Lehrer die Ideen der Adaptationstheoretiker vertraten und konsequenterweise die Ausbildung in der Verkehrssprache Swaheli durchführten.

Die zweijährige Ausbildung des Jeanes-Lehrers umfaßte alle Techniken und Indoktrinationen, die erforderlich für die Arbeit in den Dörfern waren. Sowohl der Lehrer als auch seine Frau wurden in Kabete simultan ausgebildet. Beide hatten ein Stück Land zu bearbeiten, das sich durch die Anwendung verbesserter einheimischer Anbaumethoden auszeichnete. Ihre Erfahrungen in der Verbesserung bestehender afrikanischer Landwirtschaftstechniken gewannen Studenten und Lehrkräfte durch Beobachtungen und Versuche auf einer Experimentierfarm, auf der ein afrikanischer Bauer in traditioneller Weise einen halben Hektar Ackerland bearbeitete;
"... it was only experimental in the Jeanes sense of examining traditonal African methods of agriculture for their value before encouraging modified western techniques" 159).

Die meist schon älteren Lehrer - viele von ihnen älter als 30 Jahre - lernten die traditionellen Schulfächer auf die afrikanische Umwelt zu beziehen und für die Verbesserung der Situation der ländlichen Gemeinden einzusetzen. Gespielte Szenen wurden zur Propagierung von hygienischen oder landwirtschaftlichen Verbesserungen einstudiert und vor Gemeindemitgliedern aufgeführt. Der Reichtum der überlieferten Stammesgeschichten, Sprichwörter und Musik wurde wieder belebt und als pädagogisches Mittel eingesetzt bzw. die Studenten wurden angehalten, diese Elemente afrikanischer Kultur zu sammeln und für die Nachwelt festzuhalten. Als nachahmenswerte Leitbilder wurden ihnen Farbige vorgestellt, die sich um Gemeinwesenentwicklung und Landwirtschaft verdient gemacht hatten 160).

Der Jahresbericht der kenianischen Erziehungsverwaltung von 1931 gibt anschaulich Auskunft über die Art der Tätigkeiten der Studenten, die sich mit folgenden Gemeindeproblemen zu befassen hatten
"latrines with tops, sick cases dealt with, approaches to school and houses, wells, latrines dug, improved houses, rats killed, rat traps, clean-up days, health propaganda meetings ... cooperative societies and

banks, trees planted, improved grain stores, ploughs, separators, mills, rubbish and manure pits, ox carts in use, sewing machines, school libraries, schools with night classes,etc."161).
Es waren genau die Bereiche, die später die Jeanes-Lehrer bei ihrer Arbeit in den Dörfern am stärksten beanspruchten und schnell zur Routine wurden 162). In der Regel waren sie weniger mit den akademischen Schulfächern vertraut, in denen sie auch keine Zusatzausbildung während des Trainings in Kabete erhalten hatten. Die Folge war, daß sie sich bei ihren Schulinspektionen weniger um diese Fächer kümmerten, sondern sich ganz der ihnen vertrauten Gemeindearbeit zuwandten 163).

Bis zur Mitte der 30er Jahre waren ca. 160 Jeanes-Lehrer ausgebildet worden, die trotz großer Schwierigkeiten hervorragende Arbeit in der Gemeinwesenentwicklung leisteten. Ausgehend von den Primarschulen in den ländlichen Gemeinden versuchten sie gemeinsam mit den Bewohnern eine Verbesserung der lokalen Lebensverhältnisse zu einer Zeit zu erreichen, in der sie die einzigen Vertreter einer Gemeinwesenarbeit waren 164). Weitere Ausbildungsstätten wurden bald nach der Gründung der Jeanesschule in Kenia vor allem in Njassaland (Malawi), Nordrhodesien (Sambia) und Südrhodesien (Simbabwe) eröffnet. 1935 fand in Salisbury die erste überregionale Jeaneslehrer Konferenz statt, die bereits eine eingehende Revision der Ausbildungsinhalte für Jeaneslehrer in Kenia vornehmen mußte, da inzwischen im Bereich der Präventivmedizin und der Landwirtschaftsberatung weitaus besser ausgebildete Berater in den ländlichen Gemeinden ihre Tätigkeit aufgenommen hatten. Ferner hatte sich herausgestellt, daß die verbesserte Ausbildung in den Lehrerausbildungsanstalten positive Auswirkungen in den Primarschulen zeigte und die jungen Lehrer den Jeaneslehrern im pädagogischen Bereich überlegen waren 165). Die Konferenz empfahl vom bisherigen Muster der Rekrutierung der Kandidaten für eine Ausbildung als Jeaneslehrer abzugehen. Professionalisierung und Spezialisierung hießen die Leitlinien für die zukünftige Arbeit. Eine Ausbildung zum Jeanesspezialisten sollten nur noch solche Lehrer erhalten, die eine grundlegende Lehrerausbildung abgeschlossen hatten. Desweiteren sollten in den Ausbildungsstätten solche Berufsgruppen mit den Ideen der Gemeinwesenentwicklung vertraut gemacht werden, die für die Entwicklung ländlicher Gebiete notwendig waren, bisher aber nur unter fachspezifischen Aspekten ausgebildet wurden. Schwierigkeiten bei der Rekrutierung von geeigneten Studenten für die Jeanes-Lehrerkurse und die Kürzung der finanziellen Mittel ließen die Ausbildungsanstalten allmählich in Zentren zur Ausbildung von Spezialisten der Gemeinwesenentwicklung für verschiedene Ministerien übergehen 166).

Die Ausbildung der Jeaneslehrer und ihr Einsatz in den Primarschulen Kenias kam der Umsetzung der Empfehlung der Phelps-Stokes Kommission für eine adaptierte Erziehung für Schwarzafrika am nächsten. Über fast 15 Jahre hinweg wurde versucht, durch die Primarschule und die in ihnen unterrichtenden Lehrkräfte Verbesserungen in den ländlichen Gemeinden zu erreichen und die traditionelle afrikanische Kultur aufzuwerten. Das Konzept wurde jedoch nur für kurze Zeit von der Bevölkerung toleriert. Immer mehr Kenianer sahen diese gemeindeorientierte Erziehung als 'zweitklassige' Erziehung an, die ihnen als Afrikanern nicht half, politische Rechte wahrzunehmen;
> "...although the Jeanes School was successful in its early years and developed important innovations in her teacher training, the Jeanes teachers found that the African people increasingly drew a distinction

between the transitory value of their teaching in relation to improving the immediate conditions of rural life, and the more permanent value of an academic education, with its prospects of much greater prosperity and control of their own affairs."167)
Gleichzeitig zeigt das Experiment mit den Jeaneslehrern in Kenia, daß ein im Grunde progressives pädagogisches Prinzip - Gemeindeorientierung der Schule - auch im Rahmen einer reaktionären Politik benutzt werden kann, solange es dazu beiträgt, das Gesamtsystem zu stabilisieren, in diesem Fall also die kenianischen Afrikaner ans Land bindet bzw. als billige Arbeitskräfte für die Weißen verfügbar macht 168).

Eine Variante der Jeaneslehrerausbildung wurde in den Jahren 1936-1938 in Nordnigeria ausprobiert. In Toro und Gombe wurden aktive Lehrer in einem 16monatigen Fortbildungskurs für Aufgaben als Beratungslehrer in Primarschulen vorbereitet. Sie sollten ihre Lehrerkollegen bei der stärkeren Orientierung der Primarschulen auf Gemeindearbeit unterstützen. Ausgewählt wurden Primarschullehrer mit und ohne Lehrerausbildung. Wichtig für die Zulassung zu den Kursen war, daß sich die Bewerber bereits während ihrer Schultätigkeit für Fragen der Gemeinwesenentwicklung interessiert gezeigt hatten 169). Einer Phase praktischer Ausbildung in Landwirtschaft, Handwerk und Erster Hilfe von acht Monaten folgte eine Phase der 'Lehrzeit' in der Provinz in verschiedenen Dörfern von gleicher Dauer. Während ihres Einsatzes in den Dorfgemeinden wurden die gewonnenen Erfahrungen durch Kurzkurse in den beiden Zentren ausgewertet und für die Vorbereitung auf die spätere Tätigkeit in den Dörfern genutzt. Die Übersicht 2 veranschaulicht die Organisation dieser Art der Lehrerfortbildung für die Gemeinwesenentwicklung zu veranschaulichen. Auch dieses Projekt kam über das Stadium eines Versuchs nicht hinaus. Erst nach der Unabhängigkeit Nigerias wurde in den 70er Jahren wieder versucht, im Rahmen eines sogenannten Primary Education Improvement Project an der Universität Zaria, Grundelemente der 'Visiting Teacher' Ausbildung bei der Ausbildung von 'Mobile Teacher Trainers' anzuwenden, jedoch ohne den Anspruch der Entwicklung der ländlichen Gemeinden.

Übersicht 2: Fortbildungskurse für "Visiting Teachers" in Nordnigeria 1936 - 1938

Zeit	Inhalt	Lernort
1. - 8. Monat	**Praktische Ausbildung in:** * Landwirtschaft ("Mixed Farming", Anbau von Gemüse in der Trockenzeit etc.) * Gesundheit (Hygiene, Erste Hilfe etc.) * Handwerk (Schreiner und Maurerarbeiten)	AUSBILDUNGS-ZENTREN (Tore & Gombe)
	Theoretischer Unterricht in: * Unterrichts-/Schulorganisation * Schulverwaltung	
	Vorbereitung der Praktika in den Provinzen	Kurzkurse Fortlaufende Evaluierung der Gemeindeaufenthalte
9. - 16. Monat	* Unterricht in Primarschulen * Durchführung von Kursen für Erwachsene * Beratung beim Aufbau von Elternvertretungen (Parent's Committees) in den Schulgemeinden	GEMEINDEN in Heimatprovinzen der Lehrer

Den hier exemplarisch angeführten Versuchen, westliche Erziehungsvorstellungen den afrikanischen Verhältnissen anzupassen, war allgemein nur kurzfristig Erfolg beschieden. Pilotprojekte engagierter Einzelpersönlichkeiten kamen nicht über ihr Versuchsstadium hinaus und wurden meist nach wenigen Jahren eingestellt, wenn die Unterstützung durch die Kolonialverwaltung ausblieb oder der maßgebliche Initiator das Projekt verließ. Die Umsetzung von neuen Ideen in die Schulpraxis, die die Lösung dringender Probleme versprachen - Verhinderung der Abwanderung in die Städte z.B. - erwies sich in der Regel als schwieriger und kostspieliger als man erwartet hatte bzw. finanziell ermöglichen konnte. Darüber hinaus war die Kolonialverwaltung am Fortbestand des politischen Status Quo interessiert, der auch durch ein entsprechendes Erziehungssystem für die Schwarzafrikaner abgesichert werden sollte.

Die wichtigsten Gründe für das Scheitern der Versuche, die westlichen Erziehungsmodelle auf die spezifischen Verhältnisse Schwarzafrikas auszurichten, ergeben folgendes Bild (siehe auch die anschließende tabellarische Übersicht):
(1) Die an den Primarschulen tätigen Lehrer waren durch das anspruchsvolle Adaptationskonzept überfordert;
(2) für die zusätzlichen Aufgaben der Gemeinwesenbetreuung waren sie weder ausgebildet, noch wurden sie durch andere Institutionen auf der Gemeindeebene unterstützt;
(3) die umwelt- und arbeitsorientierten reformierten Curricula erforderten Beweglichkeit, Kreativität und Anpassungsvermögen in einem Ausmaße, das die an vortragenden Frontalunterricht nach Lehrbuch gewohnten Lehrer verunsicherte und ohne spezielle Ausbildung nicht zu verwirklichen war;
(4) unterschätzt wurden die mit den Reformen verbundenen erhöhten Folgekosten, so u.a.
 - Fortbildungskurse für bereits an den Schulen unterrichtende Lehrer,
 - entsprechende Unterrichtsmaterialien und Schulbücher,
 - höhere laufende Kosten durch qualifizierte Lehrkräfte,
 - verbesserte Schulinspektion,
 - Kosten, die mit der Ausweitung der Reformen auf das gesamte Schulsystem verbunden sind;
(5) die Einführung von Reformen erfolgte nur in Teilbereichen des Erziehungssystems, ohne strukturelle Probleme zu lösen, so z.B. die Beibehaltung von verschiedenartigen parallel laufenden Ausbildungssystemen für unterschiedliche Teile der Bevölkerung;
(6) es mangelte an Techniken der Curriculumentwicklung, um die Reformideen und ihre Konsequenzen in Lern- und Unterrichtsziele umzusetzen, insbesondere die Verwirklichung aktiven schülerzentrierten Lernens;
(7) die Gebundenheit der Reformversuche an Einzelpersonen ('expatriate pusher') erwies sich als nachteilig für die Erzielung langfristiger Ergebnisse 170);
(8) die Reformen stießen bei der betroffenen Bevölkerung allgemein auf Ablehnung.

Übersicht 3: Projektansätze zur "adaptierten Erziehung"

PROJEKT-ZIELE / PROJEKT-EVALUATION	Struktur					Ursachen für Einstellung des Projekts							
	Ort/Land	Ziel	Träger	Initiator	Reichweite	Fehlende Finanzen/ Hohe Kosten	Übermäßige Bindung an eine Person	Wegfall der Förderung durch offizielle Stellen	Ablehnung bei Bevölkerung	Mangelnde Umsetzung in Schulpraxis	Fehlendes Inservice-Training für Lehrer	Anerkennung und Übernahme durch staatl. System	Erfahrungen d. Pilotversuchs nicht übertragbar
Reform der Primarschulen	Ghana/ Nigeria/ Tanganyika	Adaptation der Curricula	Kolonialverwaltung	Erziehungsabteilung	National	+			+	+	+		
Adaptierte Erziehung in Moslemgesellschaft	Omu, Nigeria	dto.	dto.	Clarke	Lokal		+						+
Adaptierte Erziehung in "tribaler" Gesellschaft	Malangali, Tanganyika	Erweiterung der traditionellen Erziehung	dto.	Mumford	dto.		+	+					+
Aufbau von Primarschulen außerhalb des staatlich anerkannten Systems (Native Schools)	Tanganyika	Schulgründungen durch Selbsthilfe	lokale Gemeinden	Gemeinden (Native Authorities)	National						+	+	
Verbesserung des Unterrichts in Primarschulen durch herumreisende Lehrer (visiting teachers)	Toro & Gombé, Nigeria	Adaptation der Curricula	Kolonialverwaltung	Erziehungsabteilung	Regional			+		+			+
Gemeinwesenentwicklung durch "Jeanes-Lehrer"	Kabete, Kenia	dto.	dto./ amerikan.-Stiftungen	Phelps-Stokes Kommission	dto.	+			+	+			+

Das größte Hindernis für eine dauerhafte Verwirklichung der Versuche, die Primarschule für die Entwicklung der ländlichen Gebiete einzusetzen, lag in den Erfahrungen, die die Bevölkerung bisher mit der Institution Schule gewonnen hatte und den sich daraus ergebenden Erwartungen für den Besuch ihrer Kinder. In der Kolonialzeit, wie auch heute noch, bedeutete der Schulbesuch das Einlösen eines Wechsels auf eine bessere materielle Zukunft, die im Zweifelsfalle nicht in der kleinbäuerlichen Landwirtschaft liegen sollte. Die Wichtigkeit einer fundierten Ausbildung in der Sprache der Kolonialmacht und in den sogenannten akademischen Fächern wurde den Schwarzafrikanern tagtäglich in der Berührung mit den Vertretern kolonialer Interessen vor Augen geführt.

"Reading and writing were seen as the keys to success, not gardening, or to use its later euphemistic name, 'rural science', and still less 'educating the African along his own lines"171).

Alle noch so gut gemeinten Versuche von Nicht-Afrikanern, den individuellen Aufstieg von Schwarzafrikanern, der im westlich orientierten Erziehungssystem möglich war, durch eine allmähliche, aber langsame Verbesserung der Lebensverhältnisse weiter Bevölkerungskreise in den ländlichen Gebieten durch eine darauf abgestellte adaptierte Erziehung zu ersetzen, mißachtete die wirklichen 'Bedürfnisse' der Afrikaner nach politischer Emanzipation. Ohne Berücksichtigung dieser afrikanischen Bedürfnisstrukturen und ohne substantielle afrikanische Beteiligung bei der Diskussion und Verwirklichung der Erziehungsreformen, war der europäisch-amerikanische Paternalismus zum Scheitern verurteilt, der letztlich in den Schwarzafrikanern immer noch die unreifen Naturkinder sah, die kein Verständnis für die wohlwollenden Pläne ihrer 'Beschützer' aufbrachten. Wie Dougall, der erste Leiter der Jeanesschule in Kenia es ausdrückte,

"...the fact remains that the African in many cases does not want what we think is best for him."172)

Leider ist auch nach der Unabhängigkeit der afrikanischen Staaten bei vielen ausländischen Experten, die am Aufbau neuer Erziehungssysteme mitarbeiten, eine ähnliche paternalistische Haltung zu beobachten gewesen 173). Erst allmählich scheint sich ein Wandel zu vollziehen, für den vielleicht die Arbeit der afrikanischen Curriculumorganisation (ACO) beispielhaft stehen mag, wenn von einem neuen Selbstverständnis bei afrikanischen Curriculumreformen die Rede ist 174).

3.5 Kritk der 'angepaßten' Erziehung und Ablehnung durch die Betroffenen

In den bisherigen Ausführungen wurde versucht, die Entwicklung einer Erziehungstheorie nachzuzeichnen, die vorgab, für die Bevölkerung Schwarzafrikas ein Erziehungssystem entwickelt zu haben, das - basierend auf den drei didaktischen Prinzipien der Umwelt-, Gemeinde- und Arbeitsorientierung - speziell auf ihre Bedürfnisse zugeschnitten war und ihnen einen Übergang in die moderne Gesellschaft ermöglichte, ohne ihre kulturelle Identität zu zerstören. Die Erfahrung amerikanischer Philanthropen mit der Erziehung befreiter Negersklaven in den Südstaaten der USA verbanden sich mit den Erziehungsversuchen britischer Kolonialbeamter im Rahmen ihres politischen Herrschaftsmodells für die Verwaltung der Kolonien ('indirect rule') und dem Bemühen von amerikanischen und britischen Missionsgesellschaften um die 'richtige' Erziehung ihrer neugewonnenen Gemeindemitglieder. Ausdruck dieser gemeinsamen Bestrebungen waren die Bestandsaufnahmen der Situation des Erziehungswesens in Schwarzafrika durch die Phelps-Stokes Kommissionen in den Jahren 1920 - 1924, und die sich daran anschließenden Versuche und Experimente, die Ideen einer adaptierten Erziehung in Einzelversuchen oder für den gesamten Bereich einer Kolonie in der Praxis zu erproben. Während im vorhergehenden Kapitel vorwiegend die systemimmanenten Ursachen für das Mißlingen der als Beispiele angeführten Versuche der Erprobung und Einführung einer angepaßten Erziehung für Schwarzafrika angeschnitten wurden, sollen anschließend die mehr grundsätzlichen Reaktionen und Kritiken auf dieses Erziehungskonzept diskutiert werden, die letztlich seinen Erfolg verhinderten.

"Few educators would deny the need to develop curriculums based upon the practical problems of everyday life and given in a meaningful context. Since the time of the Phelps-Stokes reports there has been a steady movement to develop appropriate curriculums and textbooks in African schools, and there can be no doubt that this movement does derive in part from the efforts of these earlier bodies"175).

Die Adaptation der herkömmlichen Schulfächer im Rahmen der sogenannten Allgemeinbildung war also weniger kontrovers. Ja, sie erwies sich sogar als dringend notwendig: Zunächst aus lerntheoretischen Gründen und in zunehmenden Maße auch aus politischen Gründen während und nach dem zweiten Weltkrieg, wollte man doch mit Hilfe der Schule immer mehr Kinder und Jugendliche auf eine die eigene Kulturgruppe überschreitende nationale Einheit vorbereiten. Als Beispiel sei hier das Handbuch in Geschichte und Geographie für Lehrer genannt, das T.R. Batten bereits 1933 für die nigerianischen Primarschulen entwickelt hatte. In beiden Fächern war die lokale Gemeinde, in der sich die Schule befand, der Ausgangspunkt des Lernens, ehe man sich vergleichenderweise anderen Landesteilen zuwandte. Aktive Lernmethoden sollten die Schüler ermutigen, selbständig Fakten und Meinungen über die Entstehung der Gemeinde und die Herkunft ihrer Bewohner zusammenzutragen 176).

Wesentlich umstrittener war der Anspruch des Adaptationskonzepts, die Bewohner Schwarzafrikas benötigten per se eine von westlichen Erziehungsmodellen abweichende Erziehung, die ihren 'Bedürfnissen' entspräche. Die Art der Bedürfnisse wurde jedoch nicht von den Betroffenen in den Kolonien definiert, sondern von den Fachleuten, die glaubten, besser zu wissen, welche Art von Erziehung die richtige für die Afrikaner sei. Wenn jedoch Afrikaner um ihre Meinung gefragt wurden - wie während der Besuche der Phelps-Stokes Kommissionen - die nicht mit den Vorstellungen der Experten übereinstimmte, dann fand man sich darin bestätigt, daß die Schule dafür zu sorgen habe, daß 'falsche Bedürfnisse, wie z.B. der Wunsch nach gleicher Ausbildung wie in den kolonialen Mutterländern, korrigiert werden müßten.

Grundsätzlich ist daher anzumerken, daß im Rahmen des Adaptationskonzeptes die Rolle der Schule überschätzt wurde. Eingefahrene, sich über längere Zeiträume entwickelte Verhaltensweisen der Bevölkerung hoffte man, durch die Schule wieder ändern zu können, obwohl die Mehrzahl der Bewohner Schwarzafrikas nicht einmal von der Primarschule erfaßt wurde. Da man die indifferente oder sogar ablehnende Haltung gegenüber manueller Arbeit auf die Vermittlung von reinem Buchwissen in der durchschnittlichen Schule zurückführte, glaubte man durch eine Konzentration auf praktische Fächer, wie Landwirtschaft und Handwerk, die Einstellung der Afrikaner ändern zu können. Die naheliegenden ökonomischen Gründe, die das Verhalten bestimmten, wurden dabei genauso übersehen wie der allgemeine Mißbrauch, der mit praktischen Arbeiten in der Schule verbunden war und die Abneigung der Afrikaner nur verstärkte. Weiter sollte durch den Besuch der Schulen eine Haltung geformt werden, die die Afrikaner 'offen' gegenüber den auf sie einströmenden Neuerungen und Veränderungen werden lassen sollte. 'Offen' oder 'modern' bedeutete aber für die Fachleute, bereit zu sein für einen anonymen Markt zu produzieren oder seine Arbeitskraft zu verkaufen, an den Errungenschaften der westlichen Zivilisation teilzuhaben und die Vorstellungen der christlichen Religion zu akzeptieren. Gleichzeitig aber sollte die eigene kulturspezifische Identität nicht verlorengehen - und auch hierzu sollte die Schule ihren Beitrag leisten, indem sie die bewahrenswerten Elemente der traditionellen Gesellschaft erhalten und weitergeben sollte. Der aus dem westlichen Kulturkreis importierten Institution Schule wurde folglich eine Rolle zugedacht, die sie in ihrem eigenen europäisch-amerikanischen Herkunftsbereich nie gespielt hatte.

"Schools in advanced societies had, in general, been conservative social institutions, reflecting society and remoulding themselves somewhat belatedly in response to social pressures"178).

Das aus den USA auf Schwarzafrika übertragene Erziehungsmodell sah im Prinzip keine politische Emanzipation der Beschulten vor. Es beruht auf der Annahme einer harmonischen, konfliktfreien Entwicklung der Gesellschaft. Die Funktion der Erziehung beschränkte sich bei diesem Modell auf die materielle Verbesserung der Situation der Farbigen in den Südstaaten, nicht auf eine politische Gleichstellung mit den weißen Südstaatlern. Mögliche gesellschaftliche Konflikte sollten daher über curriculare Manipulationen entschärft werden. Kenneth King hat überzeugend dargelegt, daß Jesse Jones, der geistige Vater der Adaptationstheorie, nichts stärker fürchtete als die politische Betätigung der Farbigen, die er - in den USA wie in Schwarzafrika - durch sein Erziehungskonzept zu immunisieren hoffte 178). Kein Wunder also, daß die britische Kolonialmacht dieses Konzept aufgriff und zur offiziellen Erziehungspolitik erhob, unterstützt von den Missionsgesellschaften ebenso wie von den weißen Siedlern in Süd- und Ostafrika. Jeder fand mit dem Schlagwort der sich anpassenden Erziehung das, was er für seine eigenen Zielvorstellungen zu finden gehofft hatte, solange man darin übereinstimmte, daß die Erziehung für die Schwarzafrikaner sich von der für die Europäer in den Kolonien zu unterscheiden habe. Ein Erziehungsexperiment wie das von Mumford in Tanganyika durchgeführte, das versuchte, traditionelle Strukturen und westliche Erziehungsformen zu kombinieren, lief ebenso unter der Rubrik 'adaptierte' Erziehung wie die nur mühsam verbrämte rassistische Erziehungspolitik der weißen Siedler für die Afrikaner in Kenia 179).

Die nicht hinterfragte Übertragung des Erziehungsmodells auf die afrikanischen Verhältnisse führte ferner dazu, daß ein Erziehungssystem entwickelt wurde, das zwar immer wieder vorgab, die gesellschaftlichen Strukturen Afrikas zu berücksichtigen und auf sie zugeschnitten zu sein, jedoch von einem Bild dieser Gesellschaft ausging, das nicht der Realität entsprach. Murray hatte schon 1929 darauf hingewiesen, daß zwischen den Gesellschaftsstrukturen der Farbigengemeinden in den Südstaaten der USA und den schwarzafrikanischen Gesellschaften in Afrika gravierende Unterschiede bestehen. Einmal seien die Farbigen im Süden der USA nicht auf Stammes- oder Klanbasis mit dem religiös mythischen Bezug zum Land und zu ihren

Vorfahren organisiert wie die Afrikaner in den ländlichen Gebieten. Zum anderen teilten die Farbigen in den USA aufgrund historischer Entwicklungen inzwischen mit der weißen Bevölkerung die gleiche Sprache und materielle Kultur. Der Farbige in den USA sei daher eher mit dem in die Stadt abgewanderten Afrikaner zu vergleichen, als mit dem auf dem Lande lebenden, noch stärker in der Tradition verhafteten Afrikaner 180).

Zu pauschal wurde für alle Bewohner Schwarzafrikas das gleiche Erziehungsrezept verschrieben und unterschiedliche Entwicklungen und Aspirationen unberücksichtigt gelassen 181). Was vielleicht in noch wenig mit der Kolonialstruktur in Berührung gekommenen Gebieten Afrikas im Rahmen adaptierter Erziehung nützlich gewesen und von der Bevölkerung akzeptiert worden wäre, hätte noch lange keine Chance in Gebieten gehabt, wo längere Kontakte mit den Weißen bestanden und sich Veränderungen in der Sozialstruktur aufgrund solcher Beziehungen bemerkbar gemacht hatten. Die Adaptationstheorie faßte die afrikanischen Gesellschaften als statische Einheiten auf, die kaum fähig waren, sich gewandelten äußeren Bedingungen anzupassen 182), wobei sie völlig außer acht ließ, welche gesellschaftlichen Wandlungsprozesse sich in Afrika abspielten. Um nur einige zu nennen:
- die Auswirkungen des Demonstrationseffekts der Lebensweise der Vertreter der Kolonialmächte auf die Afrikaner;
- die wachsende Zahl von Afrikanern, die ihre eigene Subsistenzwirtschaft aufgab und in den exportorientierten Wirtschaftssektor einbezogen wurde;
- diejenigen Afrikaner, die immer stärker mit den materiellen und immateriellen Produkten der Kolonialmächte in Berührung kamen;
- die zunehmende Abwanderung von den ländlichen Gebieten in die Städte;
- die einsetzende Statusumverteilung durch eine sich herausbildende Elite, die sich auf Positionen festgesetzt hatte, die durch das erfolgreiche Abschneiden im westlichen Bildungssystem bestimmt waren 183).

Eine Idealisierung des traditionellen Lebens auf dem Lande und der Versuch, dort einige Verbesserungen für die Bevölkerung durch die Schule anzustreben, konnte den tatsächlichen Gegebenheiten in Afrika nicht gerecht werden. Bezogen auf Nigeria stellt Abernethy zu diesem Problem fest,
"In an environment changing more rapidly than the colonial rulers themselves realized, the effect of their educational reforms would have been to train the child to make his way in a society that was becoming outmoded rather than to prepare him for a future society that was bound to be even less traditional than the Nigeria of the 1920s" 184).

Die schärfste Ablehnung des Adaptationskonzepts kam aus jenen Kreisen, die an einer politischen Emanzipation der Farbigen in den USA und in Afrika interessiert waren, und diese nur über eine gleiche, akademisch ausgerichtete Erziehung zu erreichen hofften, um genügend Führungspersönlichkeiten heranzubilden, die den Weißen gleichberechtigt gegenübertreten konnten. Amerikanische Farbigenführer wie Du Bois geißelten die Bemühungen um eine spezielle Erziehung für die Schwarzafrikaner als den Versuch, den Einfluß der Weißen in Afrika auf ewig abzusichern 185). Die Festlegung der Afrikaner auf eine vorwiegend landwirtschaftlich-handwerklich ausgerichtete Erziehung wurde nicht als ein Beitrag zur möglichen Verbesserung der materiellen Situation auf dem Lande angesehen, sondern als rassistisches

Vorurteil der Weißen gegenüber den Farbigen interpretiert. So schreibt Azikiwe, "Die Grundlage der Theorie für handwerkliche und landwirtschaftliche Erziehung des Afrikaners ist falsch. Sie hält den Afrikaner besser für handwerkliche und landwirtschaftliche Arbeiten geeignet, was kaum wahr sein kann" 186)

Viele Afrikaner erkannten den ideologischen Charakter der Adaptationstheorien und befürchteten, eine zweitklassige Erziehung zu erhalten, die die Abhängigkeit und Ausbeutung durch den weißen Kolonialherrn weiter verstärkt hätte 187).

Daß diese Befürchtungen zu recht bestanden, zeigen am eindrucksvollsten die Ereignisse in Kenia, wo die weißen Siedler die angepaßte Erziehung mit der angeblich 'geringeren' Intelligenz der Afrikaner im Vergleich zu den Weißen rechtfertigten und die praktische Komponente der Erziehung als einzigen Weg ansahen, die Farbigen auf eine höhere Entwicklungsstufe zu bringen 188). Der Afrikaner fühlte sich daher herausgefordert zu beweisen, daß er zu den gleichen geistigen Leistungen fähig war, wie die Vertreter anderer Rassen, vorausgesetzt, er hatte eine vergleichbare Erziehung genossen 189). Jede Abweichung von der Standarderziehung des westlichen Typus für die Bewohner Schwarzafrikas wurde daher als eine Beschränkung der potentiellen geistigen Entwicklungsmöglichkeiten des afrikanischen Kindes angesehen 190). Was die Betroffenen wirklich wollten, hatte wenig mit den Vorstellungen der Adaptationstheorie gemeinsam, wie aus dem folgenden Dokument aus Uganda aus dem Jahre 1931 hervorgeht.
"What we want is the general education as it is known. We say that we should be given education which is not set aside particularly for us, because the tendency has always been that ways should be found to discover a suitable system of education for the Africans ... we should be given the standard course of education which would enable those can to come and join universities or certain colleges in this country"191).

Die Bemühungen der Missionen und der Kolonialverwaltung, die Prinzipien adaptierter Erziehung in die Praxis umzusetzen, stießen folglich auf Widerstand, ja offene Ablehnung. In Ghana sprachen sich sowohl die traditionellen Häuptlinge wie die durch westliche Erziehung geprägte Intelligenzija gegen die Afrikanisierung aus 192). In Kenia gründeten die Kikuyus Schulen außerhalb des bestehenden Systems, um ein englisch orientiertes akademisches Curriculum unterrichten zu können. Im Süden Nigerias ignorierte die Bevölkerung die Reformversuche offizieller Stellen und brachte die Missionen dazu, die bisherige achtjährige Schulzeit mit dem Schwergewicht auf akademische Fächer beizubehalten, indem sie verstärkt für den Unterhalt der Primarschulen aufkam 193).

Realistischer als die Erziehungstheoretiker der adaptierten Erziehung für Schwarzafrika sah die Bevölkerung selber den begrenzten Einfluß, den die Primarschule auf die Entwicklung der ländlichen Gebiete haben konnte. Man befürchtete darüber hinaus, daß die zusätzlichen Aufgaben der Gemeinwesenentwicklung, die die Schule zu übernehmen hatte, sie darin hindern werde, ihre eigentliche Kernaufgabe, nämlich die Vermittlung der Grundfertigkeiten in Lesen, Schreiben und Rechnen, zufriedenstellend wahrzunehmen.
"To make men intelligent, the school has again but one way, and that is, first and last, to teach them to read, write and count. And if the school

fails to do that, and tries beyond that to do something for which a school is not adapted, it not only fails in its own function, but it fails in all other attempted functions. Because no school as such can organise industry, or settle the matter of wage and income, can found homes or furnish parents, can establish justice or make a civilised world"194).

Der Erfüllung ihrer Kernaufgabe wurde aber von den Eltern zu allererst Bedeutung beigemessen, da die Beherrschung dieser Fertigkeiten der erste Schritt zur Teilnahme am weiterführenden Erziehungssystem akademischer Prägung war, das einzig und allein materielle Verbesserung und Anspruch auf politische Parität verhieß. Eine Differenzierung im Erziehungssystem der afrikanischen Kolonien ohne Gleichheit aller Bevölkerungsteile hätte die Festschreibung einer permanenten Inferiorität der Farbigen bedeutet, worauf Murray schon 1929 hingewiesen hatte 195). Ein utilaristisches Erziehungskonzept, wie das hier diskutierte der adaptierten Erziehung, ohne einen Ansatz zur politischen Mündigkeit und Selbstbestimmung des Individuums als Regulativ der gesellschaftlichen Ansprüche gegenüber dem Einzelnen, führt letztlich zu verstärkter Abhängigkeit und Ausbeutung 196). Ein in der Grundtendenz progressives pädagogisches Konzept wird daher zum Instrument restriktiver Erziehungspolitik, wenn das Emanzipationskriterium außer acht gelassen wird.

4. Schulen als Korrektiv sozio-ökonomischer Benachteiligungen und gesellschaftlicher Probleme: Anglo-amerikanische Reformansätze und ihre Auswirkungen auf Afrika

Die ersten Versuche in Ost- und Südafrika Ende der 20er/Anfang der 30er Jahre, Lehrer für Aufgaben der Gemeinwesenentwicklung auszubilden, hatte unter kritischeren afrikanischen Lehrerstudenten schon frühzeitig zur Frage an die amerikanischen bzw. britischen Dozenten und Ausbilder geführt, warum diese Art der Ausbildung auf Afrika begrenzt sei. Wenn die adaptierte Erziehung wirklich so gut sei, wie ihnen immer wieder gesagt würde, dann sei sie doch auch der akademisch orientierten Erziehung in Europa und Amerika vorzuziehen und dort einzuführen 197).

Ansätze zu einer stärkeren Hinwendung der Schule zu den Problemen der Gemeinden sind im gleichen Zeitraum auch in westlichen Ländern festzustellen. Bezeichnenderweise handelt es sich dabei jedoch um Initiativen Einzelner oder übergeordneter Behörden, die darauf abzielen, von ihnen als 'Fehlentwicklungen' festgestellte Phänomene gesellschaftlicher Art zu korrigieren. Um die Landflucht in seiner Provinz zu stoppen, entwickelte z.B. in England Henry Morris Pläne für ein 'Village College' auf dem Lande, das von allen Gemeindemitgliedern genutzt werden sollte. Eine stärkere Einbeziehung der ländlichen Gemeinden und ihrer Erwachsenen sollte verhindern, daß die Schüler von ihrer ländlichen Umwelt entfremdet würden und sich weiterhin auf eine Beschäftigung in den Städten konzentrierten 198). 1930 wurde das erste Village College in Sawston bei Cambridge eröffnet. Eine weitere Verbreitung hat diese Art der gemeindeorientierten Schule auf dem Lande jedoch in England nicht erfahren. Es fehlte ihr eine breitere Basis in der ländlichen Bevölkerung, die diese Art von Schule als für sie erforderlich und wünschenswert angesehen hätte 199).

"The weakness of the Village College scheme is that it set out to remedy a defective educational system in one particular and largely uninfluential sector of society. It was not part of an organic growth, a symbiosis between education and the community"200).

In den USA hatte John Dewey bereits um die Jahrhundertwende die theoretischen Grundlagen für eine gemeindeorientierte Erziehung entwickelt, deren Anwendung er in der von ihm gegründeten Versuchsschule der Universität von Chicago erprobte 201). Dewey ging von einem auf das Kind bezogenem Lernen aus, das von dem herkömmlichen Auswendiglernen Abstand nahm. Durch eine aktive Auseinandersetzung mit der dem Kind bekannten Wirklichkeit sollte es in die Lage versetzt werden, seinen Platz in der Gesellschaft verantwortlich auszufüllen. Die Institution Schule sollte selber zu einer 'Gemeinde' (community) werden, die den Schülern Geborgenheit und Zugehörigkeitsgefühl gab, und deren Angelegenheiten von den Schülern und anderen Gemeindemitgliedern mit bestimmt wurden 202).

Deweys Überlegungen veranlaßten in den 30er Jahren und später immer mehr Schulen, ihre Einrichtungen auch den erwachsenen Mitgliedern der Gemeinden zur Verfügung zu stellen. Das Angebot der Schulen reichte von Fortbildungsmöglichkeiten bis zu sportlichen Aktivitäten für Erwachsene. Gemeinsame kulturelle Veranstaltungen sahen die Zusammenarbeit von Schule und Gemeinde bei der Organisation von Konzerten und Theateraufführungen, und in einigen Fällen bei dem gemeinsamen Versuch Volksdichtungen und -lieder vor dem Vergessen zu bewahren 203). Die Berücksichtigung der Erwachseneninteressen und ihre Einbeziehung in die Schule führte zur Errichtung immer aufwendigerer und größerer Schul-Gemeindezentren in der Nachkriegszeit. In der Regel bildete eine Sekundarschule den Kern, erweitert um Einrichtungen, die auch der Gemeinde zur Verfügung stehen (Sportanlagen, Schwimmbad, Bücherei, Mehrzweckhalle, Werkstätten etc.).

Erziehungseinrichtungen wie die hier genannten Beispiele aus England und den USA, die ihre Kontakte mit der Gemeinde dahingehend erweitern, daß die Benutzung schulischer Einrichtungen allen Gemeindemitgliedern ermöglicht wird, werden oftmals als 'Gemeindeschulen' (community schools) bezeichnet. Der Terminus community school wird jedoch auch für wesentlich anspruchsvollere Programme benutzt, die über die Schule kommunale Entwicklungsprogramme einzuleiten versuchen, um die Trennung zwischen schulischen und auf die Gemeinde bezogenen Problemen zu überwinden. Neben der Schaffung von geeigneten Lernmöglichkeiten für die Kinder von sozial benachteiligten Bevölkerungsschichten durch Konzentration auf die Probleme, die sich aus den den Kindern vertrauten Bereichen des Alltags ergeben und für deren Überwindung sie durch die Schule vorbereitet werden sollen, steht die Wiedergewinnung bzw. Wiederherstellung der Lebensqualität von Gemeinden, die im nationalen Vergleich eines Landes zurückgeblieben sind. Gemeindeschulen dieser Art geben den Lehrern eine Schlüsselrolle in ihrem Konzept und reflektieren bestimmte Vorstellungen von Gemeinwesenentwicklung.
"They are usually related to a quest for a solution to educational problems in difficult social environments and a perception that educational progress on the part of the child is closely linked with home attitudes and aspirations"204).

Gemeindeschulen mit dem Anspruch der Gemeinwesenentwicklung waren eine Antwort auf die gescheiterten Versuche kompensatorischer Erziehung für die Kinder von sozial benachteiligten Gruppen in verschiedenen Industriegesellschaften, insbesondere in den USA 205). Aus den mißlungenen Ansätzen, die Benachteiligung von Kindern einkommensschwacher bzw. kulturell benachteiligter Familien durch schulische Programme aufzuheben, wurde gefolgert, daß sich die Schule der naheliegenden Probleme der Gemeinde annehmen sollte und sie sozusagen zum Lernstoff umzusetzen habe. Das Curriculum hatte die soziale Realität wiederzugeben, wobei Eltern und andere Gemeindemitglieder mit in die Aktivitäten einbezogen werden, um letztlich die Lebensbedingungen in der Gemeinde verbessern zu helfen.

"Beyond the long-term hope for a higher level of social participation, the community orientated curriculum has other advantages. It is likely that the children will do as well or better in traditional subjects because they will be linked to their own experience. In realising that education is about himself and his community just as much as about a more remote middle-class world the child will gain a sense of his worth and parents will more readily give their interest and support" 206).

Der Vorstellung, daß alternative Curricula und Organisation in Gemeindeschulen dazu beitragen, in benachteiligten städtischen Gebieten das Problemlösungspotential und die Eigeninitiative der Bevölkerung zu stärken, ohne das bestehende sozio-politische System zu verändern, geht implizit davon aus, daß die Probleme, wie z.B. Arbeitslosigkeit, Jugendkriminalität, fehlendes Freizeitangebot, l o k a l e Ursachen haben, und von daher auch durch lokale Initiativen behoben werden können. Die meisten der angesprochenen Probleme auf der Ebene der Gemeinden sind jedoch von Faktoren abhängig, die außerhalb des lokalen Entscheidungsbereiches liegen. Veränderungen des Angebots an Arbeitsplätzen in der Gemeinde z.B. unterliegen zumeist kaum dem Einfluß lokaler Gruppen, wenn es sich um Investitionen größerer Unternehmen handelt. Die aus einer Verknappung der Arbeitsplätze sich ergebenden Folgen für eine Gemeinde sind aber durch keine Art von Gemeindeorientierung der Schule zu überwinden. Die Auseinandersetzung mit dem lokalen Problem kann zwar zur Solidarisierung von betroffenen und nicht-betroffenen Gemeindemitgliedern führen, nicht aber zur Beseitigung der Arbeitslosigkeit 207).

Aus der Kritk an der Ohnmacht der herkömmlichen Konzepte der Gemeinwesenentwicklung, die als Alibi-Aktionen der Privilegierten gegenüber den Unterprivilegierten angesehen werden, ohne bestehende Ausbeutungsverhältnisse abzubauen, entsprang ein Verständnis von Gemeinwesenentwicklung, das politische Aktionen der Betroffenen zum Ziel hat, um die sie benachteiligenden Strukturen zu durchbrechen.

"It is an attempt to create political consciousness and organisations with and for the powerless which will enable them to fight more effectively"208).

Im Rahmen dieses Konzepts wird der Schule eine Funktion zuteil, die sich als eine alternative Möglichkeit von Erziehung im Vergleich zum bestehenden System sieht. Marginale gesellschaftliche Gruppen haben daher 'alternative' oder 'freie' Schulen aufgebaut, die außerhalb des offiziellen Bildungssystems organisiert sind. Farbige US-Amerikaner begannen in den 60er Jahren mit der Gründung zahlreicher 'freier' Schulen, um ihre eigene kulturelle Identität bewahren zu können. Diese Schulen sind weitgehend gemeindeorientiert, indem sie finanziell und ideell von Eltern und Gemeindemitgliedern getragen werden 209).

Im Gegensatz zu den Projekten gemeindeorientierter Schulen in städtischen Notstandsgebieten, wie z.b. das Liverpool Educational Priority Area Scheme 210), die aufgrund überregionaler Initiativen entstanden und in denen zunächst das Interesse der Mitglieder der Gemeinden dieser Viertel an der Schule wieder gewonnen werden mußte, ehe man durch veränderte Schulinhalte und Aktivitäten der Bevölkerung neue Perspektiven auf ein besseres Leben zu bieten erhoffte, entsprangen die Gründungen der 'freien' Schulen in den USA einer Grundstimmung in Teilen der farbigen Bevölkerung. Schulen wie z.b. die Highland Park Free School, einer Grundschule in einer farbigen Gemeinde in Boston/USA, sind daher die Reaktion der Basis auf die zunehmende Bedeutungslosigkeit des übergreifenden nationalen, mittelklasse-orientierten Bildungssystems für die eigene Situation 211), ohne daß jedoch die Schule als Institution, als Ort organisierten Lernens, in Frage gestellt wird. Von daher ergibt sich fast zwingend eine engere und intensivere Kommunikation zwischen Schule und Gemeindemitgliedern, da die alternative Gestaltung und Organisation des Lernprozesses gleichzeitig ein Ausdruck der kulturellen Selbstverwirklichung ist.

In beiden der angeführten Beispiele, sowohl im Falle der von übergeordneten Instanzen verordneten und erprobten Gemeindeorientierung, als auch im Falle der Ausbildung engerer Beziehungen zwischen Schule und Gemeinde als Ausdruck einer durch Eigeninitiative geschaffenen Möglichkeit der Selbstbestimmung von Minderheiten im nationalen Rahmen, erhofft man sich von der qualitativ anders gestalteten Primar- oder Sekundarschule Auswirkungen auf die lokale Gemeinde. Dabei handelt es sich vorwiegend um Bemühungen, ökonomische und soziale Benachteiligungen und Mißstände mit Hilfe der gemeindeorientierten Schule abzubauen oder zu beseitigen, ohne daß sich Tendenzen entwickeln, die die Art der gesamtgesellschaftlichen Organisation und damit auch die Verteilung gesamtgesellschaftlicher Ressourcen in Frage stellen.

In den Primarschulen der Länder Schwarzafrikas lassen sich sowohl Indikatoren für eine Gemeindeorientierung finden, wie auch Anzeichen für eine akzeptierte Trennung von Schule und Gemeinde nachweisen. In der Regel steuern die Gemeindemitglieder einen beachtlichen Teil zum Unterhalt der Schule bei. Der oder die Lehrer wohnen in der Gemeinde und unterliegen noch vielfach ihrer sozialen Kontrolle. Das Interesse der meisten Eltern ist jedoch darauf gerichtet, daß die Schule die Fertigkeiten in Lesen, Schreiben und Rechnen vermittelt, die erforderlich sind, um die weiterführenden Schulen zu besuchen.
"To a great degree they are places apart ..." charakterisiert Hugh Hawes die Situation zwischen Primarschulen und Gemeinden, "... and the separateness is often maintained by a sort of mutual consent between school and community, despite exhortations to integrate from curriculum makers and earnest protestations from headmasters and teachers that the process is underway... The particular characteristics of a school - time and timetables, fact and figures, books and writing, tests and class orders - belong to a category of ideas which are separate from those in the village and which both the teacher and the parents accept as school business"212).

Die Unterstützung der Gemeindemitglieder für die Schulen erfolgt nicht in der Erwartung, daß mit Hilfe der Schule lokale Probleme zu lösen oder Verbesserungen zu erreichen wären, wie es in den Modellen gemeindeorientierter Schulen in den westlichen Industrieländern zum Ausdruck kommt, sondern in der Hoffnung, besser gerüstet zu sein für die Auseinandersetzung um die wenigen Plätze in den weiterführenden Schulen. Alternative Curricula, wie sie in den gemeindeorientierten westlichen Schulen erprobt werden und Anklang bei den Betroffenen finden, weil nur ein kleiner Teil der Benutzer aus den unterprivilegierten Schichten auf die weiterführenden nationalen Examen orientiert ist, stoßen in Schwarzafrika auf Ablehnung, wenn die Prüfungskriterien weiterhin am konventionellen Curriculum festhalten 213).

Ein weiterer wesentlicher Unterschied zwischen Gemeindeschulen in den westlichen Industrieländern und der Übertragung dieser Modelle auf die schwarzafrikanischen Verhältnisse besteht darin, daß sich die Ausgestaltung zur gemeindeorientierten Schule im Westen vorwiegend auf Sekundarschulen bezieht und mit großem finanziellen Aufwand verbunden ist. Die Beziehungen zwischen Schule und Gemeinde in Afrika sind jedoch vorwiegend auf die lokalen Primarschulen beschränkt, da sich die meist mit Internatseinrichtungen verbundenen Sekundarschulen noch stärker als die Primarschulen von dem Leben der Gemeinde, in der sie angesiedelt sind, abschließen. Nicht die Benutzung aufwendiger Einrichtungen für Zwecke der Freizeitgestaltung oder Bildung durch die erwachsenen Gemeindemitglieder kennzeichnet die Beziehungen zwischen Gemeinden und Schule in Schwarzafrika, sondern die Notwendigkeit solidarischer Improvisation auf Grund der relativen Armut, um überhaupt Schule möglich zu machen. Aber gerade die in den ländlichen Gebieten der Dritten Welt durch Armut, Krankheiten, Unwissen und fehlende Infrastruktur gekennzeichnete Situation hoffen Curriculumplaner durch eine Öffnung der Primarschule zur Gemeinde hin zu verbessern. Die in den westlichen Ländern gewonnenen Erfahrungen mit Gemeindeschulen als eine Art Befriedungsstrategie für Randgruppen, werden umgesetzt in eine Strategie für die bisher benachteiligte Mehrheit der Bevölkerung in Afrika 214). Im Idealfall werden Projekte für Verbesserung der Lebenssituation in einer Gemeinde durch örtliche Initiativen begonnen und durchgeführt, wobei übergeordnete Behörden fachliche - und oft auch finanzielle - Unterstützung leisten. In der Regel handelt es sich bei den Projekten um den Bau von Schulgebäuden, Erdstraßen, Wasserversorgungsanlagen, Brücken, Erste-Hilfe-Stationen, etc. Den Primarschulen kommt bei dieser Strategie der Gemeinwesen- oder Kommunalentwicklung (Community Development)215) eine Schlüsselrolle zu: Einmal soll die Schule als Institution durch eine Alphabetisierung a l l e r Gemeindemitglieder die Voraussetzung schaffen, daß vorhandene Informationen genutzt und Bedürfnisse artikuliert werden (funktionale Alphabetisierung); zum anderen sollen Schule und Lehrer durch beispielgebendes Verhalten und Initiativen die Bevölkerung zur Aufgabe von Einstellungen bewegen, die bisher Ansätze zur Verbesserung ihrer sozio-ökonomischen Situation verhinderten 216). Der Primarschullehrer soll folglich mit dem Sozialarbeiter (Community development worker) auf der Gemeindeebene zusammenarbeiten bzw. ihn ersetzen, da in der Regel nur wenige Fachkräfte für die Gemeindearbeit zur Verfügung stehen. Inwieweit die Primarschule und die an ihr tätigen Lehrer überhaupt in der Lage sind, die sich aus einer Gemeindeorientierung der Schule ergebenden Aufgaben und Verpflichtungen zu erfüllen, soll im weiteren Verlauf dieser Arbeit noch eingehend untersucht werden.

- 66 -

Die große Zahl fehlgeschlagener Projekte der Gemeinwesenentwicklung während der letzten beiden Dekaden in den Ländern der Dritten Welt scheint darauf hinzuweisen, daß das bisher praktizierte Konzept nur marginale Verbesserungen zuläßt, ohne die Bedürfnisse der Massen der Bevölkerung befriedigen zu helfen 217). Der unpolitische Charakter des Gemeinwesenentwicklungsgedankens übersieht, daß die Rückständigkeit weiter Teile der Bevölkerung nicht ausschließlich eine Folge von Verhaltensweisen ist - oft subsumiert unter dem Schlagwort: 'traditionelles Verhalten' - sondern das Ergebnis von Spannnungs- und Konfliktsituationen zwischen verschiedenen gesellschaftlichen Gruppen, d.h. ein Ergebnis von machtpolitischen Auseinandersetzungen.
"The problem of community development is that it is behaviorally simplistic, assuming that benefits or rewards, self-help and localism will make for sufficient institutional harmonies so that marginal or incremental change will accumulate and become permanent"218).

Die Möglichkeit der politischen Sensibilisierung der Bevölkerung durch lokale Entwicklungsprojekte, um auf die externen Faktoren, die die Situation bestimmen, aufmerksam zu machen und politische Aktionen als Gegenmaßnahmen einzuleiten, z.B. in der Form von Bürgerinitiativen in der westlichen Industriegesellschaft, ist in den meisten schwarzafrikanischen Ländern nicht erwünscht, da sie die politische Stabilität und Positionen der an der Macht befindlichen bedrohen würden 219).

Wenn die Idee der Gemeindeorientierung der Primarschulen trotzdem in Schwarzafrika zunehmend an Boden gewinnt, so dürfte ihre Attraktivität wohl eher in ihren systemstabilisierenden Elementen liegen. Vor allem in ihrer Möglichkeit, marginale Verbesserungen und Reformen einzuleiten, um von strukturellen, die Gemeinde überschreitenden Problemen abzulenken. Die abschließende Situationsanalyse versucht noch einmal zu verdeutlichen, welche Konsequenzen sich aus der Übertragung des Modells der Gemeindeschule auf die afrikanischen Verhältnisse für die einzelnen Elemente des Konzepts ergaben (siehe auch Übersicht 4):

Übersicht 4: Situationsanalyse zur Übertragbarkeit des Konzepts der Gemeindeschule auf die Verhältnisse schwarzafrikanischer Länder

	WESTLICHE INDUSTRIEGESELLSCHAFT	SCHWARZAFRIKANISCHE GESELLSCHAFT
ZIEL	Verbesserung der Lebensqualität/ Beseitigung kultureller oder sozio-ökonomischer Benachteiligungen	Verbesserung der Lebensbedingungen/ Befriedigung von Grundbedürfnissen
SCHULART	Sekundarschulen	Primarschulen
BENUTZER	Jugendliche/Erwachsene	Kinder
CURRICULUM Lernmethode Inhalte	Schülerorientiert * Erfahrungen mit der Realität der Arbeitswelt * Projekte aufgrund von Gemeindeproblemen (Umweltschutz) * Sozialpflegerische Einsätze (Kranken-, Alten-, Armenpflege)	Lehrerorientiert * "Good-will" Aktionen (Reinigung von Marktplätzen, Wasserstellen, Produktion und Transport von Baumaterialien, Lohnarbeit für Gemeindemitglieder) * Aufgreifen von lokalen Ereignissen für den Unterricht
LERNORGANISATOR	Lehrer/Sozialarbeiter/ sonstige Gemeindemitglieder	L e h r e r
AUSSTATTUNG	Kostspielige Einrichtungen für Bildung und Freizeit (Mehrzweckhallen, Kinos, Schwimmbäder, Sportanlagen, Werkstätten, usw.)	"Low cost" Einrichtungen – Schaffung minimaler Lernvoraussetzungen
AUSSERSCHULISCHE AKTIVITÄTEN	Bildungs- und Freizeitangebot für Jugendliche und Erwachsene/ Gemeinwesenentwicklungsaufgaben	Hilfe bei der Organisation von Projekten für die Gemeinde/ Freizeitangebot für Jugendliche
UNTERSTÜTZUNG DURCH AUSSERSCHULISCHE INSTITUTIONEN	Zusammenarbeit mit anderen Gemeindediensten auf lokaler Ebene	In wenigen Fällen zufällige, unregelmäßige Zusammenarbeit mit anderen Gemeindediensten auf Bezirks- oder Provinzebene

Während in Europa und in den USA vorwiegend Sekundarschulen zu Gemeindeschulen ausgestattet wurden, bezieht sich die Gemeindeorientierung in Schwarzafrika auf die in der Regel schlecht ausgerüsteten und wenig auf ihre zusätzlichen Aufgaben vorbereiteten Primarschulen. Trotz unterschiedlicher Vorbedingungen und Ausrüstung wird ähnliches von dieser Schule erwartet wie von der westlichen Sekundarschule. Ist es in den westlichen Gesellschaften die Wiedergewinnung der Lebensqualität in einer Gemeinde bzw. die Überwindung von sozio-ökonomischen Benachteiligungen von Randgruppen der Bevölkerung, so soll in Afrika die Primarschule dazu beitragen, die Verbesserung der Lebensbedingungen durch die Befriedigung der wichtigsten Grundbedürfnisse herbeizuführen. Ihre Benutzer sind bisher vorwiegend die Kinder einer Gemeinde, in wenigen Ansätzen werden in der Bildungs- und Beratungsarbeit auch die Erwachsenen einbezogen. Die Lehrer, als Organisatoren und Initiatoren dieser Verbesserungen, sind nur in Ausnahmen auf diese Aufgaben vorbereitet und in der Gemeinde meist auf sich allein gestellt. Im Gegensatz dazu sind an den Gemeindeschulen in den USA und Europa Mitarbeiter verschiedenster Qualifikationen tätig die professionell und finanziell für Gemeinwesenaufgaben ausgestattet sind. Während in den westlichen Gemeindeschulen projektbezogener Unterricht praktiziert wird, der sich an den Problemen der Gemeinden orientiert und sie zum Lernstoff und Medium der Bewußtwerdung erhebt (z.B. Projekte, die sich mit Umweltverschmutzung, Jugendproblemen usw. beschäftigen), äußert sich die Gemeindeorientierung in Afrika oft nur in 'good will'-Aktionen der Schule für die Gemeinde, ohne den laufenden Unterricht zu beeinflussen.

Die seit der Kolonialzeit bestehenden Versuche, über eine Adaptation der Lerninhalte der Schule auf die ländliche Umwelt und ihre Probleme materielle Verbesserungen in ländlichen Gebieten zu erzielen, sind in der letzten Entwicklungsdekade von zahlreichen afrikanischen Ländern erneut aufgegriffen worden. Mit der Wiederentdeckung der Grundbedürfnisse der ländlichen Bevölkerung in den letzten Jahren 220) und der Auseinandersetzung um Strategien zur Befriedigung dieser Bedürfnisse werden große Hoffnungen auf die Rolle der Primarschule im ländlichen Raum als Multiplikator und Katalysator von Verhaltensänderungen und Verbesserungen gesetzt. Erneut werden Mittel in Pilotprojekte investiert, um die Anwendung von Ideen in Schwarzafrika zu testen, die teilweise dem westeuropäisch-amerikanischen Kontext entnommen sind und bereits in der Vergangenheit an der ablehnenden Haltung der afrikanischen Bevölkerung scheiterten 221).

5. Rückbesinnung auf die Vergangenheit: Die Einbeziehung der traditionellen afrikanischen Erziehung in das Konzept der Gemeindeorientierung der Primarschule

Bisher wurde darzulegen versucht, in welchem Maße historisch entstandene Konzepte die Diskussion um eine Reform der Primarschulerziehung in Schwarzafrika beeinflußt haben. Während die unterschiedlichen Ausprägungen der sogenannten angepaßten Erziehung für Afrikaner und die Idee der Gemeindeschule Übertragungen von Einzel- oder Gesamtaspekten darstellen, die in Westeuropa und den USA gewonnen wurden, läßt sich eine weitere Komponente des Konzepts der Gemeindeorientierung der Primarschulen in Afrika unmittelbar aus den Kultur- und Gesellschaftsordnungen dieses Kontinents ableiten.

Die Wiederentdeckung der Gemeinde als dem verantwortlichen Träger der Erziehung der jüngeren Generation, und damit ihre verstärkte Einbeziehung in die Gestaltung und Verwaltung der Institution Schule, greift zurück auf ein Phänomen, das bis zum Eindringen der kolonialen Eroberer für die meisten Gesellschaften Afrikas eine Selbstverständlichkeit bedeutete: Erziehung war Aufgabe der Familie und der Klans; sie wurde als eine kollektive Verpflichtung aller angesehen, um die jungen Mitglieder auf ihre Rollen im Erwachsenenleben vorzubereiten und das Überleben der Gruppe in einer feindlichen Umwelt sicherzustellen 222);

"... community involvement, pooling of effort and mutual aid are traditional to African society. They are an inheritance from the pre-colonial past. The current trend therefore to promote social development through community involvement and participation is based on sound cultural and social foundations"223).

Je augenscheinlicher die Ergebnisse des während der Kolonialzeit übernommenen Erziehungssystems nach der Unabhängigkeit auf Fehlentwicklungen hindeuteten - u.a. Arbeitslosigkeit von Schulabgängern, kulturelle Entfremdung, Orientierung am Konsum von Erzeugnissen der Metropolen -, umso ernsthafter wurden in Afrika selbst Überlegungen angestellt, ob durch eine Aufarbeitung der vorkolonialen Gesellschaftsinstitutionen die eigene kulturelle Identität bewahrt werden könne.

Der bekannteste Ansatz einer solchen Rückbesinnung auf die Wertvorstellungen der traditionellen afrikanischen Gesellschaft mit den daraus sich ergebenden Folgerungen für gesellschaftliche Reformen der nachkolonialen Zeit ist Nyereres 'Education for Self-Reliance'214). Ausgehend von der traditionellen afrikanischen Großfamilie und den sie konstitutierenden ethischen Werten wird dem Bildungssystem eine geänderte Rolle zugeschrieben: Ziel jeglichen Bildungsbemühens in Tansania soll die Verbesserung der Lebensbedingungen der Gemeinden sein, und die Befreiung der Menschen aus ihrer unverschuldeten Armut durch schöpferische, im Dienste der Gemeinschaft stehende Aktivitäten:

"Sinn von Erziehung ist daher Befreiung durch die Entwicklung des Menschen als eines Mitgliedes der Gesellschaft ... Ich möchte ganz sicher sein, daß unsere technische und praktische Erziehung die Heranbildung schaffender Menschen anstrebt und nicht hilfloser Geschöpfe (education for creators, not for creatures)"225).

Der Rückgriff auf Wertemuster aus der Vergangenheit, die den Zusammenhalt und das Überleben der traditionellen Gesellschaften möglich machten, soll helfen, die Folgen einer der westlichen Erziehung zugeschriebenen individuellen kapitalistischen Einstellung zur Gesellschaft zu überwinden.

Schon vor Nyerere haben andere Kritiker der afrikanischen Verhältnisse, wie z.B. Aujoulat, der westlichen Schule vorgeworfen, sie erziehe gegen die Werte der afrikanischen Gesellschaften, insbesondere was die Förderung des individuellen Aufstiegs angehe, wie es sich im Schulalltag ständig in den selektierenden Examina zeige. Die eigentliche Erziehung, die Heranbildung eines ausgeglichenen Charakters, würde nicht erreicht, da alles auf das Erlernen rationaler Kenntnisse abgestellt sei. Das afrikanische Kind werde zwangsläufig durch dieses Leben in zwei verschiedenen Welten innerlich aufgerieben 226). Mit dem Eintritt in die Primarschule werde von dem afrikanischen Kind erwartet, daß es plötzlich Verhaltensweisen zeige, auf die es bisher nicht vorbereitet worden sei 227).

"In the traditional system of education...", berichtet Busia, "the young were prepared for their social roles in the home, the village or town, or tribe. They were constantly made aware of the community to which they belonged, in and for which they were trained through work and play and religious rite ... Traditional education sought to produce men and women who were not self-centred: who put the interest of the group above their personal interest..."228).

Die enge Verbindung zwischen der nachwachsenden Generation und den Erwachsenen, die den Sozialisationsprozeß im Rahmen der traditionellen Gesellschaft kennzeichnet, wurde mit der Einführung der Schule westlichen Typs unterbrochen. Die Familienangehörigen und die Gemeindemitglieder, die bisher Aufgaben im Erziehungsprozeß übernommen hatten, wurden jetzt durch einen Spezialisten ersetzt, den - wie immer auch für diese Aufgaben ausgebildeten - Lehrer, der Fertigkeiten vermittelte und Verhaltensmuster demonstrierte, über die man im Dorf nicht verfügte bzw. die einem fremd waren. Die Vorbereitung der jüngeren Gemeindemitglieder auf ihre Rollen in der Welt der Erwachsenen wurde zu immer größeren Teilen der Schule übertragen und war damit aus der Gesamtheit des gesellschaftlichen Lebens herausgenommen. Mit der Formalisierung des Lernens war die Einheit von Leben und Lernen, die die traditionelle Erziehung kennzeichnet, weitgehend aufgehoben und wurde zu einer zwar vielfach akzeptierten, aber fremden Einrichtung in der eigenen Gesellschaft. Afrikanische Kinder in ländlichen Gebieten benötigen daher auch heute noch eine lange 'Anlaufzeit' in ihrer Schulkarriere, da sie in keiner Weise auf die Umstellung vom Leben in der Gemeinde auf das Leben in der Schule vorbereitet werden:
"Das Herausgenommensein aus der Dorfgemeinschaft mit seiner Freizeit und Freiheit; das Fehlen des gewohnten Tagesrhythmus mit seinen Arbeitsprozessen und seinen familiären Begegnungen; die Schulbücher und unendlich bedrückenden Lernstoffe, die ihm alle so fremd erschienen, die im Hintergrund von allem stehenden Examensnöte; die Erfolge und peinigenden Mißerfolge..."229).

Die Faszination, mit der die traditionellen Formen afrikanischer Erziehung jetzt wieder aufgegriffen werden, scheint darin zu liegen, daß man hier Beweise für originär afrikanische Institutionen gefunden zu haben glaubt, die dem westlichen Erziehungssystem in einem wichtigen Bereich überlegen sind: Der problemlosen Sozialisation der jüngeren Mitglieder der Gesellschaft zum größeren Nutzen aller. Der Rückgriff auf die 'wahren Werte' der afrikanischen Gesellschaft soll Erziehung wieder funktional werden lassen,
"the village with the school as the educational centre then replaces the old tribal j a n d o where the children were initiated to become useful members of the tribe"230).

Es soll daher untersucht werden, welche Faktoren die traditionelle Erziehung kennzeichnen, und unter welchen Bedingungen Elemente dieser Erziehung eine Symbiose mit westlichen Erziehungsmodellen eingehen können. Die Beschreibungen traditioneller Erziehungsprozesse geben ein widersprüchliches Bild. Auf der einen Seite wird romantisierend eine heile Welt vergangener Tage entworfen, auf der anderen wird die Erziehung im traditionellen Milieu, insbesondere die formalisierten Initiationsriten, als hart und grausam, die individuelle Persönlichkeitsentfaltung verhindernd, dargestellt. Was z.B. die Knaben der Kpelle in Liberia in der traditionellen 'Buschschule' erwartete, beschreibt Westermann folgendermaßen:

"Der Schüler darf selbst bei den größten Anforderungen nie sagen: das ist mir zu schwer; er darf sich nicht fürchten, er soll lernen, ein Mann zu sein und wie ein Mann sich zu benehmen. Seinen Körper muß er abhärten, ohne jegliche Kleidung gehen, wenigstens zeitweise auf dem nackten Boden im Freien ohne Bedeckung schlafen, Züchtigungen mit lachendem Gesicht ertragen..."231).
Die Härte der Ausbildung brachte es mit sich, daß nicht alle die Strapazen überstanden. Erst mit der Beendigung der Initiationsriten und dem Übergang in die Erwachsenengesellschaft erfahren die Eltern, ob ihre Söhne überlebt hatten oder nicht 232).

Völlig anders dagegen die Schilderung Fafunwas, die an pädagogische Paradiese erinnert, in denen alles getan wird, um auf das Kind einzugehen, ihm zu helfen, das Leben zu bewältigen und sich zu entfalten:
"... traditional African education encourages intellectual development. Observation, imitation and participation are three pillars of the educational process... African children... learn the geography and history of their community ... In every family the old people are teachers of local history ... Botany and zoology are the subjects of both theoretical and practical lessons, in which special attention is paid to local plants and animals... Proverbs and riddles are exceptional witsharpeners, and are used to teach the child to reason and to take decisions... As they grow up, children of traditional societies absorb and assimilate their peoples' cultural heritage, without formal teaching"233).

Beschreibungen wie die zuvor zitierte sind in ihrer Allgemeinheit richtig und falsch zugleich. Richtig insofern, als sie Tendenzen aufzeigen, die typisch sind für das Zusammenleben überschaubarer menschlicher Gruppen in einem bestimmten historischen Entwicklungsstadium, nicht nur in Afrika. Falsch, denn es wird für Schwarzafrika gefolgert, daß es, bis auf kleinere Variationen, ein einheitliches Erziehungsmuster in der vorkolonialen Zeit gab, deren verbindendes Element das Fehlen der Schriftsprache bildet;
"... it is obvious that indigenous education varied to the same extent that societies differed from each other. A child growing up in a hunting band of Mbuti Pygmies learned a different body of knowledge and a different set of skills from a child of the agricultural, politically centralised kingdom of Ganda"234).
Hinzu kommt, daß in denjenigen schwarzafrikanischen Gesellschaften, in denen sich eine stärkere Differenzierung entwickelt hatte, Erziehung nicht mehr einheitlich für alle gleich war, sondern je nach Zugehörigkeit zu bestimmten Familien und deren Status und Rolle in der Gesamtgesellschaft variierten 235). Kinder in den Tikargesellschaften des heutigen Kameruns z.B., die ausersehen waren, am königlichen Hof eine Rolle zu übernehmen, erhielten eine andere Ausbildung als Kinder, die nicht zu diesem auserwählten Kreis gehörten.

Trotzdem zeigten die meisten Gesellschaften egalitäre Züge, da nur ein Zusammenstehen aller das Überleben in einer feindlichen Umwelt ermöglichte. Erziehung mußte dazu beitragen, auf die Herausforderung der lebensfeindlichen Umgebung eine Antwort zu finden. Alles wurde daher dem Bestreben untergeordnet, den Fortbestand der Gesellschaft zu sichern,
"... angefangen beim Leben des Kindes als dem 'Träger' des Lebens der

Vorfahren und Ahnen bis zur Altersschicht von Männern und Frauen, die der Weitergabe des Lebens fähig sind"236).
Die heute inhuman und grausam erscheinenden Aspekte der Ausbildung in den Initiationsschulen waren die konsequente Vorwegnahme der Ernstsituation, um auf ein Leben vorzubereiten, das ständig von Katastrophen bedroht war -Krankheiten, Mißernten, Naturereignisse usw. -, und in dem nur derjenige eine Chance zu überleben besaß, der die physischen und psychischen Verhaltensmuster der Gruppe beherrschte.

Wichtiger Teil der Erziehung war daher die allmähliche Einführung der Kinder in die traditionellen Gebräuche und Religion, in die Welt der Ahnen, Götter und Geister, wobei das Kind lernte, sich selber als Teil eines größeren Universums zu verstehen 237). So wird auch in diesem Bereich der Einzelne in dem Gefühl bestärkt, nur innerhalb der umfassenderen Einheit des Klans existieren zu können.

"Freedom of the individual was completely subordinated to the interests of the clan or tribe; cooperation was preferred to competition or the individual was brought up to have love and sympathy for fellow human beings and such love was to be reflected in all forms of human relations and of many human activities"238).

Erziehung im vorkolonialen Schwarzafrika war folglich nicht allein auf die Heranbildung und Vervollkommnung des Individuums angelegt, sondern auf die Eingliederung des Einzelnen in eine vorgegebene Gemeinschaftsstruktur. Konformität hatte Vorzug vor Individualität.

Diese Eingliederung in die Gesellschaft geschah in einer Form, die durch kollektive und soziale Züge geprägt war. Entsprechend der körperlichen und geistigen Entwicklung des Kindes wurde es allmählich an Tätigkeiten und Rollen der Erwachsenen herangeführt. Durch Beobachtung, Imitation und aktive Teilnahme hatte es immer stärker Anteil an Arbeit und Leben, wobei ihm immer wieder deutlich gemacht wurde, wie wichtig die vorgelebten Verhaltensmuster für die weitere Existenz des Stammes waren.

"Traditionally, education was thus collective in nature. It was made clear to all young people that their family, clan and tribal community depended for their survival on the perpetuation and the understanding of their tribal institutions, laws, language and values"239).

Jedes Gemeindemitglied fühlte sich für die Erziehung der Kinder verantwortlich und wurde notfalls an seine Rolle als 'Lehrer' in bestimmten Lebensbereichen durch die anderen Mitglieder der Kulturgruppe erinnert 240).

Die Mittel und Methoden, mit denen die Einübung in die Verhaltensmuster der Gruppe erreicht wurden, entsprachen dem obersten Ziel dieser Gesellschaften, nämlich die aus der Vergangenheit erworbenen Grundlagen weiterzugeben, um ein Überleben zu sichern. Das traditionelle Wissen und Verhalten war nicht in Frage zu stellen, die Autorität der Alten war unbestritten. Befehle, Gebote und Verbote stellten die weitaus häufigsten Erziehungsmaßnahmen dar. Noch heute ist in weiten Bereichen Schwarzafrikas zu beobachten, daß Kinder in stärker von der Tradition geprägten Gebieten nicht wagen, etwas zu bezweifeln, was von älteren Personen gesagt oder angeordnet worden ist:

"The child must never question those older than himself. If he is told to do a chore in a certain way, he must do it in that way, and no other. If he asks, "Why?" or acts in a manner unsanctioned by tradition, he is likely to be beaten."241)
Angst- und Einschüchterungsmechanismen trugen dazu bei, daß die ständig wiederholten Tätigkeiten und nachgeahmten Verhaltensweisen verinnerlicht wurden. Der Einzelne lernte auf diese Weise die Nützlichkeit seiner eigenen Tätigkeit für die Gesellschaft kennen und erhielt dies wiederum von der Gesellschaft bestätigt. Den positiven Aspekt einer solchen traditionellen Erziehung sieht Lea Ackermann darin, "daß die Lebensvollzüge vom Einzelnen nicht nur eingeübt, sondern auch verstanden wurden"242). Die traditionellen Kulturtechniken waren noch nicht ihres Sinnes entleert, sondern wurden
"...als konkrete Aktualisierung von Geschehnissen innerhalb eines kosmischen Sinnzusammenhangs interpretiert. Durch die individuellen Handlungen produzierte und reproduzierte der Einzelne Lebensvollzüge, die grundsätzlich nur dem Ganzen der Gemeinschaft zukamen bzw. gehörten"243).

Traditionelle Erziehung war auf die Erfordernisse des Alltags bezogen. Den Kindern wurden Fertigkeiten und Wissen vermittelt, die direkt in bezug zu den Geschehnissen des täglichen Lebens standen. "They learned what they lived"244), faßt Ocitti seine Analyse der Erziehung bei den Acholis in Uganda zusammen. Das Leben der jüngeren und älteren Mitglieder kannte noch nicht die Trennung von Lernen und Arbeit. Lernen fand 'vor Ort' statt, die Unterweisung der Kinder, ihr Heranführen an die lebenserhaltenden Fertigkeiten und Verhaltensweisen erfolgte im Rahmen der alltäglichen Lebensabläufe. Generell läßt sich feststellen, daß das 'Curriculum' für die Einführung der Kinder in die vorkolonialen Gesellschaften Schwarzafrikas von drei didaktischen Kriterien geprägt war (siehe die folgende Übersicht).

Übersicht 5: Curriculare Struktur traditioneller Erziehung in Schwarzafrika

Didaktische Felder	Lernziele	Lernbereiche	Lerninhalte		
			Wissen	Fertigkeiten	Verhaltensweis
UMWELT	Ökologische "Sensibilisierung"	Physisch-geographischer Lebensbereich	Landschaftsformen und -erscheinungen, Wetterbestimmung, Flora + Fauna, Nützlichkeit von Pflanzen für medizinische Zwecke, Erklärungsmuster für Umweltphänomene	Anpassung an und Ausnutzung von Gegebenheiten der Umwelt, Beobachten, Unterscheiden, Benennen, Zuordnen	Akzeptierung d. Einstellungen und Erklärungszusammenhänge gegenüber Umweltphänomenen Geborgenheitsgefühl in der lokalen Umwelt
ARBEIT	Sicherung des Lebensunterhalts	Landwirtschaft, Jagd, Fischfang, Handwerk, Haushalt	Grundwissen für den Ackerbau, Pflanz-/Aussaatzeiten, Bodengüte, Verarbeitung von Rohmaterial, Herstellung einfacher Werkzeuge	Anbau von Nahrungsmitteln, Handhaben landwirtschaftlicher Geräte, Umgang mit Jagd- und Fischfanggerät, Hausbau, Zubereitung von Mahlzeiten	Bereitschaft zu Lebensunterhalt aller beizutragen. Respektierung von Gebräuchen und Tabus im Zusammenhang mit gemeinschaftlicher Arbeit
GEMEINDE	Einordnen des Individuums in die Gemeinschaft der Kulturgruppe	Kulthandlungen, Initiationsriten, Festivitäten, Lebenszyklus, Palaver-Versammlungen, Gerichtssitzungen, Mündliche Überlieferungen	Herkunft der Kulturgruppe, Taten großer Ahnen, Tabus, Freund-Feind-Bild, Götter-Geister-Ahnen-Welt, Gebräuche/Sitten, Spruchweisheiten Rätsel, etc.	Korrekte Begrüßungsformen, Sprachbeherrschung, Tanzschritte, Spielen von Instrumenten, Anwendung von Spruchweisheiten, Vergleichen etc. bei Argumentationen, Handhabung von Waffen	Identifikation mit der Gemeinschaft der Kulturgruppe. Bereitschaft zu Zusammenarbeit und hierarchische Einordnung Einsatz für die Gemeinschaft bis zur Selbstaufgabe (Krieg) Respekt vor trad. Wissen. Achtung und Verehrung der Ahnen, Götter + Geister.

Die Lernprozesse waren
(1) an der U m w e l t der jeweiligen Kulturgruppe orientiert. Die Kinder Erklärung und Deutung von Phänomenen dieser Umwelt durch die Erwachsenen ("Children had to have knowledge of the important aspects of the environment as well as the attitudes people had towards them") 245);
(2) orientiert an Aktivitäten, die den Lebensunterhalt sicherstellen, wobei die Kinder frühzeitig an der A r b e i t der Erwachsenen teilnahmen und allmählich die entsprechenden Techniken erlernten ("They were taught how to cope with the environment; how to farm, hunt, or fish or prepare food, build a house or run a home")246);
(3) orientiert am gesellschaftlichen Leben der G e m e i n d e. Durch frühe Teilnahme an den religiösen und sozialen Ereignissen der Gesellschaft wurden die Kinder mit der Herkunft der Gruppe, mit den Sitten und Gebräuchen, mit den Wertvorstellungen und dem geistigen Weltbild vertraut gemacht ("An individual was to live and serve other people in accordance with the accepted manners, customs, laws, avoidance, taboos and rigorous code of morality. Decency of speech and behaviour, respect for elders and superiors in rank as well as the sense of co-operation, belonging or togetherness... were inculcated for the survival of the society and its members")247).

Erziehung innerhalb der Kulturgruppe oder Klangemeinschaft im vorkolonialen Schwarzafrika war in ihrer spezifischen, auf die Umweltbedingungen abgestellten Form, in der Lage, die zu Erziehenden in die vorgegebene und vorstrukturierte Gemeinschaft ohne Schwierigkeiten einzugliedern 248). Mit zunehmender Veränderung der historischen Situation und deren Auswirkungen auf das Leben der nach außen hin weitgehend abgeschlossenen Gruppierungen, waren die Formen traditioneller Erziehung immer weniger in der Lage, auf die geänderte Situation vorzubereiten. Die Kontakte mit den Kolonialmächten und ihren Einrichtungen machten auf einen grundlegenden Mangel der traditionellen Erziehung aufmerksam: Dem Fehlen von schriftlichen Ausdrucksmöglichkeiten 249). Die Beherrschung dieser Fertigkeiten erhielt jedoch im Verlauf des Kontakts mit den kolonialen Eroberern eine immer größere Bedeutung und war u.a. der Schlüssel zur Beherrschung ihrer Techniken, die Wohlstand und Schutz vor den Naturgewalten zu gewähren schienen.

Mit der Bildung unabhängiger schwarzafrikanischer Staaten hatte man weite Bereiche westlicher Kultur und Technik als fundamentale Bestandteile der neuen Gesellschaften akzeptiert. Wer immer noch hauptsächlich im traditionellen Sinne erzogen wurde war der dynamischen Veränderung, die sich in den jungen Staaten abspielte, schlecht vorbereitet ausgesetzt: Verschiedene Kulturgruppen mußten sich jetzt zur größeren Einheit, der Nation, zusammenfinden und lernen, friedlich zusammenzuleben; Verstädterung und wachsende Mobilität, neue Medien und technische Apparaturen veränderten den Alltag; und schließlich zeigte sich sehr schnell, daß die dem Westen entliehenen Bildungseinrichtungen ganz darauf abgestellt waren, die individuelle Leistung zum Maßstab des Erfolgs zu erheben. "It is difficult, therefore, to revive in ditto the traditional African system of education", bemerkt Indire 250), und bezieht sich dabei insbesondere auf die veränderte Situation in der Klein- und Großfamilie und auf die unterschiedlichen Sozialisationspraktiken ländlicher und städtischer Bewohner.

Während in ländlichen Gebieten Schwarzafrikas auch heute noch Formen traditioneller Erziehung lebendig sind und sich neben der formalen Schulausbildung gehalten haben, bleibt in den städtischen Zonen immer weniger Zeit dafür übrig 251). Noch heute werden Kinder in den ländlichen Gebieten eher an Erwachsenenaufgaben und somit an ihre Verantwortung gegenüber der Gemeinschaft in der sie leben, herangeführt, als die Kinder in städtischen Gebieten. In letzteren wiederum ist die Hinauszögerung des Erwachsenseins eine Frage der Zugehörigkeit zu einer bestimmten wohlhabenden Schicht, wo das Kind und der Jugendliche von den Arbeiten im Rahmen der Großfamilie 'befreit' werden, um sich ihren Studien widmen zu können 252).

"The traditional agencies of socialisation, the family, the kin-group, social clubs and age grades are still crucial but with modified and lessening roles. The cohesiveness of the village community is fairly weakened by the individualism, educational and economic competitions in the new order"253).

Die veränderte gesellschaftliche Situation in Schwarzafrika muß daher bei der Berücksichtigung von Reformkonzepten im Erziehungsbereich die Grundlage für alle Maßnahmen zur Neuorientierung bilden. Der Rückgriff auf die Vergangenheit kann nur dazu dienen, die Zukunft humaner zu gestalten, nicht aber Werte aus einer anderen historischen Konstellation unkritisch zu übernehmen. Einer dieser zentralen Werte, der aus der traditionellen Lebensform in unsere Tage hineininterpretiert wird, ist die Bereitschaft zur Zusammenarbeit aller, wobei individuelle Ansprüche zugunsten der Gemeinschaft zurückgestellt werden. Eine differenziertere Betrachtung zeigt jedoch, daß selbst in den traditionellen Gesellschaften Schwarzafrikas diese Kooperation auf ganz bestimmte Bereiche beschränkt war und mit zunehmenden Kontakten mit der westlichen Kultur abgeschwächt wurde. Es gab und gibt bestimmte Bereiche, in denen man sich zusammenschließt, um Aufgaben und Probleme gemeinsam zu bewältigen. Diese Bereiche sind genau umrissen, meist historisch-religiösen Ursprungs und auf Absicherung der Lebensgrundlagen ausgerichtet; jedoch nicht ohne weiteres auf Bereiche des modernen Sektors zu übertragen 254).

Die traditionellen Gesellschaften kannten andererseits - wie jede Form menschlichen Zusammenlebens - Gegensätze unter ihren Mitgliedern, die bis heute ihre gesellschaftlichen Beziehungen kennzeichnen. "We Kpelle people fear each other. We do not work well together, it is each man for himself"255). Übertragen auf die Beziehungen von Schule und Gemeinde kann hieraus gefolgert werden, daß die Unterstützung und das Interesse einer Gemeinde an einer Schule davon abhängen werden, ob die traditionelle Zusammenarbeit, die in einigen Bereichen anzutreffen ist, auf den Schulbereich übertragen werden kann, wobei die Institution Schule grundsätzlich von der Gemeinde akzeptiert werden muß, um gemeinsame Anstrengungen zu rechtfertigen. Desweiteren zeigt ein Vergleich der traditionellen schwarzafrikanischen und der westlichen Erziehung Ansatzpunkte, die später in das Konzept gemeindeorientierter Schulen eingegangen sind (siehe die nachfolgende Übersicht) und die an die Verantwortung der Gemeinde für die Erziehung anzuknüpfen versuchen.

Übersicht 6: Vergleich zwischen traditioneller schwarzafrikanischer Erziehung
und westlicher Primarschulerziehung

CURRICULUM ASPEKTE	TRADITIONELLE SCHWARZ-AFRIKANISCHE ERZIEHUNG	WESTLICHE PRIMARSCHUL-ERZIEHUNG
(1) Didaktischer Ansatz	Punktuelle Bewältigung von Lernsituationen	Formalisiertes, kontinuierliches Lernen
(2) Lernfeld	Umwelt/Arbeit/Gemeinde	Schule/Umwelt
(3) Lernschwerpunkt	lokal	national
(4) Lernorientierung	lokal/kollektivistisch/konformistisch - Überlebensfertigkeiten ("survival kit")	urban/individualistisch/konformistisch - Examensfertigkeiten (Buchwissen)
(5) Lerninhalte	Mündl. überliefertes Wissen und Erfahrungen/ Reproduktion von traditionellen Fertigkeiten und Fähigkeiten ("Status quo"-Curriculum)	Lesen, Schreiben, Rechnen, Grundkenntnisse zum Verständnis naturwissenschaftlich-technologischer Zusammenhänge
(6) Lernvermittlung	unstrukturiert, integrativ, lernerzentriert, Einheit von Leben und Lernen	strukturiert, Fächereinteilung, Lehrerzentriert, Trennung von Leben und Lernen
(7) Lernmethoden	Beobachtung/Teilnahme/ Imitation/Spiel/Unterweisung (insbes. für spezielle Fertigkeiten)	Unterweisung, Lehrervortrag, Spiel
(8) Lehrerrolle	offen: Eltern/Familienmitglieder/ Spezialisten - Senioritätsprinzip	festgelegt: Lehrerspezialist - Qualifikationsprinzip
(9) Träger der Erziehungseinrichtungen	Gemeinde/Kulturgruppe	Staat
(10) Verantwortung für Lehrgestaltung und -ablauf	Eltern/ Gemeinde	Staat/Lehrer Eltern (formales Mitspracherecht)

Anmerkung: Die islamische Erziehung wird bei der traditionellen Erziehung in Schwarzafrika in diesem Schema nicht berücksichtigt. Diese Aufgliederung erhebt keinen Anspruch auf Vollständigkeit.

Erst in den letzten Jahren wird innerhalb Afrikas die Problematik gesehen, die sich aus einer - wie immer auch gearteten - Symbiose von westlicher und traditioneller Erziehung ergibt: Nur mit Schwierigkeiten lassen sich Teilaspekte eines Konzepts übernehmen, das eine in sich geschlossene Sicht des Lebens verkörpert, ohne die dahinter liegenden Grundvorstellungen zu zerstören 256). Die Rückbesinnung auf kulturelle Elemente und ihre Nutzung für die Primarschule z.B. steht schnell vor der Frage, was geeignet ist, in der Schule aufgenommen zu werden, ohne den naturwissenschaftlichen Prinzipien von Ursache und Wirkung zu widersprechen. Ohuche und Otaala formulieren die Problematik wie folgt,

"Education purveys a different world-view characterised by a linear and chronometric perception of time which stretches out of the cyclical order into a multifaceted complexity of world events... Suffice it to say that it destroys the rationale behind the structure of the old order. For instance, if sperm and ovules and not the spirits cause child conception, all the attendant ceremonies predicated on the old belief become irrelevant... Chiefs and political leaders are still important but the basis of their authority is no longer clothed in a spiritual aura. They are now understood as agents of an administrative structure... Africans are realising too late that certain values and institutions had merit and should not be allowed to go. They have also realised that change is inevitable and welcome, education and technological progress are very beneficial. The crux of the matter is what to revive and what to drop..."257)

Die Auseinandersetzung um die 'wahren' Werte afrikanischer Kultur ist in weiten Bereichen von Ideologisierung und Mythisierung gekennzeichnet, so daß immer stärker gefordert wird, zunächst eine Art Bestandsaufnahme zu leisten, ehe über die Nützlichkeit bzw. Eigenständigkeit von Elementen afrikanischer Kultur diskutiert werde 258). Diese von dem Kameruner Njoh-Mouelle bereits 1970 vorgebrachte Forderung wurde erneut 1977 auf dem zweiten Festival der schwarzen und afrikanischen Künste und Kultur (FESTAC) in Lagos/Nigeria von den 700 Teilnehmern des Kolloquiums 'Schwarze Zivilisation und Erziehung' erhoben 259). Mock hat versucht, eine erste Systematisierung der "Inkarnierten Werte der traditionellen afrikanischen Gesellschaft" zu leisten und kommt dabei zu folgendem Tugendkanon 260):
1. Das Ideal der Interdependenz (Das Individuum bezieht seine Existenzberechtigung durch das Einbezogensein in die Familiengruppe);
2. Das Gesetz der Solidarität (die gegenseitige Abhängigkeit ist verbunden mit der Pflicht zur gegenseitigen Unterstützung);
3. Die Sorge um Kontinuität (Wahrung und Kontinuität der Familiengruppe und Erhaltung ihrer Vitalität);
4. Hierarchisches Denken;
5. Gleichheit und Teilen (nicht die Anhäufung individuellen Reichtums, sondern die freigebige Verteilung bringen Ansehen);
6. Die Tugend der Gerechtigkeit (als zentrales Prinzip, das ein friedliches Zusammenleben ermöglicht);
7. Die Solidarität durch Arbeit (gemeinsam verrichtete Arbeiten, gemeinsamer Besitz an Boden);
8. Dialogisches Verhalten (Konfliktlösungen durch 'Palaver');
9. Aktive Weisheit (als höchstes Ideal persönlicher Entwicklung, praktizierte Lebensart im Dienste der Gemeinschaft);

10. Selbstbeherrschung (Fähigkeit, Emotionen und Leiden zurückzuhalten);
11. Offenheit und Anpassungsfähigkeit (insbesondere fremdem Gedankengut gegenüber).

Die aufgelisteten Werte lassen sich auf den zentralen Wert der afrikanischen Kulturgruppen zurückführen: Erhaltung und Fortführung der Großfamilie. Das Individuum hat sich daher in den Dienst der Gemeinschaft zu stellen, weil es Teil eines Kontinuums ist, das verstorbene und zukünftige Mitglieder einschließt.

Reformsätze im Erziehungsbereich, die auf diese Wertvorstellungen zurückgreifen und konsequent eine afrikanische Pädagogik zu entwickeln versuchen, sind bisher nur in Ansätzen erkennbar 261) und finden nicht die Unterstützung der sich etablierenden Oberschichten, die in vielen Fällen die traditionellen Verhaltensmuster zur individuellen Bereicherung benutzen. In vielen schwarzafrikanischen Ländern entwickelt sich eine Zweigleisigkeit im Erziehungswesen: In benachteiligten Gebieten und in städtischen Randzonen (Slums) finden Versuche statt, durch den Rückgriff auf traditionelle Werte das Selbstwertgefühl und die Selbsthilfemöglichkeit der Bewohner zu stärken. Diese äußert sich auch in alternativen Erziehungseinrichtungen.

In Gebieten mit guten Vermarktungsmöglichkeiten für landwirtschaftliche Produkte und in den städtischen Gebieten, die von der wohlhabenden Ober- und Mittelschicht bewohnt werden, findet eine immer stärkere Individualisierung statt, die die Schule westlichen Typs als Instrument der Absicherung der einmal gewonnenen gesellschaftlichen Position bzw. als ein Vehikel des Aufstiegs in solche Positionen sieht 262).

Die eingehende Beschäftigung mit den verschiedenen Formen der traditionellen afrikanischen Kultur ist Voraussetzung, um zu einer differenzierteren Betrachtung der Möglichkeiten zu gelangen, die sich aus einer Rückbesinnung auf die Vergangenheit ergeben können, ohne daß Mitglieder der Gesellschaft weiter benachteiligt werden, wie es z.B. bei der Ausbeutung der Frauen in der traditionellen Gesellschaft deutlich wird 263).

Die Frage nach dem Stellenwert der traditionellen Erziehung für die Bildungssysteme unabhängiger Nationalstaaten des 20. Jahrhunderts in Schwarzafrika muß aber letzten Endes von den Afrikanern selbst beantwortet werden, die etwa wie der Kameruner Schriftsteller Francis Bebey fordern,
"Der Afrikaner von heute wird authentisch sein... wenn er nicht versucht, als Afrikaner zu erscheinen... und zwar mit Hilfe von Kunstgriffen, wie der Rückkehr zur Tradition... sondern wenn er beschließt, er selbst zu sein, überzeugt, daß die ihm von der afrikanischen oder kolonialen Vergangenheit überlassenen Werte, zueinander addiert und einander ergänzend ... zu einem besonders gut ausgerüsteten Mitglied einer sich entwickelnden Weltzivilisation machen..."264).

6. Zusammenfassung der historischen Entwicklung des Reformkonzepts der gemeindeorientierten Primarschule für Schwarzafrika

Die mit der Kolonialherrschaft nach Schwarzafrika gebrachte Institution der Schule breitete sich zwar mit unterschiedlichem Erfolg in den verschiedenen Gesellschaften aus, wurde jedoch, einmal von den Einheimischen akzeptiert, in vielfacher Hinsicht lokalen Gegebenheiten angepaßt und im Rahmen lokaler Möglichkeiten organisiert und getragen. Die Bewohner der Kolonien unterstützten dabei eine Institution, die ihnen in vielfacher Hinsicht fremd und unverständlich blieb, die aber über viele Jahre hinweg ihren Absolventen sozialen und wirtschaftlichen Aufstieg brachte. Mit Hilfe der durch die Schule vermittelten Bildung konnten auch die Afrikaner in Positionen aufsteigen, wie sie von Vertretern der Kolonialmächte bekleidet wurden. Während die Afrikaner vornehmlich an den Aufstiegsmöglichkeiten, die sich nach Beendigung des Schulbesuchs eröffneten, interessiert waren, tendierten die Vertreter der europäischen Kolonialmächte (Beamte, Missionare, Siedler) stärker dahin, den Afrikanern nur solche Fertigkeiten und Verhaltensweisen zu vermitteln, die eine in ihrem Sinne 'friedliche' Entwicklung der Kolonien sicherstellte. Der Konflikt zwischen den Reformzielen kolonialer Erziehungspolitik, die über die Schule eine Sozialisation auf eine koloniale Gesellschaft hin anstrebte, und den Klienten, die auf die Mobilitätsfunktion der Schule fixiert waren, ist das wesentliche Element, das einer Änderung der Aufgaben der Schule in Richtung einer Gemeinwesenentwicklung, entgegenstand.

Ansätze, die Primarschule als entwicklungspolitischen Faktor in Schwarzafrika einzusetzen, finden sich schon frühzeitig vor allem in der kolonialen Erziehungspolitik Großbritanniens und bei der Schulpolitik der christlichen Missionen. Die kurze Phase deutscher Kolonialherrschaft in Schwarzafrika weist ebenfalls auf Versuche hin, die Primarschule innerhalb einer Strategie der ländlichen Entwicklung zur Verbreitung moderner Landwirtschaftsmethoden einzusetzen. Waren die Missionen daran interessiert, die Afrikaner derart auszubilden, daß sich ihre Stationen - vor allem im Landesinneren - autark bewirtschaften ließen, so liefen die Reformansätze der Kolonialmächte letztlich auf eine intensivere Ausbeutung der wirtschaftlichen Ressourcen mit Hilfe einheimischer Kräfte hinaus.

In den Südstaaten der USA hatte sich nach dem Bürgerkrieg für die ehemaligen farbigen Sklaven eine spezifische Art der Bildung entwickelt, die praxisbezogen war und sich an den Bedürfnissen der ländlichen Negergemeinden orientierte. Speziell auf ihre Aufgaben vorbereitete Lehrer (Jeanes-Lehrer) betreuten Schulen und Gemeinden, in denen sie versuchten, die Lebensverhältnisse zu verbessern.

Gestützt auf Erfahrungen mit dieser Art von Erziehung für Farbige und auf empirisch erhobene Daten zur Bedürfnissituation der farbigen Bevölkerung der Südstaaten, entwickelte Jones eine Theorie, die eine spezifische Erziehung für Farbige, abgesetzt von der Erziehung der weißen Bevölkerung, rechtfertigte. Seine Ideen fanden Eingang in die Berichte zweier Kommissionen (Phelps-Stokes Commissions), die unter seiner Leitung eine Bestandsaufnahme der Situation im Erziehungsbereich für Afrika durchführten, und auch für Schwarzafrika eine Erziehung empfahlen, die auf die besonderen

Verhältnisse des Kontinents zugeschnitten war und die Bevölkerung in die Lage versetzen sollte, aus eigenen Anstrengungen heraus ihre Lebensbedingungen zu verbessern.

Im Gefolge dieser Adaptationstheorie entstanden bis zur politischen Unabhängigkeit der afrikanischen Länder eine Reihe von Projekten, die vorgaben, die Erziehung auf die Bedürfnisse der Gemeinden auszurichten und durch intensive Zusammenarbeit lokal Probleme lösen zu helfen. Die Reformprojekte dieser Epoche nehmen darüber hinaus Anregungen aus den USA und Westeuropa auf, wo in verstärktem Maße über Sekundarschulen versucht wurde, Maßnahmen der Gemeinwesenentwicklung für benachteiligte gesellschaftliche Gruppen oder Gebiete durchzuführen.

Die kolonialen Reformversuche in Afrika kamen über Ansätze nicht hinaus. Der wichtigste Grund für das Scheitern praxis- und gemeindeorientierter Konzepte ist darin zu sehen, daß die Bevölkerung sehr schnell herausfand, daß eine 'angepaßte Erziehung', wie sie z.B. durch die Jeaneslehrer in Kenia demonstriert wurde, zwar ihren Gemeinden vorübergehende Verbesserungen brachten, aber langfristig allein die konventionelle akademische Ausbildung zu materiellen Vorteilen und politischer Selbstbestimmung verhalf.

Mit der Erlangung der politischen Unabhängigkeit der Staaten Afrikas konzentrierte man sich zunächst auf eine quantitative Erweiterung des Bildungsangebots, ohne wesentliche curriculare Änderungen vorzunehmen. So tauchte die Idee der gemeindeorientierten Primarschule erst gegen Ende der 60er Jahre wieder auf, und zwar als teilweiser Rückgriff auf traditionelle afrikanische Erziehungsformen. Die Primarschule sollte wieder zu einer von den Gemeinden getragenen Institution werden, für deren Funktionstüchtigkeit alle Gemeindemitglieder sich verantwortlich fühlten, wie es in der traditionellen Gesellschaft üblich gewesen war. Die Einheit von Leben und Lernen sollte durch die Orientierung der Primarschule an den Bedürfnissen der Gemeinden wieder hergestellt werden. Schule sollte nicht länger individuelles Mobilitäts- und Aufstiegsinstrument sein, sondern Instrument einer unabhängigen gesamtgesellschaftlichen Entwicklung, die das Bewahren der eigenständigen nationalen und kulturellen Identität ermöglichte.

Die Übernahme von Teilaspekten traditioneller Erziehung in das herkömmliche Erziehungssystem in Form einer verstärkten Ausrichtung auf die lokalen Gegebenheiten, wie sie in dem Konzept der gemeindeorientierten Erziehung deutlich werden, bewirkte jedoch keineswegs automatisch Einstellungsveränderungen bei der Bevölkerung. Wie zu den Kolonialzeiten sehen sich auch heute die Erziehungsreformer der unabhängigen Staaten Afrikas dem Problem gegenüber, die Betroffenen vom Nutzen einer reformierten Primarschule zu überzeugen. Trotz sinkender Chancen, nach dem Schulbesuch einen festbezahlten Arbeitsplatz zu erhalten, lebt man von der Hoffnung, letztlich doch zu den wenigen zu gehören, denen das herkömmliche Schulsystem Vorteile bringt.

Ein Überdenken der Rolle der Schule in der Gesellschaft und eine konsequente Politik des Abbaus von Benachteiligungen, denen die große Mehrheit der ländlichen Bevölkerung in Schwarzafrika ausgesetzt ist, sind unerläßliche Voraussetzungen für eine Änderung der Erwartungshaltung der Bevölkerung der Schule gegenüber und damit auch für den Erfolg von entsprechenden Schulreformen.

IV. ZUSAMMENARBEIT ZWISCHEN PRIMARSCHULE UND GEMEINDE ALS ANSATZ EINER VERBESSERUNG DER LEBENSBEDINGUNGEN DER LÄNDLICHEN BEVÖLKERUNG

Nach der Beschäftigung mit den historischen Komponenten der gemeindeorientierten Erziehung in Afrika soll im Hauptteil nunmehr näher auf die Zusammenarbeit zwischen Gemeinde und Schule an einem ausgewählten Beispiel eingegangen werden. Dabei soll herausgearbeitet werden, welchen Beitrag die Primarschule in der Vergangenheit zur ländlichen Entwicklung leisten konnte. Als Untersuchungsgebiet boten sich die Nordwest- und Südwestprovinz der Vereinigten Republik Kamerun an, mit deren Verhältnissen der Verfasser aus langjährigem Aufenthalt und fachlicher Beschäftigung vertraut war. Hinzu kommt, daß die beiden Provinzen aufgrund geographischer und ökologischer Verschiedenheiten - Regenwaldgebiet im Südwesten, Feuchtsavannen im Nordwesten - und der Besiedlung durch eine Vielfalt unterschiedlicher Kulturgruppen in einer vorwiegend von der Landwirtschaft geprägten Umwelt, über das Untersuchungsgebiet hinaus als repräsentativ für weite Teile Schwarzafrikas angesehen werden können.

Aus den bisher dokumentierten Forschungsergebnissen wird zunächst allgemein die Auswirkung des Schulbesuchs auf die Produktionssteigerung in der Landwirtschaft Afrikas, sowie auf die sozialen und politischen Veränderungen dargestellt. Anschließend wird der Beitrag der Primarschule, die durch die verschiedenen kolonialen Vertreter im Gefolge ihrer Erschließung des Landes eingeführt wurde, zur Entwicklung der ländlichen Gebiete in Kamerun untersucht. Die Folgen dieser Entwicklung zeigen sich auch heute noch an der fehlenden oder unzureichenden Versorgung bestimmter ländlicher Gebiete mit Diensten für die Bevölkerung oder notwendigen Einrichtungen der Infrastruktur. Das Fehlen solcher Grundvoraussetzungen konnte durch die Einrichtung von Primarschulen nicht ausgeglichen werden. Um den unterschiedlichen 'Entwicklungsstand' der Gemeinden zu erfassen, der Schlußfolgerungen über den üblichen Stadt-Land-Gegensatz hinaus ermöglicht, wurde mit Hilfe einer aus einer Faktoranalyse gewonnenen Reihe von Kriterien eine Zonierung des Unterschungsgebietes durchgeführt, die die Gemeinden in sechs verschiedenen Zonen infrastruktureller Erschließung einteilen half 1). Wie wichtig diese Einteilung zur Erfassung regionaler Benachteiligungen und deren fortgesetzte Verstärkung ist, wird am Beispiel der Selektion zur Sekundarschule gezeigt.

Die konzeptionellen Vorstellungen verschiedener Autoren, die sich aus der stärkeren Berücksichtigung der Bedürfnisse der Gemeinden durch die Schule positive Auswirkungen auf die Entwicklung ländlicher Gebiete erhoffen, werden im weiteren Verlauf der Untersuchung zu einem Konzept zusammengefaßt, das die grundlegenden Elemente der Gemeindeorientierung der Primarschule wiedergibt. Hieraus lassen sich Folgerungen für die Curriculumentwicklung und die Struktur von Primarschulen ableiten, die dem beschriebenen Konzept folgen. Gleichzeitig wird versucht, ein Interaktionsmodell möglicher Beziehungen zwischen Gemeinde und Schule vorzustellen, das sowohl die bisherigen Aufgaben der Schule als auch die neuen, entwicklungsrelevanten aufnimmt.

Welchen Umfang und welche Qualität die Beziehungen zwischen Schule und Gemeinde in der Praxis haben, wird an der ausführlichen Evaluierung der Zusammenarbeit von beiden Institutionen in den anglophonen Provinzen Kameruns gezeigt.

1. Primarschule und ländliche Entwicklung

Nach Erlangung der politischen Unabhängigkeit unternahmen die Länder Schwarzafrikas große Anstrengungen, um Bildungseinrichtungen in ausreichender Zahl zu schaffen. Die Politiker vor allem sahen in einer breitgestreuten Bildung die Voraussetzung für einen funktionierenden Ablauf der neugeschaffenen nationalen gesellschaftlichen Einrichtungen unter Beteiligung aller Schichten der Bevölkerung. Gleichzeitg sollte die Erweiterung des Bildungsangebotes allen gesellschaftlichen Gruppierungen gleiche Chancen bringen, am daraus resultierenden gesteigerten wirtschaftlichen Wachstum teilzuhaben 2). Der Schule wurde im allgemeinen Entwicklungs- und Veränderungsprozeß eine Schlüsselstellung zugeschrieben, da man von der Annahme ausging, nur über Erziehungsmaßnahmen ließen sich verbesserte Lebensbedingungen für alle erreichen.

"The notion that schools were primary vehicle of development was rather an act of faith than a result of solid empirical evidence and in the light of recent events, one can only conclude that in many respects the consequences of educational planning have fallen short of initial expectations and hopes"3).

Die Euphorie der vergangenen Jahre ist einer nüchternen Betrachtung der Zusammenhänge zwischen Erziehung und Entwicklung gewichen 4). Weiler weist ausdrücklich darauf hin, daß heute aufgrund neuerer Untersuchungen bekannt ist, daß eine rein quantitative Erweiterung der Erziehungseinrichtungen keineswegs zwingenderweise Einzelne oder ein Land wohlhabender werden läßt.

"Not only has educational growth failed to achieve greater equity in the distribution of income, goods and statuses, it seems in many cases to have contributed to reproducing and further consolidating the inequalities already existing in a given society"5).

Die Einführung und Ausbreitung der Primarschule in den verschiedenen Ländern Schwarzafrikas erfolgte im Rahmen der Kolonialpolitik der europäischen Staaten und der Missionsbemühungen europäischer/amerikanischer Religionsgemeinschaften. Die ersten sichtbaren Folgen der Einführung dieser Institution zeigten sich darin, daß ein erfolgreicher Besuch der Schule eine festbezahlte Anstellung einbrachte. Eine Tätigkeit am Schreibtisch der Kolonialherren ersetzte die bisherige Arbeit in der Landwirtschaft. Primarschulen waren also zunächst nicht geschaffen worden, um den ländlichen Gemeinden in Afrika zu helfen, ihre Lebensbedingungen zu verbessern 6). Ihre Aufgabe war es, auf Tätigkeiten vorzubereiten, die es den verschiedenen Institutionen der Kolonialmächte ermöglichte, in diesen Ländern zu funktionieren. Dazu benötigte man Einheimische, die die Sprache und Kulturtechniken der Kolonialherren beherrschten.

Obwohl es nicht erklärtes Ziel kolonialer Schulpolitik war, mit Hilfe der Schule eigenständige Entwicklungen in den ländlichen Gebieten zu fördern, hatte die Einführung der Schule Auswirkungen auf die Gemeindemitglieder, die sich vor allem im wirtschaftlichen und sozio-politischen Bereich niederschlugen. Über die schulische Ausbildung eröffneten sich Aufstiegsmöglichkeiten, und zwar zunächst insbesondere für diejenigen, die im traditionellen Sozialgeflecht einer Gemeinde Randplätze einnahmen, so z.B. für Nichtangehörige der herrschenden Familien und für Sklaven. Westliche Erziehung und eine immer stärkere Einbeziehung in die exportorientierte Wirtschaft führten zu einer stufenweisen Herauslösung weiter Bevölkerungskreise aus traditionellen Sozialstrukturen 7).

Im folgenden sollen daher zunächst die vorliegenden Forschungsergebnisse, die sich mit der Problematik befassen, ob Schule wirtschaftliche und soziopolitische Entwicklungsprozesse kausal auslöst und unter welchen Bedingungen Schule in der Lage ist, Entwicklungsprozesse zu beeinflussen, diskutiert werden.

Daran anschließend wird am Beispiel der beiden anglophonen Provinzen der Vereinigten Republik Kamerun gezeigt wie im Gefolge verwaltungsmäßiger und wirtschaftlicher Erschließungen in der Kolonialperiode und nach der politischen Unabhängigkeit immer mehr Primarschulen eröffnet wurden und welche Auswirkungen dies auf die Gemeinde hatte.
Die Feststellung der augenblicklichen Situation im Untersuchungsgebiet erfolgt durch eine Klassifizierung aufgrund des Zugangs bzw. der Nähe einer Gemeinde zu lebenswichtigen Diensten, wodurch sich gleichzeitig die unterschiedliche Intensität der kolonialen Durchdringung und die damit verbundene ungleiche regionale Entwicklung erklären.

1.1 Der Beitrag der Primarschulausbildung zur Produktionssteigerung

Das Vorhandensein von Primarschulen in ländlichen Gebieten der Dritten Welt wird allgemein als nützlich angesehen. Kenntnisse im Lesen, Schreiben und Rechnen gelten als eine wichtige Voraussetzung, um in der Landwirtschaft höhere Erträge zu erzielen 8). Sucht man jedoch nach empirischen Belegen, um den Beitrag der Schule zum wirtschaftlichen Wachstum feststellen zu können, ergibt sich ein widersprüchliches Bild.

Nach der Auswertung zahlreicher neuerer Beiträge zu dem kontroversen Problem, ob eine Erhöhung des Schulbesuches die Voraussetzung oder das Ergebnis wirtschaftlicher Entwicklung sei, zieht Zsuzsa Ferge die Schlußfolgerung:
"The long-lasting chicken-egg controversy, whether the increase of schooling is a preliminary condition or a result and consequence of economic growth is far from being settled. Current evidence seems to point both ways: in some cases more education had a direct positive impact on production, in some others one can speak of economic loss (because of 'over-education', etc.)"9).

Untersuchungen der Beziehungen zwischen der Primarschulausbildung von Bauern und Steigerung der landwirtschaftlichen Produktivität im Mwanza

Bezirk in Tansania ergaben, daß selbst eine abgeschlossene Primarschulausbildung kaum Auswirkungen auf eine Produktionserhöhung hatte 10). Odeke berichtete sogar von negativen Auswirkungen auf die Produktion durch den Schulbesuch bei ugandischen Bauern, da durch die Schulausbildung der Wunsch nach weniger harter körperlicher Arbeit, die in der kleinbäuerlichen Gesellschaft unvermeidbar sei, geweckt werde. Analphabetische Bauern, die ihre Rolle akzeptiert hatten, seien daher produktivere Bauern als unzufriedene Schulabgänger 11). Untersuchungen von Watts in Kenia über die Zusammenarbeit von 'fortschrittlichen' Bauern mit staatlichen Landwirtschaftsberatungsinstitutionen zeigen, daß sowohl Bauern mit einigen Jahren Primarschulausbildung als auch Bauern, die nie eine Schule besucht hatten, von dem Beratungsangebot Gebrauch machten 12). Eine landesweite Untersuchung für Uganda deutet darauf hin, daß allgemein eine Korrelation zwischen der Länge der Schulbildung und verschiedenen Faktoren, die eine sozio-ökonomische Entwicklung angeben, besteht. Am auffallendsten ist die Steigerung des Einkommens mit zunehmender Schuldauer (siehe folgende Abbildung):

Abbildung 1: Beziehungen zwischen Schuldauer und anderen Faktoren bei Landwirten in Uganda 1970

	Years at school					
	None	1 or 2	3 or 4	5 or 6	7 or 8	9 and over
Use of mass media score (9 and over)	2	11	21	36	69	75
Extension participation score (over 20)	19	15	24	31	36	42
Adoption of farming practices score (over 150)	3	3	12	19	30	36
Mean Annual Income (Shillings)	478	644	822	980	1,448	1,912
No ploughing implement	74	65	69	63	54	57
Traditional type house with thatched roof	60	50	48	49	42	34

(Percentages unless otherwise stated)

Quelle: Watts, E.R., The Educational Needs of Farmers in Developing Countries. In: The World Yearbock..., a.a.O., S.154.

Um zu verallgemeinerungsfähigen Aussagen über den Beitrag von schulischer Ausbildung zur Steigerung der ländlichen Produktion zu gelangen, werteten Lockheed, Jamison und Lau 37 empirische Studien zu dieser Problematik aus, die sich auf individuelle Daten von Bauern in Ländern der Dritten Welt bezogen. Aggregiertes Datenmaterial wurde wegen der eingeschränkteren Aussagefähigkeit nicht berücksichtigt 13). In 83 % der ausgewerteten Fälle zeigte sich eine signifikante Beziehung zwischen der Steigerung der landwirtschaftlichen Produktion und der Dauer der Primarschulausbildung der Bauern. In sechs Studien wurden negative Effekte durch die Schuldauer nachgewiesen, die aber statistisch nicht signifikant waren. Negative Auswirkungen des Schulbesuchs auf die Produktion wurden in Gebieten beobachtet, die durch eine 'traditionelle' Struktur der Landwirtschaft gekennzeichnet waren 14). Im Durchschnitt aller Studien stieg die landwirtschaftliche Produktivität um 6,9 % mit jedem zusätzlichen Jahr, das der Bauer in der Primarschule verbracht hatte. Eine Reihe von Studien erbrachten den Nachweis, daß das Minimum an formaler Schulung bei 4 -6 Jahren liegt 15). Nach Absolvierung von vier bis sechs Schuljahren erst können wesentliche Auswirkungen auf eine Steigerung der Erträge erwartet werden. Diese Aussage scheint die Ergebnisse der zuvor erwähnten Uganda Studie zu bestätigen, die in der Tendenz höhere Zuwächse an Einkommen aufweist, je größer die Anzahl der absolvierten Jahre in der Schule ist. Die allgemeine Feststellung, daß Erziehungsmaßnahmen wirkungsvoller sind, wenn sie in Maßnahmen integriert sind, die auf die Verbesserung der Lebensbedingungen der ländlichen Bevölkerung abzielen 16), wird in der Auswertung der verschiedenen Studien bestätigt. Die Produktivitätssteigerung nach vier Jahren Primarschulbildung lagen in Gebieten mit 'moderner' Agrarstruktur wesentlich höher als in den Gebieten, die von der Infrastruktur her weniger erschlossen waren. Wie die folgende Tabelle zeigt, lassen sich unter günstigen Bedingungen (Vermarktungschancen, Beratung, hohe Preise für landwirtschaftliche Produkte) Produktionssteigerungen zwischen 14 und 18 % bei ca. einem Drittel aller Beispiele 'moderner' Landwirtschaft nachweisen, wogegen in 'traditioneller' Umwelt nur 11,8 % aller Beispiele die höchste Steigerung von 10 % aufweisen.

Abbildung 2: Auswirkungen des Schulbesuchs auf die landwirtschaftliche Produktivität: Untersuchungsergebnisse aufgeteilt nach 'modernen' und 'nicht-modernen' Stichproben

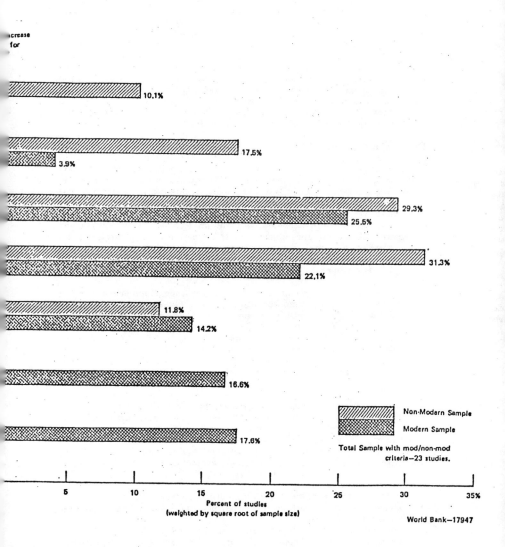

Quelle: Lockheed, M.E./Jamison, D.T., L.J., a.a.O., S. 36.

So eindrucksvoll die Ergebnisse dieser Studie sind, so müssen doch Vorbehalte für die generelle Übertragbarkeit der Aussagen auf die Verhältnisse in Schwarzafrika angemeldet werden. Von den in die Untersuchung aufgenommenen 37 empirischen Studien bezogen sich 20 auf asiatische und 13 auf lateinamerikanische Länder. Nur zwei Beispiele stammen aus Afrika, beide aus Kenia. Und gerade diese beiden bestätigen eher einen negativen Effekt der schulischen Ausbildung auf die Produktivitätssteigerung in der Landwirtschaft bei Kleinbauern. Während die von Hopcraft erhobenen Daten auf eine Abnahme der Produktivität von 3,26 % pro Schuljahr hinweisen, d.h. Bauern mit längerer Primarschulausbildung produzierten weniger als Bauern mit kurzer bzw. ohne jegliche Schulausbildung, läßt sich aus dem von Moock gesammelten Material eine Produktivitätssteigerung von 1,73 % ableiten. Allerdings ist diese Steigerung erst nach vier Primarschuljahren zu beobachten. Kleinbauern mit einer Schulausbildung von 1-3 Jahren produzierten weniger als diejenigen ohne Schulbesuch 17).

Die widersprüchlichen Aussagen der vorliegenden Studien scheinen anzudeuten, daß es bisher an ausreichenden Beweisen mangelt, um die Hypothese zu bekräftigen, daß Primarschulerziehung in Afrika signifikant zur Steigerung der ländlichen Produktivität beiträgt 18). Selbst in den Untersuchungen, in denen Beziehungen zwischen Schulbesuch und Steigerung der Erträge in der Landwirtschaft nachgewiesen werden, wird der Beitrag der Schule insofern relativiert, als Bildung nicht der auslösende Faktor für die Produktivitätssteigerung ist, sondern nur eine Variable im Rahmen eines Bündels von weiteren Maßnahmen zur Produktionssteigerung in ländlichen Gebieten. Wenn ausreichend Anreize zur Erhöhung der Produktion gegeben werden, entsteht meist eine erhöhte Nachfrage nach formaler Bildung auf dem Lande 19), wobei einsetzende Veränderungsprozesse durch Bildung beschleunigt werden.
"But formal education alone must not be regarded as the primary engine of rural transformation, for literacy and schooling become effective only when they operate in conjunction with other changes in the rural economy ... Given the fact that policies are already in motion to provide the essentials for rural improvement, then education plays its role, for empirical evidence suggests that farmer productivity is enhanced by literacy though this is by no means to suggest that illiterate farmers will not innovate given the appropriate economic incentives"20).

An dieser Stelle ist zunächst zu fragen, welches die Kennzeichen einer 'sich verändernden, modernisierten Umwelt' 21) und welche Grundvoraussetzungen gemeint sind, wenn Mindestbedingungen für eine Steigerung der landwirtschaftlichen Produktion in den Ländern der Dritten Welt genannt werden. Mosher unterscheidet zwischen grundlegenden Faktoren (essentials) und verstärkenden Faktoren (accelerators), die ausschlaggebend für eine Verbesserung der Produktivität in der Landwirtschaft sind 22). Zu den fünf Grundvoraussetzungen rechnet er:
* Anreize durch günstige Preise für landwirtschaftliche Produkte;
* Zugang zu Absatzmärkten und Schaffung konkurrenzfähiger Vermarktungsorganisationen;
* Vorhandensein von Transportkapazitäten und -möglichkeiten;
* Versorgung mit 'inputs' (Saatgut, Düngemittel, Schädlingsbekämpfungsmittel, Ackerbaugeräte) und Beratungsdienste;,

* Landwirtschaftliche Forschung.
Beim Vorhandensein dieser Faktoren läßt sich eine erhöhte Wirkung erreichen, wenn sogenannte Akzeleratoren hinzutreten. Zu den Faktoren, die sich verstärkend auf die landwirtschaftliche Produktionsentwicklung auswirken, werden folgende fünf gerechnet:
* Erziehung,
* Kredite,
* gemeinschaftliches Handeln ('group action'),
* Flurbereinigung (Schaffung größerer Nutzsflächen pro bäuerlichem Haushalt oder Gruppe),
* Planung.

Erziehung wird in diesem Modell eine komplementäre Funktion zugeschrieben. Höhere Erträge lassen sich danach auch mit analphabetischen Kleinbauern erzielen, wenn die genannten fünf Grundvoraussetzungen für eine wirtschaftliche Entwicklung einer Region gegeben sind. Die Bedeutung des Faktors Erziehung steigt jedoch im Verlauf der Umsetzung der als Grundvoraussetzung bezeichneten Maßnahmen.
"Small farmers must possess the basic skills of literacy and numeracy if they are to avail themselves of technical change and better management of their resources. As farming becomes more sophisticated and involves greater investment the skills of business management become at leasr as important as a knowledge of husbandry practices"13).

Mit zunehmender Orientierung der landwirtschaftlichen Produktion an externen Märkten und mit wachsender Verwendung von bisher nicht angewendeten Landwirtschaftstechniken wächst die Abhängigkeit des Kleinbauern von Kommunikationsfertigkeiten, die nur außerhalb der traditionellen Gesellschaft erlernt werden können. Die Herauslösung aus der Subsistenzwirtschaft und die Einbeziehung in einen nationalen oder internationalen Markt muß begleitet sein von einer Erweiterung der Kenntnisse und Vorstellungen der ländlichen Bevölkerung über die engen Grenzen lokaler Zugehörigkeit hinaus. Nur so besteht die Chance im Rahmen von wirtschaftlichen Entwicklungen andauernde Fremdbestimmtheit zu verhindern.

Das folgende Beispiel aus der Westprovinz der Vereinigten Republik Kamerun mag das oben gesagte verdeutlichen: Neben staatlichen Entwicklungsprojekten gibt es immer häufiger private Initiativen, die auf kommerzieller Basis ländliche Entwicklung betreiben. Meist handelt es sich um französische Fachkräfte (Landwirte und Kaufleute), die für bestimmte Produkte gute Vermarktungsmöglichkeiten sehen und hohe Preise zu erzielen hoffen. In der Gegend um Foumbot im Grassland der Westprovinz, zwischen Bafoussam und Foumban, pflanzen zahlreiche Bauern bestimmte europäische Gemüsearten unter Anleitung privater Berater an. Saatgut wird ihnen dabei zumeist kostenlos zur Verfügung gestellt, jedoch werden sie gezwungen, sich strikt an die Anweisungen der Beratungsfachleute zu halten. Ihre Ernteerträge werden ihnen regelmäßig zu für sie günstigen Preisen abgenommen. Die Einkünfte dieser Bauern lagen 1977 weit über denen von vergleichbaren anderen Gebieten. Umgerechnet auf den Monat erzielten sie ebensoviel, wie ein jüngerer Lehrer als Gehalt erhielt. Da die private Gesellschaft, an die sie ihre Ernte verkaufen, sämtliche Voraussetzungen geschaffen hat, die in der Theorie als erforderlich für eine Produktivitätssteigerung in der Landwirtschaft angesehen werden - vom Anreiz über die Preise für die landwirtschaftlichen Produkte bis zur Nutzung der Ergebnisse landwirtschaftlicher Forschung - haben sich in diesem Gebiet Entwicklungen vollzogen, die zu einer Steigerung des Einkommens der Kleinbauern geführt haben. Jedoch kann sich diese Situation sofort ändern, wenn die ausländischen Geschäftsleute günstigere Verwendungsmöglichkeiten für ihr Kapital sehen oder die hohen Gewinnmargen, die zur Zeit noch durch Exporte nach Nigeria und Gabun gegeben sind, entfallen. Die vorwiegend analphabetischen Kleinbauern haben keine Einwirkungsmöglichkeiten auf Absatz und Preisgestaltung ihrer Produkte. Sollte die Gesellschaft, für die sie die Produkte anbauen, ihre Tätigkeit in dieser Region einstellen, wären sie ziemlich unvorbereitet für die sich ändernde Situation. In diesem konkreten Fall könnten über entsprechende Erziehungsmaßnahmen im Rahmen von Erwachsenenbildungsprogrammen die Kleinbauern sich ihrer Situation bewußt werden und gleichzeitig lernen, durch die Gründung von Selbsthilfeorganisationen aus der einseitigen Abhängigkeit herauszukommen.

"No doubt, illiteracy does not necessarily constitute an obstacle to the increase of production of innovations ... when it is no longer techniques but new forms of organisation which are to be introduced, then illiteracy becomes a brake: only the peasants who can read, write and count are able to handle the management of a cooperative, do the accounts, make advance plans, fight against excessive interference, etc."24).

Fehlen die Grundvoraussetzungen für eine wirtschaftliche Entwicklung oder sind nur einige Voraussetzungen gegeben, so bewirkt der Schulbesuch für die betreffende Region meist eine Abwanderung der mobilen Bevölkerungsschicht und Frustration bei den Zurückgebliebenen:

"Education has had a negative influence where it has been applied in isolation... The world abounds with agricultural programmes started without a secure market for the product being promoted. Farmers are taught the techniques but are frustrated when they cannot sell what they produce"25).

1.2 Der Beitrag der Primarschulausbildung zur sozio-politischen Entwicklung

Bisher wurde versucht, den Stellenwert des Besuchs einer Primarschule für die wirtschaftliche Entwicklung ländlicher Gebiete aufzuzeigen. In diesem Zusammenhang wurden die Schwierigkeiten herausgestellt, Kausalbeziehungen zwischen Schule und wirtschaftlicher Entwicklung empirisch nachzuweisen. Es konnten jedoch die Voraussetzungen deutlich gemacht werden, unter denen die in der Primarschule erworbenen Kenntnisse und Fähigkeiten einen positiven Beitrag zur Produktionserhöhung in der Landwirtschaft leisten können. Bei dieser Betrachtung wurden die Curriculumaspekte der Schule zunächst unberücksichtigt gelassen, da davon ausgegangen wurde, daß sich die Forschungsergebnisse auf eine Primarschulausbildung herkömmlicher Art, mit 'akademischen' Fächerkanon und der primärenr Aufgabe der Selektion für weiterführende Sekundarschulen, bezogen.

Ehe das Problem einer bedarfsgerechten Qualifikationsvermittlung durch die Schule behandelt wird, sollen die Auswirkungen sozio-politischer Art, die der Besuch einer Primarschule auf die Absolventen hat, diskutiert werden.

Die lange Jahre hindurch dominierende ökonomische Betrachtung der Auswirkungen der Schule auf die Entwicklung beruhte auf der Annahme, daß mit der Erzielung höherer Erträge in der Wirtschaft auch eine gerechtere Verteilung der Einkommen erreicht werden könne;

"... the expansion of schooling and educational opportunity was expected to have a powerful and direct effect on the creation of greater economic equality ... it was expected that rises in per-capita income would take place simultaneously with reduction in inequality in the distribution of income."26)

Eingehende Untersuchungen in lateinamerikanischen Ländern beweisen jedoch das Gegenteil. Trotz einer großen Ausweitung des Angebots an Schulen und trotz eines hohen wirtschaftlichen Wachstums stiegen in Brasilien, Peru und Mexiko die ungleichgewichtige Einkommensverteilung. Trotz wirtschaftlichen Wachstums wurden die Armen nur noch ärmer 27). Die liberale Vorstellung, daß über das Bildungssystem soziale Benachteiligungen abgebaut werden können, daß sozusagen nur der Begabteste weiter gefördert wird, daß die Herkunft, das Geschlecht, die Rasse usw. keine Rolle bei der Auswahl für spätere gesellschaftliche Positionen spielen, erfüllte sich in den Ländern der Dritten Welt ebensowenig wie in den Industrieländern 28). Auch eine quantitative Erweiterung des Bildungsangebotes änderte nichts daran, daß das Bildungssystem weiterhin der Sicherung der Herrschaft dient. Clignet weist nach, daß in der Dritten Welt mit wachsender Einschulungsrate sich interne, systemstabilisierende Differenzierungen innerhalb eines bestehenden Bildungssystems herausbilden. Konsequenterweise entscheidet für die Vergabe späterer einflußreicher gesellschaftlicher Positionen nicht mehr der generelle Zugang zu den Bildungsinstitutionen, sondern die Qualität und Wertschätzung einiger auserwählter Institutionen, die ihr von der führenden Schicht eines Landes ermöglicht und zugebilligt wird.

"In short, economic development modifies forms and extent of social stratification and hence, the nature and the magnitude of educational inequalities"29).

Wenn also ausreichende Beweise vorliegen, daß mit Hilfe der Schule keine größere Chancengleichheit in der Gesellschaft erreicht werden kann, ist zu fragen, welchen Beitrag die Schule zur Entwicklung in Gesellschaften in Ländern der Dritten Welt zu leisten vermag. Solange diese Gesellschaften dadurch gekennzeichnet sind, daß sie in einen 'modernen' und einen 'traditionellen' Sektor zerfallen bzw. daß es große Teile innerhalb der Gesellschaft gibt, die in allen Lebensbereichen zu den Benachteiligten zu zählen sind (insbesondere die Masse der ländlichen Bevölkerung und die Bewohner der Slumviertel der Großstädte), kann durch die Schule ein Bewußtsein vom modernen Sektor der Gesellschaft und Kommunikationsfähigkeiten vermittelt werden, die diese Bevölkerungsschichten in die Lage versetzen, Ansprüche zur Verbesserung der Lebensbedingungen geltend zu machen, sowie sich ihnen bietende Möglichkeiten der landwirtschaftlichen Beratung effektiver zu nutzen 30).

Trotz aller Unzulänglichkeiten der Primarschule und der an ihr unterrichten-

den Lehrer in den Ländern der Dritten Welt weist Inkeles in einem Querschnittsvergleich für sechs Länder nach, daß der Schulbesuch Verhaltens- und Einstellungsveränderungen bei den Individuen bewirkt, die eine aktive Teilnahme am modernen gesellschaftlichen Leben ermöglichen:
"Those who had been in school longer were not only better informed and verbally more fluent. They had a different sense of time, and a stronger sense of personal and social efficacy; participated more actively in communal affairs; were more open to new ideas, new experiences, and new people; interacted differently withothers, and showed more concern for subordinates and minorities ... by virtue of having had more formal schooling, their personal character was decidedly more modern"31).

Gerade die Mobilisierungsfunktion der Schule kann dazu führen, daß sich längerfristig neue politische Formationen herausbilden, die die Verbesserung der bisher benachteiligten Gesellschaftsgruppen anstreben 32). Die politischen Aktivitäten können sich wiederum als Druckmittel für die Verbesserung der Lebensbedingungen in benachteiligten Gebieten erweisen und letztlich zu Maßnahmen führen, die einer bestimmten Region und ihren Bewohnern zugute kommen. Die Heranführung an den modernen gesellschaftlichen Sektor und die Erlernung der Mindestfertigkeiten, um mit den Vertretern der modernen Institutionen verhandeln zu können, sind Voraussetzungen für eine Entwicklung in den ländlichen Gebieten, die verhindern soll, daß die Betroffenen nur zu Objekten moderner nationalstaatlicher Entscheidungsträger werden.

Wenn auch das Ausmaß des Beitrags der Primarschule bzw. die Notwendigkeit von schulischer Ausbildung für eine Erhöhung der landwirtschaflichen Produktion umstritten sind 33), so deuten die vorliegenden Forschungsergebnisse an, daß ein Mindestmaß von 4 - 6 Jahren Primarschulbesuch zu einer größeren Aufnahmebereitschaft für Neuerungen führt. Die Gewöhnung an einen gewissen regelmäßigen Ablauf des Unterrichts, das Einüben von Ordnung und Disziplin im Klassenverband, das Bekanntmachen mit Einrichtungen und Personen, die den modernen Sektor der Gesellschaft ausmachen, die Erweiterung des Erfahrungshorizonts über die lokale Gemeinde oder Stammeszugehörigkeit hinaus, alles das prägt das spätere Verhalten der Schülerinnen und Schüler und hat somit Auswirkungen auf die Art ihrer Lebensgestaltung 34). Trotz aller Unzulänglichkeiten scheint die Primarschule qua Institution ihre Klienten besser auf die durch Modernisierungserscheinungen hervorgerufenen Änderungen vorzubereiten als vergleichbare andere Institutionen. Die Erfahrungen von landwirtschaftlichen Beratungsdiensten mit Bauern, die die Primarschule besuchten, und anaphabetischen Bauern bestätigen dies.35). Zwar wird auch der analphabetische Bauer bei starken Anreizen, z.B. durch hohe Preise für seine landwirtschaftlichen Produkte, versuchen, höhere Erträge zu erzielen und sich hierbei vorhandener Beratungsexperten, Genossenschaften, Landfunkprogrammen usw. bedienen 36). Seiner Aufnahmebereitschaft für Neuerungen sind jedoch schnell Grenzen gesetzt, wenn er nicht gelernt hat, Informationen zu 'individualisieren', d.h. auf seine ganz persönliche Situation beziehen zu können. Wharton ist der Ansicht, daß diese Umsetzungsfähigkeit des allgemeinen Wissens in 'Entwicklungswissen' eher auf dem Hintergrund einer Primarschulbildung erreichbar ist 37).

Dort wo die landwirtschaftlichen Beratungsdienste im vorwiegend analpha-

betischen Umfeld tätig sind, müssen sie zusätzlich das leisten, was sonst von der Primarschule erreicht wird.
"The illiterate farmer may be very efficient within the traditional setting, and there is plenty of evidence to show that farmers quickly begin to increase production of cash crops with which they are familiar when markets for those crops are strong. But to cope with new inputs and ways of combining them, usually men need schooling; t h e e x t e n s i o n   s e r v i c e s   c a n n o t   s u b s t i t u t e   f o r t h e   p e o p l e - c h a n g i n g   e f f e c t   o f   s c h o o l s   a t t h i s   f u n d a m e n t a l   l e v e l. ...When we are contrasting literate with illiterate farmers, extension activities seem to be complementary with the rate of literacy across districts or villages as respects adaption of new practices. Only farmers with some basic readiness to receive, assimilate, and act upon new information are benifited by what the extension agents do"38).

Mit anderen Worten, ein landwirtschaftlicher Beratungsdienst ist nicht nur wirksamer unter Bauern, die die Primarschule besucht haben - vorausgesetzt er ist in der Lage, die Bauern in für sie wichtigen Bereichen zu beraten -, sondern eine hohe Einschulungsrate in einer ländlichen Gemeinde oder Region schafft auch Nachfrage nach Beratungsdiensten, wenn ausreichende ökonomische Anreize zur Produktionssteigerung gegeben sind. Wenn also aufgrund des Schulbesuchs das Bewußtsein für das Fehlen von lebensnotwendigen Diensten zur Verbesserung der eigenen Lebensbedingungen entstehen kann, wenn man eher Vergleiche mit der Entwicklung in anderen Gemeinden zieht, die innerhalb des eigenen Erfahrungsbereichs liegen, dann kann dies wiederum zu Forderungen und Aktionen im Rahmen regionaler Politik führen, die Auswirkungen auf die lokale Entwicklung haben. Das Entstehen und die Finanzierung lokaler Projekte zur Verbesserung der Infrastruktur sind hierfür Beispiele 39).

Die 'Modernisierungsauswirkungen', die der Primarschule zugestanden werden, führen jedoch auch dazu, daß die gestiegenen Erwartungen ihrer Absolventen, insbesondere hinsichtlich der Berufschancen nach der Primarschule, zur Abwanderung aus den Heimatgemeinden führen, falls sich nicht in ihrer Gemeinde oder in der Nähe weiterführende Schulen befinden oder Möglichkeiten bestehen, einen festbezahlten Arbeitsplatz zu finden. Der Beitrag der Primarschule zur lokalen ländlichen Entwicklung wird dann oft erst nach Jahren wirksam, wenn z.B. ein Teil dieser Abwanderer wieder in die Heimatgemeinde zurückgekehrt und ihre außerhalb gewonnenen Erfahrungen in die lokale Situation verbessernd einfließen lassen. Die Beratungsbauern eines landwirtschaftlichen Projektes in der Nordwestprovinz von Kamerun setzten sich überwiegend aus 'Rückkehrern' zusammen. 83 % der mit dem Projekt arbeitenden Bauern hatten versucht, im Südwesten des Landes Arbeit in den Plantagen zu finden. Im Durchschnitt hatten sie acht Jahre fern von ihrer Heimatgemeinde gelebt und gearbeitet, um das notwendige Kapital für den Bau eines Hauses im Heimatdorf und für den Brautpreis anzusparen. Als etablierte Familienhäupter sahen sie anscheinend eher eine Chance, von dem Landwirtschaftsprojekt zu profitieren, als diejenigen Bauern, die niemals über die Grenzen der Division hinausgekommen waren 40). Die Kombination von Primarschulausbildung plus Erfahrung außerhalb der Heimatregion, insbesondere im Bereich kommerzieller Plantagenwirtschaft, erhöht folglich die Bereitschaft, Innovationen gegenüber offener und aufnahmebereiter zu sein 41).

1.3 Der Beitrag der Primarschule zur ländlichen Entwicklung in den anglophonen Provinzen Kameruns

1.3.1 Zur Situation der Primarschulen und Gemeinden

Die beiden englischsprachigen Provinzen der Vereinigten Republik Kamerun, die Südwestprovinz und die Nordwestprovinz, verzeichneten im Jahr 1974, als die Datenerhebung begann, 206.687 Schülerinnen und Schüler in 710 Primarschulen, wo sie von 4.758 Lehrkräften unterrichtet wurden 42). 1980 hatte sich die Zahl der Primarschulen auf 760, die der Lehrer auf 5.003 und die der Schüler auf 252.646 erhöht 43). Die Zunahme der Zahl der eingeschulten Kinder lag damit unter der Rate des Bevölkerungswachstums, woraus zu schließen ist, daß der Anteil der Kinder im Primarschulalter, die eine Schule besuchen, weiter zurückgegangen ist. Im Gegensatz zum Primarschulsystem in den französischsprachigen Provinzen des Landes, das nur sechs Schuljahre umfaßt, erfolgt der Abschluß der Primarschule bzw. der Übergang zur Sekundarschule in den anglophonen Provinzen nach sieben Schuljahren. Jeder zweite Schüler verließ die Primarschule vor Abschluß der siebenten Klasse. Eine noch geringere Zahl bestand das Abschlußexamen (First School Leaving Certificate) 44). Die Selektion zur Sekundarschule erfolgt durch eine gesonderte Aufnahmeprüfung, dem 'Common Entrance Examination'. Diese Prüfung kann normalerweise gegen Ende des 7. Schuljahres abgelegt werden. Jedoch steigt in zunehmenden Maße die Zahl derjenigen anglophonen Schülerinnen und Schüler, die sich bereits am Ende der sechsten Klasse für die Aufnahmeprüfung zur Sekundarschule melden, wodurch sie wie die Schulabgänger im francophonen System bereits nach sechs Primarschuljahren auf weiterführende Schulen überwechseln können. Für ca. 80 % der Schulabgänger der Primarschule bedeutet die Beendigung des Schulbesuchs auch das Ende jeglicher formalen Ausbildung 45). Beide Prüfungen zeichnen sich vor allem dadurch aus, daß Fertigkeiten in Mathematik und die schriftliche Beherrschung der englischen Sprache - in der Form von sogenannten 'objektiven Tests' - gefordert werden.

Bedingt durch die unzureichende verkehrsmäßige Infrastruktur großer Teile der beiden Provinzen befinden sich ca. 30 % aller Primarschulen in Gemeinden, die nur über Fußpfade zu erreichen sind. Ein Drittel der Schulen verfügt nur über die ersten vier Schulklassen. Nach Beendigung der vierten Klasse sind solche Schüler gezwungen, weiter entfernt gelegene Schulen aufzusuchen, um ihre Primarschulausbildung fortsetzen zu können. Anmarschwege zur Schule von einer bis zu zwei Stunden sind für viele Schüler nicht ungewöhnlich.

Das Einschulungsalter liegt bei 5 bis 6 Jahren, wobei in städtischen Gebieten die Tendenz dahin geht, die Kinder möglichst noch früher in die Schule zu schicken, insbesondere dort, wo nur wenige Plätze in Kindergärten zur Verfügung stehen 46). In den entlegeneren ländlichen Gebieten dagegen schicken viele Eltern auch heute noch ihre Kinder erst in späterem Alter zur Schule. Die Einschulungsrate für die Altersgruppe der sechs bis 13jährigen wird auf 60 -70 % geschätzt 47). 30 % der Schulen werden direkt von staatlichen Stellen des Erziehungswesens verwaltet und sind schulgeldfrei. Die restlichen Primarschulen werden von kirchlichen Trägerorganisationen (Katholiken, Presbyterianern und Baptisten) verwaltet, die Schulgebühren erheben, jedoch im Rahmen staatlicher Aufsicht und Bezuschussung arbeiten. Durch die Übernahme sämtlicher Primarschulen in den Grenzgebieten nach Nigeria 1978 durch die kameruner Regierung stieg der Anteil der Regierungsschulen auf ca. 50 %. Diese Maßnahme war erforderlich gewesen, um nach Einführung der allgemeinen Schulgeldfreiheit in Nigeria die Abwanderung kameruner Schüler in die schulgeldfreien nigerianischen Primarschulen in Grenznähe zu beenden.

Von der ersten Klasse der Primarschule an wird Englisch als Unterrichtssprache verwendet. Da die Kinder jedoch außerhalb der Schule andere Sprachen benutzen, sind die Lehrkräfte gezwungen, einen großen Teil der Erklärungen und Erläuterungen entweder in der Verkehrssprache Pidgin, insbesondere in städtischen Gemeinden mit Bewohnern verschiedenster kultureller Gruppierungen, oder in der in einer Gemeinde dominierenden einheimischen Sprache abzugeben. Da die kameruner Regierung bemüht ist, die Zweisprachigkeit der beiden offiziellen Sprachen zu fördern, wurde seit der Mitte der 70er Jahre in mehreren Städten der beiden Provinzen in einigen ausgewählten Primarschulen vom vierten Schuljahr an Französisch als zusätzliches Unterrichtsfach eingeführt.

Lehrplanänderungen nach der Erlangung der politischen Unabhängigkeit führten bereits in den 60er Jahren zu einer verstärkten Betonung der Vermittlung praktischer Fertigkeiten in den Primarschulen, wie sie noch von der britischen Kolonialmacht eingeleitet worden waren 48). Des weiteren wurde versucht, die Inhalte in Geschichte und Geographie zu 'afrikanisieren':
"After Independence and Reunification in 1961, we in West Cameroon became awake. We then discovered that we knew nothing about our history and Geography. But we know so much about Nigeria, Britain and some European countries... we began to ask ourselves: who are we, and what has been our past? And the man who was faced with the immediate task of having to give answers to these questions, was, naturally enough, the class-room teacher."49).

Aus diesem neu erwachten Bewußtsein heraus entstanden die ersten Unterrichtsbücher für Primarschulen, die von Kamerunern verfaßt waren und meist in Eigenverlagen auf den Markt gebracht wurden. Sie waren vorwiegend als Hilfen für die Lehrer gedacht, um den geänderten Lehrplan im täglichen Unterricht verwirklichen zu können. 50).

Ansätze zu umfassenderen inhaltlichen und strukturellen Reformen im Primarschulbereich, die die Schulen zu einem wichtigen Faktor einer eigenständigen Entwicklung des Landes werden lassen sollten, wurden seit 1967 im francophonen Teil Kameruns mit starker finanzieller und personeller Hilfe der UNESCO und Frankreichs gefördert. Die Ecole Normale d'Instituteurs à Vocation Rurale (ENIR) war verantwortlich für die Entwicklung neuer Lehrpläne und Unterrichtsmaterialien für die sogenannte ruralisierte Primarschule. Ab 1969 wurden diese Aufgaben vom Institut de Pédagogie Appliquée à Vocation Rurale (IPAR), Yaoundé übernommen. Seit 1974 wurde im Rahmen der Reform ein Schwesterinstitut im anglophonen Kamerun, in Buea, eröffnet. IPAR-Buea versuchte in weiten Bereichen, gestützt auf umfangreiche Datenerhebungen, einen Dialog zwischen den Curriculumfachleuten und den Betroffenen (Eltern, Lehrern, Inspektoren, Gemeinderepräsentanten usw.) einzuleiten, um von vornherein die neu zu entwickelnden Curricula und die damit verbundenen Maßnahmen auf eine breite Basis stellen zu können. Bisher sind jedoch die vorgelegten Reformpläne und Materialien nicht landesweit verwirklicht bzw. eingesetzt worden 51). Das Ausbleiben klarer politischer Direktiven über die künftige Reformpolitik und die immer geringer werdenden finanziellen und personellen Hilfeleistungen durch internationale und bilaterale Institutionen haben dazu geführt, daß beide Institute, die zur Vorbereitung und Durchführung der Primarschulreform gegründet worden waren, mit den begrenzten finanziellen Mitteln nur noch die Reformideen verwalten 52).

In einer Bestandsaufnahme der in den letzten Jahren vorgelegten Vorschläge und durchgeführten Maßnahmen aller Institutionen, die mit der Reform des Primarschulsystems befaßt waren - u.a. die beiden Institute für die Vorbereitung der Primarschulreform in Yaoundé und Buea; die verschiedenen Abteilungen des Erziehungsministeriums, insbesondere der höchste Fachbeamte für das Erziehungswesen, der Generalinspektor für Pädagogik, der seit 1973 in unregelmäßigen Abständen nationale Seminare zur Sichtung und Koordinierung struktureller und inhaltlicher Fragen der Reform einberufen hatte; das Nationale Erziehungsinstitut (Centre Nationale d'Education) in Yaoundé als Zentrum der gesamten erziehungswissenschaftlichen Forschung 53) -, stellte 1978 eine kameruner Expertengruppe unter der Leitung von L. Mukam noch einmal die übergreifenden Ziele der Reform heraus: NATIONALE EINHEIT und ENTWICKLUNG AUS EIGENER KRAFT 54). Von der bis Mitte der 70er Jahre insbesondere von IPAR-Yaoundé propagierten 'Ruralisierung der Erziehung', um durch eine reformierte Primarschule die Landflucht der arbeitsfähigen Jugendlichen aufzuhalten, ist nicht mehr die Rede 55). Sie wird nur noch im Zusammenhang mit der Umweltorientierung des Unterrichts erwähnt 56).

Die Primarschulen sollen zur Festigung der nationalen Einheit des Staates durch Vermittlung ausreichender Fertigkeiten in beiden offiziellen, nationalen Sprachen, dem Französischen und dem Englischen, beitragen. Ferner soll das Gefühl nationaler Zusammengehörigkeit durch die Kamerunisierung des Erziehungssystems, worunter die Loslösung von den an den ehemaligen Kolonialmächten orientierten Erziehungsinhalten und -strukturen verstanden wird, sowie durch eine Harmonisierung bestehender Strukturen im Erziehungssystem erreicht werden. Unter Harmonisierung wird dabei die Vereinheitlichung des gesamten Schulsystems verstanden, um die noch bestehenden Unterschiede zwischen französisch- und englischsprechenden Provinzen aufzuheben.

Neben dem Beitrag der Primarschule zur soziopolitischen Integration des noch jungen Nationalstaates wird von ihr die Vorbereitung der jungen Menschen auf eine ökonomische Tätigkeit erwartet. Eine kulturell und ökonomisch eigenständige Entwicklung (développement auto-centré) soll durch Kenntnis und Integration der Schülerinnen und Schüler in ihre vorwiegend ländliche Umwelt, einer Vorbereitung auf spätere Berufe und produktive Arbeiten schon während der schulischen Ausbildung, der Befähigung gemeinsam Selbsthilfeprojekte durchzuführen und durch eine Erziehung, die die Notwendigkeit manueller Arbeit in der Gesellschaft zu würdigen weiß, angestrebt werden 57).

Trotz eingehender Analysen und Vorschlägen zur Reform, die auf wesentlich realistischeren Einschätzungen der Möglichkeiten der Primarschule gegründet sind, ist der optimistische Grundtenor der Aufbruchjahre der Reform geblieben 58), obwohl die Reform des Primarschulsystems landesweit über Absichtserklärungen nicht hinausgekommen ist. Selbst die angestrebte Harmonisierung der Struktur des Primarschulwesens konnte nicht verwirklicht werden. Über die Frage, ob die Primarschule in Zukunft für ganz Kamerun sechs Jahre dauern soll, wie in den francophonen Provinzen, oder siebenJahre, wie es noch in den anglophonen Provinzen gehandhabt wird, konnte bisher in den entscheidenden politischen Gremien keine Einigung erzielt werden. Die Ursachen für diesen Zustand werden jedoch nicht bei den politischen Entscheidungsträgern, sondern bei der Zersplitterung der bisherigen Forschungs- und Vorbereitungsaktivitäten für die Primarschulreform und in der allgemeinen Abneigung der Eltern gegen die Reformmaßnahmen gesehen 59). An die Stelle einer Aufarbeitung der bisherigen Vorschläge hinsichtlich ihrer Umsetzungsmöglichkeiten, setzt man unbegründete Hoffnungen auf eine Neuverteilung bzw. bessere Abgrenzung der Aufgaben zwischen den beteiligten Institutionen innerhalb der Primarschulreform:

"Il s'agira, à titre indicatif, de regrouper les resources matérielle et humaines actuellement disponibles en matiére de recherches pédagogiques, en l'occurence dans les deux IPAR, à l'ENS, au CNE et à l'IGP. En effet, la dispersion d'énergie et le double emploi ont jusqu'à présent contribué à annihiler les efforts substantiels que l'Etat camerounais consent chaque année depuis 1960 pour l'amélioration de notre système éducatif"60).

Die Verwaltung der Primarschulen erfolgt durch zentrale Instanzen, die bis auf die Ebene der Bezirke (divisions) durch Inspektoren vertreten sind. In entlegeneren Unterbezirken sind zusätzlich Inspektorate eingerichtet worden. Die Inspektoren unterstehen einem Delegierten für Nationale Erziehung, dem ranghöchsten Erziehungsbeamten einer Provinz, der direkt dem Erziehungsminister verantwortlich ist. Die Haupttätigkeit dieser Schulinspektoren liegt in der Abwicklung der verschiedenen Examen, der Regelung von Personalfragen, und in der gelegentlichen Überprüfung einzelner Schulen bzw. der Bearbeitung vorgebrachter Konflikte. Eine Beratung in pädagogischen Fachfragen konnte bisher nicht geleistet werden. Trotz der inhaltlichen Vorgaben durch das zentrale Erziehungsministerium in Yaoundé, wie z.B. Bezahlung der Lehrkräfte, Versetzung, Höhergruppierungen, Examensrichtlinien, grundsätzliche Gestaltung des Lehrplans, Festlegung der Ferien usw. bleibt den nationalen Erziehungsdelegierten in ihren Provinzen ein beachtlicher Spielraum für die aktuelle Umsetzung der von der Zentrale festgelegten Erziehungspolitik. So kann der Delegierte Lehrplankommissionen einsetzen, Lehrerfortbildungsseminare veranstalten, ja, selbst Maßnahmen gegen solche Lehrer ergreifen, die nicht bereit sind, ihren Dienst in abgelegenen Schulen anzutreten 61). Der von der französischen Kolonialverwaltung zentralistisch geprägte kameruner Verwaltungsapparat zeigt zumindest in der nationalen Schulpolitik noch dezentrale Züge 62).

Obwohl die Primarschulen von zentralen Instanzen aus verwaltet werden, sind sie in vielen Bereichen auf die Unterstützung und Mitarbeit durch die lokalen Gemeinden angewiesen. Da staatliche Mittel für Investitonen für Schulgebäude und Einrichtungen nur in sehr beschränktem Maße zentral zur Verfügung gestellt werden können, liegt es an der Bereitschaft und Finanzkraft der Gemeinden, in welchem Umfang sie zum Unterhalt der Schule beitragen bzw. ob neue Schulgebäude oder Lehrerwohnungen errichtet werden. Die Abhängigkeit der meist fernen zentralen Erziehungsverwaltung von den lokalen Institutionen zeigt sich am deutlichsten im Schulbesuch selber. Die Eltern mit schulpflichtigen Kindern in den Gemeinden werden nicht automatisch ihre Kinder in die Schule schicken, wenn von Regierungsseite in ihrem Dorf eine Schule eröffnet und Lehrer bereitgestellt werden. Ihre Kinder werden nur dann die Schule besuchen, wenn sich die Eltern entweder eine ökonomische Verbesserung durch den Schulbesuch versprechen oder wenn lokale Institutionen generell den Besuch einer Primarschule für nützlich erklärt haben und Sanktionen gegen diejenigen durchsetzen, die sich weigern, ihren Kindern den Schulbesuch zu ermöglichen. Der Organisation der Gemeinden auf lokaler Ebene kommt damit genauso große Wichtigkeit zu, wie der individuellen Einstellung der Eltern zur Schule.

Kamerun ist verwaltungsmäßig in sieben Provinzen aufgeteilt, von denen fünf Provinzen mit ca. 6 Mill. Einwohnern dem francophonen, zwei Provinzen mit ca. 1 1/2 Mill. Einwohnern dem anglophonen Teil zuzurechnen sind 63). Jede Provinz ist in mehrere Bezirke mit den zugehörigen Unterbezirken aufgeteilt. Die Provinzen werden von Gouverneuren geleitet, die direkt dem Staatspräsidenten unterstehen. Die Gouverneure wiederum sind durch Verwaltungsbeamte in den Bezirken und Unterbezirken vertreten. Die Verwaltungsbeamten auf den verschiedenen Ebenen einer Provinz verstehen sich als verlängerter Arm der zentralen Staatsgewalt,
"... having the duties of transmitting the government's orders to the people and ensuring that those orders are carried out."64)

Trotz des Aufbaus einer modernen, zentralistischen Verwaltungsstruktur in den Provinzen und des Versuchs, auch in den kleinsten Dörfern Organisationseinheiten (Zellen) der Nationalen Einheitspartei, der Cameroon National Union (CNU), zu schaffen, wird für die große Mehrheit der Bewohner das Leben durch die traditionellen Organisations- und Repräsentationsformen bestimmt: Der Häuptling eines Dorfes und sein Ältestenrat, die Mitgliedschaft in bestimmten traditionellen Vereinigungen, die Zugehörigkeit zu einer Altersgruppe oder Klangruppe, die Gemeindeversammlung aller erwachsenen Dorfbewohner;
"For many of the people, real interest in and contact with the government of the country occurs only at local level. They remain part of the society of African tradition ... The only manifestation of rule that intrudes into the lives of these people with any frequency is that provided by the traditional institutions, such as ... a powerful chief in the western highlands, called a fon, or a village chief assisted by a council of elders"65).

Je nach der kulturellen Gruppierung ist der Einfluß des lokalen Häuplings auf die Gemeindebewohner stärker oder schwächer 66). In den verschiedenen Regionen der Südwestprovinz finden sich vorwiegend kulturelle Gruppen, die nach Gleichheitsprinzipien organisiert sind. Die Autorität einer Gemeinde beruht auf gemeinsamen Entscheidungen. Sie hängt nicht von den Beschlüssen eines Individuums ab. Der gesellschaftliche Status einer Person spielt bei der Herbeiführung von gemeinsam zu tragenden Entscheidungen einer Gemeinde keine Rolle. Selbst die Gemeindeführer haben keine formale Autorität 67). Aktionen auf Gemeindeebene bedürfen der Zustimmung aller Gemeindebewohner, was oft zu großen Schwierigkeiten bei der Ausführung von Projekten führt, die als Selbsthilfemaßnahmen durchgeführt werden sollen.

Wesentlich hierarchischer sind demgegenüber weite Teile der Gemeinden in der Nordwestprovinz organisiert. Die verschiedenen größeren und kleineren Königreiche der Tikarvölker und der Bali im Grasland des Nordwestens sind immer noch feudalistisch geprägt: An der Spitze steht ein König, Fon genannt, der das politische und religiöse Zentrum seines Volkes darstellt 68). Basis für das gesellschaftliche und politische Zusammenleben bildet jedoch nicht ein monarchisches System, sondern die Gesamtheit aller Großfamilien einer Kulturgruppe, die wie die königliche Familie von gemeinsamen Ahnen abstammen 69).

Als Gegengewicht zur Macht des Fons fungieren Geheimgesellschaften, wie der 'Kwifon', der als die eigentliche Regierung bezeichnet werden kann und dem je nach der Größe der Kulturgruppe jeder erwachsene Mann oder nur die einflußreichen Häupter der Großfamilien angehören 70). Stärker noch als die Familienverbände bestimmen diese Gesellschaften das politische Leben, da sie ein Ordnungssystem darstellen, das über die Zugehörigkeit zu einer Großfamilie hinausgeht 71). Für die Männer ist daher erstrebenswert,

"... in möglichst vielen Gesellschaften möglichst hohe Posten einzunehmen. Man hat dann das Mitspracherecht bei wichtiign politischen Entscheidungen, ist über alles informiert und genießt ihren Schutz"72).

Die traditionellen Formen lokaler Herrschaft funktionieren zwar noch in weiten Bereichen der ländlichen Regionen, jedoch werden sie immer mehr in ihren Aufgaben durch die modernen Institutionen der nationalen Gesellschaft eingeschränkt 73). Die wichtigen Fons und ihre Notablen genießen auch heute noch gewisse Privilegien, aber ihre uneingeschränkte Herrschaft über ihre Untertanen haben sie an den modernen Staat verloren 74). Die staatlichen Organe behalten sich inzwischen des weiteren vor, über die Rechtmäßigkeit von Ansprüchen auf eine Häuptlingsschaft als letzte Instanz zu entscheiden, und statten die traditionellen Herrscher mit staatlichen Budgetmitteln aus, damit sie bestimmte Herrschaftsaufgaben im Namen des Staates ausüben können,

"All chiefs must be officially recognized by the central government and are financially compensated to the extent they perform governmental functions"75).

Der Wandel in den politischen Strukturen der Gemeinden seit der Kolonialzeit hat die Rolle und das Selbstverständnis der traditionellen Häuptlinge entscheidend beeinflußt. Viele dieser lokalen Führer haben zusätzlich zu ihren traditionellen Positionen in den Institutionen der modernen Gesellschaft zusätzlich zu ihren traditionellen Ämtern übernommen und versuchen, das kulturelle Erbe mit den Anforderungen eines modernen Staatsapparates in Einklang zu bringen.

"Although the chief of the Grassfields in the 1970s represents and symbolises the past or he is a factor of unity of a people who are proud of their cultural heritage, he also is one who is intimately involved in the social and economic transformation of his people"76).

Die Veränderungen, die sich im gesellschaftlichen Leben in den ländlichen Gemeinden durch die Loslösung von überlieferten Regeln und Verhaltensweisen abspielen, lassen sich noch deutlicher auf dem wirtschaftlichen Gebiet zeigen. Mit wachsender Bevölkerungszahl und Aussichten auf gewinnbringende Aktivitäten in der Landwirtschaft wird der Boden zu einem immer knapper werdenden Produktionsfaktor. Vom ursprünglichen Gemeinschaftsbesitz einer Familie oder Kulturgruppe entwickelt er sich zum individuellen Privateigentum 77). Wie die Bodenrechtskarte, die aufgrund der während der Feldforschung erhobenen Daten zusammengestellt wurde, zeigt, ist der Boden in infrastrukturell gut versorgten ländlichen Gebieten, in städtischen und stadtnahen Gebieten zur handelsfähigen Ware geworden, die individuell erworben oder veräußert werden kann. Selbst in den Teilen der Nordwestprovinz, wo noch ein halbfeudales Bodenrecht besteht, tritt Privateigentum hinzu.

"Latest developments in the urban and semi-urban communities show that individual property is being consolidated at the expense of the power of the fon. In Bali, Mankon and Kumbo/Banso, neither the fon nor lineage heads are party to sales between natives"78).

Abbildung 3:
Bodenrechtsarten nach 'Entwicklungszonen' in den anglophonen Provinzen Kameruns

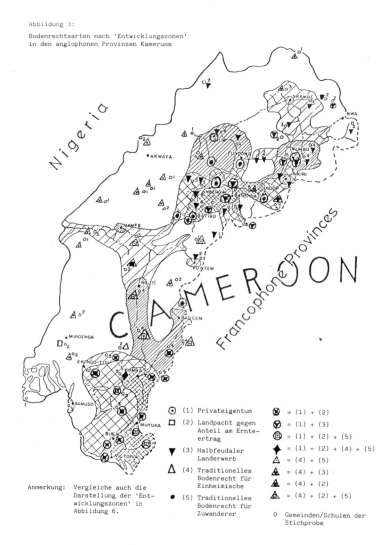

Anmerkung: Vergleiche auch die Darstellung der 'Entwicklungszonen' in Abbildung 6.

⊙ (1) Privateigentum
☐ (2) Landpacht gegen Anteil am Ernteertrag
▼ (3) Halbfeudaler Landerwerb
△ (4) Traditionelles Bodenrecht für Einheimische
● (5) Traditionelles Bodenrecht für Zuwanderer

⊗ = (1) + (2)
⊛ = (1) + (3)
⊞ = (1) + (2) + (5)
✦ = (1) + (2) + (4) + (5)
▲ = (4) + (5)
▲ = (4) + (3)
▲ = (4) + (2)
▲ = (4) + (2) + (5)

O Gemeinden/Schulen der Stichprobe

In der Südwestprovinz besteht durchgehend als Alternative zum monetären Bodenerwerb eine Art Pachtsystem, bei dem ein bedeutender Teil der Ernte an den Landverpächter abzugeben ist. Traditionelles Bodenrecht findet sich nur noch in einer Minderheit der Gemeinden in beiden Provinzen. Sowohl für Einheimische wie für Zuwanderer ist in den isololierten und entlegenen ländlichen Gemeinden die Zuteilung des Bodens noch nach traditionellen Überlieferungen geregelt und kann nicht individuell erworben werden. Vorstufe zum Übergang des Bodens in Privateigentum scheint die Erntebeteiligung des Verpächters zu sein, wie es in den unzureichend versorgten ländlichen Gemeinden im Südwesten zu beobachten ist. Hier tritt vor allem im Kakaoanbau neben die traditionelle Landvergabe die Erntebeteiligung. Die Entwicklung des Bodenrechts vom Gemeinschafts- zum Privateigentum in Gemeinden mit profitbringenden Erwerbsmöglichkeiten in der Landwirtschaft und der wachsende Einfluß der modernen zentralistisch-orientierten privaten und staatlichen Institutionen auf die soziopolitische Organisation der lokalen Ebene haben auch ihren Niederschlag auf die Art der Beziehungen zwischen der Schule, als nicht in die Traditionen eingebetteter Einrichtung, und den Mitgliedern der Gemeinden gefunden. Programme, die versuchen, an traditionelles Gemeinschaftsverhalten in den Gemeinden anzuknüpfen, müssen die sich wandelnden Einstellungen zum überlieferten sozialpolitischen System mit berücksichtigen, wollen sie nicht auf Ablehnung bei den Betroffenen stoßen. Da auch die Schule als individuelles Aufstiegsvehikel gesehen wird, - gerade in Gemeinden mit günstigen wirtschaftlichen Ertragsmöglichkeiten - steigen in diesen Gemeinden auch die Erwartungen der Eltern an die Aufgaben des Staates im Schulbereich. Die Bereitschaft zu Selbsthilfeaktionen für die Schule weicht hier den politischen Forderungen nach stärkerem staatlichen Engagement, um die eigenen finanziellen Lasten zu mildern und die Chancen der Kinder auf weiterführende Bildungsmöglichkeiten zu erhöhen.

1.3.2 Verbreitung und Rolle der Primarschule im Kontext kolonialer Erschließung und Konsequenzen für die Gemeinden

Um die Frage beantworten zu können, welchen Beitrag die Ausbreitung der Primarschulen zur unterschiedlichen Erschließung der beiden anglophonen Provinzen Kameruns leistete, ist zu klären, in welchem Umfang und zu welchem Zeitpunkt Schulen eingeführt wurden.

Schulen waren in der kolonialen Periode vorwiegend eine Angelegenheit der verschiedenen im Lande aktiven Missionsgesellschaften.
"Verwaltungs- und Handelszentren zogen die Ansiedlung von Missionsstationen und Schulen nach sich und leiteten ... extern induzierte Urbanisierungsvorgänge ein, die die postkoloniale wirtschaftsgeographische Struktur Kameruns entscheidend prägen sollte ... Bereits in der frühen Kolonialisierungsperiode konzentrierten sich die höchsten Schulstufen in den urbanen Zentren. Dieser Trend verstärkte sich mit einer zunehmenden Industrialisierung und einer Ausweitung der kolonialen Administration ..."79).

Fast 25 Jahre nach der Errichtung der kolonialen Herrschaft durch das Deutsche Reich in Kamerun gab es im Gebiet der heutigen anglophonen Provinzen nur eine staatliche Primarschule: Die 1897 in Victoria gegründete Regierungselementarschule.Provinzen. Hinzu kamen zwei weiterführende Ausbildungseinrichtungen, eine Ackerbauschule in Victoria und eine Lehrwerkstätte für diverse Handwerksberufe in Buea 80). Die Missionsgesellschaften hatten im Umfeld ihrer Missionsstationen, die oft mit dem Sitz der regionalen Kolonialverwaltung identisch oder in der Nähe gelegen waren, ein Netz von Elementarschulen errichtet. Während im Nordwesten die koloniale Verwaltung und damit auch die Missionen noch 1911 nur spärlich vertreten waren, und es Schulen nur in geringer Zahl im Raume Bali und Bamenda gab, konzentrierten sich im administrativ und wirtschaftlich stärker erschlossenen Südwesten allein um Victoria und Buea die Hälfte aller Elementarschulen, wozu nochmal ca. 25 % aller Schulen im Raume Kumba hinzuzurechnen sind (siehe die folgende Tabelle). Da die Missionen nahezu die alleinigen Träger der Schulen waren, richtete sich die Verbreitung der Schulen in der Kolonie nach der Missionierungspolitik der einzelnen Religionsgemeinschaften: Man folgte in die wirtschaftlich und verwaltungsmäßig erschlossenen Gebiete, wobei Orte mit günstigen klimatischen Bedingungen - meist in höheren Lagen - bevorzugt wurden oder sah sich aus Konkurrenzgründen mit anderen Religionsgemeinschaften gezwungen, Missionsstationen und Schulen am gleichen Ort zu gründen 81). Von den Missionsstationen wurden entlegenere Gebiete zunächst völlig ausgelassen, da sich die Bemühungen der Missionare auf die unmittelbare Umgebung ihrer Stationen konzentrierten. Die Presbyterianer z.B. als größte Mission während der Kolonialzeit warteten 28 Jahre, ehe sie von Mamfe in der Südwestprovinz aus in das wirtschaftlich unerschlossene Gebiet nördlich des Crossrivers gingen und dort eine Primarschule eröffneten 82).

Tabelle 1: Schulsituation zur Zeit der deutschen Kolonialherrschaft in dem Gebiet der heutigen anglophonen Provinzen Kameruns. Stichtag: 1. Juni 1911.

Schulträger	Verwaltungs-bezirk	zuständige Missions-station	Elementarschulen		Gehobene und weiterführende Schulen		Bemerkungen
			Anzahl	Schüler	Anzahl	Schüler	
Baseler Mission (Evangelische Missions-gesellschaft in Basel)	* Victoria	* Victoria	25	882			
	* Buea	* Buea	12	476			
					1	140	Knabenmittel-schule
					1	60	Seminaristen-schule
	* Albrechts-höhe (Kumba)	* Bombe/ Nyasosso	19	748			
					1	76	Knabenanstalt in Bombe
					1	54	Knabenanstalt in Nyasosso
	* Ossidinge (Mamfe)	* Ossing/ Bombe	10	549			
	* Bamenda	* Bali	9	283			
					1	231	Knabenmittel-schule
					1	29	Mädchenanstalt
	* Dschang	* Bali	1	80			
	Insgesamt:		76	3.018	6	590	
Pallotiner Mission (Katholische Pallotiner Mission Limburg/Lahn)	* Victoria	* Victoria	4	350			
	* Rio del Rey (Mundemba)	* Ikassa	1	420			
	* Buea	* Buea	1	50			
					1	60	Schule für Katechisten
	Insgesamt:		6	820	1	60	
Baptisten Mission (Missionsgesellschaft der Dt. Baptisten in Steglitz)	* Buea	* Soppo (Buea	2	168	-	-	
Deutsche Kolonial-verwaltung	* Victoria		1	304			bis zur 6. Kl.
					1	19	Ackerbauschule
	* Buea				1	39	Lehrwerkstätte für Handwerker
	Insgesamt:		1	304	2	58	

Quellen: Die Einteilung nach Verwaltungsbezirken und Missionsstationen folgt den Karten, die bei Karin Hausen, a.a.O., auf S. 305 und 315 wiedergegeben sind.
Die Zahlen zur Schulsituation entstammen der Arbeit Martin Schlunks. Ders., Die Schulen für Eingeborene, a.a.O., S. 86 - 113.

Anmerkungen: * Bei der Bezeichnung der Verwaltungsbezirke und Missionsstationen sind die heutigen Namen der Orte bzw. der nächstgelegenen Orte angegeben.
* Die im Verwaltungsbezirk Dschang ausgewiesene Schule lag im heute zur Südwestprovinz Kameruns gehörenden Gebiet der Bangwas.
* Während der deutschen Kolonialherrschaft war die Elementarschule die unterste Schulstufe, die im Durchschnitt 3 bis 5 Jahre dauerte.
* Knaben- und Mädchenanstalten waren eine Art erweiterte Elementarschule von 2 bis 3 Jahren, die auf den Besuch der wenigen Mittelschulen vorbereitete.
* Mittelschulen bestanden in Buea (Südwest) und Bali (Nordwest) nur für Jungen. Sie waren Voraussetzung für den Besuch der Seminaristenschule in Buea.

Nach dem Zusammenbruch der deutschen Kolonialherrschaft im ersten Weltkrieg und der Übernahme durch die Briten hatte sich die Schulsituation im englischverwalteten Kamerun bis gegen Ende der 20er Jahre wieder stabilisiert. Die Missionsgesellschaften kehrten schrittweise ins Land zurück und eröffneten die durch die Kriegsereignisse geschlossenen Schulen wieder oder gründeten neue. Doch zunächst wurden bis 1930 nur zwei Primarschulen der Missionen von der britischen Kolonialverwaltung offiziell unterstützt und anerkannt. Neben sechs Regierungsschulen wurden 14 weitere Primarschulen von einheimischen lokalen Selbstverwaltungsorganen, den 'Native Authorities', verwaltet. Die Unterstützung der Primarschule durch diese Organe war der Ausdruck des Willens der Bevölkerung in einigen Gebieten, ihren Kindern eine schulische Ausbildung zugute kommen zu lassen, die eingebettet in ihre eigene lokale Kultur war;

"... school aimed at serving ethnic groups, clans or even specific - villages. School teachers talked to children about their 'race' and used local 'traditional' resources for tales and stories which were an appreciable part of the teaching system"83).

Bis 1940 hatte sich die Zahl der von den lokalen Selbstverwaltungsorganen getragenen und finanzierten Schulen auf 19 erhöht, jedoch war die Zahl der Missionsschulen inzwischen wieder auf 17 angestiegen, bei gleichbleibender Zahl der von der Kolonialregierung verwalteten Schulen 84).

Ob die Primarschulen von Missionsgesellschaften oder lokalen Selbstverwaltungsorganen gegründet wurden, spielte für die Nachfrager nach Schulbildung meist eine untergeordnete Rolle. Wichtiger war, daß das Angebot sich immer noch auf bestimmte Gebiete konzentrierte. Obwohl in der heutigen Nordwestprovinz mehr Menschen als die der Südwestprovinz lebten, dauerte es bis gegen 1950, ehe das Angebot an Schulen in beiden Regionen gleich war 85).

Die Ausbreitung der Primarschulen erfolgte zunächst vorwiegend in der heutigen Südwestprovinz. Mit der wachsenden Einbeziehung der traditionellen Subsistenzwirtschaft in eine exportorientierte Kolonialwirtschaft und mit dem weiteren Ausbau der Kolonialverwaltung und des Handels stieg auch die Nachfrage nach Primarschulen in jenen Gebieten, in denen sich diese Veränderungen niederschlugen. Mit einer Ausnahme waren bis 1940 staatlich unterstützte Primarschulen im Südwesten in Gebieten eröffnet worden, in denen sich festbezahlte Arbeitsmöglichkeiten in Großplantagen, Verwaltung und Handel fanden oder wo die Masse der Kleinbauern inzwischen Exportfrüchte anbaute, insbesondere Kakao 86). Während unter der deutschen Kolonialherrschaft Exportfrüchte vorwiegend in Großplantagen angebaut wurden, die um den Kamerunberg angesiedelt waren bzw. sich zur nigerianischen Grenze hin im verkehrsmäßig abgelegenen Ndian befanden, verfolgte die britische Kolonialverwaltung eine andere landwirtschaftliche Politik, die versuchte, auch die Kleinbauern im Hinterland für den Anbau von Exportfrüchten zu gewinnen 87). So entwickelte sich ein V-förmiger Streifen von der Küste bis Mamfe im Westen und Bangem im Osten der heutigen Südwestprovinz, wo die Bauern Früchte für den Verkauf gegen Bargeld produzieren, wobei es sich mittlerweile sowohl um die klassischen Exportfrüchte wie Kakao und Kaffee als auch um Nahrungsfrüchte für die großen Verbrauchermärkte innerhalb Kameruns handelt (siehe folgende Karte).

Abbildung 4:

Schwerpunkte wirtschaftlicher Tätigkeiten in der Südwestprovinz der Vereinigten Republik Kamerun

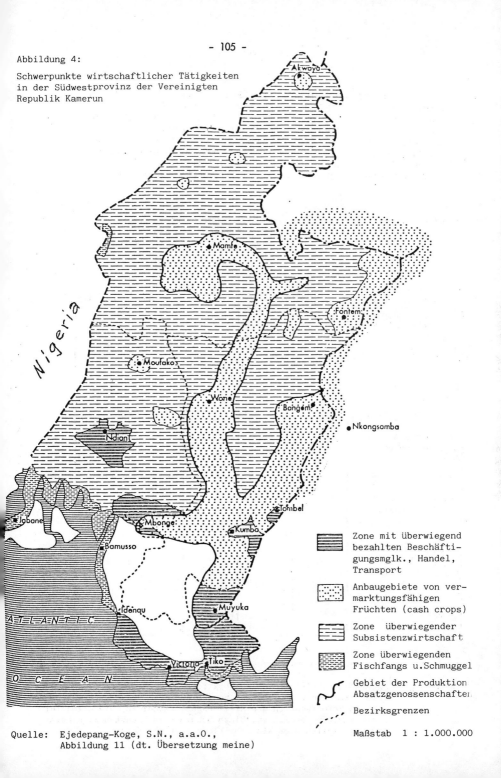

Quelle: Ejedepang-Koge, S.N., a.a.O., Abbildung 11 (dt. Übersetzung meine)

Maßstab 1 : 1.000.000

Die historische Ausweitung der Primarschulen zeigt deutlich, daß sich in den Wachstumszonen, die sich aus der Begegnung mit den Kolonialmächten entwickelten, die einmal eingeführte Institution Schule stärker ausbreitete als in Gegenden, die wirtschaftlich besser erschlossen waren. Eine Kombination der Ausbreitung der Primarschulen bis 1940, in einer Zeit der verstärkten Integration in die Kolonialwirtschaft, mit den heute feststellbaren Zonen infrastruktureller Entwicklung verdeutlicht, in welchem Maße die Primarschule der wirtschaftlichen Entwicklung folgte (siehe Tabelle 2).

Tabelle 2: Eröffnung staatlich unterstützer Primarschulen[1] vor 1930 bis 1940 verglichen mit den heutigen 'Entwicklungszonen' der anglophonen Provinzen Kameruns

Provinz Entwicklungszone	Südwestprovinz		Nordwestprovinz		Insgesamt	
	vor 1930	bis 1940	vor 1930	bis 1940	vor 1930	bis 1940
Isolierte und entlegene ländliche Gemeinden	-	4	-	2	-	6
Marginale ländliche Gemeinden	3	-	-	3	3	3
Unzureichend versorgte ländliche Gemeinden	5	8	-	-	5	8
Gut versorgte ländliche Gemeinden	-	1	1	3	1	4
Gemeinden in städtischen und stadtnahen Gebieten	8	7	5	7	13	14
Insgesamt	16	20	6	15	22	35

Quelle: Zahlenangaben bei Courade/Courade, a.a.O., S. 72.

Anmerkung: [1] Neben den offiziell von der britischen Kolonialverwaltung unterstützten Primarschulen, die verschiedenen Schulträgern zugehörten, gab es Primarschulen der Missionsgesellschaften, die keinerlei Unterstützung erhielten. Diese Schulen beschränkten sich meist auf die ersten vier Klassen (elementary classes).

Bei der Erschließung Kameruns fand die deutsche Kolonialmacht bereits eine ungleiche Verteilung der Bevölkerung vor. Diese ungleiche räumliche Verteilung vorkolonialer Zeit war durch die Qualität der verfügbaren Böden für die Landwirtschaft bestimmt. Die koloniale Durchdringung folgte zunächst den Schwerpunkten wirtschaftlicher Aktivitäten, setzte jedoch im Verlauf der Kolonialherrschaft durch wirtschaftliche und verwaltungsmäßige Aktionen neue Prioritäten für die Entwicklung der Regionen. Primarschulen befanden sich zunächst dort, wo die Verwaltungs-, Handels- und Missionszentren angesiedelt waren. Diese Gebiete haben bis zum heutigen Tage ihren Vorsprung hinsichtlich der Versorgung mit Infrastruktur und Erwerbsmöglichkeiten behalten (Zone 5 und 6). Schulgründungen in den 40er Jahren in Gebieten, die noch keinen Zugang zu größeren Märkten besaßen, haben die wirtschaftliche Benachteiligung nicht auffangen können. In weiten Teilen der Zonen 1 - 3, in denen frühzeitig Schulen gegründet wurden, hat aufgrund mangelnder wirtschaftlicher Möglichkeiten frühzeitig ein Exodus der ländlichen Bevölkerung in die Küstengebiete eingesetzt 88). Andere Gebiete wiederum sind nach Phasen des wirtschaftlichen Aufschwungs während der Kolonialzeit durch die Verlagerung politischer und kommerzieller Schwerpunkte in eine gewisse Stagnation getreten.

Die vor der Wiedervereinigung des francophonen mit dem anglophonen Teil Kameruns im Jahre 1961 nach Nigeria orientierte Stadt Mamfe am Crossriver gibt hierfür ein Beispiel. Abgeschnitten von den traditionellen Handelsverbindungen nach Nigeria hin, stagnierte die gesamte Entwicklung (vgl. Abbildung 5) 89). Die Bevölkerung des Gebietes um Mamfe, nutzte jedoch die sich aus Handel, Christentum und Schulbildung ergebenden Möglichkeiten und kompensierte die Nachteile durch eine hohe berufliche und räumliche Mobilität. Schon 1953 hatte die Stadt Mamfe mit 67.4 % die niedrigste Zahl der Analphabeten von allen anglophonen Städten verglichen mit der durchschnittlichen Rate von 71.1 % 90). Trotz fehlender wirtschaftlicher Möglichkeiten und der Abwanderung großer Teile der Bevölkerung hat sich durch die frühzeitige Ausnutzung der Chancen schulischer Bildung ein großes fachliches und intellektuelles Potential gebildet, das durch Eigeninitiative dafür sorgte, daß in der betroffenen Region zumindest eine Infrastruktur gelegt wurde, die die Versorgung der Bevölkerung mit sozialen Einrichtungen ermöglichte und einkommenschaffende wirtschaftliche Betätigungen sicherte. Als Beispiel seien genannt: Privatwirtschaftliche Initiativen von außerhalb der Region lebenden Geschäftsleuten und Akademikern zur Errichtung von größeren, plantageähnlichen Landwirtschaftsbetrieben und Sekundarschulen; Genossenschaftsprojekte landwirtschaftlicher Art (Anbau und Verwertung von Ölpalmfrüchte); staatlich finanzierte Elektrifizierung der Stadt Mamfe 91).

Abbildung 5:

Verteilung der Primarschulen zwischen 1930 und 1940 bezogen auf die heutigen 'Entwicklungszonen' der anglophonen Provinzen Kameruns

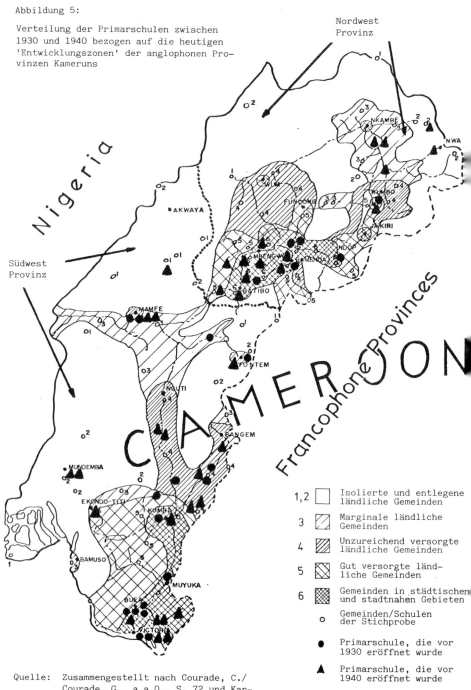

Quelle: Zusammengestellt nach Courade, C./ Courade, G., a.a.O., S. 72 und Karten Nr. 2 und 3. Zur Einteilung nach Entwicklungszonen siehe Abbildung 6.

1,2 ☐ Isolierte und entlegene ländliche Gemeinden

3 ▨ Marginale ländliche Gemeinden

4 ▨ Unzureichend versorgte ländliche Gemeinden

5 ▨ Gut versorgte ländliche Gemeinden

6 ▨ Gemeinden in städtischen und stadtnahen Gebieten

○ Gemeinden/Schulen der Stichprobe

● Primarschule, die vor 1930 eröffnet wurde

▲ Primarschule, die vor 1940 eröffnet wurde

Maßstab 1 : 2.000.000

Anhand dieses Beispiels läßt sich verdeutlichen, daß die frühen Schulgründungen in der Südwestprovinz in den heute infrastrukturell vernachlässigten ländlichen Gebieten zwar die Abwanderung förderte, gleichzeitig aber in der Bevölkerung eine Schultradition schuf, die dazu führte, daß Personen aus diesen Gegenden ebenso früh im 'modernen' Sektor der Gesellschaft überrepräsentiert waren und Führungspositionen innehatten. Durch die fortdauernden Kontakte der Abgewanderten mit ihren Heimatgemeinden und der häufigen Rückkehr aufs Land nach Ausscheiden aus dem aktiven Verwaltungsdienst besitzen diese Gebiete z.B. ein größeres Potential für lokale Verbesserungen und Eigeninitiativen (sowohl finanzieller als auch organisatorischer Art) als andere Regionen.

Trotz wesentlich späterer Schulgründungen in der Nordwestprovinz, insbesondere in den Gemeinden der Zone 3 und 4 (siehe Tabelle 2), läßt sich eine Entwicklung beobachten, die mit einer zeitlichen Verzögerung Ähnlichkeiten mit den für die gleichen Zonen der Südwestprovinz beschriebenen Tendenzen aufzeigt. Die Suche nach Erwerbsmöglichkeiten in anderen Regionen Kameruns ist meist zeitlich begrenzt. Viele der Ausgewanderten kommen in ihre Heimatgemeinden zurück, wenn sie ausreichend Kapital für die Gründung einer eigenen Familie angespart haben. Die sozio-ökonomische Integration der Rückkehrer ist dadurch erleichtert, daß der Kontakt mit der Heimatgemeinde bzw. den Bewohnern der Kulturgruppe während der Tätigkeit in anderen Gebieten nie völlig abbricht. In den wirtschaftlichen Zentren Kameruns finden diese Auswanderer Einrichtungen, die auf die Zugehörigkeit zu bestimmten Kulturgruppen gegründet sind und die sowohl Unterstützungs- und Sparvereine als auch Stätten zur Pflege heimischen Brauchtums sind. Auch im Nordwesten sind diese Rückkehrer ein wichtiger Aktivposten der Gemeinden in jenen Zonen, in denen sich Aussichten auf einkommenssteigernde landwirtschaftliche Tätigkeiten ergeben, wenn es um Selbsthilfeprojekte oder landwirtschaftliche Innovationen geht 92).

Zusammenfassend ist festzuhalten:
(1) Die Ausbreitung der Primarschulen in der heutigen Nordwest- und Südwestprovinz Kameruns war zunächst eine Folge der kolonialen Durchdringung dieser Gebiete 93).
(2) Schulen entwickelten sich daher zuerst in den Zentren kolonialer Präsenz (Verwaltung, Wirtschaft, Mission) und vermittelten die notwendigen Qualifikationen für eine Beschäftigung im Rahmen der Kolonialwirtschaft oder der Verwaltung.
(3) Die Nachfrage nach Ausbildungsmöglichkeiten durch die Primarschule verlief in diesen Gebieten so lange komplementär zur wirtschaftlichen Entwicklung wie Aussichten bestanden, mit schulischer Qualifikation ein größeres Einkommen als ohne Schulbesuch zu erzielen.
(4) Die Eröffnung von Schulen in entlegenen Gebieten ohne nachfolgende Erwerbsmöglichkeiten führte zur Entvölkerung dieser Gebiete durch fortgesetzte Abwanderung der erwerbsfähigen Bevölkerung.
(5) Je nach den Beziehungen der Abgewanderten zu ihren Heimatgemeinden konnte ein Potential entstehen, das sich finanziell und personell für Selbsthilfeprojekte in den entlegenen Gebieten mobilisieren ließ.

1.3.3 Auswirkungen der Kolonisierung und gegenwärtiger Entwicklungsstand der Gemeinden:
Gemeindetypologie aufgrund infrastruktureller Erschlossenheit

Um die Bedeutung der Primarschule für die ländliche Entwicklung am konkreten Beispiel diskutieren zu können, wurde versucht, für zwei Provinzen Kameruns den unterschiedlichen Entwicklungsstand von Gemeinden in diesen Gebieten herauszuarbeiten. Bereits im vorigen Kapitel wurden die 'Entwicklungszonen' der geschichtlichen Entwicklung der Ausbreitung der Primarschulen im Untersuchungsgebiet gegenübergestellt. Hier soll nun ausführlicher auf die Methode eingegangen werden, die zur Einteilung der Gemeinden nach unterschiedlichen Zonen führte.

Auf der Suche nach geeigneten und erhebbaren Kriterien, um einen solchen 'Entwicklungsstand' einer Gemeinde festhalten zu können, wurde ein Datenkranz gewählt, der Auskunft über die Nähe oder Ferne einer Gemeinde zu lebensnotwendigen Diensten gibt 94). Der Versuch, Zonen verschiedener infrastruktureller Entwicklung innerhalb eines Gebietes herauszuarbeiten, läßt rein ökonomische Maßzahlen wie etwa das Pro-Kopf-Einkommen oder Produktionzahlen einer Gemeinde außer Acht. Einmal sind derartige Daten auf unterster lokaler Ebene nur schwer zu erheben, zum anderen verzerren sie bestehende Differenzen .Die infrastrukturelle Erschlossenheit einer Gemeinde dagegen gibt eher Aufschluß über die Lebensbedingungen aller Bewohner, da z.B. das Fehlen sauberen Wassers, verkehrsmäßige Abgeschiedenheit vom nächstgelegenen Verwaltungssitz, weite Wege zur nächstliegenden Gesundheitsstation, usw., jedes Gemeindemitglied gleichermaßen betreffen. Die Einteilung nach Zonen unterschiedlicher Ausstattung mit Einrichtungen zur Befriedigung wichtiger Grundbedürfnisse ist das Ergebnis einer Entwicklung, die oft in der vorkolonialen Zeit einsetzte (z.B. die Routen des Sklaven- und Elfenbeinhandels), im Rahmen der kolonialen Durchdringung verstärkt wurde, und durch Maßnahmen nach der politischen Unabhängigkeit eine weitere Modifizierung erhielt (z.B. Verlagerung von Verwaltungssitzen). Durch den Zonierungsansatz lassen sich intraregionale und interregionale Ungleichgewichte herausarbeiten, die mit den üblichen Gegensatzkonstruktionen, wie z.B. dem Nord-Süd-Gefälle, Stadt-Land-Gegensatz, Küsten-Hinterland-Gegensatz usw. nicht zu erfassen sind.

Durch die Zonierung ergeben sich des weiteren Anhaltspunkte zur Beurteilung von Maßnahmen, die helfen sollen, regionale und lokale Besonderheiten im Rahmen von Aktivitäten der Schulen in den Gemeinden bzw. bei der Entwicklung entsprechender Curricula für die ländliche Bevölkerung zu berücksichtigen.

1.3.3.1 Methodisches Vorgehen

Die Erhebung der Daten erfolgte in 80 Gemeinden der beiden anglophonen Provinzen Kameruns, die aufgrund einer nicht proportional geschichteten Zufallsstichprobe ausgesucht worden waren. Um sicherzustellen, daß genügend Gemeinden aus weniger erschlossenen Regionen in die Stichprobe kamen, wurden aus beiden Provinzen jeweils zur Hälfte Gemeinden berücksichtigt, die nur über Schulen verfügten, die bis zu vier Klassen der Primarschule vorwiesen, obwohl nur ca. ein Drittel aller Primarschulen der beiden Provinzen aus Schulen mit bis zu vier Klassen bestanden (Junior Schools)95). Gemeinden mit solchen unvollständigen Primarschulen lagen vorwiegend in weniger erschlossenen Gebieten. Eine weitere Schichtung der Stichprobe ergab sich aus dem unterschiedlichen Charakter der Landschaftsformen beider Provinzen. Während die Südwestprovinz in weiten Teilen dem tropischen Regenwald zugerechnet werden kann, ist für die Nordwestprovinz die feuchte Savanne, auch 'Grasland' genannt, typisch. Die gesamte Stichprobe bestand somit aus vier Gruppen von gleicher Größe

* 20 Gemeinden mit einer unvollständigen Primarschule (bis Klasse 4) in der Südwestprovinz;
* 20 Gemeinden mit einer vollständigen Primarschule (bis zur Klasse 7, die die Abschlußklasse darstellt) in der Südwestprovinz;
* 20 Gemeinden mit einer unvollständigen Primarschule in der Nordwestprovinz;
* 20 Gemeinden mit einer vollständigen Primarschule in der Nordwestprovinz der Vereinigten Republik Kamerun.

Um Aussagen über die infrastrukturelle Versorgung der Gemeinden machen zu können, und dadurch ein Bild über die Lebensbedingungen der verschiedenen Gemeinden zu erhalten, wurden für jede Gemeinde folgende Informationen erhoben:

(1) Verkehrsmäßige Erschließung (Teerstraße, Schotterstraße, Erdstraße, Fußpfad, Wasserweg);
(2) Gesundheitsmäßige Versorgung, ausgedrückt durch die Entfernung
 (a) zum nächsten Krankenhaus
 (b) zur nächstgelegenen Kranken-/Entbindungsstation;
(3) Vermarktungsmöglichkeiten für landwirtschaftliche Produkte ausgedrückt durch die Entfernung zum nächstgelegenen Lager bzw. Aufkaufstelle einer Genossenschaft;
(4) Versorgung durch landwirtschaftliche Beratungs- und Gemeinwesenentwicklungsinstitutionen ausgedrückt durch die Entfernung zum Sitz der Unterbezirks- oder Bezirksverwaltung;
(5) Entfernung zur Provinzhauptstadt ausgedrückt durch die Höhe der Taxikosten als dem erforderlichen Mindestaufwand, um mit überregionalen Einrichtungen in Kontakt treten zu können.

Die Variablen 'Entfernung zum Sitz der Unterbezirks- oder Bezirksverwaltung', 'Entfernung zum Genossenschaftslager', 'Verkehrsmäßige Erschließung' und 'Entfernung zur Kranken-/Entbindungsstation' wiesen in der Faktoranalyse die höchsten Faktorladungen auf 96). Sie wurden zu einem einzigen Index zusammengefaßt, der Aussagen über die infrastrukturelle Erschlossenheit einer Gemeinde zuließ. Die 'Infrastrukturwerte' einer Gemeinde waren folglich umso größer, je näher die Gemeinde an den erwähnten Diensten im Bereich der Verwaltung, Gesundheit, Vermarktung gelegen war. Gemeinden, die an mit Motorfahrzeugen befahrbaren Straßen gelegen waren, erzielten höhere Werte als solche, die nur über Fußpfade erreichbar waren. Gemeinden, die die gleichen oder ähnliche Werte aufwiesen, wurden zu Gruppen zusammengefaßt, wodurch sich 'Entwicklungszonen' herausbildeten, die sich durch bestimmte Merkmale voneinander abgrenzten. Je nach der Zugehörigkeit einer Gemeinde zu einer bestimmten Zone variierten auch die

Probleme und Bedürfnisse der Bevölkerung.

Ein Beispiel soll das oben Ausgeführte verdeutlichen: Je weiter eine Gemeinde z.B. vom Sitz der Bezirks- oder Unterbezirksverwaltung entfernt war, desto geringer waren ihre Chancen, einen landwirtschaftlichen Berater oder einen Sozialarbeiter bei Problemen zu Rate ziehen zu können. Die Angehörigen dieser Dienste waren vorwiegend in den Verwaltungszentren angesiedelt und hielten sich aus Personalmangel oder fehlender finanzieller Mittel oder auch aufgrund von Desinteresse zumeist in diesen Zentren auf. Mit zunehmender Ferne vom Verwaltungssitz blieben die Gemeinden immer mehr sich selbst überlassen. Für die Schulen ergab sich eine vergleichbare Situation: Die Wahrscheinlichkeit z.B. eines Inspektionsbesuchs durch die Schulverwaltung nahm mit zunehmender Entfernung von den Verwaltungszentren, in denen sich die Inspektoren aufhielten, ab.

1.3.3.2 Einteilung und Merkmale der Gemeinden nach unterschiedlichen Entwicklungszonen

Der Versuch der Zonierung der beiden Provinzen führte zu sechs verschiedenen Zonen, die sich durch folgende Merkmale voneinander unterschieden 97):
(1) ISOLIERTE LÄNDLICHE GEMEINDEN
Gemeinden in dieser Zone sind nicht mit Motorfahrzeugen erreichbar. Die nächstgelegene befahrbare Straße ist nur über Fußpfade in einem oder mehreren Tagen zugänglich. Die Beförderung von Lasten und landwirtschaftlichen Erzeugnissen ist entweder auf dem Wasserwege möglich oder muß durch die Bewohner oder speziell damit beauftragten Trägern durchgeführt werden. Hohe Transportkosten zu den nächstgelegenen Märkten lassen den Anbau von Exportfrüchten (Kakao, Kaffee, usw.) unrentabel werden, Subsistenzwirtschaft überwiegt. Gemeinden dieses Typs befinden sich vor allem in der Südwestprovinz.
(2) ENTLEGENE LÄNDLICHE GEMEINDEN
Auch in dieser Zone können die Gemeinden nicht mit Motorfahrzeugen über Straßen erreicht werden. Jedoch befinden sie sich weniger als einen Tag von der nächstgelegenen befahrbaren Straße entfernt oder man hat nach ca. eintägigem Fußmarsch Orte erreicht, in denen eine Gesundheits- oder Entbindungsstation oder eine Aufkaufstelle einer Genossenschaft vorhanden ist.
(3) MARGINALE LÄNDLICHE GEMEINDEN
Sie sind entweder an Erdstraßen gelegen, die nur mit Geländefahrzeugen befahrbar sind oder haben über Fußpfade Verbindung zu besser befahrbaren Erdstraßen. Diese Straßen können in wenigen Stunden Fußmarsch erreicht werden. Während der Regenzeit werden sie unpassierbar. Da auch hier der Transport wirtschaftlicher Produkte große Schwierigkeiten bereitet, werden meist Früchte zur Selbstversorgung angebaut.
(4) UNZUREICHEND VERSORGTE LÄNDLICHE GEMEINDEN
Diese Gemeinden liegen im Einzugsbereich befestigter Erdstraßen (Schotterstraßen), die - wenn auch unter großen Schwierigkeiten - in der Regel während der Regenzeit befahrbar gehalten werden. Der Anbau von vermarktbaren Früchten (cash crops) bestimmt die landwirt-

schaftlichen Aktivitäten. Es fehlt den Bauern jedoch an landwirtschaftlicher Beratung ebenso wie an der Unterstützung und Anleitung zu Projekten, die die Situation in den Gemeinden verbessern könnten. Durch die ungünstige Lage zu den Verbrauchszentren werden für die landwirtschaftlichen Produkte geringere Preise erzielt als in vergleichbaren Gemeinden, die sich nicht in einer solchen Randlage befinden.

(5) GUT VERSORGTE LÄNDLICHE GEMEINDEN
Sie liegen an oder in der Nähe von ganzjährig befahrbaren Straßen, wodurch sich ausreichende Kommunikationsmöglichkeiten mit städtischen Zentren ergeben. Die Landwirtschaft ist stark auf die Produktion von Erzeugnissen abgestellt, die Bareinnahmen für die Bauern bringen. Die Vermarktung ist durch Genossenschaften oder private Händler gesichert. Die Gemeinden dieser Zone liegen im 'Betreuungsradius' der Beratungs- und Entwicklungsdienste. Die Verdienstmöglichkeiten in der Landwirtschaft ziehen Zuwanderer aus anderen Landesteilen an.

(6) GEMEINDEN IN STÄDTISCHEN UND STADTNAHEN GEBIETEN
Hierbei handelt es sich um Gemeinden, die entweder Sitz der Verwaltung sind, und den Charakter zentraler Orte aufweisen 98) oder um Gemeinden, die sich im unmittelbaren Einzugsbereich solcher Orte befinden. Die Verkehrsverbindungen werden durch geteerte oder befestigte Straßen hergestellt, die ganzjährig befahrbar sind. Gemeinden in dieser Zone sind das Betätigungsfeld der Beratungs- und Entwicklungsdienste. Im Bereich der Gesundheitsversorgung haben die Bewohner in ihrer unmittelbaren Umgebung meist mehrere Krankenhäuser oder Gesundheitsstationen zur Auswahl. Im Einzugsbereich dieser Gemeinden sind in der Regel größere bedeutendere Märkte angesiedelt, auf denen auch für Nahrungsfrüchte gute Preise erzielt werden können.

Wie Tabelle 3 zeigt, verteilen sich die Gemeinden der Stichprobe ziemlich gleichmäßig über die sechs ausgewählten Zonen. Um eine übersichtliche Darstellungsweise zu ermöglichen, wurden für die Landkarte der anglophonen Provinzen, die die verschiedenen Entwicklungszonen angibt, Gemeinden in isolierten und entlegenen ländlichen Gebieten zusammengefaßt.

Tabelle 3: Stichprobengemeinden nach Provinz und 'Entwicklungszone'

Entwicklungszone	Provinz	Südwest N	Nordwest N	Gesamt-zahl	in v.H. der Gesamt-größe
(1) Isolierte ländliche Gemeinden		8	2	10	12.7
(2) Entlegene ländliche Gemeinden		7	6	13	16.5
(3) Marginale ländliche Gemeinden		7	5	12	15.2
(4) Unzureichend versorgte ländliche Gemeinden		5	8	13	16.5
(5) Gut versorgte ländliche Gemeinden		5	9	14	17.7
(6) Gemeinden in städtischen und stadtnahen Gebieten		7	10	17	21.5
		39	40	79	100.1

Als Ergebnis der Untersuchung ist zunächst festzuhalten, daß beide Provinzen die gesamte Skala der herausgearbeiteten Entwicklungszonen aufweisen. Generell ist dabei die Tendenz festzustellen, daß sich mit zunehmender räumlicher Entfernung einer Gemeinde von der Provinzhauptstadt (Buea für die Südwestprovinz; Bamenda für die Nordwestprovinz) die Versorgung mit einem Minimum an Infrastruktur zur Befriedigung von Grundbedürfnissen verschlechtert. Dieser Trend wird zwar in den Orten aufgefangen, die Verwaltungssitz eines Bezirks (Division) oder Unterbezirks (Subdivision) sind, er setzt sich jedoch innerhalb dieser Verwaltungsbereiche in gleichem Maße fort.

Entlang der nigerianischen Grenze befindet sich ein dünn besiedeltes und unerschlossenes Gebiet. Weite Teile dieser Zone sind zusammenhängende Waldschutzgebiete, in der die Bevölkerung Subsistenzlandwirtschaft und Jagd betreibt. Vermarktungsfähige landwirtschaftliche Produkte werden wegen der fehlenden Verkehrsverbindung zu den Wirtschaftszentren der Provinzen, insbesondere in den Unterbezirken Ndian und Akwaya in der Südwestprovinz, nach Nigeria verkauft 99). Weitere inselartige Zonen mit kaum entwickelter Infrastruktur lassen sich in beiden Provinzen dort feststellen, wo während des letzten Jahrhunderts keine Handelswege durchführten.

Betrachtet man die dazwischen liegenden Zonen der Kategorie 3 (marginale ländliche Zone) und 4 (unzureichend versorgte ländliche Zone) als Übergangsstadien von Gebieten, in denen sich in naher Zukunft aufgrund der sozioökonomischen Entwicklung in Kamerun, u.a. durch eine steigende Nachfrage nach Nahrungsmitteln in den Ballungszentren, neue wirtschaftliche Möglichkeiten erschließen dürften, dann sind den Gemeinden in den isolierten und entlegenen ländlichen Gebiete mit völlig fehlender Infrastruktur vor allem die gutversorgten ländlichen und die städtischen und stadtnahen Gemeinden mit allen erreichbaren Diensten gegenüber zu stellen.

In der Südwestprovinz hebt sich eine Zone wirtschaftlicher Aktivitäten heraus, die von der Hafenstadt Victoria im Süden über die Provinzhauptstadt Buea, am Fuße des Kamerunberges, bis hin zum nördlich gelegenen Handelszentrum Kumba reicht. Kumba befindet sich am Endpunkt der Eisenbahnlinie nach Douala, dem wirtschaftlichen Zentrum des gesamten Landes. Noch im Einzugsbereich dieser Zone starken wirtschaftlichen Wachstums liegt ein schmaler Streifen entlang der Straße von Kumba nach Nguti und das Gebiet der Bakossi bis nach Bangem. Die wirtschaftlichen Aktivitäten der Kernzone zwischen Victoria und Kumba sind durch die großen Plantagenbetriebe, in denen Exportfrüchte (u.a. Bananen, Gummi, Ölpalmen, Pfeffer) angebaut werden, und durch Ansätze zu einer bescheidenen verarbeitenden Industrie, u.a. einer Ölraffinerie in Victoria, geprägt. Daneben werden in kleinbäuerlichen Betrieben Kaffee und Kakao sowie Nahrungsfrüchte für die naheliegenden Verbrauchermärkte, insbesondere in Douala, angebaut.

Im Nordwesten zeichnet sich ein Wachstumsdreieck ab, das von Batibo im Westen über die Provinzhauptstadt Bamenda bis in die Ndop-Ebene im Osten reicht, mit Mbengwi als Zentrum im Nordwesten. Intensiver Anbau von Kaffee in den höheren Lagen und Reisanbau in den Niederungen bestimmen das Bild.

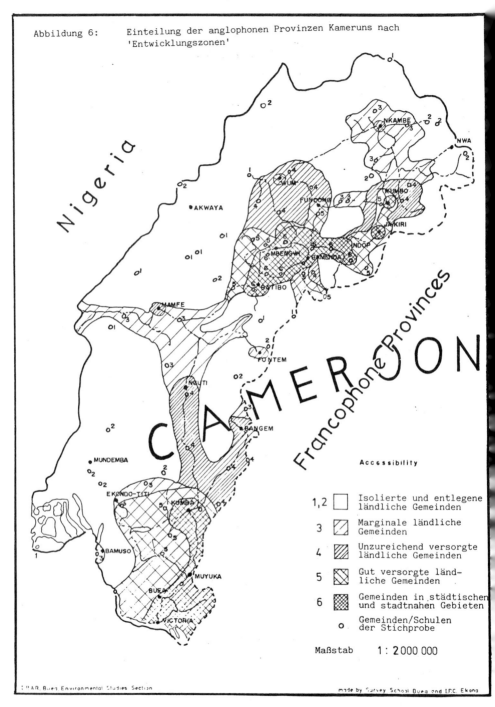

Abbildung 6: Einteilung der anglophonen Provinzen Kameruns nach 'Entwicklungszonen'

Quelle: Ashuntantang, G.T. et al., a.a.O., S. 79.

1.3.4 Verstärkung ungleichgewichtiger regionaler Entwicklung dargestellt am Beispiel der Selektion zur Sekundarschule

Anhand des folgenden Beispiels soll gezeigt werden, daß die aus der historischen Erschließung herrührende ungleiche Verteilung der Infrastruktur auch heute noch Auswirkungen auf die Gemeinden in wirtschaftlich wenig oder kaum erschlossenen Gebieten hat. Im bestehenden Bildunssystem Kameruns können Eltern in entlegenen Gebieten aus wirtschaftlichen Gründen meist nicht die Möglichkeiten nutzen, den Entwicklungsrückstand durch einen eventuellen Sekundarschulbesuch ihrer Kinder wettzumachen. Selbst traditionelle Selbsthilfemaßnahmen reichen nicht aus, da sich auch deren Möglichkeiten nach der Wirtschaftskraft einer Gegend richten. Der Abstand zu Gebieten mit günstigen Erwerbsmöglichkeiten wird sogar noch ständig größer, da Eltern in diesen Gemeinden alle Möglichkeiten schulischer Weiterbildung nutzen.

Die fundamentale Bedeutung des Vorhandenseins wirtschaftlicher Erwerbsmöglichkeiten für die Ausnutzung schulischer Einrichtungen wird von Martin in seiner Studie über die ungleiche Verteilung von Bildungseinrichtungen in Kamerun betont, "The economic development of backward regions is an essential prerequisite to their educational development"100). Die Schule allein kann also kein Ersatz für fehlende Entwicklungsimpulse anderer Art sein, was aus der Tatsache ersichtlich wird, daß in Gebieten mit niedriger Einschulungsrate - hier entspricht Martins Definition den Gemeinden in den isolierten und entlegenen ländlichen Gebieten dieser Untersuchung - die Errichtung von Schulen nicht automatisch die Bereitschaft der Eltern stärkt, ihre Kinder zur Schule zu schicken. Hingegen schafft sich in Gebieten mit wirtschaftlichem Wachstum die Schule selber verstärkte Nachfrage, die bei Nichterfüllung durch den Staat durch private Initiative befriedigt wird,
"In the zones integrated within the market economy, the population themselves are beginning to take over the role of the public authorities in financing education"101).

Die Ergebnisse Martins aus dem francophonen Teil Kameruns finden sich auch in den anglophonen Landesteilen bestätigt. Fehlen die Chancen, die Lebensbedingungen durch wirtschaftliche Erwerbsmöglichkeiten zu verbessern, wie es in den entlegenen und isolierten Gemeinden der Fall ist, läßt das Interesse an der Schule nach und verstärkte Landflucht setzt ein.

Seit mehreren Generationen wandert der größere Teil der arbeitsfähigen Bevölkerung dieser Gemeinden in wirtschaftliche Wachstumsgebiete ab 102). Bei der zurückbleibenden Bevölkerung verliert daher die Schule immer mehr an Bedeutung, was sich darin ausdrückt, daß immer weniger Kinder zur Schule geschickt werden bzw. nach Abschluß der Primarschule keine weitere Ausbildung wahrnehmen.Nicht ausreichende oder fehlende Schulausbildung führt andererseits dazu, daß die Auswanderer, die aus isolierten Gemeinden stammen, in den neuen Gemeinden nur Tätigkeiten ausüben können, die eine geringe Qualifikation verlangen 103). Da nur sehr wenige Jugendliche aus diesen benachteiligten Gebieten ihre Ausbildung fortsetzen und anschließend eventuell in Positionen gelangen, in denen sie für Verbesserungen in ihren Heimatgemeinden eintreten bzw. Selbsthilfemaßnahmen initiieren und organisieren können, fehlt es diesen Gemeinden auf provinzialer und nationaler Ebene an Unterstützungfür die Lösung ihrer Probleme.

Es soll daher zunächst gezeigt werden, in welchem Maße Kinder aus stadtnahen und städtischen Gebieten von der Unterstützung ihrer Eltern profitieren, wenn es um den Besuch von weiterführenden Schulen nach der Primarschule geht. Die Auseinandersetzung mit diesem Problembereich kann beurteilen helfen, inwiefern eine gemeindeorientierte Primarschule in der Lage ist, lokale Probleme überhaupt zu lösen und ob sie auf Unterstützung und Mitarbeit gerade in den benachteiligten Gemeinden rechnen kann.

Die im Verlauf der wirtschaftlichen Integration der anglophonen Provinzen Kameruns in den nationalen und Weltmarkt wachsende Komplexität der ökonomischen Beziehungen bewirkten nicht nur, daß
(1) die Bevölkerung die Nützlichkeit der in der Schule vermittelten Fertigkeiten ihrer erfolgreichen Absolventen anerkannte, sondern hatten auch zur Folge, daß
(2) immer mehr Kameruner bereit waren, ihren Kindern eine längere schulische Ausbildung zu ermöglichen, da dies langfristig wesentlich höhere Einkünfte und damit wirtschaftliche Absicherung bringen konnte als eine Tätigkeit in der Landwirtschaft ohne oder mit nur wenigen Jahren schulischer Bildung.Da im Verlauf der kolonialen und postkolonialen Periode immer mehr Bauern die reine Subsistenzbewirtschaftung aufgaben und Exportfrüchte anbauten, die ihnen und ihren Familien erstmals Bareinnahmen verschafften, wurden immer mehr Leute in die Lage versetzt, jüngere Familienmitglieder über einen längeren Zeitraum hinweg aus dem aktiven Erwerbsleben herauszuhalten und eine Schule besuchen zu lassen 104).

Trotz heute verschlechterter Aussichten, eine festbezahlte Anstellung zu finden, wird die schulische Ausbildung der Kinder in den wirtschaftlichen Wachstumsgebieten immer noch primär als eine Investition für die Zukunft angesehen, da jeder individuell hofft, aufgrund der schulischen Qualifikationen trotz der Begrenztheit der Arbeitsmöglichkeiten eine Anstellung zu finden. Dagegen hat die Bevölkerung in weiten Teilen der schlecht versorgten Gebiete die Hoffnung aufgegeben, in dem Wettbewerb um die wenigen gut bezahlten Positionen mithalten zu können. Kinder in entlegeneren Gebieten haben nach Abschluß der Primarschule weit geringere Chancen ihre Ausbildung fortzusetzen als Kinder in den gutversorgten Gemeinden, auch wenn sie die Anforderungen für die Aufnahme in die Sekundarschule erfüllt haben.

Der Vergleich des Anteils der Schülerinnen und Schüler der Abschlußklasse 7 der Stichprobe von 39 Schulen, die die Aufnahmeprüfung zur Sekundarschule bestanden, mit der Zahl der tatsächlich anschließend ihre schulische Ausbildung fortsetzenden Schülerinnen und Schüler, zeigt eindeutig die Benachteiligung der Kinder aus kleinen und mittleren Schulen (siehe Tabelle 4).

Tabelle 4: Ergebnisse der Aufnahmeprüfungen für die Sekundarschule und tatsächlicher Schulbesuch weiterführender Schulen von Schülerinnen und Schülern der Abschlußklasse der Primarschule bezogen auf Schulgröße und 'Entwicklungszone' für 1974/75 in den anglophonen Provinzen Kameruns

Schulgröße (nach Anzahl der Klassen)	Anzahl der Primarschulen	Anzahl der Schüler der Abschlußklasse	Durchschnittl. Schülerzahl in der Abschlußklasse	Anzahl der Schüler, die die Aufnahmeprüfung zur Sekundarschule bestanden		Anzahl der Schulabgänger, die tatsächlich weiterführende Schulen besuchten		'Entwicklungszone' der Schulen/ Gemeinden
				No.	in v.H.	No.	in v.H.	
7 – 9	16	402	25.1	76	18.8	29	7.1	1 – 3
10 – 13	14	302	21.6	124	41.0	51	17.0	4 – 5
14 und mehr	9	508	56.4	129	25.4	196	38.6	6
Insgesamt	39	1.212	31.1	329	27.1	276	22.8	

Anmerkung: (1) Zur Einteilung der anglophonen Provinzen Kameruns nach 'Entwicklungszonen' vgl. insbesondere Kap.IV/1.3.3.2. Die Werte ergeben sich aus der Zugehörigkeit der einzelnen Schulen zu einer bestimmten Zone. Zone 6 stellt die Gemeinden mit größtmöglicher infrastruktureller Versorgung dar, während sich in Zone 1 Gemeinden mit völlig fehlender Infrastruktur befinden.

(2) Bei der Prüfung für die Aufnahme zur Sekundarschule handelt es sich um das "Common Entrance Examination".

(3) Alle Angaben beziehen sich auf die 39 Primarschulen der Stichprobe mit einer Abschlußklasse (Klasse 7).

Schulabgänger von Schulen mit 14 und mehr Klassen (Schulen, die vorwiegend in Gemeinden der Zonierung 6 angesiedelt sind)-, haben trotz nichtbestandener Aufnahmeprüfung noch ausreichend Chancen, nach Abschluß der Primarschule eine formale Schulbildung anzuschließen. Zwar haben nur 25.4 % der Schulabgänger der Stichprobe aus Schulen mit 14 und mehr Klassen das Aufnahmeexamen bestanden, 38.6 % jedoch setzen ihre schulische Ausbildung fort. Die fehlenden Eintrittsvoraussetzungen für die staatlichen bzw. staatlich unterstützten Sekundarschulen werden durch die Bereitschaft vieler Eltern in diesen Gemeinden, unter allen Umständen ihre Kinder weiter zur Schule zu schicken, kompensiert. Von der Einstellung dieser Elterngruppe und ihrer Bereitschaft, für ihre Kinder finanzielle Aufwendungen nach der Primarschule hinzunehmen, profitieren vor allem die wachsende Zahl privater kommerzieller Sekundarschulen in den Städten und einkommensstarken ländlichen Zonen 105).

Völlig anders stellt sich dagegen die Situation in den kleinen Schulen mit 7 - 9 Klassen dar. Schulen dieser Größenordnung liegen meist in Gebieten, in denen es an der notwendigen infrastrukturellen Ausstattung mangelt (Zone 1 - 3) und wo in den Abschlußklassen der Primarschule nur noch 10-15 Schüler vorzufinden sind. Trotz unzureichender äußerer Bedingungen für die Erteilung des Unterrichts schaffen aus dieser Gruppe noch 18.8 % die Aufnahmeprüfung zur Sekundarschule. Weniger als die Hälfte derer, die die Qualifikation erworben haben, das heißt 7.1 %, sind jedoch anschließend tatsächlich in einer Sekundarschule zu finden.

Eine ähnliche Tendenz ist auch bei den Schulen mittlerer Größe mit 10 - 13 Klassen pro Schule festzustellen. Obwohl hier 41.0 % aller Schüler der Abschlußklasse das Aufnahmeexamen erfolgreich ablegen, finden weniger als die Hälfte bei ihren Eltern Unterstützung zum Besuch einer Sekundarschule. Nur 17.0 % dieser Schüler konnten ihre schulische Ausbildung fortsetzen. Für Kinder in diesen Primarschulen mittlerer Größe, wie sie meist in schlecht mit Infrastruktur versorgten Gemeinden der Zone 4 oder in gutversorgten ländlichen Gemeinden der Zone 5 anzutreffen sind, sind trotz erfolgreichen Abschneidens in der Auswahlprüfung die Chancen, zur Sekundarschule zu gehen, noch geringer als für die in der Prüfung erfolgreichen Schüler in den entlegenen Gebieten.

Die seit der Kolonialzeit sich abzeichnende ungleichgewichtige Entwicklung in den anglophonen Provinzen Kameruns, wie sie in dieser Bestandsaufnahme der heutigen infrastrukturellen Versorgung mit Hilfe der Zonierung zum Ausdruck kommt, spiegelt sich auch bei der Selektion zu weiterführenden Schulen wider. Der Gemeindetyp ist mitbestimmend für die Chancennutzung im bestehenden Bildungssystem, wobei die Bewohner stadtnaher und städtischer Gebiete den größten Vorteil für ihre Kinder ziehen. Wie Untersuchungen in Kamerun ferner zeigen, wird diese Benachteiligung für die in ländlichen Gebieten aufwachsenden Jugendlichen weiter verstärkt, wenn das Geschlecht und die soziale Herkunft zusätzlich zum Gemeindetyp berücksichtigt werden.

"A farmer's child stands a lesser chance to continue his education after primary school than a child coming from a family with a non-agricultural background ... Among those in Secondary Schools children of teachers, policemen, warders, nurses, technicians, and civil servants are overrepresented"106).

Die Entscheidung über die Schullaufbahn von Mädchen fällt meist schon in den ersten Primarschuljahren. Den wenigen verbliebenen Mädchen in der Abschlußklasse der Primarschule (von 100 Schülern sind nur 37 Mädchen), die die Aufnahmeexamen für die Sekundarschule bestehen, ist dann auch meistens die weitere Unterstützung durch ihre Familien für den Besuch der Sekundarschule sicher 107). Reformen, die ein größeres Gewicht auf regionale Probleme, der Verbindung von Lernen und Arbeiten, Projektunterricht usw. legen, wie sie im Konzept der gemeindeorientierten Primarschule enthalten sind, können nicht unbedingt auf Unterstützung und Mitarbeit der Gruppen der Bevölkerung rechnen, deren Kinder im konventionellen Schulsystem mit seiner Ausrichtung auf die Vermittlung von sogenannten akademischen Wissen Vorteile besitzen. Die Interessen dieser Gruppen sind jedoch zu berücksichtigen, da sie oft als organisierte Gruppen und Meinungsbildner bis hinunter zur Dorfebene auftreten.

2. Theoretische Grundlagen der Beziehungen zwischen Primarschule und Gemeinde im Rahmen des gemeindeorientierten Reformkonzepts

Die Beschäftigung mit den Beziehungen zwischen Schule und Gemeinde erfordert zunächst eine Unterscheidung zwischen den in der Realität beobachtbaren und feststellbaren Kontakten zwischen Vertretern beider Institutionen und den Vorstellungen über eine ideale Art von Beziehungen, wie sie als wünschenswert angesehen werden können. Der Vergleich der konzeptionellen Forderungen mit den in der Realität feststellbaren Phänomenen vermag einen Einblick in die Umsetzbarkeit theoretischer Konzepte zu geben.

Die Palette der Kommunikation zwischen Gemeinde und Primarschule in Schwarzafrika ist vielfältig: Schule und Gemeinde freuen sich über die große Anzahl von Kindern, die das Examen zur Sekundarschule bestanden haben. Ein Fest wird veranstaltet, Häuptling und Gemeindeälteste danken den Lehrern. Eltern und andere Gemeindemitglieder haben Geld gesammelt, um einen neuen Klassenraum für die Schule zu bauen. Der Rektor einer Primarschule stellt sich einem Kommitee für die Verbesserung der Gemeinde als Sekretär zur Verfügung und setzt einen Brief an den obersten Beamten des Bezirks auf. Schüler und Lehrer säubern den lokalen Marktplatz von Unrat. Eine sechste Primarschulklasse hilft einem Bauern der Gemeinde bei der Maisernte. Eltern stellen ihre landwirtschaftlichen Geräte zur Verfügung, damit die Kinder die Schulfarm bearbeiten können. Schulkinder transportieren Bauholz in der Gemeinde, die Schule wird dafür entlohnt. Eltern spenden Setzlinge, um auf der Schulfarm eine Kaffeeplantage anzulegen. Eine Gemeinde baut in Eigenhilfe mit lokalen Mitteln ein Wohnhaus für den Lehrer. Eltern bitten um die Versetzung eines Lehrers. Die Bauerngenossenschaft der Gemeinde hält eine Versammlung in den Schulgebäuden ab. Auf einer Versammlung der Eltern-Lehrer-Vereinigung beschweren sich Eltern, daß ihre Kinder von den Lehrern geschlagen werden. Kinder werden nicht mehr in die Schule geschickt; usw. Die hier skizzierten Beziehungen lassen sich in abgewandelter Form tagtäglich irgendwo in Schwarzafrika beobachten, wenn Schule und Gemeinde in irgendeiner Form miteinander in Beziehung treten.

2.1 Allgemeine Charakteristika des gemeindeorientierten Primarschulkonzepts

Neben den beobachtbaren, sich tatsächlich abspielenden Beziehungen zwischen den beiden Institutionen bzw. deren Vertretern gibt es theoretische Konzepte, die von möglichen Beziehungen ausgehen, die geeignet sind, die Schule stärker in das Leben der Gemeinde zu integrieren. Diese Versuche, der Primarschule einen positiven Stellenwert für die Entwicklung zu geben, gehen von der Annahme aus, daß sie auch tatsächlich in der Lage ist, zur Befriedigung der Grundbedürfnisse der Bevölkerung beizutragen. Mit Hilfe der durch die Schule vermittelten Kenntnisse und Fertigkeiten sollen die Absolventen befähigt werden, in weitgehender Eigenhilfe lokale Probleme zu lösen. Die Vermittlung der Grundfertigkeiten in Lesen, Schreiben und Rechnen, sowie der bei der Aufnahmeprüfung zur weiterführenden Sekundarschule wichtigen Kenntnisse allgemeiner Art wird als nicht mehr ausreichend angesehen. Gefordert wird, daß die Schule gleichzeitig dazu befähigt, durch landwirtschaftliche oder handwerkliche Arbeit einen Mindestlebensstandard zu erreichen, Ernährungs- und Hygienefragen behandelt, hilft, sich über die eigene Situation bewußt zu werden und traditionelle Verhaltensweisen abbaut, die einem Wandel entgegenstehen 108). Die derart definierte Rolle der Primarschule setzt engere und häufigere Beziehungen zwischen der Gemeinde und der Schule voraus, die auf eine Integration der Schule in die Gemeinde abzielen. Beide Institutionen sehen sich einem neuen Verständnis ihrer Rollen ausgesetzt: Gemeindemitglieder beteiligen sich an der Entwicklung der Curricula; die Schulgebäude stehen allen interessierten Gemeindemitgliedern zur Verfügung; Lernen findet nicht länger nur auf dem Schulgelände statt; Gemeindemitglieder kommen in die Schule um zu unterrichten; Eltern wird ein größeres Mitspracherecht in der Verwaltung der Schule zugestanden; die Lehrer werden zu Koordinatoren und Anregern von Projekten der Gemeinwesenentwicklung; usw.

Um einen Überblick über die 'Bandbreite' möglicher Beziehungen zwischen Gemeinde und Primarschule zu erhalten, wurden die Modellvorstellungen verschiedener Autoren zusammengestellt. Aus diesen Anforderungsprofilen heraus läßt sich ein abgestuftes Minimalprogramm von Beziehungen zwischen Schule und Gemeinde ablesen, das als notwendig für die Zielerreichung angesehen wird.

Zunächst kann davon ausgegangen werden, daß alle Autoren der Schule als Institution eine von den Gemeinden akzeptierte Bedeutung zumessen, derzufolge das Erlernen der Lese-, Schreib- und Rechenfertigkeiten als notwendig angesehen wird. Des weiteren ist vorauszuschicken, nach welchen Kriterien die Auswahl der Autoren für diese Zusammenstellung erfolgte. Da bisher keine Konzepte vorliegen, die tatsächlich umgesetzt worden sind, konnten nur Ansätze und Bruchstücke zusammengetragen werden. Sie beziehen sich entweder auf Länder der Dritten Welt, wobei die Beispiele vielfach afrikanischen Verhältnissen entnommen sind 109), oder sie leiten sich direkt aus der Auseinandersetzung mit Projektansätzen oder Reformen in Schwarzafrika ab 110). Um einen durchgehenden Vergleich mit dem Konzept der Gemeindeschule, wie es in den USA und Westeuropa entwickelt wurde, zu ermöglichen, wurde ein Beispiel dieser Konzeption, das von

Poster, mit aufgeführt 111). Auf länderbezogene Konzepte einzelner schwarzafrikanischer Staaten wurde bewußt verzichtet. Das bekannteste Konzept einer Gemeindeorientierung hat Eingang in die theoretischen Erörterungen von Marjorie Mbilinyi gefunden und bezieht sich auf die Erfahrungen Tansanias im Primarschulbereich. In anderen Staaten südlich der Sahara haben Reformansätze, die eine stärkere Integration der Schule in die Gemeinde beabsichtigen, vorläufig noch den Charakter von begrenzten Versuchen (Pilotprojekten), die Modifikationen unterworfen sind, welche sich einer Theoriebildung entziehen 112). Die Vorstellungen einer Reihe afrikanischer Länder sind jedoch in die Merkmale der angeführten 'Arbeitsgruppe der Abteilung Erziehung in Entwicklungsländern des Erziehungsinstituts der Universiät London' eingegangen. Neben den Ansätzen aus Afrika wurde auf zwei weitere Verfassergruppen zurückgegriffen: Einmal auf Ausführungen der Unesco, soweit sie sich vorwiegend auf afrikanische Länder beziehen. Zum anderen auf Vorschläge internationaler Experten, wie Houghton, Tregear, Skager, Dave, Bennet, Batten, die die Integration der Primarschule in die Gemeinde und ihre erweiterte Rolle für alle Länder der Dritten Welt analysieren 113). Aus der nachfolgenden Übersicht läßt sich das Modell einer gemeindeorientierten Primarschule nachzeichnen, dem die Mehrheit der Autoren folgende Merkmale zuerkennt:

Übersicht 7: Modellvorstellungen zum Konzept der gemeindeorientierten Primarschule bei verschiedenen Autoren

Merkmale der gemeindeorientierten Primarschule	Autoren							
	Unesco-Experten	Houghton/ Tregear	Skager/ Dave	Bennet	Batten	Mbilinyi	Univ. London Afrik. Studenten	Poster
	1	2	3	4	5	6	7	8
(1) Ziele:								
* Vermittlung der Grundfertigkeiten in Lesen/Schreiben/Rechnen [1]	x	x						
* Vertrautheit mit der lokalen Umwelt	x	x	x	x	x	x	x	x
* Einsicht in die Notwendigkeit körperlicher Arbeit	x		x	x	x			
* Erhaltung und Pflege traditioneller Kultur		x	x	x			x	x
* Befähigung zur Lösung lokaler Probleme durch gemeinschaftliches Handeln	x	x	x	x	x	x	x	x
* Befähigung sozio-ökonomische Innovationen im lokalen Kontext umzusetzen		x					x	
* Einübung demokratischer Verhaltensweisen						x		x
* Vorbereitung der Mehrheit der Schüler auf eine Rolle in der ländlichen Gesellschaft							x	
* Verminderung der Landflucht - Bereitschaft, erlernte Fertigkeiten und Wissen lokal einzusetzen						x	x	
(2) Lerninhalte: [2]								
* Lesen/Schreiben/Rechnen	x	x						
* Physisch-geographische Umwelt	x	x	x	x	x	x	x	x
* Landwirtschaft	x	x	x	x	x	x		
* Gesundheit/Hygiene	x	x	x	x	x	x		
* traditionelle Kultur				x	x		x	x
* handwerkliche Grundfertigkeiten		x	x	x	x	x		
* lokale Probleme	x	x	x	x	x	x	x	x
* Gemeindeaktionen	x	x	x	x	x	x	x	x
(3) Lehrmethoden:								
* Orientierung jeglichen Lernens an der lokalen Umwelt	x	x	x	x	x	x	x	x
* Verbindung von theoretischem Wissen und praktischer Anwendung	x	x	x			x		
* Entdeckendes Lernen/Anknüpfung an das Interesse der Kinder	x	x						x
* Erarbeitung von Problemlösungen	x	x	x	x	x			
* Handlungsorientierung durch Projektunterricht	x	x	x	x	x	x	x	x
* Anwendung wissenschaftlicher Prinzipien und Methoden (Ursache-Wirkung, Beobachtung, Experiment, etc.)	x							

Merkmale der gemeindeorientierten Primarschule	Unesco-Experten	Houghton/Tregear	Skager/Dave	Bennet	Batten	Mbilinyi	Univ. London Afrik. Studenten	Poster
	1	2	3	4	5	6	7	8
(4) Unterrichtsorganisation:								
* Stundenplan und Ferienordnung berücksichtigen lokale Bedürfnisse (z.B. Erntezeiten, kulturelle Feste)	x	x			x			
* Fächerübergreifender Unterricht			x	x				x
* Flexible Stundenplangestaltung, um praktische Aktivitäten einzubeziehen	x	x			x			
* Nutzung lokaler Ressourcen (materielle und humane)		x	x	x	x	x	x	
* ältere Schüler unterstützen den Lehrer in den Anfangsklassen	x							
(5) Lehrerrolle:								
* Dialog mit Eltern über Ziele/Inhalte/Methoden	x	x			x			x
* Hausbesuche		x			x			
* Zusammenarbeit mit Vertretern anderer Dienste auf lokaler Ebene	x	x	x	x				
* Gemeinde-Animator	x	x	x	x	x	x	x	x
- kennt die Struktur und Probleme der Gemeinde	x	x			x			
- ist in Gemeindeleben integriert					x			
- genießt Ansehen auf lokaler Ebene					x			
- bewirkt Verhaltensänderungen bei der Bevölkerung durch sein Vorbild ('change agent')		x		x	x			
- wendet auf seiner Farm moderne landwirtschaftliche Methoden an		x						
- hilft Gemeindemitgliedern bei der Lösung individueller Probleme		x			x			
- organisiert, berät, koordiniert, um Lebensbedingungen in der Gemeinde zu verbessern		x		x	x		x	x
(6) Gemeinderolle:								
* Eltern sind zum Dialog mit Lehrer über Schulfragen bereit [3]	x				x			x
* Bevölkerung ermöglicht Lehrer Teilnahme am Leben der Gemeinde		x			x			
* erstellt Schulgebäude und -einrichtungen (oft mit lokalen Materialien)	x	x	x	x	x	x	x	x
* finanziert ganz/teilweise laufenden Unterhalt der Schule (einschl. der Lehrergehälter)	x		x				x	x
* beteiligt sich an der Kontrolle und Verwaltung der Schule	x	x	x	x	x		x	x
* bestimmt mit über Unterrichtsinhalte (Curriculumentwicklung)	x	x	x	x				
* einzelne Gemeindemitglieder unterrichten in der Schule (Handwerker, Herbalisten, traditionelle Würdenträger etc.)	x	x	x	x		x	x	x
* Benutzung der schulischen Einrichtung außerhalb der Schulstunden	x	x	x	x	x	x	x	x
* Lösung von Gemeindeproblemen durch kollektive Aktionen	x	x		x	x			x
* Akzeptierung der Führungsrolle des Lehrers bei der Lösung von Problemen	x			x				
(7) Außerschulische Aktivitäten								
* Alphabetisierung für Erwachsene	x	x	x	x	x	x	x	
* Fortbildung für Erwachsene		x					x	x
* Freizeitgestaltung (Sport, Kultur, Musik)	x	x			x		x	
* Jugendarbeit (Landwirtschaftliche Klubs, Festigung der Kenntnisse in Lesen/Schreiben/Rechnen)		x					x	
* Beratung für Gemeinwesenentwicklung (Kindererziehung, Gesundheit, Hygiene, Landwirtschaft)	x	x		x	x	x	x	
* Demonstration landwirtschaftlicher Neuerungen	x		x		x			
* Dienstleistungen für die Gemeinde (Erntehilfe, Sauberkeitskampagnen, Betreuung Alter und Kranker)				x		x	x	x
(8) Rahmenbedingungen:								
* Offizielle Unterstützung der Gemeindeorientierung		x						
* Dezentralisierung der Schulverwaltung			x					
* Demokratische Schulorganisation (Mitspracherechte)					x			x
* Adäquate Aus- und Fortbildung der Lehrer		x						
* Verhaltensänderungen bei den Dozenten der Lehrerbildungseinrichtungen		x						
* Längere Verweildauer in einer Gemeinde für Lehrer		x			x			
* Permanente Beratung durch Inspektorate		x						
* Erweiterung der Primarschulen zu Gemeindezentren	x			x				

Anmerkungen:
1) Die Vermittlung der Grundfertigkeiten wird nicht bei allen Verfassern expressis verbis genannt, sondern als allgemein anerkannte Hauptaufgabe der Schule angesehen.
2) Hierunter sind Schwerpunkte inhaltlicher Art, nicht das gesamte Curriculum zu verstehen.
3) Die Bereitschaft, Kinder in die Schule zu schicken, wird allgemein als gegeben angesehen.

Die Primarschule soll ihre Absolventen in die Lage versetzen, lokale Probleme durch gemeinschaftliches Handeln zu lösen. Hierzu ist erforderlich, daß man seine Umwelt kennt und sich der Probleme bewußt ist. Die Werte und Darstellungsformen traditioneller Kultur werden in der Schule aufgegriffen. Körperliche Arbeit wird nicht länger als Strafe, sondern als notwendiger Beitrag des Einzelnen zum Wohle der Gemeinschaft angesehen.

Neben der Beherrschung der Staats- oder Verkehrssprache in Wort und Schrift und den Grundoperationen im Rechnen soll die Schule Grundlagenkenntnisse vermitteln, die auf die lokale Umwelt bezogen bzw. ihr entnommen sind. Schwerpunkte bilden hierbei landwirtschaftliche Aspekte. Jegliches Lernen orientiert sich an der Umwelt, wobei theoretisches Wissen und die praktische Anwendung des Wissens eine Einheit bilden. Projekte, die die Verbesserung von Bedingungen in der Gemeinde zur Aufgabe haben, integrieren das Wissen und die Fertigkeiten verschiedener Fachgebiete und sind Beispiele praktischer Anwendung des Gelernten. Der Unterricht wird nicht länger nur von den Lehrern erteilt. Gemeindemitglieder, die über spezielle Erfahrungen oder Fertigkeiten verfügen, handeln als Lehrer und geben ihr Wissen an die Kinder weiter. Das ohnehin selten ausreichend vorhandene Buch als Unterrichtsmedium wird durch Beispiele und Ressourcen, wie sie sich im Umfeld der Gemeinde auffinden lassen, ersetzt oder ergänzt. Stundenplan und Ferienordnung berücksichtigen lokale Gegebenheiten, insbesondere saisonale landwirtschaftliche Aktivitäten, die oft alle Kräfte einer Gemeinde einschließlich der Schulkinder zu einer bestimmten Zeit des Jahres in Anspruch nehmen.

Die Rolle des Lehrers in diesem Modell erhält eine wesentliche Erweiterung, die allgemein unter dem Begriff 'Animation' zusammengefaßt wird. Der Lehrer ist vom Konzept her zum Dialog mit den Eltern und Gemeindevertretern über Ziele, Inhalte, Methoden, Verwaltung, Finanzierung angehalten. In Zusammenarbeit mit Vertretern anderer Gemeinwesendienste versucht er, Entwicklungsprojekte mit den Gemeindebewohnern durchzuführen oder zu helfen, auf übergeordneter administrativer/politischer Ebene Bedürfnisse der Bevölkerung zu artikulieren. In Ansätzen hofft man sogar auf einen positiven Einfluß des Lehrers auf Verhaltensweisen der Bevölkerung, die bisher Änderungen entgegenstanden, insbesondere auf den Gebieten der Hygiene und Ernährung, sowie in der Anwendung verbesserter landwirtschaftlicher Anbaumethoden.

Ebenso wie beim Lehrer erfährt das Rollenverständnis der Gemeinde eine Erweiterung. Zunächst wird von der Gemeinde als Institution erwartet, daß sie sich noch stärker an der Erstellung von Schulgebäuden und am Unterhalt der Schule beteiligt bzw. diese Kosten ganz übernimmt. Sozusagen als Gegenleistung wird ihr eine verstärkte Kontrolle und Mitbestimmung an und in Belangen der Schule zugestanden. Des weiteren wird erwartet, daß die Schulgebäude und -anlagen auch außerhalb der Schulstunden für Gemeindezwecke verwendet werden, insbesondere für Alphabetisierungsveranstaltungen. Bei diesen Aktivitäten können dann die Lehrer und Schüler der oberen Klassen eingesetzt werden. Die Integration der Schule in das Leben der Gemeinde verlangt von der Bevölkerung einer veränderten Rolle der Schule zuzustimmen. So muß sie es hinnehmen, daß Lernen nicht länger an den Klassenraum gebunden ist, sondern überall in der Gemeinde stattfinden kann. Ferner ist die Bereitschaft der Gemeindemitglieder erforderlich, vorhandenes Wissen in der Schule weiterzugeben und Fertigkeiten über den herkömmlichen Personenkreis hinaus zu vermitteln. Durch die Animateurrolle des Lehrers muß eine Gemeinde darüber hinaus den Lehrer in seiner Führungsrolle bei der Lösung lokaler Probleme akzeptieren.

Das Bemühen, die Primarschule zur kollektiven Verbesserung der Lebensbedingungen in den Gemeinden einzusetzen, führt von dem herkömmlichen Konzept, das am individuellen Aufstieg orientiert war, zu Versuchen, Schule für die Gemeinwesenentwicklung zu mobilisieren. Auf der folgenden Übersicht ist dieser Wandel in einer Gegenüberstellung dargelegt worden. Die aufgeführten Indikatoren sind jeweils in ihrer Veränderung zu interpretieren, z.B. vom Lehrer zum Animateur, von der Zielgruppe Kinder im schulpflichtigen Alter zur Gesamtbevölkerung (Kinder/Jugendliche/Erwachsene), von akademischem Wissen (Buchwissen) zu 'Entwicklungswissen', usw.

Die ersten neun Indikatoren der Übersicht 8 bilden den Kern eines gemeindeorientierten Primarschulkonzepts, dem alle Autoren zustimmen. Die weiteren Indikatoren bilden dann in abgestufter Form eine Erweiterung, wie sie bei einigen Konzepten erwähnt werden.

Übersicht 8: Wandel der Funktion der Primarschule in Schwarzafrika:
Vom Konzept individueller Mobilität zur Gemeinwesenentwicklung

Primarschule (orientiert am individuellen Aufstieg)	Primarschule (orientiert an kollektiven Verbesserungen)
(1) L e h r e r	(1) Animateur
(2) Kinder im schulpflichtigen Alter (Zielgruppe)	(2) Kinder/Jugendliche/ Erwachsene
(3) Akademisches Wissen	(3) 'Entwicklungswissen' (praxis-/problemlösungsbezogen)
(4) Buch als Medium	(4) Umwelt
(5) Schulfächer	(5) Projekte (integriertes Lernen)
(6) Einseitige Nutzung der Schuleinrichtungen durch Zielgruppe	(6) Mehrzwecknutzung durch alle Gemeindemitglieder
(7) Steuerung durch zentrale Verwaltung	(7) Lokale Verantwortung
(8) Abhängigkeit von Fremdmitteln (Neubau, Unterhalt)	(8) Eigenhilfe
(9) Festangestelltes Personal als Lehrkörper	(9) Größerer Anteil freiwilliger Gemeindemitglieder als Lehrkräfte
(10) Westliche Kulturmuster	(10) Afrikanische Kulturmuster
(11) Ablehnung körperlicher Arbeit	(11) Einheit von Arbeit und Lernen
(12) Fremdbestimmtheit der Lerninhalte	(12) Mitbestimmung der Gemeinde über Lerninhalte
(13) Lehrerzentrierter Unterricht	(13) Aktiver, lernerzentrierter Unterricht
(14) Individualisierung	(14) Gemeinschaftsorientierung

Isolation von der Gemeinde   Integration in die Gemeinde

2.2 Curriculare Aspekte gemeindeorientierter Primarschulen in Schwarzafrika

Im Zusammenhang mit den Reformüberlegungen der letzten Jahre sind in vielen Ländern Schwarzafrikas die Aufgaben der Primarschule neu definiert bzw. erweitert worden, um ihre Aktivitäten und die durch sie vermittelten Fertigkeiten und Inhalte stärker als bisher in den Dienst der ländlichen Gemeinden zu stellen.

"Schools ... should show the necessary concern for training young people to fit into the environment in which they will find themselves after they leave school, with a curriculum which is imaginatively oriented to the life of the community" 114).

Es wurde bereits ausgeführt, daß der Besuch von 4 - 6 Jahren Primarschule herkömmlicher Art meßbare wirtschaftliche Verbesserungen unter bestimmten Bedingungen bringen kann 115). Wenn auch von einigen Verfassern die Notwendigkeit minimaler Lese- und Schreibfertigkeiten für die Landbevölkerung in Frage gestellt wird (wobei auf die Umweltbedingungen ländlicher Gesellschaften hingewiesen wird, in denen die orale Kommunikation überwiege) so dürfte außer Zweifel stehen, daß in den heutigen unabhängigen afrikanischen Staaten die Beherrschung dieser Fertigkeiten eine Grundvoraussetzung ist, um am wirtschaftlichen und politischen Leben des Nationalstaates selbstbestimmend teilnehmen zu können 116);

"... people need education that gives them a base of knowledge, attitudes, values, and skills on which they can build in later life, whether or not they receive further formal instruction" 117).

Die derzeitige Form der Ausbildung in der Primarschule mag zwar in der ländlichen Umwelt wenig verwertbar sein, sie verleiht aber inzwischen Prestige in der kulturellen Gruppe, stärkt die Persönlichkeitsentwicklung und hilft bestehende Rechte auszuschöpfen und wahrzunehmen 118). Die hohe Bewertung, die der Schulbesuch in der Gesellschaft erfährt, zeigt sich z.B. daran, daß in Kamerun Personen ohne Schulausbildung verächtlich als 'bushman' bezeichnet werden und im gesellschaftlichen Leben oft Diskriminierungen ausgesetzt sind. Eine fehlende Primarschulausbildung kann später kaum oder nur mit großem Aufwand durch Alphabetisierungskampagnen ersetzt werden. Immer deutlicher zeigt sich, daß die erfolgreichen Alphabetisierungsbemühungen einiger Länder in der letzten Zeit deshalb erfolgreich waren, weil bereits ein beträchtlicher Teil an Alphabetisierten vorhanden war, wie z.B. im Falle Kubas 119).

Als wesentlich schwieriger erwiesen sich Alphabetisierungsversuche in Ländern mit einem geringen Alphabetisierungsgrad der Bevölkerung, wie z.B. in Somalia. Um längerfristige Erfolge solcher Kampagnen sicherzustellen sind hohe finanzielle Aufwendungen erforderlich, damit Auffangstrukturen geschaffen werden, die ein Abgleiten der Neualphabeten in den früheren Zustand verhindern helfen, insbesondere durch die Entwicklung und Verbreitung von geeignetem Lesematerial 120).

In den Primarschulen selber wird in der Regel mehr als die Hälfte der zur Verfügung stehenden Unterrichtsstunden dazu aufgewandt, die rudimentären Fertigkeiten im Lesen, Schreiben und Rechnen zu vermitteln 121). Die restliche Zeit ist mit Arbeiten im Schulgarten, mit Lehrervorträgen und Auswendiglernen in Geschichte, Geographie, Religion und sonstigem Allgemeinwissen ausgefüllt. Zusätzliche Bemühungen sind in den Ländern erforderlich, in denen die Kinder mehrere Sprachen während der Primarschulzeit erlernen müssen. Überladene Stoffpläne, mangelhaft ausgebildete und nicht motivierte Lehrer, sowie die allgemeinen Bedingungen, unter denen Unterricht stattfindet, resultieren in einer konservativen, lehrerzentrierten Stoffvermittlung, die vielfach unter den gegebenen Umständen die einzige Möglichkeit ist, Schule durchzuführen.

"The concept of using school education to stimulate children to ask questions about the world around them is talked about in our faculties and colleges of education but, that is about all there is to that. The schools are in the main used as places where children memorize static information provided by teachers, some of whom just manage to keep abreast of their pupils."122)

Aus der Unzufriedenheit mit den Ergebnissen der Primarschule für die ländliche Entwicklung in Schwarzafrika entstanden nach der politischen Unabhängigkeit der meisten Staaten Versuche, die Inhalte der Primarschule neu zu bestimmen, um in wirksameren Maße das Potential der Schule nutzen zu können.

Für den curricularen Bereich ging man dabei allgemein von folgenden Grundüberlegungen aus:
(1) Die Primarschule darf nicht länger allein der Vorbereitung einer Minderheit der Schüler für den Besuch weiterführender Schulen dienen, sondern muß eine lebensqualifizierende und berufsvorbereitende Ausbildung für die Mehrheit sein, für die der Primarschulbesuch das Ende jeglicher formaler Ausbildung darstellt 123).
(2) In überwiegend agrarischen Gesellschaften muß auch die ländliche Gemeinde mit ihren Produktionsverhältnissen, ihrer Kultur, ihren Kommunikationsformen, ihren Problemen usw. zum Gegenstand des Unterrichts erhoben werden. Lernprozesse müssen auf die erfahrbare Umwelt abgestellt sein, um längerfristige Lernerfolge zu garantieren.
(3) Die Primarschule kann sich nicht auf die akademische, von der konkreten Anwendung losgelöste, Wissensvermittlung beschränken. Das Erlernen der grundlegenden Kulturtechniken muß durch die Vermittlung zusätzlicher Fertigkeiten, die sowohl arbeitsorientiert als auch gemeindebezogen sind, ergänzt werden. Sie sollen beitragen, mit lokalen Mitteln Probleme anzugehen.
(4) Schule muß den übergreifenden nationalstaatlichen Zusammenhang deutlich machen, in dem eine Verbesserung der Lebensbedingungen angestrebt wird. Dies bedeutet gleichzeitig, daß aufgrund der Begrenztheit der Möglichkeiten der meisten afrikanischen Länder, das Vertrauen in die eigene Kraft ('self-reliance') gestärkt werden muß.

Die Primarschule sollte also nicht länger der entscheidende Schritt zur Entfremdung des afrikanischen Schülers von seiner Umwelt und Kultur sein, sondern Instrument zur gezielten Veränderung der Verhältnisse in den ländlichen Gebieten im Rahmen national definierter Entwicklungsvorstellungen. Der Erziehungsminister Tansanias beschreibt die Aufgabe der Primarschule wie folgt:

"What we are trying to do in Tanzania is to make primary education serve the majority of the Tanzanians in the rural areas ... Primary school education ... should seek to give the youth knowledge, skills, attitudes and values that will make them settle usefully in the rural areas. Hand in hand with such a curriculum drive goes the determination of the Party and Government to make rural life gainful and attractive"124).

Hier wird deutlich, daß die entwicklungspolitische Relevanz der Schulinhalte im größeren Zusammenhang nationaler Politik der Verbesserung der Lebensbedingungen auf dem Lande steht, sozusagen komplementär verstanden wird.

In der nachfolgenden Übersicht sind drei Beispiele ausgewählt worden, die zeigen sollen, wie sich der Versuch, zu entwicklungsgerechteren Curricula zu gelangen, in der Curriculumentwicklung in Schwarzafrika niedergeschlagen hat. Neben je einem Beispiel staatlicher Schulreformpolitik aus West- und Ostafrika wurden Vorstellungen aus dem außerschulischen Bereich einbezogen, wo aus den Erfahrungen der neueren Erwachsenenbildungsarbeit Rückschlüsse für die Inhalte der Primarschule gewonnen wurden. Deutlich wird in allen Beispielen die Aufarbeitung der internationalen Diskussion hinsichtlich der Bestimmung der grundlegenden Lernbedürfnisse der Masse der Bevölkerung in den Ländern der Armen Welt. Jenach der politischen Standortbestimmung lehnt sich das Konzept für die Primarschulinhalte stärker an die von Coombs definierten 'Minimum Essential Learning Needs' an oder nimmt die Ideen Freires auf, die die politische Bewußtwerdung als Prozeß für aktive Veränderungen verstehen 125). Während die Beispiele aus Sambia und Sierra Leone von der Aneignung 'positiver Einstellungen' ausgehen, findet sich bei Ayot zusätzlich der Hinweis auf den Prozeß kritischer Bewußtseinsbildung als notwendige Voraussetzung für eine aktive Teilnahme an der Entwicklung der Gesellschaft.

Übersicht 9: Ansätze zu entwicklungsbezogenen Curricula für die Primarschulen Schwarzafrikas

Beispiel	CURRICULUMASPEKTE		
	Qualifikation	Demonstration	Indoktrination
SIERRA LEONE University of Sierra Leone, All Our Future, Report of the Education Review 1973-74. Freetown 1976, S. 7.	*Grundbeherrschung mindestens einer einheimischen Sprache und der offiziellen Sprache (Englisch) in Wort und Schrift. *Grundlegende Rechenfertigkeiten.	*Rationales Verständnis von Naturvorgängen und sozialen Ereignissen durch Beobachtung und Erklärung der eigenen Umwelt. *Berufsbezogene Fertigkeiten elementarster Art.	*Positive Einstellung zur eigenen Persönlichkeitsformung, zur eigenen Kultur, zur Arbeit, zur Entwicklung der Gemeinde und des Staates. *Heranbildung positiver Charaktereigenschaften und ethischer Wertvorstellungen.
SAMBIA Ministry of Education, Education Reform Proposals and Recommendations. Lusaka 1977, S. 16/17.	*Kommunikationsfertigkeiten (Reden, Zuhören, Lesen, Schreiben) in der offiziellen Landessprache (Englisch). *Mathematische Grundfertigkeiten (insbes. in praktischer Anwendung).	*Rationales Handeln und Verhalten (Beobachten, Information einholen, Folgerungen ziehen aus der Analyse). *Nützliche praktische Fertigkeiten. *Produktionseinheiten. *Körperliche Ertüchtigung und Sport, Erholung, Hygiene, Ernährung.	*Verständnis der Humanismusphilosophie in Sambia. *Kenntnisse der nationalen politischen Institutionen und ihrer Funktionen. *Verständnis der kulturellen und wirtschaftlichen Entwicklung. *Wertschätzung der eigenen Kultur, geistiger, religiöser und moralischer Werte.
GRUNDERZIEHUNG IN PRIMARSCHULEN Ayot, H.O., Conceptualising Basic Education. Nairobi 1979 (Arbeitspapier), S. 5/6, 8/9.	*Grundfertigkeiten der Kommunikation: Sprechen, Lesen, Schreiben und Rechnen.	*Grundverständnis elementarer Naturvorgänge und rationalwissenschaftliches Verhalten ihnen gegenüber. *Bewußtes Verhalten in Gesundheits-, Ernährungs-, Hygienefragen. *Fertigkeiten zur Verbesserung der Familien- und Gemeindesituation, einschl. Produktionssteigerung.	*Förderung der Reflektion und der Achtung individueller und gesellschaftlicher Kultur- und Glaubensvorstellungen. *Positive Einstellung zu sich selbst und der Gesellschaft. *Positive Einstellung zur Arbeit. *Aktive Teilnahme am öffentl. Leben. * Bewußtsein über Möglichkeiten, die eigene Umwelt zu gestalten.

Sieht man von den unterschiedlichen Ausformulierungen ab, so werden in den angeführten Beispielen - und auch in anderen schwarzafrikanischen Reformvorschlägen 126) - der Primarschule neben der Funktion der Qualifikation für weiterführende Schulen die Rolle zugewiesen, der zukünftigen Mehrheit der Primarschulabsolventen, die nicht im modernen Sektor der Wirtschaft beschäftigt werden können, eine Art praktische Lebenshilfe zu geben, die sowohl eine Demonstration durch die Schule als auch eine Art von Indoktrination bestimmter Werte beinhaltet. Neben der Kernaufgabe der Schule, nämlich der Vermittlung von Grundfertigkeiten in den Kulturtechniken, wird Wert auf Verhaltensweisen und Kenntnisse gelegt, die helfen sollen, die Alltagsprobleme in einer sich wandelnden Gesellschaft zu bewältigen.

Hinzu kommt ein weiterer Aspekt, der mit Indoktrination bezeichnet werden kann. Durch die räumliche Verteilung der Primarschulen verfügt die staatliche Gewalt über ein Instrument, das über Grenzen von Kulturgruppen und Gebiete unterschiedlicher wirtschaftlicher Aktivitäten hinweg weite Teile der Bevölkerung erreichen und beeinflussen kann.

Michaela von Freihold weist z.b. darauf hin, daß Tansania in seinen Bemühungen einen eigenständigen Weg der Entwicklung seines Landes zu verfolgen, der die Unterstützung der breiten Massen finden soll, auf die Propagierung und Diskussion der Ideen der Partei und Regierung auf landesweiter Ebene angewiesen ist, wobei erhoffte Verhaltensänderungen in der Bevölkerung vor allem durch die schulische Ausbildung erzielt werden sollen;
"Primary schools are unique instruments for informing people about national objectives and beliefs, since children who still have some hopes that they might be chosen to work in institutions at the centre of the political and economic system can be expected to listen more carefully to general issues than adults..."127).

Mit Hilfe der meist zentral gesteuerten und festgelegten Schulpolitik hofft so der Staat, seinen Anteil an der Sozialisation der heranwachsenden Generation durchzusetzen. Dies kann sich darin äußern, daß bestimmte Wertvorstellungen und Normen gesellschaftlicher Organisation für alle verbindlich erklärt und durch die Schulen propagiert werden, so z.b. der Versuch, bei den Schülern frühzeitig die nationale Einheit des Staates, die über partikularistische Vorstellungen hinausgeht, zu verinnerlichen. In vielen Fällen wird die Indoktrinationspolitik der Kolonialzeit im Rahmen von Erziehungsreformen heute wieder aufgegriffen, insbesondere dort, wo staatliche Zielvorgaben als Doktrin der Bevölkerung vorgesetzt werden, ohne daß ein genuiner Prozeß der Mitbestimmung durch die Betroffenen vorausgegangen ist. Die meisten Zielvorgaben, die eine 'positive Einstellung' zu etwas anstreben, sind in diesem Sinne eher eine Indoktrination, da kritisches Hinterfragen als nicht mehr erforderlich angesehen wird 128).

Für die Träger staatlicher Macht ist die Bedeutung der Primarschule für die ländlichen Gebiete noch wichtiger geworden, seitdem man in verstärktem Maße versucht, bei Kindern und Jugendlichen während der Schulzeit lokale und regionale Wertvorstellungen zugunsten der politischen Vorstellungen der zentralen staatlichen Autoritäten abzubauen 129); "The ideology produced by the school is designed to sanction the authority of the state"130). Frühzeitig wird auf diese Weise, unterstützt vor allem von Medien wie dem Rundfunk, bei der ländlichen Bevölkerung eine Haltung gefördert, die vielfach echte und spontane Anteilnahme an der Verbesserung des eigenen Schicksals erschwert. Die Bevölkerung r e a g i e r t nur noch auf die Vorstellungen der staatlichen Institutionen und Repräsentanten. Da diese qua Amt immer das Gemeinwohl und die beste Entwicklung für alle anstreben, kann der Einzelne oder Gemeinden nur noch staatlichen Vorschlägen zustimmen oder sie unterstützen, jedoch nicht von anders begründeten Vorschlägen ausgehen.

Der Konflikt aus dem Beitrag der Primarschule zur ländlichen Entwicklung scheint vorprogrammiert zu sein: Die Erziehung zur kritischen Reflektion, die der Verbesserung gesellschaftlicher Verhältnisse vorausgehen soll, wird schnell an die gesellschaftspolitischen Grenzen staatlicher Ordnungsvorstellungen stoßen. Die Anwendung der erlernten Kulturtechniken und die Annahmen der von der Schule demonstrierten Fähigkeiten zum Überleben in ländlicher Umwelt sind nur im Rahmen der gesamtpolitischen Zielvorstellungen für die Entwicklung der ländlichen Gebiete der verschiedenen schwarzafrikanischen Staaten erwünscht und möglich. Trotz sich fortschrittlich gebender Ziele für die Gestaltung der Primarschulen überwiegt eine Erziehung zur Konformität mit den staatlichen Vorstellungen, die der Bevölkerung in vielen Fällen eine unpolitische Rolle im Rahmen der ländlichen Entwicklung zuweist, bei der zwar finanzielle Beiträge und menschliche Unterstützung der Bewohner der ländlichen Zonen als selbstverständlich angesehen werden, jedoch ihnen kein Recht auf größere Mitsprache zuerkannt wird. Die Ansätze in einigen schwarzafrikanischen Ländern, diesem Trend durch gesellschaftliche Reformen entgegenzuwirken, wie z.B. in Tansania, sind insgesamt gesehen die Ausnahme, wobei auch beim tansanischen Beispiel die Alltagserfahrungen zeigen, daß die Indoktrinationsbemühungen eifriger Funktionäre, einschließlich der Lehrer der Primarschulen, den gutgemeinten Partizipationsabsichten der obersten politischen Führung des Landes konträr entgegenstehen 131).

Gelingt es der Primarschule, solche Inhalte und Fertigkeiten zu vermitteln, von denen ein Beitrag zur selbsttragenden Entwicklung der ländlichen Gebiete erhofft werden kann, so muß jedoch die Möglichkeit gegeben sein, das durch die Schule vermittelte Wissen auch nach dem Eintritt ins Erwachsenenleben anwenden zu können. Die Bedeutung einer gemeinde- und praxisorientierten Ausbildung durch die Primarschule wird sich für die Absolventen dann zeigen, wenn sie sich in die Lage versetzt sehen, bereits begonnene oder in naher Zukunft absehbare wirtschaftliche und soziale Veränderungen besser bewältigen zu können als Gemeindemitglieder ohne Schulbildung. Bleiben jedoch Veränderungen auf Gemeindeebene aus, fehlt der Zugang zu gedrucktem Lese- und Informationsmaterial, fehlt es an Landwirtschaftsberatern, Gesundheitsstationen und Sozialarbeitern, bestehen keine Aussichten auf eine Verbesserung der Lebensverhältnisse, dann werden die Eltern entweder der Schule ihre Kinder ganz entziehen oder schnell wieder die einseitig auf den Sekundarschulbesuch vorbereitenden akademischen Unterrichtsfächer fordern, die zwar nur für ganz wenige 'sinnvolles' Wissen darstellen, aber die Hoffnung für alle belassen, daß der eine oder andere doch den Aufstieg in einkommensstärkere Tätigkeiten schafft.

Da in vielen Ländern Schwarzafrikas die begleitenden sozioökonomischen

Maßnahmen hinter den curricularen Reformen in den Primarschulen zurückgeblieben sind, haben diejenigen, die nicht weiterführende Schulen besuchen, oft das Gefühl, um ihre Zukunftschancen betrogen worden zu sein, wie es aus der Bemerkung eines Schulabgängers aus der Tangaregion in Tansania zum Ausdruck kommt:
"Somehow we believed that education would help us to develop. But so far the only benefit we derive from it is that we can recognise a danger-sign on the road and that we can write applications and read the negative reply"132).

Solange inhaltliche Veränderungen im schulischen Bereich nicht konsequent von strukturellen Reformen im sozialen und wirtschaftlichen Bereich begleitet werden, werden Reformen hinter ihren Zielsetzungen zurückbleiben müssen und an der Benachteiligung der ländlichen Bevölkerung in weiten Teilen Schwarzafrikas nichts ändern können.

2.3 Ansätze zu einem Interaktionsmodell der Beziehungen zwischen Schule und Gemeinde in Schwarzafrika

Die dargestellten Charakteristika eines gemeindeorientierten Primarschulkonzepts gehen von der Annahme aus, daß es ein Geflecht von Beziehungen zwischen Schule und Gemeinde und ihren Vertretern gibt, das zur Zielerreichung des Konzepts aufgebaut werden muß. Dabei sind einmal bestimmte Beziehungen erforderlich, die von der Gemeinde ausgehen und erst die Veranstaltung von organisiertem Lernen ermöglichen. Zum anderen müssen Beziehungen von der Schule eingeleitet werden, die eine stärkere Integration in die Gemeinde verfolgen.

Im Rahmen dieser Beziehungen treten die Handelnden entweder als Vertreter einer Institution (Schule, Gemeinde) auf, oder sie werden unabhängig von einem institutionellen Auftrag tätig und handeln als Privatpersonen 133). Der den Unterricht erteilende Lehrer z.B. handelt als Vertreter der Institution Schule, die ihn zur Ausführung dieser Tätigkeit verpflichtet hat. Eltern senden ihre Kinder im schulpflichtigen Alter nicht nur zur Schule, weil sie es persönlich für sinnvoll halten, sondern z.B. auch deshalb, weil Organe der Selbstverwaltung auf Gemeindeebene (Gemeindeversammlungen, Geheimgesellschaften) die Schulpflicht beschlossen haben und im Falle der Nichtbefolgung dieses Beschlusses mit Sanktionen zu rechnen ist. Die Sicherstellung des Schulbesuchs ist also durch Gemeindeinstitutionen garantiert worden. Der Lehrer tritt jedoch als Individuum gegenüber der Gemeinde auf, wenn er beispielsweise außerhalb der Schulzeit einigen Bewohnern bei der Abfassung und Anfertigung von Briefen hilft oder Kindern zusätzlichen Unterricht erteilt. Ebenso handelt ein Gemeindemitglied als Privatperson, wenn es den Lehrer bittet, Kinder für Erntearbeiten auf seine Farm zu schicken. Je eindeutiger der Aufgabenkatalog von Vertretern einer Institution festgelegt ist, desto klarer läßt sich diese theoretische Unterscheidung auf die Handlungsebene anwenden. Je unbestimmter die Rollendefinitionen gehalten sind, desto eher überschneiden sich institutionelle und private Ebene einer Handlung.

Erst aus der Aufgabenstellung einer Institution heraus lassen sich die Aktionen ihrer Vertreter danach beurteilen, ob sie notwendig für die Erfüllung eines Minimalprogramms sind oder ob sie zusätzliche Verpflichtungen darstellen, die über dieses Mindestprogramm hinausgehen, jedoch als wünschenswert von der Institution angesehen werden und somit zwischen ihr und ihren Vertretern ausgehandelt werden können. Da der Primarschule als Kernaufgabe die Vermittlung der Kulturtechniken sowie die Sozialisation für die Erwachsenengesellschaft zugeschrieben werden, lassen sich zunächst eine Reihe von Beziehungen zwischen der Schule und der Gemeinde feststellen, die sich zwangsläufig aus der Erfüllung dieser Kernaufgabe ergeben. Diese Beziehungen sollen als GRUNDBEZIEHUNGEN bezeichnet werden, die sich in bestimmten Aktionen auf seiten der Schule und auf seiten der Gemeinde niederschlagen. Hierbei handelt es sich vor allem um solche Kontakte zwischen den Vertretern beider Institutionen, die die Vermittlung der im Lehrplan festgelegten Inhalte, Kenntnisse und Fertigkeiten ermöglichen oder helfen, die Bedingungen für die Vermittlung zu verbessern bzw. zu kontrollieren. Grundbeziehungen solcher Art sind z.B. der Unterricht in der Schule aufgrund des nationalen Lehrplans, die Benutzung des Schulangebots durch die Gemeinde, die Bereitstellung von Schulgebäuden und Lehrerunterkünften, die Teilnahme an Eltern-Lehrer-Vereinigungen, die Mitarbeit von Eltern in der Schule, usw.

Daneben lassen sich Beziehungen identifizieren, die zwar nicht den Bereich der Kernaufgabe der Schule betreffen, jedoch mit der Schule in Verbindung stehen, da nicht genau festgelegte zusätzliche Aufgaben in die Rollendefinition eingegangen sind. Diese Beziehungen sollen als ZUSATZBEZIEHUNGEN bezeichnet werden. Zusatzbeziehungen entstehen, wenn über den Bereich der Kernaufgabe einer Institution hinaus Aktionen gewünscht, gefördert oder geduldet werden, die von den Vertretern zusätzlich zur Erfüllung des Kernprogramms ausgeführt werden.

Der Lehrer, der in seiner Schulgemeinde Alphabetisierungskurse durchführt oder das Selbsthilfeprojekt für den Bau einer Wasserversorgungsanlage koordiniert, tut dies zusätzlich zu seinen Aufgaben in der Schule. Diese zusätzlichen Tätigkeiten beinhalten jedoch anders strukturierte Beziehungen mit der Gemeinde als die reine Unterrichtstätigkeit im Rahmen seiner Kernaufgabe. Aber auch auf der Gemeindeseite ändert sich das Verhältnis zur Schule. Die Gemeindemitglieder insgesamt müssen bereit sein, die zusätzlichen Aktivitäten der Schule hinzunehmen. Das erweiterte Angebot der 'Dienstleistungen' für die Gemeinde, wie es die Animateurrolle des Primarschullehrers vorsieht, muß Abnehmer in der Gemeinde finden. Die Gemeinde muß die Vorstellung haben, daß auch diese Aktivitäten zur Aufgabe des Lehrers gehören. Ist dies nicht der Fall, d. h. wird der Lehrer im Verständnis einer lokalen Gemeinde auf seine Kernaufgabe reduziert gesehen, haben Animationsversuche kaum Erfolgschancen. Die Zusatzbeziehungen im Verhältnis von Schule und Gemeinde finden nur dann statt, wenn die erweiterte Aufgabenstellung der Primarschule - und damit ihre Gemeindeorientierung - von der lokalen Bevölkerung als Hilfe zur Lösung individueller bzw. institutioneller Probleme angesehen wird. Die Gemeinde muß z.B. zustimmen, daß die Schüler während der Schulzeit Arbeiten für Gemeindemitglieder ausführen. Sie muß gewillt sein, unter der Leitung bzw. mit Hilfe des Lehrers gemeinsame Projekte zur Verbesserung der lokalen Infrastruktur anzugehen. Die schulischen Einrichtungen müssen soviel Attraktivität bieten, daß man sie auch außerhalb der Schulzeit für

Veranstaltungen von Gemeindegruppen benutzen kann. Selbst die Beschäftigung der Schule mit lokalen Problemen, Kultur, Geschichte usw. muß akzeptiert werden, da vielleicht nach Ansicht vieler Gemeindemitglieder kostbare Zeit durch diese lokalen Aktivitäten verloren geht, die dann zu schlechteren Ergebnissen der Kinder bei den staatlichen Abschlußprüfungen führen können. Examensrelevanz der Schulfächer und meist nur vage gewünschte lokale Orientierung der Lerninhalte beschränken den Lehrer oft sehr schnell wieder auf die von den Eltern als Kernaufgabe der Schule angesehene Tätigkeit. In dem Maße, in dem die Schule durch entsprechende Reformen, vor allem bei den Examen, zur Übernahmen von Aufgaben der Gemeinwesenentwicklung verpflichtet und die Lehrer hierfür ausgebildet werden, wird die Animationsaufgabe zu einem Teil des Berufsbildes. Dies hat konsequenterweise auch Auswirkungen auf die Erwartungshaltung der Gemeinden hinsichtlich der Aufgaben der Primarschule.

Die als Zusatzbeziehungen definierten Aktionen zwischen Gemeinde und Schule können sich daher zu Grundbeziehungen entwickeln, wenn sowohl auf nationaler als auch auf lokaler Ebene ein Konsensus über die Funktion der Primarschule erzielt worden ist.

Unabhängig von der Zuordnung der Beziehungen zur Aufgabenstellung der Institutionen haben sie Auswirkungen auf das Ansehen und die Rolle der Handelnden. Interaktionen im Bereich der als erweiterte Aufgaben bezeichneten Aktivitäten wirken sich auch auf die Grundbeziehungen im Kernbereich aus und vice versa. Der Lehrer, der durch seinen tatkräftigen Einsatz als Sekretär der örtlichen Bauerngenossenschaft bei der Bevölkerung Ansehen genießt, wird kaum Sorgen haben, daß die Kinder nicht zur Schule kommen. Auch wenn viele Eltern von der Nützlichkeit des Schulbesuchs weniger überzeugt sind, dürften sie ihre Kinder zum Schulbesuch anhalten, da sie sich dem angesehenen Lehrer gegenüber dazu verpflichtet fühlen. Aber auf der anderen Seite können gerade diese zusätzlichen Aktivitäten des Lehrers dazu führen, daß er seinen Unterricht vernachlässigt, also seine Kernaufgabe nicht mehr hinreichend wahrnimmt. Betätigungen außerhalb der schulischen Aufgaben können zu Konflikten mit der lokalen Führungsschicht führen, mit der Folge, daß Kinder unter Umständen nicht mehr in die Schule geschickt werden bzw. weite Anmarschwege zu Schulen in Nachbargemeinden in Kauf nehmen.

In den Beziehungen zwischen Schule und Gemeinde läßt sich eine weitere Ebene herausarbeiten, die sich darauf bezieht, wer der Initiator einer Aktion ist und in welche Richtung diese geht. Der Bau von Klassenräumen einer Schule oder einer Lehrerwohnung kann z.B. durch die Lehrer einer Primarschule angeregt worden sein, wobei die Gemeinde um Mitarbeit und Hilfe gebeten wurde. Die gleichen Projekte können jedoch auch durch die Initiative der Gemeinde selbst ausgelöst werden. Von der Schule und ihren Lehrkräften kann solch ein Projekt dann zum Anlaß genommen werden, um praktisch angewandte Selbsthilfe durch eine aktive Beteiligung von Lehrern und Schülern zu demonstrieren.

Die Interaktionen zwischen den Institutionen laufen entweder auf eine Schaffung der Voraussetzungen für eine Durchführung der Kernaufgaben der Schule hinaus oder sind Ansätze zum Verständnis bzw. zur Hilfe bei Gemeindeproblemen durch die Schule. Die Unterstützung und Mitarbeit der Gemeinde beim Betrieb der Schule beinhaltet s c h u l b e z o g e n e

Aktionen, die für die Schule als Institution wesentliche Voraussetzungen für ihre Existenz bilden. Gemeindebezogene Aktionen dagegen finden vorwiegend im Bereich der erweiterten Rollenbeziehungen zwischen Schule und Gemeinde statt. Für die Erfüllung der als Kernaufgaben der Primarschule definierten Ziele ist die Gemeinde vor allem als Lern- und Erfahrungsbereich, Anschauungsfeld und Übungsmöglichkeit von Bedeutung. Erst innerhalb der erweiterten Aufgaben der Schule gewinnen die gemeindebezogenen Interaktionen an Bedeutung, die eine stärkere Verknüpfung der beiden Seiten anstreben. Die Beziehung zwischen Gemeinde und Schule sind in der Übersicht 10 nach den hier erörterten Überlegungen dargestellt.

Übersicht 10: Grund- und Zusatzbeziehungen zwischen Primarschule und lokaler Gemeinde

	Art der Beziehungen	Handlungsebene	Handelnder	Handlungsrichtung (Schule⇔Gemeinde)
Interaktionen aufgrund der Definition der Hauptaufgabe der Schule:	* Vermittlung der im Lehrplan festgelegten Kenntnisse und Fertigkeiten	Institution	Schule/Lehrer	←
	* Sicherstellung des Schulbesuchs	"	Gemeinde	←
	* Tatsächlicher Schulbesuch durch schulpflichtige Kinder	Institution/ Individuum	Eltern/ Großfamilie	←
	* Versammlung der Eltern-Lehrer Vereinigung	Institution	Eltern/Lehrer/ Gemeinde	←
	* Bereitstellung von Lehrerwohnungen	"	Gemeinde	→
	* Bau und Unterhalt von schulischen Einrichtungen	"	Gemeinde/Lehrer	←
	* Kontrolle des Lernerfolgs der Schüler	Institution/ Individuum	Eltern/Schule	←
	* Zusätzliche Examensvorbereitung	Individuum	Lehrer	→
	* Mithilfe bei Gestaltung und Durchführung des Unterrichts	Institution/ Individuum	Gemeinde/Eltern	←
	* Bereitstellung von Sachmitteln (Farmwerkzeuge)	Individuum	Eltern/ Großfamilie	←
	* Hausbesuche durch Lehrer	"	Lehrer	→
	* Lokale Umwelt als Lernbereich	Institution	Lehrer/Gemeinde	→
Interaktionen aufgrund der Definition zusätzlicher Aufgaben:	* Teilnahme an Gemeinwesenentwicklungsprojekten	Institution	Schule	→
	* Fürsorge für Kranke und Arme	Institution/ Individuum	Schule/Lehrer	→
	* Koordination/Anregung von Gemeinwesenentwicklungsprojekten	"	Lehrer	→
	* Mitgliedschaft in lokalen Vereinigungen	"	Lehrer	←
	* Demonstration in Landwirtschaft/Hygiene/Ernährung	"	Schule/Lehrer	→
	* Alphabetisierungsveranstaltungen	Institution	Lehrer	→
	* Benutzung der Schuleinrichtungen außerhalb der Schulstunden	"	Gemeinde	←
	* Teilnahme nicht schulpflichtiger Gemeindemitglieder an Veranstaltungen, die von der Schule angeboten werden	Individuum	Gemeinde	←
	* Annahme und Durchführung von Vertragsarbeiten ('contract work')	Institution/ Individuum	Schule	→
	* Rückgriff auf den Lehrer bei Gemeindeproblemen	"	Gemeinde	←
	* Konsultationen des Lehrers bei individuellen Problemen	Individuum	Gemeinde/Eltern	←
	* Beratung bei persönlichen Problemen	"	"	←

Anmerkung: Die hier erarbeitete Übersicht wurde in ihren Grundzügen 1976 während eines Seminars in Edinburgh diskutiert. Vgl. Bergmann, H./Bude, U., An Analysis of Existing School-Community Participation in a Central African Country. In: King, K. (ed.), Education an Community in Africa, a.a.O., S. 124/125.

Für die Untersuchung der Beziehungen zwischen Schule und Gemeinde läßt sich nunmehr die Hypothese aufstellen, daß die Art und Intensität der Beziehungen zwischen beiden Institutionen abhängt von,
- der Funktion der Schule, wie sie auf Gemeindeebene definiert wird;
- der Struktur beider Institutionen und der Eindeutigkeit der Definition der Aufgaben ihrer Vertreter;
- der lokalen Bedürfnisstruktur;
- der Qualität und Motivation der Lehrerschaft.

Des weiteren läßt sich hypothesenartig formulieren, daß die Primarschule zunächst von den Gemeinden daran gemessen wird, ob sie die Kernaufgabe zufriedenstellend erfüllt. Erst darüber hinaus dürfte man bereit sein, neue Aufgaben als zur Schule gehörig zu akzeptieren. Die Schule wiederum wird erst dann ihre auf eine Integration der Gemeinde ausgerichteten Aufgaben erfolgreich durchführen können, wenn sie den Nachweis erbringen kann, daß sie auch im Bereich ihrer Hauptaufgaben die in sie gesetzten Erwartungen erfüllt.

2.4 Formen der Gemeindeorientierung der Primarschule

Die Möglichkeiten der Zusammenarbeit zwischen Gemeinde und Schule hängen im wesentlichen davon ab, ob hinreichend geklärt ist, was und wer unter dem Begriff 'Gemeinde' zusammengefaßt ist.
> "Discussions about the relationship between school and community have been carried on ad nauseam, with considerable confusion about just what might be meant by the term 'community'. Meanwhile there have been a number of practical attempts to break down the barriers between the formal institutions of schooling and the world outside them ..."134).

Der Ansprechpartner in den Beziehungen beider Institutionen auf der einen Seite ist leichter identifiziert und als Vertreter eindeutiger zu bestimmen: Die Schule mit ihren Lehrkräften und Schülern ist oft räumlich deutlich von den anderen Gebäuden in einer Gemeinde abgesetzt, und darüber hinaus in vielen Fällen auch rein äußerlich als solche in einer Siedlung zu erkennen. Schwieriger ist die Bestimmung der Gemeinde, die als eine Siedlungseinheit definiert worden war, die sich durch entscheidungsfähige politische Organe außerhalb der Organisation einzelner Haushalte auszeichnet 135). Die potentiellen Kontakte der Schule zur Bevölkerung, die in dieser Siedlungseinheit lebt, und die Einbeziehung dieses Lebensbereichs in das schulische Lernfeld, dürften davon abhängen, wie der Einzugsbereich einer Schule beschaffen ist, d.h. die Gemeinde-Schule-Interaktionen bestimmen sich aus der Schuldichte einer ländlichen oder städtischen Region. Im Normalfall ist jeweils eine Schule in räumlich voneinander getrennten Siedlungseinheiten vorhanden oder aber verschiedene Siedlungseinheiten verfügen über nur eine Schule in einer der Gemeinden. Bei größeren Bevölkerungskonzentrationen kann dann der Fall eintreten, daß in einer Gemeinde mehrere Schulen vertreten sind. Zu untersuchen ist daher, welche Formen der Zuordnung von Primarschulen zu Gemeinden existieren, und auf welche Entstehungsgründe diese Zuordnung zurückgeführt werden kann.

2.4.1 Politisch-administrative Zuordnung

Das Einzugsgebiet einer Primarschule kann durch private oder staatliche Vereinbarungen oder durch Verordnungen festgelegt werden, und sich folglich - je nach Festlegung des Einzugsgebiets - auf eine oder mehrere Gemeinden beziehen. In der traditionellen afrikanischen Gesellschaft wurde die Heranführung der jungen Generation in die Erwachsenenwelt durch informelles Lernen und teilweise institutionalisierte Lernvorgänge vorgenommen, für die in der Regel eine kohärente Gruppe verantwortlich war, die von einer auf den 'Stamm' bezogenen politischen Organisation ausgewählt wurde. Mitglieder verschiedener Kulturgruppen wurden an unterschiedlichen Orten auf die Erwachsenenwelt vorbereitet. Erziehung war somit Angelegenheit der Kulturgruppe, die an den Grenzen des politisch kontrollierten Wohngebietes endete. Die Erziehungsinstitutionen, wie z.B. die Buschschulen, rekrutierten ihre Klienten aus einem Siedlungsbereich, der sich durch ethnisch-politische Faktoren gegenüber anderen abgrenzte. Da es keine Trennung zwischen der Erziehungsinstitution und ihren Trägern und Klienten gab, waren der Lebensraum der Gemeinde und der Einzugsbereich der zu Erziehenden identisch.

Die Versorgung der Gemeinden mit Primarschulen in Afrika folgte jedoch anderen Kriterien. Die Kirchen, als die bis heute wesentliche Trägergruppe der Primarschulen, errichteten im Rahmen ihrer Missionstätigkeiten Schulen zunächst in ihren Stationen und deren Einzugsgebiet. Je nach der Zugänglichkeit eines Gebietes und der Bereitschaft seiner afrikanischen Bewohner, die christliche Religion anzunehmen, entstanden Gebiete mit niedriger und großer Schuldichte. Oft bezog sich die administrative Zuordnung einer Schule zu einer Gemeinde nur auf die Mitglieder der entsprechenden Glaubensrichtung, so daß selbst in Gemeinden mit niedriger Bevölkerungszahl mehrere Schulen verschiedener Konfessionen entstanden. Nach der politischen Unabhängigkeit der schwarzafrikanischen Staaten wurde durch eine entsprechende Schulpolitik versucht, regionale Ungleichgewichte hinsichtlich des Zugangs zu Schulen, wie sie sich aus der Kolonialzeit ergeben hatten, abzubauen. Hinzu kam in einigen afrikanischen Staaten der Versuch, den großen Einfluß der Missionskirchen im Schulbereich einzuschränken. Folglich wurden konfessionelle Schulen vom Staat übernommen bei gleichzeitig erfolgender politisch-administrativer Neugliederung des Einzugsbereichs einer Schule. Meist wurden mehrere nicht voll ausgebaute Primarschulen verschiedener Dörfer und Religionsgemeinschaften zu einer größeren Schule zusammengelegt, die von Kindern aus verschiedenen Gemeinden besucht wurde. In diesen Fällen bestimmte nicht eine einzige Gemeinde über den Standort einer Schule, sondern eine übergeordnete, zentrale Behörde (staatliche Schulverwaltung) definierte das Einzugsgebiet.

Am folgenden Beispiel aus Kamerun läßt sich eine solche Maßnahme übergeordneter Instanzen, die sich grundlegend auf die Beziehungen zwischen Gemeinde und Schule auswirken, veranschaulichen:

Die Einführung der allgemeinen Schulgeldfreiheit im Nachbarstaat Nigeria zeigte ebenfalls Auswirkungen in den Grenzgebieten Kameruns. Gemeinden in Grenznähe schickten ihre Kinder in die nächstgelegene nigerianische Primarschule, da die Kameruner Schulen - mit Ausnahme der staatlichen - Schulgelder erhoben. Der Bildungsexodus in den Grenzbezirken entwickelte

sich derart alarmierend, daß der Rechenschaftsbericht der Erziehungsbehörde der betreffenden Provinz 1977 von der Regierung Entscheidungen verlangte, die die Situation rasch änderten:
"It will be necessary for Government to give much attention to the border schools in these areas to make them attractive and effective and stop exodus of children and teachers to neighbouring countries"136).

Die Kameruner Regierungsstellen ordneten daraufhin 1978 die Übernahme aller konfessionellen Primarschulen in Grenznähe an, die dadurch ebenso wie die nigerianischen Schulen schulgeldfrei wurden. Der Anteil der staatlichen Schulen stieg folglich in einigen Verwaltungsbezirken auf 100 %. Mit der Änderung der Schulträgerschaft war eine Neugliederung der Einzugsgebiete der Schulen verbunden, wobei zahlreiche Kleinstschulen, die bisher von den Missionen unterhalten worden waren, geschlossen bzw. zu größeren Schuleinheiten zusammengelegt wurden.

Die Festlegung des Einzugsbereichs einer ländlichen Schule aufgrund politisch-administrativer Kriterien richtet sich meist nach dem Wohngebiet der dominierenden ethnischen Gruppierungen. Dies schließt aber nicht aus, daß gleichzeitig andere Kulturgruppen, die in solchen Gemeinden in der Minderheit sind, ebenfalls die gleiche Schule benutzen.

In den städtischen Wohngebieten umfaßt der Einzugsbereich einer Schule meist ethnisch heterogene Gruppen, falls nicht eine Ethnie besonders zahlreich vertreten ist und auf zusammenhängendem Raum siedelt, so daß einem bestimmten Wohnviertel einer Stadt auch eine Schule zugeordnet wird. Die administrative Zuordnung der Primarschulen in urbanen Zonen zu bestimmten Wohnvierteln bewirkt, daß sich die sehr unterschiedlichen Lebensbedingungen verschiedener gesellschaftlicher Gruppen, wie sie sich in den Wohnvierteln der einkommensstarken Bevölkerung, den Handelszentren und den Slumgebieten ausdrücken, auch in der qualitativen Ausstattung der Schulen niederschlägt 137).

2.4.2 Soziologische Zuordnung

In vielen Fällen kann die politisch-administrative Zuordnung einer Primarschule zu einer Gemeinde mit der soziologischen Zuordnung übereinstimmen, d.h. das Einzugsgebiet der Schule und der Bereich politischer Machtausübung einer Gemeinde fallen zusammen. Ist jedoch die Zuordnung der Schule nicht auf die Gemeinde bezogen, weichen politisch-administrative und soziologische Kriterien voneinander ab. So kann eine Schule beispielsweise zwar in einer Gemeinde angesiedelt sein, jedoch ihr Einzugsgebiet richtet sich nach Kriterien, die nicht gemeindebezogen sind, wie es bei konfessionellen Schulen der Fall sein kann.

Im Normalfall ist in einer Gemeinde e i n e Primarschule angesiedelt. Kleinere Siedlungen in der Nachbarschaft einer solchen Gemeinde senden ebenfalls ihre schulpflichtigen Kinder in die Schule der größeren Siedlungseinheit. Trotz räumlicher Trennung der verschiedenen Wohngebiete fühlt man sich zur Gemeinde, in der sich die Schule befindet, zugehörig und ist durch soziale und politische Bindungen mit ihr verknüpft. Bei stärkerer

Bevölkerungszunahme in diesen Randgemeinden kann es zur Gründung von kleineren Schulen in den betreffenden Siedlungsgebieten kommen. Diese sogenannten 'feeder schools' sind mit der größeren Schule oft verwaltungsmäßig verbunden und werden vom Leiter der Mutterschule mit betreut. Oft verdanken sie ihr Entstehen der Tatsache, daß die Schüler der Anfangsklassen größere Entfernungen zurücklegen müssen, um die zentrale Schule zu erreichen.

In sehr dünn besiedelten Gebieten findet sich in einer Gemeinde meist nur eine vierklassige Primarschule mit einer bis zwei Lehrkräften. Da ein großer Teil der Kinder frühzeitig die Schule wieder verläßt, werden die verbliebenen Schüler in Mittelpunktschulen, die über voll ausgebaute Jahrgangsklassen verfügen, zusammengezogen. Das Einzugsgebiet einer solchen Schule ist wesentlich größer als das einer Schule, die nur Schüler aus einer Gemeinde betreut, und umfaßt mehrere, räumlich voneinander getrennte Gemeinden. Die Schüler der oberen Klassen müssen oft lange Anmarschwege zur Zentralschule zurücklegen, täglich oft bis zu vier Stunden, oder sie leben während der Schulwoche in der Schulgemeinde bei Verwandten oder sind in der Schule untergebracht. Die Gemeindeorientierung einer solchen zentralen Schule birgt die Chance in sich, das Bewußtsein der Zusammengehörigkeit über die engen Grenzen einzelner Gemeinden hinweg zu erweitern und ihr Aktionsfeld auf das gesamte Einzugsgebiet auszudehnen.

Die Zuordnung einer Primarschule ist sehr häufig Ausdruck eines Bedürfnisses der lokalen Bevölkerung, für ihre Kinder die Schule im Ort zu haben, da die Ausstattung einer Gemeinde mit einer Schule gleichzeitig das Ansehen im Vergleich zu Gemeinden ohne Schule erhöht. Das Ergebnis sind dann oft kleine Schulen, die starke Bindungen an eine Gemeinde haben, jedoch unwirtschaftlich in der Unterhaltung sind.

"There are numerous examples from all over the continent of small communities and subcommunities giving expression to their separateness by insisting on having their own - frequently uneconomic - school, rather than sharing with their neighbours"138).

Eine andere Situation liegt vor, wenn die Errichtung von Primarschulen aufgrund von Kriterien erfolgt, die nicht die Gemeinde als Einheit sehen, sondern sich ausschließlich auf Gruppierungen beziehen, die innerhalb einer Gemeinde zusammenleben. Diese unterscheiden sich entweder durch ihre Zugehörigkeit zu bestimmten Konfessionen, durch ihre ethnisch-sprachliche Zugehörigkeit, oder aber durch Zugehörigkeit zu bestimmten Schichten, die über größere finanzielle Mittel verfügen als die übrige Bevölkerung.

Kinder aus einkommensstarken Bevölkerungsschichten besuchen in vielen afrikanischen Ländern private Primarschulen 139). Durch die hohen Schulgebühren dieser Schulen haben nur die zur Elite gehörenden Zugang. Diese privaten Schulen verfügen über gut ausgebildete Lehrer, ausreichende Ausstattung mit Lehr- und Lernmaterialien und kleine Schulklassen 140). Hieraus ergibt sich in der Regel wiederum eine größere Chance, die Prüfung für die Sekundarstufe erfolgreich zu bestehen, als in den schlechter ausgerüsteten und überfüllten staatlichen Schulen 141). Vielfach wurden diese privaten Primarschulen, die ursprünglich für den Schulbesuch ausländischer Kinder eingerichtet worden waren, nach der politischen Unabhängigkeit von der einheimischen Elite übernommen und ins nationale Bildungssystem miteinbezogen 142).

Schulen können aber auch aus ethnisch-sprachlichen Gründen bestimmten Gruppen in einer Gemeinde zugeordnet werden. Neben der Primarschule der Mehrheit kann eine weitere existieren, die für eine Minderheit in einer anderen Unterrichtssprache Schule ermöglicht. Insbesondere in Staaten mit zwei oder mehreren offiziellen Sprachen müssen aus Gründen nationaler Einheit solche Schulen geschaffen werden, um eine gewisse Mobilität der Bewohner zu ermöglichen. Ein Wechsel des Wohnorts darf nicht zur Benachteiligung für solche Kinder führen, die ihre Ausbildung in einer anderen offiziellen Sprache fortsetzen müssen.

In der Vereinigten Republik Kamerun mit zwei offiziellen Sprachen wurden daher staatliche Primarschulen eröffnet, die in den englisch sprechenden Provinzen den Primarschulstoff in Französisch (francophone Primarschulen) und umgekehrt in den französisch sprechenden Provinzen den Unterricht in Englisch nach dem anglophonen Schulsystem anbieten. Die Begründung der Schulbehörde für die Einrichtung solcher Schulen, deren Zuordnungskriterium sowohl sprachlicher Art ist als auch in der soziologischen Herkunft der Benutzer begründet liegt, lautet:
"As the result of the fact that civil servants, military men and other business people resident in the South-West Province have children who started with the Francophone Education, Francophone Primary Schools in the South-West Province were opened to cater for the interest of these children"143).
Im Vergleich zur Gesamtheit aller Schulen dieser Provinz ist der Anteil der francophonen Primarschulen mit ca. 2 % allerdings sehr gering 144).

Während die bisher behandelten Fälle der Zuordnung einer Primarschule aufgrund nicht gemeindeorientierter Kriterien, wie die der Sprache oder des Einkommens, im Gesamtzusammenhang aller Primarschulen gesehen nur marginale Bedeutung besitzen, tritt die Form der Zuordnung aufgrund des konfessionellen Kriteriums weit häufiger auf.
"But in many small communities there are at least two schools, each controlled by a different (religious) agency. In this situation neither school can claim to represent the whole community ... If they compete or conflict, they are more likely to hinder community development than to promote it"145).

Religiöse Unterschiede schlagen sich bis auf die Ebene kleiner Gemeinden nieder, wo die Schule auch als ein Zeichen der Repräsentanz einer bestimmten Konfession in einer Gemeinde angesehen wird, die aus der Sicht des einzelnen Schulträgers wünschenswert ist, um Ansprüche oder Anrechte gegenüber anderen Glaubensgruppen wahrnehmen zu können:
"There were in certain cases two or three schools belonging to different denominations situated within easy reach of other in a sparsely populated area. This represented unnecessary duplication of facilities, and in some instances led to an unsatisfactory situation where interdenominational rivalry existed"146).
Ist nur eine konfessionell geführte Schule in einer Gemeinde vorhanden, neigen die Mitglieder anderer Religionsgemeinschaften dazu, ihre Kinder in Schulen ihrer Glaubenszugehörigkeit zu schicken, auch wenn sich diese in entfernt gelegenen Nachbargemeinden befinden.

Die Aufsplitterung von Gemeinden durch die Zugehörigkeit zu verschiedenen Religionsgemeinschaften und die damit oft verbundene Schulpolitik ist teilweise das Ergebnis der Missionierungsbemühungen der Vergangenheit. Mit dem Eindringen der Missionare in bestimmte Gebiete wurden die dort lebenden Gruppierungen plötzlich in solche unterschieden, die dem neuen Glauben beitraten und solche, die sich verweigerten. Aus einer funktionierenden Gemeinde zweigte sich dann oft eine 'christliche' Gemeinde ab, die sich um die Missionsstation herum ansiedelte, wo sich meist auch die Schule befand. Yao Boateng gibt diese Situation für das Gebiet der Ashantis in Ghana wie folgt wieder:
"The type of school the child attended often depended on the religious affiliation of the parents. In my case it was strongly Presbyterian and so my entry into the Presbyterian school was taken for granted. We lived in a section of the town known as the 'mission' ... This area was populated by teachers from school, the local Presbyters, catechists, and very elderly members of the church."147).

Durch die Errichtung seperater Gemeinden entzogen die Missionare ihre neugewonnenen Mitglieder dem traditionellen Einfluß, insbesondere der Oberhoheit der örtlichen Häuptlinge. Die Spaltung der ursprünglichen Gemeinde vertiefte sich weiter, wenn es Missionaren konkurrierender Religionen gelang, ebenfalls im gleichen Gebiet Fuß zu fassen, und i h r e Gemeinden samt den dazugehörigen Schulen aufzubauen 148). Die Auswirkungen dieser Missionsbemühungen schlagen sich noch heute in der Unterstützung der Schulen durch die Gemeinden nieder. Solange eine von einer Konfession getragene Primarschule nicht auch die Mehrheit der Mitglieder einer Gemeinde als sich zu ihr bekennend hinter sich weiß, wird die Schule in einer solchen Gemeinde auf Schwierigkeiten stoßen. Umgekehrt wird eine Schule große Unterstützung in der Gemeinde finden, wenn sich die Mehrheit der Mitglieder auch konfessionell mit der Schule identifizieren kann.

Der Versuch, die verschiedenen Formen der Gemeindeorientierung von Primarschulen zu systematisieren, läßt sich wie folgt zusammenfassen:
(1) das Einzugsgebiet einer Primarschule umfaßt nur Teile einer Gemeinde, entweder aufgrund politisch-administrativer Entscheidungen (z.B. große Bevölkerungsdichte) oder aufgrund soziologischer Kriterien (z.B. konfessioneller oder sprachlicher Zugehörigkeit);
(2) das Einzugsgebiet einer Primarschule und das Gemeindegebiet stimmen überein;
(3) das Einzugsgebiet der Primarschule greift über das Gebiet einer Gemeinde hinaus. Es umfaßt eine bis mehrere Nachbargemeinden, die über keine eigenen Schulen verfügen;
(4) wie unter (3), jedoch verfügen eine bis mehrere Nachbargemeinden über nicht voll ausgebaute eigene Primarschulen.

In Übersicht 11 sind diese Überlegungen noch einmal zusammengefaßt, wobei die Zuordnung der Primarschulen zu Gemeinden nach dem Schulträger, dem Schultyp und dem Einzugsgebiet erfolgt. Der Fall, daß die Unterrichtssprache der Schule die Art der Zuordnung zu einer Gemeinde bestimmt, ist in der Tabelle nicht berücksichtigt worden. Beim Schulträger ist zwischen einer staatlichen und einer privaten Trägerschaft zu unterscheiden. Die privaten Träger können sowohl kirchliche Organisationen als auch von Eltern getragene Schulvereine oder Gemeindekörperschaften (Local Councils) sein, die im Rahmen staatlicher Vorgaben die Primarschule auf lokaler Ebene organisieren und finanzieren.

Übersicht 11: Zuordnung von Primarschulen zu Gemeinden nach Schulträgern, Schultyp und Einzugsgebiet

Gemeindetyp	Schulträger		Schultyp		Einzugsgebiet der Schule
	staatlich	privat	vollständ. Primarschule	unvollständ. Primarschule	
Gemeinde A	x		x		Gemeinde
Gemeinde B	x			x	Gemeinde
Gemeinde C		x	x		Gemeinde/ Teilbereich der Gemeinde
Gemeinde D		x		x	Gemeinde
Gemeinde E	x	x	x	x	Teilbereich der Gemeinde
Gemeinde F	x	x	x		Teilbereich der Gemeinde
Gemeinde G	x	x		x	Teilbereich der Gemeinde

Anmerkung: Die jeweilige Zuordnung einer Schule ist durch ein x gekennzeichnet.

Die Schultypen gliedern sich wie folgt: Typ A umfaßt voll ausgebaute Primarschulen mit allen Jahrgangsklassen. Typ B bezieht sich auf Primarschulen, die nur die ersten vier Schuljahre anbieten können. Während der Gemeindetyp D meistens nur in dünn besiedelten Gebieten anzutreffen sein wird und daher den Eltern keine alternativen Schulmöglichkeiten für ihre Kinder läßt, liegt beim Gemeindetyp C bei einer voll ausgebauten Primarschule eines privaten Trägers die Vermutung nahe, daß es schulische Alternativen anderer Träger im Umfeld der Gemeinde gibt, die dann auch von Teilen der Gemeindebewohner genutzt werden. Der Einzugsbereich der Schule in einer solchen Situation kann also sowohl die gesamte Gemeinde als auch nur Teile umfassen.

In der Mehrheit aller Fälle wird eine Schule einer oder mehrerer kleinerer Gemeinden zugeordnet sein. Sie ist entweder voll ausgebaut mit allen Jahrgangsklassen oder sie verfügt nur über einige der Jahrgangsklassen, meist die ersten vier. Je nach der Beschaffenheit der Bildungspolitik eines Landes werden diese Schulen vom Staat oder von privaten Organisationen geleitet.

Die vorherrschende Zuordnung einer Schule zu einer Gemeinde bzw. mehreren Gemeinden innerhalb eines überschaubaren Gemeindegefüges bedeutet jedoch nicht, daß sich die Beziehung zwischen Schule und Gemeindemitgliedern stets harmonisch abspielen müssen. Die Schule ist gerade im Rahmen lokaler und regionaler Machtstrukturen ein wichtiger Faktor und somit auch potentiell Objekt von Auseinandersetzungen um Einfluß und Prestige lokaler bzw. regionaler Politik. Die Befürworter einer Gemeindeorientierung der Primarschule werden daher von Bray, Dondo und Moemka an die Realität ländlicher afrikanischer Gemeinden erinnert, die gutgemeinten Absichten der Curriculumplaner entgegenstehen kann:

"... one policy implication for planners is that, although they should continue to foster 'relevance' and community participation in education ... they should also be aware that 'one man's food is another man's poison' ... in some cases, divisions within the society cause such projects to have the n e g a t i v e effects of accentuating the divisions and wasting effort and resources"149).

3. Die Umsetzung des Konzepts der Gemeindeorientierung in die Praxis: Evaluierung der Zusammenarbeit von Schule und Gemeinde in den anglophonen Provinzen Kameruns

Das Zusammenwirken von Primarschulen und Gemeinden wie es sich in den Alltagsbeziehungen ihrer Vertreter ausdrückt, soll im folgenden an Beispielen aus den anglophonen Provinzen Kameruns aufgezeigt werden, um die Möglichkeiten und Beschränkungen des bisher dargestellten Modells der Gemeindeorientierung der Primarschule beurteilen zu können. Die Auseinandersetzung mit konkreten Beispielen, die die Gesamtheit eines bestimmten gesellschaftlichen Systems repräsentieren, ist im Vergleich zur Analyse von lokalen und/oder zeitlich begrenzten Pilotprojekten, in denen Konzepte und Ideen getestet werden, von Vorteil, da hierbei eher davon ausgegangen werden kann, daß einmalige, später nicht übertragbare Faktoren von vornherein ausgeschaltet sind. Zwar kann die Beschäftigung mit der jeweiligen Situation in den Gemeinden und Schulen Kameruns nicht davon ausgehen, das Konzept der Gemeindeorientierung der Primarschule in allen seinen Aspekten und Ausprägungen, wie sie in der theoretischen Betrachtung genannt werden, in der Realität vorzufinden. Jedoch haben die verschiedenen geschichtlichen Epochen, von der kolonialen Fremdherrschaft bis zur politischen Unabhängigkeit, im Primarschulbereich ihre Spuren hinterlassen, und Politik und Ideologien der jeweils Herrschenden haben auch die Struktur und Inhalte der Schule geprägt. Bestimmte Aspekte des Konzepts der gemeindeorientierten Primarschule haben - wenn auch unter anderen politischen Bedingungen - daher eine kürzere oder längere Tradition, so z.B. der Landwirtschaftsunterricht und die materielle Unterstützung der

Schulen durch die Gemeinden. Nach der Erlangung der politischen Unabhängigkeit und der Wiedervereinigung der anglophonen mit den francophonen Landesteilen 1961 erfolgten Curriculumrevisionen, die in stärkerem Maße regionale Bedingungen berücksichtigten und schon 1965 versuchten, die Primarschule für eine Modernisierung der Landwirtschaft miteinzusetzen 150).

Die historische Entwicklung des Konzepts der Gemeindeorientierung der Schulen, wie sie ausführlich in Kapitel III dargestellt ist, hat auch die Bildungsszene in den untersuchten Provinzen Kameruns geprägt, insbesondere die Auswirkungen deutscher und britischer kolonialer Erziehungspolitik.

Indem die reale Situation in einem afrikanischen Land zum Ausgangspunkt der Analyse benutzt wird, lassen sich diejenigen Elemente der Gemeindeorientierung herausarbeiten, die sich über einen längeren Zeitraum hinweg in einer bestimmten Form entwickelt haben und die kennzeichnend für die gewachsenen Beziehungen zwischen Schule und Gemeinde geworden sind. Gleichzeitig lassen sich aber auch die uneingelösten bzw. Änderungen unterworfenen Ansprüche des Konzepts herausarbeiten, die für künftige Reformen realistischere Zielsetzungen möglich machen.

3.1 Partizipation der Gemeinde in Fragen der Schulverwaltung und des Unterhalts schulischer Einrichtungen

In dem Abschnitt über die allgemeinen Merkmale eines gemeindeorientierten Primarschulkonzepts wurde darzulegen versucht, welche Erwartungen an die Rolle der Gemeinde in ihrer Beziehung zur Primarschule gestellt werden. Damit die Schule zu einer anerkannten Institution in der Gemeinde werden kann, muß versucht werden, einen Kompromiß zwischen den zentralistischen Tendenzen der Schulverwaltung im nationalen Gesamtinteresse und den lokalen Interessen der Benutzer zu finden.
 "People are also helped to accept the school as their own ... if they feel they have some part in organizing it and some say in its affairs"151).

Der institutionelle Rahmen, in dem in den anglophonen Provinzen Kameruns die Gemeinden das Geschehen in der Primarschule mitbestimmen können, ist durch die Eltern-Lehrer-Vereinigungen (Parent-Teacher Associations) gegeben, die oft auch Schulausschüsse (School committees) genannt werden. Während diese Art der Elternmitbestimmung bei den kirchlichen Schulträgern seit Jahren fester Bestandteil der Schulorganisation ist, sind sie in den vom Staat getragenen Schulen meist neueren Ursprungs, jedoch werden sie überall als wichtiger Bestandteil der Gemeinde-Schulbeziehungen angesehen und gefördert. Die weite Verbreitung der Eltern-Lehrer-Vereinigungen zeigt sich darin, daß in 90 % aller Schulen/Gemeinden der Stichprobe Eltern und Lehrer bei den Zusammenkünften der Vereinigungen oder Ausschüsse die sie betreffenden Probleme diskutierten. Es wird daher im folgenden näher untersucht, welche Probleme zur Sprache kommen, wenn sich Eltern und Lehrer einer Gemeinde versammeln und ob dieser Problemkatalog Ausdruck der wirklichen Verhältnisse ist, unter denen Schule stattfindet. Des weiteren soll geprüft werden, welchen Beitrag die Gemeinden leisten, um Schule in ihrem Ort überhaupt zu ermöglichen und ob der Gemeindetyp (Entwicklungsstand) und die Organisationsform einer Gemeinde Auswirkungen auf die Art der Mitbestimmung bzw. der zu behandelnden Probleme haben.

Partizipation wird in diesem Zusammenhang weniger in dem anspruchsvollen Sinn einer "...dauerhaften, qualifizierten Beteiligung der Massen"152) gesehen, sondern als eine Möglichkeit für diejenigen Gemeindemitglieder, die sich für die Vorgänge in der Schule interessieren, eigene Interessen im Dialog mit den Schulträgern zu vertreten 153).

Der deutlichste Beweis für die lokale Autonomie einer Gemeinde zeigt sich darin, daß sowohl die grundsätzliche Entscheidung über die Errichtung einer Primarschule als auch die Entscheidung über die Durchsetzung des Schulbesuchs für alle Kinder im schulpflichtigen Alter bei den örtlichen Gremien der Gemeinde liegt. Hier kommt die Art und Fähigkeit zur politischen Organisation auf lokaler Ebene voll zum Tragen und stellt den qualitativ höchsten Grad der Partizipation dar. Haben sich die politischen Gremien einer Gemeinde einmal für die Errichtung einer Schule in ihrer Gemeinde entschieden, schaffen die lokalen Institutionen auch in Gemeinschaftsarbeit die Voraussetzung für den Unterricht. Erst danach sucht man einen Träger für die Schule.

"When a community wants to have a school, that community provides the physical buildings, usually by community labour, and then invites one of the responsible agencies to take it over"154).

Die Art der Mitbestimmung in Fragen der Schulverwaltung zeigt unterschiedliche Qualitäten: Je stärker die nationale Erziehungspolitik einheitliche Bedingungen für den Schulunterricht schafft, d.h. insbesondere einheitliche, für alle verbindliche Lehrpläne durchsetzt und die Lehrer zentral entlohnt, desto weniger bleibt den lokalen Gemeinden an wirkungsvoller Mitbestimmung. Unter diesen Umständen wird die Mitbestimmung zu einem Mechanismus für nachträgliche Zustimmung oder Unterstützungen bereits getroffener Entscheidungen 155).

In zwei Dritteln der untersuchten Gemeinden hatten die traditionellen Gremien, so z.B. der Häuptling und seine Berater oder die Geheimgesellschaften, durch gesetzesähnliche Beschlüsse jede Familie verpflichtet, Kinder im schulpflichtigen Alter zur Schule zu schicken. Inwieweit sich individuelle Gemeindemitglieder an solche Entscheidungen gebunden fühlen, hängt von Art und Umfang möglicher Sanktionen bei Verstößen ab. In Gemeinden mit funktionierendem Häuptlingstum, unterstützt von Beratungsgremien und Geheimgesellschaften, wird gemeinschaftlich für oder gegen den Schulbesuch gestimmt. Hat sich eine Gemeinde einmal positiv entschieden, wird die Durchführung des Beschlusses durch die vielfältigen sozialen Kontrollinstanzen sichergestellt.

Gemeinden in Gebieten mit profitbringenden landwirtschaftlichen Aktivitäten sind darüber hinaus meist bereit, auch die notwendigen materiellen Bedingungen für den Unterricht zu schaffen, d.h. Schulgebäude in Selbsthilfe zu errichten und die Kinder mit Schulmaterialien zu versorgen. Gemeinden in städtischen und stadtnahen Gebieten überlassen die Entscheidung über den Schulbesuch den einzelnen Eltern. Eine ähnliche Situation ist auch in isolierten Gemeinden anzutreffen, wenn es sich um eine unvollständige Schule handelt. Solche Schulen, die nur die ersten vier Klassen anbieten, sind wegen der geringen Bevölkerungsdichte in isolierten und entlegenen Gemeinden überproportional vertreten. Kinder dieser Gemeinden, die den Primarschulabschluß erreichen wollen, müssen spätestens nach vier Jahren ihr Heimatdorf verlassen, um in eine entfernt gelegene vollausgebaute Primarschule überzuwechseln. Die Schwierigkeiten, die sich aus einem Ortswechsel und der damit verbundenen Unterbringung am Ort der größeren Schule ergeben, führen dazu, daß für die Mehrheit der Kinder dieser Gemeinden der Schulbesuch schon nach vier Jahren endet. Befindet sich jedoch eine vollausgebaute Schule in einer isolierten oder entlegenen Gemeinde, wird die Schule zu einem Prestigeobjekt im Vergleich zu Nachbargemeinden, in denen eine solche fehlt. Die Bewohner versuchen daher, die Schule in ihrer Gemeinde zu halten und entsprechend ihre Kinder zum Schulbesuch anzuhalten.

Bevor die Probleme aufgegriffen werden, die auf den Zusammenkünften von Eltern und Lehrern zur Sprache kommen, sollen noch einmal die Faktoren zusammengefaßt werden, die für die Grundentscheidung einer Gemeinde hinsichtlich des Schulbesuchs ausschlaggebend sind. In dem Maße, in dem die Autorität traditioneller Führungsgremien auf lokaler Ebene auf Einrichtungen des modernen Staatsapparates übergeht, wird die Entscheidung über den Schulbesuch in einer Gemeinde indivualisiert. Während diese Tendenz vor allem in städtischen und stadtnahen Gemeinden festzustellen ist, wo im Vergleich zu den ländlichen Gemeinden die soziale Kontrolle über den Einzelnen durch die traditionellen Organisationen weniger wirksam ist, ist sie ebenfalls in Gemeinden in isolierten und entlegenen ländlichen Gebieten festzustellen, wenn es sich bei der Schule nur um eine vierklassige Primarschule handelt. Da aus diesen Gemeinden nur sehr wenige Kinder weiterführende Schulen besuchen und sich an den sozioökonomischen Bedingungen in den Dörfern nichts ändert, erlischt das Interesse an der Schule immer mehr und es bleibt den einzelnen Eltern überlassen, ob sie überhaupt noch Kinder zur Schule senden 156).

Gemeindemitglieder und Lehrer treffen sich in 80 % aller Schulen der Untersuchung drei- oder mehrmals im Jahr. An der Spitze der Lehrer-Eltern-Vereinigung steht in der Regel ein gewählter Präsident, der meist aus dem lokalen Honoratiorenkreis kommt. Ihm zur Seite gegeben ist ein Sekretär, der für die Protokolle der Sitzungen, eventuellen Schriftwechsel mit Schulbehörden und die organisatorischen Aufgaben verantwortlich ist. Diese wichtige Position wird meist von einem der Lehrer der betreffenden Schule oder vom Schulleiter bekleidet. Die große Anzahl von Analphabeten in den ländlichen Gemeinden verstärkt den Einfluß der Lehrer in diesem wichtigen Gremium der Mitbestimmung und führt zu teilweisem Desinteresse bei den Eltern. Aus Tansania wird berichtet,

"Irrespective of whether parents are keen to send their children to school or not, they do not feel that it is their right or their duty to take an active interest in what is going on in the school"157).

Obwohl in Kamerun die Eltern relativ häufig an den Versammlungen teilnahmen - in den Dörfern oft gezwungen durch Strafandrohungen der traditionellen Gesellschaften - schien ihr Interesse an den inhaltlichen Problemen gering zu sein, weil sie dafür die Lehrer als zuständig ansahen. Von 378 befragten Eltern z.B. machten nur sieben Prozent Vorschläge zur Verbesserung der Arbeitsweise der Eltern-Lehrer-Vereinigungen. Diese

Minderheit forderte mehr Versammlungen und eine stärkere Kontrolle über die Schulfinanzen, die ihrer Meinung nach nicht nur von den Lehrern verwaltet werden sollten. Ein größeres Interesse der Eltern an den inhaltlichen Fragen der Schule ist eventuell dann zu erreichen, wenn die Dominanz der Lehrer in den Finanzfragen zugunsten der Eltern abgebaut wird. Für die Lehrer ist die Eltern-Lehrer-Vereinigung vorwiegend eine Möglichkeit, Finanzierungsquellen ausfindig zu machen und die Grundlagen für ihren Beruf sicherzustellen, d.h. Kinder in die Schule zu bekommen bzw. disziplinierte Schüler unterrichten zu können.

"In very many schools ... the teachers use them (Parent-Teacher Associations) solely to help 'the school', by which they really mean the teachers' idea of what the school should be, and they fear and resent free discussion of what they do and how they do it"158).

Die Häufigkeit, mit der sich Gemeindemitglieder und Lehrer treffen, wird von der soziopolitischen Organisation und von der infrastrukturellen Erschlossenheit einer Gemeinde bestimmt. In Gemeinden, in denen es zur Tradition des politischen Zusammenlebens gehört, Probleme gemeinschaftlich zu diskutieren und Entscheidungen der traditionellen Gremien zu akzeptieren, trifft man sich auch häufiger, um Schulprobleme zu besprechen. Dies ist jedoch nur in solchen Gemeinden zu beobachten, in denen man bereit ist, in die Erziehung der Kinder zu investieren und wo man sich gleichzeitig modernen Einflüssen nicht verschließt, was sich darin ausdrückt, daß in diesen Gemeinden Möglichkeiten bestehen, die Freizeit nicht nur in überlieferter Weise verbringen zu können. Solche Gemeinden befanden sich vor allem in der Nordwestprovinz in gut versorgten ländlichen Gebieten, wo neben den traditionellen Institutionen moderne Gestaltungsmöglichkeiten für die Freizeit vorhanden waren, so z.B. Pfadfindergruppen, Rote Kreuz Gruppen, Fußballklubs, Klubs für junge Bauern, usw.

Seltener fanden sich Eltern und Lehrer in solchen Gemeinden zusammen, in denen die Primarschule relativ neu eingeführt war oder wo die Kinder bisher nur zu einem geringen Teil zur Schule geschickt wurden. Gemeinden, die mit verschiedenen Selbsthilfeprojekten befaßt waren, wiesen ebenfalls nur eine geringe Zahl an Versammlungen auf 159). Die Häufigkeit der Treffen wird noch geringer, wenn es sich bei der Primarschule um eine Schule mit mehr als 14 Klassen handelt. Diese großen Primarschulen befinden sich in städtischen Gemeinden, wo die Schüler meist verschiedenen Kulturgruppen entstammen und die soziale Kontrolle über den Einzelnen durch die Gemeinde wesentlich schwächer ist als in homogeneren ländlichen Gemeinden.

Tabelle 5: Diskussionsthemen der Zusammenkünfte der Eltern - Lehrer - Vereinigungen

Lfd. Nr.	Themen	Kamerun - Anglophone Provinzen [1] (In v.H. aller Schulen der Stichprobe)	Tansania Mwanza Distrikt [2]
1	Freiwillige Spenden durch Eltern	72	x
2	Einschulung	52	
3	Reparaturen an Schulbebäuden	49	x
4	Rechenschaft über Verwendung von der Schule zur Verfügung gestellter Mittel	47	
5	Reparaturen von Schulmöbeln	44	
6	Schulgelder (-gebühren)	44	x
7	Wahl von Vertretern für die Schulausschüsse	43	
8	Bau von neuen Klassenräumen	37	x
9	Regelmässige Teilnahme von Schülern am Unterricht	28	
10	Gemeinschaftsarbeit für die Schule	27	x
11	Bücher, Hefte, Schreibmaterial	25	
12	Entscheidung über die Verwendung von Schulmitteln	24	
13	Lehrerwohnungen	22	
14	Aktionen, um Kinder zum Besuch der Schule zu bewegen	20	x
15	Durchführung von Spendenveranstaltungen für die Schule (Bazar)	19	
16	Besuch des(r) Schulinspektors(en)	19	
17	Schuluniformen	19	x
18	Massnahmen gegen Gemeindebewohner, die sich weigern zum Unterhalt der Schule beizutragen	15	
19	Dienstleistungen der Schule für Gemeindemitglieder gegen Entgeld (contract work)	13	x
20	Massnahmen gegen Eltern, die ihre Kinder nicht zur Schule schicken	13	
21	Disziplinschwierigkeiten/ Vergehen von Schülern	11	x
22	Ernährungszustand und Betreuung der Schüler	10	x
23	Konflikte zwischen der Schule (Lehrerschaft) und Gemeinde	10	
24	Schulbesuch von Kindern aus Nachbargemeinden	9	
25	Elternbesuchstag/Tag der "offenen Tür"	9	
26	Missbrauch von Schulgeldern und Arbeitskraft der Schüler	9	x
27	Nicht autorisierte Abwesenheit von Lehrern von der Schule	9	x
28	Vorstellung neuer Lehrer	9	
29	Organisation des Schulausschusses	9	
30	Mangeindes Pflichtgefühl der Lehrer bei ihrer Berufsausübung	8	
31	Allgemeine Schulfarmprobleme	8	
32	Erweiterung bzw. Verlagerung der Schulfarm	8	x
33	Körperliche Züchtigung von Schülern	6	x
34	Antrag auf Abschaffung der Schulgebühren	6	
	In weniger als 5 % aller Schulen		
	* Schwangerschaften		x
	* Religiöse Streitigkeiten		
	* Berufsaussichten nach der Primarschule		
	* Verwaltungsfragen		
	* Vorträge von allgemeinem Interesse		

1) Daten aus 79 Schulen der Stichprobe in Kamerun auf der Grundlage der Protokolle der Eltern-Lehrer-Vereinigung über einen zweijährigen Zeitraum hinweg.
2) Aufgeführt wurden Themen, die in der Tansania-Studie Dubbeldams erwähnt werden; vgl. dens., The primary school ... a.a.O., S. 143.

Ein Blick auf die Diskussionsthemen der Zusammenkünfte von Eltern und Lehrer macht deutlich, warum die Eltern ungern und anscheinend wenig interessiert von diesen Versammlungen Gebrauch machen. Wer sich entschließt, an einer Versammlung teilzunehmen, kann mit Sicherheit davon ausgehen, daß er in irgendeiner Form erinnert wird, zum für den Unterhalt der lokalen Primarschule beizutragen oder für den Neubau von schulischen Einrichtungen zu spenden. Daß dies nicht nur auf die Schulen in den anglophonen Provinzen Kameruns beschränkt ist, geht aus dem Vergleich mit den Diskussionsthemen aus Tansania hervor. Apelle der Lehrer auf solchen Schulversammlungen, die schulpflichtigen Kinder zur Schule zu schicken, werden in jeder zweiten Schule vorgetragen. Liegt die Gemeinde in einem Gebiet mit schlechter Infrastruktur, müssen sich die Lehrer um so mehr bemühen, Schüler zum Schulbesuch zu bewegen. Haben die Gemeinden finanzielle Beiträge zum Unterhalt der Schule oder für den Neubau von Klassenräumen geleistet, taucht in den Versammlungen immer wieder die Forderung auf, daß die Lehrer, die in der Regel dieses Geld verwalten, der Gemeinde Rechenschaft über die Ausgaben bzw. den Verbleib der Gelder ablegen. Wie berechtigt das Mißtrauen der Gemeinde gegenüber der Verwaltung der Schulmittel durch die Lehrer ist, geht daraus hervor, daß in fast zehn Prozent aller Schulen der Stichprobe offen über den Mißbrauch der Finanzen diskutiert wurde 160). Selbst wenn es sich erwiesenermaßen um eine Veruntreuung von Mitteln durch einen Lehrer handelt, hat die Gemeinde kaum eine Handhabe gegen ihn. Sie kann sich mit einer Beschwerde an den Schulinspektor ihres Verwaltungsbezirks wenden und eventuell eine Versetzung des Lehrers erreichen. Eine Rückerstattung der Gelder erfolgt in der Regel jedoch nicht 161). Die Mitbestimmungsmög - lichkeiten der Gemeinde durch die Eltern Lehrer-Vereinigung in Fragen der Schulverwaltung beschränken sich auf die Erörterung von Konflikten, ohne über Entscheidungsbefugnisse zu verfügen.

Das Überwiegen von Problemen, die den Unterhalt bzw. die Erweiterung von Einrichtungen für die Primarschule betreffen, wie sie aus der Zusammenstellung der Diskussionsthemen der Protokolle der Versammlungen der Eltern-Lehrer-Vereinigungen ersichtlich sind, kann nicht als ein Zeichen des Desinteresses der Gemeinden an jenen Fragen verstanden werden, die mehr die curricularen Aspekte der Schule betreffen. Es sollen daher kurz die materiellen Bedingungen verdeutlicht werden, unter denen Primarschulen in den anglophonen Provinzen Kameruns arbeiten, um abschätzen zu können, weshalb immer wieder finanzielle Fragen diskutiert wurden. Danach soll gezeigt werden, in welchem Maße die Gemeinden versuchen, durch Selbsthilfe die Schulverhältnisse zu verbessern, um die Voraussetzungen für einen geeigneten Unterricht zu schaffen.

Die Befragung der Schulleiter der Primarschulen hinsichtlich notwendiger Reparaturen oder Verbesserungen an den Schulgebäuden ergab folgendes Bild: Oberste Dringlichkeit wurde in 77 % aller Primarschulen der Ausstattung der Klassenräume mit einem Zementboden zuerkannt, da die meisten Klassen in der Regel nur über einen festgestampften Erdfußboden verfügten. In jeder zweiten Schule wurde darüber hinaus das Fehlen von Türen in den Klassenräumen und mangelhafter Anstrich der Räume beklagt. Als ebenfalls wichtig (25 - 40 % aller Schulen) wurden Fensterläden, neue Bedachungen, durchgezogene Wände in den Klassenräumen, Türschlösser und verbesserte sanitäre Anlagen genannt. In 43 % der Schulen wurden zusätzliche Klassenzimmer als dringend notwendig empfunden. Ein Vergleich der als dringend genannten Reparaturen und Verbesserungen an den Gebäuden der Primarschulen nach Provinzen und Schulgröße ergab, daß sie um so erforderlicher waren, je weniger Schulklassen eine Schule aufwies. Aufgrund des feuchtheißen Klimas in der Südwestprovinz sind die Schulgebäude reparaturanfälliger als in der trockenen Nordwestprovinz 162). Während die unvollständigen Schulen in beiden Provinzen zunächst eine Art Mindestausstattung für die Klassenräume als notwendig erachten, fordern die vollständigen Schulen zusätzliche Verbesserungen, die von den kleinen Schulen aufgrund ihrer unzureichenden Situation gar nicht erwähnt werden.

Tabelle 6: Dringend erforderliche Verbesserungen an Schulgebäuden und Klassenräumen nach Schultyp und Provinz

Art der Verbesserungen	Nordwest-Provinz		Südwest-Provinz	
	unvollständ. Primarschule	vollständige Primarschule	unvollständ. Primarschule	vollständig Primarschul
Verbesserungen/Reparaturen an Gebäuden			x	x
Grundlegende Verbesserungen an Klassenräumen (Fensterläden, Türen, Anstreicherarbeiten, Zementfußboden)	x		x	
Zusätzliche Verbesserungen an Klassenräumen (Fensterglas, Türschlösser, neue Klassenzimmer)		x		x

Anmerkung: Die notwendigen Verbesserungen sind durch ein x gekennzeichnet und entstammen der Befragung der Schulleiter der 79 Schulen der Stichprobe.

Die Ausstattung der Primarschulen mit Tischen, Bänken, Stühlen und Schränken wurde in zwei Drittel der befragten Schulen als problematisch angesehen 163). So waren in jeder vierten Schule sämtliche Schülertische und -sitze reparaturbedürftig, in zehn Prozent der Schulen fehlten sie völlig. Schränke, in denen Unterrichtsmaterialien aufgehoben werden konnten, waren nur in jeder dritten Schule vorhanden. In den restlichen Schulen fehlten sie entweder oder waren in schlechtem Zustand. Am alarmierendsten waren die Verhältnisse in den unvollständigen Primarschulen beider Provinzen, wogegen die vollständigen in der Nordwestprovinz besser ausgestattet waren. Die unzureichenden materiellen Bedingungen, unter denen der Unterricht in den Primarschulen stattfinden muß, werden auch von der staatlichen Schulverwaltung immer wieder als Hindernis für einen effektiven Unterricht genannt 164). Da jedoch die vorhandenen Mittel des Erziehungsministeriums nicht ausreichen, um die Situation grundlegend zu verbessern, bleibt es letztlich den Gemeinden überlassen, in welchem Maße sie bereit und in der Lage sind, für den Unterhalt der Schulen bzw. für die Neubauten von Klassenräumen und anderen schulischen Einrichtungen aufzukommen 165).

In welchem Umfang tragen die Gemeinden zum Unterhalt der Primarschulen bei? In drei von vier Gemeinden der Untersuchung hatten die Bewohner im Verlauf der letzten zwei Jahre entweder Geld gesammelt oder Gemeinschaftsarbeit geleistet, um die Schulgebäude funktionsfähig zu halten. In 12 Prozent der Fälle, in denen die Schule durch die Gemeinde unterstützt wurde, war mit Bauarbeiten für einen oder mehrere Klassenräume begonnen worden. In 51 Prozent der Gemeinden, die aktiv Hilfe leisteten, waren ein oder mehrere Klassenräume fertiggestellt worden. Welche finanziellen Opfer diese Hilfe für die Bewohner der Gemeinden darstellt, geht daraus hervor, daß vielerorts zur Unterstützung bzw. zum Neubau von Schulgebäuden jedes erwachsene Gemeindemitglied Sonderabgaben zahlen muß, die durchschnittlich 1.5 - 2.5 % des Jahreseinkommens eines Landwirts ausmachen 166).

Die nachfolgende Zusammenstellung faßt die verschiedenen Arten der Unterstützung der Primarschulen durch die Gemeindemitglieder zusammen. Neben den bereits erwähnten finanziellen Beiträgen oder gemeinschaftlichen Arbeitsleistungen, z.B. das Decken der Dächer der Schulgebäude, das Herstellen von Lehmblöcken, usw., wurden der Schule Baumaterialien zur Verfügung gestellt (in 25 % aller Gemeinden) oder es wurden lokale Materialien überlassen, die für Reparaturen oder Neubauten verwendet wurden.

Tabelle 7: Aufwendungen der Gemeinden für Reparaturen und Unterhalt von Primarschulen

Art der Aufwendungen	in Schulen der Untersuchung	
	Anzahl	v.H.
Barmittel	59	75
Arbeitsleistungen	54	68
Baumaterialien (modern)	20	25
Lokale Materialien (Bauholz, Dachbedeckung, etc.)	15	19
Schulmöbel	4	5
Sonstige	7	9

Anmerkung: Die Angaben beziehen sich auf die 79 Gemeinden und Primarschulen der Stichprobe.

Schulmöbel waren während der letzten zwei Jahre nur in fünf Prozent aller Schulen von den Gemeinden gestellt worden, obwohl auch hier die Ausstattung der Schulen unbefriedigend ist. Vielfach versuchen Lehrer und Schüler aus lokalen Baumaterialien Sitz- und Schreibgelegenheiten zu erstellen, die aber meist nicht einmal ausreichen, um eine feste Schreibunterlage zu schaffen. Die Unterstützungsmöglichkeiten durch die Gemeinden sind meist mit dem Bau bzw. dem Unterhalt der Klassenräume erschöpft, so daß für das notwendige Schulmobiliar kein Geld mehr aufzubringen ist. Die Lehrkräfte an den Primarschulen versuchen die Situation dadurch zu verbessern, daß Schüler erst dann in die Schule aufgenommen werden, wenn sie von den Eltern mit einem Tisch und einer Sitzgelegenheit ausgestattet werden.

In jeder zweiten Gemeinde waren sich Lehrer und Eltern darin einig, daß die Gemeinden bisher genug getan hätten, um die Schule zu unterhalten bzw. zu erweitern. Zusätzliche Unterstützung für die Verbesserung der Schulverhältnisse erwartete man von staatlichen Stellen. In 37 Gemeinden waren allerdings die Lehrer der Ansicht, die Gemeinden könnten in größerem Maße als bisher die Primarschulen unterstützen. Als Grund für die ihrer Meinung nach unzureichende Unterstützung gaben die Lehrer in einem Drittel aller Fälle das Desinteresse der Eltern an einer Primarschulausbildung für ihre

Kinder an. Besonders groß ist die Ablehnung der Schule in Gemeinden mit vierklassigen Schulen, was sich in fehlender Unterstützung durch die Gemeinde ausdrückt (siehe Tabelle 8). In einem weiteren Drittel der Gemeinden, in denen die Lehrer sich über mangelnde Hilfe durch die Bewohner beklagten, waren die Eltern der Ansicht, genug Opfer für die Schule gebracht zu haben bzw. schon genug damit belastet zu sein, daß von ihnen Schulgelder, Geld für Schuluniformen, Bücher, Hefte usw. laufend zu zahlen waren, um ihre Kinder zur Schule schicken zu können. Diese Haltung zeigte sich vor allem in den siebenklassigen Primarschulen.

Waren die Gemeinden mit größeren Selbsthilfeprojekten beschäftigt, wie z.B. dem Bau von Erdstraßen oder Wasserversorgungseinrichtungen, litt nach Aussagen der Lehrer die lokale Primarschule insofern, als für schulische Zwecke weder finanzielle Mittel noch Interesse vorhanden waren.

Tabelle 8: Gründe für die unzureichende Unterstützung der Schulen durch die Gemeinden aus der Sicht der Lehrerschaft nach Schulart

Ursachen	Schulart				Insgesamt	
	unvollständige Primarschule		vollständige Primarschule			
	Anzahl	in v.H.	Anzahl	in v.H.	Anzahl	%
Desinteresse an der Erziehung der Kinder/Ablehnung der Schule, da Schulabgänger abwandern, ohne daß die Gemeinde davon profitiert	8	50	5	24	13	35
Armut/niedriges Einkommen	3	19	4	19	7	18
Belastung durch Zahlung von Schulgeldern und anderer Beiträge für die Schule/keine Bereitschaft zu weiterer finanzieller Beteiligung	4	25	7	35	11	30
In der Gemeinde müssen Mittel für andere Selbsthilfeprojekte aufgebracht werden	-	-	2	10	2	6
Andere Gründe: Unterhalt der Schule ist Aufgabe der staatlichen oder kirchlichen Schulträger/Uneinigkeit unter den Eltern/Eltern-Lehrer-Vereinigung erst kürzlich gegründet	1	7	3	14	4	11
GESAMT	16	101	21	100	37	100

Zusammenfassend läßt sich festhalten: Die Beteiligung der Gemeinden am Unterhalt und der Durchführung des Schulbetriebs ist für die Schulträger in Kamerun eine unabdingbare Notwendigkeit geworden, da ihre eigenen finanziellen Mittel beschränkt sind. Der größte Teil der Neuinvestitionen und des laufenden Reparaturaufwands wird von den Gemeinden getragen. Jedoch reichen diese Anstrengungen nicht aus, um ausreichende materielle Bedingungen für den Unterricht in den Primarschulen zu schaffen. Vielfach beschließen Gemeinden die Errichtung einer Schule, bringen auch hierzu die erforderlichen Mittel auf, sind dann jedoch nicht in der Lage, auch die Folgekosten zu tragen. Die Entscheidung über die Errichtung einer Schule bzw. über den Schulbesuch ist abhängig von dem Gemeindetyp, d.h. seiner infrastrukturellen Erschlossenheit und der Art der Organisation der Gemeinde, d.h. seiner örtlichen soziopolitischen Institutionen. Gemeinden in Regionen mit günstigen wirtschaftlichen Erwerbsmöglichkeiten und dem Überwiegen moderner gesellschaftlicher Organisationen überlassen den einzelnen Eltern die Entscheidung über den Schulbesuch und die Unterstützung der Schule, so vor allem in den städtischen und gutversorgten ländlichen Gemeinden der Südwestprovinz. Sind die traditionellen Institutionen auf lokaler Ebene noch einflußreich und liegt die Gemeinde in einer mit Infrastruktur gut versorgten Zone, wie vor allem in der Nordwestprovinz, kann die Primarschule in der Regel mit der vollen Unterstützung und Hilfe durch die Gemeinde rechnen. In entlegenen und isolierten ländlichen Gemeinden bleibt unabhängig von der Art der Gemeindeorganisation die Entscheidung über Maßnahmen zur Unterstützung der Schule den einzelnen Eltern überlassen.

Als offizielles Instrument einer Beteiligung an den schulischen Problemen steht den Gemeindemitgliedern die Eltern-Lehrer-Vereinigung zur Verfügung. Diese Einrichtung wird jedoch meistens dazu benutzt, um von den Eltern finanzielle und andere materielle Beiträge zur Aufrechterhaltung des Schulbetriebs zu verlangen. Daneben dienen sie der ständigen Ermahnung an die Eltern durch die Lehrer, die Kinder ordnungsgemäß zur Schule zu schicken und entsprechend auszurüsten. Obwohl die Eltern beträchtliche Mittel für die Schule aufbringen, sind sie in den meisten Fällen von der Kontrolle dieser Finanzen ausgeschlossen. Engere Beziehungen zwischen der Vertretern der Schule und der Gemeinden wie sie im Konzept der gemeindeorientierten Primarschule gefordert werden, setzen voraus, daß den Eltern größere Mitbestimmungs- und Kontrollrechte zugestanden werden, wenn man von ihnen persönliche und finanzielle Beiträge zum Betrieb der Schulen erwartet. In dem Maße, in dem die Schule ihre Allokationsfunktion für festbezahlte Arbeitsplätze verliert, weil das wirtschaftliche Wachstum mit der Zahl der Schulabgänger nicht Schritt hält, werden die Eltern entweder das Interesse an einer schulischen Ausbildung generell verlieren - und folglich auch das Interesse an jeglicher Art von Mitbestimmung in Schulfragen -, oder aber nur durch stärkere Einbeziehung und Mitarbeit in den die Schule berührenden Belangen davon zu überzeugen sein, daß ihre Kinder in einer gemeindeorientierten Schule etwas vermittelt bekommen, das für ihr zukünftiges Erwachsenenleben von Bedeutung ist 167).

Mit welchen Schwierigkeiten es verbunden ist, für eine reformierte Primarschule die Unterstützung der Gemeinden zu sichern, zeigen die Berichte aus Tansania. Eine Beteiligung der Eltern an den Fragen der Schule, die über die Bereitstellung von Finanz- und Sachmitteln hinausgeht und eine Kontrolle der Schulfinanzen mit einschließt, ist für viele Lehrer immer noch schwer verständlich. Eine enge Zusammenarbeit zwischen Eltern und der Schule ist daher eher die Ausnahme als die Regel 168).

3.2 Partizipation der Gemeinde in Curriculumfragen

Um in den Gemeinden wieder ein größeres Interesse an der Schule zu erreichen, wird von den Vertretern der gemeindeorientierten Primarschule neben einer Mitbestimmung der Bevölkerung in Fragen der Schulverwaltung und -unterhaltung auch ihre Beteiligung an der inhaltlichen Gestaltung des Unterrichts gefordert 169). Dabei geht es in der Regel bei diesen Forderungen weniger um eine Festlegung der Lerninhalte unter Beteiligung der Gemeinde, als vielmehr um die Nutzung lokaler Talente im Rahmen zentral vorgegebener Lehrpläne. Die Partizipation der Gemeindemitglieder in der Schule kann von den Lehrern zum Anlaß genommen werden, vergleichend und vertiefend die angeschnittenen Probleme mit den Schülern zu behandeln und auch die interessierten Erwachsenen mit einzubeziehen. Insbesondere in den praktischen Fächern, wie dem Werk- und Landwirtschaftsunterricht und in den Fächern, in denen der lokale Bezug Ausgangspunkt für die Beschäftigung und das bessere Verständnis überregionaler Zusammenhänge sein soll, wie z.B. in Geschichte, soll die Arbeit des Lehrers durch den Einsatz geeigneter Ortskräfte aus der Gemeinde ergänzt und die lokale Bedeutung des gewählten Themas für Schüler und Eltern verdeutlicht werden.

Die möglichen Bereiche einer Gemeindebeteiligungin Curriculumfragen betreffen nicht die Kernfächer des Schulcurriculums (Lesen, Schreiben, Rechnen). Sie umfassen diejenigen Bereiche, die den Bezug der schulischen Ausbildung zur Realität des künftigen Erwachsenenlebens darstellen. Je arbeitsteiliger und städtischer eine Gesellschaft sich organisiert, um so mehr werden auch diese Sozialisationsaufgaben an die Schule abgetreten.

Die Beteiligung von Mitgliedern einer Gemeinde am Schulunterricht soll darüber hinaus deutlich machen, daß die Schule nicht alleine über eine Monopolstellung in der Vermittlung von Wissen und Fertigkeiten verfügt, die für ein späteres Erwachsenenleben von Bedeutung sind, sondern daß es auch außerhalb der Schule für die Entwicklung der Kinder wichtige Erfahrungsbereiche gibt, auf die die Schule nicht verzichten kann und die nur in Kooperation mit der Gemeinde aufgegriffen werden können. Die Zusammenarbeit zwischen den Lehrern und lokalen Spezialisten in der Schule wird daher seit den frühesten Erziehungsreformen in Afrika versucht 170). Seit der politischen Unabhängigkeit ist dieser Aspekt der Gemeindebeteiligung sogar verstärkt von den afrikanischen Staaten betont worden. Der Lehrplan für die Primarschulen im anglophonen Kamerun von 1965 weist ausdrücklich auf eine Beteiligung von Nichtlehrern in der Schule hin 171). Ferner empfiehlt der Inspektionsbericht der Erziehungsverwaltung von 1972/73 für die Primarschulen der Südwestprovinz Kameruns genau umschriebene Einzelmaßnahmen, um Gemeindebewohner am Schulunterricht zu beteiligen:

"Parents should be invited to give talks on local history, or to give demonstrations in handicrafts, etc ... Teachers should enlist the help of all the reliable people they can find in the community since they cannot hope to know everything themselves. They should look for cooperation from local craftsmen, farmers, hunters, fishermen, mechanics and those working in public services such as health, agriculture and forestry."172)

Zwei Gruppen sind folglich bezüglich eines möglichen Einsatzes in der Schule besonders angesprochen:
(1) Gemeindebewohner, mit Kenntnissen in der lokalen Geschichte und Tradition oder mit Kenntnissen praktischer oder künstlerischer Art, die zum Lebensunterhalt beitragen;
(2) Fachkräfte aus dem staatlichen Verwaltungsapparat, die örtlich verfügbar und von den Regierungsstellen beauftragt sind, Verbesserungen der Lebensbedingungen der Gemeiden und die Integration mit dem Nationalstaat anzustreben.

Die geringsten Probleme scheinen beim Einsatz von Gemeindemitgliedern für den Bereich lokaler Kultur und Geschichte zu bestehen, da im allgemeinen davon ausgegangen werden kann, daß in der Mehrheit der Gemeinden in den ländlichen Gebieten eine Tradition besteht, nach der die Herkunft der kulturellen Gruppen, ihre großen Anführer usw. von Generation zu Generation mündlich überliefert wird. Schwieriger wird es bereits, wenn sich der Lehrer unter den Handwerkern einer Gemeinde nach potentiellen Helfern für seinen Unterricht umsieht. Je nach der Berufsstruktur einer Gemeinde und ihren wirtschaftlichen Aktivitäten wird das Vorhandensein bestimmter beruflicher Tätigkeiten variieren. In großen Teilen Afrikas beschränken sich folglich die Möglichkeiten des Lehrers auf die traditionellen Handwerksarten, wie sie auch in den entlegeneren Gemeinden anzutreffen sind.

Fachkräfte aus staatlichen Diensten sind wesentlich schwieriger für eine Mitarbeit in der Schule zu gewinnen. Der Landwirtschaftsberater oder Gesundheitsinspektor haben ihren Dienstsitz in den Gemeinden, in denen sich die Verwaltungsinstitution des Bezirks oder der Provinz befinden. Besuche in Gemeinden außerhalb des Dienstsitzes sind eher die Ausnahme als die Regel. Einschränkend kommt hinzu, daß gerade diese Institutionen, die der Bevölkerung bei der Entwicklung helfend und beratend zur Seite stehen sollen, nur mit wenigen Fachkräften ausgestattet sind und daher selbst in ihrem engen Fachbereich meist nicht die Nachfrage befriedigen können.

Bei allen Personen der beiden hier angesprochenen Gruppen, die im Sinne der Curriculumplaner für eine Mitarbeit in der Schule gewonnen werden sollen, wird davon ausgegangen, daß die Bereitschaft zur Übernahme von Lehraufgaben grundsätzlich besteht 173). Aufgrund der historischen Entwicklung des Primarschulsystems in Kamerun war den Lehrern die Idee der Beteiligung von Gemeindemitgliedern am Unterricht vertraut. In ersten Gesprächen mit Schulinspektoren und Lehrern wurde immer wieder versichert, in den

Schulen der anglophonen Provinzen würden Gemeindemitglieder sich der Schule zur Verfügung stellen, um mit den Kindern im Unterricht zusammenzuarbeiten 174). Die Selbstverständlichkeit dieser Zusammenarbeit zwischen Gemeinde und Schule wurde umso mehr betont, da man auf eine 'fortschrittliche' Schulpolitik verweisen konnte, die in der Schulpraxis der francophonen Provinzen erst in wenigen Ansätzen außerhalb der staatlichen Primarschulen Eingang gefunden hatte 175).

Die Ergebnisse der Befragung von 237 Primarschullehrern in den 79 Schulen der Stichprobe zeigen jedoch, daß Gemeindemitglieder nur in einer Minderheit aller Schulen in irgendeiner Form im Unterricht eingesetzt werden. Im Anschluß an die Einleitungsfrage zu diesem Problembereich ("What kind of people have you invited to school to give lessons and demonstrate their skills?") wurden zwar meistens ältere Leute, Häuptlinge, Handwerker usw. genannt, jedoch schon die nächste Frage, die versuchte, den Zeitpunkt der Einladung zu bestimmen, ergab, daß diese im allgemeinen mehrere Jahre zurücklagen. Festgehalten wurden daher nur solche Einladungen, die im Verlauf des vorausgegangenen Schuljahres erfolgt waren. Hierdurch entfiel völlig der Personenkreis, der zuerst spontan genannt worden war, und der über die lokale Geschichte des Schulortes angeblich berichtet hatte, da sich die Befragten überhaupt nicht an den Zeitpunkt erinnern konnten. Dagegen waren konkretere Zeitangaben für die gleichfalls genannten Handwerker und Fachkräfte verschiedener staatlicher Stellen zu erfahren.

16 % aller befragten Lehrer gaben an, im Verlauf des letzten Schuljahres örtliche Handwerker ihren Klassen vorgestellt zu haben. Lehrer, die in dieser Hinsicht aktiv geworden waren, finden sich in 30 % der Schulen. In jeder dritten unvollständigen Primarschule und in 43 % der vollständigen hatten Handwerker über ihre Berufe gesprochen und teilweise Demonstrationen vorgeführt. In 80 % solcher Vorführungen im Rahmen des Schulunterrichts waren es der örtliche Korbflechter, Schreiner oder Mattenflechter, die in die Schule gekommen waren (siehe Tabelle 9). Es sind also vorwiegend die Spezialisten traditioneller handwerklicher Fertigkeiten, die in der Primarschule den Kindern vorgestellt werden. Hierunter sind auch die Schreiner zu rechnen, die meist einfachere Arbeiten beim Hausbau bzw. bei Hausreparaturen verrichten. Da die lokale Nachfrage die Qualität dieser Schreinerarbeiten bestimmt, werden schon aus Kostengründen vorwiegend lokale Baumaterialien unter Einsatz weniger anspruchsvoller technischer Prozesse verwendet.

Tabelle 9: Einsatz von lokalen Handwerkern im Schulunterricht

Handwerksart	Eingeladene Handwerker		Nennung durch befragte Lehrer (v.H.)
	Anzahl	v.H.	
Korbflechter	13	34	5.5
Schreiner	10	26	4.2
Mattenflechter	8	21	3.4
Schmied	2	5	0.8
Landwirt	2	5	0.8
Töpfer	1	3	0.4
Maurer	1	3	0.4
Kalebassendekorateur	1	3	0.4
INSGESAMT	38	100	15.9

Anmerkung: Die Angaben entstammen der Befragung von 237 Lehrern der Schulen der Stichprobe.

Diese Art von Schreinerarbeiten sind den Schülern in der Mehrzahl der Gemeinden jedoch ebenso aus dem Alltag des Gemeindelebens bekannt - die einfachen Werkstätten der Dorfschreiner sind offen und für jeden Bewohner einsehbar -wie die Arbeiten des Flechters. Tätigkeiten dieser Art lernen die Schüler oft im Rahmen gemeinschaftlicher Aufgaben kennen, z.B. beim Häuserbau oder in der Großfamilie. Will man mit der Beteiligung solcher Handwerker am Unterricht mehr erreichen als eine bloße Information über ihre Tätigkeiten, müssen sie über einen längeren Zeitraum im Schulunterricht eingesetzt werden, um eine systematische Vermittlung von Fertigkeiten und Kenntnissen zu ermöglichen und Bezüge zu anderen Fachbereichen, z.B. der Mathematik, herstellen zu können.

Eine Einbeziehung der Gemeindehandwerker über einen längeren Zeitraum hinweg bringt aber zusätzliche Probleme mit sich. Erfahrungen aus Tansania zeigen, daß selbst bei massiver Unterstützung dieser Idee durch die staatlichen Organe auf der Ebene der individuellen Gemeinde Schwierigkeiten auftreten, da diejenigen Gemeindehandwerker, die mit den Kindern arbeiten, sich im Vergleich zu anderen Bewohnern finanziell benachteiligt fühlen, selbst wenn ihre Tätigkeit in der Schule als Ersatz für eine Beteiligung an gemeinschaftlichen Arbeiten, z.B. auf der gemeinsam betriebenen Farm der Gemeinde, gilt.

"Die Erwachsenen, die sich zunächst angeboten hatten, handwerkliche Kenntnisse zu vermitteln, zogen sich nach einiger Zeit wieder zurück, um mehr für den eigenen Bedarf arbeiten zu können"176).

Eine nähere Untersuchung der tatsächlichen Mitarbeit von Fachkräften der staatlichen Verwaltungsinstitutionen in den Schulen zeigt, daß auch hier der Anspruch des Modells und die Realität auseinanderklaffen. Da in Voruntersuchungen der Eindruck entstanden war, daß zumindest im Landwirtschaftsunterricht die Schulen mit den staatlichen Landwirtschaftsberatern zusammenarbeiten, wurden die für die Schulfarmen zuständigen Lehrer in den Schulen der Stichprobe gesondert gefragt, um das Ausmaß dieser Zusammenarbeit festzustellen 177).

Zwölf der 79 untersuchten Schulen berichteten von gelegentlichen Besuchen durch einen Landwirtschaftsberater - meist einmal im Verlauf eines Schuljahres. Eine sytematische Zusammenarbeit über einen längeren Zeitraum hinweg bestand in keiner Schule. Der Besuch des Beraters war meist mit der Verteilung von Saatgut oder einer kurzen Inspektion der Schulfarm verbunden. Gezielte Demonstrationen von Landwirtschaftstechniken oder Unterweisungen für die Schüler wurden nicht berichtet.

Die Lehrer erklärten zwar ihre Bereitschaft, mit den Beratern zusammenzuarbeiten, da sie sich von den Spezialisten Hilfe für die Schulfarmen versprechen, jedoch haben die wenigen Landwirtschaftsberater zu viele Bauern zu betreuen, so daß für die Zusammenarbeit mit der Schule keine Zeit bleibt. Wo dennoch gelegentliche Besuche stattfinden, sind diese vom persönlichen Interesse des Beraters und seinen Verbindungen zu den Lehrern einer Schule abhängig. Die fehlende landwirtschaftliche Beratung kann auch nicht durch entsprechendes Fachwissen der Lehrer kompensiert werden, da nur wenige Lehrer über eine landwirtschaftliche Spezial- oder Zusatzausbildung verfügen 178).

Bei der allgemeiner gehaltenen Befragung sämtlicher 237 Lehrer der Stichprobe wurden nur die Schulbesuche von Fachleuten von entwicklungsrelevanten Diensten während der letzten beiden Jahre festgehalten. In 21.5 % aller Schulen erwähnten die befragten Lehrer Besuche von Fachleuten jener staatlichen Institutionen, die mit ländlichen Entwicklungsaufgaben betraut sind. Im einzelnen kamen diese von folgenden Einrichtungen: Gemeinwesenentwicklung, (Community Development Department); Jugend und Sport; Öffentlicher Gesundheitsdienst; Landwirtschaftlicher Beratungsdienst; Bezirksverwaltung; nicht-staatliche Beratungsdienste; sonstige.
Die Zusammenarbeit mit Vertretern der Gemeinwesenentwicklungsbereichs wird aus sechs Schulen berichtet, mit Vertretern der Behörde für Jugend und Sport in zwei Schulen, der Rest sind Einzelfälle. Die Schulen, die Kontakte mit solchen Institutionen aufwiesen, lagen ausschließlich in gutversorgten ländlichen oder städtischen Gebieten und zumeist im Einzugsbereich von Gemeinden, die Sitz staatlicher Verwaltungsorgane waren.

Mit der Darstellung der wichtigsten Probleme, die die gewünschte Partizipation von Gemeindemitgliedern in Curriculumfragen mit sich bringt, soll dieses Kapitel abschließen. Die Auflistung der folgenden Problembereiche ergibt sich aus der Untersuchung der Situation in den Schulen Kameruns und soll helfen, die Verwirklichungschancen ähnlicher Ansätze in anderen Ländern bzw. reformierter Konzepte der Gemeindeorientierung in Kamerun realistisch einzuschätzen:

(1) Die Mitarbeit von lokalen Ressourcepersonen scheitert vielfach schon daran, daß ihre Zahl im Verhältnis zur Zahl der betreffenden Schulgemeinden sehr gering ist, insbesondere was die Beteiligung von Vertretern staatlicher und nicht-staatlicher Entwicklungsinstitutionen betrifft. In den Gemeinden, in denen Fachkräfte der landwirtschaftlichen Beratung, der Genossenschaften, des Gesundheitsdienstes, der Gemeinwesenentwicklung usw. verfügbar sind, können sie meist nicht in der Primarschule für kontinuierliche Aufgaben eingesetzt werden, da ihnen ihre regulären Aufgaben keinen Spielraum für zusätzliche Aktivitäten lassen.

(2) Als Alternative zur Mitarbeit der einzelnen Vertreter solcher Entwicklungsinstitutionen in den Schulen ist eine entsprechende Schulung der Lehrer für besondere Entwicklungsaufgaben denkbar. Dies würde vor allem dazu beitragen, die Probleme in den bisher benachteiligten Gemeinden in den weniger versorgten ländlichen Gebieten aufzugreifen, falls die derart vorbereiteten Lehrer für Aufgaben der Gemeinwesenentwicklung entsprechend ausgerüstet werden 179).

(3) Selbst diejenigen Gemeindebewohner, die grundsätzlich bereit sind, im Unterricht mitzuwirken, verlangen in der Regel nach einiger Zeit eine gewisse Kompensation für ihre Tätigkeit. Der Dorfhandwerker, der den Schulklassen das Flechten von Körben beibringt, kann nicht zur selben Zeit produzieren und muß folglich in irgendeiner Form entschädigt werden, will sich die Schule seiner Dienste versichern. Eine weitere Schwierigkeit ergibt sich bei lokalen Spezialisten, denen ihre besonderen Kenntnisse und Fertigkeiten eine Monopolstellung eingetragen haben, die die wirtschaftliche Existenz vieler Personen bedeutet. Aus diesem Grunde sind diese Personen oft auch innerhalb einer Gemeinde nicht bereit, ihr Wissen weiterzugeben (so z.B. im Bereich der Pflanzenheilkunde).

(4) Soll die Beteiligung von Gemeindeangehörigen am Unterricht über gelegentliche Einzelaktionen hinausführen, muß durch die Schulbehörde eine solche Partizipation durch entsprechende Maßnahmen ermöglicht werden. Vor allem die Lehrer müssen erkennen, daß auch pädagogisch nicht vorgebildete Bewohner in ihren Spezialgebieten Kindern Wissen vermitteln bzw. Fertigkeiten übertragen können. Die freiwillige Mitarbeit der Schule sollte daher von den Lehrern ermutigt und von der Gemeinde mit gesellschaftlicher Anerkennung bedacht werden.

(5) Ein wesentlicher Schritt in Richtung einer Partizipation der Gemeinde in Curriculumfragen wäre eine Beteiligung von gewählten Vertretern (oder von Organen der Gemeindeorganisation delegierten Mitgliedern) bei der Gestaltung und Evaluierung der praktischen Schulaktivitäten.

(6) Eine Beteiligung von Gemeindemitgliedern sollte insbesondere bei Projekten gesucht werden, in denen allgemeine Probleme lokaler Art von der Schule aufgegriffen werden.

3.3 Die erweiterte Rollendefinition der Primarschule: Verbesserung der lokalen Lebensbedingungen mit Hilfe der Schule

Bei den gemeindeorientierten Primarschulen beschränkt sich die Aufgabe der Schule nicht allein auf die Vermittlung der Grundfertigkeiten im Lesen, Schreiben und Rechnen und der Vorbereitung auf eine weiterführende Ausbildung an einer Sekundarschule. Die Primarschule soll vielmehr unmittelbare, für alle sichtbare und erfahrbare Auswirkungen in der Gemeinde haben. Durch konkrete Maßnahmen soll die Schule helfen, den Entwicklungsstand einer Gemeinde zu verbessern. Indem sie versucht, Grundbedürfnisse auf der lokalen Ebene aufzugreifen und - wenigstens ansatzweise - zu befriedigen, soll sie der Gemeinde die Nützlichkeit einer praxis- und gemeindeorientierten Erziehung verdeutlichen und die immer wieder beklagte Entfremdung von der Realität aufheben 180). Hierdurch hofft man, insbesondere in den ländlichen Gemeinden ein Potential zu schaffen, das zu einer unabhängigen Entwicklung aus eigener Kraft beitragen kann und in der Lage ist, die Vor- und Nachteile von an die Gemeinden herangetragenen Neuerungen und Änderungen abzuwägen:
"In a self-reliant approach to education (and development), the community's capacitiy to stand on its own feet is reinforced ... It enables people to weight the pros and cons of what comes to them outside, and to choose accordingly"181).

Durch das Aufgreifen lokaler Probleme, die einer Verbesserung der Lebensbedingungen entgegenstehen, sollen von der Primarschule d i e Entwicklungsimpulse ausgehen, die das Fehlen anderer Anstöße für Verbesserungen kompensieren helfen.

Das Spektrum gemeindeorientierter Aktivitäten der Schule reicht vom Studium der physischen und sozialen Umwelt, um erlernte oder zu erlernende Fertigkeiten in vertrauter Umgebung anzuwenden, über Beispiele für Neuerungen durch die Schule, z.B. Demonstrationen in Hygiene oder Landwirtschaft, von denen man sich positive Auswirkungen und Nachahmungen in der erwachsenen Bevölkerung erhofft, bis zu praktischen Beratungsaufgaben, die die Schule auf Wunsch einer Gemeinde leistet, vorwiegend in Zusammenarbeit mit Vertretern anderer Institutionen, die Gemeinwesenentwicklungsaufgaben zu bewältigen haben. In wenigen Fällen wird der Schule eine Art Dienstleistungsfunktion in Entwicklungsfragen zugeschrieben, um gerade denjenigen Gemeinden zu helfen, die ohne Beratungsagenten sind.

Die hier skizzierten Anforderungen an die Primarschule beinhalten einen zunehmenden Schwierigkeitsgrad bei Umsetzung dieser Ideen in die Schulpraxis: Je weiter der Lehrer sich von seiner Kernaufgabe - der Vermittlung der elementaren Kulturtechniken - in Richtung Gemeinwesenentwicklung entfernt, desto größer werden die Anforderungen an eine Ausbildung, die ihn in die Lage versetzt, Dienstleistungsfunktionen in der Gemeinwesenentwicklung zu übernehmen. So wie die Rolle des Lehrers bei der gemeindeorientierten Primarschule eine andere Definition erfährt und damit seine entwicklungsbezogenen Aktivitäten in einer Gemeinde auf nationaler Ebene sanktioniert und zum festen Bestandteil seines Berufsbildes erklärt werden müssen, so muß auf der anderen Seite auch von der Bevölkerung diese erweiterte Rolle der Schule akzeptiert werden. Dies ist wiederum um so eher zu erwarten, je größer der Bedarf auf Gemeindeebene für eine

Verbesserung der lokalen Situation ist, je kompetenter die Schule, und besonders die Lehrer, für Aufgaben der Gemeinwesenentwicklung vorbereitet sind, je geringer die Chancen sind, spezialisierte Beratungsdienste in Anspruch zu nehmen und je mehr Gewicht den gemeindeorientierten Aktivitäten bei der Auswahl für die weiterführenden Schulen beigemessen wird.

Folgende Problembereiche sollen daher untersucht werden:
(1) Was sehen Gemeindebewohner als notwendige Verbesserungen ihrer lokalen Situation an, wobei die Bedürfnisse aufgegriffen werden, die in den Gemeindeversammlungen und Einzelgesprächen mit den lokalen Führungsgremien erwähnt wurden;
(2) in welchem Umfang und welche Art von Selbsthilfeprojekten werden durchgeführt, um beurteilen zu können, ob eine erweiterte Aufgabenstellung der Schule in Richtung ländliche Entwicklung auch auf eine ausreichende Nachfrage stößt;
(3) welche Tätigkeiten können durch Primarschulen wahrgenommen werden, die zur Gemeinwesentwicklung beitragen;
(4) welche Aktivitäten haben Primarschulen in Kamerun für und mit den Gemeinden in den vergangenen Jahren durchgeführt die ansatzweise bereits als eine Umsetzung der erweiterten Aufgaben der Schule angesehen werden können.

Es wird also nicht die Umsetzung eines Konzepts unter den besonderen Bedingungen eines Versuchsprojekts mit begrenzter räumlicher Auswirkung untersucht, sondern der schulische Alltag eines Systems, in dem sich Grundzüge einer Gemeindeorientierung seit mehreren Jahrzehnten fest etabliert haben und zum Bestandteil des Curriculums geworden sind. Die Analyse dieser Elemente gibt die Situation einer repräsentativen Stichprobe wieder. Hierdurch geht zwar die Erfassung positiver oder negativer Einzelfälle verloren, jedoch wird die Wahrscheinlichkeit größer, daß man Situationen in den Beziehungen zwischen Gemeinden und Primarschulen der anglophonen Provinzen Kameruns antrifft, die dieser Analyse nahekommen. Aufgrund der bereits bestehenden Ansätze im untersuchten Teil Kameruns hinsichtlich einer Gemeindeorientierung der Primarschule wird abschließend aufzuzeigen versucht, wie gemeinsam mit Lehrern und Inspektoren authentisches Unterrichtsmaterial und Lernverfahren entwickelt wurden, die helfen können, die Bewohner und Schüler einer Gemeinde für Entwicklungsprobleme zu sensibilisieren und ihnen Fertigkeiten zu vermitteln, die sie bei ihrem Bemühen um Verbesserungen unterstützen sollen bzw. die Schule als Stätte organisierten Lernens wieder interessant werden läßt, weil lokale Kultur und Umwelt miteinbezogen, sozusagen zum Unterrichtsstoff in der Schule werden.

3.3.1 Selbsthilfeprojekte und Grundbedürfnisse in den Gemeinden der anglophonen Provinzen Kameruns

Der gemeindeorientierten Primarschule wird die Aufgabe zugewiesen, Selbsthilfeprojekte in den Gemeinden anzuregen und zu ermöglichen 182). Hierbei geht man von der Annahme aus, daß es bisher in den Gemeinden entweder nicht ausreichende oder gar keine Anstrengungen gab, durch

Eigeninitiativen Selbsthilfeprojekte zu starten bzw. durchzuführen, und daß deshalb die Primarschule einen Beitrag zur ländlichen Entwicklung leisten kann, wenn sie in diesem Bereich tätig wird. Für die Gemeinden des Untersuchungsgebietes stellt sich daher die Frage, ob grundsätzlich ein Bedarf für die 'Animationsrolle' der Schule zur Initiierung von Selbsthilfeprojekten besteht, welche Grundbedürfnisse als dringend zu befriedigen angesehen werden, und ob die Primarschule überhaupt in der Lage ist, derartige Selbsthilfeprojekte anzuregen, in ihnen mitzuarbeiten, sie voranzutreiben.

Die Durchführung von gemeinschaftlichen Vorhaben in den Gemeinden ist in den anglophonen Provinzen Kameruns weit verbreitete Praxis, um im Rahmen lokaler Möglichkeiten notwendige Gemeinschaftseinrichtungen zu erstellen. Alle kulturellen Gruppen im Untersuchungsgebiet weisen traditionelle Formen gemeinschaftlicher Arbeit auf, die entweder auf dem Prinzip der gegenseitigen Unterstützung beruhen oder Formen wirtschaftlicher Arbeitsorganisation gegen Bezahlung darstellen oder aber gemeinsame Leistungen im Rahmen der sozialen Organisation der Gruppe bilden. Gegenseitige Unterstützung, z.B. beim Hausbau oder Mitarbeit auf dem Felde sind überlieferte afrikanische Tradition, die auch heute noch in den ländlichen Gemeinden praktiziert wird. Junge Männer z.B., oft der gleichen Altersgruppe angehörend, schließen sich zu Gruppen zusammen, die spezialisierte Arbeiten in der Landwirtschaft für individuelle Gemeindemitglieder gegen Bezahlung entrichten. In den entlegenen Gemeinden des Südwestens z.B. ist der Unterhalt der lebensnotwendigen Kommunikationsmittel wie der Hängebrücken eine gemeinschaftliche Aufgabe aller erwachsenen Männer. Im Nordwesten wiederum gehört bei den hierarchisch organisierten Tikargruppen das Arbeiten der Gemeindemitglieder auf den Feldern der lokalen Herrscher zur Tradition, damit dieser seine politischen und kulturellen Funktionen wahrnehmen kann.

Die Idee des Zusammenschlusses zur Bewältigung aller betreffenden Probleme ist daher für die Gemeinden in den anglophonen Provinzen nicht erst etwas, was sie durch das Beispiel oder die Anregung der Vertreter der Schule lernen oder aufgreifen müssen. Selbsthilfeprojekte, so ergab die Untersuchung, waren auch ohne die Initiative der Schule weitverbreitete Praxis.

Bei der Befragung von 237 Lehrern in den 79 Gemeinden der anglophonen Provinzen Kameruns nannten 85 % mindestens ein Projekt, das in ihrer Schulgemeinde in den letzten beiden Jahren in Selbsthilfe durchgeführt worden war. Ein Drittel dieser Lehrer nannten sogar drei und mehr lokale Selbsthilfeprojekte. In sechs der 79 Gemeinden berichteten die Häuptlinge, daß sie ihre Projekte ohne jegliche Hilfe von außen durchführten, wobei es sich jedoch um Selbsthilfeprojekte handelte, die ohne größeren technischen Aufwand und Kapital durchzuführen waren. In 27 % der Gemeinden suchte man für die beschlossenen Projekte die Beratung und finanzielle Unterstützung durch Regierungsstellen, stellte aber die Arbeitskräfte kostenlos zur Verfügung. In einem Drittel aller Gemeinden war es üblich, zunächst unter den Gemeindebewohnern eine größere Summe für ein Projekt zu sammeln, ehe man Regierungsstellen um Beratung und Restfinanzierung bat. Bei der Durchführung des Projekts wurden dann darüber hinaus örtliche Arbeitskräfte bereitgestellt.

Am Beispiel des Baues von Wasserversorgungsanlagen in Selbsthilfe läßt sich allerdings zeigen, daß sich in den vergangenen Jahren ein Trend herausgebildet hat, der andeutet, daß immer weniger Gemeinden bereit sind, größere finanzielle Opfer für die Errichtung von Gemeinschaftsanlagen aufzubringen. Einmal sind daran die laufend steigenden Kosten für die Erstellung der Anlagen schuld, die einen immer größeren Beitrag des individuellen Gemeindemitglieds verlangen, ehe überhaupt mit einem Projekt begonnen werden kann. Zum anderen scheint sich in den Gemeinden, die bisher noch nicht mit den notwendigsten Einrichtungen der ländlichen Infrastruktur versorgt sind, eine abwartende Haltung abzuzeichnen, da insbesondere im Nordwesten Kameruns ein groß angelegtes Projekt zur Verbesserung der Lebensbedingungen in den ländlichen Zonen im Rahmen integrierter Maßnahmen Einrichtungen wie eine Wasserversorgung oder Gesundheitsstation durch den Staat bringt 183). Um größere Erträge beim Kaffeeanbau zu erzielen - Kaffee bedeutet eine für den Staat wichtige Devisen- und Einnahmequelle, die durch überalterte Baumbestände verloren zu gehen droht - werden den Bauern zusätzliche Anreize durch die Bereitstellung von Infrastruktureinrichtungen in den ländlichen Gemeinden gegeben, die vorher nur in Selbsthilfe durchgeführt werden konnten.

In den Gemeinden, in denen Projekte durchgeführt wurden, sind häufig Vereinigungen zur Selbsthilfe für die Vorbereitung und Durchführung eines Projekts verantwortlich. Diese Vereinigungen haben meist politische Führer der Gemeinde an der Spitze und oft einen Lehrer der Primarschule als Sekretär, der Protokolle der Gemeindeversammlungen führt oder Bittbriefe an die staatlichen Organe zwecks Unterstützung des beabsichtigten Projekts richtet.

Um welche Art von Projekten handelt es sich? Da die zuerst befragten Lehrer aufgrund ihres häufigen Wechsel des Schulorts - im Durchschnitt wechselten die Lehrer ca. alle zwei Jahre die Schule 184) - oftmals erst wenige Monate in einer Gemeinde lebten und noch wenig mit den lokalen Verhältnissen vertraut zu sein schienen, wurden als Ergänzung die politischen Gemeindeführer (Häuptlinge/Älteste/Berater) über die Selbsthilfeprojekte befragt. Weit am häufigsten wurde der Bau von Schulgebäuden bzw. Klassenräumen für Primarschulen und Straßen genannt. In drei von vier befragten Gemeinden hatte man - oft mit sehr begrenzten Mitteln und lokalen Materialien - Wege oder Straßen gebaut bzw. Klassenräume errichtet. Hinzu kommen in nahezu jeder zweiten Gemeinde Brücken, Versammlungshäuser sowie der Bau von Kirchen und Marktplätzen. Das wachsende Interesse an sportlicher Betätigung kommt in der Anlage von Fußballplätzen in 39 % aller Gemeinden zum Ausdruck (siehe Tabelle 10).

Tabelle 10: Selbsthilfeprojekte in Gemeinden der
Nordwest- und Südwestprovinz Kameruns

Projektart	Gemeinden	
	Anzahl	v.H.
Klassenräume (Primarschule)	61	77
Straßen-/Wegebau	58	73
Brücken	43	54
Traditionelle Versammlungshäuser	38	48
Kirchengebäude	36	46
Marktplätze	33	42
Fußballplätze	31	39
Wasserversorgungsanlagen (Trinkwasser)	25	32
Kommunale Fischteiche	6	8

Anmerkung: Die Angaben beziehen sich auf 79 Gemeinden der Stichprobe.

Die Qualität der Ausführung der erwähnten Projekte hängt in großem Maße von der Wirtschaftskraft und der politischen Organisation einer Gemeinde ab, wobei sich letztere insbesondere darin zeigt, inwieweit die Bewohner motiviert oder unter gesellschaftlichen Druck gesetzt werden können, um für ein solches Projekt Arbeitskraft und/oder finanzielle Mittel aufzubringen. So kann z.B. der Bau eines Klassenraumes oder Versammlungshauses in einer wirtschaftlich ertragreichen Gemeinde mit Blocksteinen, Zement, Wellblechdach usw. in moderner Bauweise ausgeführt werden, wobei sich im Extremfalle die Selbsthilfe auf die reine Finanzierung beschränkt und die Arbeiten von einem Unternehmer durchgeführt werden. In ärmeren Gemeinden hingegen wird ein ähnliches Projekt mit lokalen Materialien und großem Arbeitseinsatz der Gemeindebewohner bewerkstelligt und nur wenige Tätigkeiten an Spezialisten außerhalb der Gemeinde vergeben. Ein technisch kompliziertes und aufwendiges Projekt wie das der Wasserversorgung, das hohe finanzielle Mittel erfordert, wird daher nur noch in einem Drittel der Gemeinden als in Selbsthilfe ausgeführt genannt.

Die Zusammensetzung und Vielfalt der durchgeführten Gemeindeprojekte zeigt, daß die Bevölkerung gewöhnt ist, durch gemeinschaftliche Anstrengungen im Rahmen lokaler Möglichkeiten jene Verbesserung ihrer Lebensverhältnisse durchzuführen, zu denen sie in der Lage ist und für die sie die Notwendigkeit gegeben sieht. Gemeindezentren, wie sie vielfach durch die Institutionen der Gemeinwesenentwicklung der afrikanischen Bevölkerung empfohlen werden, fehlen völlig 185). Die Gemeinden konzentrieren sich auf die dringendsten Verbesserungen der Infrastruktur und auf die Bereitstellung von Einrichtungen, die wirtschaftlichen Nutzen bringen bzw. Ausdruck der Gestaltung des kulturelle Lebens bilden (so der Bau von Kirchen und traditionellen Versammlungshäusern).

Trotz der feststellbaren großen Anstrengungen in fast allen Gemeinden zur Entwicklung aus eigener Kraft beizutragen, mangelt es aber gerade an solchen Einrichtungen zur Befriedigung der Grundbedürfnisse, die die finanziellen und fachlichen Möglichkeiten übersteigen.

Um ein genaueres Bild von den Grundbedürfnissen (den 'felt needs') in den Gemeinden zu erhalten, wurde nach Maßnahmen gefragt, die von den Bewohnern als erforderlich angesehen wurden, um die lokalen Verhältnisse zu verbessern, um ihre Gemeinde als Wohnsitz attraktiver werden zu lassen. Da die Gesprächspartner in den Gemeinden, mit denen diese Frage diskutiert wurde, die politische Führung auf unterster Ebene darstellt, liegt in den Antworten auch immer ein lokalpolitisches Element, das nicht unbedingt gleichzeitig die individuelle Bedürfnisstruktur einzelner Bewohner oder Gruppen widerspiegelt.
"Communities are dievided, more often than not, with different goals and needs. The community may not be able to articulate any 'felt needs' or may have many contradictory ones"186).

So kann z.B. der Mangel an geeignetem Ackerland für junge Bauern oder das Fehlen eines landwirtschaftlichen Beratungsdienstes für Bauern die nur über kleinere Anbauflächen verfügen, in solchen Diskussionen mit Vertretern eines Dorfes zur Ermittlung der Grundbedürnisse gar nicht erst zur Sprache kommen, weil Vertreter der betroffenen Gruppen nicht am Gespräch teilnehmen dürfen und die Gesprächspartner zu der privilegierten Gruppe in der Gemeinde zählen, für die diese Probleme unbedeutend sind. Für sie können Probleme von Interesse sein, die wiederum von anderen Gruppen in der Gemeinde als unwichtig empfunden werden. Befragt nach den lebensnotwendigen Verbesserungen für ihre Gemeinde kann in der gleichen Situation von der politischen Führung die Forderung nach einer bis zum Primarschulabschluß führenden Schule in der Gemeinde erhoben werden, obwohl die vierklassige Schule am Ort nur von wenigen Kindern besucht wird. Linda Dove zieht daher die Schlußfolgerung, daß sich die Gemeinden in der Regel nicht als homogene Einheiten artikulieren, sondern die Interessen derjenigen Gruppen, die über die politische und ökonomische Macht verfügen, als Gesamtbedürfnisse wiedergegeben werde 187).

Um diesem Problem zu begegnen und möglichst eine umfassende Beteiligung der verschiedenen Gruppen einer Gemeinde bei der Befragung zu ermöglichen, wurden die Fragen zur Verbesserung der lokalen Verhältnisse und der entsprechenden Maßnahmen als Gruppeninterview bzw. -diskussion durchgeführt. In der Regel beteiligte sich die Mehrheit der erwachsenen Bevölkerung einer Gemeinde unter der Leitung der Häuptlinge an solchen Diskussionen, so daß meist ein breiteres Spektrum an Verbesserungsvorschlägen genannt wurde, als wenn nur Einzelinterviews mit der politischen Gemeindeführung stattgefunden hätten 188). Selbst wenn es gelungen sein sollte, eine größere Öffentlichkeit der Gemeinden bei der Feststellung der Grundbedürfnisse zu beteiligen, kann nicht der Anspruch erhoben werden, die Grundbedürfnisse der verschiedensten Gruppierungen auf der Gemeindeebene vollständig erfaßt zu haben. Die Ergebnisse dieser Befragung können aber als originäre Hinweise auf wünschenswerte Veränderungen in den Gemeinden, die bei einem großen Teil der Bevölkerung Unterstützung findet, aufgefaßt werden 189).

An der Spitze der als dringend notwendig empfundenen Verbesserungen auf lokaler Ebene steht eine bessere Gesundheitsvor- und -fürsorge. Ausreichende medizinische Betreuung im Krankheitsfalle und bei der Entbindung sowie die Verhinderung von Erkrankungen durch den Zugang zu sauberem Wasser bilden immer noch die Hauptprobleme in den Gemeinden.
"Safe, adequate, and accessible supplies of water together with sanitation are recognized as basic health needs and essential components of primary health care. Many of the diseases could be greatly reduced by meeting these basic health needs. Furthermore, water is an essential element for other areas of development"190).

Schon mit einigem Abstand folgen unter den genannten Verbesserungsvorschlägen der Bau bzw. der Ausbau/Erweiterung von Straßen und Brücken (siehe Tabelle 11). Erst daran anschließend werden Forderungen hinsichtlich von Maßnahmen vorgebracht, die den Absatz der landwirtschaftlichen Produkte bzw. ihre Steigerung bewirken sollen, gefolgt von Wünschen hinsichtlich der Erziehung der Kinder, insbesondere der Entlastung von Schulgebühren für den Besuch der Primarschulen.

- 172 -

Tabelle 11: Vorschläge zur Verbesserung der Lebensbedingungen in den Gemeinden

Rang-folge	Verbesserungsvorschlag	Bedürfnisbereich				in v. H. aller 79 Gemeinden
		Landwirtschaft	Infrastruktur	Gemeindewachstum	Erziehung	
1.	Gesundheitsstation/ Entbindungszentrum		x	x		75,9
2.	Wasserversorgung		x	x		60,8
3.	Bau von Straßen und/oder Brücken		x			45,6
4.	Verbesserung bestehender Straßen und Brücken		x			39,2
5.	Vermarktungseinrichtungen für "cash crops"	x				35,4
6.	Landwirtschaftliche Beratung	x				25,3
7.	bis zum Primarschulabschluß führende Schule ("senior primary school")				x	24,1
8.	Schuldgeldfreiheit in der Primarschule				x	22,8
9.	Belieferung mit notwendiger Ausrüstung für moderne Landwirtschaft (Dünger, Werkzeuge, Pflanzmaterial)	x				22,8
10.	Verhinderung von Abwanderung bzw. Zuzug von Siedlern			x		21,5
11.	Schaffung von Beschäftigungsmöglichkeiten			x		19,0
12.	Errichtung von Zweigstellen der Behörden und staatlichen Dienste im Einzugsbereich der Gemeinde		x	x		17,7
13.	Weiterführende Bildungseinrichtungen (Sekundarschulen aller Art)		x		x	16,5
14.	Landwirtschaftliche Kredite	x				13,9
15.	Verarbeitungs-/Aufbereitungsanlagen für Marktprodukte	x				12,7
16.	Elektrizitätsversorgung		x			11,4
17.	Arbeit erleichternde Maschinen (z. B. Maismühlen)		x			8,9
18.	Belieferung mit ausgesuchtem, verbessertem Pflanzen- und Saatgut	x				5,1

Anmerkung: Die Zusammenstellung basiert auf den Äußerungen von Häuptlingen, Gemeindeältesten und Sprechern in den Gemeinden, die zur Diskussion herangezogen wurden bzw. verfügbar waren. Die Vorschläge wurden entweder auf Gemeindeversammlungen gemacht, an denen jeder Bewohner teilnehmen konnte, oder wurden bei Gesprächen mit den lokalen Häuptlingen und ihren Ratgebern vorgetragen. Jeder Vorschlag aus einer Gemeinde wurde festgehalten.

Die das Gespräch einleitende allgemeine Frage war möglichst offen gehalten worden, um Beeinflussungen durch die Fragestellung zu vermeiden. In der englischen Sprachversion lautete sie: "What does your Village/Quarter need most in order to go ahead?" (Je nach Situation wurde Pidgin als Verkehrssprache verwendet).

Festgehalten wurden alle Vorschläge der Gemeindevertreter. Eine Gewichtung nach der Reihenfolge der Nennungen oder der Person, die den Vorschlag erwähnte, erfolgte nicht. Die Zusammenstellung gibt die Art der Verbesserungsvorschläge und die Häufigkeit ihrer Nennung in den 79 Gemeinden der Stichprobe wieder.

- 173 -

Die in den Gemeinden genannten Verbesserungsvorschläge wurden in einem weiteren Schritt in ihrer Beziehung zum Entwicklungsstand einer Gemeinde untersucht 191). Aus diesem Grunde wurden die durchschnittlich vorgebrachten Verbesserungswünsche in den vier Bereichen Landwirtschaft, Infrastruktur, Gemeindewachstum und Erziehung nach den sechs unterschiedlichen 'Entwicklungszonen', die sich aus der Faktoranalyse der infrastrukturellen Erschlossenheit der anglophonen Provinzen Kameruns ergeben hatten, aufgegliedert. Aus der Häufigkeit der im Durchschnitt gemachten Vorschläge pro Gemeinde einer 'Entwicklungszone' und eines Bedürfnisbereichs lassen sich Prioritäten sowohl innerhalb einer Zone feststellen (welche Art von Bedürfnissen werden als vorrangig zu befriedigen angesehen) als auch innerhalb eines Bedürfnisbereichs (in welchen Gemeindetypen haben bestimmte Arten von Bedürfnissen, z.B. landwirtschaftliche, welche Dringlichkeit) ablesen (siehe hierzu Tabelle 12).

Tabelle 12: Durchschnittliche Zahl der Verbesserungsvorschläge pro Gemeinde nach 'Entwicklungszonen' und Bedürfnisbereichen

Entwicklungszone	Verbesserungsvorschläge nach Bedürfnisbereichen							
	Landwirtschaft		Infrastruktur		Gemeindewachstum		Erziehung	
	Anzahl	Priorität	Anzahl	Priorität	Anzahl	Priorität	Anzahl	Priorität
(1) Isolierte ländliche Gemeinden	1.20	2.5	1.20	2.5	1.80	1.0	0.50	4.0
(2) Entlegene ländliche Gemeinden	1.44	3.0	1.81	1.0	1.54	2.0	0.57	4.0
(3) Marginale ländliche Gemeinden	0.56	3.5	1.11	2.0	1.27	1.0	0.56	3.5
(4) Unzureichend versorgte ländliche Gemeinden	1.16	3.0	2.02	1.0	1.25	2.0	0.84	4.0
(5) Gut versorgte ländliche Gemeinden	1.53	2.0	1.85	1.0	1.0	3.0	0.65	4.0
(6) Gemeinden in städtischen und stadtnahen Gebieten	0.79	3.0	1.93	1.0	1.28	2.0	0.67	4.0
Insgesamt	1.16	2.8	1.64	1.4	1.36	1.8	0.63	3.9

Anmerkung: Gesundheitsstation/Entbindungszentrum wurde in die Rubrik "Gemeindewachstum", Wasserversorgung in "Infrastruktur" und weiterführende Bildungseinrichtungen in "Erziehung" eingeordnet (vgl. Tabelle 11)
Die Prioritäten ergeben sich aus der Häufigkeit der Nennung für jede Entwicklungszone. Die höchste Priorität ist durch 1, die niedrigste durch 4 gekennzeichnet.

In den isolierten ländlichen Gemeinden zielt die Mehrheit der Vorschläge, im Durchschnitt 1.8 Nennungen pro Gemeinde, darauf ab, das Überleben der Gemeinde als soziale und wirtschaftliche Einheit zu sichern. Vor allem in Gemeinden dieser Art wird immer wieder die Forderung erhoben bzw. der Wunsch geäußert, die Abwanderung der erwerbsfähigen Männer und Frauen zu verhindern bzw. für die Ansiedlung von außerhalb attraktiv zu werden. Die Fragen der Überwindung der wirtschaftlichen und infrastrukturellen Isolation dieser Gemeinden sind derart dominierend, daß Verbesserungsvorschläge aus dem Erziehungsbereich mit 0.5 Nennungen pro Gemeinde unbedeutend erscheinen.

In entlegenen ländlichen Gemeinden werden Verbesserungen der Infrastruktur als noch erforderlicher angesehen als Maßnahmen, die die Abwanderung beenden könnten. Die Sorge um die Erhaltung der Lebensfähigkeit der Dörfer ist jedoch noch größer, als die Hoffnung, durch Maßnahmen im Bereich der Landwirtschaft die Situation zu verbessern (Gemeindewachstum = 1.54 Nennungen, Landwirtschaft =1.44 Nennungen pro Gemeinde). Wie bei allen Gemeindetypen rangieren auch hier die Verbesserungsvorschläge, die sich auf Maßnahmen im Erziehungsbereich beziehen, an letzter Stelle, wenn auch mit leicht gestiegener Häufigkeit der Nennungen im Vergleich zu isolierten Dörfern.

In den marginalen ländlichen Gemeinden hat das Gemeindewachstum wieder Priorität vor der Verbesserung der Infrastruktur. Mit großem Abstand folgen, mit gleicher Anzahl der durchschnittlichen Nennungen, Vorschläge, die die Landwirtschaft und Erziehung betreffen. Gemeinden, die in diese Kategorie fallen, leiden besonders an der Diskrepanz zwischen dem Mangel an Erwerbsmöglichkeiten in der Landwirtschaft aufgrund fehlenden Zugangs zu Absatzmärkten und staatlichen Beratungsorganisationen und der im Gegensatz zu den isolierten und entlegenen Gemeinden relativen Nähe von kleineren Zentren administrativer bzw. wirtschaftlicher Aktivitäten, die oft als erster Ort für abwanderungswillige Gemeindemitglieder in Frage kommen 192).

Ländliche Gemeinden in Gebieten mit unzureichender Infrastruktur empfinden am stärksten das Fehlen von Einrichtungen, die die Versorgung der Bevölkerung mit lebensnotwendigen Diensten sichern und den Absatz landwirtschaftlicher Produkte ermöglichen können. Die Gemeindevertreter dieser Dörfer schlugen daher in der Regel immer mehrere Maßnahmen im Bereich Infrastruktur vor - im Durchschnitt 2.02 Verbesserungsvorschläge -, die mit großem Abstand von Vorschlägen gefolgt wurden, die sich auf die Bereiche Gemeindewachstum (1.25 Nennungen) und Landwirtschaft (1.16 Nennungen) bezogen. Obwohl auch in dieser Gruppe Vorschläge, die den Erziehungsbereich betreffen, im Vergleich zu den anderen Bedürfnisbereichen die niedrigste Häufigkeit aufweisen, stellen die 0.84 Nennungen jedoch die größte Häufigkeit innerhalb des Bedürfnisbereichs dar. Zwar verspricht man sich in diesen Gemeinden keine unmittelbaren Entwicklungseffekte von der Schule, hofft aber auf Chancen für die eigenen Kinder, materiell besser gestellt zu sein als die jetzige Generation, wenn ihnen der Besuch der Primarschule - und damit die Hoffnung auf einen Besuch einer weiterführenden Schule - ermöglicht wird. Daher findet sich in diesen Dörfern in starkem Maße die Forderung nach Abschaffung der Schulgebühren für die Primarschule bzw. die Schaffung von vollausgebauten Primarschulen in

Gemeinden, die nur über Rumpfschulen mit den ersten vier Jahrgangsklassen verfügen.

Verbesserungsvorschläge, die sich auf Einrichtungen der Infrastruktur beziehen, stehen auch in Gemeinden in gut versorgten ländlichen Gebieten an der Spitze. Inhaltlich verlagert sich jedoch der Schwerpunkt von einer Art Minimalausstattung der Gemeinden zu gehobenen Bedürfnissen im Bereich Infrastruktur. Da in diesen Gemeinden in der Regel die Grundausstattung (Straße, Gesundheitsstation , Wasserversorgung usw.) bereits vorhanden ist, verspricht man sich von der Schaffung bzw. Errichtung von zusätzlichen Verbesserungen Vorteile für alle Gemeindemitglieder, so z.B. durch eine Elektrifizierung der Gemeinde, Arbeit erleichternde Maschinen in der Landwirtschaft, Ansiedlung von Zweigstellen staatlicher oder nichtstaatlicher Dienste.

Weiter konzentrieren sich die Vorschläge in den gutversorgten ländlichen Gemeinden auf den Bereich der Landwirtschaft. Mit 1.53 Nennungen je Gemeinde für den Bedürfnisbereich Landwirtschaft findet sich hier die größte Häufigkeit im Vergleich zu den Gemeinden in anderen Zonen. Ähnlich wie im Infrastrukturbereich werden in den gut versorgten ländlichen Gemeinden die Verbesserungsvorschläge, die die Landwirtschaft betreffen, differenzierter und anspruchsvoller, da man in der Regel Ansätze für eine profitable landwirtschaftliche Tätigkeit bereits vorfindet (u.a. Vermarktungseinrichtungen, Nähe zu Absatzmärkten, Beratung). So schließen die Vorschläge zur Verbesserung der Situation in den Gemeinden die Bereitstellung von Krediten zur Produktionssteigerung in der Landwirtschaft, die gezielte Information für die Bauern über verbessertes Pflanzen- und Saatgut und die Verteilung von ausgesuchtem Pflanzmaterial, sowie schneller Einsatz bei auftretenden Schädlings- oder Krankheitsbefall ein. Schließlich wird die Errichtung von Aufbereitungs- und Verarbeitungsanlagen für landwirtschaftliche Produkte ebenfalls als notwendig erachtet. Fragen des Gemeindewachstums spielen eine untergeordnete Rolle, da diese Gemeinden Zuzugsgebiet für Bewohner aus anderen Landesteilen sind. Weitere Vorschläge betrafen die Schaffung von Beschäftigungsmöglichkeiten, insbesondere für diejenigen Jugendlichen, die in der Landwirtschaft keine Verwendung finden können oder wollen.

Für die Gemeinden in städtischen und stadtnahen Gebieten ergeben sich aus der größeren Bevölkerungskonzentration neue Probleme im Bereich der Infrastruktur, die als dringend verbesserungswürdig angesehen werden. In jeder Gemeinde dieser Kategorie wurden fast zwei Vorschläge (1.93) unterbreitet, die sich auf die Versorgung der Bevölkerung mit sauberem Trinkwasser, die Elektrifizierung, oder auf Betreuung bzw. den Zugang zu Behördeneinrichtungen und staatlichen Diensten bezogen. Ebenfalls als wichtig für eine Verbesserung der Lebensbedingungen in den Gemeinden wurde die Schaffung von Beschäftigungsmöglichkeiten angesehen sowie eine verbesserte medizinische Versorgung der Bevölkerung gefordert. Nennungen dieser Art wurden im Bedürfnisbereich 'Gemeindewachstum' zusammengefaßt. Die folgende Abbildung veranschaulicht nochmal die unterschiedlichen Prioritäten der Grundbedürfnisse in den verschiedenen Entwicklungszonen.

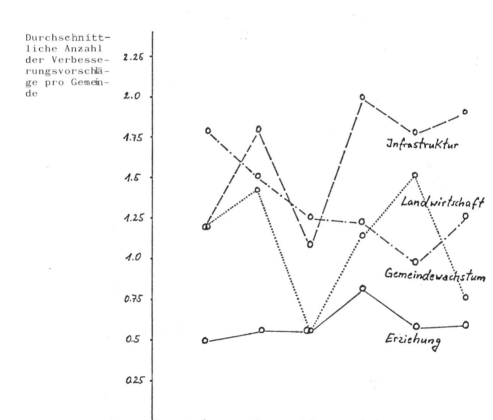

Abbildung 7: Grundbedürfnisse und infrastrukturelle Erschlossenheit (Entwicklungszone) der Gemeinden in den anglophonen Provinzen Kameruns

Vergleicht man die Verbesserungsvorschläge der Gemeinden zur Befriedigung ihrer Grundbedürfnisse mit den durchgeführten Selbsthilfeprojekten ergibt sich scheinbar ein Widerspruch: Obwohl die Erstellung von Klassenräumen die häufigste Selbsthilfemaßnahme in den Gemeinden bildet und damit ein genuines Interesse an der Schule auf Seiten der Eltern angezeigt wird, werden zur Verbesserung der Lebensbedingungen in den Gemeinden Vorschläge, die den Erziehungsbereich betreffen, nur zögernd gemacht. Vielleicht liegt die Erklärung darin, daß sowohl die Missionsgesellschaften als auch der Staat von den Gemeinden eine Reihe von Vorleistungen verlangten, ehe Schule stattfinden konnte. Lehrkräfte wurden erst entsandt, wenn die Gemeinde einen Klassenraum oder mehrere Klassenräume und die dazugehörenden Wohnungen für die Lehrer errichtet hatten. Diese Voraussetzungen waren nur in Selbsthilfe durchzuführen und immer der Ausdruck der lokalen organisatorischen und finanziellen Möglichkeiten. Die Übernahme der Kosten für die Errichtung und den Unterhalt der schulischen Einrichtungen durch die Gemeinden ist zu einer Tradition geworden, die auch heute noch als Selbsthilfeaktivität - gleich welcher Form - auf lokaler Ebene dominiert. Ähnlich bedeutend ist im Vergleich dazu nur noch der Unterhalt von Straßen und Brücken in Gemeinden, die nicht durch eine ganzjährig befahrbare Straße mit anderen Orten verbunden sind.

Was Erziehungseinrichtungen betrifft, so meint man in den Gemeinden schon ausreichende Eigenleistungen erbracht zu haben. Verbesserungen erhofft man sich in anderen Bereichen. Für den Schulbesuch sind permant Aufwendungen erforderlich, auch wenn in staatlichen Schulen kein Schulgeld zu zahlen ist. Was fehlt sind solche Einrichtungen auf Gemeindeebene, die man von besser mit Infrastruktur versorgten Gemeinden her kennt (Elektrizität, Wasserversorgung, etc.). Daher fordert die Bevölkerung Maßnahmen, von denen sie sich fühlbare und sichtbare Veränderungen verspricht oder es werden Forderungen im Erziehungsbereich gestellt, die finanzielle Entlastungen für den Einzelnen bringen (Schulgeldfreiheit) bzw. helfen können, die Chancen für Kinder aus der Gemeinde, möglichst weit im Bildungssystem voranzukommen, zu verbessern. Daher der Wunsch nach vollausgebauten Primarschulen in Gemeinden, die nur über vierklassige Schulen verfügen, oder die Forderung nach weiterführenden Sekundarschulen in Gemeinden, die nicht über solche Einrichtungen verfügen.

Für eine gemeindeorientierte Primarschule, die als wichtigen Bestandteil ihres Curriculums die Teilnahme, Anregung oder Durchführung von Entwicklungsprojekten ansieht, ergeben sich aus der bisherigen Analyse eine Reihe von Überlegungen, die helfen, das Konzept und die Bedingungen seiner Anwendung für die anglophonen Provinzen Kameruns zu präzisieren:
(1) Die große Zahl der Selbsthilfeprojekte zeigt an, daß Gemeinschaftsarbeiten unter örtlichen Bedingungen und für lokale Notwendigkeiten Teil der Kultur der verschiedenen Gruppen sind, die oft von traditionellen Arbeiten (wie dem gemeinsamen Bau von Versammlungshäusern) auf Einrichtungen moderner Institutionen (Schule, Kirche) übertragen wurden.
(2) Selbsthilfeprojekte kommen zwar der Schule zugute, da sie oft die Voraussetzungen für den Unterricht schaffen (Bau von Klassenräumen, Lehrerwohnungen), werden jedoch in der Regel ohne Anregung der Lehrer durchgeführt.
(3) Die Möglichkeiten und Notwendigkeiten zur Verbesserung der Situation

einer Gemeinde differieren mit dem Entwicklungsstand. Die Bedürfnisse in Gemeinden in isolierten und entlegenen ländlichen Gebieten z.b. unterscheiden sich in Art und Qualität von den in unzureichend oder schlecht versorgten ländlichen Gebieten oder in städtischen Gemeinden. Selbst punktuelle Ansätze einer Mitarbeit der Primarschule in Projekten müssen daher je nach der 'Entwicklungszone', in der sich die Gemeinde befindet, verschieden sein.

(4) Die in einer Gemeinde vorhandenen Ressourcen, die eingesetzt werden können, um als notwendig erkannte Veränderungen durchzuführen, werden bereits ausgeschöpft. Technisch und organisatorisch anspruchsvollere Projekte zur Verbesserung der Lebensbedingung wie z.B. eine Elektrifizierung oder Trinkwasserversorgung, wie sie gerade in den schon besser ausgestatteten Gemeinden gewünscht werden, sind nur noch mit externer Hilfe durchzuführen. Derartige Projekte übersteigen die lokalen Mittel und die lokalen Fertigkeiten. Sie erfordern Expertenwissen und -fertigkeiten, die auch durch besonders für diese Aufgaben ausgebildete Lehrer nicht ersetzt werden können.

(5) Ein gemeindebezogenes Curriculum, das sich vorwiegend auf Selbsthilfeprojekte und Dienstleistungsfunktionen der Schule für die Gemeinde stützt, verliert mit zunehmender Versorgung der Gemeinden mit Grundeinrichtungen infrastruktureller Art sein Betätigungsfeld. Der Schule verbleiben immer weniger Chancen, Selbsthilfeprojekte anzuregen bzw. sich an solchen zu beteiligen, da technisch kompliziertere Einrichtungen immer weniger Spielraum für eine Art von Beteiligung zulassen, wie die Schule sie anzubieten vermag.

Die Möglichkeiten der Primarschule, einen Beitrag zur Verbesserung der Lebensbedingungen zu leisten, ergeben sich aus dem unterschiedlichen infrastrukturellen Entwicklungsstand der Gemeinden, wobei die unmittelbaren Einwirkungen der Lehrer und die Mitarbeit der Schüler an Gemeindeprojekten immer begrenzter werden. Bevor auf die in Kamerun festgestellten gemeindeorientierten Aktivitäten der Primarschulen eingegangen wird, soll im folgenden Kapitel die grundsätzliche Frage aufgegriffen werden, in welcher Form die Hinwendung der Schule zu Problemen der Gemeinde im Curriculum Berücksichtigung finden kann.

3.3.2 Typologie gemeindeorientierter Curricula

Die Bemühungen der Bildungsplaner, die Primarschule für die ländliche Entwicklung einzusetzen, indem der Unterricht sich an den Bedürfnissen der Gemeinden ausrichtet und die unmittelbare Umwelt mit einbezieht werden meist mit globalen Forderungen bzw. Aussagen belegt 193), die wenig Hinweise auf die konkreten Umsetzungsmöglichkeiten in der Praxis geben. In welcher Weise und zu welchem Zweck die Umwelt einer Schule Lerngegenstand und Betätigungsfeld für Gelerntes werden kann, soll im folgenden untersucht werden.

Wird die Gemeinde und ihre Umwelt zum Mittelpunkt des Lerninteresses in der Primarschule, kann das bedeuten, daß der Lehrer versucht, den im Unterricht behandelten Lernstoff durch die konkrete Anschauung aus der erfahrbaren Umwelt der Schüler deutlich zu machen und zu vertiefen. Es kann aber ebenso zur Folge haben, daß sich ein Lehrer und seine Klasse mit einem Problem befassen, das sich aus ihrer Beschäftigung mit den Verhältnissen vor Ort ergibt - z.B. der Abwanderung der arbeitsfähigen Bevölkerung in die Städte - und im Rahmen dessen sie allgemein auf dieses aufmerksam machen oder Lösungen vorschlagen, wie Verbesserungen zu erreichen sind. Während im ersteren Falle die Gemeindeorientierung des Unterrichts sich darin zeigt, daß die Veranschaulichung des Lernstoffes durch die lokalen Bezüge garantiert werden soll, die Umweltbedingungen, -erscheinungen und -probleme sozusagen in der Schule zur Disposition gestellt werden, ist im letzteren Fall der Gemeindebezug mit der Lösung von Problemen, denen sich eine Gemeinde gegenüber sieht, verbunden.. Hierbei weicht die Schule von ihrer rein betrachtenden Haltung ab und greift - wenn auch in unterschiedlicher Intensität - in bestehende Verhältnisse ein, um Verbesserungen durchzusetzen oder Mißstände abzustellen.

Der Beitrag der Schule zur Lösung von Gemeindeproblemen erfolgt in der Regel entweder durch eine Demonstration bestimmten Verhaltens, wobei man sich erhofft, daß die Bevölkerung angeregt wird, dem Beispiel der Schule zu folgen (z.B. Nutzung von einfachen Filtergeräten für Trinkwasser, Einhaltung von Pflanzabständen usw.), oder aber die Schule inszeniert bzw. beteiligt sich an Entwicklungsprojekten, deren Festlegung mit unterschiedlicher Intensität durch die Gemeinde erfolgen kann.

Die Beschäftigung der Schule mit der Gemeinde ist nicht auf Entwicklungsprojekte beschränkt. Die Zusammenarbeit kann verschiedene Formen annehmen, die sich im Curriculum der Schule niederschlagen. Saunders spricht in diesem Zusammenhang von 'localistic' Curricula, wenn lokale Bezüge entscheidend für den Unterrichtsinhalt werden 194). Ausgehend von der hier entwickelten allgemeinen Typologie wird für die Primarschulen in Schwarzafrika versucht, diejenigen Bereiche herauszuarbeiten, in denen ein lokaler Bezug für das Curriculum bestimmend wird 195). Bei dem Versuch, eine Typologie gemeindeorientierter Primarschulcurricula zu entwerfen, sollen nicht nur die Bereiche aufgezeigt werden, in denen Schule und Gemeinde miteinander verknüpft sind, sondern gleichzeitig soll der Stellenwert dieses lokalen Bezugs im gesamten Primarschulcurriculum verdeutlicht werden. Dies geschieht einmal mit Hilfe einer Gegenüberstellung der gemeinderelevanten Bereiche zu den Lernzielen wie sie aus den Konzepten verschiedener Autoren abgeleitet wurden 196), zum anderen wird die Bedeutung der gemeindeorientierten Aktivitäten der Schule hinsichtlich ihrer Relevanz für die Prüfungen, denen sich die Schüler am Ende der Primarschulzeit unterziehen, gewichtet.

Übersicht 12: Versuch einer Typologie gemeindeorientierter Primarschulcurricula

ELEMENTE LOKALER RELEVANZ	CHARAKTERISTIKA	Lernziele 1	2	3	4	Examens- relevanz
(1) Entwicklungsprojekte	Gemeindeprobleme werden zum Gegenstand der Beschäftigung im Unterricht/Situationsanalyse /Bewahren, Verbessern/ Intervention durch Lehrer und Schüler	x		x		./.
(2) Dienstleistungen für die Gemeinde	Allgemeine Hilfsarbeiten für Gemeindebewohner gegen Bezahlung (landwirtschaftliche Arbeiten, Hilfsdienste bei Bauprojekten usw.)		x			./.
(3) Erwachsenenbildung/ Freizeitgestaltung	Schulgebäude und -ausstattung stehen lokaler Bevölkerung außerhalb der Schulzeit zur Verfügung/Schule organisiert Bildungs- und Freizeitveranstaltungen				x	./.
(4) Landwirtschaftliche/ gewerbliche Produktion	Verbindung des Unterrichts mit produktiver Arbeit/Beitrag der Schule zur Deckung der Kosten des Schulbetriebs		x			./.
(5) Traditionelle Kultur	Sitten und Gebräuche der verschiedenen lokalen Kulturgruppen werden in der Schule reflektiert/Förderung der Kreativität der Schüler durch Beschäftigung mit kulturspezifischen Ausdrucksformen		x	x		./.
(6) Pädagogisches Medium	Methode zur Vermittlung des zentral festgelegten Curriculums/Lokale Umwelt als "Lernlabor", als Mittel der Veranschaulichung/Keine Intervention der Schüler	x				+

Anmerkungen: Lernziele: 1 = Vertrautheit mit lokaler Umwelt
2 = Einsicht in die Notwendigkeit körperlicher Arbeit
3 = Erhaltung und Pfleger traditioneller Kultur
4 = Befähigung zur Lösung lokaler Probleme durch gemeinschaftliches Handeln

Examensrelevanz: + = wichtig bei der Abschlußprüfung der Primarschule bzw. bei der Aufnahmeprüfung zur Sekundarschule
./. = keine bzw. geringe Bedeutung in den Prüfungen der oben angeführten Art

Bei den in der Typologie aufgeführten Curriculumelementen mit lokaler Relevanz fällt zunächst auf, daß es sich vorwiegend um Zusatzaktivitäten der Schule handelt (1 -5), die kaum bzw. überhaupt nicht bei der Prüfung berücksichtigt werden, jedoch zur Lernzielerreichung notwendiger Teil des Gesamtcurriculums sind. Da die Examen den lokalen Bezug des Unterrichts kaum anregen, wird in einigen Ländern versucht, durch Belohnungssysteme anderer Art die nötige Motivation zu schaffen. Die Gemeindeorientierung der Schule kann entweder Teil eines umfassenderen politischen Programms eines Landes sein und von daher auch die Unterstützung von seiten der Lehrer erzwingen, wie z.B. in Tansania, oder sie wird über Anreize materieller Art, z.B. durch einen landesweiten Wettbewerb unter den Bildungseinrichtungen eines Landes, gefördert. Letzteres ist in Kamerun seit der Einführung eines Nationalen Preises für Arbeit für Schulen auf verschiedenen Stufen des Bildungssystems erreicht worden. In abgestufter Form werden seit 1976 jährlich bis auf die Bezirksebene herunter Preise bis zu einer Höhe von ca. 10 000 DM pro Schule verliehen, wenn Ergebnisse vorzuweisen sind, die die Gemeindeorientierung der Schule beinhalten (Entwicklungsprojekte, Produktion der eigenen Schulfarm, Pflege traditionellen Handwerks und Kultur usw.).

Die Gemeindeorientierung der Curricula mit ihrem Bezug zur lokalen Umwelt ist von genereller Bedeutung für die Entwicklung der intellektuellen Fähigkeiten der Schüler, wenn es darum geht, abstrakte Prinzipien und Gesetze zu veranschaulichen. Werden die Examen dahingehend geändert, daß sie das Abfragen von Faktenwissen, wie es zur Zeit noch allgemein praktiziert wird, durch Aufgaben ersetzen, die die Denkfähigkeit der Schüler anhand von Problemen und Dingen prüft, die ihm aus seiner Umwelt vertraut sind, gewinnt die Hinwendung des Unterrichts zur lokalen Umwelt wieder größere Bedeutung. Die Gemeindeorientierung dient in solchem Falle als ein pädagogisches Medium, ohne jedoch unmittelbare Auswirkungen auf die Umwelt zu haben 197). Der Lehrer sieht sich hierbei in verstärktem Maße angehalten, die Denkfähigkeit der Schüler durch Bezug auf seine konkret erfahrbare Umwelt zu entwickeln, wenn diese Fähigkeiten anstelle reinen, von der Umwelt der Gemeinde losgelösten Faktenwissens in den Abschlußprüfungen am Ende der Primarschulzeit gefordert werden.

Seit den Ansätzen Ende der 60er Jahre, den Primarschulbereich in Kamerun zu reformieren, wird versucht, die lokale Umwelt für die Entwicklung kognitiver Fähigkeiten zu nutzen und darüber hinaus als Animationszentrum für eine Gemeinwesenentwicklung einzusetzen. Für die francophonen Provinzen wurden Konzepte und Materialien durch das Institut für die Reform des Primarschulwesens, IPAR-Yaounde (Institut de pédagogie appliquée á vocation rurale) entwickelt 198). Die Reform hat bis zum heutigen Zeitpunkt jedoch kaum Auswirkungen auf die Schulpraxis auf nationaler Ebene gezeigt. Nach einem politisch günstigen Reformklima um die Mitte der 70er Jahre stagnieren die Reformmaßnahmen, begleitet von zunehmender Kritik an den Realisierungsmöglichkeiten des gemeindebezogenen Konzepts 199).

In den Primarschulen der anglophonen Provinzen Kameruns dagegen ist eine gewisse Art von Gemeindeorientierung der Curricula seit Jahrzehnten fester Bestandteil der Beziehungen zwischen Schule und Gemeinde. Auch nach der politischen Unabhängigkeit wurden diese Aufgaben der Schule beibehalten, blieben jedoch weitgehend zusätzliche Aktivitäten im Rahmen des Schulcurriculums, die aus einer bestimmten Tradition heraus fortgeführt wurden. Im folgenden Kapitel werden daher solche Zusatzaktivitäten der Primarschule, wie sie im anglophonen Teil Kameruns festzustellen sind und denen entwicklungspolitische Relevanz zuerkannt wird, einer näheren Analyse unterzogen.

3.3.3 'Entwicklungsprojekte' der Primarschulen in den Gemeinden

Die Primarschule in den anglophonen Provinzen Kameruns führen seit mehreren Jahrzehnten Arbeiten aus, die den Gemeinden zugute kommen oder sind es gewohnt, bei größeren Selbsthilfeprojekten der Gemeinden beteiligt zu werden. Die Qualität und der Umfang solcher Betätigungen sind jedoch kaum mit dem Begriff 'Entwicklungsprojekte' zu rechtfertigen. In sehr realistischer Einschätzung der Möglichkeiten, die einer Primarschule und ihren Lehrern gegeben sind, verzichtet man auf anspruchsvolle Animationsvorhaben in den Gemeinden und beschränkt sich auf Ansätze, Leistungen zu erbringen, die ohne aufwendige technische und finanzielle Maßnahmen machbar sind. Die Schulverwaltung spricht in diesem Zusammenhang von Dorfprojekten (village projects), die aber ebensogut in städtischen Vierteln durchgeführt werden können. Im Jahresbericht der Schulverwaltung der Südwestprovinz heißt es beispielsweise,
"The school should carry out village projects with older children - e.g. cleaning the water point or market place, or draining marshy areas."200).
Die Schule wird angehalten, sich als Hygieneinspektor in den Gemeinden zu betätigen und in zeitlichen Abständen gewisse Mindeststandards hinsichtlich der Sauberkeit öffentlicher Einrichtungen durchzusetzen. Tabelle 13 gibt Aufschluß über die verschiedenen Arten der Hilfeleistungen oder Projekte, wie sie in den Schulen der Stichprobe ermittelt wurden. Der von der Schulverwaltung geforderte Einsatz der Schulen zu Reinigung von öffentlichen Märkten, Wasseranlagen, Versammlungsplätzen usw. ist fester Bestandteil schulischer Zusatzaktivitäten, die der Gemeinde zugute kommen. Derartige Hilfsdienste für die Gemeinde gehören zu den selbstverständlichen Aufgaben der Primarschulen und stehen mit einer Häufigkeit von 92 % an der Spitze der in den Schulen genannten Aktivitäten.

Tabelle 13: Kostenlose Leistungen der Primarschule für die Gemeinde

Art der Hilfeleistungen	in v.H. aller Schulen/Gemeinden der Stichprobe
o Reinigung öffentlicher Anlagen	92
o Hygienedemonstrationen	52
o Organisation von Sport- und Freizeitbetätigungen	35
o Demonstration von Landwirtschaftsmethoden	24
o Ernteeinsatz	23
o Hilfsarbeiten bei der Instandhaltung von Erdstraßen und in lokalen Techniken gebauter Brücken	23
o Betreuung alter und/oder kranker Bewohner	14
o Transport von Baumaterialien (Sand/Steine/Holz)/Herstellen von Lehmblöcken für Gemeinschaftseinrichtungen in der Gemeinde	13
o Alphabetisierungskurse für Erwachsene	10

Anmerkung: Die Angaben beziehen sich auf die 79 Schulen und Gemeinden der Stichprobe.

Weitere Tätigkeiten der Schule, die eher als Projekte angesehen werden können, folgen mit weitem Abstand. Mithilfe bei der Ernte oder bei der Instandhaltung von Erdstraßen und einfachen Brücken werden in jeweils 23 % aller Schulen angegeben. Hierbei handelt es sich meist um das Ausfüllen von Schlaglöchern während oder nach der Regenzeit, um mit zu helfen, die Verbindung der Gemeinde mit der Außenwelt aufrechtzuhalten. Diese Arbeiten werden von allen Gemeindemitgliedern gemeinschaftlich ausgeführt, oft unter Einschluß der Schule. Ähnlich verhält es sich bei der Erstellung von Gemeinschaftseinrichtungen. Auch hier versuchen die Schulen im Rahmen ihrer Möglichkeiten beizutragen. In 13 % aller Schulen wurden als Hilfeleistungen an die Gemeinde Transportdienste oder die Herstellung von luftgetrockneten Lehmblöcken für solche Projekte genannt.

Zu den kostenlosen Diensten für die Gemeinde sind auch die Organisation von Sport- und Freizeitaktivitäten, die Alten- und Krankenbetreuung und die Veranstaltung von Alphabetisierungskursen für Erwachsene zu rechnen. Diese Aktivitäten haben weniger die Merkmale zeitlich begrenzter Projekte, sondern präsentieren sich meist als die Summe fortgesetzter Einzelaktivitäten in einem bestimmten Bereich. In mehr als einem Drittel aller Gemeinden organisieren die Lehrer Sportaktivitäten, vor allem Fußballspiele. In entlegenen Gemeinden waren Lehrer ebenfalls für Freizeitbeschäftigungen verantwortlich, die sich von den traditionellen Möglichkeiten abhoben. So fanden sich Lehrer, die in abgelegenen Gemeinden Zusammenkünfte organisierten, bei denen sich die Dorfjugend Schallplatten anhörte und moderne Tänze tanzte. Gelegentliche Dienste und Gefälligkeiten für alte und/oder kranke Gemeindemitglieder durch die Lehrer oder Schüler wurden in 14 % aller Schulen berichtet. Und in zehn Prozent der Primarschulen gaben die befragten Lehrer an, Lese- und Schreibunterricht für Erwachsene erteilt zu haben.

Neben der Durchführung oder der Beteiligung an Projekten oder Aktivitäten, die für die Gemeinde kostenlos erfolgen, sind Veranstaltungen zu nennen, die zwar innerhalb der Schule stattfinden, von denen aber auch Auswirkungen auf die Gemeindemitglieder erhofft werden. Teile des Curriculums versuchen in bestimmten Bereichen wie z.B. der Hygiene und der Landwirtschaft bei den Schülern Verhaltensänderungen zu erreichen, die auch für die Erwachsenen als Beispiele dienen sollen. Hierbei handelt es sich nicht so sehr um gezielte Maßnahmen, sondern um die Gesamtheit der Aktivitäten innerhalb des Unterrichts 201). Die Einhaltung bestimmter Sauberkeitsregeln in der Schule, wie das Trinken abgekochten Wassers oder die Anlage von Latrinen, soll durch Schüler und Lehrer auch die übrigen Bewohner positiv beeinflussen und zur Nachahmung anregen. In 52 % aller Gemeinden meinten die Lehrer, im Hygienebereich beispielhaftes Verhalten für die gesamte Gemeinde gezeigt zu haben. Für den Landwirtschaftsbereich sind es immer noch 24 % der Schulen, die annehmen, den Bauern in den Gemeinden moderne landwirtschaftliche Methoden demonstriert zu haben.

Die unterschiedlichen Aktivitäten der Schulen für die Gemeinden sind keine von den Lehrern organisierten Maßnahmen, denen pädagogische Intentionen zur Erfüllung von Gemeindebedürfnissen zu Grunde liegen. Schüler und Lehrer versuchen nicht, Bedürfnisse oder Probleme ausfindig zu machen und dann gemeinsam mit den Bewohnern nach Lösungsmöglichkeiten zu suchen. Was die Schule für die Gemeinde leistet, hat Routinecharakter. Es sind bestimmte wiederkehrende Dienstleistungen, die ihren festen Platz in den

Beziehungen zwischen Schule und Gemeinde eingenommen haben. Die alljährlich abgehaltenen Wochen, in denen die Schulen verschmutzte Marktplätze, Wasserstellen oder Versammlungsplätze reinigen, zeigen dies am deutlichsten. Hinzu kommen vorwiegend weitere Hilfsarbeiten, die die Schule für die Gemeinde übernehmen kann, da ihr die Arbeitskraft der Kinder zur Verfügung steht. Alle diese 'Good Will'-Aktionen sind Bestandteil des erweiterten Curriculums, ohne daß von der Möglichkeit Gebrauch gemacht wird, solche Tätigkeiten zu nutzen, um die Verbindung von schulischer Theorie im Unterricht und der Praxis körperlicher Arbeit, so z.B. mathematische Operationen oder Zusammenhänge im Sachkundeunterricht, zu veranschaulichen, zu verdeutlichen oder gar zu versuchen, bestimmte Fertigkeiten - wie z.B. die Organisation von Gruppenarbeit - zu vermitteln.

Die Art und der Umfang der Hilfeleistungen einer Primarschule für die Gemeinde sind von der Versorgung mit Infrastruktur und der Schulgröße abhängig. Vollständige Schulen weisen häufiger Gemeindeaktivitäten auf als Schulen, die nur über drei ersten vier Klassen verfügen. Da in den Schulen, die nur bis zum vierten Schuljahr führen, die Kinder noch nicht in der Lage sind, schwerere körperliche Arbeiten auszuführen, beschränken sie ihre Gemeindearbeit auf das Säubern und Reinigen öffentlicher Einrichtungen. Mit zunehmender Erschlossenheit einer Gemeinde steigt zunächst auch die Vielfalt und die Häufigkeit der Hilfeleistungen einer Schule. Vollständige Schulen in unzureichend und in gut versorgten ländlichen Gemeinden zeichnen sich besonders durch Hilfeleistungen aus. Das Maximum wird überschritten wenn die Schulen 14 und mehr Klassen aufweisen, was ca. 700 und mehr Schüler pro Schule entspricht, und die Gemeinde sich in stadtnahen oder städtischem Gebiet befindet. Die Durchführung von Hilfsdiensten oder die Mitarbeit bei Gemeinwesenentwicklungsprojekten ist den großen Schulen kaum möglich, da in diesen Gemeinden für derartige Aufgaben spezialisierte Einrichtungen, wie z.B. öffentliche Straßenbauwerkstätten (Public Works Department), Gemeinwesenarbeiter, usw. vorhanden sind.

Abgesehen von den Reinigungsmaßnahmen in fast allen Gemeinden trägt die Schule gerade in den Gemeinden n i c h t zur Verbesserung der Lebensbedingungen durch Hilfsdienste oder Projekte bei, wo es noch an den fundamentalen Versorgungseinrichtungen fehlt. Zum einen mangelt es an Selbsthilfeprojekten in diesen Gemeinden, an denen sich die Schule beteiligen könnte. Zum anderen sind ihrer Beteiligung dadurch Grenzen gesetzt, daß die Mehrheit der Schulen in diesen Gemeinden nur über die ersten vier Jahrgangsklassen verfügen und die jungen Schüler keine schweren körperlichen Arbeiten ausführen können. Hilfeleistungen finden jedoch individuell durch die Lehrer statt, ohne daß man aber von Entwicklungsprojekten sprechen kann 202). Ebensowenig wird der Versuch unternommen, die der Gemeinde zugute kommenden Leistungen der Schule als Ansatzpunkt für eine vertiefte Beschäftigung der Schüler mit der Situation der Gemeinde zu nutzen. Trotz des lokalen Bezugs der Tätigkeit der Schule bleibt es bei der Trennung zwischen dem examensrelevanten Unterrichtsstoff, der i n der Schule vermittelt wird und den gemeindebezogenen Diensten, die a u ß e r - h a l b der Schule geleistet werden. Der fehlende Bezug des in der Schule vermittelten Wissens und der Fertigkeiten zur Realität der lokalen Umwelt wird allein durch manuelle Hilfsdienste der Schule nicht aufgehoben.

3.3.4 Dienstleistungen der Schule an die Gemeinde gegen Entgelt

Den kostenlosen Leistungen der Schule für die Gemeinde, wie sie im vorherigen Kapitel untersucht wurden, stehen Dienstleistungen gegenüber, die die Primarschulen der anglophonen Provinzen Kameruns gegen Vergütung für eine Gemeinde als Gesamtheit oder für einzelne Bewohner ausführen. Die Lehrer einer Schule schließen in solchen Fällen mit dem Auftraggeber einen mündlichen Vertrag, in dem sich die Schule verpflichtet, eine festgelegte Leistung gegen eine entsprechende Vergütung zu erbringen (contract work). Bei diesen Auftragsarbeiten, die die Schule übernimmt, handelt es sich entweder um Hilfsdienste landwirtschaftlicher Art oder um Hilfsarbeiten beim Hausbau, insbesondere bei der Erstellung von Häusern mit lokalen Baumaterialien (Herstellung von sonnengetrockneten Lehmblöcken, Transport von verschiedensten Materialien usw.). Die Heranziehung zu solchen Hilfsarbeiten verschafft den Schulen Einnahmen, die für den Unterhalt der Einrichtungen oder für besondere Anlässe verwendet werden. Für den Auftraggeber aus der Gemeinde ist der Einsatz der Schule für bestimmte Hilfsarbeiten wesentlich günstiger, als andere Arbeitskräfte mit diesen Aufgaben zu betrauen, da er an die Schule nur einen Bruchteil der ihm sonst entstehenden Kosten zu zahlen hat. Derartige gemeindebezogenen Aktivitäten der Primarschule haben ihren festen Platz in den Beziehungen zwischen beiden Institutionen, jedoch fehlt ihnen jeglicher Stellenwert im Curriculum. Diese Dienstleistungen stehen beziehungslos zum Unterrichtsgeschehen und schränken sogar in vielen Fällen den normalen Unterrichtsumfang ein.

In 58 % der Primarschulen der Stichprobe lassen sich nicht-landwirtschaftliche Hilfsarbeiten gegen Bezahlung innerhalb eines Schuljahres nachweisen. In 42 % der Schulen wurden im Verlauf eines Schuljahres landwirtschaftliche Hilfsdienste (Erntehilfen, Transport von Saatgut oder Früchten, Bodenbearbeitung usw.) geleistet, für die Schüler und Lehrer entlohnt wurden. Die Vergabe von Auftragsarbeiten an die Schule hängt von folgenden Faktoren ab:
- von der Größe einer Primarschule,
- von der regionalen Zugehörigkeit (Südwest- oder Nordwestprovinz),
- von der infrastrukturellen Erschlossenheit der Gemeinde, in der sich die Schule befindet,
- von der lokalen Tradition, landwirtschaftliche Arbeiten als Gemeinschaftsaufgabe an bestimmte Gruppen zu vergeben.

Voll ausgebaute Primarschulen, die über eine größere Anzahl von älteren Schülern in den oberen Jahrgangsklassen verfügen, führen in größerem Umfang Auftragsarbeiten durch als Schulen, die nur die Anfangsklassen mit jungen Schülern einsetzen können. Die Möglichkeiten der Schule, durch Hilfsarbeiten in der Gemeinde Einnahmen zu erzielen, sind in der Nordwestprovinz wesentlich günstiger als in der Südwestprovinz, insbesondere im nicht-landwirtschaftlichen Bereich. Während in der Landwirtschaft der Südwestprovinz vorwiegend Arbeiter beschäftigt sind, die aus anderen Regionen zugezogen sind, oder aber das Recht der Bodennutzung mit der Abgabe großer Ernteanteile verbunden ist, erfolgt die Bewirtschaftung in der Nordwestprovinz überwiegend in Familienbetrieben 203). Für die wichtigen Arbeiten während des landwirtschaftlichen Jahres setzen die Bauern in der Südwestprovinz daher meist bezahlte Landarbeiter anstelle von Schulkindern ein. In der Nordwestprovinz bieten sich gerade bei der Ernte, hier vor allem beim Pflücken der Kaffeebohnen, für die Schulen Arbeitsgelegenheiten, um die stark beanspruchten Familienmitglieder zu entlasten.

Vom Einsatz der Schule beim Hausbau wird vor allem in der Nordwestprovinz Gebrauch gemacht. Im Gegensatz zum feuchtheißen Klima der Regenwaldgebiete der Südwestprovinz werden im trockenen Klima der hochgelegenen Grassavanne der Nordwestprovinz die Häuser mit Lehmblöcken gebaut, die auch von ungelernten Kräften herzustellen sind. Im Südwesten bieten sich für die Schulen dagegen zusätzliche Erwerbsmöglichkeiten nur noch durch Transportdienste für Bauvorhaben. Hilfsarbeiten beim Hausbau, die im Nordwesten noch von der Schule geleistet werden, werden im Südwesten aufgrund der andersartigen ökologischen Gegebenheiten von Spezialisten ausgeführt.

Die Art und Häufigkeit der Hilfsdienste für eine Gemeinde variieren darüber hinaus mit dem Grad der Versorgung einer Gemeinde mit lebensnotwendigen Diensten (siehe Tabelle 14). Während bei den unvollständigen Primarschulen kein eindeutiger Trend festzustellen ist, steigt die durchschnittliche Anzahl der landwirtschaftlichen Auftragsarbeiten pro Schule bei den vollständigen Schulen mit zunehmender Versorgung einer Gemeinde mit Infrastruktur. Das Maximum wird in Gemeinden in unzureichend versorgten ländlichen Gebieten mit 3.8 Aufträgen landwirtschaftlicher Art pro Schule erreicht, liegt in gut versorgten ländlichen Gemeinden mit 2.1 Auftragsarbeiten immer noch über dem Durchschnitt von 1.6, und wird schließlich mit 0.2 Auftragsarbeiten in Gemeinden in urbanen Zonen unbedeutend. Fehlende oder unzureichende Verkehrsverbindungen verschaffen den Schulen in marginalen entlegenen oder isolierten Gemeinden vorwiegend Aufträge, die den Transport von landwirtschaftlichen Produkten beinhalten. In entlegenen Gemeinden ist die Hilfe der Schule bei der Bodenbearbeitung ebenso gefragt. Je dominierender die landwirtschaftliche Tätigkeit vom Anbau von Exportfrüchten, vor allem Kakao und Kaffee, bestimmt ist, desto stärker ist die Hilfeleistung der Schule bei der Ernte, insbesondere in den besser mit Infrastruktur versorgten Gemeinden. Schulen in städtischen oder stadtnahen Gebieten sind am wenigsten mit Auftragarbeiten befaßt. Wenn sie jedoch Aufträge ausführen, handelt es sich meist um Zulieferdienste bei Bauvorhaben.

Tabelle 14: Zusammensetzung und Anzahl der Auftragsarbeiten pro Schule nach Schulgröße und Gemeindetyp

Gemeindetyp	Durchschnittliche Anzahl der ausgeführten Auftragsarbeiten pro Schule		Schwerpunkt aller Auftragsarbeiten
	unvollständige Schule	vollständige Schule	
(1) Isolierte ländliche Gemeinden	0.4	1.0	Transport von Gütern
(2) Entlegene ländliche Gemeinden	1.9	1.0	Transport von Gütern/Bodenbearbeitung
(3) Marginale ländliche Gemeinden	1.1	2.3	Transport von Gütern
(4) Unzureichend versorgte ländliche Gemeinden	0.9	3.8	Erntearbeiten/ Bauhilfsarbeiten
(5) Gut versorgte ländliche Gemeinden	1.3	2.1	Erntearbeiten
(6) Gemeinden in städtischen und stadtnahen Gebieten	-	0.2	Bauhilfsarbeiten
Insgesamt	0.9	1.7	

Anmerkung: Unvollständige Schulen sind Primarschulen bis zur vierten Jahrgangsklasse; vollständige Schulen weisen sämtliche sieben Jahrgangsklassen der Primarschule auf.

Besteht in einer Gemeinde die Sitte, landwirtschaftliche Arbeiten in Gruppen auszuführen, ergeben sich für die Schulen solcher Gebiete eher Möglichkeiten mit Auftragsarbeiten betraut zu werden als in Gemeinden, in denen dieses Brauchtum nicht oder nicht mehr vorhanden ist. Befreundete Männer oder Angehörige einer Altersgruppe schließen sich zu sogenannten Njangis zusammen, die entweder reihum die Felder der Mitglieder einer solchen Gruppe bearbeiten oder allgemein gegen Entlohnung landwirtschaftliche Arbeiten in der Gemeinde übernehmen 204). Befassen sich in einer Gemeinde solche Gruppen mit spezialisierten Techniken, wie z.B. dem Zurückschneiden der Kaffeesträucher oder dem Sprühen gegen Insektenbefall, hat die Schule Aussichten, zu einfachen landwirtschaftlichen Arbeiten hinzugezogen zu werden. Haben sich die Njangis vorwiegend auf Ernteeinsätze spezialisiert, entfällt dieser Bereich für Auftragsarbeiten an die Schule. In Gemeinden, in denen die Erntearbeiten durch solche Gruppen übernommen werden, weichen die Schulen auf Hilfsdienste außerhalb der Landwirtschaft aus, da sie - weniger qualifiziert und organisiert - mit den routinierten Njangis nicht konkurrieren können.

3.3.5 Die Nutzung schulischer Einrichtungen durch die Gemeinden

Die verschiedenen Einrichtungen einer Schule können auch außerhalb der Unterrichtszeiten von denjenigen Bewohnern einer Gemeinde benutzt werden, die nicht die Schule besuchen. Die Attraktivität der Schule und ihrer Einrichtungen für eine Gemeinde kann darin liegen, daß bei entsprechender Ausstattung und gleichzeitigem Fehlen öffentlicher Einrichtungen, sie alleine Möglichkeiten der Freizeitgestaltung bzw. Fortbildung bieten. In westlichen Ländern sind große Schulen oft mit Gemeindezentren verbunden, die über Bibliotheken, Turnhallen, Werkstätten, Theaterräume, Schwimmbäder usw. verfügen 205).

In den afrikanischen Ländern fehlen den Schulen derartige spektakuläre Einrichtungen. Handelt es sich um Primarschulen, so besteht in der Regel eine Schule aus einigen Klassenräumen und einem Sportplatz. Auch ohne aufwendige Zusatzeinrichtungen, wie etwa Gemeindezentren 206), besitzt eine Schule für viele Gemeinden noch eine relative Attraktivität, um schulische Einrichtungen auch für andere Zwecke zu nutzen. Wenn z.B. in einem afrikanischen Dorf die Schule die einzigen Gebäude besitzt, die mit regenfestem Wellblech gedeckt sind, bietet es sich an, hier allgemeine Versammlungen abzuhalten, die nicht an traditionelle Versammlungsstätten gebunden sind. Hinzu kommt in vielen Fällen, daß die Dorfgemeinde gemeinsam finanzielle Mittel aufgewendet hat, um die Schulgebäude derart auszugestalten. Daher wird die Schule Teil der Dorfeinrichtungen, die auch von allen benutzt werden können.

Ähnlich verhält es sich mit den Sportplätzen, die zwar meist auf dem Gelände der Schule liegen, aber von der gesamten Gemeinde angelegt worden sind und daher auch selbstverständlich außerhalb der Schulstunden genutzt werden.

In den Primarschulen der anglophonen Provinzen Kameruns bieten sich in erster Linie die Klassenräume und die Sportplätze der Schulen für außerschulische Zwecke an. In 80 % aller Schulen der Stichprobe waren mehrere Klassenräume vorhanden, die mit einem Wellblechdach ausgestattet waren. In zehn Prozent der Schulen war mindestens ein Klassenzimmer in gleicher Weise ausgestattet. Nur in zehn Prozent der Schulen waren alle Schulgebäude mit einheimischem Material gedeckt. Bis auf zwei der 79 Schulen konnten alle anderen einen Sportplatz vorweisen. Weiterhin besaßen 63 % der Schulen ein Handballfeld. In drei Viertel der Schulen war sogar ein Fußball vorhanden.

Ein weniger günstiges Bild zeigt sich hinsichtlich der Ausstattung mit Büchereien 207). 22 % der Schulen weisen zwar eine Sammlung von Büchern verschiedenster Art auf, aber nur in zwölf dieser Schulen besteht eine solche 'Bücherei' aus mehr als 50 Büchern. Bei den Büchern handelt es sich vorwiegend um amerikanische und englische Unterhaltungs- und Sachliteratur für Kinder, die aus Spenden karitativer Organisationen der frühen 60er Jahre stammen. Unvollständige Schulen mit den Jahrgangsklassen 1 - 4, die sich vorwiegend in isolierten und entlegenen Gebieten befinden, haben keine Bücher. 43 % der vollständigen Primarschulen verfügen über Büchersammlungen, die aber nur in zwei der Gemeinden auch von erwachsenen Gemeindemitgliedern, die nicht zur Schulbelegschaft zu zählen sind, benutzt werden.

Das Vorhandensein einer Grundausstattung der Schulen, um erste Hilfe bei Krankheiten und Unfällen leisten zu können, kann für die gesamte Gemeinde von Bedeutung sein, insbesondere, wenn Gesundheitszentren oder Krankenhäuser nicht am Ort vorhanden sind. Acht Schulen besitzen einen solchen Erste-Hilfe-Kasten. Jeweils zur Hälfte befinden sie sich in isolierten und entlegenen Gemeinden oder in städtischen Gebieten. Lehrer in Gemeinden, in denen Gesundheitseinrichtungen fehlten, betonten insbesondere, daß eine Ausstattung der Schule mit Erste-Hilfe-Kästen für die gesamte Gemeinde dringend erforderlich sei.

Einige Primarschulen beherbergen auf ihrem Gelände sogenannte Hauswirtschaftszentren (Domestic Science Centres) oder Werkstätten für handwerkliche Arbeiten (Manual Arts Centres). Außerhalb des Schulunterrichts werden diese Einrichtungen nicht von den Gemeinden benutzt. Dies dürfte u.U. darin begründet sein, daß sich die Mehrzahl dieser Zentren in infrastrukturell ausreichend versorgten Gemeinden befinden, wo spezialisierte Dienste vorhanden sind wie z.B. Einrichtungen für Gemeinwesenentwicklung oder kirchliche Organisationen, die Erwachsenenprogramme in eigenen Einrichtungen anbieten. Dort wo sich die Zentren in weniger gut versorgten Gemeinden befinden, fehlt es an Angeboten für erwachsene Gemeindebewohner seitens dieser Zentren 208).

Von den vorgestellten Einrichtungen der Schule, die für eine Benutzung durch die Gemeinde von Interesse sein könnten, bleiben in dem Untersuchungsgebiet in Kamerun nur die Schulräume und der Sportplatz übrig. Bedienen sich Gemeindebewohner der Klassenräume für außerschulische Zwecke, sind die Lehrer jedoch häufig beteiligt, sei es als normale Mitglieder einer Gruppe, die sich in der Schule treffen, sei es als Organisatoren von Veranstaltungen, die sich an Gruppen in der Gemeinde wenden, die nicht die Schule besuchen.

Tabelle 15 gibt einen Überblick über die vorkommenden Nutzungsarten und stellt ihnen Vorschläge gegenüber, die die Lehrer für künftige außerschulische Nutzungen unterbreiteten. Die häufigsten Nutzungszwecke der Schulgebäude durch die Gemeinden bilden Aktivitäten, die eng mit der Hauptaufgabe der Primarschule zusammenhängen, nämlich der Vermittlung von Lese- und Schreibfertigkeiten und moralisch-religiösen Instruktionen. In jeder vierten Schule der Stichprobe werden kirchliche Gottesdienste in den Schulräumen abgehalten oder die Schüler per Nachhilfeunterricht auf die Abschlußexamen vorbereitet. Das Erzielen möglichst guter Examensergebnisse verschafft den Lehrern Ansehen in der Gemeinde und zusätzliche finanzielle Einkünfte, da viele Eltern bereit sind, für diese Zusatzarbeit der Lehrer finanzielle Opfer zu bringen. Alle gemeindeorientierten Aktivitäten verlieren im letzten Schuljahr an Bedeutung, wenn die anstehenden Examen selbst außerhalb der Schulstunden das Geschehen in der Schule bestimmen. Mit der Veranstaltung solcher Vorbereitungsübungen außerhalb der normalen Schulzeit kommen die Lehrer einem starken Bedürfnis der Gemeinden nach, nämlich dem Elternwunsch, ihren Kindern den Zugang zur weiterführenden Sekundarschule zu ermöglichen.

Tabelle 15: Nutzung schulischer Einrichtungen außerhalb der Unterrichtszeit für Gemeindezwecke und Lehrervorschläge für künftige Nutzungen

Art der gegenwärtigen Nutzung	in Schulen der Stichprobe		zukünftige Nutzungsvorschläge nach Schulen der Stichprobe [1]	
	No.	v.H.	No.	v.H.
Kirchliche Veranstaltungen:				
* Gottesdienste	20	25	-	-
* Religiöse Unterweisungen (Sonntagsschule)	13	16	-	-
* Kirchenchor	10	13	-	-
Bildungsmaßnahmen:				
* Nachhilfeunterricht zur Vorbereitung auf Examen zum Ende der Primarschule	18	23	6	8
* Alphabetisierungskurse	8	10	16	20
* Französischunterricht für Erwachsene	5	6	7	9
Zusammenkünfte politisch-kultureller Gruppen:				
* Allgemeine Gemeindeversammlungen	12	15	10	13
* Versammlungen der Nationalen Einheitspartei (Cameroon National Union)	11	14	-	-
* Treffen der Sparvereine (Credit Unions)	4	5	-	-
* Sitzungen des Gemeinderats	3	4	-	-
* Treffen von Frauengruppen	3	4	-	-
Freizeitgestaltung:				
* Rote Kreuz Gruppen	12	15	6	8
* Pfadfinder	7	9		
* Fußballklubs	6	8		
* Klubs für Junge Bauern (Young Farmers' Clubs)	5	6		

[1] In zehn Prozent der 79 Schulen der Stichprobe lehnten die befragten Lehrer jegliche Benutzung der schulischen Einrichtungen außerhalb der Schule ab.

Neben weiteren kirchlichen Veranstaltungen, die in den Schulräumen abgehalten und oft von den Lehrern geleitet werden, organisieren die Lehrer, wenn auch nur in einer Minderzahl von Schulen, Alphabetisierungskurse für Erwachsene oder geben Französischunterricht an Interessierte. Hier kommt die Schule den Vorstellungen der Theoretiker von der Übernahme von Erwachsenenbildungsmaßnahmen in der Praxis näher, ohne daß überregionale Programme oder Organisationen dahinter stehen. Wie die Vorschläge der Lehrer für eine Erweiterung der gemeindebezogenen Aktivitäten der Schule zeigen, läßt sich der Umfang der Alphabetisierungskurse wesentlich ausdehnen, da in 20 % aller Schulen weitere Lehrer bereit sind, gegen ein angemessenes Entgelt Erwachsene zu unterrichten. Französischkurse für Erwachsene, für die wegen der offiziellen Zweisprachigkeit der Republik Kamerun ausreichend Bedarf besteht, werden von den Lehrern ebenfalls als sinnvolle Aktivität der Schule für die Gemeinde angesehen.

Zusammenkünfte und Versammlungen verschiedenster Art finden ebenfalls in den Schulen statt. In geringerem Maße werden die Schulen für organisierte Maßnahmen der Freizeitgestaltung moderner Art benutzt, wobei Gruppentreffen des Roten Kreuz in 15 % der Schulen am häufigsten genannt werden.

Die Nutzung der Primarschulen für außerschulische Zwecke ist in den anglophonen Provinzen Kameruns schon von der einfachen Qualität und geringen Vielfalt der schulischen Einrichtungen her beschränkt.Trotzdem werden außerhalb der Schulstunden vor allem die Klassenräume von den Gemeinden benutzt: Als Versammlungsräume, wenn andere Möglichkeiten am Ort nicht vorhanden sind. Daneben gibt es Ansätze zu gemeindebezogenen Aktivitäten seitens der Lehrer, die sich an Erwachsene und Jugendliche wenden, jedoch nicht den Charakter von Maßnahmen zur Gemeinwesenentwicklung haben. Fast schon selbstverständlich und den Grundbeziehungen zwischen Primarschule und Gemeinde zuzurechnen, sind die Examensvorbereitungen für die Abschlußklasse außerhalb der regulären Schulzeit. Daneben sind in wenigen Schulen Aktivitäten festzustellen, die den Zusatzbeziehungen zwischen beiden Institutionen zuzurechnen sind, so z.B. die Abhaltung von Kursen für Erwachsene und die Organisation von Freizeitbeschäftigungen.

3.3.6 Auswirkungen der Schulfarmen auf die Gemeinde

Es soll in diesem Kapitel nicht darum gehen, die Kontroverse um den Stellenwert und den Sinn landwirtschaftlicher Tätigkeiten im Curriculum der Primarschule in Ländern der Armen Welt erneut aufzugreifen 209). Kritiker der bisherigen Ansätze, durch theoretische und praktische Beschäftigung mit landwirtschaftlichen Themen schon in der Primarschule auf eine spätere berufliche Betätigung im Agrarbereich vorzubereiten, kommen aufgrund der negativen Ergebnisse zu dem Schluß, landwirtschaftliche Unterweisungen weitgehend aus dem Primarschulcurriculum auszuklammern. Zwar sollten die Schüler über die ländliche Umwelt die Grundfertigkeiten in den Kulturtechniken gewinnen und an die Probleme der Landwirtschaft herangeführt werden; eine Ausbildung besonderer Fertigkeiten, die für eine sinnvolle landwirtschaftliche Arbeit erforderlich sind, sollten jedoch erst nach der Primarschule gezielt an diejenigen vermittelt werden, die als Landwirte tätig sind 210).

Daneben finden sich auch heute noch Befürworter landwirtschaftlicher Tätigkeiten in der Primarschule. Diese halten die Vermittlung von Fertigkeiten, Kenntnissen und Verhaltensweisen im Fach Landwirtschaft für grundsätzlich wünschenswert und machbar. Trotz der bisherigen negativen Erfahrungen hoffen diese Experten, schon in der Primarschule die Schüler derart auszubilden, daß sie erfolgreiche Landwirte werden, die stolz und selbstbewußt zu ihrer harten körperlichen Tätigkeit stehen 211), während der Schulzeit durch die Bestellung der Schulfarm oder des Schulgartens wenigstens einen Teil der Unterhaltskosten des Schulbetriebes tragen helfen und nach der Schule in den Gemeinden bleiben 212).

Eine weitere Autorengruppe versucht, aus der historischen Erfahrung und der realistischen Einschätzung der Möglichkeiten zu einer Synthese zu gelangen, die den Bedingungen der schwarzafrikanischen Staaten nach Erlangung der politischen Unabhängigkeit Rechnung trägt. Nichteinlösbare Anforderungen an den Landwirtschaftsunterricht, wie z.B. das Ziel, die Landflucht zu verhindern, werden abgelöst von pädagogischen Zielsetzungen, die versuchen, innerhalb sich abzeichnender sozio-ökonomischer Veränderungen junge Menschen unter Bewahrung kultureller Eigenständigkeiten derart vorzubereiten, daß sie den Wandlungsprozessen nicht passiv ausgeliefert sind. Hierzu gehört u.a. auch die kritische Auseinandersetzung mit Neuerungen sowie mit überlieferten Methoden in der Landwirtschaft, die Heranführung an moderne Gemeinschaftseinrichtungen wie z.B. Absatzgenossenschaften oder die Nutzung von landwirtschaftlichen Beratungsdiensten 213). Folglich soll die Schule Fertigkeiten vermitteln bzw. die Grundlagen dafür legen, die im Alltagsleben des afrikanischen Bauern von Bedeutung sind. Hierzu gehören auch die Fähigkeiten, Anleitungen und Pläne zu lesen, einfache Buchführungs- und Kalkulationsvorgänge zu begreifen usw., wobei Beispiele und Materialien sich auf die Verhältnisse und Möglichkeiten beziehen sollen, die in der Gemeinde und ihrem Umfeld vorgegeben sind 214).

Auch in der Vergangenheit hat es nicht an Versuchen gefehlt, mit Hilfe der Primarschule die Afrikaner an die Methoden und Arbeitsweisen der modernen Landwirtschaft heranzuführen 215). So hat auch in den hier untersuchten anglophonen Provinzen Kameruns die Beschäftigung mit landwirtschaftlichen Dingen innerhalb der Primarschule einen festen Platz im Schulcurriculum. Die Bearbeitung eines zur Schule gehörenden Stück Ackerlandes durch die Schüler war durch die Missionsgesellschaften eingeführt worden 216). In Kamerun versuchte die deutsche Kolonialverwaltung 1912 mit Hilfe der Primarschulen moderne Methoden des Kakaoanbaus zu propagieren. Die Lehrer sollten hierzu in Fortbildungskursen mit den notwendigen landwirtschaftlichen Techniken vertraut gemacht werden 217).

Diese Ansätze gingen in den Auseinandersetzungen der europäischen Kolonialmächte um Kamerun unter. Gegen Ende der 30er Jahre wurde jedoch das Fach landwirtschaftlicher Unterricht (Rural Science) durch die britische Kolonialverwaltung in den Primarschulen des damals südlichen Kameruns (Southern Cameroons) eingeführt und gleichzeitig überall Schulfarmen angelegt. Die Ausbildung von Fachlehrern für den Landwirtschaftsunterricht wurde 1952 in der heutigen Nordwestprovinz begonnen, aber bereits 1962 wieder eingestellt. Von den über 100 ausgebildeten Lehrkräften sollen noch ca. 40 % in Schulen oder Lehrerausbildungsstätten unterrichten 218). 'Rural Schience' ist auch heute noch in den anglophonen Provinzen Unterrichtsfach an den Primarschulen und Lehrerausbildungsstätten. Für das Schulabschlußexamen (First School Leaving Certificate) und die Lehrerprüfungen müssen schriftlich Fragen aus diesem Bereich beantwortet werden. Praktische Arbeiten werden nicht bewertet. In der Aufnahmeprüfung für die weiterführenden Sekundarschulen spielt das Fach 'Rural Science' keine Rolle.

Vor dem Hintergrund der historischen Entwicklung der Beschäftigung mit landwirtschaftlichen Fragen in der Primarschule sollen drei Aspekte herausgegriffen werden, die in den Curricula immer wieder als bedeutend für die Verbesserung der Situation der Landbevölkerung angesehen werden 219):
(1) Den Beitrag einer Schule zur Deckung der laufenden Kosten des Schulbetriebs durch Aktivitäten innerhalb des landwirtschaftlichen Unterrichts;
(2) die Vorbereitung der Schüler auf eine spätere landwirtschaftliche Tätigkeit durch die systematische Vermittlung entsprechender Kenntnisse und Fertigkeiten moderner Landwirtschaft, wobei die praktische Schulfarmarbeit 220) theoretisch aufgearbeitet werden soll;
(3) die Auswirkungen des landwirtschaftlichen Unterrichts auf die Art der Feldbestellung durch Schulabgänger ('spread effects').

Tabelle 16 gibt Auskunft über die von den Schulen erwirtschafteten Einkünfte im Jahre 1974/75. Die jährlichen Einnahmen der Primarschulen der anglophonen Provinzen Kameruns betrugen in diesem Zeitraum durchschnittlich Francs CFA 15.900, was ungefähr DM 150,- entspricht. Je nach der Größe einer Schule, dargestellt durch die Anzahl der unterrichteten Klassen, variiert das durchschnittliche Bareinkommen zwischen Francs CFA 1.800 in Schulen mit nur 1 - 3 Klassen und Francs CFA 24.500 in Schulen mit 10 - 13 Klassen.Vergleiche mit anderen schwarzafrikanischen Ländern zeigen, daß die Situation hinsichtlich des aus der Schulfarmarbeit zu erwartenden Beitrags ähnlich ist. Trotz stärkeren politischen Drucks auf Lehrer und Gemeinden, die Schule zur Produktionsstätte werden zu lassen, liegen die Einnahmen der Primarschulen in sozialistischen Ländern wie Benin und Tansania im Durchschnitt nur um DM 50,- bis DM 100,- pro Primarschule höher, wobei zu berücksichtigen ist, daß die Angaben aus Kamerun eine breitere statistische Basis haben, als die angeführten Beispiele aus Benin und Tansania 221).

Tabelle 16: Gesamteinnahmen der Primarschulen nach Schulgröße und Anteil der Einnahmen aus landwirtschaftlichen Aktivitäten (Dienstleistungen/Verkauf von Produkten)

Schulgröße nach Klassen	durchschnittliche Gesamteinnahmen (in Francs CFA)	während des Landwirtschaftsunterrichts erzielte Einnahmen in v.H. der Gesamteinnahmen
1 - 3	1.800	47
4	5.930	61
5 - 6	12.700	78
7 - 9	22.070	75
10 - 13	24.530	91
14 und mehr	14.150	100
Durchschnitt	15.900	78

Anmerkung: Die Angaben entstammen den 79 Primarschulen der Stichprobe. Die durchschnittlichen Einnahmen aus Verkäufen von Schulfarmprodukten betrug Francs CFA 6.400.

Vollausgebaute Schulen mit 1.5 bis 2 Klassen pro Schülerjahrgang erzielen die höchsten Einnahmen. Diese fallen jedoch noch unter den allgemeinen Durchschnitt, wenn die Schule 14 und mehr Klassen aufweist. Schulen derartiger Größe liegen meist in städtischen Gemeinden, die durch besondere Probleme und Schwierigkeiten hinsichtlich der Disziplin der Lehrkräfte gekennzeichnet sind 222). Hier wird allgemein Desinteresse an der Landwirtschaft und manueller Tätigkeit beklagt, sowie hohe Abwesenheitsraten insbesondere der weiblichen Lehrkräfte genannt. Von den Eltern kann nicht mit Unterstützung gerechnet werden, da sie die praktischen Arbeiten als überflüssig für die Vorbereitung auf die Prüfung zur Sekundarschule betrachten.

Die angeführten Bareinnahmen der Primarschulen stammen nur zum geringsten Teil aus Verkäufen von Schulfarmprodukten. Hauptquelle der Einnahmen innerhalb des landwirtschaftlichen Unterrichts bilden Aufträge aus der Gemeinde für Hilfsarbeiten in der Landwirtschaft, gefolgt von Auftragsarbeiten nichtlandwirtschaftlicher Art 223). Schulen mit zehn und mehr Klassen erzielen ihre Einnahmen jedoch vorwiegend durch den Verkauf von Produkten der Schulfarm. Am günstigsten für die Vermarktung landwirtschaftlicher Eigenprodukte ist die Situation in gut versorgten ländlichen Gemeinden und in städtischen Gebieten. Je niedriger die Schülerzahl einer Schule ist, desto weniger Arbeitskräfte können für produktive Tätigkeiten eingesetzt werden und desto geringer sind die Möglichkeiten, zum Unterhalt der Schule beizutragen. Insbesondere in der Nordwestprovinz haben daher die Eltern solcher kleineren Schulen versucht, gemeinschaftlich Kaffeeplantagen für die Schule anzulegen, um Einkommensmöglichkeiten zu schaffen. Die in der Tabelle ausgewiesenen Einkünfte der Schulen lassen nicht erkennen, wie hoch die tatsächliche Produktion einer Schulfarm ist. Ein großer Teil möglicher Einnahmen geht allein durch die nicht genutzte Vermarktung bzw. durch den Verkauf weit unter den Marktpreisen verloren. Zwanzig Prozent aller Schulen bringen ihre Schulfarmprodukte erst gar nicht auf den lokalen Markt. Diese Haltung ist insbesondere bei den unvollständigen Primarschulen zu beobachten: 40 % dieser Schulen, im Gegensatz zu nur acht Prozent der vollständigen Primarschulen, machen von den Möglichkeiten des Verkaufs der Erträge der Schulfarm keinen Gebrauch.

Um den Mißbrauch von Einnahmen aus Verkäufen von Schulfarmprodukten zu verhindern und sicherzustellen, daß zu Marktpreisen bzw. nur wenig unter diesen verkauft wird, betont die Schulverwaltung immer wieder die Notwendigkeit Verkaufsausschüsse (sales committees) einzurichten, denen Mitglieder verschiedener Gruppen der Schule und Gemeinde angehören sollen, und weist darauf hin, daß weder die Schulleiter noch die Landwirtschaftslehrer diese Einnahmen verwalten sollen. Ebenso wird immer wieder auf die Wichtigkeit korrekter Aufzeichnungen der Erträge, Verkäufe, Ausgaben usw. hingewiesen 224). Wer für den Verkauf der Erzeugnisse der Schulfarm in der Realität zuständig war, geht aus der folgenden Tabelle hervor.

Tabelle 17: Vermarktungsgremien für Schulfarmprodukte nach Schultyp und Provinz

zuständig für den Verkauf	unvollständige Primarschulen		vollständige Primarschulen		Insgesamt	
	Nordwest-Provinz	Südwest-Provinz	Nordwest-Provinz	Südwest-Provinz	v.H.	N
Verkaufsausschuß	2	–	16	6	37	24
Landwirtschaftslehrer	6	6	2	9	35	23
Schulleiter	1	1	–	3	8	5
keine Verkäufe im letzten Jahr	6	4	1	2	20	13
Insgesamt	15	11	19	20	100	65

Von den 79 Schulen der Untersuchung wiesen 82 % eine Schulfarm auf, von denen jedoch 13 Schulen angaben, keine Verkäufe von Schulfarmerzeugnissen im abgelaufenen Jahr vorgenommen zu haben. Das Fehlen von Schulfarmen war nur in den unvollständigen Primarschulen festzustellen. Der Verkauf erfolgt fast zu gleichen Teilen entweder durch Verkaufsausschüsse oder durch den für die Schulfarm zuständigen Lehrer. Nur in wenigen Fällen wird der Verkauf vom Schulleiter abgewickelt. Zwischen den beiden Provinzen zeichnen sich jedoch starke regionale Unterschiede ab. Es finden sich weit mehr Verkaufsausschüsse in der Nordwest- als in der Südwestprovinz. Insbesondere in den vollständigen Primarschulen des Nordwestens werden die Erzeugnisse der Schulfarm durch solche Ausschüsse veräußert. In den Schulen der Südwestprovinz dagegen bestimmen die Lehrer, Schulleiter oder Fachlehrer allein, an wen und zu welchen Preisen die Erträge aus der Schulfarmarbeit verkauft werden. Den Verkaufsausschüssen gehören neben den Lehrern ältere Schüler an, jedoch sind Elternvertreter meist nicht mit einbezogen. Der hohe Anteil der unvollständigen Primarschulen, die ihre Produkte aus der Schulfarm gar nicht erst zum Verkauf angeboten haben, läßt vermuten, daß die Schüler während der für Schulfarm- bzw. für Schulgartenarbeit vorgesehenen Zeit anderen Tätigkeiten nachgingen, so daß die Farm vernachlässigt wurde, oder die wenigen Lehrer solcher kleiner Schulen sich die Erträge teilten. Je weniger über die öffentlichen, lokalen Märkte verkauft wurde, um so größer war das entgangene Einkommen für eine Schule. An vollständigen Primarschulen nahmen vielfach die Lehrer eine Art Vorkaufsrecht für sich in Anspruch, wodurch sie landwirtschaftliche Produkte zu Vorzugspreisen erhielten, die weit unter den örtlichen Marktpreisen lagen. Für die Schulfinanzen erschwerend kommt hinzu, daß selbst diese Verkäufe noch auf Kreditbasis erfolgen, die meist als verlorene, nicht einzutreibende Kredite anzusehen sind, da mit der häufigen Versetzung eines Lehrers an eine andere Schule immer die Möglichkeit besteht, die Bezahlung zu hintertreiben 225).

Schriftliche Aufzeichnungen über die Verkäufe, Erträge oder den Einsatz der Schüler im Rahmen des landwirtschaftlichen Unterrichts waren nur mit großen Mühen in den Schulen einzusehen. Die wichtigsten Unterlagen, wie z.B. das Buch für Bareinnahmen und -ausgaben (cash book) konnten nicht aufgefunden werden, waren gerade zur Überprüfung beim Inspektorat oder waren von einem abwesenden Lehrer mitgenommen worden. Selbst bei den vorgelegten Büchern war Skepsis angebracht, da die Eintragungen vielfach nachträglich vorgenommen waren oder wichtige Angaben fehlten.

So konnten nur ein Drittel der untersuchten Schulen mit einer Schulfarm, die Verkäufe von Erträgen vorgenommen hatten, Aufzeichnungen über die Einnahmen vorlegen. Noch geringer war der Anteil derjenigen Schulen, die die Höhe der Erträge festhielten (12 %), und nur jede vierte Schule führte Buch über die Art und Dauer des Einsatzes von Schülern für landwirtschaftliche Arbeiten.

Berücksichtigt man die erwähnten Schwierigkeiten hinsichtlich des Zugangs und der Qualität der Daten über die Erträge der Schulfarmen und den Einnahmen daraus, relativieren sich die angeführten Einkommen der Primarschulen. Das Potential der Schulen, zur teilweisen Deckung der laufenden Kosten des Schulbetriebs und eventueller Verbesserungen an den Einrichtungen beizutragen, ist höher einzuschätzen als aus den Zahlenangaben über die durchschnittlichen Bareinnahmen hervorgeht. Gutgeführte Schulen, in denen offen Rechenschaft über Erträge und Verkäufe vor Schülern und Eltern abgelegt werden, erzielen auch in den anglophonen Provinzen Kameruns Einkünfte, die das Durchschnittseinkommen der Schulen der Stichprobe um das a c h t - b i s z e h n f a c h e übertreffen. Solche Schulen sind jedoch die Ausnahme, nicht die Regel.

Ein weiterer zu untersuchender Aspekt der Beschäftigung mit Landwirtschaft in der Primarschule bezog sich auf die Frage, ob die Schüler in ausreichendem Maße mit Methoden vertraut gemacht werden, die ihnen helfen, als zukünftige Landwirte höhere Erträge zu erzielen als es mit den bisherigen traditionellen Landwirtschaftstechniken möglich ist.

Die verschiedensten Methoden sogenannter moderner Landwirtschaft werden den Schülern an einer großen Vielfalt von Früchten zu vermitteln versucht. In mehr als der Hälfte aller Schulen mit einer Schulfarm wurden Mais, Yams, Bohnen und einheimische Gemüsesorten angebaut. Exportfrüchte wie Kaffee und Kakao waren nur noch in 29 % der Schulfarmen anzutreffen. Weitere vermarktungsfähige Früchte wie Kartoffeln (Irish potatoes) und Kochbananen fanden sich in sechs bzw. in fünf der Schulen.

Zeigt die große Vielfalt der auf den Schulfarmen angebauten Früchte einerseits bereits eine Orientierung der Schulen an den spezifischen Gegebenheiten in den Gemeinden, so kann die in mehr als 50 % der Schulen anzutreffende Standardkombination 226) von Mais, Yams und Bohnen auch als ein Zeichen mangelnder Flexibilität der Lehrer angesehen werden. Ein Vergleich der häufig vorkommenden Schulfarmfrüchte mit den Früchten, die die lokalen Landwirte anbauen, zeigt z.B. beim Anbau von Yamswurzeln, daß diese auf Schulfarmen in Gebieten anzutreffen waren, in denen die Bauern selbst keine Yams kultivierten.

Was an modernen Landwirtschaftsmethoden praktiziert wird, sind die seit den Kolonialtagen bekannten und propagierten Standardtechniken, die auch heute noch an den Lehrerausbildungsanstalten behandelt und in den Schulbüchern als 'fortschrittlich' dargestellt werden 227). Fast auf allen Schulfarmen wurde versucht, Pflanzabstände einzuhalten (80 % der Primarschulen mit einer Schulfarm). In drei Viertel dieser Schulen wurde Kompost zubereitet, wenn auch meist in unzulänglicher Qualität und Quantität. Noch auf ca. 60 % der Schulfarmen wurden Techniken wie Mulchen, Fruchtfolgen und Anbau der Früchte in Monokultur (single cropping) angewendet. Schon weniger häufig waren Techniken wie das Anlegen von Konturdämmen (contour ridging), Umzäunungen und der Einsatz von Schattenbäumen oder -pflanzen anzutreffen. Nur noch in 15 % der Schulen zeigten die Lehrer den Schülern das richtige Beschneiden von Kaffee- oder Kakaobäumen. Die Benutzung von Sprühmitteln gegen Insektenbefall wurde in drei Schulen berichtet 228).

Wie weit die Schulfarmarbeit von der landwirtschaftlichen Realität in den Gemeinden entfernt ist und wie wenig es ihr gelingt, an überlieferten Methoden anzuknüpfen und Verbesserungen zu demonstrieren, geht ebenfalls daraus hervor, daß die am häufigsten praktizierten Landwirtschaftsmethoden der Schule weder bei den Bauern, noch bei den Lehrern, sofern sie Land bewirtschaften, anzutreffen sind 229). Wenn dennoch 56 % der befragten Eltern der Stichprobe die Schulfarmarbeit als positiv bewerten und dabei als Vorteile gegenüber ihrer eigenen Arbeitsweise vor allem eine ausreichende

Düngung, moderne Landwirtschaftsmethoden allgemein und den Zugang der Schule zu Fachbüchern nennen, sind in den Antworten wahrscheinlich auch ein größerer Anteil afrikanischer Höflichkeitsbezeugungen gegenüber den Interviewern eingeflossen. Diese Annahme bestärkt sich, wenn berücksichtigt wird, daß den Eltern vor der Befragung erklärt wurde, die Regierung plane eine Reform der Schulen, bei der den Kindern praktische Fertigkeiten vermittelt würden, die stärker als bisher den Umweltbedingungen in den Gemeinden Rechnung trügen. Aus diesem Grunde sollen auch die landwirtschaftlichen Methoden behandelt werden, die zwar in den Schulen unterrichtet werden, aber von den Eltern n i c h t genannt wurden.

Die Einhaltung bestimmter Fruchtfolgen (crop rotation), wie sie auf den Schulfarmen beobachtet werden konnte, taucht in den Elternantworten z.B. nicht auf. Durch den Anbau bestimmter Früchte in einer gewissen Reihenfolge läßt sich u.a. die Bodenqualität erhalten bzw. verbessern. Dieses Grundprinzip moderner Landwirtschaft wird in 24 verschiedenen Fruchtfolgen auf den Schulfarmen praktiziert. Jedoch konnten nur neun dieser Fruchtfolgen als sinnvoll eingestuft werden 230). Auf jeder zweiten Schulfarm war zumindest e i n e korrekte Kombination der Fruchtfolgen anzutreffen. Vielfach wurden falsche Fruchtfolgen verwendet, die schnell die Ertragsfähigkeit des Bodens erschöpfen (so z.B. Kombination der Fruchtfolgen mit Mais, Yams, Cassava).Die Ergebnisse solcher falscher Fruchtfolgen sind daher auch kaum als beispielhaft für die Landwirte in einer Gemeinde anzusehen.

Bei den Elternantworten bezüglich der Schulfarm fehlt auch die Nennung des Anbaus von Früchten in Monokultur (single cropping). Während die Bauern bei den Exportfrüchten (Kaffee, Kakao) diese Anbaumethode unter Einsatz moderner Mittel (Kunstdünger, Pestizide usw.) benutzen, werden die Nahrungsmittel immer noch in gemischter Anbauweise (mixed cropping) angebaut. Die Schulfarmversuche, Nahrungsfrüchte in Reinkultur anzubauen, haben keine Auswirkungen auf den autochthonen Landbau gezeigt 231). Die seit Jahrhunderten von den afrikanischen Bauern verwendete Technik des Anbaus von Nahrungsfrüchten in Mischkulturen ist inzwischen auch von der Wissenschaft als sinnvoll und den Umweltbedingungen entsprechend anerkannt worden 237).
"It is now known ... that traditional intercropping practices have important objective advantages long neglected by orthodox agronomy. Maximum utilization of sunlight, complementarity of soil nutrient requirements and minimization of soil erosion and the spread of weeds and pests are among the factors which lead to higher aggregate yields and reduced variability of output from intercropped farms compared to similar hectarages of monocrop cultivation." 233).

Für die Schulfarmarbeit müssen diese Erkenntnisse aber erst noch ausgewertet und in die Lehreraus- und -fortbildung einbezogen werden, so z.B. die Vermittlung von Kenntnissen über ideale Kombinationen verschiedener Früchte je nach Klima und Bodenbeschaffenheit. Ansätze sind in Tansania zu beobachten, wo die Ergebnisse einer Verbesserung der einheimischen Anbauverfahren durch Ecofarming (Anlage von Erosionsschutzstreifen, Mischkulturen, die in Konturreihen angebaut werden, um die Bearbeitung und Bewässerung zu erleichtern, Einführung neuer Grassorten als Viehfutter usw.) anschließend durch einen deutschen Entwicklungshelfer auch Eingang in die Primarschulen des Gebietes fanden 234). Entsprechendes Material ist inzwischen auch für die anglophonen Provinzen Kameruns entwickelt worden 235).

Andere Verfahren wiederum werden zwar von den Eltern als nützlich angesehen, so z.B. die Kompostzubereitung in größeren Mengen, das Anlegen von Pflanzbeeten usw., aber auf den eigenen Feldern nicht angewendet, da für diese arbeitsintensiven Methoden in nicht ausreichendem Maße Arbeitskräfte zur Verfügung stehen. Da die Schule in der Regel über genügend Schüler verfügt und die Kosten ihres landwirtschaftlichen Einsatzes unberücksichtigt bleiben, vermittelt sie Verfahren, die an den Gegebenheiten der lokalen Landwirtschaft vorbeigehen.

Hinsichtlich der Anwendung sinnvoller Landwirtschaftsmethoden auf den Schulfarmen haben Schüler eher eine Chance, eine vielfältige Auswahl kennenzulernen, je größer die Primarschule und je erschlossener die Gemeinde ist, in der sich die Schule befindet 236). Die Schule leistet hierbei jedoch keine Beratungs- oder Demonstrationsarbeit in der Gemeinde, sondern reflektiert nur den Entwicklungsstand der Landwirtschaft ihrer Umwelt, die aufgrund infrastruktureller Erschlossenheit auf vermarktungsfähige Früchte ausgerichtet ist. Nicht die Gemeinden lernen von der Schule - z.B. über beispielhafte Feldbestellung oder die den Schülern vermittelten Kenntnisse und Fertigkeiten -, sondern die Schule profitiert im landwirtschaftlichen Unterricht vom Niveau der Landwirtschaft der Gemeinde.

Die Beschäftigung der Schüler auf der Schulfarm wird aber auch als eine Möglichkeit angesehen, übergreifende Fertigkeiten zu entwickeln, die allgemein helfen können, Probleme rational und eigenständig zu bewältigen 237). Anhand landwirtschaftlicher Beispiele sollen Fertigkeiten wie das Beobachten, Festhalten von Daten, Vergleichen, Experimentieren usw. eingeübt werden. Die praktische Feldarbeit soll daher in einem größeren systematischen pädagogischen Versuch der Wissens- und Fertigkeitenvermittlung stehen:
"Practical agriculture periods should never be just manual work and nothing more. A short talk of about 15 - 20 minutes followed by a practical demonstration by the teacher on a particular new operation is necessary before the children actually start the work. Children should be encouraged to ask questions, make personal observations, and find their own specimens as they work. Experiments to demonstrate a number of agricultural principles should be performed on the farm or garden ..."238).

Noch im Jahresbericht der Erziehungsverwaltung der anglophonen Provinzen Kameruns für 1968/69 wird optimistisch angezeigt, daß die schlimmsten Auswüchse der überlieferten Unterrichtsmethoden im Fach Landwirtschaft durch einen modernen Ansatz überwunden seien. Schüler und Lehrerstudenten würden mit den Methoden des aktiven Lernens, des Experimentierens, der Verbindung von praktischer Arbeit mit den theoretischen Erläuterungen usw. vertraut gemacht 239). Vier Jahre später erscheinen die modernen Unterrichtsansätze in Vergessenheit geraten zu sein; denn als der wichtigsten Ursachen des unbefriedigenden Zustandes der Schulfarmen und des Fachs Landwirtschaft in den Primarschulen geben die Inspektoren an:
(1) Mißbrauch der für praktische Farmarbeiten zur Verfügung stehenden Zeit (die Schüler werden für andere Zwecke eingesetzt);

(2) unzureichende Beaufsichtigung der praktischen Arbeit durch die Lehrer;
(3) planloser, unsystematischer Einsatz der Schüler während der praktischen Tätigkeiten;
(4) das Fehlen jeglicher Demonstrationen oder Experimente auf der Schulfarm 240).

Die Analyse des Inspektionsberichts der Erziehungsverwaltung wird auch durch eine Selbstbewertung der Aktivitäten im praktischen Landwirtschaftsunterricht der für die Schulfarm verantwortlichen Lehrer untermauert. Befragt nach systematischen Unterweisungen auf der Schulfarm gaben in 30 % der Schulen die Landwirtschaftslehrer an, bestimmte Methoden demonstriert zu haben, so z.B. Bodenbearbeitung, Kompostzubereitung, Düngeverfahren, usw. Nur noch auf jeder vierten Schulfarm hatten die Lehrer nach eigenen Angaben Experimente (Versuche mit verschiedenem Pflanzmaterial, Versuche mit unterschiedlichen Aussaatzeiten und Düngematerial usw.) durchgeführt. Sogenannte 'Projekte', worunter z.B. das Einzäunen der Farm, die Anlage eines Gemüse- oder Obstgartens, das Heranziehen von Pflanzmaterial usw. verstanden werden, wurden in 20 % der Schulen genannt. Keine der untersuchten Schulen hatte in ausreichender Weise von diesen Methoden Gebrauch gemacht. Aus der großen Vielfalt der systematischen Lerngelegenheiten ließen sich pro Schule nur zwei bis vier feststellen, wobei die vollständigen Primarschulen in der Nordwestprovinz an der Spitze lagen 241).

Ebenso problematisch wie die methodische Vermittlung praktischer Fertigkeiten ist die Verbindung von theoretischem Wissen und dessen Umsetzung auf der Schulfarm 242). Zwischen dem im Klassenraum vermittelten Stoff und den praktischen Arbeiten auf der Schulfarm besteht keine Koordination, weder inhaltlich noch methodisch. Lehrervortrag und unverstandenes Auswendiglernen von Fakten und Gesetzmäßigkeiten bestimmen den landwirtschaftlichen Unterricht, "...learning of scientific principles remains, for the pupils, largely a matter of copying from the blackboard"243).

Die Qualität des Landwirtschaftsunterrichts und der Schulfarm verbessert sich mit zunehmender Größe der Schule, mit dem Vorhandensein eines für dieses Fach ausgebildeten Lehrers, mit abnehmender Schülerzahl pro Lehrer und mit dem allgemein guten Zustand der Schuleinrichtungen (Gebäude, Unterrichtsmittel). Die Größe der bewirtschafteten Farm hat keinen Einfluß auf die Qualität. Nur in wenigen Primarschulen läßt sich daher der Versuch einer sinnvollen Beschäftigung mit den Themenbereichen des Fachs Landwirtschaft feststellen. Oft sind es die speziell ausgebildeten Lehrer der 50er Jahre, die sich noch bemühen, ihr Wissen über moderne Landwirtschaft lokalen Bedingungen anzupassen und die Schulfarmarbeit entsprechend zu gestalten. Insgesamt bestätigen sich in den anglophonen Provinzen Kameruns die Schlußfolgerungen aus Schönmeiers Untersuchung in Tansania 244):
(1) Das in der Primarschule vermittelte Wissen im Fach Landwirtschaft kann zwar auf eine jahrzehntelange Tradition zurückgreifen, baut aber vorwiegend auf Vorstellungen von moderner, auf alleiniger Maximierung der Ertragseigenschaften ausgerichteter Landwirtschaft auf;
(2) die spezifischen Verhältnisse lokaler landwirtschaftlicher Produktion werden dabei nicht berücksichtigt;
(3) der Nutzen moderner Methoden wird nicht sachlich kausal begründet, sondern ideologisch gerechtfertigt ('gut ist, was modern ist');

(4) das durch die Schule vermittelte landwirtschaftliche Wissen versteht sich immer noch als Gegensatz zu den überlieferten Techniken der einheimischen Bauern, die es zu überwinden gilt.

Es ist daher davon auszugehen, daß trotz der Schulfarmarbeit und der theoretischen Erörterungen landwirtschaftlicher Probleme im Unterricht die Kameruner Schüler kein konsistentes System landwirtschaftlichen Wissens besitzen, das sie nach Beendigung der Schule in die Lage versetzen könnte, unabhängig und rational zu beurteilen, welche Methoden unter welchen Bedingungen langfristig helfen, den ländlichen Gemeinden eine ausreichende Existenzgrundlage zu bieten.

Die Verunsicherung der Jugendlichen durch die Art und die Qualität der Schulfarmarbeit zeigt sich auch darin, daß die von der Schule propagierten Methoden nach Verlassen der Schule kaum angewendet werden 245). Die bestehende traditionelle Arbeitsteilung in der Landwirtschaft zwischen Männern und Frauen, die den Männern den Anbau von Exportfrüchten, den Frauen den Anbau der Nahrungsfrüchte zuweist, bleibt in der Schule weitgehend unberücksichtigt.

Auf ihren Schulfarmen bauen 70 % aller Primarschulen ausschließlich Nahrungsfrüchte an. Die Jungen können daher nicht ohne weiteres damit rechnen, in der Schule an Tätigkeiten herangeführt zu werden, die ihnen den Zugang zu späteren landwirtschaftlichen Aktivitäten erleichtern. Den Mädchen bietet sich dagegen eher die Chance, modernere landwirtschaftliche Verfahren in einem Bereich kennenzulernen, in dem sie auch nach der Schulzeit tätig sein werden, nämlich im Anbau von Nahrungsfrüchten. Da die Schule aber hauptsächlich die Methoden praktiziert, die von den Frauen bei ihren landwirtschaftlichen Arbeiten abgelehnt werden, (so z.B. den Anbau von Monokultur), fehlt auch hier die Beziehung zur lokalen Umwelt. Die Mädchen folgen wie die Jungen den Anweisungen der Lehrer, so lange sie auf der Schulfarm arbeiten. Nach Schulabschluß sind es nur wenige, die das Gelernte bei der eigenen Farmarbeit anwenden. So gaben in 26 % der Gemeinden der Stichprobe die befragten Lehrer an, daß sie am Ort mindestens einen Schulentlassenen beobachtet hätten, der den Anbau in Monokultur und Fruchtfolge betriebe 246). Zudem wird bei den Mädchen im wachsendem Maße der landwirtschaftliche Unterricht durch Unterricht in Hauswirtschaft ersetzt. Dort, wo eine Primarschule im Einzugsbereich eines Hauswirtschaftszentrums liegt, ist Landwirtschaft nur noch ein Fach für die Jungen. Der Hauswirtschaftsunterricht versucht zwar auch die Anlage von Gemüsegärten zu demonstrieren, berücksichtigt aber nicht die Wichtigkeit der von Frauen angebauten Nahrungsmittel. Die Hauswirtschaftszentren liegen überwiegend in den infrastrukturell gut versorgten ländlichen und städtischen Gemeinden 247).

Die Vorbereitung auf den Einsatz in der Landwirtschaft erfolgt daher bei Mädchen und Jungen, trotz aller Bemühungen der Schule, immer noch vorwiegend durch die Mitglieder der Großfamilie. Dabei werden die überlieferten Anbauverfahren im Rahmen des eigenen kulturellen Selbstverständnisses von der älteren auf die jüngere Generation übertragen. Methoden und Verfahren, die eingesetzt werden, um den Lebensunterhalt zu garantieren, sind keine von der Umwelt losgelösten Techniken, sondern Teil eines größeren Gesamtzusammenhangs, in den Mensch und Natur eingebunden sind. Die kulturelle und soziale Bedeutung des Anbaus bestimmter Früchte, so z.B. der Yamswurzel bei den Männern der Kulturgruppen am Crossriver in der Südwestprovinz Kameruns, wird durch Riten und Feiern unterstrichen, die die verschiedenen Tätigkeiten im Verlauf des Landwirtschaftsjahres begleiten 248).

Die für den Anbau von Exportfrüchten erforderlichen Techniken erlernen die Jungen vorwiegend im Familienbetrieb, vereinzelt auch auf kommerziell betriebenen Großplantagen, wenn sie dort als Arbeiter tätig werden. Solche außerschulischen Lernmöglichkeiten bestehen vor allem in Gemeinden mit ausreichender oder guter infrastruktureller Versorgung, wo auch der einzelne Bauer eine Chance hat, auf landwirtschaftliche Beratungsdienste und Leistungen der Genossenschaften zurückzugreifen. Je geringere Aussichten in einer Gemeinde bestehen, sich solcher Einrichtungen bedienen zu können, um so geringer sind auch die Lernmöglichkeiten für Jugendliche in diesem Gebiet. In beschränktem Maße könnten in diesen weniger erschlossenen Gemeinden die Schule durch beispielhafte Schulfarmarbeit eine Art Beratungsaufgabe für die Bauern übernehmen 249), wobei sie sich zunächst auf eine Verbesserung der Nahrungsfrüchteproduktion konzentrieren sollte, da die Produktion von Exportfrüchten in entlegeneren Gebieten automatisch durch die mangelnden Transportmöglichkeiten und Vermarktungsge - gebenheiten begrenzt ist. In dem untersuchten Gebiet Kameruns wird aber gerade diese Möglichkeit, Lebensbedingungen der Gemeinde durch einen Beitrag der Primarschule zu verbessern, nicht genutzt, da die wenigen gutgeführten Schulfarmen nur in den mit Infrastruktur gut versorgten ländlichen Gebieten anzutreffen sind. Schulen in infrastrukturell erschlossenen Gemeinden, die vorbildliche Leistungen im Bereich der Schulfarmarbeit zeigten, hatten für die Bewohner e i n e n sehr überzeugenden Ffffekt: Schüler dieser Schulen schnitten wesentlich besser bei den Aufnahmeprüfungen zur weiterführenden Sekundarschule ab, als Schüler, die von Schulen mit schlechter Schulfarmarbeit kamen 250). Freyholds Studie aus Tansania scheint die Ergebnisse aus Kamerun zu bestätigen: Ein sinnvoller landwirtschaftlicher Unterricht, der sowohl praktische Arbeiten auf der Schulfarm, als auch theoretische Erläuterungen der Probleme enthält, fördert die Leistungen der Schüler in den sogenannten akademischen Fächern, die alleine für die Aufnahme in die weiterführende Schule von Bedeutung sind 251).

Der landwirtschaftliche Unterricht in den Primarschulen der anglophonen Provinzen Kameruns trägt in seiner derzeitigen Form nur wenig zur landwirtschaftlichen Entwicklung der Gemeinden bei. In abgelegenen Gemeinden mit noch wenig entwickelten landwirtschaftlichen Techniken gehen von der Schule keine Verbesserungsimpulse aus. In gut versorgten ländlichen Gemeinden paßt sich die Schule dem höheren Niveau der Landwirtschaft ihrer Umwelt an. Gutgeführte Schulfarmen beeinträchtigen nicht die Schulerfolge in den akademischen Fächern. Das Gegenteil läßt sich für Kamerun nachweisen, daß nämlich die Schüler, die solche Schulen besucht haben, eher in den Sekundarschulen wiederzufinden sind, als Schüler von Schulen mit schlechtgeführten Farmen. Die Qualität des landwirtschaftlichen Unterrichts in den Primarschulen läßt sich bereits mit einer Reihe von Maßnahmen verbessern, die ohne aufwendige Reformen machbar sind, jedoch von dem politischen Willen getragen sein müssen, die verfügbaren personellen und finanziellen Mittel sinnvoller als bisher einzusetzen.
(1) Landwirtschaftlicher Unterricht sollte einer der Schwerpunke in der Lehrerausbildung werden, wobei insbesondere auf die methodologische

Vermittlung erprobter landwirtschaftlicher Verbesserungen bzw. auf die Heranführung an solche Probleme Wert zu legen ist.

(2) Für eine sinnvolle Arbeit in den Schulen benötigen die Lehrer entsprechende Handreichungen, die lokale Probleme aufgreifen, sowie die landwirtschaftlichen mit den sozialen Aspekten verbinden (so u.a. Aufbau von Genossenschaften, Bodennutzungssysteme und Bodenrechte, Methoden der Qualitätsverbesserung des Bodens durch entsprechende Pflanzen usw.).

(3) Durch eine Umverteilung von Aufgaben in der Erziehungsverwaltung könnten Beamte für eine fachliche Inspektion im Sinne eines 'on-the-job' Trainings eingesetzt werden und in den Bezirken mit den Lehrern zusammenarbeiten.

(4) Landwirtschaft sollte Pflichtfach für Jungen u n d Mädchen sein, jedoch die traditionelle Arbeitsteilung in den Landwirtschaftstätig - keiten berücksichtigen.

(5) Eine größere Gemeindebeteiligung sollte sicher gestellt werden, um Mißbräuche durch Lehrer auszuschalten und Demonstrationseffekte erzielen zu können (Mitbestimmung beim Verkauf der Schulfarmerzeugnisse, bei der Aufstellung des Anbauplans der Schulfarm und Beteiligung bei der Beurteilung der individuellen oder kollektiven Schülerleistungen im Landwirtschaftsfach).

(6) Neben der stärkeren Gemeindebeteiligung sind auch die Schüler selber einzubeziehen, u.a. durch die Gründung von Schülergenossenschaften.

Der landwirtschaftliche Unterricht in der Primarschule kann Auswirkungen auf die ländlichen Gemeinden zeigen, die das lokale Selbsthilfepotential stärken helfen. Die Beschäftigung mit landwirtschaftlichen Problemen ist daher theoretisch möglich, pädagogisch wünschenswert, aber praktisch kaum in den Schulen anzutreffen, da die erforderlichen Rahmenbedingungen, die erst über einen längeren Zeitraum hinweg einen effektiven Unterricht ermöglichen, nicht gegeben sind, da alle Beteiligten unterschiedliche Erwartungen mit dem Unterricht in Landwirtschaft verknüpfen 252).

"The problem of agricultural education are not primarily educational; they are intimately bound up with the solution of economic, technical and social problems over which the Ministry of Education has no control ... All we can say about agricultural education must be considered in the context of radical social and technical change in other sectors of the economy" 253).

3.3.7 Schule und lokale Kultur

Afrikanische Kultur ist eng mit religiösen Glaubensvorstellungen, moralischen Werten und sozialen Verhaltensweisen verbunden, die sich in der Kunst des Erzählens, der Anwendung von Sprichworten und Rätseln in der Kommunikation, in Gesang, Tanz und Musik, in der handwerklichen und landwirtschaftlichen Gestaltung usw. ausdrücken 254). Kultur äußert sich nicht in Einzelaktivitäten, sondern ist im afrikanischen Sinne als Gesamtheit der Lebensweise der Menschen zu begreifen, die sich als interdependente Beziehungen zwischen dem Menschen und seiner sozialen und physischen Umwelt vollzieht 255). Schule kann folglich entweder zu einem vertiefenden bzw. anregenden Verständnis des kulturellen Umfeldes beitragen, indem sie

sich dessen Werte für die Sozialisation der Schüler zu eigen macht und kulturelle Ausdrucksformen als Lerninhalte einführt, oder aber Schule ignoriert bzw. negiert kulturelle Werte und Tätigkeiten und fördert dadurch den Verlust der eigenständigen kulturellen Identität ihrer Absolventen.
"Trägt man den Eigenarten des kulturellen Milieus bei den Erziehungsaufgaben keinerlei Rechnung, so wird die Erziehung zu einer gesellschaftlichen Verbraucherinstitution, die keinen Einfluß auf die wirklichen Lebensbedingungen eines Volkes ausübt ... Diesen Stand der Dinge bezeichnet man mit 'Akkulturation' "256).

Akkulturation und Realitätsferne werden einem System zugeschrieben, das im Primarschulbereich trotz aller Schulreformen immer noch auf eine urbane Gegenkultur der ehemaligen Kolonialmächte hin entworfen ist 257) und von vielen Angehörigen der in diesem System aufgestiegenen Elite gestützt wird. Mazaba und Nthépé zeigen anschaulich am Beispiel der Benutzung der Muttersprachen in der Primarschule die Diskrepanz zwischen offiziellen Verlautbarungen, die auch in der Bildungspolitik die Bewahrung der nationalen kulturellen Identität anstreben, und dem individuellen Verhalten der Eliten, die sich von einer Ausbildung ihrer Kinder in einer der offiziellen weltweiten Sprachen größeren Nutzen erhoffen.
"Indeed, the developing countries' élite who play a part in formulating educational policy are the keenest of mother-tongue teaching, but their children are enrolled in private schools where the teaching is in French or English, for example, and not in the local language, or may even be sent to Europe"258).

Der Konflikt zwischen der durch die Primarschule repräsentierten Schriftkultur und den überwiegend auf mündlichen Überlieferungen aufbauenden lokalen Kulturen scheint unvermeidbar. Die Kluft zwischen dem Milieu in der Schule und in der Gemeinde wird jedoch noch größer, wenn die Unterrichtssprache sich grundlegend von der Umgangssprache, d.h. Amtssprache versus Muttersprache, unterscheidet. Da Sprache das Medium ist, mit dem eine Gesellschaft sich selbst und ihre Umwelt erfaßt, wird durch den Unterricht in der nichtafrikanischen Amtssprache nicht nur die Kluft zwischen alphabetisierten Schülern und nicht-alphabetisierten Eltern verstärkt, sondern den Schülern ein Denk- und Erfahrungsschema über die Sprache vermittelt, das gänzlich anders als das ihrer Eltern aufgebaut ist 259). Die Folgen zeigen sich bei der Mehrheit, die durch die Schule erfaßt wurden, in der unzureichenden Beherrschung der Amtssprache und dem Verlust eines klaren Denk- und Orientierungsschema.
"Die konkurrierenden Symbolwelten verzerren einander gegenseitig und die Kinder erfassen keines der Denksysteme letztlich richtig"260).

Die Entwicklung der kognitiven Fähigkeiten der Schüler über eine ihnen nicht vertraute Sprache muß zwangsläufig zur kulturellen Entfremdung führen. Da dem Erlernen der fremden Sprache während der Schulzeit die größte Aufmerksamkeit geschenkt werden muß, um auch nur einer Minderheit ein Minimum an Sprachbeherrschung als Voraussetzung für weitere Studien mitzugeben, wird die nicht die Amtssprache sprechende lokale Umwelt als eine Gefahr für den Spracherwerb des Schülers angesehen 261). Tatsächlich beherrscht ein Schüler nach sechs oder acht Jahren Primarschule die Amtssprache nur lückenhaft und vermag kaum komplizierte Sachverhalte auszudrücken 262). Mit einem Wortschatz in der offiziellen Sprache am Ende der Primarschulzeit, der geringer ist als der Wortschatz in

der Muttersprache bei Schuleintritt, wird das Dilemma des Unterrichts in einer offiziellen Sprache vollends deutlich 263). Hinzu kommt, daß die Unsicherheit in der Beherrschung der fremden Sprache auch bei den Lehrkräften besteht und somit auf die Schüler übertragen wird. Im Bericht der Sprachabteilung des Instituts für die Reform des Primarschulwesens (IPAR), Buea, Kamerun, heißt es hierzu:
"The teachers' own grasp of English ... is often poor on the evidence of their written comments. Their insecurity is reflected in several respects: They want ease: not much general knowledge ... not much composition work, objective questioning approaches; readymade answers supplied along with exercises ... They want spoon-feeding in many cases"264).

Immer mehr afrikanische Staaten gehen daher dazu über, einheimische Sprachen als Unterrichtssprachen in der Primarschule zu verwenden 265). Soweit die offizielle Staatssprache sich von der Muttersprache unterscheidet, werden die Kinder im Verlauf der Primarschulausbildung auch an diese herangeführt. In den Primarschulen Botswanas z.B. wird während der ersten vier Primarschuljahre in der nationalen Sprache Setsuana unterrichtet. Englisch als offizielle Amtssprache wird als Fach von der ersten Klasse an eingeführt, ehe es ab Klasse 5 Unterrichtssprache wird und Setsuana nur noch als Unterrichtsfach weitergeführt wird 266).

Die Einbeziehung der lokalen Umwelt und die Rückbesinnung auf überlieferte traditionelle Werte und Kulturgüter, wie sie im Konzept einer gemeindeorientierten Primarschule enthalten sind, wird durch den Gebrauch afrikanischer Sprachen in der Schule erleichtert. Das Interesse der Gemeinde an den Vorgängen in der Primarschule ist größer, wenn eventuelle Kommunikationsschranken aufgrund der nur von wenigen gesprochenen offiziellen Sprache von vornherein aufgehoben sind.

Hauptsächlich aus politischen Gründen, nämlich aus Furcht die staatliche Einheit zu gefährden, wenn aus einer Vielzahl afrikanischer Sprachen, die in einem Staatsgebiet gesprochen werden, eine bzw. wenige ausgewählt werden, wird in einer Reihe afrikanischer Staaten an der von den Kolonialverwaltungen übernommenen europäischen Sprache als Unterrichtssprache festgehalten. Trotzdem versuchen Länder wie Gambia, Sierra Leone, Kamerun usw., in denen europäische Sprachen während der gesamten Primarschulzeit unterrichtet werden, eigene Wege zu gehen und stärker als zuvor die Erhaltung einer eigenständigen nationalen Identität durch Rückbesinnung auf traditionelle Kulturgüter zu fördern 267). Auch wenn an einer europäischen Sprache als Nationalsprache und Unterrichtssprache festgehalten wird, fließen in den Unterricht und in die Gestaltung der Curricula für die Primarschulen Elemente ein, die die Umwelt- und Kulturorientierung im speziellen afrikanischen Milieu betonen 268).

Bezogen auf die Verhältnisse in Kamerun läßt sich feststellen, daß in den Primarschulen der anglophonen Provinzen Elemente der lokalen Kultur seit Jahrzehnten in verschiedensten Formen den Schulalltag prägen. Bis zum Beginn der 50er Jahre wurde z.B. in den ersten vier Klassen der Primarschule der Baseler Mission im Südwesten die afrikanische Verkehrssprache Douala, im Nordwesten Mugaka benutzt. Wegen des Mangels an geschriebenem Material dienten diese Sprachen aber mehr der Erläuterung und Erklärung, sowie der Gewöhnung an die Schuldisziplin. Da es sich bei beiden afrikanischen Sprachen um Sprachen von Minderheiten handelt, deren Ausweitung bzw. Anwendung immer mit politischer Machterweiterung der betreffenden Kulturgruppe verbunden wurde, gewann die Kolonialsprache im Verlauf der politischen Unabhängigkeitsbestrebungen besondere Bedeutung als Medium zur Schaffung eines einheitlichen Staatswesens, das alle Kulturgruppen vereinte. Englisch wurde daher auch in der Primarschule wieder als Unterrichtssprache von der ersten Klasse an eingeführt 269). Bis heute ist es jedoch in den Primarschulen üblich, in den ersten Klassen auf die jeweilige Muttersprache bzw. Verkehrssprache, meist Pidgin, des Einzugsgebietes der Schule zurückzugreifen, wenn die Kinder angehalten werden, lokale Ereignisse zu berichten oder Geschichten, Sprichwörter, Fabeln usw. wiederzugeben.

Wie stark die orale Tradition der Gemeinde in den Unterricht eingegangen ist, läßt sich aus Tabelle 18 ersehen. In 94 % der Schulen gaben die Schulleiter an, in den ersten Klassen die Märchen, Geschichten, Fabeln usw. der verschiedenen Kulturgruppen im Unterricht aufzugreifen und von den Kindern in ihrer Muttersprache vortragen zu lassen. Der Rückgriff auf die den Kindern vertraute Sprache und Kultur ist zu Beginn der Primarschulzeit die einzige Möglichkeit, um den Unterricht nicht völlig an ihnen vorbeizugestalten und sie mit einzubeziehen, insbesondere wenn der Lehrer versucht, nicht sprachbedingte Konzepte zu vermitteln 270). Ähnliche Motivationsfunktion hat auch das Singen einheimischer Lieder in den lokalen Sprachen, das in 85 % der Schulen angetroffen wird. Ebenfalls weit verbreitet ist die Pflege traditioneller Tänze, die in 80 % der Schulen berichtet wird. Staatliche und private Initiativen fördern die Erhaltung der spezifischen Tänze der verschiedenen Kulturgruppen schon in der Primarschule durch Wettbewerbe und Preisvergaben 271). Weniger verbreitet war die Nutzung von einheimischen Sprichwörtern und Rätseln im Unterricht, obwohl gerade diese Art von Kommunikation in der afrikanischen Gesellschaft von besonderer Wichtigkeit ist. Noch weitgehend unüblich ist das Sammeln und Ausstellen von Gebrauchs- und Kunstgegenständen aus der vergangenen Epoche einer Kulturgruppe durch die Primarschule. Die im Verlauf von Vorstudien in der Nordwestprovinz Kameruns angetroffene Ausstellung solcher Gegenstände im Klassenraum einer Schule fand sich nur einmal unter den Schulen der Stichprobe wieder 272).

Tabelle 18: Elemente lokaler Kultur und ihre Einbeziehung in den Unterricht der Primarschulen

Art der kulturellen Aktivität	in Schulen der Stichprobe	
	Anzahl	v.H.
(1) Erzählen von Geschichten, Märchen, Fabeln, Sagen usw. in der lokalen Sprache	74	94
(2) Singen einheimischer Lieder	67	85
(3) Aufführen von traditionellen Tänzen	63	80
(4) Verwenden von einheimischen Sprichwörtern und Rätseln	30	38
(5) Sammeln von traditionellen Gebrauchs- und/oder Kunstgegenständen	1	1

Die Primarschule ist in einer Gemeinde nur e i n e von mehreren Institutionen, die sich der Pflege und Bewahrung der überlieferten Kultur widmet 273). In weiten Gebieten Schwarzafrikas, insbesondere in den ländlichen, ist die Kultur noch gelebte Wirklichkeit, keine museale Veranstaltung zu Ausstellungszwecken. Trotz aller Einflüsse sogenannter westlicher Zivilisation werden Kameruner Kinder immer noch auf meist informalem Wege in die Traditionen ihrer Kulturgruppe eingeführt, ohne daß es dazu des Anstoßes durch die Schule bedarf 274). Hierbei erweisen sich traditionelle Gruppen und Institutionen keineswegs als statisch und rückwärts gewandt 275). Gruppierungen wie der Manjong in Banso (Nordwestprovinz) oder die Ekpe Gesellschaft (Südwestprovinz) haben sich in ihren Aufgaben den Bedürfnissen und Möglichkeiten ihrer Kulturgruppen in unserer Zeit angepaßt. So bringen sie z.B. Stipendien für den Besuch weiterführender Schulen für Kinder ihrer Gemeinde auf oder organisieren und finanzieren Selbsthilfeprojekte. Selbst in den Städten haben sich die Zuwanderer nach ihrer

Zugehörigkeit zu kulturellen Gruppen zu Vereinigungen zusammengeschlossen (stranger's associations), die auf der überlieferten Tradition der Heimatregionen aufbauen und die Kontakte mit den Herkunftsgemeinden aufrecht erhalten.
"These ethnic unions exercise authority through the same means as the home communities, chiefs and 'secret societies', and they have effective rewards at hand because of their solidarity funds"276).

Die weite Verbreitung von Elementen traditioneller afrikanischer Kultur in den Primarschulen der anglophonen Provinzen Kameruns ist daher auch ein Zeichen für die Selbstverständlichkeit, mit der die Bevölkerung dieser Gebiete den Einflüssen westlicher Kolonialisierung und den nivellierenden Bedingungen eines modernen Nationalstaates widerstanden hat 277). Die gesamte Breite der kulturellen Aktivitäten findet sich vor allem in Schulen, die in ethnisch homogenen Gebieten liegen. Mit zunehmender infrastruktureller Erschlossenheit und der Repräsentanz verschiedener kultureller Gruppen in einer Gemeinde, insbesondere in den städtischen Gebieten der Südwestprovinz, die Zuwanderungen aus anderen Regionen verzeichnen, wird weniger Wert auf solche Aktivitäten gelegt. Zwar finden sich auch hier noch die Lieder und Tänze der verschiedenen Ethnien, aber sie dienen vorwiegend der Freizeitgestaltung der Schüler, die in vielen Fällen während der für sportliche Betätigungen vorgesehenen Zeit im Stundenplan praktiziert werden. Ähnlich wie im Landwirtschaftsunterricht, wo Primarschulen in ertragreichen ländlichen Gemeinden sich dem höheren Niveau der Landwirtschaft ihrer Umwelt anpassen 278), reagiert die Schule auch hinsichtlich der Behandlung lokaler Kultur im Unterricht: Je stärker eine Gemeinde noch in der überlieferten Kultur verwurzelt ist, desto umfangreicher und intensiver sind auch die kulturellen Aktivitäten in der Schule. Kinder, die in solchen Gemeinden aufwachsen, erfahren auch heute noch die Vielfalt kultureller Traditionen vorwiegend aus der Beobachtung und Teilnahme an Ereignissen des täglichen Lebens: die verschiedenen Rituale im Verlauf des Landwirtschaftsjahres, Feierlichkeiten im Lebenszyklus einer Person, Status und Aufgaben lokaler Würdenträger und Gremien, besondere Feste beim Tod führender Gemeindemitglieder und Einführung der Nachfolger, usw. Darüber hinaus werden sie durch die Großfamilie und oftmals durch besondere Unterweisungen auf bestimmte Rollen und Aufgaben in den traditionellen Gremien vorbereitet. Wo die lokale Kultur noch derart lebendig ist, bedarf es nicht erst der Anregung durch die Primarschule, um Kinder und Erwachsene für die Erhaltung der eigenständigen kulturellen Ausdrucksformen zu gewinnen.

Aber selbst in diesen Gemeinden wächst bei den Eltern die Befürchtung, daß ihre Kinder immer weniger bereit sind, sich in das Gefüge der traditionellen Beziehungen und Tätigkeiten einzuordnen. Da die Schule einen wichtigen Teil der Sozialisation übernommen hat, erhoffen sich immer mehr Eltern von ihr zusätzliche Unterstützung auch bei der Weitergabe der überkommenen Lebensformen ihrer Ethnien an die Kinder. Die Mehrzahl der befragten Eltern in den 79 Gemeinden der Stichprobe - es wurden jeweils fünf Eltern pro Gemeinde befragt - sah bei ihren Kindern die kulturellen Sitten und Gebräuche in folgenden Bereichen bedroht 279):
- mangelndes Interesse in traditionellen Tätigkeiten wie Zapfen von Palmwein, Hüten von Vieh, Fischen, Bodenbearbeitung mit einfachen Geräten;
- Mißachtung der Regeln und Vorschriften im Zusammenhang mit der

Eheschließung 280);
- Übertreten gewisser Eßtabus für bestimmte Personenkreise;
- Nichtteilnahme an Zeremonien im Zusammenhang mit der lokalen afrikanischen Religion;
- Unkenntnisse hinsichtlich traditioneller Heilpflanzen und -kräuter; Ablehnung schützender Amulette;
- fehlender Respekt und Gehorsam gegenüber älteren Gemeindemitgliedern und traditionellen Würdenträgern;
- geringes Interesse an den traditionellen Vereinigungen und Ablehnung ihrer Funktionen in den Gemeinden;
- Unkenntnisse der überlieferten Kommunikationsformen (Trommelzeichen, Reden in Sprichwörtern und Beispielen usw.) und mangelnde Beherrschung der lokalen Sprachen.

Was viele kameruner Eltern beklagen, sind die Auswirkungen des rapiden gesellschaftlichen und sozialen Wandels in ihrer Gesellschaft, zu dem auch die Schule beigetragen hat. Die einseitige Orientierung an der individuellen Leistung, die Vermittlung von Erklärungsmustern auf der Grundlage von Ursache und Wirkung, die Weitergabe von Sachkenntnissen, die nur für den modernen Sektor der Gesellschaft von Wichtigkeit sind (einschließlich der offiziellen Sprachen) usw., dies alles steht im Gegensatz zu den Teilen der Gesellschaft, die sich noch in größerem Maße an der Tradition ihrer Kulturgruppen orientieren. Die ostafrikanische Situation beschreibt Peter Kiarie Wa Njoroge:

"What the school system has done in the past has been to take the child from both parents and grandparents and its african traditions. The result of all this has been a generation of youth that cannot participate meaningfully in their elders conversations or dialogues in which allusions to tribal laws, practices, believes, figures of speech, proverbs, world view etc. are taken for granted by the elders."281)

Der Schule kann in einer solchen Situation eine für die Gesellschaft wichtige Aufgabe erwachsen: Da ihr die Mehrzahl der Erwachsenen auch in den traditionell ausgerichteten ländlichen Gebieten die Autoriät zuerkennen, ihre Kinder für den modernen Sektor der Gesellschaft, mit dem auch die abgelegensten Gemeinden verbunden sind, vorzubereiten, wünschen sie ebenfalls, daß die Schule die Kinder nicht völlig aus der Tradition herauslöst. Mit diesem Elternmandat hat die Schule die Chance, die kulturelle Eigenständigkeit und Identität der verschiedenen Ethnien im Rahmen des Nationalstaates bewahren zu helfen, um zu verhindern, daß die Verbesserung der materiellen Lebensverhältnisse in den ländlichen Gebieten mit dem Verlust der lokalen Kultur einhergeht 282).

Gewinnen die spezifischen Kulturelemente in den verschiedenen Regionen größere Bedeutung in der Schule, kann dies zu einer verstärkten Zusammenarbeit zwischen der Gemeinde und der Schule führen. Kultur als didaktisches Element sollte soweit wie möglich in allen Fächern sichtbar, insbesondere aber bei integrierten Lerneinheiten beachtet werden. Hierzu ist aber auch in den anglophonen Provinzen Kameruns ein neuer Ansatz erforderlich, der sich von der augenblicklich praktizierten 'Verschulung' der Kultur abhebt. Kultur in der Schule sollte nicht auf das Fach Sport reduziert werden 283) bzw. darin bestehen, daß lokale Feste und Sitten vom Lehrer doziert und von den Schülern auswendig gelernt werden. Die Beschäftigung mit lokaler Kultur in der Primarschule sollte zur Entfaltung und Förderung der Kreativität

genutzt werden und die Schüler durch Vergleiche mit anderen Kulturgruppen an die Vielfalt der nationalen Kultur heranführen. Gerade der Vergleich der kulturellen Eigenständigkeit verschiedener Gruppen kann helfen, die bestehenden Vorurteile der Ethnien untereinander abzubauen. Dies bedingt, daß die Schule die verschiedenen Erscheinungsformen lokaler Kultur nicht auf eine Gruppe in der Gemeinde begrenzt und sie nicht kritiklos als Unterrichtsstoff übernimmt. Gemeinsam mit den Vertretern verschiedener Kulturgruppen einer Gemeinde sind Vor- und Nachteile überlieferter Sitten und Verhaltensweisen zu erörtern und ihre Funktion in der jeweiligen historischen Situation herauszuarbeiten. Den Schülern kann hierdurch der Wandlungsprozeß verdeutlicht werden, den traditionelle Institutionen im Verlauf der letzten Jahrzehnte durch Berührung mit der Markt- und Wettbewerbsgesellschaft und Technologie westlicher Prägung durchlaufen sind bzw. noch durchlaufen. Eine derart reflektierende Beschäftigung mit der lokalen Kultur, die Gemeinde und Schüler aktiv einbezieht, kann sich u.a. auf folgende Schwerpunkte beziehen:
- Geschichte und Organisation einer Gemeinde;
- Feste und Zeremonien im Lebenslauf (einschließlich der Behandlung von Problemen wie Brautpreis und Erbfolge);
- Religionsformen (einschließlich traditioneller Religionen);
- Heilpflanzen und -kräuter und traditionelle Medizin;
- Rolle und Bedeutung der Großfamilie (Probleme durch Abwanderung und Bodenknappheit usw.);
- wirtschaftliche Selbstversorgung einer Gemeinde und traditionelle Berufe;
- traditionelle Ordnungsinstitutionen in der Gemeinde (z.B. Männer- und Frauengesellschaften);
- Freizeitgestaltung früher und heute;
- usw. 284)

Da nicht davon ausgegangen werden kann, daß die Lehrer einer Schule auch mit der lokalen Kultur vertraut sind, weil sie entweder einer anderen Kulturgruppe angehören oder sich selber nicht ausreichend genug mit ihrer eigenen Tradition beschäftigt haben, muß ihnen zunächst gezeigt werden, in welchen Bereichen und in welcher Form lokale Kultur in der Schule aufgegriffen werden kann. Folgende Schritte sind daher bei der Lehrerausbildung und -fortbildung zu berücksichtigen:
(1) Erstellung von Handreichungen für Lehrer als Hintergrundmaterial zu den Schwerpunktthemen, die sich mit der lokalen Kultur befassen. Solches Informationsmaterial über die wichtigsten Kulturgruppen eines Landes sollte Auskunft über Herkunft, Sitten, Gebräuche, Erzählungen, Tanz, Musik, Organisation usw. enthalten 285).
(2) Entwicklung und Erprobung von Instrumenten, die den Lehrern helfen Informationen über die Besonderheiten lokaler Kultur in ihrer jeweiligen Schulgemeinde zu gewinnen. In Anlehnung an die von Fachleuten erstellten Handreichungen für die größeren Ethnien kann der Lehrer ähnliche Informationen für die spezielle Situation in seiner Schule erheben. Fragebögen oder Anweisungen mit Beispielen, die dann auf die lokale Situation zu übertragen sind, müssen mit den Lehrern bzw. mit den Lehrerstudenten in den Gemeinden erprobt werden 286).
(3) Ähnlich wie die Gewinnung von Informationen über die lokale Kultur muß dem Lehrer gezeigt werden, in welcher Form Gemeindemitglieder in diesen Bereichen zur Mitarbeit gewonnen werden können. Ebenso sind die Eltern davon zu überzeugen, daß ihre Mitarbeit notwendig und

gewünscht ist.
(4) Anweisungen im Curriculum zur Behandlung von Themen, die sich mit der lokalen Kultur befassen, reichen ebensowenig aus wie die bloße Bereitstellung von Hintergrundmaterialien. Um einen entsprechenden Unterricht zu gewährleisten, müssen den Lehrern einfache Methoden und Techniken der Entwicklung von Unterrichtseinheiten gezeigt werden, die durch praktische Unterrichtsübungen zu erproben sind. Erst hier wird sich zeigen, inwiefern Gemeindemitglieder sinnvoll in den Unterrichtsablauf einbezogen werden können 187).

Die Einbeziehung lokaler Kulturelemente in den Unterricht der Primarschule unter Beteiligung der Gemeinde kann die Grundlage für eine stärkere Zusammenarbeit und größeres Interesse zwischen beiden Institutionen bilden. Schule kann zum Vermittler zwischen Tradition und Moderne werden, indem sie sich kritisch mit den verschiedenen Themen beschäftigt, die die lokale Kultur reflektieren, und sie in den größeren nationalen Zusammenhang stellt. Für die Primarschule ist dies gleichzeitig eine Möglichkeit, Fehlentwicklungen der Vergangenheit, die die meisten Formen traditioneller Kultur als minderwertig abtaten und sich ausschließlich an westlichen Kulturmustern orientierten, aufzufangen bzw. abzustellen. Hierdurch wird der Besuch der Primarschule auch wieder in solchen Gebieten Kameruns interessant, in denen immer weniger Eltern ihre Kinder zur Schule schicken, insbesondere in den isolierten und entlegenen Gemeinden der anglophonen Provinzen 288). Die wachsenden Probleme der Jugendlichen in den städtischen und stadtnahen Gemeinden, denen die Eltern allein nicht mehr Herr werden, führen dazu, daß auch in diesen Teilen Kameruns gefordert wird, die Schule solle sich stärker als bisher der moralischen Erziehung überlieferter Werte und Verhaltensweisen zuwenden, um den Verlust der kulturellen Identität bei den Jugendlichen aufzufangen 289).

3.3.8 Sensibilisierung für lokale Probleme und regionale Entwicklungen durch relevante Unterrichtsmaterialien: Der Einsatz von Gemeindegeschichten in den oberen Klassen der Primarschule

Bisher wurde aufzuzeigen versucht, wie sich der Anspruch auf Verbesserung der lokalen Lebensbedingungen durch die Primarschule in der Realität der anglophonen Provinzen Kameruns niederschlägt. Trotz der Aufnahme gemeindebezogener Aktivitäten in das Schulcurriculum und feststellbarer Hilfsdienste der Schule für die Gemeinde mußte festgestellt werden, daß die Schulen weit davon entfernt sind, zur Lösung bestehender Probleme beizutragen 290). Ansätze zu einer Art entwicklungsbezogenem Engagement der Schule, wie sie in den Jahresberichten der Kameruner Erziehungsverwaltung immer wieder betont werden, sind zur Routine geworden, der sowohl eine pädagogische als auch eine entwicklungspolitische Relevanz fehlt 291).

Zu fragen ist, was getan werden kann, um diesen gemeindeorientierten Ansatz, der noch in den Schulen vorhanden ist, wieder in stärkerem Maße an der Realität der Gemeindeverhältnisse auszurichten und pädagogisch sinnvoll in den Unterricht einzubeziehen. Eine systematische und sinnvolle Beschäftigung mit der sozio-ökonomischen Wirklichkeit einer Gemeinde ist daher der erste Schritt in Richtung Gemeindeorientierung der Schule, um Schulaktivitäten und -projekte zu verhindern, die ohne Rücksprache und Diskussion mit den Bewohnern durchgeführt werden.

Auf der anderen Seite kann die Primarschule einen Beitrag zu einer eigenständigen Entwicklung der ländlichen Gemeinden leisten, wenn sie hilft, durch eine Sensibilisierung für lokale Probleme die Position dieser Bevölkerungsteile gegenüber wirtschaftlichen und politischen Zentralinstanzen zu stärken, insbesondere sie auf Mitsprache- und Gestaltungsmöglichkeiten hinzuweisen 292). Dabei ist eine solche Sensibilisierung nicht nur auf eine kurzfristige Beseitigung von Mißständen abgestellt. Sie kann gerade langfristig dazu beitragen, in den Gemeinden das Potential zu schaffen, das in der Lage ist, Dienstleistungseinrichtungen für die ländlichen Gebiete, so z.B. Genossenschaften, Gesundheitsstationen, Wasserversorgungsanlagen usw., zu betreiben und zu kontrollieren 293).

Eine Sensibilisierung für die Entwicklungsprobleme der ländlichen Gemeinden ist durch die Beschäftigung mit den Verhältnissen in der jeweiligen Schulgemeinde und dem Vergleich mit Gemeinden in anderen Regionen des Landes möglich. Dieser Ansatz läßt sich im Schulalltag jedoch nur verwirklichen, wenn dem Lehrer entsprechende methodische und didaktische Hilfen zur Verfügung gestellt werden, die auf die spezifischen Verhältnisse in unterschiedlichen Gemeinden eingehen bzw. ihm ausreichende Anregungen geben, die er auf seine individuelle Situation übertragen kann:
"The more educational material can be made specific to a locality, the more chance there is that it will be taught with a sense of realism and not treated as an academic excercise. Education must therefore be grounded in the socio-economic realities of the community and fitted to the needs of the learner's immediate environment"293).

Innerhalb des bestehenden Curriculums wird daher versucht, Materialien für Lehrer und Schüler zu entwickeln, die den unterschiedlichen Entwicklungsstand verschiedener Gemeinden thematisieren und zur Beschäftigung mit den Verhältnissen in der eigenen Gemeinde anleiten 295). Die Sensibilisierung für die erfahrbaren Probleme der eigenen Umwelt und der Vergleich mit anderen Regionen des Landes soll mit Hilfe sogenannter GEMEINDEGESCHICHTEN angestrebt werden. Durch diese Geschichten kann gezeigt werden, daß sinnvolle Unterrichtsmaterialien auch im Rahmen eines nationalen Curriculums dezentralisiert entwickelt werden kann 296).

Die Gemeindegeschichten sind für Schülerinnen und Schüler der Abschlußklassen der Primarschule geschrieben. Obwohl versucht wurde, Schwierigkeiten im Text, die sich aus einer mangelnden Beherrschung des Englischen ergeben können, auf ein Minimum zu beschränken, konnten die Geschichten in der Regel erst kurz vor dem Abschluß der Primarschule in Klasse 7 eingesetzt werden, falls nicht zuviel Aufmerksamkeit der Erklärung von Wort- und Satzzusammenhängen gewidmet werden sollte. Die Geschichten thematisieren sozio-ökonomische Probleme, denen sich die Bewohner der vorgestellten Gemeinden aufgrund unterschiedlicher infrastruktureller Erschlossenheit, Verschiedenheit der kulturellen Gruppen und aufgrund von Unterschieden in der Art der Bodennutzungssysteme gegenüber sehen. Hierdurch wird versucht, der wiederholten Forderung, sozialkundliche Themen aus der Erfahrungswelt der gegenwärtigen afrikanischen Gesellschaft im Unterricht aufzugreifen, nachzukommen. Akiwono empfiehlt daher für künftige Textbücher in Sozialkunde, "Social-science textbooks must be designed to have immediate relevance to contemporary African societies" 297). Die in den Gemeindegeschichten vorgestellten Problembereiche beruhen auf Fakten, wie sie während der Feldforschung in den Gemeinden der Stichprobe zur Sprache kamen. Jedoch wurde das Faktengerüst durch Vergleiche mit Entwicklungen in der Vergangenheit und durch die Aufarbeitung von individuellen Erfahrungen und Schicksalen von Bewohnern solcher Gemeinden angereichert.

Um die Schüler an die vielfältigen Entwicklungsaspekte Kameruns heranzuführen, hatten die in den Geschichten beschriebenen Gemeinden vor allem zwei Kriterien zu erfüllen: Die Themen mußten von allgemeinem Interesse sein, d.h. auch in anderen Gemeinden erfahrbar und nachvollziehbar sein. Gleichzeitig jedoch waren Probleme struktureller Art zu behandeln, die typisch für die Situation einer bestimmten Region waren. Auch in diesem Falle konnten die Ergebnisse der Faktoranalyse benutzt werden 298). Die Möglichkeiten einer Gemeinde, sich bestimmter Dienste zur Befriedigung der grundlegenden Bedürfnisse zu bedienen, war durch eine Aufteilung in sechs Entwicklungszonen berücksichtigt worden. Um die Unterschiede hinsichtlich der kulturellen Gruppen und der Bodennutzungsmethoden mit einzubeziehen, wurde je eine Gemeindegeschichte aus beiden Provinzen des anglophonen Kameruns für jede der Entwicklungszonen ausgewählt. Dies hätte zu zweimal sechs Geschichten geführt, was als zu umfangreich und aufwendig angesehen wurde. Die Beispiele wurden daher auf drei Gemeinden in jeder der beiden anglophonen Provinzen begrenzt, um die Probleme des sozialen und wirtschaftlichen Wandels in entlegenen ländlichen Gebieten, unzureichend versorgten ländlichen Gebieten und in städtischen Zonen zu verdeutlichen (siehe Übersicht 13).

Übersicht 13: Gliederung der Gemeindegeschichten nach infrastruktureller Erschlossenheit (Entwicklungszone) und verwaltungspolitischer Zugehörigkeit (Provinz)

Entwicklungs-zone	Provinz	
	Nordwest	Südwest
Städtisches Gebiet	KUMBO	VICTORIA
Unzureichend versorgtes ländliches Gebiet	OBANG	NGUSI
Entlegenes ländliches Gebiet	KOFFA	ESOKI BIMA

Jede der sechs Gemeindegeschichten ist nach ähnlichen Prinzipien aufgebaut: Die von den Bewohnern als dringend genannten Probleme werden in der aktuellen Situation gezeigt, soweit wie möglich die historische Komponente verdeutlicht und absehbare zukünftige Tendenzen beschrieben. Folgende Elemente sind in den Gemeindegeschichten enthalten:
(1) Die Beschreibung der sozio-ökonomischen Verhältnisse in der Gemeinde und die Darstellung, wie ihre Bewohner Probleme zu lösen versuchen.
(2) Diskussionsfragen, die sich auf die Gemeindegeschichten beziehen, aber gleichzeitig Lehrer und Schüler anzuregen versuchen, die Verhältnisse in ihrer Gemeinde zu untersuchen und mit der Geschichte zu vergleichen.
(3) Auszüge von Schüleraufsätzen, in denen Kinder das Leben in den Orten der Gemeindegeschichten aus ihrer Sicht darstellen. Sie dienen gleichzeitig als Anregung, die Verhältnisse in der eigenen Schulgemeinde durch die Schüler beschreiben zu lassen.
(4) Illustrationsmaterial, das sowohl die zeichnerische Darstellung von Szenen aus den Geschichten, als auch jeweils eine Landkarte umfaßt, die die geographische Lage der behandelten Gemeinde zeigt 299).

Um einen Eindruck von den Gemeindegeschichten zu erhalten, ist im Appendix als Beispiel die Geschichte der Gemeinde KOFFA aus der Nordwestprovinz wiedergegeben. Der Einsatz dieser Art von Unterrichtsmaterialien in der Primarschule ist ohne Änderungen des bestehenden Curriculums möglich, da Themen aufgegriffen werden, die in zahlreichen Fächern auf dem Lehrplan stehen, jedoch nicht in dieser entwicklungsbezogenen Form den Schülern vermittelt werden. Einzelaspekte der Themen sind dem Lehrer daher vertraut, jedoch nicht die didaktischen und methodischen Schritte. Diese müssen ihm näher gebracht werden, damit er seinen Unterricht sinnvoll zu gestalten lernt. Eine Sensibilisierung für die Probleme in einer Gemeinde ist sicherlich auch ohne die hier beschriebenen Gemeindegeschichten möglich, wenn der Lehrer in der Lage ist, gezielt eine Situation zu erfassen und mit den Schülern im Unterricht zu behandeln, wobei ihm Themenwahl und Methode offenstehen. Der derzeitige Ausbildungsstand der Primarschullehrer in den anglophonen Provinzen Kameruns ließ es jedoch erfolgsversprechender erscheinen, einen Mittelweg zwischen einem offenem und einem geschlossenen Curriculum zu wählen. Die Geschichten bilden nur den Ausgangspunkt für die Beschäftigung mit ähnlichen Problemen in der unmittelbaren Umwelt, die die Schüler unter Anleitung des Lehrers erarbeiten sollen. Hierfür werden dem Lehrer weitere Hilfsmittel zur Verfügung gestellt, ohne seine Initiative und Kreativität einzuschränken.

Wie setzt der Lehrer die Gemeindegeschichten im Unterricht ein? Von den jeweils drei Geschichten, die in einer der beiden anglophonen Provinzen spielen, wählt der Lehrer diejenige aus, die der Situation in seiner Schulgemeinde am ähnlichsten ist, um Themen aufzugreifen, die den Schülern aus der unmittelbaren Umwelt vertraut sind. Zur Vertiefung der Entwicklungsprobleme zieht er eine weitere Gemeindegeschichte seiner Provinz hinzu. Hat der Lehrer z.B. die Geschichte von KUMBO gewählt, da er sich ebenfalls in einer Stadt in der Nordwestprovinz befindet, kann er entweder mit der Geschichte von KOFFA oder OBANG fortfahren. Beim nächsten Schritt muß er jedoch eine Gemeindegeschichte aus der Nachbarprovinz wählen, um den Gesichtskreis der Schüler über die Grenzen der eigenen Provinz hinaus zu erweitern. Damit er im Verlauf dieser Unterrichtsreihe alle drei Stufen der infrastrukturellen Erschlossenheit ('Entwicklungszonen') behandelt, ist die Wahl der Gemeindegeschichte aus der anderen anglophonen Provinz eingeschränkt.Es kann nur noch eine Geschichte aufgegriffen werden,die die Probleme einer Entwicklungszone behandelt, die zuvor in den beiden zuerst im Unterricht behandelten Gemeindegeschichten nicht zur Sprache kamen. Wenn auf das oben angesprochene Beispiel zurückgegriffen und angenommen wird, der Lehrer habe sich nach dem Einstieg über die KUMBO-Geschichte für OBANG entschieden (einer Gemeinde in unzureichend versorgtem ländlichen Gebiet), so muß er abschließend von den Gemeindegeschichten der Südwestprovinz diejenige herausgreifen, die in einem entlegenen ländlichen Gebiet spielt, nämlich die Geschichte ESOKI BIMAs, um alle Entwicklungszonen im Unterricht behandelt zu haben. Die verschiedenen Kombinationsmöglichkeiten sind in der Übersicht 14 dargestellt.

Übersicht 14: Methodische Anwendung der Gemeindeschichten im Unterricht

Entwicklungszone/ Provinz	Didaktische Schritte	Einstieg	Vertiefung	Erweiterung
NORDWEST:				
A = Gemeinde in städtischem Gebiet		KUMBO (A) KUMBO (A)	OBANG (B) KOFFA (C)	ESOKI BIMA (C) NGUSI (B)
B = Gemeinde in unzureichend versorgtem ländlichen Gebiet		OBANG (B) OBANG (B)	KOFFA (C) KUMBO (A)	VICTORIA (A) ESOKI BIMA (C)
C = Gemeinde in entlegenem ländlichen Gebiet		KOFFA (C) KOFFA (C)	OBANG (B) KUMBO (A)	VICTORIA (A) NGUSI (B)
SÜDWEST:				
A = Gemeinde in städtischem Gebiet		VICTORIA (A) VICTORIA (A)	NGUSI (B) ESOKI BIMA (C)	KOFFA (C) OBANG (B)
B = Gemeinde in unzureichend versorgtem ländlichen Gebiet		NGUSI (B) NGUSI (B)	ESOKI BIMA (C) VICTORIA (A)	KUMBO (A) KOFFA (C)
C = Gemeinde in entlegenem ländlichen Gebiet		ESOKI BIMA (C) ESOKI BIMA (C)	NGUSI (B) VICTORIA (A)	KUMBO (A) OBANG (B)

Zusätzlich zu den Gemeindegeschichten wurden methodisch-didaktische Hilfsmittel entwickelt, die den Lehrer unterstützen, die lokalen Bezüge aus den Gemeindegeschichten im Unterricht sinnvoll zu verwerten. STRAHLENDIAGRAMME zu jeder Gemeindegeschichte verdeutlichen die verschiedenen Problemfelder, die vom Lehrer weiter behandelt werden können 300). Wie der Unterricht im einzelnen gestaltet werden kann, nachdem eine Gemeindegeschichte mit der Klasse durchgearbeitet worden ist, zeigen Beispiele für den Entwurf von UNTERRICHTSEINHEITEN zu bestimmten Problemfeldern, so z.B. zum Thema Landnutzung, Tabus bei den Eßgewohnheiten verschiedener Kulturgruppen usw. Damit Lehrer und Schüler in die Lage versetzt werden, die notwendigen Informationen über ihre Schulgemeinde systematisch zu erfassen, wurde von der Environmental Studies Abteilung, IPAR-Buea, ein GEMEINDEFRAGEBOGEN (community questionnaire) entwickelt, der je nach Bedarf herangezogen werden kann 301). Zusätzliche INFORMATIONSBROSCHÜREN zu Einzelthemen sozio-ökonomischer Art runden das Unterrichtspaket ab 302). Die nachstehend aufgeführte Übersicht faßt den Einsatz der Gemeindegeschichten und die dazu gehörenden methodisch-didaktischen Hilfen im Rahmen des Primarschulcurriculums zusammen.

Übersicht 15:   Einsatz der Gemeindegeschichten im Primarschulcurriculum

Kriterium für Curriculumauswahl	Gemeindegeschichten		Inhalt		Methodisch-didaktische Hilfen		
	Name	Merkmale	Hauptthemen	Nebenthemen	Strahlendiagramm	Unterrichtseinheiten zu Problemfeldern (Beispiele)	Hintergrunds-/ Zusatzmaterial
Ausgewählte Gemeindegeschichte hat Bezug zur Situation in der Schulgemeinde (EINSTIEG)	(I) KUMBO	(1) städtisches Gebiet (2) Hochplateau mit Lavaböden (3) Nso (4) Nordwestprovinz/ Bui Division	o TRADITIONALE AFRIKANISCHE KULTUR o MODERNISIERUNG o KONFLIKTE DURCH SOZIALEN WANDEL	Selbsthilfeprojekte, Kaffeeanbau, Reisanbau, Genossenschaften, Abwanderung, Schulabgänger ohne Arbeit, usw.		o Abwanderung, Landflucht o Fremde ('stranger') in unserer Gemeinde	o Gemeindefragebogen o Bericht über das Leben in einem Camp für Plantagenarbeiter, usw.
Vertiefung der Probleme durch Gemeindegeschichte, die sich in der Versorgung mit Infrastruktur in gleicher Provinz von (I) unterscheidet	(II) OBANG	(1) unzureichend versorgte ländliche Gemeinde (2) Sumpfgebiete/ Savanne (3) Widikum (4) Nordwestprovinz/ Menchum Div.	o GENOSSENSCHAFT o VERMARKTUNG o SOZIALER WANDEL DURCH EINFÜHRUNG VON REISANBAU	Traditionale afrikanische Kultur, Anbaumethoden, Kommunikationsprobleme, Abwanderung, usw.		o Landnutzung o Veränderungen in der Landwirtschaft	o Gemeindefragebogen o Reisanbau in Kamerun (Informationsbroschüre) o Ochsenbauer Interview
Erweiterung des Erfahrungsbereiches der Schüler durch Gemeindegeschichte aus Nachbarprovinz, die einen anderen Entwicklungsstand als (I) und (II) aufweist.	(III) ESOKI BIMA	(1) entlegene ländliche Gemeinde (2) erosionsgeschädigte Böden/hügeliger Regenwald (3) Balundu (4) Südwestprovinz/ Ndian Division	o PROBLEME AUS MANGELNDEN VERKEHRSBEDINGUNGEN o GRÜNE REVOLUTION o ABWANDERUNG	Einstellung zum Schulbesuch, Plantagen, Trad. Handwerk, lokale Verwaltung, Ölpalmen, Ölgewinnung, usw.		o Tabus in den traditionellen Eßgewohnheiten o Zugang zu lebensnotwendigen Diensten	o Gemeindefragebogen o Geschichte über Eßtabus in Banyang o Gemeindegeschichte KOFFA, usw.

Anmerkung: (1) = Entwicklungszone

Die hier vorgestellten Gemeindegeschichten und zusätzlichen Unterrichtsmaterialien wurden in enger Zusammenarbeit mit praktizierenden Lehrern und Lehrerstudenten erarbeitet, zur Diskussion gestellt und in mehreren Versuchen im Unterricht erprobt 303). In der Regel durchlief das entworfene Unterrichtsmaterial vier Stufen:

(1) Erprobung in Primarschulen in der Nähe des Curriculuminstituts (3 -4 Schulen);
(2) Erprobung unter Einsatz von zusätzlichen Entwürfen für die Gestaltung des Unterrichts Materialien durch Lehrerstudenten während ihrer schulpraktischen Übungen;
(3) Erprobung in größerem Umfang in Primarschulen beider Provinzen (30 Schulen);
(4) Austausch der mit den Materialien gemachten Erfahrungen und methodische Aufbereitung durch Fortbildungsseminare für Inspektoren und den an den Versuchen beteiligten Lehrern aus beiden Provinzen 304).

Die größten Schwierigkeiten bereiteten Lehrern wie Schülern die englische Sprache in den Gemeindegeschichten. Oft verwendeten die Lehrer zuviel Zeit im Unterricht, um unbekannte Worte zu erklären. In einigen Schulen kamen die Lehrer über die bloße Beschäftigung mit dem Text nicht hinaus. Obwohl nach Rücksprache mit der Englischabteilung versucht worden war, die Texte möglichst in einfachem Englisch abzufassen, kannten die Lehrer auch solche Vokabeln nicht, die dem Grundwörterschatz zuzurechnen sind 305). Eine Änderung der Sprachsituation in der Schule dürfte sich m. E. dann ergeben, wenn der neue Englischkurs vollständig eingeführt ist - zur Zeit sind erst Materialien und Lehreranweisungen für die Anfangsklassen erarbeitet worden, die sich noch im Stadium der Erprobung befinden. Unter Berücksichtigung dieses neuen Englischkurs könnten dann die Gemeindegeschichten neu geschrieben werden, um möglichst die den Schülern vertrauten Vokabeln zu benutzen . Eine weitere Hilfe wären entsprechende Wortlisten als Anhang zu den einzelnen Geschichten.

Die durch die Gemeindegeschichten geförderte aktive Beteiligung der Schüler am Unterricht verunsicherte diejenigen Lehrer, die den Lehrervortrag und Frontalunterricht gewohnt waren. Andere Lehrer wiederum benutzten die Anregungen und befragten gemeinsam mit ihren Schülern Gemeindebewohner ihrer Schulgemeinde zu bestimmten Themen oder spielten Teile einer Gemeindegeschichte mit verteilten Rollen (so z.B. die Lebensgeschichte von Mr. Nfunte aus der Koffageschichte). Vergleiche mit der Erfahrung in der unmittelbaren Umwelt führten unter Jungen und Mädchen zu lebhaften Diskussionen, so z.B. über unterschiedliche Verfahren der Ölgewinnung aus Ölpalmkernen, über die Chancen, in der Stadt eine Beschäftigung zu finden oder über die Arbeitsteilung zwischen Männern und Frauen.

"It was generally agreed that women in the village should also earn income from their own activities ... The girls ... outlined that it is necessary for women to earn money ... they too can run the family financial problems and in the absence of the husband ... the women would not find it strange to embark on such tasks"306).

Wie groß das Interesse der Schüler an den Themen der Gemeindegeschichten war, zeigte sich auch daran, daß die Argumente mit zunehmender Diskussion nur noch in Pidgin vorgetragen wurden, da sich die Kinder in der ihnen vertrauten Sprache gewandter ausdrücken konnten. Erwachsene, die zufällig eine der Geschichten in den Schulen gesehen hatten, lasen sie ebenfalls mit großem Interesse. Die positiven Erfahrungen mit den Gemeindegeschichten im Unterricht der Primarschule drückt einer der beteiligten Lehrer wie folgt aus:

"From my experience with this story I saw that it was very interesting to the children. It removed that bore of the present transition book where the background of stories come from Scandinavia, Mark Twain, USA and so on. This was very realistic and children contributed very actively. It was easy to understand. It even gave birth to learning about the chief, his council and their duties, the district officer and his duties, culture, community development department and its functions. I will strongly suggest that many such stories be produced ... If teachers and children work on similar projects together I think our education would become closely linked to reality. I have bored children with many artificial facts, but I think that this is only a beginning. I think that the earlier our syllabus and schemes are changed the richer our realistic education will be"307).

Die Gemeindegeschichten sind kein Selbstzweck. Sie sollen und, wie die Versuche gezeigt haben, können helfen, Schüler für die Probleme in ihren Gemeinden und ihrem Lande zu sensibilisieren, Fragen zu stellen, Vergleiche zu ziehen, Lösungen zu diskutieren. Die hier vorgestellten Materialien und Methode beziehen die Schüler aktiver in das Unterrichtsgeschehen ein und ermöglichen ihnen, nachvollziehbare Erfahrungen in einer vertrauten Umwelt wiederzugeben. Dem Lehrer kommt dabei die Aufgabe zu, die Interessen der Schüler anzuregen, beratend zur Verfügung zu stehen und bei den Diskussionen und Aktivitäten, zu helfen. Er wird damit zum 'Animateur im Klassenzimmer 308). Ob dieser Unterricht zu konkreten Projekten führt, die die Lebensbedingungen am Schulort verbessern, hängt vom Entwicklungsstand der einzelnen Gemeinde und den Möglichkeiten und der Bereitschaft der Lehrkräfte ab, solche Aufgaben zu übernehmen. Die Rolle des Lehrers im Konzept der Gemeindeorientierung der Primarschule soll daher im nächsten Kapitel untersucht werden.

3.4. Die veränderte Rolle des Lehrers

3.4.1 Die Schlüsselrolle des Lehrers bei Reformen

Über die Schlüsselrolle des Lehrers bei Reformversuchen im Primarschulbereich herrscht allgemein Übereinstimmung 309). Die von den Bildungsplanern und Curriculumexperten entworfenen Änderungen schlagen sich z.B. erst dann in der Schulpraxis nieder, wenn Lehrer befähigt und motiviert sind, solche Reformideen und -konzepte im Schulalltag umzusetzen. Weniger einheitlich ist die Meinung, wie die Lehrer an Reformen zu beteiligen und wie sie auf Neuerungen vorzubereiten sind, um zu verhindern, daß aufgrund des meist niedrigen Ausbildungsstands der Lehrer in vielen Ländern der Armen Welt innovative Ansätze schnell wieder zur vertrauten Routine verkümmern 310). Selbst Länder, in denen vor längerer Zeit Reformen im Primarschulbereich eingeleitet wurden, müssen selbstkritisch feststellen, daß die bisherigen Bemühungen, die Lehrer auf ihre geänderte Rolle und Aufgabe vorzubereiten, unzureichend und unzulänglich gewesen sind.

"One of the main reasons for the failure of many attempts at curriculum change and improvement in this country and elsewhere in the developing world has been that ... teachers have been unable to teach materials or use teaching approaches and techniques suggested in the new syllabus or programme mainly because their general educational background is inadequate or because they have had little or no training. To expect the teacher ... to respond instantly to all these demands with the help of only a scheme of work and a seminar or workshop once in a while is to expect miracles"311).

Ergeben sich für die Lehrer schon derartige Schwierigkeiten bei inhaltlichen Reformen, die sich auf ihre Arbeit in der Schule beziehen, ist mit zusätzlichen Problemen zu rechnen, wenn ihnen Aufgaben der Gemeinwesenentwicklung übertragen werden, die bisher nicht zu ihren Tätigkeiten zählten.

Neben der Vermittlung der Kulturtechniken werden vom Lehrer Aktivitäten erwartet, die die Gemeinden von der Nützlichkeit der Schule überzeugen sollen. Dies soll durch Projekte erfolgen, bei denen Gemeinde und Schule vereint versuchen, Benachteiligungen abzubauen und die lokale Infrastruktur derart zu gestalten, daß sich die Lebensbedingungen für möglichst viele Bewohner verbessern. Bei diesem Rollenverständnis wird der Aufgabenkatalog des Lehrers dahingehend erweitert, daß er zum Animateur in der Gemeinde wird, der versucht, Verhaltensänderungen bei der Bevölkerung zu bewirken und durch Selbsthilfemaßnahmen Verbesserungen der Infrastruktur zu erreichen 312).

Die Versuche, im Zusammenhang mit Reformen im Bildungsbereich dem Lehrer zusätzliche Aufgaben zu übertragen, stoßen in den Ländern Schwarzafrikas, wo sich die Lehrer gewerkschaftlich organisiert haben, immer mehr auf massive Kritik 313). Die Vertreter der Lehrergewerkschaften lehnen eine Erweiterung der Berufsrolle des Lehrers ab und werfen den Bildungsplanern vor, Reformen zu entwerfen, die an der Realität vorbei gehen. Wenn ein Berufsstand sich zunehmendem Statusverlust in der Gesellschaft ausgesetzt sieht, sich schlecht bzw. unzureichend entlohnt fühlt und seine Aufgaben nur unter denkbar ungünstigen Bedingungen erfüllen kann, sind seine Angehörigen eher mit diesen Problemen beschäftigt, als für zusätzliche Aufgaben ohne finanzielle Entschädigung zu gewinnen 314). Darüber hinaus sind die Bildungsexperten in zunehmendem Maße skeptischer gegenüber zusätzlichen Lehrertätigkeiten und die sich daran anknüpfenden Erwartungen für eine Verbesserung der Situation in den Gemeinden geworden. "It must not be forgotten that the teacher, as a teacher, has plenty of work to do i n t h e s c h o o l. To make him also responsible for continues extension work outside the school is usually to ask too much. Only the quite exceptional teacher will put his heart into it"315).

Da die Lehrer kaum vorher gefragt oder auf ihre zusätzlichen Aufgaben vorbereitet werden, entledigen sie sich der an sie gestellten Forderungen der Reformer in der Weise, daß sie sie mit dem geringsten Aufwand durchführen, was vielfach zu einem Absinken der Schülerleistungen in den für die

Abschlußexamen wichtigen Fächern führt 316). Auf die zusätzlichen Belastungen des Lehrers, die sich aus der Übernahme von Beratungs- und Koordinationsfunktionen in einer Gemeinde ergeben, weist Laaser hin: Selbst bei guter Vorbereitung und Ausbildung für die Gemeinwesenaufgaben steht der Lehrer gerade in seinen außerschulischen Aktivitäten unter einem ausgeprägten Erfolgszwang. Mißlingen Projekte der Selbsthilfe oder fällt die Ernte auf der Musterfarm nicht den Erwartungen entsprechend aus, gerät der gesamte Reformansatz der Gemeindeorientierung in Schwierigkeiten 317). Um auf die Gemeindebewohner überzeugend zu wirken, muß der Lehrer nicht nur im Animationsbereich erfolgreich sein, sondern ebenso bei den Prüfungen nachweisen, daß ein Reformkonzept größere Vorteile als das bisherige Schulsystem bringt 318). Aus den Erfahrungen mit gescheiterten Reformen wird daher der Schluß gezogen, der Lehrer müsse sich wieder voll auf seine Kernaufgabe, der Vermittlung der elementaren Kulturtechniken, beschränken, hierfür jedoch intensiver und besser vorbereitet werden 319).

Eine deratige Einengung der Schule auf die bloße Wissensvermittlung wird auf der anderen Seite von denjenigen abgelehnt, die trotz der zahlreichen Mißerfolge in der Vergangenheit hoffen, mit Hilfe der Lehrer zur Verbesserung der Situation gerade in den ländlichen Gebieten der Armen Welt beizutragen. Allerdings wird hierbei die Notwendigkeit betont, den Lehrer bei seinen Animationsaufgaben zu unterstützen und ihn bereits während seiner Ausbildung auf Tätigkeiten der Gemeinwesenarbeit vorzubereiten 320).

3.4.2 Animationsmodelle und daraus abgleitete Zusatzaufgaben für den Lehrer

Wie die Zusatzaufgaben des Lehrers als Animateur konkret in der Praxis aussehen sollen, wird wiederum davon bestimmt, ob sich die Schulreform stärker am französischen Modell der 'Animation Rurale' oder am britischen Modell des 'Community Development' orientiert 321). Folgt eine Schulreform dem Animationsmodell, ist auch die Rolle des Lehrers auf der Gemeindeebene stärker von technokratisch-autoritären Elementen geprägt. Die Schule bietet in solchen Fällen Entwicklungsprojekte an, die von übergeordneten Stellen (Curriculumzentren oder Abteilungen in Ministerien) als für die Verbesserung der Lebensbedingungen in den Gemeinden sinnvolle Maßnahmen entworfen wurden. Beispielhaft werden Änderungen und Neuerungen zunächst im Schulbereich, z.B. auf der schuleigenen Farm, erprobt. Dabei wird von den Bewohnern erwartet, daß sie sich für derartige Neuerungen interessieren und versuchen werden, unter Anleitung des Lehrers, den Beispielen folgend, ihre eigene Situation zu verbessern 322). Der Beitrag der Schule zur Entwicklung einer Gemeinde hat Angebotscharakter, der sich aus den Experimenten innerhalb der Schule herleitet. Aufgrund der vorbildlichen und effizienten Organisation und Planung der schulischen und außerschulischen Aktivitäten wird der Lehrer fast automatisch die Führung in der Gemeinwesenentwicklung übernehmen bzw. sie wird ihm von den Bewohnern übertragen werden. Der Lehrer/Animateur wird zum Verbindungsmann der Gemeinde zu den verschiedenen Einrichtungen staatlicher und nichtstaatlicher Art, um Entwicklungsprojekte einzuleiten 323).

Sind die Aufgaben des Lehrers dem britischen Modell der Gemeinwesenentwicklung entnommen, ist seine Tätigkeit eher von demokratisch -partizipativen Elementen bestimmt. Nicht eine übergeordnete Instanz glaubt zu wissen, was zur Verbesserung der Lebensbedingungen in einer Gemeinde erforderlich ist, sondern die Bewohner selber definieren Prioritäten und Maßnahmen 324). Der Lehrer organisiert hierbei zunächst den Prozeß der Meinungsfindung in der Gemeinde und bietet sich der Gemeindeführung als Koordinator für eventuelle Projekte an. Diese Art von gemeindeorientierter Tätigkeit findet sich immer noch in vielen Gemeinden in ehemaligen britischen Kolonien in Schwarzafrika, wo die Lehrer als Sekretäre in lokalen Organisationen eingesetzt sind, die Entwicklungsprojekte planen oder durchführen 325). Die Aufgabe des Lehrers wird vor allem darin gesehen, den für Projekte erforderlichen Fachverstand zu organisieren. Dabei ist nicht nur an eine Zusammenarbeit mit Vertretern von Einrichtungen gedacht, die bestimmte Dienste anbieten (Landwirtschaftsberatung, Gesundheitsversorgung, usw.), sondern der Lehrer soll ebenso versuchen, eventuellen Fachverstand innerhalb einer Gemeinde für solche Projekte zu aktivieren.

3.4.3 Analyse der dem Lehrer/Animateur-Konzept zugrunde liegenden Annahmen und ihre Übertragbarkeit auf die Verhältnisse in Kamerun

Die Beschränkungen der Animateurrolle des Lehrers werden deutlich, wenn die Annahmen, die dem Konzept in beiden vorgestellten Ausprägungen zugrunde liegen, näher untersucht werden:
(1) Es wird davon ausgegangen, daß ungleichgewichtige Entwicklungen in einem Lande durch organisierte Selbsthilfe abgebaut werden können. Viele kleine Projekte leisten einen Beitrag zur Verbesserung der Lebensverhältnisse in den Gemeinden. Der Abbau regionaler Ungleichgewichte wird nicht als ein wirtschaftliches/politisches Problem, sondern nur als ein soziales gesehen 326).
(2) Die Gemeinden - so wird unterstellt - kennen eindeutig ihre dringendsten Bedürfnisse. Entscheidungen über Prioritäten und durchzuführende Projekte werden von allen getragen. Die Gemeinde wird als eine harmonische soziale Einheit angesehen; interne Konflikte bleiben unberücksichtigt.
(3) Trotz unterschiedlicher Entwicklung gibt es in allen Gemeinden gleichartige Probleme, die durch entsprechende Projekte überwunden werden können.
(4) Die Gemeinden sind bisher nicht oder nur unzureichend imstande gewesen, Selbsthilfeprojekte zu organisieren und durchzuführen.
(5) Die Übernahme von Aufgaben der Gemeinwesenentwicklung durch den Lehrer wird von den Gemeindebewohnern akzeptiert. Die Leistung des Lehrers wird nicht mehr allein an den Erfolgen der Schüler bei den nationalen Examen gemessen.
(6) Der Lehrer wird in seiner Rolle als Koordinator der Entwicklungsprojekte von allen Gemeindebewohnern unterstützt.
(7) Im Zugriffsbereich der Gemeinde befinden sich Vertreter von Diensten, deren Mitarbeit und Unterstützung für Projekte sichergestellt werden kann.

(8) Sowohl die berufstätigen als auch die zukünftigen Lehrer sind bereit bzw. davon zu überzeugen, Gemeinwesenarbeit als Bestandteil ihrer beruflichen Tätigkeit (Berufsbildes) zu akzeptieren.
(9) Die für die Ausübung der Animationstätigkeit erforderlichen Techniken und Fertigkeiten sind ohne größeren finanziellen Aufwand zu vermitteln.
(10) Der Lehrer/Animateur verfügt über ein Mindestmaß an materieller Ausrüstung und finanziellen Mitteln, um seine Aufgaben in der Gemeinde wahrnehmen zu können.

Werden diese Annahmen auf die untersuchte Situation in Kamerun bezogen, muß von wesentlich anderen Bedingungen ausgegangen werden, die im folgenden kurz dargestellt werden sollen.

Die ungleichgewichtige Versorgung mit lebensnotwendigen Diensten innerhalb der beiden anglophonen Provinzen ist durch Selbsthilfe der Gemeinden nicht zu beheben. Die verschiedenen kulturellen Gruppen, die in dem Untersuchungsgebiet leben, haben Mechanismen und Institutionen entwickelt, die zur Lösung wichtiger Probleme eingesetzt werden. Diese Einrichtungen sind durch langjährige Migrationsbewegungen teilweise auch von den ländlichen Gemeinden in die städtischen Gebiete übertragen worden. Selbsthilfe wird dann ergriffen, wenn die Lösung eines Problems als notwendig, machbar und von der Mehrheit der Bewohner getragen wird.
Die Gemeinden präsentieren sich nur in Ausnahmen als homogene Einheiten. Selbsthilfeprojekte scheitern vielfach an den gesellschaftlichen Widersprüchen einer Gemeinde, da bestimmte Gruppen stärker als andere von solchen Projekten profitieren 327). Allerdings sind Projekte eher in den Gemeinden durchzuführen, wo lokalpolitisch streng gegliederte hierarchische Beziehungen, wie z.B. in weiten Teilen der Nordwestprovinz, bestehen.

Je nach der infrastrukturellen Erschlossenheit einer Gemeinde variieren auch die Bedürfnisse, die durch Projekte in Selbsthilfe befriedigt werden können. Technisch und finanziell weniger aufwendige und anspruchsvolle Vorhaben werden bereits von den Gemeinden in Selbsthilfe durchgeführt. Aufwendigere Projekte lassen sich nur noch mit Hilfe von Spezialisten und mit Mitteln, die von übergeordneten staatlichen oder privaten Trägern bereitgestellt werden, ausführen, ohne daß es hierzu der Koordination durch den Lehrer bedarf 328).
Die Vertreter von Diensten, die für die Gemeinwesenentwicklung eingesetzt werden können, sind in der Regel auf der Gemeindeebene nicht verfügbar. Dort, wo sie erreichbar sind, sind sie zumeist mit anderen Aufgaben, die ihnen von ihren übergeordneten Dienststellen übertragen werden, beschäftigt. Ähnliche Beschränkungen lassen sich für die Beteiligung lokaler Spezialisten anführen, deren Mitarbeit ebenfalls nur in Ausnahmen erreicht werden kann.
Der Führungsanspruch der Schule in Fragen der Gemeinwesenentwicklung wird in den Gemeinden auf Widerspruch stoßen und als Konkurrenz angesehen werden, wo bereits Gremien und Mechanismen für solche Probleme bestehen. Dagegen steht einer individuellen Mitarbeit einzelner Lehrer in solchen Institutionen organisierter Selbsthilfe meist nichts im Wege. Gerade in ländlichen Gemeinden werden die Lehrer immer noch wegen

ihrer Kontakte und Erfahrungen mit zentralen nationalen Behörden als Sekretäre geschätzt, die die Kommunikation über die lokale Ebene hinaus übernehmen können.

Die Erweiterung des Aufgabenfeldes des Lehrers um Aktivitäten, die der Entwicklung der Gemeinde dienen sollen, haben im allgemeinen bei den Eltern Ablehnung hervorgerufen. Wie bereits gezeigt wurde, gibt es einen Katalog schulischer Aktivitäten mit einem gewissen Gemeindebezug, die fester Bestandteil des Curriculums der Primarschulen sind 329). Darüber hinausgehende Projekte, die den Lehrer zeitlich stärker beanspruchen, werden von den Eltern als Beeinträchtigung des Lernens in den herkömmlichen Schulfächern gesehen. Wie Kale für die francophonen Provinzen Kameruns nachweist, lehnen die Eltern die Gemeinwesenentwicklung durch die Schule ab 330). Sie befürchten eine Vernachlässigung der akademischen Fächer, die weiterhin für die Aufnahmeprüfung zur Sekundarschule von Bedeutung sind 331).

Um abschätzen zu können, wieweit eine Erweiterung der Lehrerrolle um Elemente der Gemeinwesenentwicklung für die anglophonen Provinzen Kameruns realistisch erscheint, sollen im folgenden - vor dem Hintergrund der bisher erhobenen Einwände - einige Aspekte untersucht werden, die sich auf die Faktoren beziehen, die bisher die Tätigkeit der Lehrer bestimmt haben. Es soll dabei geklärt werden, in welchen Bereichen die Gemeindebewohner Ansprüche an den Lehrer stellen, die über seine schulische Tätigkeit hinausreichen; in welchem Maße sich Lehrer in lokalen Organisationen betätigen; welche Probleme die Lehrer in ihrer Arbeit zu bewältigen haben und welche Bereitschaft bei ihnen besteht, zusätzliche Aufgaben zu übernehmen, die sich aus einer Verwirklichung der Gemeindeorientierung der Schule ergeben. Grundlage der Analyse bilden die Erhebungsdaten von 237 Lehrern, die in den 79 Schulen der Stichprobe tätig waren.

3.4.4 Soziale Charakteristika und berufliche Qualifikation der Lehrer

Zunächst sollen einige Angaben zur sozialen Herkunft und beruflichen Qualifikation der befragten Lehrer helfen, die Voraussetzungen kennenzulernen, die die Primarschullehrer in den anglophonen Provinzen Kameruns kennzeichnen.

Die Situation der Lehrer an Primarschulen ist im Inspektionsbericht der Erziehungsverwaltung der Südwestprovinz Kameruns kurz vor dem Zeitpunkt der Untersuchung wie folgt beschrieben worden:
"In the past when there were fewer literate people around the country, the teacher held an honourable position in society as an acadamic priest. He was consulted even on matters which he was ignorant of. The headship of a primary school was also a post of esteem and dignity. But today, the country is producing a large number of well read people every year and the headship of a primary school has become nothing. The dwarfing of teachers' status in society certainly affects his self-image and consequently his morale and attitudes towards his work" 332).

Wer ist unter diesen Umständen als Lehrer tätig? Sind die Lehrer mit langjähriger Berufserfahrung und Ansehen völlig verschwunden? Wird der Unterricht nur noch von jungen, wenig erfahrenen Lehrkräften ohne Ansehen in den Gemeinden ausgeführt?

Die Untersuchungen zeigen, daß die derzeitige Lehrerschaft tatsächlich vorwiegend aus realtiv jungen, jedoch ausgebildeten Kräften besteht. Das Durchschnittsalter beträgt 29.6 Jahre, ein Drittel aller Lehrer ist sogar jünger als 25 Jahre. Nur zehn Prozent sind älter als 40 Jahre 333). 96.2 % der befragten Lehrer wurden an einer Lehrerausbildungsanstalt auf ihren Beruf vorbereitet und schlossen mit verschiedenen Qualifikationen ab. 36.7 % der Lehrer besaßen die elementarste berufliche Qualifikation, das 'Grade III' Examen; 59.1 % konnten den derzeit als erforderlich angesehenen Abschluß, das 'Grade II' Examen, vorweisen. Wenige Lehrer hatten sich für höhere berufliche Aufgaben durch den Abschluß des 'Grade I' Examens weiterqualifiziert (0.4 %). Ungefähr die Hälfte aller Lehrer (53 %) hatte ihre Ausbildung erst in den Jahren 1970 - 1974 abgeschlossen, ein weiteres Drittel verließ die Lehrerausbildungsstätten zwischen 1965 und 1969. Die älteren Lehrer verfügen im allgemeinen über die geringere fachliche Ausbildung (Grade III Examen), haben aber verglichen mit ihren jüngeren Kollegen eine längere Berufspraxis. 17 von 100 Lehrern waren weiblichen Geschlechts 334) und meist in den Städten oder in Gemeinden in gut versorgten ländlichen Gebieten beschäftigt.

Je schlechter die infrastrukturelle Versorgung einer Gemeinde, desto wahrscheinlicher ist es, in einer Schule in diesem Gebiet keine weiblichen Lehrkräfte anzutreffen. In den größeren Ortschaften dagegen bilden weibliche Lehrer vielfach die Mehrheit in den Schulkollegien. Meist handelt es sich um Frauen von Verwaltungsbeamten oder Lehrern, die nach der Heirat ihren Beruf weiter ausüben. Die häufige Abwesenheit vom Dienst und berufliches Desinteresse dieser Gruppe verstärken die Probleme in den Stadtschulen 335).

Hier schon läßt sich festhalten: Wie immer die Animationsaufgaben im Rahmen einer gemeindeorientierten Schule für den Lehrer bestimmt werden, für die wichtige Zielgruppe der weiblichen Bevölkerung in den ländlichen Gebieten fehlt es in den anglophonen Provinzen Kameruns an den geeigneten Mittlern, um überhaupt in einen Dialog mit diesem Teil der ländlichen Bevölkerung treten zu können. Die im Beruf tätigen weiblichen Lehrer sind kein Potential für einen möglichen Einsatz in benachteiligten ländlichen Gemeinden, da sie weder interessiert noch bereit sind, solche Aufgaben zu übernehmen. Eine Gruppe, die kaum zur ordnungsgemäßen Durchführung des normalen Unterrichts angehalten werden kann, da sie durch den Status der meist einflußreichen Ehemänner abgesichert sind, hat alle Möglichkeiten, zusätzliche Aufgaben der Gemeinwesenentwicklung zu umgehen.

Die Inhalte der Lehrerausbildung im anglophonen Kamerun haben sich in den vergangenen Jahren immer mehr von der Vermittlung praxisbezogener Fertigkeiten für den Unterricht auf theoretische Kenntnisse in Pädagogik und anderen Fachgebieten verlagert. Hierzu haben u. a. die Angleichungen an das francophone System der Lehrerausbildung beigetragen, so daß die von beiden IPARs entwickelten Reformansätze und Versuche, die Lehrerstudenten und Dozenten in die Curriculumentwicklung einzubeziehen, nur episodischen Charakter haben. Selbst im Fach 'Landwirtschaft' werden die

Fortschritte der Studenten nur noch schriftlich am Ende der Lehrerausbildung überprüft. Dabei gab es gegen Ende der 60er Jahre an einigen Lehrerausbildungsstätten der konfessionellen Träger Ansätze, die Gemeindeorientierung der Schule in der Lehrerausbildung wieder aufzugreifen und die Studenten in entsprechender Form auf Entwicklungsaufgaben vorzubereiten.

Als Beispiel sei hier die Lehrerausbildung am Presbyterian Teacher Training College, Nyassosso, in der Südwestprovinz genannt. Unter Leitung Schweizer Pädagogen, insbesondere von Martin Stucki-Stirn, wurden die Lehrer in Unterrichtsmethoden eingeführt, die die lokale Umwelt berücksichtigten und die Kinder zu kreativer Mitarbeit anregten. Schulgebäude und Klassenräume z. B. wurden mit selbst hergestellten Farben ausgemalt und verschönt. Besondere Aufmerksamkeit während der Ausbildung wurde auf praxisrelevante Fächer gelegt, damit die Lehrer je nach Bedarf in den Gemeinden ohne größere Hilfe von außerhalb einfache Reparaturen an Schulgebäuden und -mobiliar ausführen konnten. Die angehenden Lehrer lernten daher grundlegende handwerkliche Fertigkeiten und wurden mit den Erkenntnissen moderner Landwirtschaft und der Anwendung naturwissenschaftlicher Prinzipien vertraut gemacht. Speziell ausgearbeitete Lehreranweisungen gaben Hilfe beim Anlegen einer Schulfarm oder für das Studium der Umwelt 336). Fast zehn Jahre später wurde diese Ausbildungsstätte in eine Sekundarschule umgewandelt, nachdem sich die Pädagogen aus der Schweiz im Verlauf der Jahre immer mehr zurückgezogen hatten und die Lehrtätigkeit in Kameruner Hände übergegangen war.

Neben der Lehrerausbildung sind die Fortbildungsmöglichkeiten für die Beurteilung der Qualifikation der Lehrerschaft wichtig, da sie helfen können, die Qualität des Unterrichts zu verbessern bzw. zu erhalten oder die Lehrer mit neuen Ideen und Erkenntnissen im Fachbereich vertraut zu machen. Der steigende Anteil von pädagogisch ausgebildeten Lehrern in den anglophonen Provinzen - 1961/62 waren nur ein Drittel der Lehrkräfte ausgebildet, 1973/74 waren es fast 100 % 337) - ist vor allem darauf zurückzuführen, daß die weniger oder unqualifizierten Lehrer von den gebotenen Möglichkeiten zur Fortbildung Gebrauch machten. Im Wechsel zwischen beruflicher Tätigkeit und Studium an den Lehrerausbildungsanstalten erwarben viele Lehrer den heute als Standardabschluß geltenden Qualifikationsnachweis, das 'Grade II' Examen. Kurse von kürzerer Dauer ohne Examensabschluß sind eine weitere Form der Fortbildung für den im Beruf stehenden Lehrer. 30 % der befragten Lehrer hatten innerhalb der letzten zehn Jahre an einem Fortbildungskurs von einem Tag bis zu vier Wochen teilgenommen. Schon wegen des begrenzten Fortbildungsangebots ist die Teilnahme an solchen Kursen freiwillig. Die Hälfte dieser Kurse fand in den vergangenen drei Jahren statt. Bis 1970/71 bestanden derartige Kurse hauptsächlich aus Fortbildungsmaßnahmen in den großen Ferien zur Verbesserung des Englischunterrichts und schülerbezogener Unterrichtsmethoden, die in Zusammenarbeit mit britischen Organisationen als sogenannte Ferienkurse veranstaltet wurden. In den letzten Jahren beschränkte sich die Fortbildung für Lehrer nur noch auf Kurse im Fach Sport und in religiöser Unterweisung 338).

Kameruner Lehrer sind jedoch an einer besonderen Art von Fortbildung interessiert, die zwar wenig mit der Verbesserung ihres Unterrichts oder ihrer Kontakte zu den Gemeinden zu tun hat, aber nachhaltig ihre Einkommensverhältnisse verbessert wenn der Examenserfolg nachgewiesen wird: der Vorbereitung auf die verschiedenen Abschlußexamen im Sekundarschulsystem (O-level und A-level). Selbst wenn ein Lehrer im Schuldienst verbleibt und kein weiteres Studium anstrebt, kann er seine Bezüge durch entsprechende Sekundarabschlüsse nahezu verdoppeln. In einer solchen Situation gewinnen alle Fortbildungsbemühungen ohne entsprechende finanzielle Belohnung den Charakter von Pflichtübungen, denen man sich unterzieht, wenn sie von übergeordneter Stelle angeordnet werden und nicht zu umgehen sind. Umso mehr bereiten sich die Lehrer auf die externen Sekundarschulexamen vor, selbst wenn dabei der Unterricht vernachlässigt wird;

"... teachers are heavily represented in the G.C.E. and other competitive examinations. As teachers prepare for these examinations, classroom teaching suffers. This is one of the causes of many failures in the class 7 examination"339).

Fortbildungsmaßnahmen sind immer auch im Zusammenhang mit der Besoldung der Lehrer zu sehen. Eine automatische Höhergruppierung aufgrund von Abschlüssen, die die individuelle Weiterentwicklung akademischer Prägung bewerten, verbessert nicht unbedingt die Unterrichtsqualität, erhöht aber die Kosten für den Einsatz von Lehrern 340).

Jüngere Lehrkräfte sind daher auch unter diesen Gesichtspunkten weniger dazu geeignet, für spezielle Animationsaufgaben vorbereitet zu werden. Die Erfahrungen im francophonen Kamerun mit der Ausbildung von Lehreranimateuren für die reformierten Primarschulen zeigen, daß die speziell für diese Aufgaben vorbereiteten jungen Lehrer eher an der höheren Eingruppierung in der Gehaltsskala und dem Statusgewinn durch den höheren Abschluß als am tatsächlichen Einsatz in den ländlichen Gemeinden interessiert sind:

"D'abord les maitres qui étaient formés pour la réforme n'aillaient pas toujours travailler dans les campagnes. Cette attitudes s'expliquerait par deux raisons: comme nous l'avons dit, les maitres avec le grade d'instituteur n'aimaient pas travailler en campagne; ensuite, plusieurs administrateurs chargés de gérer les maitres voulaient boycotter la réforme"341).

Entscheidet man sich für den Lehrer/Animateur, der Aufgaben der Gemeinwesenentwicklung mit übernehmen soll, sollte daher vorwiegend auf Lehrkräfte in ländlichen Gebieten zurückgegriffen werden, die bereits langjährige Berufserfahrungen vorweisen und für die eine spezielle Ausbildung für Animationsaufgaben eine Möglichkeit beruflicher und finanzieller Promotion darstellt, ohne daß man befürchten muß, daß sie nach einer solchen Ausbildung den Beruf wechseln.

3.4.5   Einsatz der Lehrer und ihre Mitgliedschaft in lokalen Organisationen

Die Verwendungsfähigkeit eines Lehrers ist in vielen Ländern der Armen Welt durch ethnische oder religiöse Zugehörigkeit begrenzt. Wird ein Lehrer an eine Schule versetzt, die in einer für ihn fremden kulturellen Umwelt liegt, gerät er leicht in eine von der Gemeinde isolierten Außenseiterposition. Christliche oder animistische Lehrer aus den südlichen Teilen Kameruns z.B. haben auch heute noch Schwierigkeiten, wenn sie in Schulen im muslimischen Norden des Landes, vor allem in ländlichen Gemeinden, eingesetzt werden 342). Aber selbst der Einsatz innerhalb einer Provinz kann problematisch werden, wenn der Lehrer nicht gelernt hat, auf Kommunikations- und Arbeitsformen anderer Kulturgruppen vorurteilslos einzugehen und Verständnis für Andersartigkeit aufzubringen und wenn andererseits in der Bevölkerung gewisse stereotype Vorurteilsmuster hinsichtlich bestimmter Kulturgruppen bestehen 343).

Die kulturelle Vielfalt, wie sie in Kamerun anzutreffen ist, erschwert eher den sinnvollen Einsatz der Lehrer, wenn diese außerhalb des Umfeldes ihrer eigenen oder verwandten Kulturgruppen eingesetzt werden. Je stärker der Lehrer jedoch seine Aktivitäten auf die Mitarbeit der Bevölkerung abstellt bzw. die Gemeinde in Entwicklungsfragen beraten soll, desto erforderlicher ist es, daß er sich im sozio-kulturellen Milieu heimisch fühlt und von den Bewohnern akzeptiert wird.

"Educational planners can view ethnic and religious differences either as a welcome opportunity or, as is far more often the case, as a troublesome problem... Teachers from one ethnic group often are uncomfortable or unwelcome, if asigned to a school in the region of a different group. Not only are the customs and language strange to them, but they may feel isolated socially, particularly in small, closse-knit communities"344).

Dem aus dem Vertrautsein mit der lokalen Umwelt sich ergebenden begrenzten Einsatz der Lehrer steht jedoch das übergreifende Interesse des Nationalstaates entgegen. Schon aus Gründen der nationalen Einheit und Integration ist der Staat daran interessiert, daß seine ausgebildeten Lehrkräfte möglichst ohne Einschränkungen im gesamten Staatsgebiet verwendet werden können 345).

Im folgenden wird daher untersucht, ob die Lehrer in den anglophonen Provinzen Kameruns Gelegenheit haben, sich durch längere Anwesenheit in einem bestimmten sozio-kulturellen Umfeld für gemeindespezifische Probleme zu interessieren und durch die Mitarbeit in lokalen Organisationen das Vertrauen der Mitbewohner zu erlangen. Dabei wird von der Annahme ausgegangen, daß die Gemeindeorientierung dem Lehrer umso leichter fällt, je vertrauter ihm die lokale Umwelt ist. D. h. ein Lehrer, der nach seiner Ausbildung in einem Gebiet eingesetzt wird, in dem er geboren und aufgewachsen ist, wird eher Kontakte zu den Bewohnern knüpfen können als jemand, der in einer ihm völlig fremden Region seinen Schuldienst antritt.

Wie die Untersuchung zeigt, verfolgt die Erziehungsverwaltung in den anglophonen Provinzen eine Versetzungspolitik, die weitgehend versucht, Lehrer innerhalb des Gebietes der Kulturgruppe, der sie entstammen, einzusetzen. Zwei Drittel der befragten Lehrer arbeiteten an einer Schule in dem Verwaltungsbezirk, in dem ihr Geburtsort lag. 16.5 % fanden sogar Beschäftigung in einer Schule in ihrer Heimatgemeinde. Weitere 19.4 % wurden noch in der nächst größeren Verwaltungseinheit, der Provinz, eingesetzt, der ihr Geburtsort zugeordnet war. Nur 12.2 % der Lehrer kommen aus Gemeinden, die außerhalb der Provinz liegen, in der sie zur Zeit beschäftigt sind, oder aus dem Nachbarstaat Nigeria (0.8 %).

Zunächst kann also festgehalten werden, daß in dem untersuchten Gebiet in Kamerun damit gerechnet werden kann, daß sich unter den Lehrern einer Schule eine ausreichende Anzahl von Personen befindet, die aufgrund ihrer Herkunft mit dem lokalen Umfeld vertraut und in der Lage ist, die entsprechenden Kontakte mit der Gemeinde zu knüpfen. Wie stark die Verbindung zur Bevölkerung ist, läßt sich u. a. aus der Mitgliedschaft der Lehrer in den verschiedenen Organisationen auf lokaler Ebene ersehen.

Tabelle 19: Mitgliedschaft der Primarschullehrer in lokalen Organisationen der Schulgemeinde

Art der Organisation	Mitgliedschaft	
	Anzahl	in v.H.
Nationale Einheitspartei (CNU)	108	45.6
Traditionale Vereinigungen	49	20.7
Sparklubs (Saving Societies)	48	20.3
Kreditvereine (Credit Unions)	44	18.6
Jugendvereine	29	12.2
Kirchliche Organisationen	26	11.0
Fußballvereine	24	10.1
Gemeinderat (Local Council)	23	9.7
Absatzgenossenschaft	22	9.3
Vereinigungen von Zuwanderern (Strangers' Associations)	19	8.0
Sonstige Organisationen	30	12.7

Die Zusammenarbeit zwischen Schule und Gemeinde läßt sich umso eher in die Praxis umsetzen, je mehr die Lehrer Anteil am Leben in der Gemeinde haben und in ihren verschiedenen Institutionen mitwirken.
"While it is often unrealistic to expect the teacher to work in the community as an unpaid extension agent in addition to his work with children, yet if he lives in the community he will share in community life ... and bring in outside help when it is needed"346).

Daher finden sich auch heute noch Lehrer in wichtigen Positionen in Gemeindeorganisationen, insbesondere wenn sich persönliche Interessen mit denen der Organisation in Einklang bringen lassen. Am Beispiel der Mitgliedschaft der Lehrer in den landwirtschaftlichen Absatzgenossenschaften läßt sich dies deutlich zeigen: viele Lehrer verfügen über Land in ihrem Heimatort, das sie selbst bearbeiten oder durch andere bestellen lassen 347). 22 von den 237 befragten Lehrern waren Mitglied einer solchen Genossenschaft in ihrer Schulgemeinde. Weitere 14 waren Mitglieder in Genossenschaften in anderen Gemeinden. Jeder vierte Lehrer, der einer landwirtschaftlichen Genossenschaft in seiner Schulgemeinde angehört, bekleidet dort einen Posten in den Führungsgremien, sei es als Vorstandsmitglied, Sekretär oder Schatzmeister. Mehr als die Hälfte der in Genossenschaften organisierten Lehrer konnten auf eine mehr als fünfjährige Mitgliedschaft zurückblicken. Gerade in ländlichen Gemeinden bringt die korrekte und langjährige Mitarbeit in solch lebenswichtigen Einrichtungen für den Lehrer zusätzlichen Statusgewinn, der den Beziehungen zwischen Schule und Gemeinde zugute kommen kann.

In Gemeinden, in denen das Zusammenleben noch stärker von der überlieferten Tradition geprägt wird, finden sich auch mehr Lehrer als Mitglieder in traditionellen Vereinigungen, Spar- und Unterstützungsvereinen. In Gemeinden mit kulturell gemischter Bevölkerung und schwacher traditioneller Führungsstruktur finden sich mehr Lehrer, die in den modernen Organisationen (Kreditvereinen, Jugendvereinen, Sportklubs, kirchlichen Vereinigungen usw.) ihrer Schulgemeinde aktiv sind. In Gemeinden mit Zuwanderern aus anderen Landesteilen finden ortsfremde Lehrer schnell Anschluß in den Vereinigungen von Zuwanderern aus ihren Heimatgebieten. Fast jeder zweite Lehrer besaß die Mitgliedschaft in der Nationalen Einheitspartei Kameruns in den örtlichen Parteiorganisationen der Schulgemeinde. Trotz des beklagten gesunkenen Ansehens der Lehrer war immerhin noch fast jeder zehnte Lehrer von der Bevölkerung als würdig befunden worden, in den lokalen Gemeinderat entsandt zu werden 348).

Die Mehrzahl der Lehrer erfüllt also durch ihre Mitarbeit in den verschiedensten Organisationen teilweise Anforderungen, wie sie die veränderte Rolle des Lehrers innerhalb des Konzepts der gemeindeorientierten Primarschule vorsieht. Die Bereitschaft der Lehrer, sich Organisationen auf lokaler Ebene anzuschließen, beruht jedoch nicht auf einem übergeordneten Reformanspruch einer Schulbehörde, sondern ist Ausdruck der Wahrnehmung privater Interessen. Die hierbei mögliche Anerkennung durch die Gemeinde kann sich u. a. darin zeigen, daß dem Lehrer wichtige Aufgaben in einer solchen Organisation anvertraut werden, so z.B. der Posten eines Sekretärs oder Koordinators.

Schon aufgrund seiner beruflichen Ausbildung kann der Lehrer in solchen Positionen Aufgaben übernehmen, die der Gemeinwesenentwicklung dienen.

Den Gemeinden wird dabei jedoch nicht von einer zentralen Stelle ein Lehrer/Animateur verordnet oder angeboten, sondern sie betrauen innerhalb ihrer verschiedenen Gruppierungen Lehrer, die sich dort für eine Mitarbeit bereit halten, mit den ihnen erforderlich erscheinenden Aufgaben. Für eine kontinuierliche Mitarbeit in einer Gemeinde ist jedoch eine gewisse Mindestbeschäftigungsdauer an einer Schule unabdingbare Voraussetzung. Die Grundlage für eine vertrauensvolle Zusammenarbeit zwischen dem Lehrer und der Gemeinde ist nur dann zu schaffen, wenn der Lehrer über mehrere Jahre hinweg in einer Gemeinde tätig ist. Die Realität Kameruner Schulverwaltungspolitik steht solchen Anforderungen in extremer Weise entgegen. Zwar sind die meisten Lehrer in einem ihnen vertrauten Milieu eingesetzt, verbleiben aber im Durchschnitt nur zwei Jahre an einer Schule! Je schlechter eine Gemeinde mit der notwendigen Infrastruktur ausgerüstet ist, umso kürzer ist der Einsatz eines Lehrers an einer Schule in einem solchen Gebiet. Lehrer, die gerade ihre Ausbildung abgeschlossen haben, werden vorzugsweise in isolierte und entlegene ländliche Gemeinden versetzt. Dies trifft allerdings nur für die männlichen Lehrkräfte zu. Frauen werden fast ausnahmslos in städtischen oder gut versorgten ländlichen Gemeinden eingesetzt. Wem der Sprung an eine Stadtschule einmal gelungen ist, versucht, dort auch länger zu bleiben. Die Vorzüge des Stadtlebens scheinen die Probleme, denen sich Lehrer in größeren städtischen Schulen gegenüber sehen, aufzuwiegen 349). Der allgemeine Trend in der Versetzung geht dahin, daß Lehrer mit zunehmendem Alter und damit auch wachsender Verantwortung für die Großfamilie versuchen, entweder in ihrem Heimatort Beschäftigung zu finden - falls dieser nicht in einem isolierten oder entlegenen Gebiet liegt - oder hoffen, an einer Schule in einer städtischen oder stadtnahen Gemeinde unterrichten zu können. "Generally speaking, teachers try to avoid being posted to those areas where they are needed most ..."350).

Da die Lehrer mit allen Mitteln versuchen, einer Versetzung an eine Schule in den isolierten und entlegenen Gemeinden zu entgehen bzw. kaum länger als ein Schuljahr an einem solchen Ort tätig sind, erhalten die Kinder keinen regelmäßigen Unterricht und sind vom Beginn ihres Schuleintritts an im Vergleich zu Kindern aus infrastrukturell besser versorgten Gemeinden benachteiligt. Um ein Mindestmaß an schulischer Ausbildung zu ermöglichen, wird für solche Schulen von der Erziehungsverwaltung der Südwestprovinz beispielsweise vorgeschlagen, teilweise wieder auf nichtausgebildete Hilfslehrer zurückzugreifen, die aus den Schulabgängern der Primarschulen in diesen Gebieten rekrutiert werden sollen 351). Gleichzeitig soll den ausgebildeten Lehrern ein finanzieller Anreiz gewährt werden, um sie für den Einsatz in diesen benachteiligten Gemeinden zu gewinnen 352).

3.4.6   Individuelle Hilfeleistungen der Lehrer für Gemeindemitglieder

Die Kontakte des Lehrers mit der Gemeinde sind einmal bestimmt von den in der Schule entstehenden Problemen, die es erforderlich machen können, daß er individuelle Gemeindemitglieder aufsucht, um Lösungen durch Gespräche zu finden (so z.B. bei Fragen der Leistungen von Schülern). Zum anderen wenden sich aber auch Bewohner bei außerschulischen Problemen an den

Lehrer, wenn sie sich davon Erfolg erhoffen. Sucht der Lehrer die Eltern seiner Schüler auf, geht es in erster Linie darum, daß die Kinder wieder regelmäßig den Unterricht besuchen. Besonders in Zeiten intensiver landwirtschaftlicher Tätigkeiten, wenn auch die Kinder innerhalb des Familienverbandes eingesetzt werden, sinkt der Schulbesuch beträchtlich und die Klassen haben nur einen Bruchteil ihrer normalen Stärke. Sowohl bei der Nennung der Lehrer als auch der Eltern hat die regelmäßige Teilnahme der Kinder am Unterricht die höchste Priorität (siehe Tabelle 20). Die von den Lehrern angegebenen Gründe für ihre Elternbesuche wurden durch Faktoranalyse weiter untersucht. Drei Faktoren mit einem Eigenwert von mehr als 0.5 erklärten bereits zwei Drittel der Datenvarianz. Durch Einbeziehung eines vierten Faktors mit einem Eigenwert von fast 0.5 konnte die Bandbreite der erklärten Daten auf 83 % angehoben werden. Neben dem Bemühen um regelmäßigen Schulbesuch versuchen die Lehrer, durch persönliche Besuche die Eltern von der Notwendigkeit zu überzeugen, ihre Kinder mit der Mindestausstattung für das Lernen in der Schule auszurüsten (Schulbücher, Hefte, Schuluniformen). Eine Reihe weiterer Gründe läßt sich als Versuch der Lehrer zusammenfassen, die Eltern von der Wichtigkeit schulischer Ausbildung für ihre Kinder zu überzeugen. Hierunter fallen das Eintreiben der Schulgebühren ebenso wie das Bemühen, weitere Kinder, die bisher noch nicht eingeschult worden sind, in die Schule aufzunehmen. Da nur die konfessionellen Primarschulen Schulgeld erheben, die staatlichen Schulen dagegen gebührenfrei sind, tritt dieses Problem besonders in den nicht-staatlichen Schulen auf und überlagert dort alle anderen Probleme bei weitem.

Tabelle 20: Gründe für Hausbesuche durch Lehrer aus der Sicht der Lehrer und Eltern

Grund	laut Angaben der Lehrer		laut Angaben der Eltern	
	Anzahl	in v.H.	Anzahl	in v.H.
o Regelmäßige Teilnahme am Unterricht	91	38.4	190	49.1
o Erkrankung eines Kindes/Versorgung mit Medikamenten	73	30.8	-	-
o Fehlende Schulbücher und Schreibmaterialien	72	30.4	-	-
o Zahlung der Schulgelder	68	28.7	13	3.4
o Schulische Leistungen	37	15.6	39	10.1
o Disziplinschwierigkeiten	34	14.3	-	-
o Einschulung weiterer Kinder	32	13.5	28	7.2
o Fehlende Schuluniform	30	12.7	-	-
o Beratung über weiterführende Schule	10	4.2	-	-
o Diskussion strittiger Fragen	3	1.3	5	1.3
o Sonstige	68	28.7	-	-

Der dritte Faktor drückt die Sorge des Lehrers um das persönliche Wohlergehen einzelner Schüler aus. Die Erkrankung eines Kindes und das Bemühen, mit Medikamenten zu helfen, bestimmen den Grund des Hausbesuchs. Jedoch wird auch in diesem Zusammenhang versucht, ausstehende Schulgelder einzukassieren, um einen Schüler in der Schule zu halten. Der letzte noch aussagefähige Faktor faßt schließlich die Gründe zusammen, die das Verhalten des Schülers in der Schule betreffen, wobei sowohl seine schulischen Leistungen als auch seine Führung Gesprächsstoff zwischen Lehrer und Eltern bilden.

Im Gegensatz zu den Lehrern geben die befragten Eltern als Ursachen für die Hausbesuche nur Themen an, die ihre grundsätzliche Bereitschaft, Kinder einzuschulen und entsprechend auszurüsten, nicht berühren, um den Fragenden nicht den Eindruck zu vermitteln, sie seien schulfeindlich eingestellt. Die einzige Variable, die die Häufigkeit der Hausbesuche positiv beeinflußte, war die Mitgliedschaft der Lehrer in landwirtschaftlichen Genossenschaften. Die Erklärung dürfte darin liegen, daß es sich bei dieser Gruppe um ältere, erfahrene Lehrer handelt, die an einer Schule im Gebiet der eigenen kulturellen Gruppe, oft sogar in ihrer Heimatgemeinde, tätig sind und entsprechendes Ansehen bei der lokalen Bevölkerung genießen. Im Durchschnitt liegt die Häufigkeit der Hausbesuche pro Schuljahr bei 5 - 10 Elternpaaren pro Lehrer. Bei Klassenstärken von durchschnittlich 40 - 60 Schülern pro Klasse zeigt dies, daß sich die Lehrer nur auf Problemfälle konzentrieren können, die ein Gespräch mit den Eltern als letzten Ausweg erscheinen lassen.

80 % der interviewten Lehrer gaben an, von Gemeindebewohnern in Bereichen um Hilfe gebeten worden zu sein, die keinen Bezug zu ihrer Arbeit in der Schule hatten. In solchen Fällen (siehe Tabelle 21) haben sich einzelne Bewohner direkt an einen Lehrer gewandt und ihm bestimmte Probleme vorgetragen. In ca. drei Viertel der Schulgemeinden und bei nahezu jedem zweiten Lehrer erbat sich der um Unterstützung Nachsuchende Hilfe beim Abfassen und Schreiben eines Briefes, oder er benötigte Bargeld oder andere Hilfe materieller Art. Der Lehrer wird also hier einmal wegen seiner Schreibkenntnisse - sozusagen seiner 'beruflichen' Qualifikation wegen - konsultiert, zum anderen wird seine berufliche Stellung, die ihm ein festes Einkommen einbringt, für die übrigen Bewohner zum Anlaß genommen, eigene finanzielle Engpässe durch Entleihen von Geld zu überbrücken.

Tabelle 21: Außerschulische Ansprüche an Lehrer durch Gemeindemitglieder

Art der gewünschten Hilfe	Anzahl der Nachfragen	v.H. aller Lehrer	v.H. aller Schulen/ Gemeinden
o Abfassen und Schreiben von Briefen	121	51.1	77.2
o Entleihung von Bargeld/ Materielle Unterstützung	97	40.9	72.2
o Aufnahme und Betreuung eines schulpflichtigen Kindes im Lehrerhaushalt	31	13.1	29.1
o Beratung in landwirtschaftlichen Fragen	31	13.1	27.8
o Beratung in Familienangelegenheiten	29	12.2	27.8
o Information zu Verwaltungsbestimmungen und staatlichen Anordnungen	27	11.4	11.1
o Versorgung mit Medikamenten	21	8.9	22.8
o Unterstützung bei der Beschaffung eines Arbeitsplatzes	20	8.1	13.9
o Vermittlung einer festen Anstellung in der Verwaltung	19	8.0	20.3
o Zahlung der Schulgelder	13	5.5	15.2
o Beratung bei Abrechnungen verschiedenster Art	12	5.1	13.9

Mit Hilfe der Faktoranalyse läßt sich wiederum ein differenziertes Bild dieser außerschulischen Ansprüche an den Lehrer aufzeigen. Die Bitten um Hilfe konzentrieren sich auf folgende Bereiche:
(1) Individuelle Probleme, die auf die Gemeinde begrenzt sind;
(2) individuelle Probleme, die die Aufnahme von Kontakten außerhalb der Gemeinde erforderlich machen;
(3) finanzielle Probleme.

Die im ersten Bereich zusammengefaßten Hilfeleistungen des Lehrers kommen am ehesten den Aufgaben nahe, wie sie für den Lehrer/Animateur definiert sind. Durch individuelle Beratung und Hilfe in für die Bevölkerung lebenswichtigen Fragen leistet der Lehrer als Vertreter der Institution Schule für die Gemeinde einen zusätzlichen Dienst, der über seine Kernaufgabe hinausgeht. Worum handelt es sich im einzelnen? Innerhalb der auf die Gemeinde bezogenen individuellen Probleme geht es vor allem um Hilfe des Lehrers beim wertmäßigen Erfassen von wirtschaftlichen oder privaten Transaktionen. Die stark gestiegenen Brautpreise haben dazu geführt, daß die über einen bestimmten Zeitraum hinweg erbrachten Teilleistungen in allen Einzelheiten schriftlich festgehalten werden 353). Dabei kann es sich nicht nur um Bargeld und Warengeschenke handeln, sondern auch um Arbeitsleistungen z. B. auf den Feldern der zukünftigen Schwiegereltern. Oft handelt es sich hierbei um größere Summen, die für den Erwerb der Braut aufgebracht werden müssen, und für die ordnungsmäßige 'Buchführung' benötigt man in den weitgehend analphabetischen ländlichen Gemeinden einen rechen- und schreibkundigen Experten. Eng mit der Rechnungslegung bei den Brautpreisen ist die Bitte um Hilfe in Familienangelegenheiten verbunden, die sich ebenfalls noch auf Fälle bezieht, die Hochzeitsvorbereitungen und -durchführung betreffen.

Auch in landwirtschaftlichen Fragen geben die Lehrer an, von einzelnen Bewohnern um Rat gefragt worden zu sein. Da 70 % der befragten Lehrer in ihren Schulgemeinden nebenher auch Landwirtschaft betreiben, liegt es nahe, daß sie mit den Bauern auch Probleme des Agrarbereichs erörtern. Inwieweit hier wirklich von Hilfe durch den Lehrer gesprochen werden kann, läßt sich aus der Befragung nicht beurteilen. Von einer vorbildlichen landwirtschaftlichen Tätigkeit auf den privaten Feldern der Lehrer kann allerdings in Kamerun nicht ausgegangen werden. Die Lehrer verwenden meistens traditionelle Anbaumethoden und beschränken sich - oft aufgrund der kurzen Einsatzdauer in einer Schule - auf den Anbau von Nahrungsfrüchten. Modernere Techniken, die sich bei den Lehrern beobachten lassen, beziehen sich auf das Einhalten von Pflanzabständen, das Anlegen von Beeten und gelegentliches Trassieren der Felder 354).

Wenn es um Kontakte mit Personen und Institutionen außerhalb der eigenen Gemeinde geht, die der schriftlichen Form bedürfen, wird der Lehrer ebenfalls um Hilfe gebeten. Bei diesem Problembereich geht es vor allem um Unterstützung bei der Suche nach einer Anstellung außerhalb der Schulgemeinde. Bewerbungen sind zu schreiben, Zeugnisse zu bestätigen und Empfehlungen an mögliche Arbeitgeber zu verfassen. Der Lehrer wird auch gefragt, wenn Erlasse oder Verordnungen der Verwaltung der Interpretation bedürfen.

Gibt es Zusammenhänge zwischen der Nachfrage einzelner Gemeindemitglieder nach Hilfe durch den Lehrer und anderen Faktoren? Die Größe einer

Schule (gemessen an der Zahl der Schulklassen) wirkt sich auf die Zahl und den Umfang der Bitten um Hilfe aus. Je mehr Lehrer an einer Schule unterrichten, desto breiter gestreut ist die Art der Nachfrage durch die Gemeinde. Die Zahl der an die Lehrer gerichteten Anfragen im außerschulischen Bereich steigt mit der Schulgröße, nimmt aber drastisch ab, sobald eine Schule 14 und mehr Klassen aufweist. Bei diesen Schulen handelt es sich um Schulen, in stadtnahen bzw. städtischen Gemeinden, wo die Eltern im außerschulischen Bereich weniger Ansprüche an die Lehrer richten, da sie bei Bedarf Ansprechpartner in anderen Institutionen besitzen. Dieses Ergebnis wird durch die Korrelation mit dem Entwicklungsstand einer Gemeinde und der nachgesuchten Hilfe bestätigt: Auch hier zeigt sich, daß mit zunehmender Versorgung einer Gemeinde mit Dienstleistungseinrich - tungen die Anfragen an den Lehrer abnehmen. Eine bessere Ausstattung mit Infrastruktur und wachsende Urbanisierung führen den Lehrer daher wieder auf seine zentrale Aufgabe, der Vermittlung der Kulturtechniken an die heranwachsende Generation, zurück. Neben staatlichen und privaten Beratungseinrichtungen haben Bewohner dieser Gemeinden die Möglichkeit, sich an Vertrauenspersonen zu wenden, die sie aus ihrer Mitgliedschaft in modernen Vereinen (Kirchen, Sportvereine usw.) oder in traditionellen Organisationen, die auf der Zugehörigkeit zu einer bestimmten Kulturgruppe begründet sind, kennen.

In entlegeneren Gemeinden wird der Lehrer weniger um Hilfe gebeten, insbesondere dort, wo die traditionellen Institutionen der lokalen Verwaltung intakt sind, was sich an der Bedeutung der Geheimgesellschaften bei den wichtigsten Entscheidungen im Dorf ausdrückt. In diesen Gemeinden herrschen oft noch die überlieferten Sozialbeziehungen, innerhalb derer die persönlichen Probleme geregelt werden. Der Lehrer bleibt hier ein Fremder mit festumrissenen Aufgaben, die sich auf die Schule beschränken, da er meist nicht länger als ein Jahr am Ort wohnen bleibt.

Umfang und Art der Beanspruchung des Lehrers im außerschulischen Bereich durch einzelne Bewohner können als Indikator für gemeindebezogene Aktivitäten der Schule angesehen werden, die allerdings der persönlichen Initiative des Lehrers überlassen sind. Für die weitere Ausgestaltung der Animationsrolle des Primarschullehrers ergeben sich jedoch wichtige Hinweise:

(1) Die Ansprüche an den Lehrer im außerschulischen Bereich sind nicht einheitlich. Seine Hilfe wird vor allem in schlecht versorgten ländlichen Gemeinden mit Aussichten auf wirtschaftliche Entwicklungsmöglichkeiten gewünscht. In diesen Gemeinden, die rapide soziale Veränderungen unter Schwächung traditioneller Entscheidungsgremien durchlaufen, sind die besonderen Fähigkeiten des Lehrers im Bereich der Kommunikation mit modernen Institutionen gefragt.

(2) Will man dem Lehrer zusätzliche Aufgaben der Gemeinwesenentwicklung übertragen, bieten sich Gemeinden der oben beschriebenen Art zuerst an. Anknüpfend an die bisherigen Hilfeleistungen sollte der Lehrer für folgende Aufgaben besonders vorbereitet werden:
- Fragen der Berufsberatung und Schullaufbahnberatung;

- Beratung in landwirtschaftlichen Fragen (u. a. Verbreitung von erprobten Innovationen, einfache Methoden der Bodenverbesserung);
- Beratung in Verwaltungsanordnungen, Steuerfragen, Erlasse staatlicher Stellen, die die Gemeinde betreffen;
- Gesundheitsvorsorge, insbesondere Versorgung mit präventiven Medikamenten und Erste Hilfe Maßnahmen;
- Grundlagen im Rechnungswesen und in der Buchführung mit besonderem Schwerpunkt auf landwirtschaftliche Probleme.

(3) Die Animationsaktivitäten sollen Angebotscharakter besitzen, die weitgehend auf die individuellen Nachfragen aus der Gemeinde zugeschnitten sein sollen.

(4) Die Erweiterung der Aufgaben des Lehrers im Sinne von Gemeindeberatung haben die geringsten Umsetzungsaussichten. Dies gilt sowohl in den isolierten und entlegenen Gemeinden, als auch in gut versorgten ländlichen Gebieten und in stadtnahen und städtischen Gemeinden.

3.4.7 Schulprobleme und Reformbereitschaft

Abschließend soll die Frage erörtert werden, inwieweit die Lehrer in Kamerun auf eine Änderung bzw. Erweiterung ihrer Aufgaben im Sinne einer intensiveren Zusammenarbeit mit der Gemeinde vorbereitet sind und ob sie generell Reformen im Primarschulbereich als erforderlich ansehen. Durch eine eingehende Untersuchung der Probleme, denen sich die Lehrer im Schulalltag gegenübersehen, läßt sich ermessen, was sie im einzelnen beschäftigt, in welchen Bereichen sie Lösungen auf dringende Fragen erwarten und wie sie auf mögliche Mehrbelastungen, die gemeindebezogene Animationsaktivitäten vorsehen, reagieren werden.

Trotz der vorherrschenden Einsicht in die strategische Bedeutung der Lehrer bei Reformen sind sie meist erst dann befragt worden, wenn Reformen sich bereits mehrere Jahre in der Umsetzung befanden. Versäumen die Bildungsfachleute den Dialog mit den Lehrern vor Reformbeginn, müssen sie mit halbherziger Unterstützung bei der Verwirklichung durch die Betroffenen rechnen. Zwei Jahre nach der Einführung der ruralisierten Primarschule in dreißig Pilotschulen in der Region Sikasso in Mali, in deren Rahmen dem Lehrer als Animateur in den ländlichen Gemeinden Entwicklungsaufgaben übertragen worden waren, identifizierten sich nur 44 % der Lehrer mit ihrer neuen Rolle. 35 % lehnten sogar die Animationstätigkeit völlig ab, während 21 % der befragten Lehrer dieser Versuchsschulen keine feste Vorstellung hinsichtlich der Erweiterung der Lehrerrolle äußerten. Der Anteil ablehnender Äußerungen zur Animateurrolle lag bei Lehrern mit längerer fachlicher Ausbildung noch höher 355).

Bei der Befragung in Kamerun wurde darauf verzichtet, von den Lehrern Kommentare allgemeiner Art zur Animationstätigkeit des Primarschullehrers zu erhalten. Um ein Bild von der Situation in den Schulen aus der Sicht der Lehrer zu gewinnen, wurden die Befragten um die Nennung der für sie persönlich wichtigsten Probleme im Zusammenhang mit ihrer beruflichen Tätigkeit gebeten.

Die von den Lehrern genannten Probleme zeigen auf den ersten Blick ein widersprüchliches Bild (siehe Tabelle 22): Während in jeder zweiten Schule niedrige Einschulungsquoten erwähnt werden, sehen sich in 42 % der Schulen die Lehrer überfüllten Klassen gegenüber. Beide Problembereiche deuten jedoch nur die Spannbreite an, denen sich die Bildungsplaner in Kamerun gegenüber sehen. Auf der einen Seite gibt es Regionen, in denen immer weniger Kinder zur Schule geschickt werden, auf der anderen Seite machen in bestimmten Gebieten immer mehr Eltern von der Ausbildungsmöglichkeit durch die Schule Gebrauch. Die Faktoranalyse zeigt, daß die beiden Faktoren mit den höchsten Eigenwerten sich auf diese Probleme beziehen. Dem Faktor, der die negative Einstellung einer Gemeinde zur Schule anzeigt, mit hohen Ladungen der Variablen 'Niedrige Einschulung' = 0.51, 'Eltern zahlen kein Schulgeld' = 0.41, folgt der zweitwichtigste Faktor, der die Bemühungen der Eltern anzeigt, die Aktivitäten in der Schule allein auf die Bewältigung der Aufnahmeprüfung zur Sekundarschule abzustellen.

Tabelle 22: Schulprobleme aus der Sicht der Lehrerschaft

Problemart	Anzahl der Nennungen	v.H. aller Lehrer	v.H. aller Schulen
o Fehlende Schulbücher	139	58.6	89.9
o Abwesenheit der Schüler vom Unterricht	89	37.6	73.3
o Schlechter Zustand der Schulmöbel	84	35.4	64.6
o Niedrige Einschulungsquoten	76	32.1	54.4
o Eltern zahlen kein Schulgeld	69	29.1	41.8
o Überfüllte Klassen	65	27.4	41.8
o Schlechter Zustand der Schulgebäude	59	24.9	43.0
o Eltern zeigen kein Interesse an der Schule	45	19.0	44.3
o Unregelmäßige oder ausbleibende Gehaltszahlung	40	16.9	31.6
o Fehlende Schulreife der Schüler bei Schuleintritt (zu jung)	39	16.5	43.0
o Unterbringung für Lehrer am Schulort	34	14.3	31.6
o Verspätetes Eintreffen der Schüler zum Unterricht	30	12.7	30.4
o Zu niedrige Gehälter im Lehrerberuf im Vergleich zu anderen Beschäftigten des Staates	30	12.7	29.1
o Keine Unterrichtsmaterialien	29	12.2	34.2
o Keine Fortbildungsmöglichkeiten	29	12.2	22.8

Anmerkung: Auszug der wichtigsten, von den 237 Lehrern der Stichprobe genannten, Schulprobleme. Zwei Drittel der befragten Lehrer nannten zwischen drei und sechs Probleme.
Vgl. IPAR-Buea, a.a.O., S. 140A.

Während die zunehmende Ablehnung der Schule sich vor allem in isolierten und entlegenen Gemeinden äußert, werden die Eltern in städtischen und gut versorgten ländlichen Gemeinden zunehmend besorgter, daß ihre Kinder an den Aufnahmeprüfungen zur Sekundarschule scheitern. Sie unternehmen daher alles, um den Erfolg ihrer Kinder sicherzustellen: In diesen Gemeinden werden Kinder bereits im Vorschulalter in die Schule geschickt. Die Primarschule wird zum Ersatz für fehlende Kindergärten, besonders dann, wenn beide Eltern berufstätig sind. Die Eltern greifen häufig in den Unterricht ein und lehnen praktische Arbeiten in der Schule ab, da diese keine Relevanz für die Examen haben. Allen Schulen gemeinsam sind jedoch die fehlenden Mindestvoraussetzungen für einen sinnvollen Unterricht: Weder Schulbücher noch Schreibmaterialien sind vorhanden, Schulgebäude und -möbel sind in unzureichendem Zustand 356). Erst danach folgen Faktoren, die sich auf die persönliche Situation der Lehrer beziehen. Die Unzufriedenheit über unzureichende Bezahlung und Beförderungsmöglichkeiten drückt sich hier ebenso aus wie das gesunkene Ansehen einer Berufsgruppe, die noch in den ersten Jahren der politischen Unabhängigkeit Kameruns die Mehrzahl der Spitzenpolitiker stellte 357).

Daß es sich hierbei nicht um Probleme handelt, die nur für die Verhältnisse in Kamerun typisch sind, sondern daß ähnliche Situationen für die Lehrer in anderen Ländern der Armen Welt bestehen, weist Griffiths nach, der die Verunsicherung der Lehrer in den Gesellschaften der jungen Staaten der Dritten Welt wie folgt beschreibt:
"Nearly everywhere they suffer from a sense of grievance. One reason for this is that their rates of pay are usually not so favourable as those of many others who have received the same amount of education. Another reason in many countries is that their prestige, which once was high in rural areas when they were the only educated persons, has inevitably slumped with the spread of education"358).

Um ein genaueres Bild von der Situation in den Schulen zu erhalten, wurden die verschiedenen Probleme und Fakten nach regionalen Aspekten und nach der Schulart (unvollständige und vollständige Schulen) zusammengestellt. Hierdurch läßt sich die aktuelle Problematik , mit der ein möglicher Einsatz von Lehrer/Animateuren rechnen muß, in den beiden untersuchten Provinzen Kameruns verdeutlichen.

Übersicht 16: Analyse der Situation in den Primarschulen nach regionaler Zugehörigkeit und Schultyp

Provinz \ Schultyp	Unvollständige Primarschule	Vollständige Primarschule
NORDWEST	- Lehrer sind in traditionellen Institutionen einbezogen. - Lehrer entstammen gleicher Kulturgruppe. - Fehlen weiblicher Lehrkräfte. - Geringe Einschulungsquote. - Eltern stehen einer Zusammenarbeit mit der Schule indifferent gegenüber. - Lehrer fördern individuelle Schüler.	- Ältere, erfahrene Lehrkräfte. - Lehrer besitzt Vertrauen der Eltern. - Großes Maß an individuellen Hilfeleistungen des Lehrers für die Bewohner. - Befriedigendes Niveau der Schulfarmarbeit. - Lehrer berichten Auswirkungen ihrer Anbaumethoden für Nahrungsfrüchte in den Gemeinden. - Zusätzliche praktische Tätigkeiten in der Schule lehnen Eltern ab.
SÜDWEST	- Junge Lehrer in den Schulen, oft der erste Einsatz nach der Ausbildung. - Fehlende Inspektion oder Betreuung. - Lehrer sind nicht in traditionelle Institutionen einbezogen. - Lehrer sind häufig vom Schulort abwesend. - Eltern klagen über das Desinteresse der Lehrer. - Fehlen weiblicher Lehrer. - Eltern schicken immer weniger Kinder zur Schule, da nach Schulabschluß festbezahlte Tätigkeiten fehlen. - Lehrer bleiben nur kurzfristig an einer Schule.	- Häufiger Schulwechsel bei Lehrern. - Konzentration weibl. Lehrer in Städten und stadtnahen Gemeinden. - Versetzung an Schulen in entlegenen Gebieten wird nicht befolgt. - Kinder im Vorschulalter in Anfangsklassen. - Eltern greifen in Unterricht ein, verlangen Rechenschaft bei ausbleibenden Examenserfolgen. - Lehrer beklagen fehlendes Ansehen in der Gesellschaft. - Ablehnung praktischer Arbeiten durch Eltern und Schüler. - Starke Examensorientierung.

In den vollständigen Primarschulen der Nordwestprovinz, von denen die
Hälfte in isolierten, entlegenen oder marginalen Gemeinden liegen, versuchen die Lehrer gegen die indifferente Haltung der Eltern gegenüber der
Schule anzugehen, indem sie sich bemühen, zumindest einige Schüler auf
weiterführende Sekundarschulen zu bringen. Die Nützlichkeit der Schule soll
also der Gemeinde am Beispiel des individuellen Erfolgs verdeutlicht
werden, um auch diejenigen Kinder zum Schulbesuch zu veranlassen, die
bisher nicht eingeschult waren. Ansätze zu einer Erweiterung der Aufgaben
des Lehrers in die Richtung der Gemeinwesenentwicklung sind hier nur dann
möglich, wenn zunächst die Nützlichkeit der Schule für den persönlichen
Aufstieg gezeigt werden kann, sich also der Anteil von Schülern aus den
weniger erschlossenen Gemeinden, die Sekundarschulen besuchen, erhöht.
Des weiteren könnte das Interesse der Gemeinden an der Schule durch den
Einbezug traditioneller Elemente ihrer Kultur in den Unterricht verstärkt
werden. Falls die Lehrer für Gemeinwesenaufgaben vorbereitet sind, könnten
sie Projekte, die für die Bewohner Verbesserungen bringen, anbieten und, je
nach Bedarf und Bereitschaft zur Mitarbeit, ausführen.

Die Gemeindeorientierung der Primarschule, einschließlich der erweiterten
Aufgaben des Lehrers im außerschulischen Bereich, findet sich am ehesten in
den vollständigen Primarschulen der Nordwestprovinz verwirklicht, wenn die
Schule in einer infrastrukturell gut versorgten ländlichen Gemeinde angesiedelt ist. Zwar ist auch hier die Schule weiter examensorientiert, da sie Teil
des nationalen Systems ist, das über Prüfungen die Auswahl für die weiteren
Bildungsmöglichkeiten und für zukünftige Positionen im nicht-traditionellen
Bereich der Gesellschaft vornimmt; sie hat aber auch Aktivitäten im
außerschulischen Bereich entwickelt, die in realistischer Einschätzung der
Möglichkeiten und Bedürfnisse Dienstleistungen für die Gemeinde darstellen,
ohne den Anspruch von größeren Projekten zur Gemeinwesenentwicklung zu
erheben. Wird der bisherige Spielraum der Schule für praktische Tätigkeiten
(landwirtschaftlicher und handwerklicher Art) ausgedehnt, befürchten die
Lehrer, daß die Eltern Nachteile für die Leistungen der Schüler in den
akademischen Prüfungsfächern sehen und sich gegen solche Maßnahmen
stellen werden. Gerade hier bietet sich die Gelegenheit, den allgemeinen
Nutzen praktischer Tätigkeiten für die Schüler aufzuzeigen, wenn Projekte
theoretisch aufgearbeitet und ihre Verknüpfung und Anwendungsmöglichkeit
im Rahmen der herkömmlichen Fächer genutzt werden. Dies ist jedoch nur
durch gezielte Fortbildungsmaßnahmen und eine begleitende fachliche
Betreuung zu erreichen.

In der Südwestprovinz befanden sich drei Viertel der unvollständigen
Primarschulen der Untersuchung in den am wenigsten mit Infrastruktur
versorgten Gebieten. Allein hieraus ergeben sich Schwierigkeiten, in diesen
Gemeinden für einen geordneten Schulbetrieb zu sorgen, da die Lehrer nicht
bereit sind, unter den nachteiligen Bedingungen dieser Gebiete zu arbeiten.
Die Schulen stehen oft wochen- und monatelang leer, da die vorgesehenen
Lehrer nicht ihren Dienst angetreten bzw. die Gemeinde nach kurzer Zeit
wieder verlassen haben. Die Eltern reagieren auf die Schulsituation und die
sinkenden Berufsaussichten nach der Schule mit zunehmendem Desinteresse.
Es entsteht die paradoxe Situation, daß gerade in die Gemeinden, in denen
der Lehrer am dringendsten Entwicklungsaufgaben übernehmen könnte,
welche zunächst einmal in einem ordnungsmäßigem Schulbetrieb bestehen
würden, die unerfahrensten und ungeeignetsten Lehrer entsandt werden. Die
bestehenden Ungerechtigkeiten und regionalen Ungleichgewichte werden auf

diese Weise weiter vertieft. Gerade in diesen entlegenen Gemeinden könnten erfahrene ältere Lehrer Dienstleistungen zusätzlicher Art für die Gemeinden erbringen, die für diese Gebiete von lebenswichtiger Bedeutung sind, u.a. die Versorgung mit Erster Hilfe und präventive Gesundheitsmaßnahmen.

Die vollständigen Primarschulen in der Südwestprovinz sind stärker noch als in der Nordwestprovinz von der Vorbereitung auf die Aufnahmeprüfung für die Sekundarschule geprägt. Die Eltern setzen hier die Lehrer unter Druck, um alle Aktivitäten - dazu gehört auch die Arbeit der Schüler auf der Schulfarm -,die keinen Bezug zu den akademischen Fächern haben, auf das politisch zu vertretende Minimum zu reduzieren. Der Aufruf des Präsidenten, die Handarbeit zu achten und in allen Bereichen einen Beitrag zur Selbstversorgung zu leisten, kann auch hier nicht ignoriert, jedoch modifiziert werden 359). Die genannte Haltung läßt sich nur durch eine Änderung der Examensanforderungen beeinflussen, falls Aufnahmeprüfungen beibehalten werden sollen, wobei problembezogene Aufgaben zu lösen wären, die Erfahrungen praktischer und theoretischer Art in Gemeindeprojekten voraussetzen.

Die in der Übersicht herausgestellten Probleme, die als typisch für den entsprechenden Schultyp und die Region angesehen werden können, geben jedoch nur einen Teil der Schwierigkeiten wieder, denen sich die Lehrer in diesen Gemeinden gegenüber sehen. Jeweils hinzuzurechnen sind in erster Linie die Unzufriedenheit der Lehrer mit ihrer beruflichen Situation und den materiellen Bedingungen, unter denen der Unterricht stattfinden muß. Befragt nach ihrer Einstellung zu einer geplanten Reform der Primarschulen in Kamerun, gab jeder zweite Lehrer der Stichprobe an, er fürchte, Innovationen ausführen zu müssen, für die er nicht genügend vorbereitet sei. 42 % rechneten damit, daß eine Reform für sie nur zusätzliche Arbeit bei gleichbleibender Entlohnung bringen würde. Ebenso stießen Versuche, die Lehrer an der Entwicklung neuer Curriculummaterialien zu beteiligen, nur auf eine geringe Bereitschaft zur Mitarbeit, da der zusätzliche Aufwand nicht finanziell entschädigt wurde. Der von den Curriculumfachleuten propagierte aktive Ansatz im Unterricht machte zusätzliche Datenerhebungen, Befragungen in der Gemeinde und Vorbereitungen für den Einsatz der Schüler erforderlich, den die Lehrer bisher nicht gewohnt waren 360). Wenn schon im engeren Aufgabenbereich des Lehrers nur mit Mühen Reformen eingeführt werden können, die ihm zwar einen größeren Gestaltungsfreiraum für seinen Unterricht überlassen, aber arbeitsintensiver und zeitaufwendiger sind, wird es noch problematischer sein, ihm zusätzliche Aufgaben außerhalb der Schule im Sinne der Animationsrolle zu übertragen.

Die negativen Erfahrungen der letzten Jahre mit dem Einsatz von speziell für Animationsaufgaben ausgebildeten Primarschullehrern im francophonen Kamerun zeigen allerdings, daß selbst mit einer besonderen Vorbereitung für die Zusatzaufgaben und einer damit verbundenen besseren Bezahlung kein erfolgreicher Einsatz der Lehrer gewährleistet werden kann 361). Noch 1973 sah die Planung vor, die vom IPAR-Yaoundé für diese Aufgaben vorbereiteten Lehrer in ihrer Doppelfunktion als Lehrer und Animateure in besonders ausgewählten ländlichen Entwicklungszonen (ZACC = Zones d'activités communautaires et culturelles) einzusetzen 362). Sechs Jahre später weist Akoulouze bereits auf das Scheitern des Einsatzes hin und nennt als Hauptursachen hierfür 363):

- IPAR-Lehrer waren in der Mehrzahl nicht bereit, in ländlichen Gemeinden zu arbeiten;
- für eine ausreichende Beratungsarbeit in landwirtschaftlichen Fragen waren sie zu unerfahren und fachlich unzureichend ausgebildet;
- die Gemeindebewohner lehnten eine Mitarbeit bei Entwicklungsprojekten, die die Lehrer inszenierten, ab, weil sie von der Nützlichkeit weder überzeugt, noch zuvor gefragt worden waren;
- die jungen Lehrer konzentrierten sich auf den Unterricht in der Schule, sobald die Animationsaufgaben Schwierigkeiten bereiteten;
- die Beamten anderer staatlicher Dienste weigerten sich mit den weniger erfahrenen Lehrern bei Entwicklungsaufgaben zusammenzuarbeiten.

Grundvoraussetzung für jegliches Interesse der Schule an den Bedürfnissen der ländlichen Gemeinden und der damit verbundenen Übernahme von Aufgaben der Gemeinwesenentwicklung ist nicht die finanzielle Besserstellung weniger Berufsanfänger, die als Animateure ausgebildet werden, sondern die Ausbildung in praktischen Fächern, die Relevanz für die Entwicklung der Gemeinden haben, für alle Lehrerstudenten, sowie eine konsequente Bereitstellung von Mitteln, um in den benachteiligten Gebieten notwendige Dienste für die ländliche Bevölkerung anbieten zu können. Vordringliche Aufgaben, die gelöst werden sollten, ehe man eine Mitarbeit der Lehrer erwarten kann, liegen teils im persönlichen Bereich des Lehrerberufs, teils beziehen sie sich auf die Schaffung besserer Arbeitsbedingungen in den Schulen. Wenn es nicht gelingt, die persönlichen Probleme der Lehrer befriedigend zu regeln - so u.a. die gleiche Bezahlung unabhängig vom Schulträger, regelmäßige Gehaltszahlungen, ordnungsgemäße Einstufung innerhalb festgelegter Besoldungsgruppen im Staatsdienst -, werden Reformen, die die Schule als Instrument ländlicher Entwicklung einsetzen wollen, bereits an der mangelnden Motivation der Lehrerschaft scheitern. Fehlen des weiteren die materiellen Voraussetzungen für Aktivitäten der Schule und Gemeinde, um gemeinsam Projekte durchzuführen, werden auch mit ihrer Situation zufriedene, motivierte und dafür ausgebildete Lehrer die gemeindebezogenen Tätigkeiten schnell wieder aufgeben und sich auf den Unterricht in den akademischen Fächern konzentrieren.

"Unless the conditions exist for active interaction between school and community, attempts to make the teacher a rural 'animateur' will be futile. Given the authoritarian, centralised, urban-oriented governments in most developing countries, the current interest in participatory, community-based rural development will remain empty rhetoric unless genuine policy changes are made"364).

Die zunehmend knapper werdenden Ressourcen, die den Ländern der Armen Welt für die Erziehung zur Verfügung stehen, können nicht für eine Erweiterung der Lehreraufgaben im außerschulischen Bereich aufgewendet werden 365). Der Bedarf nach Entwicklungsaktivitäten durch den Lehrer, die zusätzlich zu seinen Aufgaben in der Schule treten sollen, ist in der Mehrzahl der Gemeinden der beiden untersuchten Provinzen Kameruns nicht vorhanden 366). Fehlt auf der einen Seite die Nachfrage, so fehlt es auf der anderen Seite an jeglicher Motivation in der Lehrerschaft, solche Zusatzaufgaben zu übernehmen. Ehe an neue Aufgaben für den Lehrer gedacht wird, sollte alles getan werden, damit er seine Kernaufgabe, die Vermittlung der elementaren Kulturtechniken, besser wahrnehmen kann.

Das bewußte Aufgreifen von Problemen, die die Gemeinden beschäftigen, kann jedoch als didaktisch-methodisches Prinzip in verstärktem Maße im Unterricht der Primarschulen verfolgt werden. Hierdurch ist eine gewisse Sensibilisierung für ungleichgewichtige Entwicklungen in unterschiedlichen Regionen eines Landes bei Lehrern und Schülern zu erreichen, die zu Schlußfolgerungen und eventuellen Aktivitäten in der eigenen Schulgemeinde führen können. Dieser Ansatz setzt den Beitrag der Schule für die ländliche Entwicklung wesentlich bescheidener an, als dies in den Konzepten des Lehrer/Animateurs beinhaltet ist, scheint aber unter den gegebenen Verhältnissen eher umgesetzt werden zu können.

In den am wenigsten infrastrukturell erschlossenen Gemeinden, die immer mehr dazu übergehen, ihre Kinder gar nicht mehr zur Schule zu schicken, könnte die Schule wieder an Attraktivität gewinnen, wenn die Lehrer für die Gemeinden zusätzliche Dienste anböten, die die Lebensbedingungen verbessern bzw. erleichtern helfen. Lehrer, die für solche Aufgaben vorbereitet sind, sollten jedoch nur auf Wunsch der Gemeinden entsandt werden. Die Wirksamkeit solcher Tätigkeiten könnte verstärkt werden, wenn die Entsendung des Lehrers mit der Durchführung von konkreten Projekten anderer Dienste verbunden wird. Für derartige Aufgaben wären erfahrene ältere Lehrer aus der gleichen Kulturgruppe wie die anfordernde Gemeinde in besonderen Kursen vorzubereiten. Diese Ausbildung sollte auch die Ehefrau(en) der Lehrer einschließen, damit entsprechende Frauenprogramme durchgeführt werden können. Der Einsatz sollte nicht unter fünf Jahren liegen und könnte durch geringe zusätzliche Bezahlung attraktiv gemacht werden.

V. SCHLUSSBEMERKUNG: MÖGLICHKEITEN UND GRENZEN DES KONZEPTS DER GEMEINDEORIENTIERTEN PRIMARSCHULE IN SCHWARZAFRIKA

Die Diskussion um eine relevante Erziehung und Ausbildung für Schwarzafrika läßt sich bis in die frühen Jahre europäischer Machtausdehnung in Afrika zurückverfolgen. Missionsgesellschaften und koloniale Regierungen definierten aus ihrer jeweiligen Interessenlage heraus die Bildungsbedürfnisse in den Kolonien. Dabei sollten die westlichen Bildungsinhalte nicht unbesehen weitergegeben, sondern den spezifischen Verhältnissen Afrikas angepaßt werden, um die Verfügbarkeit der Einheimischen im Rahmen kolonialer Wirtschaft und Verwaltung zu erhöhen und sie in politischer Abhängigkeit von den Kolonialmächten zu belassen.

Einzelne Versuche, adaptierte Curricula in Schwarzafrika während der Kolonialepoche in den Schulen einzuführen, wurden von den Afrikanern mit Mißtrauen und Ablehnung betrachtet, da sie befürchteten, durch eine minderwertige Ausbildung der Chancen auf eine politische Unabhängigkeit beraubt zu werden. Trotzdem wurden Teilaspekte dieser Reformbemühungen, wie sie im Konzept der Gemeindeorientierung der Primarschule angelegt sind, zum festen Bestandteil des Unterrichts und prägen bis heute die Beziehungen zwischen Schule und Gemeinde. Hierzu zählen die Schulfarmen ebenso wie 'Projekte' für die Gemeinde und Ansätze zur Einbeziehung und Beteiligung der Bewohner am Schulbetrieb. In den Beziehungen zwischen beiden Institutionen haben diese Aktivitäten jedoch zu keiner Zeit Priorität gehabt. Als Kernaufgabe der Schule wurde und wird von seiten der Gemeindemitglieder zunächst die erfolgreiche Vorbereitung der Schüler auf die selektierenden Examen am Ende der Primarschulzeit angesehen, da nur so Hoffnungen auf einen Aufstieg der Kinder in einkommens- und prestigebringende Positionen der Gesellschaft aufrecht erhalten bleiben.

Nach Erlangung der politischen Unabhängigkeit und anfänglichem rein quanitativen Wachstum der übernommenen Bildungsstrukturen, setzte in Schwarzafrika ein Prozeß der Neuorientierung ein: die Schule sollte nicht länger individuelles Aufstiegsinstrument, sondern Hilfe gesamtgesellschaftlicher Entwicklung sein, "... um afrikanischen Bedürfnissen und Werten gerecht zu werden"1).

Die Konzepte, die für eine gemeindeorientierte Primarschule entworfen wurden, versuchten, die Erfahrungen anglo-amerikanischer Gemeindeschulen und afrikanischer Lernformen aus der vorkolonialen Zeit mit den entwicklungsbezogenen Aspekten der 'adaptierten' Erziehung zu verbinden. Die Schranke zwischen Bildung und Leben sollte überwunden werden. Schule sollte helfen, sozio-ökonomische Benachteiligungen in den afrikanischen Staaten abzubauen, in dem sie sich in den Dienst der Gemeinden stellte und dadurch half, die erworbene politische Autonomie gesellschaftlich abzusichern 2).

Die geringen Erfolge der Gemeindeschulen in England und den USA im Abbau sozialer Ungleichgewichte trotz besserer Rahmenbedingungen als in Afrika wurden jedoch ebensowenig beachtet wie das der traditionellen afrikanischen Erziehung in weiten Bereichen zugrunde liegende Verständnis von gesellschaftlicher Gleichheit und Demokratie bei gleicher Armut und Anspruchslosigkeit a l l e r Mitglieder der Gesellschaft 3). Dem Rückgriff auf Werte einer vorkolonialen Erziehung steht die Realität des modernen gesellschaftlichen Sektors in Afrika entgegen, der durch unterschiedliche Orientierungswerte und wirtschaftliche Möglichkeiten geprägt ist, die bei Erlangung der politischen Unabhängigkeit kaum revidiert wurden:
- Ansätze demokratischer Traditionen aus vorkolonialer Zeit wurden nicht aufgegriffen bzw. sind aufgegeben worden;
- gesellschaftliche Großinstitutionen wie Verwaltung, Militär, Erziehungssystem wurden ohne grundlegende Änderungen aus der Kolonialzeit übernommen; im Aufbau und Struktur sind sie an industriestaatlichen Vorbildern ausgerichtet, die teilweise atypisch für die gesellschaftlichen Verhältnisse in Schwarzafrika sind;
- in diesen Institutionen haben sich neue gesellschaftliche Schichten gebildet, die die traditionellen Führungsgruppen verdrängt bzw. ihnen neue, jedoch von den staatstragenden Einrichtungen und ihren Vertretern abhängige Rollen zugewiesen haben 4).

So sind Reformansätze, die die Primarschule in den Dienst ländlicher Entwicklung zu stellen versuchen, weit hinter den hochgesteckten Erwartungen zurückgeblieben. Die Zusammenarbeit von Gemeinde und Schule brachte nur in Einzelfällen die gewünschten Erfolge. In der Regel stießen Bemühungen, Schulaktivitäten auf Gemeindebedürfnisse zu konzentrieren, auf wenig Interesse bei den Eliten und der Mehrheit der Eltern. Das Fortbestehen wirtschaftlicher und kultureller Abhängigkeit von den Industrieländern, sowie die gravierenden Einkommensunterschiede zwischen traditionellem und modernen Wirtschaftssektor in den Ländern der Armen Welt, haben eher die Nachfrage nach akademischer Bildung verstärkt, da den gemeinde- und entwicklungsbezogenen Aktivitäten in der Schule keine Examensrelevanz zukommt.

Am Beispiel der anglophonen Provinzen der Vereinigten Republik Kamerun wurde versucht, die Perspektiven für eine Entwicklung ländlicher Gebiete aufzuzeigen, die sich aus einer Zusammenarbeit zwischen Primarschule und Gemeinde ergeben können. Dabei wurden Elemente der Gemeindeorientierung untersucht, die seit mehreren Jahrzehnten die Beziehungen zwischen Schule und Bewohnern einer Gemeinde kennzeichnen, es sich also nicht um die Einführung völlig unbekannter Ideen handelt.

Geschichtlich betrachtet erfolgte die Ausbreitung der Primarschulen im Untersuchungsgebiet zunächst innerhalb der kolonialen Erschließung, wobei die Nachfrage nach Schule sich komplementär zu den wirtschaftlichen Erwerbsmöglichkeiten eines Gebietes verhielt. Die Einführung einer Schule in einer Gemeinde war nicht Ursache, sondern Teil eines Veränderungsprozesses, in dessen Verlauf zunächst diejenigen Vorteile gewinnen konnten, die die Schule erfolgreich absolvierten. Aus der Verlagerung von Schwerpunkten wirtschaftlicher oder verwaltungsmäßiger Art läßt sich des weiteren zeigen, daß sich die daraus ergebenden Folgen nicht durch eine längere 'Schultradition', d.h. die Gewohnheit Kinder zur Schule zu schicken, beheben lassen bzw. aufgefangen werden. Mit abnehmenden Erwerbsmöglichkeiten läßt auch das Interesse am Schulbesuch nach, da der aktivere Teil der erwerbsfähigen Bevölkerung in Gebiete mit günstigeren Verdienst- und Lebensmöglichkeiten abwandert. Schulgründungen in Gebieten ohne entsprechende wirtschaftliche Entwicklung führten eher zur Abwanderung der Schulabgänger als zu unmittelbaren Verbesserungen in den Gemeinden. Wurden die Kontakte zwischen Auswanderern und ihren Heimatgemeinden aufrechterhalten, bildete sich vielfach ein Potential für Selbsthilfemaßnahmen, wodurch Verbesserungen in den Dörfern finanziert bzw. durchgeführt werden konnten. Der Beitrag der Primarschule zu solchen Projekten in den ländlichen Gebieten war indirekter Natur, indem durch einen erfolgreichen Schulbesuch die Voraussetzungen für den Zugang zu Tätigkeiten im modernen Wirtschafts- und Verwaltungssektor geschaffen wurden. Das Entstehen regionaler Ungleichgewichte wurde durch die koloniale Erschließung beschleunigt und ist auch nach der Unabhängigkeit nicht abgebaut worden. Die Zugangsmöglichkeiten zu Diensten, die zur Befriedigung der Grundbedürfnisse der Bevölkerung vorhanden sein müssen, konzentrieren sich auf Gebiete, die wirtschaftlich erfolgversprechend sind oder die Präsenz staatlicher Verwaltung erforderlich machen.

Mit Hilfe der Faktoranalyse konnten innerhalb der beiden Provinzen Kameruns Zonen unterschiedlicher infrastruktureller Erschließung - auch 'Entwicklungszonen' genannt - erarbeitet werden, die Auskunft über die derzeitigen Lebensbedingungen in den Gemeinden der Stichprobe erbrachten. Da die Probleme und Bedürfnisse der Gemeinden mit der Zugehörigkeit zu einer bestimmten Zone variieren bzw. von unterschiedlicher Qualität und Quantität sind, bestimmen sich von daher auch die Möglichkeiten der Gemeindeorientierung der Schule, insbesondere was den Anspruch betrifft, die Lebensverhältnisse in bisher benachteiligten Gemeinden durch Schulaktivitäten und Gemeindeprojekte zu verbessern. Gleichzeitig erweist sich der Zonierungsansatz als wertvolle Hilfe bei der Curriculumentwicklung, sowohl für die Erarbeitung dezentralisierter Unterrichtsmaterialien, die lokale Gegebenheiten und Probleme aufgreifen, als auch für die Entwicklung gleicher Fertigkeiten über verschiedene Projekte, je nach den Möglichkeiten der verschiedenen Zonen, sowie den daraus sich ergebenden Folgerungen für die Aus- und Fortbildung der Lehrer. Der Bildungsplaner erhält schließlich durch die Zonierung wichtige Aufschlüsse über administrative und strukturelle Maßnahmen, die erforderlich sind, um bildungspolitische Ziele zu verwirklichen, so z.B. den Abbau regionaler Benachteiligungen hinsichtlich des Zugangs zu weiterführenden Bildungseinrichtungen oder die Versorgung von Schulen in entlegenen Gebieten mit Lehrern.

Neben dem Kriterium 'Infrastrukturelle Erschlossenheit' ist die Zugehörigkeit zu einer bestimmten Kulturgruppe, wie sie sich - vereinfacht dargestellt - in den beiden Provinzen andeutet, ausschlaggebend für die Einschätzung der Möglichkeiten der Zusammenarbeit zwischen Schule und Gemeinde:
Die Art der sozialen Organisation auf Gemeindeebene entscheidet mit über die Beziehungen zwischen beiden Institutionen und ihren Vertretern.

Elemente einer Gemeindeorientierung allein machen Schulen in bisher benachteiligten Gebieten für die Eltern aber nicht interessanter oder attraktiver, wenn nationale Mittel für notwendige Maßnahmen der Verbesserung ausbleiben. Gemeinden in isolierten und entlegenen Gebieten haben im

Vergleich zu wirtschaftlich erschlossenen Gemeinden nur geringe Chancen, staatliche Mittel für die Verbesserung der Infrastruktur zu erhalten. Die außenwirtschaftliche Orientierung Kameruns läßt Regionen erst dann für staatliche Investitionen interessant werden, wenn sie für den Anbau von Exportkulturen verwertbar erscheinen 5). Die Möglichkeiten, durch Selbsthilfeprojekte Verbesserungen in diesen Gebieten zu erreichen, sind äußerst begrenzt, da die finanziellen und personellen Ressourcen meist nicht ausreichen bzw. die Probleme strukturpolitischer Art sind, die von einer einzelnen Gemeinde nicht gelöst werden können (so genügt es z.B. nicht in Gemeinschaftsarbeit eine Gesundheitsstation zu errichten, wenn diese personell nicht besetzt werden kann).

Die Benachteiligung weniger erschlossener Gebiete setzt sich in verstärktem Maße auch durch die Schule selbst fort. Die Zugehörigkeit zu einer 'Entwicklungszone' entscheidet wesentlich über die Chancen im Bildungssystem. Eltern in isolierten und entlegenen Gemeinden haben das Interesse an der Schule verloren. Nur wenige Kinder werden überhaupt noch zur Schule geschickt, oft nur für einige Jahre. Ein geregelter Unterricht wird meist nicht erteilt, weil die Lehrer häufig vom Schulort abwesend und kaum länger als ein Jahr in einer Gemeinde bleiben. Die hohen Ausfallraten unter den Kindern, die die Schule besuchen und der geringe Anteil am Besuch weiterführender Schulen, die die Situation in diesen Gemeinden kennzeichnen, kommen den bereits privilegierten Schichten in den gut versorgten und wirtschaftlich erschlossenen Gemeinden zugute und verhindern langfristig, daß auf nationaler Ebene politische Fürsprecher für diese Gebiete heranwachsen, die sich mit der Bevölkerung in diesen benachteiligten Gemeinden verbunden fühlen 6).

Wie die Untersuchung zeigt, haben sich Elemente einer Gemeindeorientierung in den Primarschulen der anglophonen Provinzen Kameruns fest etabliert und werden durch die Schulbehörden auf Provinzebene unterstützt. Die Schule ist allerdings nicht in der Lage und nicht aufgefordert, kollektive Verbesserungen für die Gemeinden durch intensive Zusammenarbeit zu leisten. Ihr Beitrag beschränkt sich auf die entsprechende Vorbereitung der Schüler auf die staatlichen Examen, wodurch die Schule besonders in Gemeinden in gut versorgten ländlichen Gebieten und städtischen Gemeinden den Elternerwartungen entspricht.

Die Zusammenarbeit zwischen Schule und Gemeinde sowie Ansätze einer entwicklungsrelevanten Tätigkeit stellen sich im Bereich der Stichprobe wie folgt dar:
(1) Eltern-Lehrer-Vereinigungen bieten interessierten Gemeindemitgliedern im beschränkten Maße Mitspracherechte in Fragen des Unterhalts und der Durchführung des Schulbetriebs. Die Eltern tragen den weitaus größten Teil der schulischen Neu-Investitionen bzw. die Kosten für Reparaturen. Sie sind jedoch von der Kontrolle der lokalen Finanzen der Schule ausgeschlossen.
(2) Außer den Lehrern werden Gemeindemitglieder in seltenen Fällen zur Unterrichtung der Kinder herangezogen. Vertreter staatlicher Dienste bzw. privater Entwicklungsinstitutionen sind in der Regel nicht auf Gemeindeebene anzutreffen. Selbst in Gemeinden, die als Verwaltungssitze einige dieser Institutionen vorweisen können, gibt es nur sporadische Kontakte der hier beschäftigten Fachkräfte mit Primarschulen vor Ort oder im Einzugsbereich ihres Dienstsitzes.

(3) Selbsthilfeprojekte haben im Untersuchungsgebiet eine lange Tradition. Sie werden vorwiegend ohne die Schule initiiert und durchgeführt. In Ausnahmen leistet die Schule manuelle Hilfsdienste (z.B. Transportarbeiten für Baumaterialien oder Herstellung von luftgetrockneten Bausteinen). Immer noch häufig dagegen sind einzelne Lehrer als Sekretäre in Ausschüssen bzw. Vereinigungen beschäftigt, die Selbsthilfeprojekte größeren Umfangs organisieren. Der Entwicklungsstand einer Gemeinde bestimmt auch ihre Bedürfnisse und Möglichkeiten zur Verbesserung der lokalen Lebensbedingungen. Mit zunehmender Erschlossenheit eines Gebietes werden Entwicklungsprojekte technisch anspruchsvoller und finanziell aufwendiger (z.B. Wasserversorgungsanlagen), die ohne Hilfe von außerhalb nicht durchführbar sind. Für die Primarschule ergibt sich daraus eine zunehmende Einschränkung von Betätigungen, die der Entwicklung der Gemeinden dienen sollen.

(4) Die Schulen leisten kostenlose Hilfsdienste für die Gemeinden in Form von 'Projekten', die ohne größeren technischen und finanziellen Aufwand machbar sind. Diese 'good-will-Aktionen' beziehen sich überwiegend auf das Reinigen öffentlicher Anlagen und Hygienedemonstrationen, sowie auf die Organisation von Freizeitaktivitäten. Allerdings gaben in zehn Prozent der Schulen der Untersuchung Lehrer an, sich an der Durchführung von Alphabetisierungskursen für Erwachsene zu beteiligen. Diese für die ländliche Entwicklung bedeutsamen Aktivitäten der Schule wurden aber nur in Gemeinden in unzureichend und gut versorgten ländlichen Gebieten berichtet, nicht aber in den besonders benachteiligten Gemeinden.
Entwicklungsprojekte der zuvor beschriebenen Art sind im Curriculum festgeschrieben, ohne daß jedoch die praktische Arbeit in irgendeiner Form mit den theoretischen Aspekten der Schulfächer in Verbindung gebracht wird.

(5) Neben den kostenlosen Leistungen der Schule für die Gemeinde finden sich Dienstleistungen gegen Entgelt, die durch Schüler und Lehrer für einzelne Gemeindebewohner oder -institutionen erbracht werden. Die Schulen verschaffen sich auf diese Art Einnahmen, die für den laufenden Unterhalt oder anläßlich besonderer Ereignisse verwendet werden. Mit dem Gemeindetyp ('Entwicklungszone') variieren auch die Chancen der Schule, solche Auftragsarbeiten zu übernehmen. In der Regel handelt es sich um den Transport landwirtschaftlicher Produkte in entlegenen und isolierten Gemeinden, um Hilfeleistungen bei Erntearbeiten in gut versorgten ländlichen Gemeinden und um Hilfsdienste bei Bauvorhaben in städtischen und stadtnahen Gebieten. Auch diese außerschulischen Aktivitäten werden nicht für den Unterricht genutzt. In zahlreichen Fällen mußte festgestellt werden, daß diese geldbringenden Aktivitäten derart ausgeweitet worden waren, daß der reguläre Unterrichtsbetrieb beeinträchtigt wurde.

(6) Die Nutzung der schulischen Einrichtungen durch die Gemeinden für außerschulische Zwecke ist sehr begrenzt. Außer Klassenräumen und einem Sportplatz fehlt es an Anlagen, die für Jugendliche und Erwachsene von Interesse sein könnten. In einem Viertel der Schulen werden Klassenräume für kirchliche Veranstaltungen (Gottesdienste, Chorproben, religiöse Unterweisungen) benutzt. Noch geringer ist die Nutzung der Klassenräume für allgemeine Gemeindeversammlungen, da hierfür meist andere Versammlungsstätten - oft traditioneller Art - in den Gemeinden bestehen.

Lehrer nutzen die Räumlichkeiten der Schule außerhalb der Schulstunden überwiegend für weitere schulische Zwecke: Entweder für zusätzlichen Unterricht der Abschlußklasse(n) als Vorbereitung auf die Examen, in Ausnahmefällen für Kurse zur Alphabetisierung oder Sprachkurse in Französisch für Erwachsene.

(7) Landwirtschaftlicher Unterricht zählt zum festen Bestandteil des Curriculums der Primarschulen. Die praktischen Arbeiten werden auf den zur Schule gehörenden Feldern (Schulfarm) durchgeführt. Die Examensrelevanz des Fachs ist jedoch gering, da nur einige Fragen allgemeiner Art im schriftlichen Abschlußexamen der Primarschule gestellt werden; für die Aufnahme zur Sekundarschule haben Kenntnisse in Landwirtschaft keine Bedeutung.
In seiner derzeitigen Form trägt die Beschäftigung mit landwirtschaftlichen Fragen in der Schule wenig zur Entwicklung der Gemeinden bei. Die Schulfarmen spiegeln meist die lokalen Verhältnisse wieder, ohne daß sie Verbesserungsmöglichkeiten oder Innovationen für die Gemeinde aufzeigen. Schulen in abgelegenen Gebieten passen sich dem niedrigen Niveau der Bodenbearbeitung ebenso␣␣an wie Schulen in gutversorgten ländlichen Gemeinden den ertragssteigernden Methoden, die in diesen Gebieten angewendet werden. Die Möglichkeiten, über die Schulfarmarbeit landwirtschaftliche Neuerungen zu demonstrieren bzw. interessierte Bauern zu beraten, werden nicht genutzt. Fehlende Auswirkung wird nicht durch eine interne Effizienz ausgeglichen. Zwischen dem theoretischen Unterrichtsstoff und den praktischen Arbeiten auf dem Felde besteht weder inhaltlich noch methodisch eine Verbindung.

(8) Elemente lokaler Kultur finden sich in vielfältigen Aktivitäten der Schule. Von wenigen Ausnahmen abgesehen sind sie nicht in das Gemeindeleben einbezogen, sie finden meist nebenher oder isoliert von kulturellen Ereignissen auf Gemeindeebene statt.
Die Beschäftigung mit lokaler Kultur in der Schule dient nicht einer kritischen Auseinandersetzung mit den überlieferten Verhaltensweisen und Ausdrucksformen verschiedener Kulturgruppen, sondern wird vom Lehrer vorwiegend als Initiationshilfe für den Schüler bei der Einschulung eingesetzt, um den Übergang zur Schule zu erleichtern. Nach den ersten Schuljahren äußert sich der kulturelle Bezug meist nur noch im Einüben traditioneller Tänze und Lieder, oft im Sportunterricht aus Mangel an sinnvoller sportlicher Betätigung.

Aktivitäten der Schulen in den anglophonen Provinzen Kameruns, die in ihrer ursprünglichen Konzeption zur Verbesserung lokaler Verhältnisse beitragen sollten, haben sich im Verlauf der Jahrzehnte überwiegend zu beziehungslosen Routineaufgaben entwickelt, die zwar von allen Beteiligten als zur Aufgabe der Schule gehörend angesehen werden, aber inhaltslos geworden sind. Die Art und der Umfang der Gemeindeorientierung der Primarschule wird dabei von den Lehrern bestimmt. Die Gemeindemitglieder sind zu Statisten geworden bzw. zeigen wenig Verständnis und Interesse für die sogenannten erweiterten Aufgaben der Schule.

Die Gemeindeorientierung der Schule, die sich in einer gewünschten und sinnvollen Zusammenarbeit zwischen ihr und der Gemeinde äußert, läßt sich in Ansätzen in den vollständigen Primarschulen in der Nordwestprovinz Kameruns nachweisen, wenn es sich um Gemeinden handelt, die in einem infrastrukturell gut versorgten ländlichen Gebiet liegen. Auch in diesen

Fällen dominiert zwar das Interesse der Eltern an den Examenserfolgen ihrer Kinder, es gibt aber auch eine Reihe von Beziehungen und Aktivitäten außerhalb der Schule, die der Gemeinde zugute kommen, ohne daß es sich um anspruchsvolle Entwicklungsprojekte handelt. Die intensivere Zusammenarbeit zwischen Schule und Gemeinde erklärt sich teilweise aus einem historischen Nachholbedarf an formaler Schulausbildung in der Nordwestprovinz, die erst wesentlich später als die Südwestprovinz mit Schulen versorgt wurde. Mit wachsenden wirtschaftlichen Möglichkeiten gewann auch hier die Schule an Bedeutung. Die Nachfrage nach Schulplätzen stieg und die Eltern bemühten sich, durch gemeinschaftliche Anstrengungen den Schulbetrieb zu ermöglichen. Die Schule wird jedoch nicht von den Eltern unterstützt, weil sie für die Entwicklung ihrer Gemeinde einen bescheidenen Beitrag leistet, sondern weil sie die Fortbildung und den gesellschaftlichen Aufstieg der Kinder sicherstellen soll.

Für die Übernahme von sinnvolleren Aufgaben der Gemeinwesenentwicklung durch die Schule und einen stärker auf lokale Probleme bezogenen Unterricht sind die Lehrer nicht ausgebildet, nicht motiviert und in ihrem derzeitigen Rollenverständnis verunsichert. Gemeinden in isolierten und entlegenen ländlichen Gebieten z.B. finden kaum Lehrkräfte für ihre Schulen, so daß selbst die Kernaufgaben nicht mehr wahrgenommen werden. Reformen im Schulbereich, die mit Mehrbelastungen für die Lehrer verbunden sind, müssen daher mit dem Widerstand der Lehrerschaft rechnen, so lange nicht Lösungen für deren persönliche und berufliche Probleme gefunden sind.

Die Gemeindeorientierung der Primarschulen in Schwarzafrika mit dem Anspruch, Gemeinden Hilfe zur Selbsthilfe zu geben, ist bisher nur in begrenzten Ansätzen über einen kürzeren Zeitraum hinweg mit hohem Aufwand verwirklicht worden 7). In größerem Umfang, auf regionale oder nationale Gebiete bezogen, kann sie nicht als Alternative zum Abbau regionaler Ungleichgewichte durch gesellschaftliche und wirtschaftliche Reformen gesehen werden.

Der Ansatz der Gemeindeorientierung kann jedoch benutzt werden, um in der Schule durch eine entsprechende Beschäftigung mit lokalen Problemen Ursachen und Auswirkungen regionaler Benachteiligungen zu untersuchen. Mit Hilfe von Gemeindegeschichten aus beiden anglophonen Provinzen konnte gezeigt werden, wie entwicklungsrelevante Themen im Unterricht aufgegriffen und als Anregung für die Erkundung der Situation in der Schulgemeinde genutzt werden können. Der Einsatz der Gemeindegeschichten kann innerhalb der bestehenden Fächer erfolgen, insbesondere in Geschichte, Geographie, Sachkunde und Landwirtschaft, da Themen behandelt werden, die vereinzelt auch in diesen Fächern auf dem Lehrplan stehen, ohne jedoch für eine aktive Beschäftigung mit der sozio-ökonomischen Wirklichkeit der eigenen Umwelt genutzt zu werden. Die Behandlung von Themen im Unterricht der Primarschule, die einen sinnvollen Bezug zur erfahrbaren Umwelt der Schüler haben und auf Ernstsituationen des Erwachsenenlebens vorbereiten, sind ein erster Schritt zu einer aktiveren Teilnahme und Gestaltung der sich vollziehenden sozio-ökonomischen Veränderungen. Die Sensibilisierung für ungleichgewichtige Entwicklungen innerhalb des Landes kann zu Aktivitäten führen, die gemeinsam von der Schule und den Gemeindebewohnern getragen werden. Die Schule steht aber nicht unter dem Zwang, sogenannte 'Entwicklungsprojekte' durchführen zu müssen, für die auf Seiten der Gemeinde gar kein Bedarf oder Interesse besteht. Jedoch läßt sich auch dieser Ansatz einer Gemeindeorientierung der Schule nur in die Praxis umsetzen, wenn die Lehrer mit dem Konzept und der Anwendung im Unterricht vertraut gemacht werden.

Der hier beschriebene Minimalansatz einer Gemeindeorientierung der Schule kann als Beginn einer stufenweisen größeren Mitwirkung und Mitbestimmung der Gemeindebewohner in Erziehungsfragen gesehen werden, um der Bevölkerung eine Chance zu geben, eigene Vorstellungen und Ansprüche hinsichtlich sozialer Wandlungsprozesse gegenüber den 'Experten' der Institutionen zu vertreten. Die Förderung von kritischem Bewußtsein durch die Schule kann aber nur unter politischen Verhältnissen ermöglicht werden, die versuchen, wirtschaftliche und soziale Ungerechtigkeiten abzubauen. Hierzu gehören u.a. der Abbau von gesellschaftlichen Privilegien bestimmter Gruppen, Stärkung oder Schaffung von Institutionen der Selbstverwaltung regionaler und lokaler Art, Beseitigung regionaler Benachteiligungen, Grundvertrauen in die politische Loyalität der Gemeinden zum Nationalstaat. Die politischen Voraussetzungen zur konsequenten Durchführung von Teilen oder der Gesamtheit des Konzepts der Gemeindeorientierung in den Schulen Schwarzafrikas ist aber in den meisten Staaten kaum gegeben, da die Eliten dieser Länder eine kritische, relevante Erziehung für die Mehrheit der Bevölkerung ablehnen. Die Reformunfähigkeit der Führungsschichten in diesen Ländern ist in der Furcht vor grundlegenden gesellschaftlichen Veränderungen begründet, zu denen eine gemeindeorientierte Erziehung beitragen könnte:

"But in the African situation those who complain so bitterly about irrelevance are often the very ones who are capable of making education more relevant, and yet do nothing ... a relevant education could be far too relevant for the vested interests of the élite in power. A relevant education is one that generates critical consciousness ... But how many of the ruling élite would be comfortable with a critically conscious peasantry, and how many teachers with a body of educands who are developing critical consciousness?"8).

Aspekte der Gemeindeorientierung haben daher oft nur Eingang in Scheinreformen oder Einzelprojekten gefunden 9). Sie können keinen Ersatz für fehlende gesamtgesellschaftliche Reformen darstellen. Die Möglichkeiten der Primarschule zur Entwicklung der ländlichen Gebiete Schwarzafrikas beizutragen, werden erst im Rahmen solcher notwendigen Gesamtreformen deutlich, wenn die politischen Voraussetzungen für eine selbstbestimmte und selbsttragende Entwicklung der ländlichen Gemeinden geschaffen werden.

Reformkonzepte für die Bildungssysteme der Länder der Armen Welt, die Lösungen der sozio-ökonomischen Probleme durch oder mit Hilfe der Schule versprechen, sind daher kritischer als bisher auf ihre langfristigen Realisierungsmöglichkeiten unter gegebenen gesellschaftlichen Bedingungen, insbesondere den Erwartungen der Eltern an die Schule, zu untersuchen. Die ablehnende Skepsis der Afrikaner gegenüber stets neuen Rollenbestimmungen für die Primarschule unter sich wandelnden ideologischen Begründungen sollte auch den Bildungsplanern und Curriculumfachleuten Grund genug für kritischere Analysen sein.

"New concepts come and go - community education, functional literacy, basic education, nonformal education etcetera - but rhetoric inevitably outstrips reality and implementation lags behind intention. One learns after a while to become a little skeptical of all instant cures and solutions to this deeply intractable problem of relevance, which has its roots in the naive but commonly held belief that we can transform society by transforming its schools"10).

APPENDIX 1

Faktoranalyse im Rahmen der Einteilung der Gemeinden der anglophonen Provinzen Kameruns nach Zonen unterschiedlicher infrastruktureller Erschlossenheit

Die Entwicklungsmöglichkeiten einer beliebigen Gemeinde in den anglophonen Provinzen Kameruns, d. h. in der Südwest- und Nordwestprovinz des Landes, hängen nicht nur von ihren am Ort vorhandenen Ressourcen ab, wie z. B. der Bodenqualität für die landwirtschaftliche Nutzung und dem Wissen, wie und was unter den gegebenen Bedingungen am erfolgreichsten angebaut werden kann, sondern wird auch davon bestimmt, unter welchen Bedingungen vorhandene Ressourcen erschlossen werden können. Hiermit verbunden ist wiederum die Möglichkeit einer Gemeinde, Zugang zu anderen Dienstleistungen zu besitzen. Dieser Zugriff auf Dienstleistungen, die in der Regel mit zunehmendem Grad der Kompliziertheit und Zahl der Klienten meist zentraler Natur sind, wird weitgehend von der räumlich-geographischen Lage einer Gemeinde bestimmt. Um sich ein Bild von der Situation in den Gemeinden machen zu können, wurden solche Variablen gemessen, für die mit geringem Aufwand Daten zu erhalten waren und die den Zugang einer Gemeinde zu Dienstleistungen, die die Grundbedürfnisse ländlicher Bewohner widerspiegeln, deutlich machen. Für jede Gemeinde der Stichprobe wurden folgende Variable gemessen:

* Erreichbarkeit mit einem Kraftfahrzeug (Ja - Nein);
* Verkehrsmäßige Erschließung (ACCESS = Type of access to community);
* Gesundheitsmäßige Versorgung:
  ** Entfernung zum nächsten Krankenhaus (DHOSP = Distance from hospital);
  ** Entfernung zur nächstgelegenen Kranken-/Entbindungsstation (DDIS = Distance from dispensary, maternity);
* Entfernung zum nächstgelegenen Lager bzw. Aufkaufstelle einer landwirtschaftlichen Genossenschaft (DCOOP = Distance from marketing coop);
* Entfernung zum Sitz der Unterbezirks- oder Bezirksverwaltung (DDO = Distance from D.O.S. office);
* Entfernung zur Provinzhauptstadt (TAXI = Taxifare to provincial capital).

Die folgende Tabelle gibt die Beziehungen dieser Variablen untereinander wieder:

CORRELATION COEFFICIENTS...   Anzahl: 79 Gemeinden/Schulen

	ACCESS	TAXI	DDO	DDIS	DHOSP	DCOOP
ACCESS	1.00000	0.42743	0.53625	0.45377	0.39252	0.58967
TAXI	0.42743	1.00000	0.47353	0.27886	0.32183	0.31698
DDO	0.53625	0.47353	1.00000	0.57824	0.48187	0.57933
DDIS	0.45377	0.27886	0.57824	1.00000	0.27176	0.65051
DHOSP	0.39252	0.32183	0.48187	0.27176	1.00000	0.28860
DCOOP	0.58967	0.31698	0.57933	0.65051	0.28860	1.00000

Wie aus den Korrelationskoeffizienten zu erkennen ist, korrelieren die Variablen zwar hoch untereinander, jedoch nicht in solch hohem Maße, daß e i n e von ihnen stellvertretend für alle übrigen hätte stehen können. Andererseits war es wenig praktisch, die weitere Analyse mit allen Variablen durchzuführen. Die Höhe der Korrelationskoeffizienten zwischen den Variablen ließ aber vermuten, daß sie Indikatoren für übergeordnete Variablen waren, was zu einer Reduzierung der Anzahl der Variablen führen konnte. Um dies zu überprüfen, wurden die benutzten Variablen, die den Entwicklungsstand einer Gemeinde anzeigten, einer Faktoranalyse unterzogen.

Der Einsatz der Faktoranalyse in diesem Zusammenhang läßt sich wie folgt begründen:

(1) Bekanntlich setzt die Faktoranalyse folgende Beziehungen zwischen den gemessenen Variablen und den übergeordneten Variablen (Faktoren) voraus:

übergeordnete Variable (FAKTOR)

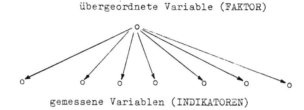

gemessene Variablen (INDIKATOREN)

Die Korrelationen zwischen den gemessenen Variablen sind Scheinkorrelationen. Sie erklären sich daraus, daß jeder Indikator mit dem Faktor korreliert. Die Indikatoren sind nicht direkt kausal miteinander verbunden. Dies ist in unserem Fall in recht guter Annäherung gegeben:

Die Erreichbarkeit einer Gemeinde mit einem Kraftfahrzeug ist nicht die Ursache für seine kilometermäßige Entfernung zum nächsten Krankenhaus, zur Aufkaufstelle der landwirtschaftlichen Genossenschaft oder zur Bezirks- bzw. Provinzhauptstadt. Ebenso ist die motorisierte Erreichbarkeit eines Ortes nicht die Ursache für die Höhe der Taxikosten bis zur Bezirks- oder Provinzverwaltung. Die Entfernung zum Krankenhaus wiederum ist nicht die Ursache für die Entfernung zur Vermarktungsstelle für Agrarprodukte, usw.

(2) Die Indikatoren entsprachen den formalen Anforderungen der Faktoranalyse, d.h. sie waren Intervalskalen mit Ausnahme der Erreichbarkeit einer Gemeinde mit einem Kraftfahrzeug, die dichotomisiert war und somit ebenfalls einbezogen werden konnte.

In unserem Fall brachte die Faktoranalyse für die einzelnen Variablen folgende Faktorladungen (factor loadings):

Variable	Faktorladung
ACCESS	-0.72231
TAXI	-0.51702
DDO	-0.81856
DDIS	-0.68951
DHOSP	-0.49819
DCOOP	-0.75883

Die erklärte Varianz des Hauptfaktors betrug 100.0 %, so daß eine Rotation sinnlos wurde.

Die Variablen mit den höchsten Faktorladungen, nämlich:
* Entfernung zum Sitz der Unterbezirks-/Bezirksverwaltung (DDO),
* Entfernung zum Genossenschaftslager (DCOOP),
* Verkehrsmäßige Erschließung (ACCESS),
* Entfernung zur Kranken-/Entbindungsstation (DDIS)

beziehen sich alle auf die Möglichkeiten des Zugangs zu Diensten, die der Befriedigung der Grundbedürfnisse ländlicher Regionen dienen. Der Hauptfaktor wurde folglich ZUGANG ZU ZENTRALEN DIENSTLEISTUNGEN bzw. INFRASTRUKTURELLE ERSCHLIESSUNG genannt. Es lag nahe, einen entsprechenden Index zu bilden, der die ursprünglichen Indikatoren ersetzte.

Der Hauptfaktor INFRASTRUKTURELLE ERSCHLIESSUNG zeigte folgende Faktorgewichte (factor weights/factor score coefficients), die zur Indexberechnung herangezogen wurden:

Variable	Faktorkoeffizient
ACCESS	-0.23047
TAXI	-0.09136
DDO	-0.37668
DDIS	-0.15657
DHOSP	-0.08205
DCOOP	-0.25021

Mit Hilfe dieser Gewichtungen ließ sich eine intervallskalierte Variable bilden, die für eine Reihe von Analysevorgängen in eine ordinal skalierte Variable mit sechs Untergruppen umgeformt wurde. Diese sechs Untergruppen bilden die sogenannten ENTWICKLUNGSZONEN. Sie wurden unter Berücksichtigung der Häufigkeitsverteilung des Indexes gebildet, jedoch ist die Abgrenzung zwischen den Zonen in Einzelfällen ebenso willkürlich wie die Zahl der gebildeten Zonen.

Eine wesentlich größere Stichprobe hätte eventuell die Bildung von weiteren Zonen erfordert. Auf der anderen Seite erwies sich im Verlauf der Untersuchung, daß eine Zusammenfassung zu drei bis vier Zonen sich in bestimmten Bereichen als günstiger erwies (so z.B. bei der Entwicklung umweltorientierter Unterrichtsmaterialien).

Wichtig ist in diesem Zusammenhang, daß die weithin übliche Gegenüberstellung von städtischen und ländlichen Zonen den tatsächlichen Unterschied im Grad der Erschließung einer Gemeinde in keiner Weise gerecht wird. Erst mit der von uns benutzten Einteilung in Entwicklungszonen und der Zuordnung der Stichprobengemeinden und -schulen zu diesen Kategorien wird eine differenzierte Aussage über entwicklungspolitische Phänomene möglich.

APPENDIX 2

Armutsorientierte Selbsthilfeprojekte und ungleichgewichtige regionale Entwicklung: Das Beispiel der Projekte der Trinkwasserversorgung in der Südwest- und Nordwestprovinz Kameruns.

Die Schwierigkeiten, ungleichgewichtige Entwicklungen abzubauen, zeigen sich auch am Beispiel der Selbsthilfeprojekte in den anglophonen Provinzen Kameruns. Projekte der Gemeinwesenentwicklung (Community Development) werden in diesen Provinzen Kameruns seit ungefähr fünfzehn Jahren durchgeführt, wobei die zuständige kameruner Behörde seit Jahren durch eine private schweizerische Entwicklungshilfeorganisation mit technischem Beratungspersonal unterstützt wird. Dieses Aufbauwerk für Entwicklungsländer, HELVETAS, in Kamerun unter der Bezeichnung SATA (Swiss Association for Technical Assistance) bekannt, arbeitet eng mit dem Community Development Department zusammen. Schwerpunktbereiche sind Wasserbau- und Straßenprojekte in Zusammenarbeit mit lokalen Selbsthilfegruppen.

Die Notwendigkeit einer ausreichenden Versorgung weiter Bevölkerungskreise in den ländlichen Gebieten mit sauberem Wasser, wie sie in den Wünschen der befragten Gemeinden zum Ausdruck kommt, versucht die Behörde für die Entwicklung der ländlichen Gemeinden (Community Development Department) durch die Förderung der Einrichtung von Anlagen zur Trinkwasserversorgung, Rechnung zu tragen. Bei diesen Vorhaben übernehmen die Gemeinden einen Teil der Kosten und stellen die erforderlichen Arbeitskräfte; die restlichen Mittel werden aus dem staatlichen Budget und aus Entwicklungshilfegeldern bestritten. Dabei ist im Verlauf der vergangenen Jahre der Anteil der Gemeinden an den Projektkosten einschließlich der lokalen Arbeitsleistungen von 29 % der Gesamtkosten bei Projekten, die bis 1971 fertiggestellt wurden, auf 13 % der laufenden Projekte zurückgegangen 1). Das Defizit teilen sich die schweizerische Entwicklungshilfeorganisation Helvetas, deren Anteil an diesem Fehlbetrag von 65 % im Jahre 1971 auf 77 % im Jahre 1978 anstieg, und die kameruner Regierung, deren Finanzierungsleistung entsprechend abnahm 2).

Um festzustellen, welchen Gemeinden diese Wasserversorgungsanlagen zugute kommen bzw. kamen, haben wir die bisherigen Projekte den verschiedenen Gemeindetypen unseres Zonierungsansatzes zugeordnet. Innerhalb eines Gemeindetyps wurde dabei jeweils nach der Provinz (Nordwest und Südwest) sowie nach dem Zeitpunkt der Fertigstellung (bis 1971 und bis 1978) unterschieden. Zusätzlich wurden die noch im Bau befindlichen Projekte mit berücksichtigt, um zukünftige Trends abschätzen zu können.

Ausgehend vom Selbstverständnis des wichtigsten Partners bei diesen Projekten, der schweizerischen Entwicklungshilfegesellschaft HELVETAS, soll durch den gemeinschaftlichen Bau dieser Anlagen zur Trinkwasserversorgung die Benachteiligung der Bevölkerungsschichten auf dem Lande abgebaut werden 3). Von daher wäre zu erwarten, daß die Mehrzahl der Vorhaben sich in den Gemeinden des Types 1 - 4 befinden, die am stärksten unter dem Fehlen ausreichender Infrastruktur zu leiden haben. Genau das Gegenteil ist jedoch der Fall. Wie die folgende Tabelle zeigt, entfielen von den bis 1971 fertig gestellten Projekten 55 % auf gut versorgte ländliche Gemeinden bzw. Gemeinden in stadtnahen oder städtischen Gebieten. Während die marginalen ländlichen Gemeinden im Vergleich zu den unzureichend versorgten immerhin noch doppelt so viele Wasserversorgungsprojekte durchführten und damit mit den Gemeinden in gutversorgten ländlichen Gebieten gleichzogen, wurden in den isolierten und entlegenen Gemeinden überhaupt keine Projekte durchgeführt. An der völligen Vernachlässigung von Gemeinden diese Typs hat sich auch bis heute nichts geändert! Selbst der Anteil der marginalen ländlichen Gemeinden an der Gesamtzahl der Projekte ist im Verlauf der Jahre von 30.0 % auf 25.0 % zurückgegangen. Regional betrachtet hat sich das Gewicht der Aktivitäten von den früher wirtschaftlich erschlossenen Gebieten in der Südwestprovinz eindeutig auf die Nordwestprovinz verlagert, was u.a. auch Ausdruck der gewachsenen wirtschaftlichen Bedeutung dieser Region ist (Nahrungsmittelanbau, Kaffee, Viehzucht).

Tabelle: Wasserversorgungsprojekte im Rahmen der Gemeindeentwicklungsarbeit (Community Development) in den anglophonen Provinzen Kameruns nach Gemeindetyp und Region

GEMEINDETYP	Projekte fertiggestellt bis 1971			Projekte fertiggestellt bis 1978				Projekte im Bau			
	Südwest Provinz	Nordwest Provinz	ins-ges.	v.H.	Südwest Provinz	Nordwest Provinz	ins-ges.	v.H.	Südwest Provinz	Nordwest Provinz	ins-ges.	v.H.
(1) Isolierte ländliche Gemeinden	-	-	-	-	1	-	1	7.6	-	-	-	-
(2) Entlegene ländliche Gemeinden	-	-	-	-	-	-	-	-	-	-	-	-
(3) Marginale ländliche Gemeinden	3	3	6	30.0	2	3	5	26.4	2	2	4	25.0
(4) Unzureichend versorgte ländliche Gemeinden	2	1	3	15.0	1	4	5	26.4	2	4	6	37.5
(5) Gut versorgte ländliche Gemeinden	4	2	6	30.0	1	4	5	26.4	1	2	3	18.8
(6) Gemeinden in städtischen und stadtnahen Gebieten	4	1	5	25.0	1	2	3	13.2	1	2	3	18.8
INSGESAMT:	13	7	20	100.0	6	13	19	100.0	6	10	16	100.1

Quelle: Angaben über die Projekte in Müller, H.-P., Die Helvetas-Wasserversorgung in Kamerun. Eine ethnologische Evaluation. Zürich. Februar 1978. Seite 5 des englischsprachigen Teils.

Seit 1971 haben sich die Wasserversorgungsprojekte in den unzureichend versorgten ländlichen Gemeinden fast vervierfacht, so daß ihr Anteil von früher 15.0 % über 26.4 % in 1978 auf heute 37.5 % anwachsen konnte. Aber selbst in den unzureichend versorgten ländlichen Gebieten fällt die Wahl für die Durchführung eines Projektes auf die überdurchschnittlich großen Orte 4).

Infolge der zukünftigen Wasserversorgung werden diese Orte wiederum überdurchschnittlich weiter wachsen und weitere administrative und private Dienste nachziehen, da sie mit besser ausgerüsteter Infrastruktur stärker in den nationalen Wirtschaftskreislauf einbezogen werden. Ebenso wie in der traditionellen Gesellschaft bemißt sich auch heute noch die Bedeutung einer Gemeinde nach der Zahl der Einwohner. Von daher wird verständlich, warum die beiden häufigst genannten Verbesserungsvorschläge zur Situation in den Gemeinden eng mit dem Wachstum bzw. dem Erhalt der Bevölkerung in den Dörfern und Orten verknüpft waren, wobei sich zusätzlich aus dem Gewicht einer größeren Einwohnerzahl Ansprüche und Forderungen gegenüber dem Staat rechtfertigen lassen. Bei der Entscheidung über staatliche Infrastrukturinvestitionen wird eine größere Gemeinde eher den Zuschlag erhalten als eine kleinere. "Eine Wasserversorgung beeinflußt nur in erster Linie diesen demographischen Faktor (Zahl der Einwohner), denn sie fördert die Zuwanderung fremder und die Rückwanderung einheimischer Bevölkerungsteile, ganz abgesehen von den Effekten aus reduzierter Kindersterblichkeit" 5).

Damit wird aber ein Selbsthilfeprojekt der Wasserversorgung immer mehr zu einem Mittel lokaler bzw. regionaler Politik. Diejenigen Gemeinden, die wirtschaftliche Möglichkeiten oder Aussichten auf zukünftige Entwicklungen bieten und über einflußreiche Leute in staatlichen Positionen verfügen, haben eher eine Chance, berücksichtigt zu werden, als kleinere Gemeinden in abgelegenen Gebieten, die wirtschaftlich uninteressant sind und denen es an Fürsprechern in staatlichen Positionen mangelt. Hans-Peter Müller kommt in seiner ethnologischen Evaluation der Wasserversorgungsprojekte zu dem Schluß, daß die Verwirklichung eines Projektes der Trinkwasserversorgung in einer Gemeinde im heutigen Kamerun nicht nur auf den "kolonialüberformten Herrschaftsstrukturen" beruhe, sondern diese auch verstärke 6). Die Tatsache des gemeinschaftlichen Arbeitens für ein solches Projekt ändere nichts daran, daß die bereits privilegierten Männer den größten Profit aus der Verbesserung der Lebensverhältnisse zögen 7).

Die Aussicht auf eine Verbesserung der Lebensbedingungen in den ländlichen Gemeinden wird zunächst vom Gemeindetyp bestimmt, wobei der Abstand zwischen den isolierten und entlegenen Gemeinden hinsichtlich der Befriedigung von Grundbedürfnissen zu den übrigen Gemeindetypen mit jeder Maßnahme in den bisher noch unzureichend versorgten Gemeinden wächst, so lange sie selber keine Hoffnungen haben können, im nationalen Kontext Unterstützung für ihre Probleme zu finden. Am Beispiel der Wasserversorgungsprojekte in den anglophonen Provinzen Kameruns wird deutlich, daß derartige Verbesserungen dort vorrangig durchgeführt bzw. unterstützt werden, wo eine bestimmte Bevölkerungskonzentration und/oder ein nationales Interesse vorliegt, ein wirtschaftlich wichtiges Gebiet verwaltungsmäßig zu erschließen und stärker in den staatlichen Verband zu integrieren.

Selbsthilfeprojekte wie die Projekte der Trinkwasserversorgung sind nicht mehr im Rahmen lokaler Mittel und lokalen Wissens zu erstellen. Sie erfordern Expertenwissen und Finanzmittel, die die Leistungsfähigkeit örtlicher Gemeinden übersteigen. Andererseits zeigt die große Zahl traditioneller Selbsthilfeprojekte und die Mitarbeit der Gemeinden bei den Trinkwasserprojekten, daß Gemeinschaftsarbeiten unter örtlichen Bedingungen und für lokale Notwendigkeiten eine lange Tradition haben, die nicht erst von der Schule angeregt werden müssen.

Anmerkungen

1) Vgl. Müller, H.-P., Die Helvetas-Wasserversorgung in Kamerun. Eine ethnologische Evaluation. Zürich. Februar 1978. Tabelle 6, S. 13 und 14 des englischsprachigen Teils.
2) Vgl. ebenda, S. 56 des deutschsprachigen Teils.
3) Vgl. ebenda, S. 13, deutscher Teil.
4) Vgl. ebenda, S. 57, deutscher Teil.
5) ebenda, S. 29.
6) Vgl. ebenda, S. 30.
7) Vgl. ebenda, S. 31.

- 264 -

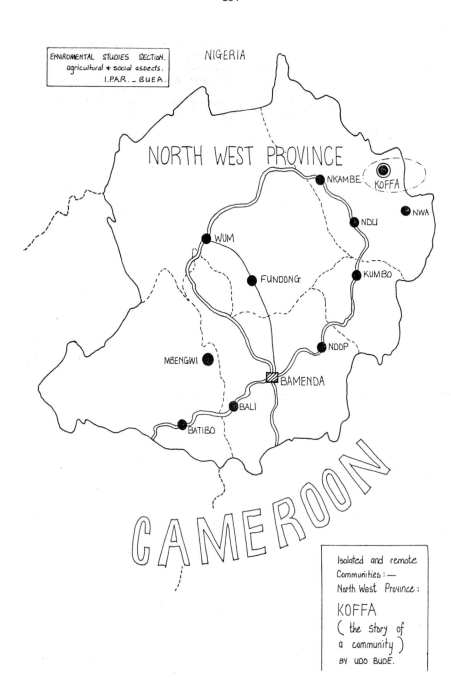

APPENDIX 3

K O F F A - The Story of a Community

A Remote Place

It takes you a full day's trekking from the tea plantations of the high plateau area of Ndu in Donga-Mantung Division before you reach the valley where our place, KOFFA is situated. Climbing up and down doesn't make the trek easy, especially when the villagers carry tins of palm oil, bags of coffee, or any other food crops to the surrounding markets. All the way from KOFFA to the ring road, the main road of communication with the divisional capital in Nkambe and the provincial capital Bamenda, you have to climb up, up, and up again. The next motorable track is much nearer.

A footpath connects KOFFA and the main road. It takes about three quarters of an hour's trekking to reach this road where, with luck you may find some kind of transport. But hardly any vehicles pass by except when it is market day in the nearby village of Kom. When we have to see the District officer in Nwa or when somebody has to go to the dispensary in Mbem for treatment, there is no hope of finding transport, we just have to trek the ten hours before we arrive at these places.

Cash Crops: Coffee and Oil

KOFFA is said to be the oldest settlement in the Mfunte area. Nearly everyone of the 500 people living here is involved in agriculture. Even those villagers who are specialised in certain crafts still have their farms. The men work in their coffee farms or oil palm plantations, some tap palm wine in addition. The coffee farms do not bring high yields. Farmers do not look after their coffee trees very well. Most of them harvest three to five bags of coffee only. Selling is done in Mbiye at the big co-operative store near Ndu. But as you know, the people of KOFFA have to carry every bag of coffee on their heads to the co-operative store. That may be the reason why they are not very interested in improving their farms. The farmers either have to carry the harvested coffee themselves or employ carriers to do the job. The carriers know that it is a tiring job and demand for their labour 500 to 600 CFA for one bag of coffee. Thus in the end their is not much left in the farmer's pocket.

The oil palms bring in cash too. The nuts are processed in KOFFA itself. The villagers have developed a method of oil extraction that is supposed to be particular to the area. After boiling the nuts in big metal drums the liquid consisting of water and boiled nuts is poured into large wooden drums where it is pounded with a pestle. These huge drums are about three meters long and seventy cm high. Local craftsmen carve them in a very skilful way. People here think that this method of oil extraction is more hygienic than the stone pit method that is applied in other areas. On average a farmer in KOFFA produces 5 to 10 tins of good palm oil per year and sells it in the surrounding markets. The women process the kernels of the oil palm. They crack them and produce the black 'manyanga' oil, that is sold as well at a good price. The division of labour in agriculture between men and women is still very rigid. Whereas the men are engaged in cash-crop farming, the women farm food crops like cassava, yams, cocoyams, maize, etc. to feed their families.

Plans to Build a Motorable Road

The village is ruled by a chief and his councillors who settle minor disputes and try to organise the people for common projects in order to improve the living conditions. A council hall was built recently, and for the government school the villagers pooled their resources and put up several new classrooms. But there are still many things lacking in KOFFA.

Thus further projects have been started, especially the work on a motorable road to connect the village with the world outside and to help transport the agricultural produce. Digging a road that cars could use is a formidable task and requires not only manpower but also technical know-how and equipment. In KOFFA there were enough able-bodied men who were ready to participate in the work for the road. However, technical advice was lacking.

The chief and some well respected villagers tried to solve the problem and went to Nwa to see the District Officer about the matter. Now the Community Development Department has promised to send some experts who can assist the villagers in surveying the road and carrying out the work properly, and even ease the job with the help of road construction machines.

Traditional Culture

If you walk around the village you can see that the traditional culture is still alive. Houses with thick mud walls are nicely decorated, but more and more they are being replaced by buildings made from blocks. Behind the meeting house of the Mfu society you find a collection of large rocks marking the boundary of an area the size of a handball field. They are arranged in the form of a circle with a huge mansized rock standing up in the middle. During traditional celebrations the chief of KOFFA sits here in state and performs his duties.

How Useful is Primary Education?

During dry season in February and March the men and the older boys go out hunting. In general it is the time of traditional festivities and dancing events. Around that time of the year only a few parents continue to send their children to school. Most of the children join their parents in the traditional activities of hunting and dancing, very much to the disappointment of the teachers who feel that their efforts, to educate the children of KOFFA are not appreciated by many villagers.

Some parents even have stopped sending their children to school altogether, and girls especially are kept at home. These parents argue that nowadays there are no jobs for boys or girls after primary school, and sending their children to school is seen as a waste of money.

But such an attitude is very short-sighted and prevents children from becoming literate. Whatever you do after primary school, farming, trading, working as an apprentice with a craftsman, continuing your education, you will find it very useful to be able to read, write, calculate, reason, etc. - because otherwise you will be easily cheated even when selling or buying goods.

The problem of migration

Many young people have left KOFFA or intend to leave the village. They go to the coast or to the western province to find paid work in the big agricultural plantations. Some leave because they want to have a better future and like to escape from the quiet life of a rural community. Others leave just of mere curiosity.

Occasionally they come back home to attend funerals of friends or relatives or take part in festivities. Then it is the time to report about the good fortune - or the misfortune they have experienced abroad. Sometimes, when the young men have saved enough money for the bride price or dowry, they come back to KOFFA to marry a local girl, and later they take their wife back with them.

Mr. Nfunte's life story

We wanted to find out how people from a place like KOFFA manage to make ends meet when they leave their village, what they experience, what jobs they do, etc.. In Victoria, South West Province, we met a man who had left KOFFA about 25 years ago. Mr. A. Nfunte and his family have now been living in this coastal town for a number of years. Three of his children were born here too, and he has started calling them 'coastal Mfunte', because they have never been to KOFFA.

He himself left primary school in 1954, after standard III. In these days you started school with classes 1 and 2, after that you entered standard I. Thus, our friend would have been today in class 5 when he left school. When he had entered school he was about 10 years old, and he was not an exception in his class. Most of his classmates were of his age, because there were only a few schools in every division, and only a strong boy who could trek for long distances attended school. Or you had to be old enough that your parents could send you to relatives who lived in a place with a school. Boys from KOFFA attended primary school in Ndu, for example, because there were no schools nearby.

One year after primary school Mr. A. Nfunte left KOFFA. He wanted to go to the coast to find a paid job. But first he ended up in Nkongsamba where he worked as an agricultural labourer in the coffee plantation of a Bamileke man. But there was only work for him during the peak seasons of agricultural activities, like preparing the farms for planting, clearing, harvesting. He was only paid according to the amount of work done.

Therefore he had to find other jobs outside agriculture during slack times in order to survive. Fortunately he met a friend from his area who had his own barber's shop, and he became his apprentice. He saved a little money, bought some coffee tree seedlings from the plantations, and went home in 1960.

Back in KOFFA he started his own farm as a coffee farmer. But he did not do very well, since most of the seedlings he had bought did not start producing.

In 1963 he left his village again and found work as a labourer with the Cameroon Development Corporation (CDC) in Ekona, South West Province. Two years later he married a girl from his village and took her to Ekona where they lived in the CDC camp.

Suddenly Mr. Nfunte fell very ill. He saw several doctors and herbalists, but none of them could help him. Finally he discovered that one of his 'countryman' in the camp had bewitched him. He was told that he could not be cured unless he went home to KOFFA. So the whole family left the camp and went to KOFFA. While Mr. Nfunte was undergoing treatment from a well-known local doctor, his father died. A year after the death celebrations they left the place for good.

They settled in Victoria and Mr. Nfunte struggled to find employment. He worked successively in a factory at Ombe, for an Ibo contractor, and for the Public Works Department. In each job he only stayed for a short time and saved money to open a barber's shop, because he liked this trade and wanted to set up his own business.

In 1970 finally he started his business as a barber on the verandah of a house in New Town, Victoria, where he and his family had rented a room as well. For the room and the right to carry out his business he has to pay the landlord CFA 2.000. His trade does not bring him a lot of money, but Mr. Nfunte is proud that he has managed to open his own barber's shop.

He still has contacts with his home village. And even in Victoria he has found other people from his area. They have founded an association in order to help each other, they come together in their leisure times, dance modern and traditional dances, and keep in contact with their communities in Donga-Mantung Division.

Future Prospects: Rice Farming in the Kom Valley

Today people still leave KOFFA and look for opportunities abroad. However, during recent years some families have gone to the valley of Kom to start rice farming. Rice is very much in demand and yields high prices. The farms of these people are only half a day's journey away from KOFFA. Government appreciates the farmers' efforts and has sent an agricultural extention officer into the rice growing area to advise the farmers and help them to get the equipment necessary for rice farming. As more and more people take up rice farming it is hoped that a rice-huller will be installed and a co-operative store opened.

PUPIL'S ESSAY

In the following essay a boy from KOFFA reports about his community:

My home is a small village in Donga-Mantung Division. The place is called KOFFA, and my father and mother live there with my two brothers and my sister. The occupation of the people is mainly farming. My mother is a farmer. She grows crops like cocoyams, cassava, maize, beans, etc. She follows a four years rotation. She gives us a lot to eat at mealtimes. My mother hopes that my sister will grow up and become a good farmer in the future.

My father has some coffee around our house and every year he harvests about three bags. Very often my father goes to the Mbaw plains in Donga-Mantung Division and buys clay pots there. He carries the pots back and sells them in order to get some money and to help the family to buy food or clothes. During the holidays I accompany my father and help to carry pots.

Most of the people in our place like farming more than education. They say that you are only wasting your father's money if you go to school. Some do not want to build good houses, and like only to climb palm trees and tap wine. When they sell the wine they spend the money they get on salt and crayfish. Only a few people buy books for their children.

My parents teach me to be clean all the time and how to wash my clothes and to work for myself and not to beg things from other people. I play football and handball at school and at home. It is now two years since I joined the school football team. We have played eleven matches since I joined the team and we have only lost two times.

COMPREHENSION QUESTIONS TO ACCOMPANY THE PASSAGE ON KOFFA

1. Who is going to build the new road which will link KOFFA with the outside world? (Voluntary labour by villagers plus surveys by experts from C.D. Dept. plus machines).

    Are there any projects in your area which are being carried out by local people working in cooperation with gorvernment and voluntary agencies?

2. Do you think that the people of KOFFA will work harder on their farms once the road has been completed? Why? (There will be more profit per bag of coffee sold because the transport cost will be less; therefore there will be a greater incentive for farmers to tend their trees properly).

3. Who earns money from the oil palms grown in KOFFA? (The men sell the oil, the women sell the 'manyanga' oil).

    In your village do the women have to rely completely on the men for any cash they need to spend?

    If they have a private cash income, how is this obtained and what is the money spend on?

4. Traditional culture has been preserved better in some villages than in others. Study carefully what this passage says about traditional culture in KOFFA and then compare it with what goes on in your village. Would you say that your village was more or less 'traditional' than KOFFA?

5. The pasage states one clear reason why some parents in KOFFA no longer send their children to school. State this reason (no jobs for primary school leavers) and then, think of another reason why parents in KOFFA are not very enthusiastic about western education (their children migrate to the towns because they have become dissatisfied with rural life).

6. Imagine that Mr. Nfunte could live his life all over again. Do you think he would have made the same decisions? Give two examples of different decisions which he could have made, and explain what you think would have happened as a result.

7. It seems fair to say that rice-farming in the Kom valley is successful. What is responsible for this? (High prices - farmers' own initiative and hard work - government's provision of an extension worker - new machinery).

JJG
23 February, 1978.

Anmerkungen Kapitel I

1) Vgl. u.a. Pearson, L. u.a., Der Pearson-Bericht. Bestandsaufnahme und Vorschläge zur Entwicklungspolitik. Wien/München/Zürich 1969; Internationales Arbeitsamt (ILO), Das Weltbeschäftigungsprogramm. Genf 1969; Coombs, P.H., The World Educational Crisis. New York 1968; World Bank, Education Sector Working Paper. Paris 1971; Faure, E., u.a., Learning to be - The World of Education Today and Tomorrow. Unesco. Paris 1972; Unicef, Aid to Education. Review of Policy. Paris 1972. Zur Situation am Ende der 70er Jahre siehe Unabhängige Kommission für Internationale Entwicklungsfragen (Nord-Süd-Kommission), Das Überleben sichern. Köln 1980.

2) Vgl. World Bank, Education Sector Working Paper. Washington D.C., Dec. 1974. S. 12.

3) Ebenda

4) Vgl. Harbison, F./Myers, Chr., Education, Manpower and Economic Growth. New York 1964; Meier, G.M., Leading Issues in Economic Development. Studies in International Poverty. 2nd ed. Singapore 1971; zur Kritik an der Fehleinschätzung des bildungsökonomischen Ansatzes für die gesamtwirtschaftliche Entwicklung siehe Blaug, M., Education and the Employment Problem in Developing Countries. ILO. Geneva 1973; sowie Hanf, Th. u.a., Education: An Obstacle to Development? Some Remarks about the Political Functions of Education in Asia and Africa. In: Comparative Education Review. Vol. 19, No. 1, Febr. 1975. Special Issue. S. 68-87.

5) Vgl. die kurzgefaßte Darstellung der Entwicklung der Erziehung in Afrika seit der historischen Konferenz von Addis Abeba durch Mengot, A.D., The Lagos Conference of Ministers of Education of African Member States (MINEDAF) and its Implications on Educational Reforms in Africa. Unesco Regional Office for Education in Africa. Dakar, 30/8/1976.

6) Blaug, M., Economics of Education in Developing Countries: Current Trends and New Priorities. Vortrag anläßlich der Emeritierung von Prof. F. Edding, Berlin, Sept. 1977. Max-Planck-Institut für Bildungsforschung. S. 4. Zwischen 1960 und 1972 stiegen allein die Schülerzahlen in den Primarschulen Schwarzafrikas zwischen schätzungsweise 85 und 100 %. Vgl. hierzu Mengot, A.D., a.a.O., S. 3 und World Bank, a.a.O. 1974, S. 64.

7) Vgl. Illy, H.F., Politik und Wirtschaft in Kamerun. Bedingungen, Ziele und Strategien der staatlichen Entwicklungspolitik. München 1976.

8) Vgl. Ogunyemi, M.A., Primary School Curriculum Reform in the Western State of Nigeria. IIEP Occasional Papers No. 34. Unesco. International Institute for Educational Planning. Paris, July 1974.

9) Vgl. z.B. Husén, T., Kommentar zum Vortrag von M. Blaug anläßlich der Eremitierung von F. Edding, a.a.O., S. 24-26. Die Auswertung von ca. 1000 Schüleraufsätzen der Abschlußklassen der Primarschule in den anglophonen Provinzen Kameruns war derart alarmierend, daß für die Reform des Curriculums gefolgert werden mußte, "...children can only report their experiences and discoveries orally. Thus for quite some time the pupil's awareness of the locality exists only in the local language. The difficulties start with learning and mastering the official language... This requires a complete change in the present English Language Course and in the present examinations at the end of the primary school that consists totally on objective tests.", Bude, U., Involving Teachers in the Development of Curriculum Units - Towards a method for teaching the social and agricultural aspects of Environmental Studies in primary schools. Buea, Cameroon, Febr. 1978, (Mimeo), S. 19.

10) Laaser, U., Quantitative Daten zum Bildungstransfer westlicher Industriestaaten in die Länder der Dritten Welt. In: Engels, B. / Laaser, U. (Hrsg.), Deutsche Bildungshilfe in der zweiten Entwicklungsdekade. Eine Zwischenbilanz. München 1977. S. 25-78, S. 28; vgl. auch die kritische Analyse von Colclough, Chr. / Hallak,J., Rural Education and Employment. IIEP/RP/21/2 (Rev. 1). Unesco. Paris 1975.

11) Vgl. u.a. Williams, P. (ed.), The School Leaver in Developing Countries. Report of a Workshop held in March 1974. University of London. Institut of Education, Department of Education in Developing Countries. London 1976; Callaway, A., Identifying and Interpreting the School Leavers' Employment Problem. IIEP/S36/21A. Unesco. Paris 1975; Bude, U.,"Stop Education for Frustration Now" - Die Empfehlungen des Dzobo-Committee zur Reform der Primar- und Sekundarschulen in Ghana. In: Die Dritte Welt, Jhrg. 3, Nr. 3-4, 1974. S. 375-389.

12) Colclough, Chr., Formal Education Systems and Planning for Poverty. ED-76/CONF 807/COL 9. Symposium on Educational Planning, Human Resources and Employment. Unesco. Paris, 20-24/9/1976. S. 3 und 4.

13) Vgl. z.B. Ngay, A., Primary School Teachers and Community Development in Rural Bukola - Tanzania. Unpublished M.A. dissertation. University of Dar-es-Salaam. June 1977.

14) Dubbeldam, L.F.B., The Primary School and the Community in Mwanza District Tanzania. Groningen 1970. S. 170.

15) Vgl. z. B. Metzger, U., Education and Integrated Rural Development Programmes. Working Draft. IIEP, Programme for Visiting Fellows. Paris 1978. S. 12 und 13.; Hummel, Chr., Education today for the World of tomorrow. Unesco. Paris 1977.

16) Clarke, P. B., Islam, Education and the Developmental Process in Nigeria. In: Comparative Education. Vol. 14, No. 2, June 1978. S. 133-141, S. 138. Bei dem Zitat handelt es sich um die Wiedergabe eines Interviews des Verfassers mit einem Moslemführer und ehemaligen Primarschullehrer.

17) Foster, P. berichtet z. B. für 1975 für Ghana absolut sinkende Schülerzahlen in den Primarschulen. Ders., Dilemmas of Educational Development: What we might learn from the past. In: Comparative Education Review. Vol. 19, No. 3, Oct. 1975. S. 375-392, S. 379; vgl. ebenso die Angaben über sinkende Schülerzahlen für die anglophonen Provinzen Kameruns 1976/77 bei Bude, U./Bergmann, H., Zum systematischen Einsatz erziehungs- und sozialwissenschaftlicher Forschung zur Vorbereitung einer Reform des Primarschulwesens: Fallbeispiel Kamerun. In: Engels, B./ Laaser, U. (Hrsg.), a.a.O., S. 329-351, S. 344.

18) Vgl. u.a. Silbermann, Chr. E., Crisis in the Classroom. New York 1970; Reimer, E., An Essay on Alternatives in Education. CIDOC, Cuaderno No. 1005. Cuernavaca/Mexico 1970; Illich, I., Entschulung der Gesellschaft. München 1971.

19) Wandira, A., Work-oriented Curricula for Rural Areas: An overview of Educational Problems and Issues. In: Supplitt, G./Bude, U. (eds.), Workoriented Education for Africa. 15/10/-21/10/1972, Berlin. German Foundation for International Development. DOK 657 A/a, IIA-IT 1/72. S. 31-56, S. 36.

20) Vgl. hierzu Dore, R., The Diploma Disease. Education, Qualification, and Development. London 1976. S. 133 ff.

21) Vgl. Coombs, P. H. u.a., New Paths to Learning for Rural Children and Youth. New York 1973; sowie die 'Bestandsaufnahme' für Afrika bei Sheffield, J. R./Diejomaoh, V. P., Non-Formal Education in African Development. New York 1972.

22) Vgl. Evans, D. R., Educational Reform in the Context of Community-Based Nonformal Programs. Working Document. IIEP/S56/21A. Paris, 15. Nov. 1979. S. 7.

23) Vgl. u.a. die Reden und Schriften des tansanischen Staatspräsidenten Nyerere, z. B. Bildung und Befreiung. Aus Reden und Schriften von November 1972 bis Januar 1977. Frankfurt/Main 1977. Dem damaligen Präsidenten der Vereinigten Republik Kamerun Ahidjo wird die Frage an seinen Erziehungsminister zugeschrieben, welchen Beitrag die Erziehung zur Entwicklung des Landes leiste. Die Frage wird umso verständlicher, wenn man berücksichtigt, daß 1977 Kamerun in den französisch sprechenden Provinzen bereits seit nahezu zehn Jahren mit einer Reform der Primarschulen befaßt war.

24) Thompson, A. R., How Far Free? International Networks of Constraint upon National Education Policy in the Third World. In: Comparative Education, Vol. 13, No. 3, 1977. S. 155-168, S. 155.

25) Vgl. Coombs, P. H., Education for Rural Development: Some Implications for Planning. IIEP/S36/9A (Working Draft). Paris 16/9/1975. S. 17.

26) Vgl. u.a. Illy, H. F., a.a.O., S. 251 für Kamerun, sowie Hanf, Th., u. a., a.a.O., S. 86 für Ruanda und Tansania.

27) Oxenham, J., Reflections on the 1974 Education Sector Working Paper. In: Williams, P. (ed.), Prescription for Progress? A Commentary on the Education Policy of the World Bank. University of London. Institute of Education. London 1976. S. 40-44, S. 41.

28) Vgl. u. a. Reiff, H., The Role of Educational Planning in Situations of Unemployment (raising some major issues). ED 76/CONF.8/7/COL.2. Unesco. Paris 1977; Foster, P., a.a.O.

29) Vgl. Ader, J., The 'Ruralization' of Primary Education. In: Prospects in Education, No. 2, 1969. Unesco. Paris 1970. S. 18-26; Kordes, H., Zur Ruralisierung der Grunderziehung in Westafrika. In: Friedrich-Ebert-Stiftung. Forschungsinstitut, Vierteljahresberichte Nr. 60, 1975. S. 129-160.

30) Siehe das bei Reiff, H., a.a.O., S. 11 angeführte Beispiel für die Situation in Kenia: Von 276 000 Jugendlichen, die 1977 neu auf den Arbeitsmarkt kamen, hatten 55 % eine abgeschlossene Primarschulausbildung. Selbst bei einer optimistischen Schätzung der Wachstumsrate der Arbeitsplätze im modernen Sektor von jährlich 5 % hätten nur 12 % dieser Jugendlichen eine Chance, den gewünschten Arbeitsplatz zu erhalten.

31) Ebenda

32) Hanf, Th. u. a., ebenda.

33) Vgl. u. a. Myrdal, G., Politisches Manifest über die Armut in der Welt. Frankfurt/Main 1970. S. 168; Hanf, Th. u. a., a.a.O., Colclough, Chr./Hallak, J., a.a.O.; Nestvogel, R., Verstärkung von Unterentwicklung durch Bildung? Schulische und außerschulische Bildung im Kontext gesamtgesellschaftlicher Entwicklung in Kamerun. Schriftenreihe des Forschungsinstituts der Friedrich-Ebert-Stiftung. Bd. 134. Bonn 1978; Ki-Zerbo, J., Education and Development. In: Ward, F. C. (ed.), Education and Development Reconsidered. The Bellagio Conference Papers. New York 1974. S. 94-113.

34) Reiff, H., a.a.O., S. 6.

35) Vgl. u. a. Nyerere, J. K., Education for Self-Reliance. Dar-es-Salaam 1967; Coombs, P. H. u. a., New Paths ..., a.a.O.; Metzger, U., a.a.O.; World Bank, Education Sector Policy Paper. Washington D. C., April 1980 (3rd edition).

36) Vgl. das Kapitel III.: Historische Ursprünge und Ansätze des Konzepts einer gemeindeorientierten Erziehung für Schwarzafrika.

37) Anderson, J. E., The Harambee Schools: The Impact of Self-Help. In: Jolly, R. (ed.), Education in Africa: Research and Action. Nairobi 1969. S. 103-134, S. 105.

38) Nyerere, J. K., Bildung und Befreiung, a.a.O., S. 27.

39) Unesco, Final Report. Conference of Ministers of Education of African Member States. Lagos (Nigeria), 27/1/-4/2/1976. ED/MD/41. Paris, 14/6/1976. S. 21.

40) Vgl. Unesco, Education and Development in a New World Order. Meeting of Senior Officials of the Ministries of Education of the Twenty-Five Least Developed Countries. Paris 8-16 Sept. 1975. ED-75/CONF: 604/COL.6. Main Working Document. Paris, 17 July 1975. S. 17 und 18.

41) Vgl. Unesco, The Contribution of Education to Rural Development. June 1973. ED/76/WS 65. Paris, Nov. 1976.

42) Vgl. Ader, J., a.a.O., S. 23 und 24.

43) Bowers, J., Communication and Rural Development. In: Commonwealth Secretariat (ed.), Education in Rural Areas. London 1970. S. 215-237, S. 227.

44) Oxenham, J., a.a.O., S. 41.

45) Anderson, J. E., a.a.O., S. 104.

46) Vgl. z. B. die Evaluierung der Rural Education Centres in Obervolta durch Sven Grabe in: Ahmed, M. & Coombs, P. (eds.), Education for Rural Development: Case Studies for Planners. New York 1975, S. 355; sowie Malassis, L., The Rural World, Education and Development. London & Paris 1976. S. 77.

47) Vgl. Unesco, Education and Development ..., a.a.O., S. 16 ff.

48) Foster, P., Education and Social Change in Ghana. London 1965. S. 7.

49) Vgl. King, K., The Community School. Rich World, Poor World. In: Ders. (ed.), Education and Community in Africa. Proceedings of a Seminar held in the Centre of African Studies. University of Edingburgh, 18-20 June 1976. S. 1-32, S. 14; sowie Unesco, Conference of Ministers of Education in African Member States, Lagos, 27/1/-4/2/1976, Education in Africa. Evolution, Reforms, Prospects. Ed 76/MINEDAF 3. Paris, Dec. 1975. S. 31.

50) Unesco, Final Report, Conference of Ministers ..., a.a.O., S. 15.

51) Vgl. OECD/DAC, Development Co-Operation, Efforts and Policies of the Member of the Development Assistance Committee. 1972 Review. Paris 1972. S. 133; siehe auch die verschiedenen Evaluierungsberichte zum Namutamba Projekt in Uganda, u. a. Unesco, Experimental Pilot Project on the Role of Education in Rural Development. International Evaluation Report, July 1974. Paris, July 1975; Yoloye, E., Bajah, S. T., Experimental Pilot Project on the Role of Education in Rural Development: Evaluation of the Science Component. Paris, November 1975. Unesco. Paris 1976.

52) Vgl. z. B. die Entwicklung in Kenia (Harambee Schulen) und Kamerun (Reform der Primarschulen).

53) Khoi, Le Thanh, The Future Shape of Education? In: Avakov, R. M. (ed.), The Future of Education and the Education of the Future. An IIEP seminar. Unesco: International Institute for Educational Planning. Final report and documents of an IIEP-Seminar, Paris, 23-26/10/1978. Paris 1980. S. 65-74, S. 68.

54) Vgl. Hunsdörfer, V., Bildung und gesellschaftliche Entwicklung in Tansania 1975-1979. Dissertation. Mainz 1979; Mbilinyi, M. J., Secondary Education. In: Hinzen, H./Hundsdörfer, V. H. (eds.), The Tansanian Experience. Education for Liberation and Development. Unesco Institut for Education, Hamburg 1979. S. 97-113; Hanf, Th., Die Schule der Staatsoligarchie. Zur Reformunfähigkeit des Bildungswesens in der Dritten Welt. In: Bildung und Erziehung, 33. Jhrg., Heft 5, Okt. 1980, S. 407-432, S. 419.

55) Vgl. z. B. die Gründung einer 'National Education Policy Implementation Task Force' 1978 in Nigeria; siehe Adeniji Adaralegbe (ed.), A Philosophy for Nigerian Education. Nigeria Educational Research Council. Proceedings of the Nigeria National Curriculum Conference, 8-12 Sept., 1969. Ibadan 1972.

56) Vgl. Hanf, Th., a.a.O., S. 415 ff; Zum Konflikt Stadt-Land in den Ländern der armen Welt siehe Lipton, M., Why Poor People Stay Poor - Urban Bias in World Development. London 1978. Die Festschreibung bestehender Ungerechtigkeiten wird inzwischen auch auf Unesco-Konferenzen diskutiert. Vgl. Unesco, Meeting of Senior Officials of the Ministries of Education of the Twenty-Five Least Developed Countries. Final report. ED/MD39. Paris, 30 Oct. 1975, S. 5.

57) Curle, A., Educational Problems of Developing Societies. New York 1969. S. 102.

58) Bei Mengot, A. D. heißt es beispielsweise " ... the Decade of the 'Seventies' should be one of sober reflection and exploratory action leading to the renovation of education in Africa", ders., Statement during the Seminar on Basic Education. In: Unesco/Unicef Co-operation Programme, Basic Education in Eastern Africa. Report on a Seminar, Nairobi, Kenya, 19-23 Aug. and 22-26 Oct. 1974. Nairobi 1974. S. 66-70, S. 69.

59) Vgl. Fremery, M., Erziehung und Entwicklung als Gegenstand deutscher Forschung. Rückblick auf eine annähernd 20jährige Suche nach Zusammenhängen, Erklärungen und Perspektiven. In: Bildung und Erziehung, 33. Jhrg., Heft 5, Okt. 1980. S. 475-496.

Anmerkungen Kapitel II

1) Vgl. Wirth, L., Towards a Definition of the Local Community. Zitiert nach Worsley, P. (ed.), Modern Sociology. Introductory Readings. Penguin Education. Harmondsworth/Middlesex 1973. S. 297.

2) Vgl. Pahl, R.E., Patterns of Urban Life. London 1970. S. 100; McIver, R. M./Page, C. H., Society: An Introductory Analysis. London 1961. S. 4.

3) Joerges, B., Community Development in Entwicklungsländern. Stuttgart 1969. S. 20.

4) Vgl. Batten, T. R., Communities and their Development. London 1969. S. 4.

5) Vgl. Wirth, L., a.a.O., S. 298.

6) Working Group in the Department of Education in Developing Countries, University of London, Insitute of Education, The Practice of Community Education in Developing Countries. In: King, K. (ed.), a.a.O., S. 97-119, S. 97.

7) Malassis, L., a.a.O., S. 88.

8) Unesco/Unicef Cooperation Programme, Basic Education in Eastern Africa ..., a.a.O., S. 19.

9) Vgl. Ogunniyi, O., Education for Rural Development in Africa. In: Educafrica, 1974, No. 1. Unesco. Regional Office for Education in Africa. S. 25-36, S. 26.

10) Weltbankpräsident McNamara vor Internationalem Währungsfond (IWF) und Weltbank am 26.10.1977. Zitiert nach epd-Entwicklungspolitik, Nr. 22/1977. S. 9.

11) Vgl. u. a. Coombs, P. H., Education for Rural Development ..., a.a.O., S. 4.

12) Zur Kritik an den Hauptvertretern der Theorie des sozialen Wandels vgl. Nestvogel, R., a.a.O., S. 22-24.

13) Vgl. z. B. Chenery, H. u. a., Redistribution with Growth. Oxford 1974. Die Autoren sprechen von einer 'poverty focussed development strategy'. Siehe auch die kontroverse Diskussion über die vom Arbeitskreis Welthungerkrise bei "Brot für die Welt" erarbeitete sogenannte Hungerstudie in epd-Entwicklungspolitik Nr. 22/1977 durch Bluntzel, R., Für eine andersartige Entwicklung, und Blanckenburg, P., Entwicklung ohne Massenwohlstand?

14) Vgl. Postlethwaite, T. N./King, K., Curriculum Development for Basic Education in Rural Areas. Unesco. Paris 1975. S. 1.

15) Ogunniyi, O., a.a.O., S. 27.

16) So war das entwicklungspolitische Sommer-Seminar des Bundesministeriums für wirtschaftliche Zusammenarbeit (BMZ) und der Deutschen Stiftung für Internationale Entwicklung (DSE) im August 1978 in Berlin dem Thema gewidmet, "Erfüllung von Grundbedürfnissen durch Projekte der Technischen Zusammenarbeit"; und in einem Kommentar der Zeitschrift AFRICA, No. 75, Nov. 1977, S. 119-120, mit dem Titel "World Bank in Africa" heißt es, es hätte sich ein neuer Terminus in das Vokabular der Weltbank eingeschlichen: Basic Human Needs. Vgl. auch Schwefel, D., Bedürfnisorientierung, Planung und Evaluierung. Schriften des Deutschen Instituts für Entwicklungspolitik, Bd. 50. Berlin 1977.

17) Vgl. Internationales Arbeitsamt (ILO), Beschäftigung, Wachstum und Grundbedürfnisse. Ein weltweites Problem. Genf 1976. S. 34/35.

18) Chambers, R., Managing Rural Development - Ideas and Experiences from East Africa. The Scandinavian Insitute of African Studies. Uppsala 1974. S. 56.

19) Lele, U., The Design of Rural Development. Lessons from Africa. Washington D. C. 1975. S. 20.

20) Vgl. u. a. de Clerck, M., The Operational Seminar: A Pioneering Method of Training for Development. Educational Studies and Documents, No. 20. Unesco. Paris 1976.

21) Nyerere, J. K., Man and Development. London 1974. S. 27.

22) Overseas Development Institute, Agricultural Development and Rural Poverty: The Need for Radical Policy Revision. Declaration. International Seminar. Ditchley Park, May 1978. (Mimeo) S. 5.

23) Unter den sozio-ökonomischen Bedingungen der Länder der Armen Welt werden heute Umverteilungsmaßnahmen als wachstumsfördernd angesehen und nicht mehr als zueinander im Widerspruch stehend empfunden. Vgl. hierzu u. a. Seers, D., Was heißt Entwicklung? In Senghaas, D. (Hrsg.), Peripherer Kapitalismus. Analysen über Abhängigkeit und Unterentwicklung. Frankfurt 1974. S. 37-70, S. 38.

24) Vgl. u. a. Poster, C., The School and the Community. London 1971; Sinclair, M. E., Education, Relevance and the Community: a first look at the history of attempts to introduce productive work into the primary school curriculum. In: King, K. (ed.), a.a.O., S. 45-80.

25) Vgl. Mbilinyi, M., The Study of Education and 'The Community'. In: King, K. (ed.), a.a.O., S. 81-96, S. 87.

26) King, K., The Community School ..., a.a.O., S. 7.

27) Auch auf der Ebene der Sekundarschulen in Afrika gibt es Versuche, die Schule relevanter und gemeindeorientierter zu gestalten. Siehe hierzu u. a. Solarin, T., The Mayflower School in Nigeria. In: Ponsioen, J. A. (ed.),

Educational Innovations in Africa: Policies and Administration. The Hague 1972. S. 121-128; Rensburg, P. van, Report from Swaneng Hill. Education and Employment in an African Country. The Dag Hammerskjöld Foundation. Uppsala, Sweden 1974; Anderson, J., The Village Polytechnic Movement. Institute for Development Studies. University of Nairobi. Evaluation Report No. 1. Nairobi, August 1970.

28) Unesco, Education in a rural environment. Paris 1974. S. 26.

29) Vgl. u. a. FAO/Unesco/ILO, Training for Agricultural and Rural Development. Rome 1976. M'Bow, A. M., Unesco at the Service of Education in Africa. In: Educafrica, 1974, No. 1, S. 5-14; Najman, D., Bildung in Afrika. Vorschläge zur Überwindung der Krise. Wuppertal 1976.

Anmerkungen Kapitel III

1) Vgl. u. a. Thompson A. R., Ideas underlying British Colonial Education Policy in Tanganyika. In: Resnick, I. N. (ed.), Tanzania: Revolution by Education. Arusha/Tanzania 1968. S. 15-32.

2) Vgl. u. a. Wandira, A., Early Missionary Education in Uganda. A Study of Purpose in Missionary Education. Department of Education, Makarere University. Kampala/Uganda 1972; Ayandele, E., The Missionary Impact on Modern Nigeria, 1842-1914. A Political and Social Analysis. London 1966.

3) Vgl. Adick, Chr., Pädagogische Idylle und Wirtschaftswunder im deutschen Schutzgebiet Togo - Zur Entstehung eines kolonialen Bildungswesens in Afrika. In: Die Dritte Welt, Jhrg. 5, Nr. 1, 1977, S. 27-46, S. 33.

4) Vgl. Webster, J. B., The Bible and the Plough. In: Journal of the Historical Society of Nigeria, Vol. II, No. 4 (Dec. 1963), S. 418-434.

5) Myrdal, G., a.a.O., S. 171; zu einer ähnlichen Analyse der Auswirkungen westlicher Bildung für Togo kommt Christel Adick, dies., Bildung und Kolonialismus in Togo. Eine Studie zu den Entstehungszusammenhängen eines europäisch geprägten Bildungswesens in Afrika am Beispiel Togo 1850-1914. Weinheim und Basel 1981. S. 310.

6) Vgl. Crowder, M., West Africa under Colonial Rule. London 1970. 2nd ed., S. 383.

7) Vgl. King, K. J., Pan-Africanism and Education. A Study of Race Philanthropy and Education in the Southern States of America and East Africa. Oxford 1971.

8) Die im folgenden angeführten Zitate zeigen mehr oder weniger deutlich die ideologischen Standorte der Verfasser und die Interessen, die sie mit Hilfe der Erziehung verfolgen.

9) Great Britain, Parliamentary Papers, Vol. XI (Reports), 1842, Appendix to the Report of the Committee on the West Coast of Africa, S. 19.

10) Minutes of the Education Committee of the Privy Council to the Colonial Office, 1874. Zitiert nach Foster, P., Education and Social Change ..., a.a.O., S. 56.

11) Oldham, J. H., Christian Missions and the Education of the Negro. In: International Review of Missions, VII, 1918, S. 242-247, S. 245.

12) Lugard, F. D., Political Memoranda 1913-1918, Memo 4, Education. London 1919. Zitiert nach Kirk-Greene, A., The Principles of Native Administration. London 1967. S. 106.

13) Great Britain, Education Policy in British Tropical Africa, Memorandum Submitted to the Secretary of State for the Colonies by the Advisory Committee on Native Education in the British Tropical Dependencies 1924-25, Cmd. 2374, London 1925. S. 6.

14) Gouvernement Général de l'Afrique Equatoriale Francaise, Instructions Relatives à l'Application de la Circulaire du Mai 1925 de M. le Gouverneur-Général R. Antonetti Réorganisant l'Enseignement on Afrique Equatoriale Francaise. Brazzaville 1926. Zitiert nach Cowan, L. G./O'Connell, J./Scanlon, D. G. (eds.), Education and Nation-Building in Africa. London 1965. S. 54/55.

15) Great Britain, Memorandum on the Education of African Communities. Col. No. 103. London 1935. S. 6-8.

16) Ministère des Colonies, Rapport 1937. Nationalarchiv Yaoundé. Zitiert nach Nestvogel, R., a. a.O., S. 107.

17) Memorandum on Educational Policy in Nigeria. Sessional Paper No. 20 of 1947. Government Printer. Lagos 1947. Zitiert nach Lewis, L. J., Society, Schools and Progress in Nigeria. Oxford 1965. S. 47.

18) Report of the 1951 Mission on Education in East and Central Africa. Zitiert nach Tregear, P. S., The Community School. In: Commonwealth Secretariat (ed.), Education in Rural Areas. London 1970. S. 173-183, S. 173.

19) Nyerere, J. K., Education for Self-Reliance, a.a.O., S. 17, 21, 22.

20) Ministry of Education, Annual Report 1977. In: West Africa, No. 3193, 25/9/1978, 'Achievement in Liberia'. S. 1886.

21) Vgl. Foster, P., a.a.O., S. 59.

22) Abernethy, D. B., The Political Dilemma of Popular Education. An African Case. Stanford 1969. S. 34.

23) Foster, P., a.a.O., S. 64.

24) Vgl. Abernethy, D. B., a.a.O., S. 41/42.

25) Lewis, L. J., The School and the Rural Environment. In: Commonwealth Secretariat (ed.), Education in Rural Areas. London 1970, S. 96-109, S. 98/99.

26) Vgl. Holmes, B., British Imperial Policy and the Mission Schools. In: Ders. (ed.), Educational Policy and the Mission Schools. Case Studies from the British Empire. London 1967. S. 5-46, S. 25 ff.

27) Cowan, L. G. et al. (eds.), a.a.O., S. 4. Jedoch weisen u. a. Wandira, A., Early Missionary Education in Uganda. Kampala 1972; Foster, P., a.a.O., King, K., a.a.O. auch auf Erziehungseinrichtungen der katholischen und anglikanischen Missionen hin, die auf eine landwirtschaftlich-handwerkliche Ausbildung abzielten.

28) Vgl. Foster, P., a.a.O., S. 53. Die von Friedrich Engels zitierten Inspektionsberichte der 'Children's Employment Commission' über die Schulsituation der Kinder der armen Bevölkerungskreise in England Mitte des 19. Jahrhunderts zeigen, daß kaum die Grundfertigkeiten ausreichend vermittelt wurden. Vgl. Marx, K./Engels, F., Über Erziehung und Bildung. Berlin 1961. S. 78-82.

29) Vgl. Locke, J., On Working School. Wiedergegeben in Günther, K.-H., Hofman, F., Hohendorf, G., König, H., Schuffenhauer, H., Quellen zur Geschichte der Erziehung. Berlin 1968. S. 105; zur Errichtung von 'Industrieschulen' in Europa siehe Günther u. a., a.a.O., S. 161-165; und Altvater, E., Industrie- und Fabrikschulen im Frühkapitalismus In: Altvater, E./Huisken, F. (Hrsg.), Materialien zur politischen Ökonomie des Ausbildungssektors. Erlangen 1971. S. 91-100.

30) Vgl. Günther, K.-H., u. a., a.a.O., S. 162-164.

31) Vgl. Sinclair, M. E., a.a.O., S. 47.

32) Vgl. Rich, R. W., The Training of Teachers in England and Wales during the Nineteenth Century. London 1933. III. Kapitel.

33) Vgl. Smith, F., A History of English Elementary Education, 1760-1902. London 1931. S. 203/204.

34) Vgl. dens., a.a.O., S. 274.

35) Das Memorandum trug den Titel, 'Brief Practical Suggestions on the mode of organising and conducting Day Schools of Industry, Model Farm Schools and Normal Schools as part of the system of education for the Coloured Races of the British Colonies'. Zitiert nach Wilson, J., Education and Changing West African Culture. London 1966. S. 27.

36) Sinclair, M. E., a.a.O., S. 57.

37) Zitiert nach Foster, P., a.a.O., S. 55.

38) Sinclair, M. E., ebenda.

39) Wilson, J., ebenda.

40) Vgl. Hilliard, F. H., A short history of Education in British West Africa. London 1957. S. 74; und Fosters Hinweis auf fehlgeschlagene Versuche praktischer Erziehung der Wesley Missionare in Ghana. Ders., a.a.O., S. 86/87.

41) Vgl. Foster, a.a.O., S. 90.

42) Vgl. Graham, C. K., The History of Education in Ghana. London 1971. S. 66.

43) Rottmann, W. J., The Educational Work of the Basel Mission on the Gold Coast. London 1905. Zitiert nach Foster, P., a.a.O., S. 87.

44) Vgl. LaRoche, F., Rückwirkungen des Missionsstudiums auf das theologische Denken. Basler Missionsstudien 41. Basel 1912. S. 15.

45) Vgl. u. a. Halldén, E., The Culture Policy of the Basel Mission in the Cameroons 1886 - 1905. Uppsala 1968. S. 52; Steiner, P., Kulturarbeit der Basler Mission in Westafrika. Basler Missions-Studien 24. Basel 1904. S. 12.

46) Kürten, H. K., Jugendprobleme in einem anderen Kontinent. Westkameruner Schüler zwischen traditioneller und moderner Erziehung. Dissertation. Basel 1974. S. 51/52.

47) Foster, P., a.a.O., S. 88.

48) Vgl. Kürten, H. K., a.a.O., S. 48.

49) Vgl. Sinclair, M. E., a.a.O., S. 58.

50) Foster erwähnt in diesem Zusammenhang eine Versuchsfarm der Baseler Mission in Akropong/Ghana, deren Forschungsergebnisse Eingang in die Schulen gefunden haben sollen. Ders., ebenda.

51) Vgl. Kürten, H. K., a.a.O., S. 49.

52) Schlunk, M., Die Schulen für Eingeborene in den deutschen Schutzgebieten am 1. Juni 1911. Hamburg 1914. S. 67.

53) Vgl. z. B. Adick, Chr., Pädagogische Idylle ..., a.a.O., S. 35.

54) Vgl. dies., a.a.O., und Wirz, A., Vom Sklavenhandel zum kolonialen Handel. Wirtschaftsräume und Wirtschaftsformen in Kamerun vor 1914. Zürich und Freiburg i. Br. 1972. S. 211.

55) Ders., a.a.O., S. 216.

56) Vgl. Schlunk, M., a.a.O. Die Umfrage stützte sich auf 2.258 auswertungsreife Fragebögen.

57) Adick, Chr., a.a.O., S. 42.

58) Vgl. dies., a.a.O., S. 43.

59) Vgl. u. a. Unesco, Conference of Ministers of Education of African Member States ..., a.a.O.; Bude, U., Arbeits- und umweltbezogene Curricula im Rahmen afrikanischer Primarschulreform. In: Handbuch der Entwicklungshilfe. Nomos Verlag. Baden-Baden. 120. Lieferung. Oktober 1975; Robinson, K., Towards a New Concept of Education in Developing Countries. The Buea Experiment. Cameroon. July 1973.

60) Halldén, E., a.a.O., S. 16.

61) Vgl. Wirz, A., a.a.O., S. 217.

62) Unesco, Conference of Ministers of Education of African Member States ..., a.a.O., S. 12.

63) Peabody, F. G., Education for life. The story of Hampton institute told in connection with the fiftieth anniversary of the foundation of the school. New York 1919. S. 137/138.

64) King, K., a.a.O., S. 6.

65) Vgl. Hampton Institute, Southern Workman, IX, Febr. 1880, zitiert nach King, K., a.a.O., S. 7.

66) Vgl. Spencer, S. R., Booker T. Washington and the Negro's place in American Life. Boston 1955.

67) King, K., a.a.O., S. 6.

68) Spencer, S. R., a.a.O., S. 121.

69) Tuskegee Absolventen arbeiteten als Experten in den englischen Kolonien des Anglo-Ägyptischen Sudans und Nigeria und in der deutschen Kolonie Togo. Vgl. King, K., a.a.O., S. 14 und Adick, Chr. a.a.O.

70) Vgl. Sinclair, M. E., a.a.O., S. 52.

71) Die 'Jeanes'-Lehrer wurden nach einer Quäkerdame mit Namen Anna T. Jeanes genannt, die ihre Arbeit durch großzügige Finanzierungen unterstützte. Die Arbeitsweise der Jeanes-Lehrer wird im ersten Bericht der Phelps-Stokes-Kommission über die Erziehung in Afrika ausführlich beschrieben und später der Versuch unternommen, Jeanes-Lehrer für Ostafrika auszubilden und einzusetzen. Vgl. Jones, T. J., Education in Africa: A study of West, South and Equatorial Africa by the African education commission, under the auspices of the Phelps-Stokes Fund and the Foreign Mission Societies of North America and Europe. New York 1922. S. 53-54.

72) King, K., a.a.O., S. 8.

73) Insbesondere ist hier die fast lebenslange Kritik und Auseinandersetzung von W. E. B. DuBois an dem Hampton-Tuskegee Konzept zu erwähnen, der sich für eine akademische Universitätsausbildung für Farbige einsetzte. Vgl. King, K., a.a.O., S. 10 und 11.

74) Die Beziehungen zwischen den Vertretern des Hampton-Tuskegee Konzepts der Südstaaten der USA und Afrika, insbesondere Ostafrika, werden detailliert bei King, K., ebenda, geschildert.

75) Scott, E. J., Tuskegee in Africa and Africa at Tuskegee. Manuskript 1906. Zitiert nach King, K., a.a.O., S. 15.

76) Vgl. auch King, K., a.a.O., S. 19. Die Konferenzteilnehmer kamen aus 18 verschiedenen Ländern und vertraten 12 verschiedene Religionsgemeinschaften.

77) Vgl. ebenda, S. 21.

78) Vgl. King, K., a.a.O., S. 33.

79) Vgl. Jones, T. J., Negro education: a study of the private and higher schools for colored people in the United States. Department of the Interior, Bureau of Education, Bulletins, 1916, Nos. 38, 39. Washington, Government Printing Office, 1917. Der Studie war eine dreijährige Forschungsarbeit und Datenerhebung vorausgegangen.

80) Zunehmende Lynchjustiz und Gewalttaten gegenüber Farbigen durch Weiße in den ländlichen Gebieten der Südstaaten zwangen viele Farbige praktisch zur Flucht in die Städte der Nordstaaten. DuBois kritisierte Jones Unverständnis für die Landflucht der Farbigen mit scharfen Worten "The advance of the cities has been greatest for all people, white and colored, and for any colored man to take his family to the country districts of South Georgia in order to grow and develop and secure an education and uplift would be idiotic", DuBois, W. E. B., Negro Education, In: Crisis, XV, No. 4, Febr. 1918, S. 177. Zitiert nach King, K., a.a.O., S. 35.

81) Vgl. King, K., a.a.O., S. 37.

82) Ebenda

83) Vgl. ebenda, S. 28.

84) Sadler, M. E., The Education of the Colored Race. In: Specia Reports. Vol. XI, XXIX. London 1902, S. 559. Zitiert nach King, K., a.a.O., S. 48.

85) King, K., a.a.O., S. 49.

86) Ebenda, S. 50.

87) Die These von dem Erziehungskonzept 'Elite versus Massen' in der kolonialen Erziehung ist in vielen Dokumenten und Abhandlungen belegt. Vgl. u. a. Hanf, Th., Erziehung und politischer Wandel in Schwarzafrika. Sonderdruck aus Kölner Zeitschrift für Soziologie und Sozialpsychologie 1969, Sonderheft 13.; Moumouni, A., L'Education en Anfrique. Paris 1964; McWilliam, H. O. A./KwamenaPoh, M. A., The Development of Education in Ghana. London 1975; Anderson, J., The Struggle for the School. London/Nairobi 1975. 2. Aufl.; de Sousa Ferreira, E., Portuguese Colonialism in Africa: the end of an era. The effects of Portuguese colonialism on education, science, culture and information. The Unesco Press. Paris 1974.

88) Vgl. Lewis, L. J., Society, Schools and Progress ..., a.a.O., S. 27.

89) Vgl. Abernethy, D. B., a.a.O.

90) Vgl. O'Connel, J., The State and the Organisation of Elementary Education in Nigeria: 1945-1960. In: Weiler, H. N. (Hrsg.), Erziehung und Politik in Nigeria. Freiburg i. Br. 1964. S. 112-137, S. 124 ff.

91) Lewis, L. J. berichtet für das Jahr 1913 von schätzungsweise 19.000 Koranschulen mit ca. 143.000 Schülern, vgl. dens., a.a.O., S. 29. Zum Scheitern der Einbeziehung der Koranschulen in das westliche Erziehungssystem vgl. Hiskett, M., Problems of Religious Education in Muslim Communities in Africa. In: Overseas Education, Vol. 32, 1960. S. 119-126, S. 119.

92) Vgl. Peets, H., Die Rolle des Erziehungswesens in der englischen Kolonialpolitik in Nigeria. In: Weiler, H. N. (Hrsg.), a.a.O., S. 81-112, S. 83.

93) Vgl. Graham, S. F., Government and mission education in Northern Nigeria 1900 - 1919: with special reference to the work of Hanns Vischer. Ibadan 1966. S. 80.

94) Sinclair, M. E., a.a.O., S. 60.

95) Ebenda.

96) Fajana, A., Lugard's Educational Policy in Nigeria: 1912-18. In: West African Journal of Education. Vol. XIX, No. 2, June 1975. S. 179-197, weist jedoch auf S. 181 darauf hin, daß Lugard als Gouverneur in Nigeria wenig von diesem 'partizipativen' Ansatz in Vischers Versuch hielt.

97) Vgl. ebenda, S. 179. Frederick J. D. Lugard, später Lord Lugard, war einer der bedeutendsten britischen Kolonialbeamten zwischen 1888 und 1945.

98) Abernethy, D. B., a.a.O., S. 84/85.

99) Vgl. ebenda.

100) Zum Antinomieproblem westlicher Erziehung in traditionellen Gesellschaften siehe Foster, P., a.a.O., S. 7: "The kind of traditional societies that we shall discuss had not developed formal schools; education was generally diffused and undifferentiated, and, as a result, it was irrelevant to processes of social differentiation. With the acceptance of Western-type schools formal education n e c e s s a r i l y became a significant dimension of social status in a number of emergent social structures ... Western education was dysfunctional for traditional social structures and systems of status differentiation, in large degree irrespective of what the school taught, since formal education constituted a new dimension of social structure ... the idea of the 'cultural adaptation' of schools to traditional society is basically a contradiction in terms; indeed it suffers from the same inconsistencies as the theory of indirect rule."

101) Lugard, F. D., Education in Tropical Africa. London 1925. S. 4. Deutsche Übersetzung nach Grohs, E., Traditionelle Erziehung und Schule in Nordnigeria. Saarbrücken 1972. S. 15.

102) Vgl. z. B. für die anglophonen Provinzen Kameruns, Ashuntantang, G.T./Bergmann, H./Bude, U./Divine, V. J., Environmental Studies (Agricultural and Social Aspects) Report. In: IPAR-Buea, Institut for the Reform of Primary Education, Report on the Reform of Primary Education. Buea, April 1977. S. 67-159. Insbesondere Kapitel III. 'Rural Science Teaching within the Frame-Work of Primary School Reform', S. 99-116; und Boma, A. N., A Program Plan, Guidelines, Problem Areas and Recommended Solutions for Agricultural Education Programs in West Cameroon. Yaoundé ohne Datum, vermutlich 1976, S. 15/16.

103) Vgl. Fajana, A., a.a.O., S. 191. Die Vorschläge Lugards für Sekundarschulen und Universitäten werden hier nicht erörtert.

104) Vgl. Blaug, M., Economics of Education ..., a.a.O., S. 6 ff.

105) Vgl. Bittinger, D. W., An Educational Experiment in Northern Nigeria in its Cultural Setting. Illinois 1940. S. 198 ff.

106) Vgl. Abernethy, D. B., a.a.O., S. 84 ff.

107) Fajana, A., a.a.O., S. 192.

108) Vgl. Kitchen, H. (ed.), The Educated African. New York 1962. S. 365; und Fajana, A., a.a.O., S. 196.

109) Vgl. u. a. Murray,A. V., The School in the Bush. A Critical Study of the Theory and Practice of Native Education in Africa. London 1938 (2. Aufl.), Neuauflage 1967. S. 258/259; Anderson, J., The Struggle for the School ..., a.a.O., S. 19.

110) Vgl. Wilson, J., Education ..., a.a.O., S. 27.

111) Die Phelps-Stokes Stiftung sah es als ihre Aufgabe an, die Erziehung Farbiger in Afrika und in den USA zu fördern, hatte sich jedoch bis zur Gründung der Phelps-Stokes Kommissionen in Afrika nur auf Förderungsmaßnahmen in den Südstaaten der USA beschränkt (u.a. Zahlung der Gehälter für die sogenannten Jeanes-Lehrer, Finanzierung der von T. J. Jones durchgeführten Studie zur Situation der Erziehung der Farbigen in den Südstaaten in 1913).

112) Vgl. Kapitel III./ 3.1: Amerikanische 'Negererziehung': Collegeausbildung von Hampton-Tuskegee als Modell für Schwarzafrika.

113) Neben Thomas Jesse Jones und James Emman Kwegyir Aggrey gehörten der Kommission folgende Persönlichkeiten an: Henry Stanley Hollenbeck, ein amerikanischer Arzt und Missionar, der in Angola gearbeitet hatte; das Ehepaar Wilkie, schottische Missionare mit Erfahrung in Westafrika; Leo A. Roy, Spezialist für gewerblich-technische Ausbildung von Farbigen, der während des I. Weltkrieges die technische Ausbildung farbiger US-Soldaten beaufsichtigt hatte, und als Sekretär der Kommission arbeitete.

114) Vgl. Foster, P., a.a.O., S. 156.

115) Zitiert nach King, K., a.a.O., S. 56; Hervorhebung meine.

116) Zum ausführlichen Titel der Veröffentlichung vergleiche das Literaturverzeichnis.

117) Weitere Kommissionsmitglieder waren: James Hardy Dillard, Präsident der Jeanes und Slater Fonds; Homer Leroy Shantz, ein promovierter Agrarwissenschaftler vom amerikanischen Landwirtschaftsministerium mit Afrikaerfahrung; Pastor Garfield Williams, Sekretär für Erziehungsfragen der britischen Church Missionary Society; Major Hanns Vischer, Sekretär und Mitglied des gerade gebildeten britischen Beratungsgremiums für die Erziehung in den Kolonien (Advisory Committee on Education in Tropical Africa); James W. C. Dougall von der Free Church of Scotland als Sekretär der Kommission.

118) Jones, T. J., Education in East Africa. A Study of East, Central and South Africa by the second African education commission under the auspices of the Phelps-Stokes Fund, in cooperation with the international education board. New York 1925.

119) Vgl. die Memoranden zur britischen Erziehungspolitik in den afrikanischen Kolonien der Jahre 1925 und 1935.

120) Vgl. Wilson, J., a.a.O., S. 30; Lewis, L. J. (ed.), Phelps-Stokes Reports on Education in Africa. London 1962. S. 4.

121) Lewis, L. J., a.a.O., S. 5.

122) Vgl. ebenda.

123) Ebenda, S. 10.

124) Vgl. ebenda, S. 10/11.

125) Ebenda, S. 47 und 49.

126) Vgl. Wilson, J., a.a.O., S. 32.

127) Lewis, L. J., a.a.O., S. 59. Aus neuerer Zeit sei für das Fach Rechnen der Versuch der Mathematikabteilung von IPAR-Buea erwähnt, am Beispiel des Anbaus von Mais umweltbezogene Rechenoperation für die Primarschule einzuführen. Vgl. Yinkfu, T. N./Kema, J. P./Kuperus, P. J./Mandoli, H. P. (Mathematic Section, IPAR-Buea), Sample Units on Integrated Primary Mathematics, The Maize Farm Plot - Content and Methodology -. Buea/Cameroon 1978. (Mimeo).

128) Lewis, L. J., a.a.O., S. 66.

129) Ebenda, S. 67.

130) Ebenda, S. 92.

131) Ebenda.

132) "The survey should be continued until a real knowledge of the community needs in agriculture has been achieved ... The types of questions to be asked are suggested herewith: What crops are cultivated? What are the quantities? Distinguish proportion of soil products for food purposes and for markets. Are crops sufficient for the food needs of the family? Are the vegetable sufficiently varied to produce the best results as food? Do the crops for marketing supply a sufficient income? Is there a tendency to permit crops which bring in money to limit or exclude the cultivation of crops required for food? Are the market opportunities sufficient? Is there any form of co-operation in the production, sale or milling of the crops? To what extent are farm implements used? Does the Government or any private agency give assistance to farmers? Has the Colonial Agriculture Department studied the soil or marketing possibilities of the neighbourhood? Has the cultivation of any of the large commercial crops, such as coffee or cotton, been encouraged? If so, have the methods and results of the propaganda been helpful to the native people? What is the prevailing form of land tenure? What and how many domestic animals does the average family have? What uses are made of these domestic animals? Is any effort made to improve the breed of stock? What care is used in raising of the animals? Is any effort made to prevent animal diseases? Is there any movement to improve village life? What proportion of the field work is done by the men, by the women, and by the children? To what extent are bad communications hindering the development of agriculture?" Lewis, L. J., a.a.O., S. 92/93.

133) Vgl. ebenda, S. 95-97.

134) Vgl. ebenda, S. 100.

135) Ebenda, S. 102.

136) Vgl. ebenda, S. 101.

137) Vgl. ebenda, S. 40/41.

138) So weist Sheffield darauf hin, daß die Priorität der Erziehung der Massen in Verbindung mit der Entwicklung der Gemeinden, wie sie die Phelps-Stokes Kommissionen und die Memoranden zur britischen Erziehungspolitik der Jahre 1925 und 1935 fordern, in den 60er Jahren von der Unesco als 'fundamental education' wieder aufgenommen wurden. Sheffield, J. R., Education in Kenya: A Historical Study. Teachers College, Columbia University, 1973. S. 24.

139) Lewis, L. J., a.a.O., S. 30.

140) Vgl. Shields, J. J. Jr., The Reports of the Phelps-Stokes Fund on Education in Africa and the Formation of a Theory of Community Development by the British. New York, Phelps-Stokes Fund, 1961.

141) Vgl. das Kapitel III./3.1: Amerikanische 'Negererziehung': Collegeausbildung von Hampton-Tuskegee als Modell für Schwarzafrika.

142) King, K., a.a.O., S. 97/98.

143) Vgl. Peets, H., a.a.O., S. 90.

144) Thompson, A. R., Ideas underlying British Education Policy in Tanganyika. In: Resnick, J. N. (ed.), Tanzania: Revolution by Education. Arusha/Tanzania 1968. S. 15-32, S. 18.

145) Vgl. ebenda, S. 21.

146) Wandira, A., Early Missionary Education ..., a.a.O., S. 217; vgl ferner für die Situation in den französischen Kolonien in Schwarzafrika Autra, R., Historique de l'enseignement en A.O.F. In: Présence Africaine, Heft 6, Febr./März 1956, S. 69-86, der auf S. 72 von Primarschülern in der Elfenbeinküste berichtet, die 1937 einen ganzen Hektar mit Kaffeesetzlingen zu bepflanzen hatten. Die Pflicht zu landwirtschaftlicher Arbeit in der Schule habe in den Schülern einen 'heiligen Terror' vor dieser Art körperlicher Betätigung hervorgerufen. René Dumont äußert sich ebenfalls recht kritisch über die landwirtschaftlichen Aktivitäten der französischen Kolonialschule: "L'époque coloniale connut l'école rurale, avec son jardin - et ses abus. Les gosses y travaillaient souvent au seul profit du maitre, et celui-ci les y envoyait volontiers à titre de punition: bon moyen de les dégouter définitivement de la terre", ders., L'Afrique noire est mal partie. Paris 1962. Rev. Aufl. 1973. S. 82. Die Situation in den portugiesischen Kolonien ist geschildert in de Sousa Ferreira, E., a.a.O.

147) Vgl. für Tansania Thompson, A. R., a.a.O., S. 27; für das unter britischer Mandatsverwaltung stehende Westkamerun, Courade, C./Courade, G., Education in Anglophone Cameroon (1915-1975). Yaoundé1977. S. 3.

148) Vgl. Abernethy, a.a.O., S. 94.

149) Wilson, J., a.a.O., S. 34/45.

150) Vgl. ebenda, S. 37. Schulinspektionen in den anglophonen Provinzen Kameruns zeigen auch heute noch, wie gutgemeinte Umwelt- und Gemeindeorientierung im Schulalltag bei den Lehrern schnell wieder verloren geht. Die Unterrichtsstunde über die Gefährlichkeit der Moskito-Mücke wird zu einer Demonstration des zeichnerischen Könnens des Lehrers, der übergroß die einzelnen Teile des Insekts an die Tafel malt und den Kindern Merksätze zum Auswendiglernen diktiert. Die auf dem Schulhof befindlichen Wasserlachen voller Moskitolarven werden nicht für den Unterricht benutzt.

151) Vgl. Clarke, J. D., Omu: An African Experiment in Education. London 1937. S. 7.

152) Vgl. Thompson, A. R., ebenda.

153) Sinclair, M. E., a.a.O., S. 74.

154) Vgl. Lewis, L. J., Educational policy and practice in British tropical areas. London 1954. S. 59.

155) Vgl. Thompson, A. R., ebenda.

156) Vgl. Mbilinyi, M. L., History of Formal Schooling in Tanzania. In: Hinzen, H./Hundsdörfer, V. H., (eds.), a.a.O., S. 76-87.

157) Vgl. Thompson, A. R., Historical survey of the role of the churches in education from pre-colonial days to post-independence. In: Gottneid, A. J. (ed.), Church and Education in Tanzania. Nairobi 1976. S. 3-130, S. 31.

158) Vgl. King, K., a.a.O., S. 154, insbesondere der Dougall zugeschriebene Ausspruch, es genüge für die auszubildenden Jeaneslehrer, wenn sie nur über einen Wissensvorsprung verfügten, der jeweils leicht über dem Wissensniveau der Dorfbewohner liege, vgl. ebenda, S. 156.

159) Ebenda, S. 162. Ähnliche Beobachtungen und Experimente wurden 1976 bis 1978 auf der Versuchsfarm von IPAR-Buea, Kamerun, durchgeführt.

160) Vgl. King, K., ebenda, S. 164/165.

161) Education Department, Annual Report. Nairobi 1931. S. 76.

162) Vgl. King, K., a.a.O., S. 157.

163) Vgl. Sinclair, M. E., a.a.O., S. 72.

164) Bei Sinclair, ebenda, werden folgende Zahlen zur Ausbildung der Jeanes-Lehrer in Kenia genannt: 1928 44 Auszubildende, 1930 45, 1931 45, 1932 28, 1934 24, davon 5 aus Uganda, 4 aus Tanganyika, 1936 16, 1938 16 (?).

165) Vgl. King, K., a.a.O., S. 174.

166) Vgl. ebenda, S. 175.

167) Anderson, J., a.a.O., S. 21.

168) Vgl. auch Sheffield, J. R., a.a.O., S. 18.

169) Vgl. Lewis, L. J., Society, Schools & Progress in Nigeria, a.a.O., S. 69.

170) Das Problem eines übersteigerten Engagements von Ausländern bei Bildungsreformprojekten in der Dritten Welt ist so alt und umstritten wie die Reformversuche selber. Sinclair, M. E., a.a.O., S. 64/65, bringt das Beispiel des englischen Kolonialbeamten Patrick, der von 1931 bis 1943 im damaligen Ceylon gemeinde- und umweltorientierte Primarschulreformen durchsetzte, die mit seiner Versetzung nach Trinidad wieder aufgegeben wurden.

Beispiele aus neuester Zeit sind sowohl die innovativen Impulse, die ein Mann wie van Rensburg dem außerschulischen Bildungssystem in Botsuana gegeben hat (der auch Bürger dieses Staates wurde), wie der Niedergang eines Reformprojekts wie z. B. das IPAR-Yaoundé durch den Chefberater J. Becquelin, einem französischen UNESCO-Beamten. Zum letzteren siehe Bude, U./Illy, H. F./Kordes, H., Primarschulreform in Kamerun (1973). Entscheidungsprozeß, Curriculumentwicklung, Systemorganisation. Studie erstellt im Auftrag des Bundesministeriums für wirtschaftliche Zusammenarbeit, Bonn. Münster 1973.

171) Anderson, J., ebenda.

172) Dougall, J. W. C., Training Visiting Teachers for African Village Schools. In: Southern Workman, ivii, Oct. 1928, S. 403-414. Zitiert nach King, K., a.a.O., S. 185.

173) Vgl. u.a. den Hinweis auf das IPAR-Yaoundé Projekt in Kamerun und die Rolle des ehemaligen Chefberaters.

174) Vgl. Bauer, M., Stärkung des Problemlösungspotentials der Dritten Welt als Notwendigkeit und Alternative: Chancen und Risiken einer Förderung der Zusammenarbeit mit der Afrikanischen Curriculum-Organisation. In: Engels, B./Laaser, U. (Hrsg.), Deutsche Bildungshilfe in der zweiten Entwicklungsdekade. München 1977. S. 441-466.

175) Foster, P., a.a.O., S. 163.

176) Vgl. Batten, T. R., The Teachers' History and Geography Handbook. Lagos 1944 (5th edition).

177) Thompson, A. R., Ideas underlying British Colonial Education Policy ..., a.a.O., S. 20.

178) Vgl. King, K., a.a.O., S. 258.

179) Bei Sheffield, J. R., a.a.O., S. 23, wird der Jahresbericht der Erziehungsbehörde von 1926 zitiert, worin die Notwendigkeit der Ausbildung von Afrikanern in Kenia allein unter Arbeitskräftebedarfsgesichtspunkten für die weißen Siedler begründet wird. Die Gründe für eine bevorzugte handwerkliche Erziehung für die Afrikaner werden in diesem Bericht folgendermaßen gesehen, "Just as handwork has been found useful in the training of mentally defective children, so the most useful training which the African can receive in his present condition is continued contact with material processes".

180) Vgl. Murrey, A. V., a.a.O., S. 308.

181) Vgl. hierzu auch Brembeck, C. S./Hovey, R. L., Educational Programmes in Rural Areas. Unesco Working Paper. Paris 1972, die z. B. nachweisen, daß die sogenannten Erziehungsbedürfnisse vom Grad der Integration einer Region in die größere staatliche Einheit abhängig sind.

182) Vgl. Abernethy, a.a.O., S. 90.

183) Vgl. Lloyd, P. C., Africa in Social Change. Harmondsworth, Middlesex/ England 1975 (rev. ed.).

184) Abernethy, ebenda.

185) Vgl. DuBois, W. E. B., Education in Africa - a review of the recommendations of the African education committee. In: The Crisis, XXXII, No. 2, June 1926, S. 86-89, S. 88.

186) Azikiwe, B. N., How shall we educate the African? In: Journal of the African Society. No. 33, 1934, S. 143-151, S. 146. Übersetzung nach Grohs, E., a.a.O., S. 21.

187) Vgl. Fajana, A., a.a.O., S. 184/185.

188) Vgl. Anderson, J., a.a.O., S. 61.

189) Vgl. Wandira, A., a.a.O., S. 309.

190) Vgl. u.a. Kalibala, E. B., der das Adaptationskonzept als eine 'leere Theorie' bezeichnet, "It makes no provision for the development of the potential possibilities of the child ... 'Native Education' is a term frequently used to mean a selected body of ideas suitable to the African mentality, and arranged without regard to the development of the African as a whole person." Ders., Education for the Villages in Uganda, East Africa. M. A. Thesis. Teachers College, Columbia/USA 1934. S. 32.

191) Stellungnahme des Seruwano Kulubya, Evidence to the Joint Committee on Closer Union in East Africa. Vol. 2. H.M.S.O. 1931. S. 565. Zitiert nach Wandira, A., a.a.O., S. 308.

192) Vgl. Foster, P., a.a.O., S. 167.

193) Zu Kenia vgl. Anderson, J., a.a.O., S. 115 ff, sowie den sich über fünf Jahre hinziehenden 'Schulgartenkrieg' von 1924 bis 1929 zwischen den Kikuyus und den Missionen zu einer Zeit, als es Afrikanern nicht erlaubt war, sich am Anbau von Exportfrüchten wie Kaffee oder Baumwolle zu beteiligen. Vgl. hierzu King, K. J., The Politics of Agricultural Education for Africans in Kenya. In: Education in Eastern Africa. Vol. 5, No. 1, 1975. S. 1-12. Zu Nigeria vgl. Abernethy, D. B., a.a.O., S. 104. Auch in den französischen Kolonien Schwarzafrikas hatte es nicht an Versuchen gefehlt, lokalbezogene Curricula mit dem Schwerpunkt auf Landwirtschaft und Handwerk zu entwickeln. Die seit der Jahrhundertwende verstärkten Versuche praktischer Erziehung wurden in den 30er Jahren nochmals intensiviert. Der Widerstand der Bevölkerung gegen eine derartige Erziehung führte jedoch erst 1947 zur Aufgabe der 'Adaptationsversuche'. Vgl. Cosnier, H., L'Ouest Africain Francais: ses resources agricoles - son organisation économique. Paris 1921. S. XV; und Foster, P., a.a.O., S. 175.

194) DuBois, W. E. B., Curriculum Revision, address to Georgia State Teachers Convention, 12 Apr. 1935. DuBois Papers, Park Johnson Archives, Fisk University. Zitiert nach King, K., Pan-Africanism and Education ..., a.a.O., S. 257.

195) Vgl. Murray, A. V., a.a.O., S. 309.

196) Vgl. Blankertz, H., Berufsbildung und Utilitarismus. Düsseldorf 1963. S. 115.

197) Vgl. King, K., a.a.O., S. 161.

198) Vgl. Morris, H., The Village College: being a Memorandum on the Provision of Educational and Social Facilities for the Countryside with Special Reference to Cambridgeshire. Cambridge University Press. Cambridge 1924. Morris verfaßte dieses Memorandum nach seiner Ernennung zum Sekretär für Erziehung für Cambridgeshire.

199) Vgl. Poster, C. D., The School and the Community, a.a.O., S. 17. In Dänemark hatten sich bereits in den 70er und 80er Jahren des 19. Jahrhunderts in den ländlichen Gebieten Volkshochschulen entwickelt, die jedoch im Gegensatz zu England aus einer Volksbewegung heraus entstanden waren. Die Relevanz dieser dänischen Erwachsenenbildungseinrichtungen für Entwicklungsländer ist von Manniche ausführlich dargestellt worden. Vgl. Manniche, P., Rural Development and the Changing Countries of the World. A Study of Danish Rural Conditions and the Folk High School with its Relevance to the Developing Countries. Oxford 1969.

200) Poster, C. D., a.a.O., S. 19.

201) Vgl. Dewey, J., The School and the Society. Chicago 1900.

202) Vgl. ebenda und ders., Democracy and Education. New York 1916.

203) Vgl. Beers, H., The Community School. 52nd Year Book, Part II of the National Society for the Study of Education. Chicago 1953.

204) Maclure, S., Background to the Subject and Discussion. In: Centre for Educational Research and Innovation (CERI), School and Community. A report based on presentations made to a conference at Slaugham, United Kingdom, 15th-19th Oct., 1973. Paris 1975. S. 7-21, S. 16.

205) Vgl. Ashcroft, R., The School as a Base for Community Development, In: Centre for Educational Research and Innovation, a.a.O., S. 22-42, S. 29.

206) Halsey, A. H., Educational Priority EPA Problems and Policies. HMSO 1972. Zitiert nach Ashcroft, R., a.a.O., S. 31.

207) Vgl. Alexander, D./Steward, T., Community Education and its Effects on the Syllabus. Discussion Paper. University of Edinburgh 1977.

208) Ashcroft, R., a.a.O., S. 27.

209) Vgl. Ishumi, A. G. M., Education and Development. Nairobi 1976. Kap. 3: 'USA: The Politics of Community Control'. S. 71 ff; und vgl. Maclure, S., a.a.O., S. 11, sowie CERI, Secretariat, The Use of Community Resources by the School. In: Centre for Educational Research and Innovation, a.a.O., S. 43-54, S. 50.

210) Vgl. Midwinter, E., Priority Education. An Account of the Liverpool Project. London 1972.

211) Vgl. z. B. die jährlichen Berichte der Vereinigung Bostoner Gemeindeschulen. Im Jahresbericht 1971 heißt es u. a., "The school has changed our lives. When we felt without hope we couldn't help communicate this to our children. Now we are doing something ourselves - learning and growing ... The influence of the school is felt everywhere.", Annual Report of the Federation of Boston Community Schools. Roxbury, June 1971. S. 13.

212) Hawes, H., Curriculum and Reality in African Primary Schools. London 1979. S. 13.

213) Vgl. u. a. Dore, R., The Diploma Disease ..., a.a.O.; und King, K., The Community School ..., a.a.O., S. 6.

214) Vgl. insbesondere die Bemühungen der britischen Kolonialpolitik in Afrika während und nach dem zweiten Weltkrieg Dienste für Gemeinwesenentwicklung aufzubauen; siehe u. a. Batten, T. R., Communities and their Development, a.a.O.

215) Vgl. Joerges, B., Community Development ..., a.a.O., S. 20; und Göricke, F./Spiegel, E., Planning Community Development Centres in Kandara, Kenya - A Field Study. Kübel Foundation. Bensheim 1976. S. 58.

216) Vgl. Addo,J. M. K., Education for Better Living: The Role of Community Development. In: The Social Worker. Journal of the Ghana Association of Social Workers. Vol. I, No. 1, June 1973. S. 27-39; und Batten, T. R., a.a.O.

217) Vgl. Kantowsky, D., Community Development und Sozialarbeit als Mittel der Sozialstrukturhilfe? Konstanz 1976. Kantowsky analysiert in seiner Arbeit 20 Fallstudien.

218) Apter, D. E., Community Development: Achievements and Deficiences. In: Internationales Asienforum. Vol. 5, 1974, Nr. 3, S. 385-400, S. 393.

219) Vgl. Göricke, F./Spiegel, E., a.a.O., S. 59.

220) International Labour Office (ILO), Meeting Basic Needs, Strategies for Eradicating Mass Poverty and Unemployment. Geneva 1977.

221) Vgl. u. a. Labor, A./N'geba, F./Pessima, J./Hedd, G./Lucan, T. A., The Bunumbu Project. A Case Study (The Bunumbu Training of Primary School Teachers for Rural Areas: A Case Study of a Needs-oriented

Curriculum). Centre for Curriculum Development. Institute of Education. University of Sierra Leone. Freetown 1978. Des weiteren finden sich Hinweise auf Community Education Centres in Tansania bei Müller, J., Förderung der Grunderziehung in Entwicklungsländern. Konzepte und Leistungen Bi- und Multilateraler Geber im Kontext der Internationalen Diskussion. Bonn, Dezember 1978. S. 32 ff; "Das Konzept der Community Education Centres macht ernst mit der Forderung nach einem bedarfs- und umweltorientierten Grunderziehungssystem, das die vorhandenen Ressourcen optimal nutzt und jenes Minimum an funktionalen Grundkenntnissen, das zu einem menschenwürdigen Leben in einer sich wandelnden Gesellschaft notwendig ist, der ganzen Dorfgemeinschaft vermitteln will. Bis jetzt gibt es allerdings nur Versuchsprogramme, zentriert um eine Lehrerbildungsanstalt ...", S. 37.

222) Vgl. aus der anwachsenden Literatur zum Thema u. a., Wandira, A., Indigenous Education in Uganda. Kampala 1971. Indire, F. F., Patterns of Learning of the Young in Traditional Eastern African Society. In: Unesco/Unicef (eds.), Basic Education in Eastern Africa ..., a.a.O., S. 81-89. Ocitti, J. P., African Indigenous Education. As practised by the Acholi of Uganda. Nairobi 1973. Murray, A. V., The School in the Bush. A.a.O. Callaway, H., Indigenous Education in Yoruba Society. In: Brown, G. N./Hiskett, M. (eds.), Conflict and Harmony in Education in Tropical Africa. London 1975. S. 26-38. Bartels, F. L., Akan Indigenous Education. In: Brown/Hiskett, a.a.O., S. 39-64. Gay, J./Cole, M., The New Mathematics and an Old Culture. A Study of Learning among the Kpelle of Liberia. New York 1967. Dzobo, N. K., Modes of Traditional Moral Education among Anfoega-Ewes. Cape Coast/Ghana 1971.

223) International Labour Office, Education for Development. Report III. 5th African Regional Conference. Abidjan, Sept. - Oct. 1977, Geneva 1977. S. 36.

224) Vgl. Nyerere, J., Education for Self-Reliance, a.a.O.

225) Ders., Erziehung zur Befreiung ..., a.a.O., S. 23.

226) Vgl. Aujoulat, L. P., Afrika kommt. Freiburg/München 1960.

227) Vgl. Erny P.,L'enfant dans la pensée traditionnelle de l'Afrique noire. Paris 1968; Varkevisser, C. M., Socialization in a Changing Society. Sukuma Childhood in Rural and Urban Mwanza, Tanzania. CESO. Den Haag 1973. S. 274/275; sowie die Darstellungen bei afrikanischen Schriftstellern wie z. B. Dadié, B., Climbié. African Writers Series. London 1971; Djoleto, A., The Strange Man. African Writers Series. London 1968; Laye, C., The African Child. London 1973 (19th ed.).

228) Busia, K. A., Purposeful Education for Africa. The Hague 1969 (3rd ed.). S. 16 und 17.

229) Ackermann, L., Erziehung und Bildung in Rwanda. Frankfurt/Main, Bern, Las Vegas 1978. S. 117.

230) Estgeest, J., Primary Education: Revolution for Self-Reliance. In: Resnick, I. N. (ed.), a.a.O., S. 229-238, S. 238.

231) Westermann, D., Die Kpelle. Ein Negerstamm in Liberia. Göttingen/Leipzig 1921. S. 247.

232) Ebenda, S. 250, siehe auch Gay J./Cole M., a.a.O., S. 17/18.

233) Fafunwa, A. B., School is other People - For African Children the Village Community is one big family of teachers. In: The Unesco Courier. May 1978. S. 11-14, S. 12.

234) Callaway, H., a.a.O., S. 26. Vgl. auch Cameron, J., Traditional and Western Education in Mainland Tanzania: An Attempt at Synthesis? In: Brown, G. N./Hiskett, M., a.a.O., S. 350-362, S. 357.

235) Vgl. u. a. Nkwi, P. N., Traditional Government and Social Change. A study of the political institutions among the Kom of the Cammeroon Grassfields. Fribourg/Switzerland 1976. S. 67 ff; Fajana, A., Some Aspects of Yoruba Traditonal Education. In: ODU, University of Ife Journal of African Studies. Vol. III, No. 1, 1966. S. 16-28.

236) Ackermann, L., a.a.O., S. 75.

237) Vgl. Dzobo, N. K., Values in Indigenous African Education. In: Brown, G. N./Hiskett, M. (eds.), a.a.O., S. 76-90; Erny, P., L'enfant et son milieu en Afrique noire. Paris 1972.

238) Ocitti, J. P., a.a.O., S. 92.

239) Indire, F. F., a.a.O., S. 87; vgl. auch Moumouni, A., a.a.O., S. 13, der den sozialen und kollektiven Charakter der traditionellen afrikanischen Erziehung hervorhebt.

240) Vgl. Ocitti, J. P., a.a.O., S. 106.

241) Gay, J./Cole, M., a.a.O., S. 16.

242) Ackermann, L., a.a.O., S. 244.

243) Ebenda.

244) Ocitti, J. P., a.a.O., S. 102.

245) Ebenda, S. 98.

246) Ebenda, S. 99.

247) Ebenda.

248) Vgl. Erny, P., L'enfant et son milieu ..., a.a.O., S 15.

249) Ansätze zur Entwicklung einer eigenen Schriftsprache wurden gegen Ende des 19. Jahrhunderts u. a. bei den Bamuns in Kamerun und den

Vais in Liberia entwickelt. Vgl. hierzu Njoya, A. N., Njoya -reformateur du royaume bamoun. Paris/Dakar/Abidjan 1978; und Nyei, M. A., Comparision of Three-Script Literacy in Liberia. In: King, K., (ed.), Literacy Research in Developing Countries. Report of the Bellagio IV Workshop in Educational Research with Special Reference to Research on Literacy. Geneva, Nov. 19-22nd, 1978. Final Report. Ottawa/Canada 1979. S. 172-181.

250) Indire, F. F., a.a.O., S. 87.

251) Vgl. Peil, M., Consensus and Conflict in African Societies. London 1977. S. 174 ff.

252) Vgl. Indire, F. F., a.a.O., S. 88.

253) Ohuche, R. O./Otaala, B. (eds.), The Child in the African Environment. Study prepared for SEPA (Science Education Programme for Africa). Draft. Nairob/Kenya 1979. S. 29.

254) Vgl. Brinkschulte, B., Formen und Funktionen wirtschaftlicher Kooperation in traditionellen Gesellschaften Westafrikas. Meisenheim/Glan 1976.

255) Gay, J./Cole, M., a.a.O., S. 29; Sowie Parin, P./Morgenthaler, F./Parin-Matthey, G., Fürchte Dienen Nächsten wie Dich selbst. Psychoanalyse und Gesellschaft am Modell der Agni in Westafrika. Frankfurt/Main 1971.

256) Vgl. z. B. Dongmo, A., Les origines du sens commercial des Bamileke. Yaoundé 1974. S. 66/67. "Nous désirons ardemment maitriser la science, la technologie, accéder au monde des pays développes. Mais le pouvons-nous en conservant intégralement nos coutumes, nos traditions, nos croyances, nos mentalités?... certaines pratiques et croyances doivent etre adaptées au monde actuel et d'autres abandonnées parce que nuisibles à l'épanouissement de cette mentalité. Celui qui vit sous le joug des croyances, d'ou qu'elles viennent, sans les controler par la raison, n'est pas un homme libre"; siehe auch Horton, R., African Traditional Thought and Western Science. In: Young, M. F. D. (ed.), Knowledge and Control. New Directions for the Sociology of Education. London 1971. S. 208-266.

257) Ohuche, R. O./Otaala, B. (eds.), a.a.O., S. 29/30.

258) Vgl. Grohs, G., Zur Aufnahme afrikanischer Traditionen in afrikanische Ideologien. In: Zeitschrift für Kulturaustausch. 19. Jhrg. 1979/4, S. 359-364, S. 361.

259) Vgl. Njoh-Mouelle, E., Jalons - Recherche d'une mentalité neuve. Edition CLE. Yaoundé 1970. S. 56.

260) Die folgenden Ausführungen beziehen sich auf Mock, E., Afrikanische Pädagogik. Chancen und Möglichkeiten einer 'entwicklungs'-orientierten, authentischen afrikanischen Pädagogik, untersucht am Beispiel des francophonen Schwarzafrikas. Wuppertal 1979. S. 46-53.

261) Vgl. ebenda.

262) Vgl. das von Mock exemplarisch dargestellte Centre d'Education a la Promotion Collective in Yaoundé, Kamerun, a.a.O., S. 304 ff und der wachsende Andrang von Kindern bessergestellter Kameruner in die privaten Schulen, die nach französischen Lehrplänen und Prüfungsordnungen unterrichten. Ähnliche Probleme zeigen sich z.B. auch in Ghana. Vgl. hierzu Bude, U., Stop Education for Frustration ..., a.a.O.

263) Vgl. Grohs, G., a.a.O., S. 362.

264) Bebey, F., King Albert. Wuppertal 1980. Aus dem Französischen übersetzt von G. Meurer. S. 53.

Anmerkungen Kapitel IV

1) Vgl. Appendix: :Faktoranalyse im Rahmen der Einteilung der Gemeinden der anglophonen Provinzen Kameruns nach Zonen unterschiedlicher infrastruktureller Erschlossenheit.

2) Vgl. Singleton, J., School and Rural Development: An Anthropological Approach. In: Foster, P./Sheffield, J. R. (eds.), The World Year Book of Education 1974: Education and Rural Development. London 1973. S. 117-136, S. 117/118.

3) Foster, P./Sheffield, J. R., General Introduction. In: The World Year Book of Education 1974. London 1973. S. 1-11, S. 1.

4) Vgl. Adiseshia, M. S., From International Aid to International Cooperation: Some Thoughts in Retrospect (I). In: International Review of Education XXV, 1979, S. 213-230; Mackinnon, A. R., From International Aid to International Cooperation ... (II). In: International Review of Education XXV, 1979, S. 231-247.

5) Weiler, H. N., Education and Development: From the Age of Innocence to the Age of Scepticism. In: Comparative Education, Vol. 14, No. 3, Oct. 1978, S. 179-198, S. 180.

6) Vgl. Griffiths, V. L., The Problems of Rural Education. Unesco: IIEP. Paris 1968. S. 16/17.

7) Vgl. Foster, P., Education and Social Change in Ghana, a.a.O., S. 126/127.

8) Vgl. Colclough, Chr., Formal Education ..., a.a.O., S. 11/12.

9) Ferge, Z., Final Report of the Seminar on "Inequalities in Educational Development", organized by IIEP, 27/11/-30/11/1978. IIEP/S49/Report. Unesco. Paris, 1/2/1979. S. 17.

10) Vgl. Heijnen, J. D., Development and Education in the Mwanza District (Tanzania). A Case Study of Migration and Peasant Farming. Amsterdam, Centre for Study of Education in Changing Societies and University of Utrecht. 1968.

11) Vgl. Odeke, B., Crop Production in Orungo, Teso District, Uganda. Special Project. Makarere University. Faculty of Agriculture. 1971. (Mimeo).

12) Vgl. Watts, E.R., Agricultural Extension in Embu District of Kenya. In: East Africa Journal of Rural Development, Vol. 2, No. 1, 1969. S. 63-77.

13) Vgl. zu der Problematik aggregierter Daten die unterschiedlichen Ergebnisse bei Chaudri, D. P. für Indien: Positive Korrelation von landwirtschaftlicher Produktion und Bildungsgrad der Bauernbevölke-

rung auf Landesebene, keine signifikante Beziehung zwischen den erwähnten Variablen auf der Ebene der einzelnen Bauernhaushalte. Vgl. dens., Education and Agricultural Development - Some Empirical Results from Indian Agriculture. In: The World Yearbook ..., a.a.O., S. 372-386.

14) Vgl. Lockheed, M. E./Jamison, D. T./Lau, L. J., Farmer Education and Farm Efficiency: A Survey of Previous Empirical Research. In: Jamison, D. T./Lau, L. J., Farmer Education and Efficiency. World Bank. Washington D. C. 1978. S. 14-44, S. 24 und 27.

15) Vgl. ebenda, S. 44.

16) Vgl. u.a. Schultz, T. W., Transforming Traditional Agriculture. New Haven. Yale University Press. 1964; Foster, P., Dilemmas of Educational Development ..., a.a.O., S. 385.

17) Vgl. Lockheed et al., a.a.O., S. 27.

18) Vgl. Colclough, C./Hallak, J., Rural Education and Rural Employment, a.a.O., S. 10.

19) Vgl. Foster, P., Education and Social Change in Ghana, a.a.O., S. 126/127.

20) Foster, P., Dilemmas of Educational Development ..., a.a.O., S. 385.

21) Vgl. Lockheed et al., a.a.O., S. 14.

22) Vgl. Mosher, A. T., To Create a Modern Agriculture. New York, N. Y., The Agricultural Development Council, Inc., 1971; ders., An Introduction to Agriculural Extension. New York, N. Y., The Agricultural Development Council, Inc., 1978.

23) Wilson, F. B., Education for Rural Development. In: The World Year of Education 1974, a.a.O., S. 15-30, S. 26.

24) Khoi, Le Thanh, Aspects of Educational Reform and Planning in Cameroon. Draft Report. English Version (Original in French). Buea/United Republic of Cameroon, 1976. S. 15.

25) Watts, E.R., The Educational Needs of Farmers ..., a.a.O., S. 151.

26) Levin, H. M., Assessing the equalization potential of education. IIEP/S49/20A, Paris, 27/11/1978. S. 3 und 4.

27) Vgl. Carnoy, M. et al., Can Educational Policy Equalize Income Distribution in Latin America? International Labour Organisation. Geneva 1976; ders., Can Educationa Policy Equalize Income distribution? In: Prospects. Vol. VIII, No. 1, 1978, S. 3-18. Zu ähnlichen Ergebnissen kommt auch eine Langzeitstudie von Shail Jain für die Weltbank über die Einkommenverteilung in anderen Entwicklungsländern. Vgl. dens., Size Distribution of Income. Washington D. C., 1975.

28) Vgl. Husén, T., Second Thoughts on Equality in Education. IIEP/S49/3A, Paris, Unesco 1978.

29) Clignet, R., The Liberalizing and Equalizing Functions of Schools: An Overview. In: Comparative Education Review. Vol. 19, No. 1, Febr. 1975. Special Issue, S. 88-104, S. 95.

30) Vgl. Harker, B. R., The Contribution of Schooling to Agricultural Modernization: An Empirical Analysis. In: The World Yearbook ..., a.a.O., S. 350-371.

31) Inkeles, A., The School as a Context for Modernization. In: Inkeles, A./Holsinger, D. B. (eds.), Education and Individual Modernity in Developing Countries. Leiden/The Netherlands 1974. S. 7-23, S. 22.

32) Vgl. Eide, K., Some key problems of equality in education. IIEP/S49/7A Unesco. Paris 1978.

33) So weist Colclough u. a. darauf hin, daß der Mangel an historischem Datenmaterial über Besitzverhältnisse und Einkommensunterschiede der Eltern der bei heutigen Untersuchungen befragten Bauern eine mögliche Erklärung für die derzeitigen Unterschiede in der Höhe der landwirtschaftlichen Produktion ausschließt. Vgl. dens., Formal Education ..., a.a.O., S. 12.

34) Vgl. Blaug, M., Zum Begriff 'modern', der die hier gemachten Ausführungen bestätigt. Ders., Education and the employment problem ..., a.a.O., S. 38.

35) Vgl. u. a. Simon, H., W.A.D.A. Extension Farmers: A Socio-Economic Survey About Their Living Conditions And Annual Budgets. Wum/Cameroon, Oct. 1976.

36) Vgl. Harker, B. R., a.a.O., S. 367.

37) Vgl. Wharton, C. R., Education and Agricultural Growth: The Role of Education in Early-Stage Agriculture. In: Anderson, C. A., and Bowman, M. J. (eds.), Education and Economic Development. London 1966. S. 202-228, S. 206.

38) Bowman, M. J., Rural People and Rural Economic Development. IIEP/S36/10A. Unesco. Paris 1975. S. 48 und S. 50. Hervorhebung meine.

39) Vgl. Chambers, R., Managing Rural Development ..., a.a.O.

40) Vgl. Simon, H., a.a.O., S. 30.

41) Vgl. auch hierzu Bergmann, H./Bude, U., Thesen zum Thema Grunderziehung und Dorfentwicklung. In: Munzinger, P. (Berichterstatter), Beratung als Instrument der ländlichen Entwicklung in Westafrika. Bericht über das 1. Regionalseminar der GTZ/DSE in Kamerun vom 21. bis 2.11.1978. S. 123-127.

42) Vgl. Ministry of National Education, Division of Planning, Orientation and Equipment, Statistical Yearbook, 1973-1974, Vol. I (Primary Education). Yaoundé 1975. S. 9-11.

43) Schriftliche Information durch IPAR-Buea, Kamerun.

44) Vgl. Nestvogel, R., Verstärkung von Unterentwicklung ..., a.a.O., S. 176/177.

45) Vgl. Bergmann, H./Bude, U., Training Opportunities for Primary School Leavers in the Northwest and Southwest Provinces of Cameroon. Buea 1974.

46) Vgl. Khoi, Le Thanh, a.a.O., S. 19/20.

47) Vgl. Bude, U./Bergmann, H., Zum systematischen Einsatz ..., a.a.O., S. 334.

48) Vgl. hierzu insbesondere das Kapitel III./3.4.: Versuche, das Adaptionskonzept in die Praxis umzusetzen, und Hawes, H., Curriculum and Reality ..., a.a.O., S. 25.

49) Kenjo wan Jumbam, A Simple History of Cameroon (Classes 6 & 7). Ohne Ort, Kamerun, S. 7.

50) So z. B. Ngende, F. E., Geography of West Cameroon. Victoria 1966; sowie die Hefte von Tita, S. N. in Geschichte, Geographie und Landwirtschaft, z. B. Tita, S. N., Rural Science for Senior Primary Classes. 2nd edition. Victoria (Cameroon) 1973.

51) Die wechselvolle Geschichte der Primarschulreform in Kamerun ist bereits ausführlich analysiert und dokumentiert, so u. a.: Bebbe-Njoh, E., Note sur les orientations des innovations educatives au Cameroun. CNE. Yaoundé 1979; ders., Reformes Scolaires et Recherche Pedagogique. Réflexions à partir d'une étude de cas: l'evolution de la réforme de l'enseignement au Cameroun. CNE. Yaoundé 1977; Khoi, Le Thanh, Aspects of Educational Reform ..., a.a.O. (1976); Lallez, R., An experiment in the ruralization of education: IPAR and the Cameroonian reform. Study prepared for the International Bureau of Education. Paris 1974; Mock, E., Afrikanische Pädagogik, a.a.O., (1979); Bosse, H./Hundsdörfer, V., Evalution of the German Contribution to IPAR-Buea. A confidential report for GTZ. Buea, Frankfurt and Mainz, October 1978; Nestvogel, R., Verstärkung von Unterentwicklung durch Bildung? A.a.O. (1978); Bude, U./Bergmann, H., Zum systematischen Einsatz ..., a.a.O. (1977); Bude, U./Illy, H. F./Kordes, H., Primarschulreform in Kamerun? (1973), a.a.O.

52) So standen IPAR-Buea z. B. seit seiner Gründung Ende 1973 von staatlicher Seite nur jährlich CFA 5 Mill. (ca. 55.000 DM) zur Finanzierung der laufenden Ausgaben zur Verfügung. Eine Erhöhung des Budgets erfolgte erst 1982.

53) Vgl. Nationales Erziehungsinstitut, Allgemeine Richtlinien und Forschungsprogramm. Yaoundé 1976.

54) Vgl. Mukam, L. (Koordinator) et al., Propositions de Structures pour la Réforme de l'enseignement au Cameroun. Projet II. Atelier Scientifique sur la Réforme de l'Enseignement au Cameroun, 5-15 Juin, 1978. Yaoundé, Mai 1978, S. 9 ff.

55) Vgl. IPAR-Yaoundé, La Réforme de l'Enseignement au Cameroun. Yaoundé, Fevr. 1972. S. 3.

56) Vgl. Mukam, L., et al., ebenda.

57) Vgl. ebenda; zur Ideologie und Entwicklungspolitik Kameruns vgl. auch Illy, H. F., Politik und Wirtschaft in Kamerun ..., a.a.O., insbesondere S. 153-164.

58) Vgl. IPAR-Buea, Report on the Reform of Primary Education. Buea, April 1977.

59) Vgl. Mukam, L. et al., a.a.O., S. 170.

60) Ebenda.

61) Vgl. z. B. die Berichterstattung in den Jahresrechenschaftsberichten der Delegierten der Provinzen, u. a. den Bericht für die Südwestprovinz 1976/77.

62) Der vielfach beklagte Zentralismus der Verwaltung, so u. a. Illy, H. F., Politik und Wirtschaft in Kamerun, a.a.O., präsentiert sich in den verschiedenen Regionen eher als eine Mischform, in der starke geschichtlich gewachsene lokale Elemente mit einbezogen sind.

63) Vgl. Ministre de l'Economie et du Plan, Direction de la Statistique et de la Comptabilite Nationale, Principeaux Resultats Du Recensement General De La Population Et De L'Habitat D'Avril 1976. Yaoundé, Fevrier 1978.

64) Nelson, H. D. et al., Area Handbook for the United Republic of Cameroon. U. S. Government Printing Office. Washington D. C. 1974. S. 141.

65) Ebenda, S. 141/142.

66) Der Ausdruck 'Stamm' wird wegen der dahinterstehenden kolonialen Ideologie nicht verwendet. Siehe Eyongetah, T./Brain, R., A History of the Cameroon. London 1974. S. 6.

67) Vgl. u. a. Ardener, E., Coastal Bantu of the Cameroons. London 1956; insbesondere seine Ausführungen über die Bakweri (auch Kpe genannt); vgl. Ruel, M., Leopards and Leaders. Constitutional Politics among a Cross River People. London 1969. - Bezeichnend für die Stellung der Häuptlinge in den Gemeinden dieser Region ist auch die während der Datenerhebung immer wieder zu beobachtenden Berichtigungen von

Meinungsäußerungen der Häuptlinge durch andere Dorfbewohner in aller Öffentlichkeit.

68) Neben den Tikarvölkern und den Balis müssen für die Nordwestprovinz die Gruppe der Widekum erwähnt werden, die keine derartigen politischen Strukturen kennen, sondern auf der Großfamilie aufbauen. Vgl. Seino, M. A., The Widekum and their neighbours: An investigation into the traditions of origin, migration, settlement and culture of the Widekum and their interaction with the Bali-Chamba before and during colonial rule. Yaoundé 1975.

69) Von den zahlreichen Arbeiten über die Kulturgruppen des Graslandes seien u. a. erwähnt, Chilver, E. M./Kaberry, P. M., Traditional Bamenda. The Precolonial History and ethnography of the Bamenda Grassfields. Buea 1967; Ritzenthaler, R. E. und Ritzenthaler, P., Cameroons Village: an Ethnography of Bafut. Milwaukee 1962; Geary, Chr., We. Die Genese eines Häuptlingtums im Grasland von Kamerun. Studien zur Kulturkunde, Band 38. Wiesbaden 1976; Nkwi, P. N., Traditional Government and Social Change ..., a.a.O.; Koloß, H.-J., Könige, Masken, Feste. Ethnologische Forschungen im Grasland der Nordwest-Provinz von Kamerun. Stuttgart 1977; Warnier, J.-P., Precolonial Mankon: The Development of a Cameroon Chiefdom in its Regional Setting. Ph. D. thesis, University of Pennsylvania/USA, 1975; Soh Bejeng, P., The History and Social Institutions of the Ngemba Chiefdoms of Mbatu, Akum, Nsongwa, Chomba and Ndzong. Yaoundé 1977; ders., A study of Lela, a Bali-Chamba state cult of the northwest grassfields of Cameroon. Yaoundé Université, 1975; Aletum Tabuwe, M., Exploration of traditional political institutions towards national political development. A case study of the Bafut traditional political institutions. Yaoundé Université, 1977.

70) Koloß, H.-J. bemerkt zum Begriff 'Geheimgesellschaft', "Die Gesellschaften sind insofern geheim, als alles was bei ihnen geschieht, vor Außenstehenden, und das gilt besonders für Frauen, zurückgehalten wird. Das betrifft vor allem den ganzen Komplex 'Medizin' und Zaubergeräte, die Uneingeweihte niemals sehen dürfen, sie würden sonst erkranken oder gar sterben", a.a.O., S. 7.

71) In der Literatur finden sich die verschiedensten Schreibweisen für 'Kwifon', so u. a. Kwifoyn, Kwe-Fon, Nkwifon. Die überregionale Bezeichnung lautet 'Ngumba', jedoch wird diese Gesellschaft im östlichen Grasland (Banso, Ndu, Mbiame) als 'Nwerong' oder ähnlich bezeichnet. Vgl. Ngam, F. C., To the Kom People. Victoria 1973; und Koloß, H.-J., a.a.O., S. 13.

72) Koloß, H.-J., a.a.O., S. 8.

73) Vgl. LeVine, V. T., The Cameroon Federal Republic. Ithaca and London 1971. S. 146, sowie Nelson, H. D. et al., a.a.O., S. 95.

74) Nkwi berichtet über einen Vorfall 1975 in Kom, Nordwestprovinz, bei dem der oberste Bezirksbeamte eine Reinigungszeremonie, zu der Kwifon aufgerufen hatte, untersagte, weil er Unruhen unter der Bevölkerung befürchtete. Ders., a.a.O., S. 191.

75) LeVine, V. T., a.a.O., S. 149.

76) Nkwi, P. N., Grassfield Kings and Chiefs and Modern Politics. ONAREST. Yaoundé 1977. S. 26.

77) Vgl. Stachel, G., Marginalisierung afrikanischer Kleinbauern durch Modernisierung des Agrarsektors am Beispiel Kameruns. In: Neue Entwicklungspolitik, Jahrgang 6, No. 1, 1980. S. 1-5, S. 4.

78) Neunhäuser, P. (ed.) et al., Possibilities of the Introduction of Draught Animals in the North-West Province of the United Republic of Cameroon. A consultative study for the German Agency for Technical Cooperation (GTZ). Berlin 1977. S. 139/140.

79) Nestvogel, R., a.a.O., S. 122 und 123.

80) Vgl. Hausen, K., Deutsche Kolonialherrschaft in Afrika. Wirtschaftsinteressen und Kolonialverwaltung in Kamerun vor 1914. Zürich und Freiburg i. Br. 1970. S. 178.

81) So z. B. in Banso und Kom im Nordwesten.

82) Vgl. Courade, C./Courade, G., a.a.O., S. 13.

83) Ebenda, S. 3.

84) Vgl. ebenda, S. 72.

85) Vgl. ebenda, S. 11.

86) Vgl. hierzu die Karte IV./1.3.2./4 und Tab. IV./1.3.2./2.

87) Vgl. Ejedepang-Koge, S. N., Tradition and Change in Peasant Activities. A study of the indigenous people's search for cash in the South West Province of Cameroon. Yaoundé 1975. S. 91-93.

88) Vgl. ebenda, Migrationskarte 4 b.

89) Die Einwohnerzahl von Mamfe ging von 11.700 im Jahre 1967 auf 9.000 im Jahre 1976 zurück. Vgl. Tandap, L. T., Evaluation of the Sequence of Urbanization and Population Redistribution in Cameroon. In: Abbia, June 1979, No. 34-37, S. 392-422.

90) Vgl. Courade, C./Courade, G., a.a.O., S. 78. Der Trend hat sich weiter verstärkt. Unter den Sekundarschülern sind die Ejagham und Banyang, die im Einzugsgebiet Mamfes liegen, weit überrepräsentiert. Vgl. hierzu dies., S. 53.

91) Vgl. z. B. die Eröffnung einer dem ehemaligen Minister für Post- und Fernmeldewesen, Egbe Tabi, gehörenden Sekundarschule in Bachuo-Akagbe in der Nähe von Mamfe 1977.

92) Vgl. die von Barbier/Courade/Gubry herausgearbeiteten Migrationsmuster für Kamerun, die u. a. den Grad der Einschulung und die wirtschaftlichen Möglichkeiten in den Abwanderungsgebieten zugrunde legen; Barbier, J. G./Courade, G./Gubry, P., L'Exode Rural Au Cameroun. Yaoundé 1978. S. 54-57.

93) Vgl. für Kenia z. B. Soja, E., The Geography of Modernization in Kenya. Syracuse/USA, 1968; der Ausbreitung des Anbaus von Exportfrüchten und der verkehrsmäßigen Erschließung folgte die Schule.

94) Vgl. auch den von Jean Mayer vorgelegten Ansatz zur Grundbedürfnisstrategie, der von der räumlichen Verteilung lebenswichtiger Dienste ausgeht. Ders., Spatial aspects of basic-needs strategy: the distribution of essential services. In: International Labour Review, Vol. 118, No. 1, Jan.-Febr. 1979, S. 59-74.

95) Weitere Einzelheiten zum Aufbau und zur Durchführung der Forschung finden sich bei Bergmann, H., und Bude, U., A Survey of Primary Schools and their Communities for General Education Policy-Making: The Case of two Provinces in Cameroon. In: International Review of Education, XXIII/1977/1 S. 3-34. Nach der Datenerhebung reduzierte sich die Zahl der Gemeinden/Schulen der Stichprobe auf 79, da die extrem unzugängliche Lage einer Gemeinde den Besuch dort aus Zeit- und Finanzgründen verhinderte.

96) Vgl. die genaueren Ausführungen zum Einsatz der Faktoranalyse in dieser Untersuchung im Appendix.

97) Vgl. Ashuntantang, G. T./Bergmann, H./Bude, U./Divine, V. J., a.a.O., S. 76 ff.

98) Vgl. Boustedt, O., Die zentralen Orte und ihre Einflußbereiche. In: Proceedings of the IGU-Symposium in Urban Geography, Lund 1960. Lund/Schweden 1962. S. 201-226.

99) Vgl. Ejedepang-Koge, S. N., a.a.O., S. 293 und 297.

100) Martin, J. Y., Social Differentiation and Regional Disparities: Educational Development in Cameroon. IIEP Working Paper. IIEP/RP/19/11A (Prov.). Unesco, Paris, 24/2/1978. S. 94.

101) Ebenda, S. 107.

102) Vgl. Courade, G., Victoria-Bota, Croissance Urbaine et Immigration. Office de la Recherche Scientifique et Technique Outre-Mer. Yaoundé, Mars 1975.

103) Vgl. Barbier, J. C., et al., a.a.O., S. 55.

104) Vgl. Clignet, R., The Liberalizing ..., a.a.O., S. 94/95; Foster, P., Education and Social Change ..., a.a.O., S. 126/127; Court and Kinyanjui weisen darauf hin, daß diese Einstellung zur Schule unter der ländlichen Bevölkerung besonders bei den Bauern deutlich wurde, die erfolgreich

landwirtschaftliche Innovationen übernommen hatten, vgl. Court, D./Kinyanjui, K., Development Policy and Educational Opportunity: The Experience of Kenya and Tanzania. IIEP Working Paper. Unesco, Paris, 5/10/1978. S. 27.

105) Die Ergebnisse werden auch in anderen schwarzafrikanischen Ländern bestätigt. Für Tansania bemerkt Mbilinyi, "In our survey of family backgrounds of secondary school students ... we did find that the majority of students come either from towns or mission or trade centres, and hardly any from rural areas 'off the road' ", dies., The study of Education ..., a.a.O., S. 84.

106) IPAR-Buea, a.a.O., S. 147.

107) Zahlenangaben beziehen sich auf 1973/74. Von 100 erfolgreichen Teilnehmern an der Abschlußprüfung der Primarschule waren 1975 nur 23.7 % Mädchen.

108) Reiff, H., The Role of Educational Planning ..., a.a.O., S. 6/7.

109) Vgl. u. a. Houghton, H./Tregear, P. (eds.), Community Schools in Developing Countries. Unesco Institute for Education. Hamburg 1969.

110) Vgl. Hartwell, A./Bennaars, G. (eds.), School and Community in East Africa. Nkanga editions No. 9. Makarere Institute of Social Research. June, 1975.

111) Vgl. Poster, C., The School and the Community, a.a.O.

112) Aus der Reihe der Versuche seien u. a. genannt: das Gemeindeschulprogramm in L i b e r i a , siehe United Nation Development Programme, Project of the Government of Liberia: Community Schools Programme for Integrated Rural Education and Community Development, 15/6/1973 (Projektdokument); das Namutamba Projekt in U g a n d a , siehe u. a. Yoloye, E. A./Bajah, S. T., Experimental Pilot Project ..., a.a.O.; Rukare, E.H., The Final Official Report on the Namutamba Pilot Project. Prepared for the Uganda National Commission for Unesco. Entebbe, November 1977; das Bunumbu Projekt in S i e r r a L e o n e , siehe Labor, A. et al., The Bunumbu Project ..., a.a.O., das Kwamsisi Community School Project in T a n s a n i a , vgl. Kinunda, M. L./Mizambwa, G. L./Hassan, K. A., Kwamsisi Community School Project. A Case Study on Learning Needs in Rural areas. IIEP, Paris/DSE, Bonn 1977.

113) Unesco, Education in a rural environment, a.a.O. (=1); Houghton, H./Tregear, P. (eds.), Community Schools ..., a.a.O., und Tregear, P., The Community School, a.a.O. (=2); Skager, R./Dave, R. H. (eds.), Curriculum Evaluation for Lifelong Education. Unesco Institute for Education. Hamburg 1977 (=3); Bennet, N., Primary Education in Rural Communities. An Investment in Ignorance? In: The Journal of Development Studies (London), Vol. 6, No. 4, July 1970, S. 92-103; ders., A Scheme of Improving the Qualitiy of Rural Life through Community Centered Education. CIDOC, Cuernavaca/Mexico, (mimeo), January

1973; ders., Education for Rural Development - The Attempts of many Countries. ED-77/WS/95. Unesco. Paris 1977, ders., The Need for Educational Change and the Basic Criteria for Planning such Change. ED-77/WS/110. Unesco. Paris 1977 (=4); Batten, T. R., School and Community in the Tropics. Oxford 1959; ders., Communities and their Development, a.a.O. (=5); Mbilinyi, M., School, Community and Class. In: Hartwell, A./Bennaars, G. (eds.), School and Community in East Africa, a.a.O., S. 75-107; dies., The Study of Education and 'The Community', a.a.O. (=6); Working Group in the Department of Education in Developing Countries, University of London, Institute for Education, The Practice of Community Education in Africa, a.a.O. (=7); Poster, C., The School and the Community, a.a.O. (=8).

114) Coverdale, G. M., Planning Education in Relation to Rural Development. Unesco. IIEP. Paris 1974. S. 16.

115) Vgl. das Kapitel IV./1.1: Der Beitrag der Primarschulausbildung zur Produktionssteigerung.

116) Vgl. z. B. Harman, D., Community Fundamental Education. A nonformal educational strategy for development. Lexington/Massachusetts 1974. S. 34/35.

117) World Bank, Education Sector Policy. Report No. 2680. Washington, September 26, 1979. S. 2.

118) Vgl. Bosse, H., Diebe, Lügner, Faulenzer. Zur Ethno-Hermeneutik von Abhängigkeit und Verweigerung in der Dritten Welt. Frankfurt/Main 1979. S. 103.

119) Vgl. hierzu Bohla, H. S., Campaigning for Literacy: A critical analysis of some selected literacy campaigns of the 20th century, with a memorandum to decision makers. Report of a study submitted to Unesco. Bloomington, Indiana/USA. April 15, 1981; für Kuba siehe insbesondere S. 134-159.

120) Vgl. Dumont, B., After Literacy, teaching: paradoxes of postliteracy work. In: Prospects. Vol. IX, No. 2, 1979, S. 145-158.

121) Vgl. Hawes, H., Curriculum and Reality ..., a.a.O., S. 82-85. Hier finden sich detaillierte Angaben zur Stundenverteilung für verschiedene afrikanische Länder.

122) Ohuche, R. O./Otaala, B. (eds.), a.a.O., S. 18.

123) Vgl. u. a. Unesco, Regional Office for Education in Africa, Educational Change in Africa (Progress made and difficulties met in the implementation of the recommendations of the Lagos Conference - MINEDAF 1976). Working Document. Regional Meeting of Heads of Educational Planning and Administrative Services in Africa. Dakar, 17 21 Sept. 1979.

124) Kuhanga, N., Education and Self-Reliance in Tanzania: A National Perspective. In: Development Dialogue. 1978. No. 2, S. 37-50, S. 46.

125) Vgl. Coombs, P. H., et al., New Paths to Learning ..., a.a.O.; Freire, P., Pädagogik der Unterdrückten. Stuttgart-Berlin 1971.

126) Vgl. z. B. die Primarschulreformen in Benin, Kamerun, Tansania usw.

127) Freyhold, M. von, Universal Primary Education and Education for Self-Reliance in Tanga. An evaluation of the TIRDEP schoolbuilding programme and an outline of future tasks in the field of primary and polytechnical education. GTZ, Bildungsreport No. 10. Eschborn, Dezember 1979. S. 2.

128) Vgl. Wall, W. D., Constructive education for children. Unesco. Paris 1975. S. 204.

129) Vgl. Martin, J. Y., Appareil scolaire et reproduction des milieux ruraus. In: Essais sur la reproduction de formations sociales dominées. ORSTOM. Trav. et Doc. No. 64. Yaoundé 1977.

130) Ders., Social Differentation ..., a.a.O., S. 105.

131) Vgl. hierzu u. a. Freyhold, M. von, Some Observations on Adult Education in Tanzania. In: Hinzen, H. & Hundsdörfer, V. H. (eds.), The Tanzanian Experience. Education for Liberation and Development. Unesco Institute for Education. Hamburg 1979. S. 162-167; und Mbilinyi, M. J., The Study of Education and 'The Community', a.a.O.

132) Freyhold, M. von, Universal Primary Education ..., a.a.O., S. 39.

133) Vgl. Parsons, T./Shils, E. A. (eds.), Towards a general theory of action. New York & Evanston 1962.

134) Gleeson, D./Whitty, G., Developments in Social Studies Teaching. London 1976. S. 86.

135) Vgl. Kapitel II: Begriffsdefinitionen.

136) Provincial Delegation of National Education, The Annual Report 1976/1977. Buea, South West Province (Cameroon). S. 15.

137) Vgl. Ohuche, R. O./Otaala, B. (eds.), a.a.O., S. 18.

138) Working Group in the Dept. of Education ..., a.a.O., S. 99.

139) Vgl. u. a. Wall, W. D., Constructive Education ..., a.a.O., S. 192.

140) Vgl. Ohuche, R. O./Otaala, B. (eds.), ebenda.

141) Vgl. Bude, U., Stop Education for Frustration Now ..., a.a.O.

142) Vgl. z. B. Sheffield, J. R., Education in Kenya ..., a.a.O.; Mbuagbaw, Tanyi, African Methods of Education and the Problem of Modern

Education. Paper vorgelegt während der FESTAC in Lagos 1977 (Festival der schwarzen und afrikanischen Künste und Kultur) in der Arbeitsgruppe 'Schwarze Zivilisation und Pädagogik'. Yaoundé 1977, "He (the Techno African) even creates special schools where a more western style of education is still organised in Africa for his children." S. 26.

143) Provincial Delegation of National Education, a.a.O., S. 17.

144) Vgl. ebenda, S. 16/17.

145) Batten, T. R., Communities and their Development, a.a.O., S. 106.

146) West Cammeroon Primary Education Department, Annual Report for the Year 1968-69. Buea 1969. S. 36.

147) Boateng, F. Yao, The Catechism and the Rod: Presbyterian Education in Ghana. In: Berman, E. H. (ed.), African Reactions to Missionary Education. Teachers College, Columbia University. New York and London 1975. S. 75-91, S. 81.

148) Vgl. u. a. Wandira, A., Early Missionary Education in Uganda ..., a.a.O.; und Berman, E. H., Christian Missions in Africa. In: Ders. (ed.), African Reactions to Missionary Education, a.a.O., S. 1-53.

149) Bray, T. M., Dondo, J. M. C., Moemeka, A. A., Education and the Community in Africa, a.a.O., S. 217-238, S. 235. Ähnliche Vorbehalte finden sich auch bei Dove, Linda A., The Role of the Community School in Rural Transformation in Developing Countries. In: Comparative Education. Vol. 16, No. 1, March 1980. S. 67-79.

150) Vgl. Nelson, H. D. et al., a.a.O.; und Ministry of Primary Education and Social Welfare, Seven Year Primary School Syllabuses. Revised 1965. Buea/West Cameroon 1966.

151) Batten, T. R., a.a.O., S. 114.

152) Vgl. Schwöbel, H. P., Versuch einer politischen Kritik ruraler Grunderziehung. Diskussionspapier. Frankfurt/Main 1978. S. 26.

153) Vgl. Botkin, J. W./Elmandjra, M./Malitza, M., Das Menschliche Dilemma. Zukunft und Lernen. Wien-München-Zürich-Innsbruck 1979. S. 36 und 134.

154) Nwana, E. M., The Development of Education in East Cameroon (French) and West Cameroon (British) between 1920 and 1960: A Comparison and Critique. M. A. Thesis, Univ. of California, Los Angeles/USA, 1966. S. 44.

155) Zum Begriff 'Partizipation' vgl. auch das Ergebnis der gleichnamigen Arbeitsgruppe vorgelegt auf dem Seminar 'Organisation of Educational Reforms at the Local Level', IIEP, 27-30/11/79, Paris; Bordia, A. (General Rapporteur) et al., Report, Seminar on the Organisation of Educational Reforms ..., IIEP/S56/Report. Paris, 30 November 1979.

156) Vgl. hierzu auch das Kapitel IV./1.3.4: Verstärkung ungleichgewichtiger regionaler Entwicklungen dargestellt am Beispiel der Selektion zur Sekundarschule.

157) Freyhold, M. von, Universal Primary Education ..., a.a.O., S. 27.

158) Batten, T. R., a.a.O., S. 115.

159) Vgl. auch die Zusammenfassung dieses Kapitels.

160) Weitverbreitet war die Angewohnheit, daß sich die Lehrer aus Mitteln, die die gesamte Schule erwirtschaftet hatte, z. B. durch die eigene Schulfarm oder durch Hilfsdienste, großzügig 'Kredite' gewährten, die nach einer Versetzung an eine andere Schule nicht mehr zurückgezahlt wurden.

161) Halpenny berichtet in seiner Untersuchung der Gemeinde-Primarschulbeziehungen aus Uganda, mit welchem berechtigten Mißtrauen die Bewohner jegliche Verbesserung des Lebensstandards der Lehrer verfolgten, da sie über deren geringe Einkommen informiert waren und stets befürchteten, daß wieder Gelder, die die Gemeinde der Schule zur Verfügung gestellt hatte, veruntreut waren. Vgl. Halpenny, P., Contradictions between community involvement and academic success in a quasi-rural school in Uganda. In: Hartwell, A./Bennaars, G. (eds.), a.a.O., S. 24-53, insbesondere S. 44.

162) Vgl. auch die Zusammenfassung am Ende dieses Kapitels.

163) Weitere Einzelheiten zur Ausstattung der Primärschulen finden sich im Bericht des IPAR-Buea, insbesondere auf Seite 153-156, vgl. Report on the Reform of Primary Education, a.a.O.

164) Vgl. z. B. die Protokolle der Konferenz der obersten Beamten der Erziehungsverwaltung der Provinzen: Minutes of the education delegates' conference. Yaoundé, 24-28/2/1975; daß das Problem der unzureichenden Ausstattung in den Schulen nicht allein auf Kamerun beschränkt ist, geht aus dem folgenden Bericht für Kenia hervor: "The schools in the rural areas are the forgotten slums, filthy, overcrowded, decaying, some of them on the point of collapse. Young children, usually between the ages of six and thirteen, are herded in small, dirty and flea infested classrooms, often sitting shoulder to shoulder in three's on desks meant for one." Daily Nation, Nairobi, Juli 1973. Zitiert nach Wallace, T., Schooling in rural Buganda: A discussion of the kind of primary education village children experience, their patterns of attendance, and the reasons why they go to school. In: Hartwell, A./Bennaars, G. (eds.), a.a.O., S. 10-23, S. 12.

165) Vgl. u. a. die Rede des Erziehungsminister von 1975 zur 'schulischen Infrastruktur', abgedruckt in News Bulletin No. 16. July 1975 des Erziehungsministeriums, sowie die Tatsache, daß in den 70er Jahren der Anteil des Erziehungsbudgets am gesamten Staatshaushalt zwischen 20 und 30 % betrug, wovon nur etwa 12 % auf Investitionen entfielen; vgl. Bude, U., et. al., a.a.O., S. 5.

166) Vgl. Cameroon Tribune, No. 101, 2/6/1976, S. 5. Das durchschnittliche Jahreseinkommen eines Bauern betrug 1975/76 ca. 600,- DM. Die Hälfte der Bauern verdiente 400,- DM. Die Gebühren für die Schulen betrugen 10,- und mehr DM pro Gemeindemitglied.

167) Zur Frage der Allokationsfunktion der Schule in Ländern der Dritten Welt vgl. Lenhart, V./Röhrs, H., Auf dem Weg zu einer Theorie der Schule in der Dritten Welt. In: Zeitschrift für Pädagogik, 16. Beiheft, Die Dritte Welt als Gegenstand erziehungswissenschaftlicher Forschung. Weinheim und Basel 1981. S. 129-144. S. 138/139.

168) Vgl. Freyhold, M. von, Universal Primary Education ..., a.a.O., S. 28. Die in der Mitte der 50er Jahre in der VR China erfolgende Ausweitung des Angebots an Primarschulplätzen durch Schulen, die von den Gemeinden geführt wurden, stieß bei den Lehrern wegen der Kontrollmöglichkeiten durch Gemeindemitglieder auf Ablehnung. Vgl. Glassman, J., The Political Experience of Primary School Teachers in the People's Republic of China. In: Comparative Education, Vol. 15, No. 2, June 1979, S. 159-173, insbesondere S. 164/165.

169) Vgl. das Kapitel IV./2.1: Allgemeine Charakteristika des gemeindeorientierten Primarschulkonzepts.

170) Vgl. insbesondere das Kapitel III.3: Die Phase der Anpassung der Erziehung auf die besonderen Bedingungen Afrikas im Rahmen kolonialer Erziehungspolitik.

171) Vgl. Ministry of Primary Education and Social Welfare, a.a.O.

172) Provincial Delegation of Education, 1972/73. General Report on Primary School Inspection. Buea. S. 26/27.

173) Vgl. auch die Einbeziehung von Gemeindemitgliedern in den Unterricht in ähnlicher Form in Senegal und Tansania im Rahmen der dort angelaufenen Reformen. M'Bodje, M. G., Rapport Concernant La Deuxieme Phase De La Reforme Dans Le Secteur De L'Ecole Elementaire Au Senegal. IIEP/S56/11F. Paris 1979. S. 13; Kinunda, M. J., The Tanzanian Primary School Reform-Expectations And Realities. IIEP/S56/20A. Paris 1979.

174) Vgl. u. a. die sehr optimistische Darstellung von Einzelbeispielen bei Barah, J. K., Bridging the gap between school and community. In: Prospects in Education. Vol. 1, No. 2, 1970, S. 19-24.

175) Vgl. u. a. den Bericht über Reformversuche der Primarschulen durch die katholische Kirche in der Provinz Centre Sud durch die sogenannte 'Ecole de Promotion Collective'; World Council of Churches, Seeing Education Whole. Geneva 1970. S. 53-55; sowie Azegue, F., Community advancement and school education in Cameroon. In: Prospects, Vol. IV, No. 1, Spring 1974. S. 109-117; und Mock, E., a.a.O.

176) Diese Feststellung bezieht sich auf das Kwamsisi-Community-Education Centre in Tansania. Müller, J., Ansätze zur Grunderziehung in Entwick-

lungsländern. Fallstudien aus Ostafrika. Dok. 932 B. DSE, Bonn 1977. S. 27. Siehe auch für die Tanga Region Tansanias Freyhold, M. von, Universal Primary Education ..., a.a.O., S. 45.

177) Vgl. Bergmann, H./Bude, U., Report on Village Stay in the North West Province, Cameroon. IPAR-Buey, Working Paper No. 1. Buea 1974. Mimeo.

178) Von 1952-1962 wurden Lehrer speziell im Fach Landwirtschaft am Rural Education Centre, Bambui, Nordwestprovinz ausgebildet. Von den 102 ausgebildeten Lehrern ist angeblich noch die Hälfte in den Schulen tätig. Vgl. West Cameroon Primary Education Department, a.a.O., S. 72; und Boma, A. N./Kajih, J. T./Divine, V. J., Case Study -Cameroon: School Agriculture in Community development (Mimeo). Nairobi 1976.

179) Ein Inventar über mögliche Ausbildungskurse für Lehrer durch solche Entwicklungsinstitutionen ist ohne Schwierigkeiten zu erstellen. Für den Ausbildungsbereich für Primarschulabgänger wurde eine solche Bestandsaufnahme für die anglophonen Provinzen Kameruns bereits 1974 vorgelegt. Einige Institutionen bieten auch Kurse für Primarschullehrer an, so z. B. die 'Rural Training Centres' der Presbyterianischen Kirche in Kumba und in der Nähe von Bamenda. Vgl. Bergmann, H./Bude, U., Training Opportunities for Primary School Leavers, a.a.O.; sowie Camburi, C., Etude des projets d'éducation non-formelle, RTC de Kumba - Rapport sommaire. Institut Panafricain Pour Le Developement, Centre d'Etudes et de Recherches Appliquées. Douala et Buea 1976.

180) Eine Expertengruppe zur Vorbereitung der Konferenz der Erziehungminister der französischsprechenden Länder Schwarzafrikas faßte die Kritik an der Schule wie folgt zusammen. "The school as a social institution is cut off from real life.
1. It does not carry out its basic task, which is to transmit knowledge, stimulate aptitutes, and change behaviour.
2. It is not rooted in the environment.
3. It is left entirely to teachers. The socio-politico-economic environment has no share in it.
4. It does not prepare the citizen to carry out any function in life.
5. It fosters economic inbalance.
6. It is over-selective and anti-democratic (inequality of opportunity, immense waste).
7. It is unprofitable in proportion both to its cost and to the quality of its products.

The school now rejects traditional education and dismisses it from its content and its pedagogy. But it offers children no equivalent either in terms of productive pedagogy, nor in terms of moral, civic or cultural life". Rapport de Commission B des experts, préparatoire à la Conférence des Ministres des Etats francophone, Quagadougou, 1978. Zitiert nach Rahnema, Majid, Problems of Basic Education in the emerging World. In: Centre for the study of education in developing countries, Education 'At The Base' In Developing Countries. Four papers prepared for the CESO Symposium held in The Hague/The Netherlands, June 5-8, 1978. S. 1-15, S. 7.

181) Ebenda, S. 6.

182) Der Direktor der Lehrerausbildungsstätte in Bunumbu, Sierra Leone, Francis B. S. Ngegba ,beschreibt die Aufgabe der Schule als " ... to encourage and facilitate community initiatives for self-improvement and self-direction for mutual assistance among local citizen groups ...", ders., School Community Relations. A Paper written for the Seminar on School, Community Cooperation. Held at Bunumbu Teachers College under the Auspices of the Unesco Regional Office, Dakar/Senegal, 14-18/1/1980, Bunumbu/Sierra Leone, 10/1/1980. S. 10. Mit großer internationaler Hilfe und Personalaufwand wird in Bunumbu in einem Pilotprojekt versucht, die Gemeindeorientierung der Primarschule zu erproben.

183) Die Information über den Rückgang der Selbsthilfebereitschaft in der Nordwestprovinz stammt von Dr. W. H. Rambousek, der z. Zt. an einem vom Schweizerischen Nationalfond für wissenschaftliche Forschung finanzierten Projekt über räumliche Auswirkungen regional- und strukturpolitischer Entwicklungsanstrengungen am Beispiel Kameruns arbeitet.

184) Vgl. auch das Kapitel IV./3.4 zur Rolle des Lehrers.

185) Vgl. u. a. Göricke, F. V./Spiegel, E., a.a.O.

186) Evans, D. R., Responsive educational planning: myth or reality? IIEP Occasional Papers No. 47. Unesco: International Institute for Educational Planning. Paris, January 1977. S. 24.

187) Vgl. Dove, L. A., The Role of the Community School ..., a.a.O. Auf Seite 76 heißt es u. a.: "There is a tendency in educational literature to assume that the community is always united in interest ... This assumption is made despite the findings of anthropological and sociological research which point out the high degree of social stratification and diversity, even incompatibility, of interest in rural communities".

188) Eine wesentlich zeit- und arbeitsintensivere Befragungsmethode hätte stichprobenartig in jeder Gemeinde geschichtet nach sozialer Herkunft und Stellung, individuelle Bedürfnisse erheben können, wobei eine anschließende Analyse der verschiedenen Faktoren Bedürfnisstrukturen pro Gemeinde hätte erbringen können. Zu den Schwierigkeiten partizipativer Befragung in traditionellen Strukturen Schwarzafrikas vgl. Illy, L. B./Illy, H. F., Mobilisierung der ländlichen Bevölkerung im frankophonen Afrika. Eine Kritik der "Animation Rurale" als Partizipationsmodell. In: Hanisch, R./Tetzlaff, R. (Hrsg.), Die Überwindung der ländlichen Armut in der Dritten Welt. Frankfurt 1979. S. 241-281, insbesondere S. 261/262.

189) Vgl. hierzu auch Emmerij, L., Facts and fallacies concerning the basic needs approach. In: Les carnets de l'enfance - assignment children: Participatory research and basic needs. Jan./March 1978, No. 41 UNICEF, S. 28-40; sowie J. A. Ponsioen's kritische Anmerkung: "The saying that no-one can better define their real needs than the people

themselves is of relative value only. Self-questioning is only the beginning of a process of becoming conscious about real needs", ders., Basically a challenge to the professionals - Translating the concept of human needs into a social movement. In: International Development Review, No. 4, 1979, S. 3-8, S. 4.

190) Unicef, People, water and sanitation. In: Assignment Children. A journal with youth in development. No. 45/46. Spring 1979, S. 19.

191) Weder die Faktoranalyse noch Skalierungen nach Leik und Matthew der Vorschläge zur Verbesserung der Lebensverhältnisse in den Gemeinden brachten brauchbare Ergebnisse, abgesehen von den vier Untergruppen im Bereich der Bedürfnisnennungen.

192) Vgl. hierzu auch Barbier, J. C. et. al., a.a.O.

193) Vgl. z. B. den folgenden Auszug aus einem Bericht des Unesco Regionalbüros in Dakar, Senegal: "The Primary Education Program should act as an agent of productive development adapted to the local environment and in association with the community". Unesco, Regional Office for Education in Africa (Breda), Final Report of the Seminar on the Reform of the Primary School Curriculum. Dakar 1974. S. 13.

194) "Localistic curricula are ... those courses of study or whole school curricula in which the specific forms of life of the pupils and the parents, the local environment, and the social practices of work and politics in a locality constitute the main curricular content", Saunders, M. S., Locality and the Curriculum: towards a positive critique. In: Comparative Education. Vol. 15, No. 2, June 1979, S. 217-230, S. 218.

195) Vgl. ebenda.

196) Vgl. die Modellvorstellungen zum Konzept der gemeindeorientierten Primarschule bei verschiedenen Autoren, wie sie in Übersicht 8 wiedergegeben sind.

197) Vgl. die Ansätze zur Änderung des Prüfungssystems der Primarschulen in Kenia in den letzten Jahren. Makau, B. M., Somerset, H. C. A., Primary School Leaving Examinations, Basic Intellectual Skills, and Equity: Some Evidence from Kenya. In: King, K. (ed.), Literacy Research in Developing Countries, a.a.O., S. 45-79.

198) Vgl. u. a. IPAR-Yaoundé, L'étude des millieux en vue de leur transformation: Une discipline nouvelle au cour de la reforme de l'enseignement primaire. Yaoundé 1974.

199) Vgl. Ministry of National Education, Second National Seminar on the Reform of Primary Education. Reports of Commissions. Yaoundé, February 1976; sowie Le Thanh Khois weitreichender Forderung nach einer Dienstleistungsfunktion der reformierten Primarschule aufgrund der Selbstbestimmung der Probleme durch die Gemeinde; ders., Aspects of Educational Reform and Planning in Cameroon, a.a.O., S. 17/18.

200) Provincial Delegation of Education, 1972/73 General Report ..., a.a.O., S. 27.

201) Derartige Aktivitäten sind nicht mit Unterrichtseinheiten oder Schülerprojekten zu vergleichen, wie sie uns aus westlichen Ländern bekannt sind. Vgl. Ziechmann, J., Schülerorientierter Sachunterricht. Ein Beitrag auf dem Weg zum informellen Unterricht auf der Primarstufe. Braunschweig 1979.

202) Vgl. dazu das Kapitel IV./3.3.5: Die Nutzung schulischer Einrichtungen durch die Gemeinde.

203) Vgl. die Bodenrechtsarten nach 'Entwicklungszonen' wie sie in Abbildung 3 wiedergegeben sind.

204) "There is ... a common traditional practice whereby farmers group themselves in a self-help group or gang. They work successively from one farm to the other. Whenever it is one's turn, he prepares food and drinks for the self-help gang ... it is called Njangi in Pidgin English", Ejedepang-Koge, S. N., Tradition and Change in Peasant Activities, a.a.O., S. 163/164.

205) Vgl. u. a. King, K., The Community School ..., a.a.O., S. 4.

206) Vgl. auch Volkhard Hundsdörfers Ausführungen zu den Community Education Centres in Tansania, von denen es Mitte 1978 35 gab. Neben einer Gesundheitsstation, einem Gemeindesaal, Kindertagesstätte und Genossenschaftsladen gehörten zur Grundausstattung der angeschlossenen Primarschule u. a. Bibliothek, Werkstätten für handwerkliche Tätigkeiten, Fachräume für Hauswirtschaftslehre, Küche und Eßsaal, Lagerräume, Büros. Ders., Bildung und gesellschaftliche Entwicklung in Tanzania 1975-1979 ..., a.a.O., S. 214-224.

207) Die positiven Auswirkungen von Schulbibliotheken auf die Schülerleistungen werden durch die umfangreichen Querschnittsuntersuchungen der International Association for the Evaluation of Educational Achievement (IEA) belegt. Vgl. u. a. Postlethwaite, T. N., Success and failure in school. In: Prospects, Vol. X, No. 3, 1980, S. 249-263, S. 258.

208) In der Südwestprovinz Kameruns z. B. gab es 1974/75 bei insgesamt 310 Primarschulen 24 Hauswirtschafts- und sechs Handwerkszentren, die Primarschulen zugeordnet waren. Vgl. The Annual Report of the Provincial Delegation for National Education, Buea, South West Province, 1974-75, S. 23, 43 u. 46.

209) Zur Diskussion dieser Problematik vgl. u. a. Bude, U., Arbeits- und umweltbezogene Curricula im Rahmen afrikanischer Primarschulreform, a.a.O.

210) Vgl. u. a. ILO, Education for Development, a.a.O., S. 51/52; Foster, P., Education for Self-Reliance: A Critical Evaluation. In: Jolly, R. (ed.), Education in Africa: Research and Action. Nairobi 1969. S. 80-101, insbesondere S. 91-97.

211) Bei Boma werden die Ziele des landwirtschaftlichen Unterrichts für Primarschulen z. B. wie folgt bestimmt: "The objectives of the primary school program should be to:
a. Develop the competencies needed in farming.
b. Develop a positive attitude towards the dignity of work.
c. Develop an appreciation for the rural environment.
d. Promote participation in the corporate life of the rural community", ders., a.a.O., S. 15.

212) Vgl. African Curriculum Organisation (ACO), Basic Training Course in Systematic Curriculum Development. Course Six. Curriculum Development in Subject Areas: Science. Section II: Focus on Agriculture. Nairobi 1979. S. 14-20.

213) Vgl. u. a. Griffiths, V. L., a.a.O.; Coverdale, G. M., a.a.O; Payr, G./Sülzer, R., Handbuch zur landwirtschaftlichen Beratung. Band I: Grundlagen und Methoden. Eschborn, GTZ, 1980. Vor allem Seite 299-305; Bergmann, H., Primary School Agriculture, Teacher's Manual. Part I: Pedagogy. German Agency for Technical Cooperation (GTZ). Eschborn, August 1980.

214) Vgl. Griffiths, V. L., ebenda S. 26.

215) Vgl. hierzu insbesondere die Kapitel III.2: 'Industrie'-Schulen für die Kolonien: Arbeitserziehung als Disziplinierungsmittel; und III.3: Die Phase der Anpassung der Erziehung auf die besonderen Bedingungen Afrikas im Rahmen kolonialer Erziehungspolitik.

216) Vgl. u. a. Schlunk, M., a.a.O.

217) Vgl. Wirz, A., a.a.O., S. 217.

218) Es gibt keine genauen statistischen Unterlagen darüber. Die Angaben in offiziellen und halboffiziellen Veröffentlichungen schwanken zwischen 40 und 50 %. Im Jahresbericht der Schulbehörde für Westkamerun für 1968/69 heißt es, daß 3/8 der ausgebildeten Landwirtschaftslehrer noch im Schulbereich tätig sind; vgl. the Annual Report of the West Cameroon Primary Education Department for the Year 1968-69, a.a.O., S. 71; in der Fallstudie von Boma/Kajih/Divine aus dem Jahre 1976 wird von der Hälfte aller ausgebildeten Spezialisten gesprochen, die nicht mehr im Schuldienst tätig sind. Vgl. Boma, A. N. et al., a.a.O., S. 6.

219) Vgl. African Curriculum Organisation (ACO). Basic Training Course ..., a.a.O.

220) Unter Schulfarm oder -garten wird das einer Primarschule zur Verfügung gestellte Ackerland, das von den Schülern innerhalb des landwirtschaftlichen Unterrichts bestellt wird, verstanden.

221) Vgl. Heising, M., Schulreform in Dahomey. Cotonou. Mai 1975 (hektogr. Bericht); Freyhold, M. von, Universal Primary Education ..., a.a.O., S. 47 ff.

222) Vgl. zu diesen Problemkreisen u. a. Provincial Delegation for National Education, The Annual Report of the Provincial Delegation for National Education. Buea, Southwest Province, 1974/75.

223) Vgl. Kapitel IV./3.3.4: Dienstleistungen der Schule an die Gemeinden gegen Entgelt.

224) Vgl. Provincial Delegation of Education, 1972/1973 General Report ..., a.a.O., S. 16-19.

225) Daß diese Verhaltensweisen der Lehrer keine Einzelfälle sind, läßt sich aus den Erfahrungen mit der Vergabe von Schulfarmkrediten belegen.

226) Vgl. in diesem Zusammenhang den Hinweis auf die Bezeichnung 'school farm crops' für die Kombination von Mais, Yams und Bohnen bei Bergmann, H., Primary School Agriculture ..., a.a.O., S. 13.

227) Vgl. Tita, S. N., Rural Science for Senior Primary Classes, a.a.O.

228) Vgl. IPAR-Buea, a.a.O., S. 100.

229) Vgl. Bergmann, H., ebenda.

230) Vgl. IPAR-Buea, a.a.O., S. 101.

231) Vgl. u. a. Egger, K., Ökologie als Produktivkraft. Erfahrungen bei "Ecofarming" in Ostafrika. In: Elsenhans, H. (Hg.), Agrarreform in der Dritten Welt. Frankfurt /New York 1979. S. 217-254.

232) Vgl. z. B. Technische Universität Berlin, Fachbereich Internationale Agrarentwicklung, Ökologische Landwirtschaft - Ein neues Konzept für Entwicklungsländer? (Öffentliche Vortragsveranstaltung des Fachbereichs am 24.1.1979 anläßlich der Internationalen Grünen Woche Berlin). Berlin 1980.

233) Johnny, M./Richards, P., Playing with Facts - The Articulation of "Alternative" Viewpoints in African Development. Case Study. International Seminar "The Use of Indigenous Social Structures and Traditional Media in Non-Formal Education and Development". 5-12/11/1980, Berlin. Deutsche Stiftung für Internationale Entwicklung und International Council for Adult Education. S. 14. Den Vorteil afrikanischer traditioneller Anbauweise in Mischkulturen im Vergleich zu Monokulturen weist Belshaw für Ostafrika anhand experimenteller Forschung nach. Belshaw, D., Taking Indigenous Technology Seriously: The Case of Inter-Cropping Techniques in East Africa. In: IDS Bulletin. Brighton. Vol. 10, No. 2, Jan. 1979. S. 24-27.

234) Vgl. Glaeser, B., Ökonomische Konsequenzen ökologisch orientierter Landwirtschaft in Ostafrika. In: Elsenhans, H. (Hg.), Agrarreform ..., a.a.O., S. 255-274, S. 272/273.

235) Vgl. Bergmann, H./Butler, R., Primary School Agriculture. Teacher's Manual. Part I-V. GTZ, Eschborn 1980.

236) Vgl. IPAR-Buea, a.a.O., S. 102.

237) Vgl. u. a. Bude, U., Science for Self-Reliance - 20 Jahre naturwissenschaftliche Erziehung in Afrika. Bericht und Dokumentation über die "SEPA Review Conference" in Gaberone/Botswana, 20.-24.5.1980. DSE Bonn, September 1980.

238) Provincial Delegation of Education, 1972/73 Report ..., a.a.O., S. 16.

239) Vgl. West Cameroon Primary Education Department, a.a.O., S. 73.

240) Vgl. Provincial Delegation of Education, ebenda.

241) Vgl. IPAR-Buea, a.a.O., S. 107.

242) Vgl. Bergmann, H., Primary School Agriculture ..., a.a.O., S. 12.

243) IPAR-Buea, ebenda.

244) Vgl. Schönmeier, H. W., Agriculture in Conflict - The Shambaa Case. Kübel Foundation Bensheim. Bensheim 1977. S. 243.

245) Vgl. IPAR-Buea, a.a.O., S. 114. Ähnliche Erfahrungen lassen sich auch aus Untersuchungen in anderen afrikanischen Ländern nachweisen. Vgl. u. a.: Payr, G., Förderung und Beratung traditioneller Kleinbauern in Salima/Malawi. München 1977. S. 237 ff.; République Rwandaise, Ministère de l'Education Nationale, Rapport d'evaluation sur la situation de l'enseignement agricole et d'élevage dans les CERAR. Kigali 1979; Freyhold, M. von, Universal Primary Education ..., a.a.O.; Schönmeier, H. W., ebenda.

246) Die Auswirkungen der Schulfarmarbeit in den Gemeinden der Stichprobe wurden durch eine Befragung der Lehrer über die von Schulentlassenen angewendete landwirtschaftlichen Methoden zu erfassen versucht. Eine direkte Befragung bzw. Beobachtung der Schulentlassenen war nicht möglich. Die ausführlich beschriebenen Lehrerantworten sind daher mit Vorbehalt zu betrachten. Vgl. IPAR-Buea, ebenda.

247) Von den 24 Hauswirtschaftszentren für Primarschulen der Südwestprovinz z. B. lagen zwei Drittel in gut versorgten ländlichen bzw. städtischen Gemeinden. Vgl. Provincial Delegation for National Education, The Annual Report ... 1974/75, S. 43/44.

248) Vgl. die im Rahmen der Abteilung Environmental Studies des IPAR-Buea entworfenen Skizzen zum Yams- und Maisanbau. Nchong, M. A., Yam Growing in Banyang Area (1978); Kette, V., Traditional Rites Associated with the Planting of Maize in Bali (1978).

249) "... school farm can have an extension effect if it demonstrates crops and methods that fit into the local farming economy and if it has sufficient links to the farmers to make them aware of this fact". Freyhold, M. von, a.a.O., S. 54.

250) Vgl. IPAR-Buea, a.a.O., S. 107.

251) Vgl. Freyhold, M. von, a.a.O., S. 49.

252) Welche Rahmenbedingungen zu schaffen sind, damit die Schule einen Beitrag zur landwirtschaftlichen Beratung leisten kann, zeigen u. a. Payr, G./Sülzer, R., a.a.O., S. 299 ff; und Bergmann, H./Bude, U., Thesen zu Thema Grunderziehung und Dorfentwicklung ..., a.a.O.

253) Government of Uganda, Education in Uganda: The Report of the Uganda Education Commission, 1963. Entebbe Government Printing Office, 1963. S. 34.

254) Vgl. Mbiti, J. S., Introduction to African Religion. London, Nairobi, Ibadan, Lusaka 1977. S. 7 ff.

255) "Culture, particularly in Africa, is a whole thing, not a series of seperate activities", Thompson, F. A./Bailey, P./Hawes, H., Social Studies - A guide for primary school teachers in Africa. London 1977. S. 44.

256) Kodjo, S., Betrachtungen über einige Aspekte der Hochschulbildung in Afrika - Das Beispiel des französischsprachigen Afrika. In: Glimm, H./Küper, W. (Hrsg.), Hochschule, Wissenschaft und Entwicklung in Afrika. Bonn 1980. S. 136-155, S. 136.

257) Vgl. z. B. Kunkel, P., Afrikanische Grundschulprobleme: Das Beispiel Zaire. In: Afrika Spectrum (Sonderdruck). 75/1, 10. Jahrgang, S. 35-54.

258) Mazaba, J. M./Nthépé, E., The mother tongue and the teaching language. In: Mialaret, G. (ed.), The Child's Right to Education. Unesco. Paris 1979. S. 161-169, S. 168.

259) Vgl. u. a. Bosse, H., a.a.O.; Leunmi, B., Kulturkonflikt und die Jugendkriminalität in Afrika. Bremer Afrika Archiv. Bremen 1978; ähnliche Ergebnisse zeigt auch die Untersuchung von Sybille Riedmiller in Peru. Siehe dieselbe, Soziolinguistische Grundlagen für die Implementierung der zweisprachigen Erziehung im Hochland von Peru. GTZ Bildungsreport Nr. 3. Eschborn, März 1977.

260) Laaser, U., Zum Verhältnis von Bildung und Entwicklung in den Ländern der Dritten Welt. München-London 1980. S. 25.

261) Über die Nachteile der lokalen Umwelt für den Lernerfolg der Schüler bei starker Außenorientierung des Schulsystems, insbesondere auf die Beherrschung der offiziellen europäischen Sprache, schreibt ein Kameruner Primarschulinspektor, "Le petit écolier camerounais trouve-t-il dans le milieu familial des conditions favorables à son épanouissement intellectuel? La famille généralement analphabète ne peut à la maison assister l'enfant dans son travail scolaire, bien plus l'analphabétisme du milieu villageois menace meme d'etouffer les acquisitions laborieuses du petit écolier. Enfin l'on trouve fort peu dans le milieu social ambiant ces divers apports techniques modernes qui plongent le petit Francais dans une atmosphère sans cesse imprégnée de culture diffuse." Ndzino, J., Esquisse d'une Philosophie Camerounaise de l'Education. Yaoundé, Février 1977. S. 28.

262) Vgl. die Schlußfolgerungen aus der Auswertung von ca. 1.000 Schüleraufsätzen der Abschlußklasse der Primarschulen in Kamerun. Bude, U., Involving Teachers ..., a.a.O., S. 19; sowie die bei Kunkel, P. zitierte Untersuchung von Carles, P. und Carles, M. L. von 1968 aus Zaire über das Verständnis französischer Wörter bei Schülern in Kinshasa; vgl. Kunkel, P., a.a.O., S. 44.

263) Vgl. die angeführten Studien bei Okonkwo, C., Language in African Education: A Comparative Analysis of the Curricular Elements of School Texts. Occasional Paper No. 2. Comparative Education Center. Faculty of Educational Studies. State University of New York. Buffalo, N. Y., 1978. S. 4.

264) Kajih, J. T./Kelly, M. P., Language Report. In: IPAR-Buea, Report on the Reform of Primary Education, a.a.O., S. 215-231, S. 226.

265) Einen guten Überblick über die Situation in Schwarzafrika gibt der Bericht der Arbeitsgruppe "Entwicklung von Sprachfertigkeiten in der Vorschul- und Grundschulerziehung" der afrikanischen Curriculumorganisation während einer Konferenz im August 1979 in Nairobi, Kenia. Hierbei wird für die Unterrichtssprachen in der Grundschule zwischen Muttersprache, Verkehrssprache und Europäischer Sprache unterschieden. Vgl. ACO, Curriculum for Early Childhood Education. Work Group I, Developing Language Skills in Early Childhood Education Group Report. Nairobi, August 1979.

266) Vgl. Bude, U., Erziehung für eine eigenständige Entwicklung. Studienreise von Direktoren afrikanischer Curriculumzentren durch Erziehungseinrichtungen in Botsuana vom 25.-30.5.1980. Deutsche Stiftung für Internationale Entwicklung, Bonn, September 1980.

267) Vgl. Dalle, E. L., Les Problemes de l'enseignement des langues nationales au Cameroun. Quebec Université de Laval, 1981.

268) Vgl. u. a. Hawes, H., Curriculum and Reality ..., a.a.O., S. 91-94. Der Versuch, lokale Umweltbezüge und kulturelle Überlieferungen für den Aufbau von Sprachverständnis in einer fremden Sprache zu nutzen und die Erlernung für Lebenssituationen unserer Zeit zu verdeutlichen zeigt sich anschaulich in dem für Kamerun entwickelten neuen Englischkurs. Vgl. Jones, B./Ndifon, J./Itoe, A., The Cameroon Primary English as a Medium Course. Teacher's Guide for Year One. IPAR-Buea 1979. Second draft.

269) Vgl. Ashu, C. E., Training the Anglophone Cameroon Teacher: A Critical Assessment of the Teacher Training Programme as Preparatory for Teaching English Language in Cameroon Primary Schools. M. A. Dissertation. University of London 1973. S. 13.

270) Vgl. Bergmann, H./Bude, U., Report on Village Stay ..., a.a.O., S. 23.

271) Die Aufführung traditioneller Tänze durch die Primarschulen gehört z. B. zum festen Bestandteile des offiziellen 'Tages der Jugend', der alljährlich in Kamerun gefeiert wird. Die besten Gruppen werden durch

Preise ausgezeichnet. Die katholische Kirche fördert seit Jahren durch einen Wanderpreis traditionelle Tänze in den Schulen in und um Kumba, der größten Stadt der Südwest Provinz.

272) Vgl. Bergmann, H./Bude, U., ebenda.

273) Vgl. z. B. für Nigeria McDowell, D. W., The Impact of the National Policy on Education Indigenous Education in Nigeria. In: International Review of Education, XXVI (1980), S. 49-64, S. 54.

274) Vgl. für Westafrika auch Wilson, J., Education and Changing West African Culture, a.a.O.

275) Vgl. Smock, D. R./Smock, A. C., Cultural and Political Aspects of Rural Transformation. A Case Study of Eastern Nigeria. Praeger Special Studies in International Economics and Development. New York 1972. S. 58: "Modernization has often resulted from utilization and adaptation of basic cultural patterns to new conditions and opportunities rather than the erosion of traditional responses and values and their substitution by new ones."

276) IPAR-Buea, a.a.O., S. 120; vgl. auch Courade, G., Victoria - Bota, Croissance Urbaine et Immigration, a.a.O.

277) Einige Autoren führen die relativ erfolgreiche Erhaltung der Tradition in den anglophonen Provinzen Kameruns auf die Vernachlässigung dieser Gebiete während der britischen Kolonialherrschaft zurück, die Schulgründungen und Verwaltungsaufbau auf das größere und ertragsreichere Nigeria konzentrierte. Vgl. Courade, C./Courade, G., a.a.O., S. 4.

278 Vgl. Kapitel IV/3.3.6: Auswirkungen der Schulfarmen auf die Gemeinden.

279) Vgl. Bergmann, H./Bude, U., A Survey ..., a.a.O., S. 17 und IPAR-Buea, a.a.O., S. 121.

280) Ähnliche Beobachtungen finden sich auch bei Mey, G./Spirik, H., La Famille Africaine en Milieu Urbain. Yaoundé 1975; und bei Illy, L. B., Afrikanische Familienstrukturen zwischen "Tradition" und "Modernität" - Fallstudie Kamerun. In: Die Dritte Welt 3/4, 1975. S. 368-390.

281) Njoroge,P. K., An African Looks At Curriculum Development In The Field Of Religious And Moral Education. A special paper prepared for the ACO materials writing workshop as support material for the Post Graduate Diploma Course in Systematic Curriculum Development, held at K. I. E. Nairobi, Kenya, from 30/4/-19/5/1979. S. 36.

282) Vgl. auch die ähnliche Argumentation bei Erny, P., L'Enseignement dans les Pays Pauvres. Modèles et Positions. Paris 1977. S. 98.

283) Vgl. Seite

284) Vgl. auch das Strukturgitter zur Integration lokaler Kultur in das Schulcurriculum im IPAR-Bericht. IPAR-Buea, a.a.O., S. 123.

285) Beispielhaft ist dies in Kenia bereits erfolgt. Die Herausgeber der Serie 'Kenya's People' beschreiben die Ziele der einzelnen Hefte wie folgt, "Intended mainly for primary school teachers, this new series has been designed to provide detailed information on the history and traditions of the major peoples of Kenya. Each book discusses the origins of peoples from a different region and describes their customs and folklore", Kipkorir, B., People of the Rift Valley. Kenya's People. London/Ibadan 1978, Umschlagrückseite.

286) Vgl. den Community Questionaire für Lehrer im Anhang, sowie die Hinweise zur 'Do-it-yourself' Curriculumentwicklung bei Thompson, F. A., et al., a.a.O., S. 158/159.

287) Vgl. Bude, U., Community Stories for Primary School Teaching in Cameroon - their Purpose, Derivation and Use. Buea, Southwest Province, United Republic of Cameroon, July 1978 (Mimeo).

288) Vgl. Bude, U./Bergmann, H., Zum systematischen Einsatz ..., a.a.O., S. 344 und 348.

289) Vgl. u. a. Kürten, H. K., a.a.O.; Epule, K., Our Cultural Heritage. In: Ministry of Information and Culture, Information and Press Department, Buea, Southwest Province, Weekly News Bulletin, No. 26/76 of December 17, 1976. S. 2/3 und 17/18.

290) Vgl. etwa die Forderung der UNESCO an die Schule hinsichtlich der Berücksichtigung der Grundbedürfnisse; u. a. UNESCO, Major Problems and Trends in Educational Development and New Strategies for International Cooperation in Education. Report Studies S. 10. Paris 1977.

291) Vgl. die verschiedenen Jahresberichte seit 1968/69.

292) Vgl. Direction Nationale de l'Alphabetisation Fonctionelle et de la Linguistique Appliquée (DNAFLA), Quelle Education Pour Quel Developpement? Ministère de l'Education Nationale, Republique du Mali. Unesco: IIEP. Paris, Oct. 1979.

293) Vgl. Ahmed, M., Mobilizing human resources: the role of non-formal education. In: Assignment Children, 51/52, Autumn 1980: Education and community self-reliance, Innovation formal and non-formal approaches. S. 21-45, insbes. S. 34.

294) Kuperus, P., Towards a Theory of Primary Mathematics Instruction - existing practices in South West Province. CNE. Yaoundé 1980. Mimeo. S. 3.

295) Diese Themenbereiche finden sich in den verschiedensten Fächern so z. B. in Geographie, Geschichte, Sozialkunde, Englisch.

296) Vgl. hierzu u. a. Bacchus, M. K., The Role of First and Second Cycle Institutions. In: Commonwealth Secretariat, Eighth Commonwealth Education Conference Report. Colombo, Sri Lanka, 5.-13. Aug., 1980, London 1980. S. 59-71; "But to be even more effective ... it will call for greater decentralisation in the preparation of curriculum materials so that local background factors can be taken into consideration. With this approach children attending school will have a better opportunity of knowing and understanding their environment", ebenda, S. 68.

297) Akiwono, Akinsola A., Textbooks and materials for Africa. In: International Social Science Journal, Pedagogics of social science: some experiences. Unesco. Vol. XXXI, No. 1, 1979. S. 10-20, S. 20.

298) Vgl. - Appendix, sowie das Kapitel IV./1.3.3: Auswirkungen der Kolonisierung und gegenwärtiger Entwicklungsstand der Gemeinden: Gemeindetypologie aufgrund infrastruktureller Erschlossenheit.

299) Die Zeichnungen wurden von Pat Smithson angefertigt; die Diskussionsfragen stammen von Jeremy Greenland.

300) Zum Begriff 'Strahlendiagramm' vgl. Ziechmann, J., a.a.O., S. 70-72; das Strahlendiagramm zur Gemeindegeschichte Koffa ist im Appendix abgedruckt.

301) Der Gemeindefragebogen ist im Appendix enthalten.

302) So z. B. Kette, V., The District Officer. Lesson Notes. Mimeo. Buea 1978; Nchong, M. A., Lesson notes on the Aspect of 'Country Fashion': Food Taboos in the Banyang Area. Mimeo, Buea 1978; Bergmann, H., Rice - Handout for Teachers. Mimeo. Buea, May 1978; Bude, U., Farming becomes easier: The use of draught animals (Interview with an oxen farmer). Mimeo. Buea, May 1978; das kürzlich erschienene Textbuch für den Englischunterricht für die Abschlußklasse der Primarschule von Ndangam und Weir bietet ausreichenden Stoff zur Vertiefung, da es sich in anschaulicher Form auf Kameruner Verhältnisse bezieht. Vgl. Ndangam, A./Weir, D., Evans Cameroon Primary English. Pupil's Book for the Final Year. London/Ibadan 1980.

303) Auf die Wichtigkeit der frühzeitigen Einbeziehung von Lehrern und Dozenten an Lehrerausbildungsanstalten bei der Entwicklung neuer Unterrichtsmaterialien weist u. a. Postlethwaite, T. N. hin, " ... the activities and teacher behaviours (methods) designed to accompany the curricula are best arrived at by consensus among practising teachers and with due consultation with teacher-training institutions.", ders., Curriculum development and educational planning. In: Adams, R. S. (ed.), Educational Planning: towards a qualitative perspective. International Institute for Educational Planning. Paris 1978. S. 28-40, S. 33.

304) Eine grafische Darstellung der generellen Entwicklung von Unterrichtsmaterialien der Abteilung 'Environmental Studies' des IPAR-Buea wurde für die Evaluierungsstudie von Bosse und Hundsdörfer angefertigt. Vgl. Bosse, H./Hundsdörfer, V., a.a.O., S. 14.

305) Vgl. Greenland, J., Points arising from the lesson notes and comments of teachers on the 'Koffa' story. Mimeo. Buea, 6/7/78.

306) Ndangoh, S. N., Report on the teaching of the Concepts of Remotenes, Division of Labour, Migration and Stranger. Mimeo. Govt. School Befang, June, 1978. S. 1 und 2.

307) Ndah, E. F., My impression on the Koffa story as I taught it to my class seven pupils. Mimeo. Presbyterian School Wum, Northwest Province, June 1978. S. 3.

308) Vgl. Delory, M., L'Etude du milieu dans la Réforme de l'enseignement primaire. Projet II: Evaluation et développement des innovations scolaires. Centre Nationale d'Education. Yaoundé, Juin 1979. Mimeo. S. 27.

309) Vgl. u. a. Foster, P., Education for self-reliance ..., a.a.O.; Beeby, C. E., Assessment of Indonesian Education. A Guide in Planning. Wellington 1979; Postlethwaite, T. N., Curriculum development ..., a.a.O.

310) Vgl. Beeby, C. E., The Qualitiy of Education in Developing Areas. Cambridge 1966.

311) Pendaeli, J., Changing the Teacher Education Curriculum in Tanzania. In: Nikundiwe, M. (ed.), A creative teacher for a creative school (papers delivered in English at Malezi ya Taifa. Seminar - June 1978). Taasisi ya Elimu, March 1979. S. 35-46, S. 39.

312) Vgl. Sinclair, M. E., with Lillis, K., School and Community in the Third World. London 1980.

313) Vgl. Bude, U., Curriculum für die Lehrerbildung in Afrika. Internationaler Workshop in Lusaka/Sambia vom 24.11.-3.12.1980. Bericht. Deutsche Stiftung für Internationale Entwicklung. Bonn, Februar 1981. S. 7.

314) Vgl. Smart, N., Teachers, Teacher Education and the Community. In: Gardner, R. (ed.), Teacher Education in Developing Countries. Prospects for the eighties. University of London Institute of Education. London 1979. S. 102-119.

315) Batten, T. R., Communities ..., a.a.O., S. 110.

316) Vgl. Gardner, R. (ed.), Teacher Education ..., a.a.O., S. 132.

317) Vgl. Laaser, U., Zum Verhältnis von Bildung ..., a.a.O., S. 75.

318) Vgl. Kordes, H., Curriculum-Evaluation im Umfeld abhängiger Gesellschaften. Quasi-Experimentelle Felduntersuchung eines Schulversuchs zur Ruralisierung der Grunderziehung in Dahome (Westafrika) mit ausführlicher Einführung in die Methode kriterien-orientierter Evaluation. Saarbrücken 1976. S. 307.

319) Vgl. Gardener, R. (ed.), ebenda.

320) Vgl. ebenda, S. 135.

321) Vgl. Illy, L. B./Illy, H. F., Mobilisierung der ländlichen Bevölkerung ..., a.a.O.

322) Die Lehrerrolle im Sinne der 'Animation Rurale' ist besonders deutlich im ursprünglichen Reformansatz des IPAR-Yaoundé, Kamerun, erkennbar. Vgl. u. a. IPAR-Yaoundé, La réforme de l'enseignement au Cameroun, a.a.O.

323) Vgl. Lallez, R., a.a.O., S. 89; Becquelin, J., Rapport intérimaire (1967-1972) du Conseiller technique principal. Yaoundé, IPAR, 30/6/1972.

324) Vgl. Khoi, Le Thanh, Aspects of Educational Reform ..., a.a.O., S. 18.

325) Vgl. u. a. Ashu, C. E., a.a.O.

326) Vgl. u. a. Illy, L. B./Illy, H. F., a.a.O., S. 276.

327) Vgl. hierzu auch Müller, H.-P., Die Helvetas- Wasserversorgung in Ka - merun. Eine ethnologische Evaluation. Zürich Februar 1978; und Dove, L.A., a.a.O.

328) Vgl. auch Bergmann, H., auf den Biologieunterricht bezogene Anmerkung, "These problems (e.g. hygiene, child care, water supply etc.) cannot be solved in a few weeks' time. They would lead to specialization and prevent broad learning ...", ders., Biological Education and Community Development. Critical Comments and Suggestions. (Mimeo), Gaiberg/West-Germany, n. d., S. 9.

329) Vgl. hierzu das Kapitel IV./3.3.3: Entwicklungsprojekte der Primarschulen in den Gemeinden.

330) Vgl. Kale, J. K., A Study of the relation between parents' perception of School and their attitude toward the reform of Primary Education in Cameroon. Unpublished M. A. thesis. Laval University, Quebec/Canada 1979; sowie ders., Ruralization of the Primary School Curriculum in Cameroon: Lessons from the past. Paper presented at the seminar on 'Education and Self-Reliance' organized by IPAR-Buea, July 1979.

331) Die Versuche der katholischen Kirche in Kamerun, Schulen für die Entwicklung der Gemeinden einzusetzen, stoßen bei den Eltern aus ähnlichen Gründen auf Ablehnung; vgl. Mock, E., a.a.O., S. 304 ff; von den Philippinen berichtet Sinclair, "Many parents objected to their pupils being diverted from academic studies which could lead on to high school studies or at least a better chance of a paid job of some kind", dies., School and Community ..., a.a.O., S. 64.

332) Provincial Delegation of Education, 1972/73 General Report ..., a.a.O., S. 6.

333) Vgl. IPAR-Buea, a.a.O., S. 131 ff.

334) Vgl. Ministry of National Education, Division of Planning, Orientation, and Equipment, Statistical Yearbook 1973-1974, a.a.O., S. 109.

335) Die hier angesprochenen Probleme sind ausführlich in den jährlichen Inspektions- und Rechenschaftsberichten der Erziehungsverwaltung dargestellt, so z. B. im Bericht von 1972/73 für die Südwestprovinz, ebenda, S. 4.

336) Vgl. Presbyterian Teacher Training College Nyassosso, TTC Digest. Nyassosso, n. d.; Elsenhans, E. (ed.), Botanical & Zoological Review. Special Theme: Science of the Soil. Nyassosso, 2nd term 1969/70. Die Arbeiten an dieser Lehrerausbildungsstätte fallen in die gleiche Zeit als im francophonen Kamerun das Primarschulwesen durch eine sogenannte 'Ruralisierung' reformiert werden sollte. Die Curriculumfachleute des IPAR-Yaoundé nahmen jedoch von den Erfahrungen in Nyassosso und andere Institutionen im anglophonen Teil Kameruns keine Kenntnis.

337) Vgl. Courade, C./Courade, G., a.a.O., S. 21 und Ministry of National Education, Statistical Yearbook 1973-74, a.a.O.

338) Vgl. z. B. die bei Ngwa, J. A. wiedergegebene Dorfstudie, die während eines solchen Ferienkurses an der staatlichen Lehrerausbildungsstätte in Kumba, Südwestprovinz, von den Teilnehmern erarbeitet wurde; ders., An Outline Geography of the Federal Republic of Cameroon. London 1967. Reprinted 1971. S. 106-109.

339) Provincial Delegation of Education, 1972/73 General Report ..., a.a.O., S. 7.

340) Vgl. auch Court, D., Social Science Research and Professional Education. In: Kenya Education Review. A Journal of the Faculty of Education. University of Nairobi. June 1976. Vol. 3, No. 1., S. 3-8, S. 5 und 6.

341) Akoulouze, R., Etude Comparative de Deux Approches d'Utilisation de l'Education pour le Developpement des Campagnes. Projet Ouest Africain de Formation a la Recherche Evaluative en Education. Textes et documents. Séries I, No. 10. Université Laval. Québec, Janvier 1979. S. 13.

342) Vgl. Iya, E., La Possibilite de l'Insertion des Valeurs Positives de la Pedagogie Coranique dans la Reforme du Systeme d'Enseignement au Cameroun. Projet Ouest Africain de Formation a la Recherche Evaluative en Education. Textes et documents. Série I, No. 16. Université Laval. Québec, Sept. 1980.

343) "Along with the cultural tradition of a group go negative stereotypes and prejudices towards other groups. Neighbouring groups may be designated as slaves, other abusive terms may be common", IPAR-Buea, a.a.O., S. 125.

344) Thomas, R. M./Postlethwaite, T. N., Ways to view schooling in ASEAN countries. In: Postlethwaite, T. N./Thomas, R. M. (eds.), Schooling in the ASEAN region. Primary and Secondary Education in Indonesia, Malaysia, The Philippines, Singapore, and Thailand. Oxford/New York/Toronto/Sydney/Paris/Frankfurt 1980. S. 1-46, S. 22 und 24.

345) Vgl. hierzu auch Kapitel IV./2.2: Curriculare Aspekte.

346) Batten, T. R., a.a.O., S. 121/122.

347) "Today, as in the past, if a primary teacher is serious about a teaching career he cannot rely upon his salary alone. He must by economic necessity become a member of the community", Halpenny, P., a.a.O., S. 36.

348) Zur Problematik des Statusverlustes der Lehrer vgl. u. a. Provincial Delegation of Education, 1972/73 General Report ..., a.a.O., S. 6.

349) Vgl. den Bericht für 1972/73 der Erziehungsverwaltung für die Südwestprovinz, Kapitel: 'Some of the Problems of Township Schools', ebenda, S. 3-5.

350) IPAR-Buea, a.a.O., S. 136.

351) Vgl. Provincial Delegation for National Education, South West Province, The Annual Report 1975/76, Buea, S. 13.

352) Vgl. Provincial Delegation of National Education, The Annual Report 1976/77, a.a.O., S. 16.

353) Zur Funktion und Problematik des Brautpreises vgl. u. a. Weekes-Vagliani, W. (in collaboration with Bekombo, M., and assistance of Wallisch, L.), Family Life and Structure in Southern Cameroon. Development Centre of the OECD. Paris 1976. S. 16 und 60/61.

354) Vgl. IPAR-Buea, a.a.O., S. 116.

355) Vgl. Strizek, H., Zur 'Ruralisation' des malischen Schulwesens. Friedrich-Ebert-Stiftung. Forschungsinstitut, Abt. Entwicklungsländerforschung. Discussion Paper No. 10. Bonn-Bad Godesberg, Mai 1974. Insbesondere S. 11 und 12.

356) Vgl. Kapitel IV.3.1: 'Partizipation der Gemeinden in Fragen der Schulverwaltung und des Unterhalts schulischer Einrichtungen'.

357) Vgl. Courade,C./Courade, G., a.a.O., S. 14 und 21.

358) Griffiths, V. L., a.a.O., S. 14.

359) Vgl. u. a. die Rede des ehemaligen Präsidenten der Vereinigten Republik Kamerun, Ahmadou Ahidjo, vor den Absolventen des ersten Kurs des Nationalen Zivildienstes in Obala 1975. Ahidjo, A., Discours a l'occasion de la sortie de la premiere promotion des assujettis du Service Civique,

Obala, 18/6/1975. In: Agence Camerounaise de Presse, No. 132, 19/6/1975.

360) Vgl. Ashuntantang, G. T., Evaluation of the Mutengene Seminar 28/2/- 3/3/1978. Mimeo. Buea, June 1978. Beeby, C. E., berichtet über Innovationsversuche in indonesischen Primarschulen, die bei den Lehrern ähnliche Reaktionen hervorriefen, "However, scant evidence was found that primary teachers as a whole were eager for freedom to adopt more adventurous methods. All the observers reported that the reaction of the teachers to suggestions for innovations was, with few exceptions, moderately or totally negative. The common attitude in a system, which, in practice if not in intent, is traditionally authoritarian, is to wait for instructions from above before making any changes", ders., Assessment of Indonesian Education, a.a.O., S. 86.

361) Zu Beginn der Reform versprachen sich die internationalen Experten einen wesentlichen Beitrag zur ländlichen Entwicklung, vgl. Greenough, R., Rural schools and economic development in Cameroon. In: Unesco chronicle. Vol. XIV. 1968. No. 4, S. 149-151.

362) Vgl. Ndedi-Mpacko, E., Etude Retrospective Sur Le Developpement Du Systeme Educatif Au Cameroun. Document de Travail. IIEP. Paris, 29/6/73. S. 41 ff.

363) Vgl. Akoulouze, R., a.a.O.

364) Sheffield, J., Response to the lecture: Teachers, Teacher Education and the Community, by Prof. Smart. In: Gardner, R. (ed.), a.a.O., S. 120- 129, S. 126.

365) 80 % der Gesamtkosten für Erziehung entfallen auf die Lehrergehälter in den Armen Ländern; vgl. Rassekh, S., Some Comments on the Socio- Economic Context of Development and its Influence on the Evaluation of Content of Education during the next two Decades. Unesco. International Symposium on the Evolution of the Content of General Education over the next two Decades. ED-80/CONF.803/COL. 14. Paris, 4/7/1980. S. 37.

366) Selbst in einem finanziell und personell aufwendigen Pilotprojekt wie in Bunumbu, Sierra Leone, weigern sich immer noch Gemeinden mit der Schule zusammenzuarbeiten. Vgl. Ngegba, F. B. S., School-Community Relations ..., a.a.O., S. 22.

Anmerkungen Kapitel V

1) Tévoédjré, A., Schlußbericht des Symposiums über die Aussichten für die zukünftige Entwicklung Afrikas bis zum Jahr 2000. In: Neue Entwicklungspolitik 3/1979, S. 3-11, S. 6.

2) Vgl. ebenda, S. 4.

3) Vgl. Rothlach, R., Der Wandel der Wanjamwesi-Gesellschaft in vorkolonialer Zeit und die Ideen Nyereres über die traditionelle afrikanische Gesellschaft. München 1975. S. 172-176.

4) Vgl. Hanf, Th., Die Schule der Staatsoligarchie ..., a.a.O., S. 411 und 420.

5) Vgl. Martin, J. Y., Social Differentiation and Regional Disparities ..., a.a.O., S. 98/99.

6) Zu ähnlichen Schlußfolgerungen aus Untersuchungen im francophonen Teil Kameruns kommt auch Tsafak, G., Analyse des facteurs sociaux et individuels associés aux dédoublements des éléves en cours d'etudes primaires au Cameroun. Faculté des Sciences de l'education. Université Laval, Québec/Canada 1980. S. 155.

7) Vgl. Sinclair, M. E., a.a.O., S. 88/89.

8) Ocaya-Lakidi, Dent, Towards an African philosophy of education. In: Prospects, Vol. X, No. I, 1980. S. 13-25, S. 24. In ähnlichem Sinne äußert sich auch Bacchus, M. K., a.a.O., S. 63.

9) Vgl. Hanf, Th., a.a.O., S. 415.

10) Hurst, P., Aid and Educational Development: rhetoric and reality. In: Comparative Education. Vol. 17, No. 2, June 1981. S. 117-125, S. 123.

Literaturverzeichnis (allgemein)

Abernethy, D. B., The Political Dilemma of Popular Education. An African Case. Stanford 1969.

Ackermann, L., Erziehung und Bildung in Rwanda. Frankfurt/Main, Bern, Las Vegas 1978.

Adaralegbe, A. (ed.), A Philosophy for Nigerian Education. Nigerian Educational Research Council. Proceedings of the Nigeria National Curriculum Conference. 8-12 Sept., 1969. Ibadan 1972.

Addo, J. M. K., Education for Better Living: The Role of Community Development. In: The Social Worker. Journal of the Ghana Association of Social Workers. Vol. I, No. 1, June 1973. S. 27-39.

Ader, J., The 'Ruralization' of Primary Education. In: Prospects in Education. No. 2, 1969. Unesco. Paris 1970. S. 18-26.

Adick, Chr., Pädagogische Idylle und Wirtschaftswunder im deutschen Schutzgebiet Togo - Zur Entstehung eines kolonialen Bildungswesens in Afrika. In: Die Dritte Welt. Jahrgang 5, Nr. 1, 1977. S. 27-46.

Dies., Bildung und Kolonialismus in Togo (Eine Studie zu den Entstehungszusammenhängen eines europäisch geprägten Bildungswesens in Afrika am Beispiel Togos 1850-1914). Weinheim und Basel 1981.

Adiseshia, M. S., From International Aid to International Cooperation: Some Thoughts in Retrospect (I). In: International Review of Education XXV, 1979, S. 213-230.

AFRICA, World Bank in Africa. No. 75, Nov. 1977, S. 119-120.

African Curriculum Organisation (ACO), Curriculum for Early Childhood Education. Work Group I, Developing Language Skills in Early Childhood Education. Group Report. (Mimeo). Nairobi, August 1979.

Dies., Basic Training Course in Systematic Curriculum Development. Course Six. Curriculum Development in Subject Areas: Science. Section II: Focus on Agriculture. Nairobi 1979.

Ahmed, M., Mobilizing human resources: the role of non-formal education. In: Assignment Children, 51/52, Autumn 1980: Education and community self-reliance, Innovative formal and non-formal approaches. S. 21-45.

Ahmed, M. & Coombs, P. (eds.), Education for Rural Development. Case Studies for Planners. New York 1975.

Akiwowo, Akinsola, A., Textbooks and materials for Africa. In: International Social Science Journal, Pedagogics of social science: some experiences. Unesco. Vol. XXXI, No. 1, 1979. S. 10-20.

Alexander, D./Steward, T., Community Education And Its Effects On The Syllabus. Discussion Paper. University of Edingburgh 1977.

Altvater, E., Industrie- und Fabrikschulen im Frühkapitalismus. In: Altvater, E./Huisken,F. (Hrsg.), Materialien zur politischen Ökonomie des Ausbildungssektors. Erlangen 1971. S. 91-100.

Anderson, J., The Struggle for the School. The interaction of Missionary, Colonial Government and Nationalist enterprise in the development of formal education in Kenya. London/Nairobi 1975 (2nd edition).

Anderson, J. E., The Harambee Schools: The Impact of Self-Help. In: Jolly, R. (ed.), Education in Africa: Research and Action. Nairobi/Kenya 1969. S. 103-134.

Ders., The Village Polytechnic Movement. Institute for Development Studies. University of Nairobi. Evaluation Report No. 1. Nairobi, August 1970.

Apter, D. E., Community Development: Achievements And Deficiences. In: Internationales Asienforum. Vol. 5, 1974, Nr. 3, S. 385-400.

Ashcroft, R., The School as a Base for Community Development. In: Centre for Educational Research and Innovation (CERI), School and Community. Paris 1975. S. 22-42.

Aujoulat, L. P., Afrika kommt. Freiburg/München 1960.

Autra, R., Historique de l'enseignement en A. O. F. In: Présence Africaine, No. 6, Février/Mars 1956, S. 69-86.

Ayandele, E., The Missionary Impact on Modern Nigeria, 1842-1914. A Political and Social Analysis. London 1966.

Ayot, H. O., Conceptualising Basic Education. Working Paper. Nairobi 1979.

Bacchus, M. K., The Role of First and Second Cycle Institutions. In: Commonwealth Secretariat, Eighth Commowealth Education Conference Report. Colombo, Sri Lanka, 5-13 August, 1980. London 1980. S. 59-71.

Bartels, F. L., Akan Indigenous Education. In:`Brown, G. N./Hiskett, M. (eds.), Conflict and Harmony in Education in Tropical Africa. London 1975. S. 39-64.

Batten, T. R., The Teachers' History and Geography Handbook. Lagos 1944 (5th edition).

Ders., School and Community in the Tropics. Oxford 1959.

Ders., Communities and their Development. London 1969 (6th edition).

Bauer, M., Stärkung des Problemlösungspotentials der Dritten Welt als Notwendigkeit und Alternative: Chancen und Risiken einer Förderung der Zusammenarbeit mit der Afrikanischen Curriculum Organisation. In: Engels,

B./Laaser, U. (Hrsg.), Deutsche Bildungshilfe in der zweiten Entwicklungsdekade. München 1977. S. 441-466.

Beeby, C. E., The Quality of Education in Developing Areas. Cambridge 1966.

Ders., Assessment of Indonesian Education. A Guide in Planning. Wellington 1979.

Beers, H., The Community School. 52nd Year Book Part II of the National Society for the Study of Education. Chicago 1953.

Belshaw, D., Taking Indigenous Technology seriously: The Case of Inter-Cropping Techniques in East Africa. In: IDS Bulletin. Brighton. Vol. 10, No. 2, Jan. 1979, S. 24-27.

Bennet, N., Primary Education in Rural Communities. An Investment in Ignorance? In: The Journal of Development Studies (London), Vol. 6, No. 4, July 1970, S. 92-103.

Ders., A Scheme for Improving the Quality of Rural Life through Community Centered Education. CIDOC, Cuernavaca/Mexico, January 1973, (mimeo).

Ders., Education for Rural Development - The Attempts of many Countries. ED-77/WS/95. Unesco. Paris 1977.

Ders., The Need for Educational Change and the Basic Criteria for Planning such Change. Unesco. ED-77/WS/110. Paris 1977.

Bergmann, H., Biological Education and Community Development. Critical Comments and Suggestions. (Mimeo). Gaiberg/West-Germany. No date.

Bergmann, H./Bude, U., An Analysis of Existing School-Community Participation in a Central African Country. In: King, K. (ed.), Education and Community in Africa. University of Edingburgh 1976. S. 121-159.

Dies., Thesen zum Thema Grunderziehung und Dorfentwicklung. In: Munzinger, P. (Berichterstatter), Beratung als Instrument der ländlichen Entwicklung in Westafrika. Bericht über das 1. Regionalseminar der GTZ/DSE in Kamerun vom 21. 10. bis 2. 11. 1978. S. 123-127.

Berman, E. H., Christian Missions in Africa. In: Berman, E. H. (ed.), African Reactions to Missionary Education. Teachers College, Columbia University. New York and London 1975. S. 1-53.

Bhola, H. S., Campaigning for Literacy: A critical analysis of some elected literacy campaigns of the 20th century, with a memorandum to decision makers. Report of a Study submitted to Unesco. Bloomington, Indiana/USA. April 15, 1981.

Bittinger, D. W., An Educational Experiment in Northern Nigeria in its Cultural Setting. Illinois/USA. 1940.

Blanckenburg, P. von, Entwicklung ohne Massenwohlstand? In: epd-Entwicklungspolitik Nr. 22/1977.

Blankertz, H., Berufsbildung und Utilitarismus. Düsseldorf 1963.

Blaug, M., Education and the Employment Problem in Developing Countries. ILO. Geneva 1973.

Ders., Economics of Education in Developing Countries: Current Trends and New Priorities. Vortrag anläßlich der Emeritierung von Prof. Friedrich Edding. Berlin, September 1977. Ebenfalls erschienen in: Third World Quarterly. January 1979, Vol. I, No. 1, S. 73-83.

Bluntzel, R., Für eine andersartige Entwicklung. In: epd-Entwicklungspolitik, Nr. 22/1977.

Boateng, F. Yao, The Catechism and the Rod: Presbyterian Education in Ghana. In: Berman, E. H. (ed.), African Reactions to Missionary Education. Teachers College, Columbia University. New York and London 1975. S. 75-91.

Bordia, A. (General Rapporteur) et al., Report, Seminar on the Organisation of Educational Reforms at the Local Level, Paris, IIEP, 27-30 November 1979. IIEP/S56/Report, Paris, 30. November 1979.

Bosse, H., Diebe, Lügner, Faulenzer. Zur Ethno-Hermeneutik von Abhängigkeit und Verweigerung in der Dritten Welt. Frankfurt/Main 1979.

Botkin, J. W./Elmandjra, M./Malitza, M., Das Menschliche Dilemma. Zukunft und Lernen. Wien-München-Zürich-Insbruck 1979.

Boustedt, O., Die zentralen Orte und ihre Einflußbereiche. In: Proceedings of the IGU-Symposium in Urban Geography, Lund 1960. Lund, Sweden 1962. S. 201-226.

Bowers, J., Communication and Rural Development. In: Commonwealth Secretariat (ed.), Education in Rural Areas. London 1970. S. 215-237.

Bowman, M. J., Rural People and Rural Economic Development. IIEP/S36/10A Unesco. Paris 1975.

Bray, T. M., Dondo, J. M. C., Moemeka, A.A., Education and the Community in Africa: Two Case-Studies from Nigeria and Kenya. In: King, K. (ed.), Education and Community in Africa. Edingburgh 1976. S. 217-238.

Brembeck, C. S./Hovey, R. L., Educational Programmes in Rural Areas. Unesco Working Paper. Paris 1972.

Brinkschulte, B., Formen und Funktionen wirtschaftlicher Kooperation in traditionellen Gesellschaften Westafrikas. Meisenheim/Glan 1976.

Bude, U., Stop Education for Frustration Now - Die Empfehlungen des Dzobo-Committee zur Reform der Primar- und Sekundarschulen in Ghana. In: Die Dritte Welt., Jahrg. 3, Nr. 3-4, 1974. S. 375-389.

Ders., Arbeits- und umweltbezogene Curricula im Rahmen Afrikanischer Primarschulreform. In: Handbuch der Entwicklungshilfe. Nomos Verlag. Baden-Baden. 120. Lieferung, Oktober 1975.

Ders., Science for Self-Reliance - 20 Jahre naturwissenschaftliche Erziehung in Afrika. Bericht und Dokumentation über die "SEPA Review Conference" in Gaberone/Botswana, 20.-24. 5. 1980. DSE, Bonn, September 1980.

Ders., Erziehung für eine eigenständige Entwicklung. Studienreisen von Direktoren afrikanischer Curriculumzentren durch Erziehungseinrichtungen in Botsuana vom 25.-30. 5. 1980. Deutsche Stiftung für Internationale Entwicklung. Bonn, September 1980.

Ders., Curriculum für die Lehrerbildung in Afrika. Internationaler Workshop in Lusaka/Sambia vom 24.11.-3.12.1980. Bericht Deutsche Stiftung für Internationale Entwicklung. Bonn, Februar 1981.

Busia, K. A., Purposeful Education for Africa. The Hague 1969 (3rd ed.).

Callaway, A., Identifying and Interpreting the School Leavers' Employment Problem. IIEP/S36/21A. Unesco. Paris 1975.

Callaway, H., Indigenous Education in Yoruba Society. In: Brown, G. N./Hiskett, M. (eds.), Conflict and Harmony in Education in Tropical Africa. London 1975. S. 26-38.

Cameron, J., Traditional and Western Education in Mainland Tanzania: An Attempt at Synthesis? In: Brown, G. N./Hiskett, M. (eds.), Conflict and Harmony in Education in Tropical Africa. London 1975. S. 350-362.

Carnoy, M., Can Educational Policy Equalize Income Distribution? In: Prospects, Vol. VIII, No. 1, 1978. S. 3-18.

Carnoy, M. et al., Can Educational Policy Equalize Income Distribution in Latin America? International Labour Organisation. Geneva 1976.

Centre for Educational Research and Innovation (CERI), Secretariat, The Use of Community Resources by the School. In: Centre for Educational Research and Innovation (CERI), School and Community. Paris 1975. S. 43-54.

Chambers, R., Managing Rural Development - Ideas and Experiences from East Africa. The Scandinavian Institute of African Studies. Uppsala 1974.

Chaudri, D. P., Education and Agricultural Development - Some Empirical Results from Indian Agriculture. In: The World Yearbook of Education 1974. S. 372-386.

Chenery, H./Ahluwalis, M./Bell, C. L. G./Duloy, J. H./Tolby, R., Redistribution with Growth. London 1974.

Clarke, J. D., Omu: An African Experiment in Education. London 1937.

Clarke, P. B., Islam, Education and the Developmental Process in Nigeria. In: Comparative Education, Vol. 14, No. 2, June 1978, S. 133-141.

de Clerck, M., The Operational Seminar: A Pioneering Method of Training for Development. Educational Studies and Documents, No. 20. Unesco, Paris 1976.

Clignet, R., The Liberalizing and Equalizing Functions of Schools: An Overview. In: Comparative Education Review. Vol. 19, No. 1, Febr. 1975 Special Issue. S. 88-104.

Colclough, Chr., Formal Education Systems and Planning for Poverty. ED-76/COLNF807/COL 9. Symposium on Educational Planning, Human Resources and Employment. Unesco. Paris, 20-24/9/1976.

Colclough, Chr./Hallak, J., Rural Education and Employment. IIEP/RP21/2 (Rev. 1). Unesco. Paris 1975.

Coombs, P. H., The World Educational Crisis. New York 1968.

Ders., Education for Rural Development: Some Implications for Planning. IIEPS36/9A (Working draft). Paris, 16/9/1975.

Coombs, P. H. et al., New Paths to Learning for Rural Children and Youth. New York 1973.

Cosnier, H., L'Ouest Africain Francais: ses resources agricoles - son organisation économique. Paris 1921.

Court, D., Social Science Research and Professional Education. In: Kenya Education Review. A Journal of the Faculty of Education. University of Nairobi. June 1976. Vol. 3, No. 1. S. 3-8.

Court, D./Kinyanjui, K., Development Policy and Educational Opportunity: The Experience of Kenya and Tanzania. IIEP Working Paper. Unesco. Paris, 5/10/1978.

Coverdale, G. M., Planning Education in Relation to Rural Development. Unesco. IIEP. Paris 1974.

Cowan, L. G./O'Connell, J./Scanlon, D. G. (eds.), Education and Nation-Building in Africa. London 1965.

Crowder, M., West Africa under Colonial Rule. London 1970 (2nd ed.).

Curle, A., Educational Problems of Developing Societies. New York 1969.

Dadie, B., Climbié. African Writers Series. London 1971.

Dewey, J., The School and the Society. Chicago 1900.

Ders., Democracy and Education. New York 1916.

Direction Nationale de l'Alphabetisation Fonctionelle et de la Linguistique Appliquée (DNAFLA), Quelle Education Pour Quel Developpement? Ministere de l'Education Nationale. République du Mali. Cahiers de l'IIEP No. 51. Unesco: IIEP. Paris, Oct. 1979.

Djoleto, A., The Strange Man. African Writers Series. London 1968.

Dore, R., The Diploma Disease. Education, Qualification and Development. London 1976.

Dove, L. A., The Role of the Community School in Rural Transformation in Developing Countries. In: Comparative Education. Vol. 16, No. 1, March 1980. S. 67-79.

Dubbeldam, L. F. B., The Primary School and the Community in Mwanza District Tanzania. Groningen 1970.

DuBois, W. E. B., Education in Africa - a review of the recommendations of the African education committee. In: The crisis, XXXII No. 2, June 1926, S. 86-89.

Dumont, B., After Literacy, teaching: Paradoxes of post-literacy work. In: Prospects, Vol. IX, No. 2, 1979. S. 145-158.

Dumont, R., L'Afrique noire est mal partie. Paris 1962. Revidierte Auflage 1973.

Dzobo, N. K., Modes of Traditional Moral Education among Anfoega-Ewes. Cape Coast/Ghana 1971.

Ders., Values in Indigenous African Education. In: Brown, G. N./Hiskett, M. (eds.), Conflict and Harmony in Education in Tropical Africa. London 1975. S. 76-90.

Egger, K., Ökologie als Produktivkraft. Erfahrungen bei "Ecofarming" in Ostafrika. In: Elsenhans, H. (Hrsg.), Agrarreform in der Dritten Welt. Frankfurt/New York 1979. S. 217-254.

Eide, K., Some key problems of equality in education. IIEP/S49/7A. Unesco. Paris 1978.

Emmerij, L., Facts and fallacies concerning the basic needs approach. In: Les carnets de l'enfance - assignment children: Participatory research and basic needs. Jan./March 1978, No. 41, UNICEF, S. 28-40.

epd-Entwicklungspolitik, Nr. 22/1977, S. 9, Weltbankpräsident McNamara, R., vor Internationalem Währungsfond (IWF) und Weltbank am 26.10.1977.

Erny, P., L'enfant dans la pensée traditionnelle de l'Afrique noire. Paris 1968.

Ders., L'enfant et son milieu en Afrique noire. Paris 1972.

Ders., L'Enseignement dans les Pays Pauvres. Modèles et Positions. Paris 1977.

Estgeest, J., Primary Education: Revolution for Self-Reliance. In: Resnick, I. N. (ed.), Tanzania: Revolution by Education. Arusha/Tanzania 1968. S. 229-238.

Evans, D. R., Responsive educational planning: myth or reality? IIEP Occasional Papers No. 47. Unesco: International Institute for Educational Planning. Paris, January 1977.

Ders., Educational Reform in the Context of Community-Based Nonformal Education Programs. Working Document. IIEP/S56/21A. Paris, 15. Nov. 1979.

Fafunwa, A. B., School is other People - For African Children the Village Community is one big Family of Teachers. In: The Unesco Courier. May 1978. S. 11-14.

Fajana, A., Some Aspects of Yoruba Traditional Education. In: ODU, University of Ife Journal of African Studies. Vol. II, No. I, 1966. S. 16-28.

Ders., Lugard's Educational Policy in Nigeria: 1912-18. In: West African Journal of Education. Vol. XIX, No. 2, June 1975. S. 179-197.

FAO/Unesco/ILO, Training for Agricultural and Rural Development. Rome 1976.

Faure, E. et al., Learning to be - The World of Education Today and Tomorrow. Unesco. Paris 1972.

Federation of Boston Community Schools, Annual Report. Roxbury, June 1971.

Ferge, Z., Final Report of the Seminar on "Inequalities in Educational Development", organized by IIEP, 27/11/-30/11/1978. IIEP/S49/Report. Unesco, Paris, 1/2/1979.

Foster, P., Education and Social Change in Ghana. London 1965.

Ders., Education for Self-Reliance: A Critical Evaluation. In: Jolly, R. (ed.), Education in Africa: Research and Action. Nairobi 1969. S. 80-101.

Ders., Dilemmas of Educational Development: What we might learn from the past. In: Comparative Education Review. Vol. 19, No. 3, Oct. 1975. S. 375-392.

Foster, P./Sheffield, J. R., General Introduction. In: the World Year Book of Education 1974. London 1973. S. 1-11.

Freire, P., Pädagogik der Unterdrückten. Stuttgart-Berlin 1971.

Fremery, M., Erziehung und Entwicklung als Gegenstand deutscher Forschung. Rückblick auf eine annähernd 20jährige Suche nach Zusammenhängen, Erklärungen und Perspektiven. In: Bildung und Erziehung, 33, (1980) 5, S. 475-496.

Freyhold, M. von, Universal Primary Education and Education for Self-Reliance in Tanga. An evaluation of the TIRDEP school-building programme and an outline of future tasks in the field of primary and polytechnical education. GTZ, Bildungsreport No. 10. Eschborn, Dezember 1979.

Dies., Some Observations on Adult Education in Tanzania. In: Hinzen, H./Hundsdörfer, V. H. (eds.), The Tanzanian Experience. Education for Liberation and Development. Unesco Institute for Education. Hamburg 1979. S. 162-167.

Gardner, R. (ed.), Teachers Education in Developing Countries. Prospects for the Eighties. University of London, Institute of Education. London 1979.

Gay, J./Cole, M., The New Mathematics and an Old Culture. A Study of Learning among the Kpelle of Liberia. New York 1967.

Glaeser, B., Ökonomische Konsequenzen ökologisch orientierter Landwirtschaft in Ostafrika. In: Elsenhans, H. (Hrsg.), Agrarreform in der Dritten Welt. Frankfurt/New York 1979. S. 255-274.

Glassman, J., The Political Experience of Primary School Teachers in the People's Republic of China. In: Comparative Education. Vol. 15, No. 2, June 1979. S. 159-173.

Gleeson, D./Whitty, G., Developments in Social Studies Teaching. London 1976.

Göricke, F./Spiegel, E., Planning Community Development Centres in Kandara, Kenya - A Field Study. Kübel Foundation. Bensheim 1976.

Government of Uganda, Education in Uganda: The Report of the Uganda Education Commission, 1963. Entebbe Government Printing Office 1963.

Graham, C. K., The History of Education in Ghana. London 1971.

Graham, S. F., Government and mission education in Northern Nigeria 1900-1919: with special reference to the work of Hanns Vischer. Ibadan 1966.

Great Britain, Parliamentary Papers, Vol. XI (Reports), 1842, Appendix to the Report of the Committee on the West Coast of Africa.

Great Britain, Education Policy in British Tropical Africa, Memorandum submitted to the Secretary of State for the Colonies by the Advisory Committee on Native Education in the British Tropical Dependencies 1924-25, Cmd. 2374, London 1925.

Great Britain, Memorandum on the Education of African Communities, Col. No. 103, London 1935.

Griffiths, V. L., The Problems of Rural Education. Unesco/IIEP. Paris 1968.

Grohs, E., Traditionelle Erziehung und Schule in Nordnigeria. Saarbrücken 1972.

Grohs, G., Zur Aufnahme afrikanischer Traditionen in afrikanische Ideologien. In: Zeitschrift für Kulturaustausch. 19. Jahrg. 1979/4, S. 359-364.

Günther, K.-H./Hofmann, F./Hohendorf, G./König, H./Schuffenhauer, H., Quellen zur Geschichte der Erziehung. Berlin 1968.

Halpenny, P., Contradictions between community involvement and academic success in a quasi-rural school in Uganda. In: Hartwell, A./Bennaars, G. (eds.), School and Community in East Africa. Nkanga editions. Kampala. Uganda. June, 1975. S. 24-53.

Hanf, Th., Erziehung und politischer Wandel in Schwarzafrika. Sonderdruck aus Kölner Zeitschrift für Soziologie und Sozialpsychologie 1969, Sonderheft 13.

Ders., Die Schule der Staatsoligarchie (Zur Reformunfähigkeit des Bildungswesens in der Dritten Welt). In: Bildung und Erziehung, 33. Jhrg. Heft 5, Okt. 1980. S. 407-432.

Hanf, Th./Ammann, K./Dias, P./Fremerey, M./Weiland, H., Education: An Obstacle to Development? Some Remarks about the Political Functions of Education in Asia and Africa. In: Comparative Education Review. Vol. 19, No. 1, Febr. 1975. Special Issue. S. 68-87.

Harbison, F./Myers, Chr., Education, Manpower and Economic Growth. New York 1964.

Harker, B. R., The Contribution of Schooling to Agricultural Modernization: An Empirical Analysis. In: The World Year Book of Education 1974. S. 350-371.

Harman, D., Community Fundamental Education. A nonformal educational strategy for development. Lexington/Massachusetts 1974.

Hartwell, A./Bennaars, G. (eds.), School and Community in East Africa. Nkanga Editions No. 9. Makarere Institute of Social Research. June, 1975.

Hawes, H., Curriculum and Reality in African Primary Schools. London 1979.

Heijnen, J. D., Development and Education in the Mwanza District (Tanzania). A Case Study of Migration and Peasant Farming. Amsterdam, Centre for Study of Education in Changing Societies and University of Utrecht. 1968.

Heising, M., Schulreform in Dahomey. Cotonou, Mai 1975 (hektogr. Bericht).

Hilliard, F. H., A short history of education in British West Africa. London 1957.

Hiskett, M., Problems of Religious Education in Muslim Communities in Africa. In: Overseas Education. Vol. 32. 1960. S. 119-126.

Holmes, B., British Imperial Policy and the Mission Schools. In: Ders. (ed.), Educational Policies and the Mission Schools. Case Studies from the British Empire. London 1967. S. 5-46.

Horton, R., African Traditional Thought and Western Science. In: Young, M. F. D. (ed.), Knowledge and Control. New Directions for the Sociology of Education. London 1971. S. 208-266.

Houghton, H./Tregear, P. (eds.), Community Schools in Developing Countries. Unesco Institute for Education. Hamburg 1969.

Hummel, Ch., Education today for the World of tomorrow. Unesco. Paris 1977.

Hundsdörfer, V. H., Bildung und gesellschaftliche Entwicklung in Tanzania 1975-1979. Dissertation. Mainz 1979.

Hurst, P., Aid and Educational Development: rhetoric and reality. In: Comparative Education. Vol. 17, No. 2, June 1981. S. 117-125.

Husén, T., Kommentar zum Vortrag von M. Blaug anläßlich der Emeritierung von F. Edding. In: Bildungsökonomie und Entwicklungsländer: Gegenwärtige Trends und neue Prioritäten, a.a.O., S. 24-26.

Ders., Second Thoughts on Equality in Education. IIEP/S49/3A. Unesco Paris 1978.

Illich, I., Entschulung der Gesellschaft. München 1971.

Illy, L. B./Illy, H. F., Mobilisierung der ländlichen Bevölkerung im frankophonen Afrika. Eine Kritik der "Animation Rurale" als Partizipationsmodell. In: Hanisch, R./Tetzlaff, R. (Hrsg.), Die Überwindung der ländlichen Armut in der Dritten Welt. Frankfurt 1979. S. 241-281.

Indire, F. F., Patterns of Learning of the Young in Traditional Eastern African Society. In: Unesco/Unicef, Basic Education in Eastern Africa. Report on a Seminar. Nairobi 1974. S. 81-89.

Inkeles, A., The School as a Context for Modernization. In: Inkeles, A./Holsinger, D. B. (eds.), Education and Individual Modernity in Developing Countries. Leiden/The Netherlands 1974. S. 7-23.

International Labour Office (ILO), Meeting Basic Needs. Strategies for Eradicating Mass Poverty and Unemployment. Geneva 1977.

Dass., Education for Development. Report III. 5th African Regional Conference. Abidjan, Sept. - Oct. 1977. Geneva 1977.

Internationales Arbeitsamt (ILO), Das Weltbeschäftigungsprogramm. Genf 1969.

Dass., Beschäftigung, Wachstum und Grundbedürfnisse. Ein weltweites Problem. Genf 1976.

Ishumi, A. G. M., Education and Development. Nairobi 1976.

Joerges, B., Community Development in Entwicklungsländern. Stuttgart 1969.

Johnny, M./Richards, P., Playing with Facts - The Articulation of "Alternative" Viewpoints in African Development. Case Study. International Seminar "The Use of Indigenous Social Structures and Traditional Media in Non-Formal Education and Development". 5-12/11/1980. Berlin.

Jones, T. J., Negro education: a study of the private and higher schools for colored people in the United States. Department of the Interior, Bureau of Education, Bulletins, 1916, Nos. 38, 39. Washington, Government Printing Office, 1917.

Ders., Education in Africa: A Study of West, South and Equatorial Africa by the African education commission, under the auspices of the Phelps-Stokes Fund and the Foreign Mission Societies of North America and Europe. New York 1922.

Ders., Education in East Africa. A study of East, Central and South Africa by the second African education commission under the auspices of the Phelps-Stokes Fund, in cooperation with the international education board. New York 1925.

Kalibala, E. B., Education for the Villages in Uganda, East Africa. M. A. Thesis. Teachers College, Columbia/USA 1934.

Khoi, Le Thanh, The Future Shape of Education? In: Avokov, R. M. (ed.), The future of education and the education of the future. An IIEP seminar. Unesco: International Institute for Educational Planning. 23-26/10/1978. Paris 1980. S. 65-74.

King, K. J., Pan-Africanism and Education. A Study of Race Philanthropy and Education in the Southern States of America and East Africa. Oxford 1971.

Ders., The Politics of Agricultural Education for Africans in Kenya. In: Education in Eastern Africa. Vol. 5, No. 1, 1975. S. 1-12.

Ders., The Community School. Rich World, Poor World. In: King, K. (ed.), Education and Community in Africa. Proceedings of a Seminar held in the Centre of African Studies. University of Edinburgh, 18th-20th June 1976. S. 1-32.

Kinunda, M. J., The Tanzanian Primary School Reform - Expectations And Realities. IIEP/S56/20A. Paris 1979.

Kinunda, M. J./Mizambwa,G. L./Hassan,K. A., Kwamsisi Community School Project. A Case Study on Learning Needs in Rural Areas. IIEP, Paris/DSE, Bonn 1977.

Kipkorir, B., People of the Rift Valley. Kenya's People. London/Ibadan 1978.

Kirk-Greene, A., The Principles of Native Administration. London 1967.

Kitchen, H. (ed.),The Educated African. New York 1962.

Ki-Zerbo, J., Education and Development. In: Ward, F. C. (ed.), Education and Development Reconsidered. The Bellagio Conference Papers. New York 1974. S. 94-113.

Kodjo, S., Betrachtungen über einige Aspekte der Hochschulbildung in Afrika - Das Beispiel des französischsprachigen Afrika. In: Glimm, H./Küper, W. (Hrsg.), Hochschule, Wissenschaft und Entwicklung in Afrika. Bonn 1980. S. 136-155.

Kordes, H., Zur Ruralisierung der Grunderziehung in Westafrika. In: Friedrich-Ebert-Stiftung. Forschungsinstitut. Vierteljahresberichte Nr. 60, 1975. S. 129-160.

Ders., Curriculum-Evaluation im Umfeld abhängiger Gesellschaften. Quasi-Experimentelle Felduntersuchung eines Schulversuchs zur Ruralisierung der Grunderziehung in Dahome (Westafrika) mit ausführlicher Einführung in die Methode kriterien-orientierter Evaluation. SSIP-Schriften. Heft 27. Saarbrücken 1976.

Kuhanga, N., Education and Self-Reliance in Tanzania: A National Perspective. In: Development Dialogue. 1978, No. 2, S. 37-50.

Kunkel, P., Afrikanische Grundschulprobleme: Das Beispiel Zaire. In: Afrika Spectrum (Sonderdruck) 75/1, 10. Jahrgang. S. 35-54.

Laaser, U., Quantitative Daten zum Bildungstransfer westlicher Industriestaaten in die Länder der Dritten Welt. In: Engels, B./Laaser, U. (Hrsg.), Deutsche Bildungshilfe in der Zweiten Entwicklungsdekade. Eine Zwischenbilanz. München 1977. S. 25-78.

Ders., Zum Verhältnis von Bildung und Entwicklung in den Ländern der Dritten Welt. München-London 1980.

Labor, A./N'geba, F./Pessima, J./Hedd, G./Lucan, T. A., The Bunumbu Project. A Case Study (The Bunumbu Training of Primary School Teachers for Rural Areas: A Case Study for a Needs-Oriented Curriculum). Centre for Curriculum Development. Institute of Education. University of Sierra Leone. Freetown 1978.

LaRoche, F., Rückwirkungen des Missionsstudiums auf das theologische Denken. Basler Missions-Studien 41. Basel 1912.

Laye, C., The African Child. London 1973 (19th ed.).

Lele, U., The Design of Rural Development. Lessons from Africa. Washington D. C. 1975.

Lenhart, V./Röhrs, H., Theorie der Schule in der Dritten Welt (Manuskript) jetzt veröffentlicht unter, Auf dem Weg zu einer Theorie der Schule in der Dritten Welt. In: Zeitschrift für Pädagogik, 16. Beiheft (Die Dritte Welt als Gegenstand erziehungswissenschaftlicher Forschung), 1981. S. 129-144.

Levin, H. M., Assessing in equalization potential of education. IIEP/S49/20A. Paris, 27/11/1978.

Lewis, L. J., Educational policy and practice in British tropical areas. London 1954.

Ders. (ed.), Phelps-Stokes Reports on Education in Africa. London 1962.

Ders., Society, Schools and Progress in Nigeria. Oxford 1965.

Ders., The School and the Rural Environment. In: Commonwealth Secretariat (ed.), Education in Rural Areas. London 1970. S. 96-109.

Lipton, M., Why Poor People Stay Poor - Urban Bias in World Development. London 1978.

Lloyd, P. C., Africa in Social Change. Harmondsworth, Middlesex/England 1975 (rev. ed.).

Lockheed, M. E./Jamison, D. T./Lau, L. J., Farmer Education and Farm Efficiency: A Survey of Previous Empirical Research. In: Jamison, D. T./Lau, L. J., Farmer Education and Efficiency. World Bank. Washington D. C. 1978. S. 14-44.

Mackinnon, A. R., From International Aid to International Cooperation: Some Thoughts in Retrospect (II). In: International Review of Education XXV, 1979. S. 231-247.

Maclure, S., Background to the Subject and Discussion. In: Centre for Educational Research and Innovation (CERI), School and Community. A report based on presentations made to a conference at Slaugham, United Kingdom, 15th-19th Oct. 1973. Paris 1975. S. 7-21.

Makau, B. M./Somerset, H. C. A., Primary School Leaving Examinations, Basic Intellectual Skills, and Equity: Some Evidence from Kenya. In: King, K. (ed.), Literacy Research in Developing Countries. Final Report. Bellagio IV Workshop on Educational Research with Special Reference to Research on Literacy. November 19-22, 1978, Geneva/Switzerland. S. 45-79.

Malassis, L., The Rural World, Education and Development. London & Paris 1976.

Manniche, P., Rural Development and the Changing Countries of the World. A Study of Danish Rural Conditions and the Folk High School with its Relevance to the Developing Countries. Oxford 1969.

Marx, K./Engels, F., Über Erziehung und Bildung. Berlin 1961.

Mayer, J., Spatial aspects of basic-needs strategy: the distribution of essential services. In: International Labour Review, Vol. 118, No. 1, Jan-Febr. 1979. S. 54-74.

Mazaba, J. M./Nthépé, E., The mother tongue and the teaching language. In: Mialaret, G. (ed.), The Child's Right to Education. Unesco. Paris 1979. S. 161-169.

Mbilinyi, M., School, Community and Class. In: Hartwell, A./Bennaars, G. (eds.), School and Community in East Africa. Nkanga Editions No. 9. Makarere Institute of Social Research. June, 1975. S. 75-107.

Dies., The Study of Education and 'The Community'. In: King, K. (ed.), Education and Community in Africa. Edinburgh 1976. S. 81-96.

Dies., Secondary Education. In: Hinzen, H./Hundsdörfer, V. H. (eds.), The Tanzanian Experience. Education for Liberation and Development. Unesco. Institute for Education. Hamburg 1979. S. 97-113.

Dies., History of Formal Schooling in Tanzania. Ebenda, S. 76-87.

Mbiti, J. S., Introduction to African Religion. London, Nairobi, Ibadan, Lusaka 1977.

M'Bodje, M. G., Rapport Concernant La Deuxieme Phase De La Reforme Dans Le Secteur De L'Ecole Elementaire Au Senegal. IIEP/S56/11F. Paris 1979.

M'Bow, A. M., Unesco at the Service of Education in Africa. In: Educafrica, 1974, No. 1, S. 5-14.

McDowell, D. W., The Impact of the National Policy on Education on Indigenous Education in Nigeria. In: International Review of Education, XXVI (1980), S. 49-61.

McIver, R. M./Page, C. H., Society: An Introductory Analysis. London 1961.

McWilliam, H. O. A./KwamenaPoh, M. A., The development of Education in Ghana. London 1975.

Meier, G. M., Leading Issues in Economic Development. Studies in International Poverty. Second Edition. Oxford University Press. Singapore 1971.

Mengot, A. D., Statement during the Seminar on Basic Education.In: Unesco/Unicef Co-operation Programme, Basic Education in Eastern Africa. Report on a Seminar, Nairobi, Kenya, 19-23 August and 22-26 October 1974. S. 66-70.

Ders., The Lagos Conference of Ministers of Education of African Member States (MINEDAF) and its Implications on Educational Reform in Africa. Unesco Regional Office for Education in Africa. Dakar, 30/8/1976.

Metzger, U., Education and Integrated Rural Development Programmes. Working Draft. IIEP, Programme for Visiting Fellows. Paris 1978.

Midwinter, E., Priority Education. An Account of the Liverpool Project. London 1972.

Ministry of Education, Education Reform Proposals and Recommandations. Lusaka 1977.

Mock, E., Afrikanische Pädagogik. Chancen und Möglichkeiten einer 'entwicklungs'-orientierten, authentischen afrikanischen Pädagogik, untersucht am Beispiel des francophonen Schwarzafrikas. Wuppertal 1979.

Morris, H., The Village College: being a Memorandum on the Provision of Educational and Social Facilities for the Countryside with Special Reference to Cambridgeshire. Cambridge University Press. Cambridge 1924.

Mosher, A. T., To Create a Modern Agriculture. New York, N. Y., The Agricultural Development Council, Inc., 1971.

Ders., An Introduction to Agricultural Extension. New York, N. Y., The Agricultural Development Council, Inc., 1978.

Moumouni, A., L'Education en Afrique. Paris 1964.

Müller, J., Ansätze zur Grunderziehung in Entwicklungsländern. Fallstudien aus Ostafrika. Dok. 932 B. Deutsche Stiftung für Internationale Entwicklung, Bonn 1977.

Ders., Förderung der Grunderziehung in Entwicklungsländern. Konzepte und Leistungen Bi- und Multilateraler Geber im Kontext der Internationalen Diskussion. Bonn, Dezember 1978.

Murray, A. V., The School in the Bush. A Critical Study of the Theory and Practice of Native Education in Africa. London 1938 (2nd ed.). Reprinted 1967.

Myrdal, G., Politisches Manifest über die Armut in der Welt. Frankfurt/Main 1970.

Najman, D., Bildung in Afrika. Vorschläge zur Überwindung der Krise. Wuppertal 1976.

Ngay, A., Primary School Teachers and Community Development in Rural Bukola - Tanzania. Unpublished M. A. Dissertation. University of Dar-es-Salaam. June 1977.

Ngegba, F. B. S., School-Community Relations. A Paper written for the Seminar on School, Community Cooperation. Held at Bunumbu Teachers College under Auspices of the Unesco Regional Office, Dakar/Senegal, 14-18/1/1980. Bunumbu/Sierra Leone 1980.

Njoroge, P. K., An African Looks At Curriculum Development In The Field Of Religious And Moral Education. A special paper prepared for the ACO materials writing workshop as support material for the Post Graduate Diploma Course in Systematic Curriculum Development, held at K. I. E., Nairobi, Kenya, 30/4/ - 19/5/1979. (mimeo).

Nyei, M., A Comparison of Three-Script Literacy in Liberia. In: King, K. (ed.), Literacy Research in Developing Countries. Report of the Bellagio IV Workshop in Educational Research with Special Reference to Research on Literacy. Geneva, Nov. 19-22nd 1978. Final Report S. 172-181.

Nyerere, J. K., Education for Self-Reliance. Dar-es-Salaam 1967.

Ders., Man and Development. London 1974.

Ders., Bildung und Befreiung. Aus Reden und Schriften von November 1972 bis Januar 1977. Frankfurt/Main 1977.

Ocaya-Lakidi, Dent, Towards an African philosophy of education. In: Prospects, Vol. X. No. I, 1980. S. 13-25.

Ocitti, J. P., African Indigenous Education. As practised by the Acholi of Uganda. Nairobi 1973.

O'Connel, J., The State and the Organisation of Elementary Education in Nigeria: 1945-1960. In: Weiler, H. N. (Hrsg.), Erziehung und Politik in Nigeria. Freiburg i. Br. 1964. S. 113-137.

Odeke, B., Crop Production in Orungo, Teso District, Uganda. Special Project. Makarere University. Faculty of Agriculture. 1971 (mimeo).

OECD/DAC, Development Cooperation, Efforts and Policies of the Member of the Development Assistance Committee. 1972 Review. Paris 1972.

Ogunniyi, O., Education for Rural Development in Africa. In: Educafrica, 1974, No. 1. Unesco Regional Office for Education in Africa. S. 25-36.

Ogunyemi, M. A., Primary School Curriculum Reform in the Western State of Nigeria. IIEP Occasional Papers No. 34. Unesco, International Institute for Educational Planning. Paris, July 1974.

Ohuche, R. O./Otaala, B. (eds.), The Child in the African Environment. Study prepared for SEPA (Science Education Programme for Africa). Draft. Nairobi/Kenya 1979.

Okonkwo, C., Language in African Education: A Comparative Analysis of the Curricular Elements of School Texts. Occasional Paper No. 2. Comparative Education Center. Faculty of Educational Studies. State University of New York. Buffalo, N. Y., 1978.

Oldham, J. H., Christian Missions and the Education of the Negro. In: International Review of Missions, VII, 1918, S. 242-247.

Overseas Development Institute, Agricultural Development and Rural Poverty: The Need for Radical Policy Revision. Declaration. International Seminar. Ditchley Park, May 1978.

Oxenham, J., Reflections on the 1974 Education Sector Working Paper. In: Williams, P. (ed.), Prescription for Progress? A Commentary on the Education Policy of the World Bank. University of London Institute of Education. London 1976. S. 40-44.

Pahl, R. E., Patterns of Urban Life. London 1970.

Parin, P./Morgenthaler, F./Parin-Matthey, G., Fürchte Deinen Nächsten wie Dich selbst. Psychoanalyse und Gesellschaft am Modell der Agni in Westafrika. Frankfurt/Main 1971.

Parsons, T./Shils, E. A. (eds.), Towards a general theory of action. New York & Evanston 1962.

Payr, G., Förderung und Beratung traditioneller Kleinbauern in Salima/Malawi. München 1977.

Payr, G./Sülzer, R., Handbuch zur landwirtschaftlichen Beratung. Band I: Grundlagen und Methoden. Gesellschaft für Technische Zusammenarbeit (GTZ). Eschborn 1980.

Peabody, F. G., Education for life. The story of Hampton institute told in connection with the fiftieth anniversary of the foundation of the school. New York 1919.

Pearson, L. u. a., Der Pearson-Bericht. Bestandsaufnahme und Vorschläge zur Entwicklungspolitik. Wien-München-Zürich 1969.

Peets, H., Die Rolle des Erziehungswesens in der englischen Kolonialpolitik in Nigeria. In: Weiler, H. N. (Hrsg.), Erziehung und Politik in Nigeria. Freiburg i. Br. 1964. S. 81-112.

Peil, M., Consensus and Conflict in African Societies. London 1977.

Pendaeli, J., Changing the Teacher Education Curriculum in Tanzania. In: Nikundiwe, M. (ed.), A creative teacher for a creative school (papers delivered in English at Malezi ya Taifa. Seminar - June 1978). Taasisi ya Elimu, March 1979. S. 35-46.

Ponsioen, J. A., Basically a challenge to the professionals - Translating the concept of human needs into a social movement. In: International Development Review, No. 4, 1979. S. 3-8.

Poster, C., The School and the Community. London 1971.

Postlethwaite, T. N., Curriculum development and educational planning. In: Adams, R. S. (ed.), Educational planning: towards a qualitative perspective. International Institute for Educational Planning. Paris 1978. S. 28-40.

Ders., Success and failure in school. In: Prospects, Vol. X, No. 3, 1980. S. 249-263.

Postlethwaite, T. N./King, K., Curriculum Development for Basic Education in Rural Areas. Unesco. Paris 1975.

Rahnema, M., Problems of Basic Education in the Emerging World. In: Centre for the study of education in the developing countries, Education 'At The Base' In Developing Countries. Four papers prepared for the CESO Symposium held in The Hague/The Netherlands, June 5-8, 1978. S. 1-15.

Rassekh, S., Some Comments on the Socio-Economic Context of Development and its Influence on the Evolution of Content of Education during the next two Decades. Unesco International Symposium on the Evolution of the Content of General Education over the next two Decades. ED-80/Conf.803/Col. 14. Paris, 4/7/1980.

Reiff, H., The Role of Educational Planning in Situations of Unemployment (raising some major issues). ED76/Conf. 807/COL. 2. Unesco. Paris 1977.

Reimer, E., An Essay on Alternative in Education. CIDOC. Cuaderno No. 1005. Cuernavaca/Mexico 1970.

Rensburg, P. van, Report from Swaneng Hill. Education and Employment in an African Country. The Dag Hammarskjöld Foundation. Uppsala/Sweden 1974.

République Rwandaise, Ministère de l'Education Nationale, Rapport d'evaluation sur la situation de l'enseignement agricole et d'élevage dans les CERAR. Kigali 1979.

Rich, R. W., The Training of Teachers in England and Wales during the Nineteenth Century. London 1933.

Riedmiller, S., Soziolinguistische Grundlagen für die Implementierung der zweisprachigen Erziehung im Hochland von Peru. GTZ Bildungsreport Nr. 3. Eschborn, März 1977.

Rothlach, R., Der Wandel der Wanjamwesi-Gesellschaft in vorkolonialer Zeit und die Ideen Nyereres über die traditionelle afrikanische Gesellschaft. München 1975.

Rukare, E. H., The Final Official Report on the Namutamba Pilot Project. Prepared for the Uganda National Commission for Unesco. Entebbe, November 1977.

Saunders, M. S., Locality and the Curriculum: towards a positive critique. In: Comparative Education. Vol. 15, No. 2, June 1979. S. 217-230.

Seers, D., Was heißt Entwicklung? In: Senghaas, D. (Hrsg.), Peripherer Kapitalismus. Analysen über Abhängigkeit und Unterentwicklung. Frankfurt/Main 1974. S. 37-70.

Shail, Jain, Size Distribution of Income. Washington D. C. 1975.

Sheffield, J. R., Education in Kenya: A Historical Study. Teachers College, Columbia University, 1973.

Ders., Response to the lecture: Teachers, Teacher Education and the Community, by Prof. Smart. In: Gardner, R. (ed.), Teacher Education in Developing Countries. Prospects for the Eighties. University of London Institute of Education. London 1979. S. 120-129.

Sheffield, J. R./Diejomaoh, V. P., Non-Formal Education in African Development. African-American Institute. New York 1972.

Shields, J. J. Jr., The Reports of the Phelps-Stokes Fund on Education in Africa and the Formation of the Theory of Community Development by the British. New York, Phelps-Stokes Fund, 1961.

Silberman, Ch. E., Crisis in the classroom. New York 1970.

Sinclair, M. E., Education, Relevance and the Community. A first look at the history of attempts to introduce productive work into the primary school curriculum. In: King, K. (ed.), Education and Community in Africa. Edinburgh 1976. S. 45-80.

Sinclair, M. E., with Lillis, K., School and Community in the Third World. London 1980.

Singleton, J., Schools and Rural Development: An Anthropological Approach. In: Foster, P./Sheffield, J. R. (eds.), The World Year Book of Education 1974: Education and Rural Development. London 1973. S. 117-136.

Skager, R./Dave, R. H. (eds.), Curriculum Evaluation for Lifelong Education. Unesco Institute for Education. Hamburg 1977.

Smart, N., Teachers, Teacher Education and the Community. In: Gardner, R. (ed.), Teacher Education in Developing Countries. Prospects for the Eighties. University of London Institute of Education. London 1979. S. 102-119.

Smith, F., A History of English Elementary Education, 1760-1902. London 1931.

Smock, D. R./Smock, A. C., Cultural and Political Aspects of Rural Transformation. A Case Study of Eastern Nigeria. Praeger Special Studies in International Economics and Development. New York 1972.

Soja, E., The Geography of Modernization in Kenya. Syracuse/USA 1968.

Solarin, T., The Mayflower School in Nigeria. In: Ponsioen, J. A. (ed.), Educational Innovations in Africa: Policies and Administration. The Hague 1972. S. 121-128.

de Sousa Ferreira, E., Portuguese Colonialism in Africa: the end of an era. The effects of Portuguese colonialism on education, science, culture and information. The Unesco Press. Paris 1974.

Spencer, S. R., Booker T. Washington and the Negro's place in American life. Boston 1955.

Schlunk, M., Die Schulen für Eingeborene in den deutschen Schutzgebieten am 1. Juni 1911. Hamburg 1914.

Schönmeier, H. W., Agriculture in Conflict - The Shamba Case. Kübel Foundation Bensheim. Bensheim 1977.

Schultz, T. W., Transforming Traditional Agriculture. New Haven. Yale University Press 1964.

Schwefel, D., Bedürfnisorientierung, Planung und Evaluierung. Schriften des Deutschen Instituts für Entwicklungspolitik, Band 50. Berlin 1977.

Schwöbel, H. P., Versuch einer politischen Kritik ruraler Grunderziehung. Diskussionspapier. Frankfurt/Main 1978.

Steiner, P., Kulturarbeit der Basler Mission in Westafrika. Basler Missionsstudien 24. Basel 1904.

Strizek, H., Zur "Ruralisierung" des malischen Schulwesens. Friedrich-Ebert-Stiftung. Forschungsinstitut, Abt. Entwicklungsländerforschung. Discussion Paper No. 10. Bonn-Bad Godesberg, Mai 1974.

Technische Universität Berlin, Fachbereich Internationale Agrarentwicklung, Ökologische Landwirtschaft - Ein neues Konzept für Entwicklungsländer? (Öffentliche Vortragsveranstaltung des Fachbereichs am 24.1.1979 anläßlich der Internationalen Grünen Woche Berlin), Berlin 1980.

Tévoédjré, A., Schlußbericht des Symposiums über die Aussicht für die zukünftige Entwicklung Afrikas bis zum Jahr 2000. In: Neue Entwicklungspolitik 3/1979, S. 3-11.

Thomas, R. M./Postlethwaite, T. N., Ways to view schooling in ASEAN countries. In: Postlethwaite, T. N./Thomas, R. M. (eds.), Schooling in the ASEAN region. Primary and Secondary Education in Indonesia, Malaysia, The Philippines, Singapore, and Thailand. Oxford/New York/Toronto/Sydney/Paris/Frankfurt 1980. S. 1-46.

Thompson, A. R., Ideas Underlying British Colonial Education Policy in Tanganyika. In: Resnick, I. N. (ed.), Tanzania: Revolution by Education. Arusha/Tanzania 1968. S. 15-32.

Ders., Historical survey of the role of the churches in education from precolonial days to post-independence. In: Gottneid, A. J. (ed.), Church and Education in Tanzania. Nairobi 1976. S. 3-130.

Ders., How Far Free? International Network of Constraint upon National Education Policy in the Third World. In: Comparative Education, Vol. 13, No. 3, Oct. 1977, S. 155-168.

Thompson, F. A./Bailey, P./Hawes, H., Social Studies - A guide for primary school teachers in Africa. London 1977.

Tregear, P. S., The Community School. In: Commonwealth Secretariat (ed.), Education in Rural Areas. London 1970. S. 173-183.

Unabhängige Kommission für Internationale Entwicklungsfragen (Nord-Süd-Kommission), Das Überleben sichern. Köln 1980.

Unesco, Education in a rural environment. Paris 1974.

Dies., Experimental Pilot Project on the Role of Education in Rural Development: International Evaluation Report, July 1974. Paris July 1975.

Dies., Education and Development in a New World Order. Meeting of Senior Officials of the Ministries of Education of the Twenty-Five Least Developed Countries, Paris, 8-16 Sept. 1975. ED-75 CONF. 604/Col.6. Main Working Document. Paris, 17/7/1975.

Dies., Final Report. Meeting of Senior Officials of the Ministries of Education of the Twenty-Five Least Developed Countries, ED/MD 39. Paris, 30th Oct. 1975.

Dies., Education in Africa, Evolution, Reforms, Prospects. Conference of Ministers of Education of African Member States, Lagos 27/1/-4/2/1976, ED76/MINEDAF 3. Paris, Dec. 1975.

Dies., Final Report. Conference of Ministers of Education of African Member States, Lagos (Nigeria) 27/1/-4/2/1976. ED/MD/41. Paris, 14/6/1976.

Dies., The Contribution of Education to Rural Development. June 1973. ED 76/WS 65. Paris, November 1976.

Dies., Major Problems and Trends in Educational Development and New Strategies for International Cooperation in Education. Report Studies S. 10. Paris 1977.

Unesco, Regional Office for Education in Africa, Final Report of the Seminar on the Reform of the Primary School Curriculum. Dakar 1974.

Dass., Educational Change in Africa (Progress made and difficulties met in the implementation of the recommendations of the Lagos Conference - MINEDAF 1976). Working Document. Regional Meetings of Heads of Educational Planning and Administrative Services in Africa. Dakar, 17-21 Sept. 1979.

Unesco/Unicef Cooperation Programme, Basic Education in Eastern Africa - Report on a Seminar, Nairobi, Kenya, 19-23 Aug. and 22-26 Oct. 1979. Nairobi 1974.

Unicef, Aid to Education. Review of Policy. Paris 1972.

Dies., People, water and sanitation. In: Assignment Children. A Journal with youth in development. No. 45/46. Spring 1979.

United Nations Development Programme, Project of the Government of Liberia: Community Schools Programme for Integrated Rural Education and Community Development. 15/6/1973. Project Document.

University of Sierra Leone, Education Review: All Our Future.The results of the Working Groups and the combined proceedings of two conferencesmeeting in Freetown 1973-1976. Freetown 1976.

Varkevisser, C. M., Socialization in a Changing Society. Sukuma Childhood in Rural and Urban Mwanza, Tanzania. CESO. Den Haag 1973.

Wall, W. D., Constructive Education for Children. Unesco. Paris 1975.

Wallace, T., Schooling in rural Buganda: A discussion of the kind of primary education village children experience, their patterns of attendance, and the reasons why they go to school. In: Hartwell, A./Bennaars, G. (eds.), School and Community in East Africa. Nkanga editions. Kampala, Uganda. June, 1975. S. 10-23.

Wandira, A., Indigenous Education in Uganda. Kampala 1971.

Ders., Early Missionary Education in Uganda - A Study of Purpose in Missionary Education. Department of Education, Makarere University.Kampala/Uganda 1972.

Ders., Work-Oriented Curricula for Rural Areas: An Overview of Educational Problems and Issues. In: Supplitt, G./Bude, U. (eds.), Work-Oriented Education for Africa. Conference Report of the International Conference on Work-Oriented Education for Africa, 15/10/-21/10/1972, Berlin, German Foundation for International Development. DOK 657 A/a. IIA-IT 1/72. S. 31-56.

Watts, E. R., Agricultural Extension in Embu District of Kenya. In: East Africa Journal of Rural Development, Vol. 2, No. 1, 1969. S. 63-77.

Ders., The Educational Needs of Farmers in Developing Countries. In: The World Yearbook of Education 1974. S. 150-162.

Webster, J. B., The Bible and the Plough. In: Journal of the Historical Society of Nigeria, Vol. 2, No. 4 (Dec. 1963), S. 418-434.

Weiler, H. N., Education and Development: From the Age of Innocence to the Age of Scepticism. In: Comparative Education, Vol. 14, No. 3, Oct. 1978, S. 179-198.

West Africa, No. 3193, 25/9/1978, Achievement in Liberia. S. 1886.

Westermann, D., Die Kpelle. Ein Negerstamm in Liberia. Göttingen/Leipzig 1921.

Wharton, C. R., Education and Agricultural Growth: The Role of Education in Early-Stage Agriculture. In: Anderson, C. A., and Bowman, M. J. (eds.), Education and Economic Development. London 1966. S. 202-228.

Williams, P. (ed.), The School in Developing Countries. Report of a Workshop held in March 1974. University of London, Institute of Education, Department of Education in Developing Countries. London 1976.

Wilson, F. B., Education for Rural Development. In: The World Yearbook of Education 1974. S. 15-30.

Wilson, J., Education and Changing West African Culture. London 1966.

Working Group in the Department of Education in Developing Countries, University of London, Institute of Education, The Practice of Community Education in Developing Countries. In: King, K. (ed.), Education and Community in Africa. Edinburgh 1976. S. 97-119.

World Bank, Education Sector Working Paper. Paris 1971.

Dies., Education Sector Working Paper. Washington D. C., USA, December 1974.

Dies., Education Sector Policy. Report No. 2680. Washington, September 26, 1979.

Worsley, P. (ed.), Modern Sociology. Introductory Readings. Penguin Edition. Harmondsworth/Middlesex, England, 1973.

Yoloye, E., Bajah, S., Experimental Pilot Project on the Role of Education in Rural Development: Evaluation of the Science Component. Paris, Nov. 1975. Unesco. Paris 1976.

Ziechmann, J., Schülerorientierter Sachunterricht. Ein Beitrag auf dem Weg zum informellen Unterricht auf der Primarstufe. Braunschweig 1979.

Literaturverzeichnis (Kamerun)

Ahidjo, A., Discours a l'occasion de la sortie de la premiere promotion des assujettis du Service Civique, Obala, 18/6/1975. In: Agence Camerounaise de Presse, No. 132, 19/6/1975.

Akoulouze, R., Etude Comparative de Deux Approches d'Utilisation de l'Education pour le Developpement des Campagnes. Projet Ouest Africain de Formation a la Recherche Evaluative en Education. Textes et documents. Série I, No. 10. Université Laval, Québec, Janvier 1979.

Aletum Tabuwe, M., Exploration of traditional political institutions towards national political development. A case study of the Bafut traditional political institutions. Yaoundé Université, 1977.

Ardener, E., Coastal Bantu of the Cameroons. London 1956.

Ashu, C. E., Training the Anglophone Cameroon Teacher: A Critical Assessment of the Teacher Training Programme as Preparatory for Teaching English Language in Cameroon Primary Schools. M. A. Dissertation. Universtity of London 1973.

Ashuntantang, G. T., Evaluation of the Mutengene Seminar, 28/2/-3/3/1978. Mimeo. Buea, June 1978.

Ashuntantang, G. T./Bergmann, H./Bude, U./Divine, V. J., Environmental Studies (Agricultural and Social Aspects) Report. In: IPAR-Buea, Institut for the Reform of Primary Education. Buea, April 1977. S. 67-159.

Azegue, F., Community advancement and school education in Cameroon. In: Prospects, Vol. IV, No. 1., Spring 1974, S. 109-117.

Barah, J. K., Bridging the gap between school and community. In: Prospects in Education. Vol. 1, No. 2, 1970, S. 19-24.

Barbier, J. C./Courade, G./Gubry, P., L'Exode Rural Au Cameroun. Yaoundé 1978.

Becquelin, J., Rapport intérimaire (1967-1972) du Conseiller technique principal. Yaoundé, IPAR, 30/6/1972.

Bebbe-Njoh, E., Reformes Scolaires et Recherches Pedagogique. Réflexions à partir d'une étude de cas: l'evolution de la réforme de l'enseignement au Cameroun. CNE. Yaoundé 1977.

Ders., Note sur les orientations des innovations educatives au Cameroun. CNE. Yaoundé 1979.

Bebey, F., King Albert. Wuppertal 1980.

Bergmann, H., Rice - Handout for teachers. Buea, May 1978. Mimeo.

Ders., Primary School Agriculture. Teacher's Manual. Part One: Pedagogy. German Agency for Technical Cooperation (GTZ). Eschborn, August 1980.

Bergmann, H./Bude, U., Report on Village Stay in the North West Province, Cameroon. IPAR-Buea, Working Paper No. 1. Buea 1974. Mimeo.

Dies., Training Opportunities for Primary School Leavers in the Northwest and Southwest Provinces of Cameroon. Buea 1974.

Dies., A Survey of Primary Schools and their Communities for General Education Policy-Making: The Case of Two Provinces in Cameroon. In: International Review of Education, XXIII/1977/1, S. 3-34.

Bergmann, H./Butler, R., Primary School Agriculture. Teacher's Manual. Part I-V. GTZ. Eschborn 1980.

Boma, A. N., A Program Plan. Guidelines, Problem Areas and Recommended Solutions for Agricultural Education Programs in West Cameroon. Yaoundé (no date, probably 1976).

Boma, A. N./Kajih, J. T./Divine, V. J., Case Study - Cameroon: School Agriculture in Community Development (mimeo). Nairobi 1976.

Bosse, H./Hundsdörfer, V., Evaluation of the German Contribution to IPAR-Buea. A confidential report for GTZ (German Agency of Technical Cooperation). Buea, Frankfurt and Mainz, October 1978.

Bude, U., Involving Teachers in the Development of Curriculum Units - Towards a method for teaching the social and agricultural aspects of environmental studies in primary schools. Buea/United Republic of Cameroon. Febr. 1978 (mimeo).

Ders., Farming becomes easier: The use of draught animals (Interview with an oxen farmer), (mimeo), Buea, May 1978.

Ders., Community Stories for Primary School Teaching in Cameroon - their Purpose, Derivation and Use. Buea, Southwest Province, United Republic of Cameroon, July 1978, (mimeo).

Bude, U./Bergmann, H., Zum systematischen Einsatz erziehungs- und sozialwissenschaftlicher Forschung zur Vorbereitung einer Reform des Primarschulwesens: Fallbeispiel Kamerun. In: Engels, B./Laaser, U. (Hrsg.), Deutsche Bildungshilfe in der zweiten Entwicklungsdekade. Eine Zwischenbilanz. München 1977. S. 329-351.

Bude, U./Illy, H. F./Kordes, H., Primarschulreform in Kamerun (1973). Entscheidungsprozeß, Curriculumentwicklung, Systemorganisation. Studie erstellt im Auftrag des Bundesministeriums für Wirtschaftliche Zusammenarbeit. Bonn/Münster, August 1973.

Camburi, C., Etude des projets d'education non-formelle, RTC de Kumba - Rapport sommaire. Institut Panafricain Pour Le Développement, Centre d'Etude et de Recherches Appliquée. Douala et Buea 1976.

Cameroon Tribune, No. 101, 2/6/1976.

Chilver, E. M./Kaberry, P. M., Traditional Bamenda. The Pre-colonial History and Ethnography of the Bamenda Grassfields. Buea 1967.

Courade, G., Victoria - Bota, Croissance Urbaine et Immigration. Office de la Recherche Scientifique et Technique Outre-Mer. Yaoundé, Mars 1975.

Courade, C./Courade, G., Education in Anglophone Cameroon (1915-1975). Yaoundé 1977.

Dalle, E. L., Les Problemes de l'enseignement des langues nationales au Cameroun. Université Laval. Quebec 1981.

Delory, M., L'Etude du milieu dans la réforme de l'enseignement primaire. Projet II: Evaluation et développement des innovations scolaire. Centre Nationale d'Education. Yaoundé, Juin 1979 (Mimeo).

Dongmo, A., Les origines du sens commercial des Bamileke. Yaoundé 1974.

Ejedepang-Koge, S. N., Tradition and Change in Peasant Activities. A study of the indigenous people's search for cash in the South West Province of Cameroon. Yaoundé 1975.

Elsenhans, E. (ed.), Botanical & Zoological Review. Special Theme: Science of the Soil. Nyassosso, 2nd term 1969/70. Mimeo.

Epule, K., Our Cultural Heritage. In: Ministry of Information and Press Department, Buea, Southwest Province, Weekly News Bulletin, No. 26/76 of December 17, 1976.

Eyongetah, T./Brain, R., A History of the Cameroon. London 1974.

Geary, Chr., We. Die Genese eines Häuptlingtums im Grasland von Kamerun. Studien zur Kulturkunde, Band 38. Wiesbaden 1976.

Greenland, J., Points arising from the lesson notes and comments of teachers in the 'Koffa' story. Mimeo. Buea, 6/7/78.

Greenough, R., Rural schools and economic development in Cameroon. In: Unesco chronicle. Vol. XIV, 1968, No. 4., S. 149-151.

Halldén, E., The Culture Policy of the Basel Mission in the Cameroon 1886-1905. Uppsala 1968.

Hausen, K., Deutsche Kolonialherrschaft in Afrika. Wirtschaftsinteressen und Kolonialverwaltung in Kamerun vor 1914. Zürich und Freiburg i. Br. 1970.

Illy, H. F., Politik und Wirtschaft in Kamerun. Bedingungen, Ziele und Strategien der staatlichen Entwicklungspolitik. München 1976.

Illy, L. B., Afrikanische Familienstrukturen zwischen "Tradition" und "Modernität" - Fallstudie Kamerun. In: Die Dritte Welt, 3/4, 1975, S. 368-390.

IPAR-Buea, Institute for the Reform of Primary Education, Report on the Reform of Primary Education. Buea, April 1977.

IPAR-Yaoundé, La Réforme de l'Enseignement au Cameroun. Yaoundé, Fevr. 1972.

Iya, E., La Possibilité de l'Insertion des Valeurs Positives de la Pédagogie Coranique dans la Réforme du Système d'Enseignement au Cameroun. Projet Ouest Africain de Formation à la Recherche Evaluative en Education. Textes et documents. Série I, No. 16. Université Laval. Québec, Septembre 1980.

Jones, B./Ndifon, J./Itoe, A., The Cameroon Primary English as a Medium Course. Teacher's Guide for Year One. IPAR-Buea 1979. Second Draft.

Kale, J. K., A Study of the Relation between Parents' Perception of School and their Attitude towards the Reform of Primary Education in Cameroon. Unpublished M. A. thesis. Laval University, Québec/Canada 1979.

Ders., Ruralization of the Primary School Curriculum in Cameroon: Lessons from the past. Paper presented at the seminar on "Education on Self Reliance" organized by the Institute for the Reform of Primary Education (IPAR), Buea, July 1979.

Kajih, J. T./Kelly, M. P., Language Report. In: IPAR-Buea, Report on the Reform of Primary Education. Buea, April 1977. S. 215-231.

Kenjo wan Jumbam, A Simple History of Cameroon (Classes 6 & 7). No date.

Kette, V., The District Officer. Lesson Notes. (Mimeo), Buea 1978.

Dies., Traditional Rites Associated with the Planting of Maize in Bali. (Mimeo), IPAR-Buea, Environmental Studies Section (Agricultural and Social Aspects). Buea 1978.

Khoi, Le Thanh, Aspects of Educational Reform and Planning in Cameroon. Draft Report. English Version (Original in French). Buea, United Republic of Cameroon, 1976. Eléments pour servir à la réform et à la planification de l'Enseignement au Cameroun. Projet de Rapport de Mission. Yaoundé, Octobre 1976.

Koloß, H. J., Könige, Masken, Feste. Ethnologische Forschungen im Grasland der Nordwest-Provinz von Kamerun. Stuttgart 1977.

Kürten, H. K., Jugendprobleme in einem anderen Kontinent. Westkameruner Schüler zwischen traditioneller und moderner Erziehung. Dissertation. Basel 1974.

Kuperus, P., Towards a Theory of Primary Mathematics Instruction - existing practices in South-West Province. Centre National d'Education. Yaoundé 1980. Mimeo.

Lallez, R., An experiment in the ruralization of education: IPAR and the Cameroonian reform. Study prepared for the International Bureau of Education. Paris 1974.

LeVine, V. T., The Cameroon Federal Republic. Ithaca and London 1971.

Martin, J. Y., Appareil scolaire et reproduction des milieux ruraus. In: Essais sur la reproduction de formations sociales dominées. ORSTOM. Trav. et Doc. No. 64. Yaoundé 1977.

Ders., Social Differentiation and Regional Disparities: Educational Development in Cameroun. IIEP Working Paper. IIEP/RP/19/11A (Prov.). Unesco. Paris, 24/2/1978.

Mbuagbaw, T., African Methods of Education and the Problem of Modern Education. Yaoundé 1977 (mimeo).

Mey, G./Spirik, H., La Famille Africaine en Milieu Urbain. Yaoundé 1975.

Ministere de l'Economie et du Plan, Direction de la Statistique et de la Comptabilite Nationale, Principaux Resultats Du Recensement Generale de la Population Et De L'Habitat D'Avril 1976. Yaoundé, Fevrier 1978.

Ministry of National Education, News Bulletin No. 16, July 1975.

Ministry of National Education, Division of Planning, Orientation and Equipment, Statistical Yearbook, 1973 - 1974, Vol. I (Primary Education). Yaoundé 1975.

Ministry of Primary Education and Social Welfare, Seven Year Primary School Syllabuses. Revised 1965. Buea/West Cameroon 1966.

Minutes of the education delegates' conference. Yaoundé, 24-28/2/1975 (English translation).

Müller, H.-P., Die Helvetas Wasserversorgung in Kamerun. Eine ethnologische Evaluation. Zürich, Februar 1978.

Mukam, L. et al., Propositions de Structures pour la Réforme de l'Enseignement au Cameroun. Projet II. Atelier Scientifique sur la Réforme de l'Enseignement au Cameroun, 5-15 Juin, 1978. Yaoundé, Mai 1978.

Nationales Erziehungsinstitut (CNE), Allgemeine Richtlinien und Forschungsprogramm. Yaoundé 1976.

Nchong, M. A., Lesson Notes on an Aspect of "Country Fashion": Food Taboos in the Banyang Area (Mimeo). Buea 1978.

Ders., Yam Growing in Banyang Area (Mimeo), IPAR-Buea, Environmental Studies Section (Agricultural and Social Aspects). Buea 1978.

Ndah, E. F., Impression on the Koffa story as I taught it to my class seven pupils. Mimeo. Presbyterian School Wum, North West Province, June 1978.

Ndangam, A./Weir, D., Evans Cameroon Primary English. Pupils Book for the Final Year. London/Ibadan 1980.

Ndangoh, S.N., Report on the Teaching of the Consepts of Remoteness, Division of Labour, Migration and Stranger. Mimeo. Govt. School Befang, June 1978.

Ndedi-Mpacko, E., Etude Retrospective Sur Le Développement Du Systeme Educatif Au Cameroun. Document de Travail. IIEP. Paris, 29/6/73.

Nelson, H. D. et al., Area Handbook for the United Republic of Cameroon. U.S. Goverment Printing Office. Washington D. C. 1974.

Nestvogel, R., Verstärkung von Unterentwicklung durch Bildung? Schulische und außerschulische Bildung im Kontext gesamtgesellschaftlicher Entwicklung in Kamerun. Schriftreihe des Forschungsinstituts der Friedrich-Ebert-Stiftung. Band 134. Bonn 1978.

Neunhäuser, P. (ed.) et al., Possibilities of the introduction of draught animals in the North-West Province of the Republic of Cameroon. Seminar für Landwirtschaftliche Entwicklung. Institut für Sozialökonomie der Agrarentwicklung, Technische Universität Berlin. A consultative study for the German Agency for Technical Cooperation (GTZ). Berlin 1977.

Ngam, F. C., To the Kom People. Victoria 1973.

Ngende, F. E., Geography of West Cameroon. Victoria 1966.

Ngwa, J. A., An Outline Geography of the Federal Republic of Cameroon. London 1967. Reprinted 1971.

Njoya, A. N., Njoya - réformateur du royaume bamoun. Paris/Dakar/Abidjan 1978.

Njoh-Mouelle, E., Jalons - Recherche d'une mentalite neuve. Edition CLE. Yaoundé 1970.

Nkwi, P. N., Traditional Government and Social Change. A study of the political institutions among the Kom of the Cameroon Grassfields. Fribourg/Switzerland 1976.

Ders., Grassfield Kings and Chiefs and Modern Politics. ONAREST. Yaoundé 1977.

Nwana, E. M., The Development of Education in East Cameroon (French) and West Cameroon (British) between 1920 and 1960: A Comparison and Critique. M.A. Thesis, University of California, Los Angeles/USA, 1966.

Presbyterian Teacher Training College Nyassosso, TTC Digest. Nyassosso, South West Province. Mimeo, n. d.

Provincial Delegation of Education, 1972/73 General Report on Primary School Inspection. South West Provincial Delegation of Education. Buea.

Provincial Delegation for National Education, The Annual Report of the Provincial Delegation for National Education, Buea, South West Province, 1974-75.

Dies., The Annual Report of the Provincial Delegation for National Education. Buea, South West Province, 1975-76.

Provincial Delegation of National Education, The Annual Report of the Provincial Delegation of National Education, Buea, Southwest Province (Cameroon), 1976-1977.

Ritzenthaler, R. E. and Ritzenthaler, P., Cameroons Village: An Ethnography of Bafut. Milwaukee 1962.

Robinson, K., Towards a New Concept of Education in Developing Countries. The Buea Experiment. Buea, Cameroon. July 1973.

Ruel, M., Leopards and Leaders. Constitutional Politics among a Cross River People. London 1969.

Seino, M. A., The Widikum and their neighbours: An investigation into the traditions of origin, migration, settlement and culture of the Widikum and their interaction with the Bali-Chamba before and during colonial rule. Yaoundé 1975.

Simon, H., W.A.D.A. Extension Farmers: A Socio-Economic Survey About Their Living Conditions And Annual Budgets. Wum/Cameroon, Oct. 1976 (Mimeo).

Soh Bejeng, P., A study of Lela, a Bali-Chamba state cult of the northwest grassfields of Cameroon. Yaoundé Université, 1975.

Ders., The History and Social Institutions of the Ngemba Chiefdoms of Mbatu, Akum Nsongwa, Chomba and Ndzong. Yaoundé 1977.

Stachel, G., Marginalisierung afrikanischer Kleinbauern durch Modernisierung des Agrarsektors am Beispiel Kameruns. In: Neue Entwicklungspolitik, Jahrgang 6, No. 1, 1980, S. 1-5.

Tandap, L. T., Evaluation of the Sequence of Urbanization and Population in Cameroon. In: Abbia, June 1979, No. 34-37, S. 392-422.

Tita, S. N., History, Geography, Rural Science for Primary Schools in Cameroon. Z. B. Tita, S. N., Rural Science for Senior Primary Classes. 2nd edition. Victoria (Cameroon) 1973.

Tsafak, G., Analyse des facteurs sociaux et individuels associés aux dédoublements des élèves en cours d'études primaires au Cameroun. Faculté des Sciences de l'Education. Université Laval, Québec/Canada 1980.

Warnier, J.-P., Pre-colonial Mankon: The Development of a Cameroon Chiefdom in its Regional Setting. Ph. D. thesis, University of Pennsylvania/USA, 1975.

Weekes-Vagliani, W. (in collaboration with Bekombo, M. and with assistance of Wallisch, L.), Family Life and Structure in Southern Cameroon. Development Centre of the Organisation for Economic Co-operation and Development. Paris 1976.

West Cameroon Primary Education Department, Annual Report for the Year 1968-69. Buea 1969.

Wirz, A., Vom Sklavenhandel zum Kolonialhandel. Wirtschaftsräume und Wirtschaftsformen in Kamerun vor 1914. Zürich und Freiburg i. Br. 1972.

World Council of Churches, Seeing Education Whole. ('Ecole de Promotion collective', S. 53-55) Geneva 1970.

Yinkfu, T. N./Kema, J. P./Kuperus, P. J./Mandoli, H. P. (Mathematics Section, IPAR-Buea), Sample Units on Integrated Primary Mathematics, The Maize Farm Plot - Content and Methodology - . Buea/United Republic of Cameroon 1978. (Mimeo).

Angaben über den Autor

Udo Bude, geb. 1939 in Herne/Westfalen, war zunächst berufstätig als Industriekaufmann. Im Anschluß an den Besuch des Abendgymnasiums in Gelsenkirchen studierte er von 1963 bis 1968 Wirtschaftspädagogik, Wirtschaftswissenschaften und Politologie in Nürnberg und Berlin und schloß dieses Studium mit dem Examen als Diplom-Handelslehrer ab. Danach studierte er 1969/70 in Bournemouth/Southampton Englisch und Soziologie und absolvierte 1970/71 den postgraduierten Studiengang am Deutschen Institut für Entwicklungspolitik in Berlin. 1981 erfolgte die Promotion in 'Vergleichender Erziehungswissenschaft' an der Universität Hamburg bei Prof. T. N. Postlethwaite.

Der Autor hielt sich zu Forschungsaufenthalten in Ecuador, Ghana und Kamerun auf und arbeitete dort über Probleme des schulischen und außerschulischen Bildungsbereichs. Von 1974 bis 1978 war er im Auftrag der Deutschen Gesellschaft für Technische Zusammenarbeit (GTZ) am 'Institut de Pédagogie Appliquée à Vocation Rurale' (IPAR) in Buea/Kamerun mit der Teamleitung betraut und mit Forschungsarbeiten zur Lehrerfortbildung, zur Curriculum-Entwicklung und zur Vorbereitung einer Primarschulreform beschäftigt. Seit 1979 ist der Autor - wie bereits in der Zeit von 1971 bis 1973 - als wissenschaftlicher Referent bei der Deutschen Stiftung für Internationale Entwicklung (DSE) / Zentralstelle für Erziehung, Wissenschaft und Dokumentation in Bonn tätig. Sein Aufgabengebiet umfaßt die Ausbildung von afrikanischen Curriculum-Fachleuten und die Mitarbeit an der Entwicklung von Programmen der Lehrerfortbildung sowie von Curriculum-Materialien (z. Zt. mit dem Schwerpunkt Zimbabwe und Malawi).

Neuere Buchveröffentlichungen:

- Inservice Education and Training of Primary School Teachers in Anglophone Africa. Baden-Baden 1983 (co-editor with J. Greenland).

- Curriculumdevelopment in Africa. Bonn 1983.

- Teaching Agricultural and Environmental Science in Primary School. Bonn 1983 (editor).

- Erziehung zur Armut oder Hoffen auf eine bessere Zukunft ? Primarschulen in Schwarzafrika (Katalog zur Ausstellung). Bonn 1984.

DOKUMENTATIONSDIENST AFRIKA

Reihe A, Band 17

Kurt Eitner

Verkehr in Afrika

Auswahlbibliographie

Hamburg 1979

Die Bibliographie enthält ca. 1050 Nachweise von Veröffentlichungen, die überwiegend zwischen 1970 und 1979 erschienen sind. Die Titelhinweise sind verschlagwortet und mit kurzen Annotationen versehen. Für jede Veröffentlichung ist mindestens ein Standort in der Bundesrepublik Deutschland angegeben. Der bibliographische Teil wird ergänzt durch eine Statistik der Transportleistungen der einzelnen Verkehrsarten in allen Ländern sowie eine Karte der Eisenbahnen und Häfen.

Die Bibliographie versucht, anhand der erfaßten Literatur die Bedeutung des Verkehrs allgemein sowie der Eisenbahnen, Straßen, Häfen, Flughäfen und Fernmeldeeinrichtungen für den ganzen Kontinent, seine Regionen und die einzelnen Länder aufzuzeigen. Untersuchungen über die Leistungen der verschiedenen Verkehrsarten nehmen dabei einen breiten Raum ein. Darüber hinaus soll durch die nachgewiesene Literatur ein Überblick über die historische Entwicklung des Verkehrs und die Erschließung aller 55 Länder und Territorien durch ihn gegeben werden. Gleichfalls in die Bibliographie einbezogen sind Veröffentlichungen über geplante bzw. in Ausführung begriffene Projekte auf dem Gebiet des Eisenbahn-, Straßen- und Hafenbaus in einzelnen Ländern sowie über die Zusammenarbeit beim Aufbau transkontinentaler Verbindungen.

Das Titelmaterial ist geographisch gegliedert in die Abschnitte Afrika, Nordafrika, Westafrika, Zentralafrika, Südafrika, Ostafrika (einschl. seiner Inseln) und Nordostafrika. Dabei werden jeweils nach der Region die einzelnen Länder mit ihren Verkehrsarten (in der Reihenfolge: Eisenbahn, Straßen, Schiffahrt, Luftverkehr und Fernmeldewesen) dargestellt. Ein leichtes Auffinden aller gewünschten Spezialgebiete ist dadurch ohne weiteres möglich.

Institut für Afrika-Kunde – Dokumentations-Leitstelle
Neuer Jungfernstieg 21 · D 2000 Hamburg 36

DOKUMENTATIONSDIENST AFRIKA

Reihe A, Band 15

Marianne Weiss

Südafrika: Wirtschaft und Politik

AUSWAHLBIBLIOGRAPHIE

Hamburg 1977

Die Bibliographie enthält 1 050 Nachweise von Veröffentlichungen, die überwiegend zwischen 1970 und 1976 erschienen sind. Die Titelhinweise sind verschlagwortet und mit kurzen Annotationen versehen. Für jede Veröffentlichung ist mindestens ein Standort in der Bundesrepublik Deutschland angegeben. Der bibliographische Teil wird ergänzt durch Verzeichnisse südafrikanischer Zeitschriften und Jahrbücher.

Die Bibliographie versucht, anhand der erfaßten Literatur die Stellung der afrikanischen Bevölkerung innerhalb des politischen Systems der Republik Südafrika aufzuzeigen und auf die wirtschaftlichen Implikationen der Politik der „getrennten Entwicklung" hinzuweisen. Untersuchungen über das Problem der Wanderarbeit und über die Entwicklungsmöglichkeiten der Bantustans nehmen dabei einen breiten Raum ein. Darüber hinaus soll durch die nachgewiesene Literatur ein Überblick über die wirtschaftlichen und politischen Verbindungen der RSA zu den Nachbarstaaten vermittelt und das Verhältnis zu den übrigen Staaten Schwarzafrikas aufgezeigt werden. Gleichfalls in die Bibliographie einbezogen sind Veröffentlichungen über die Beziehungen der RSA zu den Industrieländern, insbesondere zur Bundesrepublik Deutschland und zu den USA, sowie über die strategische Stellung des südlichen Afrika.

Das Titelmaterial ist nach sachlichen Gesichtspunkten gegliedert. Darüber hinaus wird die Bibliographie durch detaillierte Register erschlossen.

INHALTSÜBERSICHT

1. Allgemeiner Überblick
2. Innenpolitik
3. Rassenbeziehungen
4. Bantustans
5. Afrikaner außerhalb der Bantustans
6. Arbeitspolitik
7. Internationale Beziehungen
8. Wirtschaft

Institut für Afrika-Kunde Dokumentations-Leitstelle
Neuer Jungfernstieg 21 D-2000 Hamburg 36

HAMBURGER BEITRÄGE ZUR AFRIKA-KUNDE

Die Hamburger Beiträge zur Afrika-Kunde werden vom Institut für Afrika-Kunde Hamburg, herausgegeben. In Monographien werden hier praxisnahe Studien vorgelegt, die in loser Folge erscheinen und von den ständigen und freien Mitarbeitern des Instituts angefertigt worden sind.

Band 11: Per Klümper
Afrikanische Entwicklungspläne – Ziele und Verwirklichung. Hamburg 1970. 150 S., 1 Kt., DM 22,–

Band 12: Clemens/Hillebrand/Kessler
Dahomey und seine wirtschaftsräumliche Gliederung. Hamburg 1970. 116 S., 6 Kt., DM 24,–

Band 13: Günter Borchert
Die Wirtschaftsräume der Elfenbeinküste. Hamburg 1972. 174 S., 40 Tab., 7 Kt., DM 32,–

Band 14: Six/Cyffer/Wolff/Gerhardt/Meyer-Bahlburg (Hrsg.)
Afrikanische Sprachen und Kulturen – Ein Querschnitt. Festschrift für Professor Johannes Lukas. Hamburg 1971. 372 S., DM 60,–

Band 15: Karl Vorlaufer
Dar Es Salaam – Bevölkerung und Raum einer afrikanischen Großstadt unter dem Einfluß von Urbanisierungs- und Mobilitätsprozessen. Hamburg 1973. 230 S., 17 Kt., 20 Abb., DM 49,50

Band 16: J. P. Breitengroß (Hrsg.)
Planification et Développement économique au Zaïre. Hamburg 1974. 166 S., 7 Kt., DM 32,–

Band 17: Martin Folkerts
Botswana, Rhodesien, Transvaal. Geographische Analyse der Bevölkerungs- und Wirtschaftsstruktur. Hamburg 1974. 146 S., 45 Tab., 30 Abb., DM 39,80

Band 18: Konrad Schliephake
Erdöl und regionale Entwicklung. Beispiele aus Algerien und Tunesien. Hamburg 1975. 174 S., 12 Kt., 48 Tab., Orts- und Sachregister, DM 39,80

Band 19: Wolfgang Ulbrich
Bergbauliche Ressourcen im südlichen Afrika. Hamburg 1976. 184 S., 50 Tab., 1 Kt., DM 39,80

Band 20: Joachim Lühring
Urbanisierung und Entwicklungsplanung in Ghana. Hamburg 1976. 212 S., 33 Tab., 15 Kt., DM 39.80

Band 21: Volker Matthies
Der Grenzkonflikt Somalias mit Äthiopien und Kenya. Analyse eines zwischenstaatlichen Konflikts in der Dritten Welt. Hamburg 1977. XIII, 478 S., 9 Tab., 17 Kt., DM 50,–

Band 22: Goswin Baumhögger
Dominanz oder Kooperation. Die Entwicklung der regionalen Integration in Ostafrika. Hamburg 1978. XIII, 374 S., 39 Tab., 6 Kt., 14 Schaubilder, DM 47,–

Band 23: Klaus Lüders
Tansania in der Sicht der Sowjetunion. Eine Studie zur sowjetischen Schwarzafrika-Politik. Hamburg 1978. 279 S., DM 35,–

Band 24: Theodor Rauch
Das nigerianische Industrialisierungsmuster und seine Implikationen für die Entwicklung peripherer Räume – Ein Beitrag zur Erklärung der Raumstruktur in peripher-kapitalistischen Ökonomien. Hamburg 1981. 400 S., 32 Tab., 10 Übersichten, 17 Abb., 1 Kt., DM 38,–

Kommissionsverlag: **Afrika Verlag, Postfach 86, 8068 Pfaffenhofen/Ilm**

INSTITUT FÜR AFRIKA-KUNDE

AFRIKA SPECTRUM

ist eine wissenschaftliche Zeitschrift für moderne Afrikaforschung. Die Beiträge sind schwerpunktmäßig auf verschiedene, anwendungsorientierte Problematiken ausgerichtet. Die Hefte enthalten außerdem Kurzbeiträge, Rezensionen und den juristischen Dokumentationsteil „Aus afrikanischen Gesetzblättern", für den die Gesetzblätter von 50 afrikanischen Ländern und Organisationen ausgewertet werden.
Afrika Spectrum wendet sich an alle Vertreter von Wissenschaft und Praxis mit afrikabezogenen Interessen.

Themen bzw. Schwerpunktbereiche:

Heft 77/1	Konflikte und Entwicklungsprobleme im Horn von Afrika
Heft 77/2	Rechtsrezeption – Seerechtskonferenz – Privatinvestitionen – Süd-Süd-Beziehungen in Afrika
Heft 77/3	Sprachpolitik – Rückgabe afrikanischer Kunstschätze – Peripherisierung der höheren Bildung
Heft 78/1	Sudan: Desertification, Manpowerplanung, Transport, Außenpolitik – Nigeria: Recht und Entwicklung
Heft 78/2	Ländliche Entwicklung – Pol. Stabilität in Kenya – Der CODESRIA
Heft 78/3	EG-Assoziierung – Unternehmer in Nord-Nigeria – Moçambique: Landwirtschaft – Liberia: Nationale Entwicklung
Heft 79/1	Afrika: Verkehr, Fernmeldewesen – EG-Assoziierung – Afrika-Deutschland: Arusha-Konferenz
Heft 79/2	Menschenrechte – Westafrika: Integration – Guinea: Die große Öffnung – Namibia: Landwirtschaft – Kenya: Tourismus
Heft 79/3	Nigeria: Wachstumszentren – Erdöl und Entwicklung – „Indigenisation" – Ländliche Klassen – Wahlanalyse – Außenpolitik
Heft 80/1	Rolle der Frau – EG-AKP-Staaten: Industrielle Zusammenarbeit – Nigeria: „Indigenisation"
Heft 80/2	Afrika: Wirtschaftspolitik – Namibia: Außenwirtschaft, Gesundheit, SWAPO-Kongreß – Sierra Leone und Westafrika – Senegal: Wirtschaft und Entwicklung
Heft 80/3	Sierra Leone: Staat und Entwicklung – Yaoundé: Urbanisierung – Tschadkonflikt – Nigeria: African High Command – Afrika: Flüchtlinge – Kooperation/CEPGL
Heft 81/1	Algerien: Industrie – Landwirtschaft – Öl und Gas – Planification – Sozialpolitik – Technologiepolitik – Hochschulen und Forschung
Heft 81/2	Beziehungen OAU-Arabische Liga – Tanzania: Wahlen 1980 – Somalia: Wirtschaft – Zaïre: Verschuldung – National Party of Nigeria – Benin: Entwicklungsweg
Heft 81/3	SADCC – Zimbabwe: Wirtschaftspolitik/Verkehrskooperation – Mosambik: Dienstleistungsökonomie – Malawi/Lesotho: Entwicklungsweg
Heft 82/1	Islam im heutigen Afrika – Koranschulen und Erziehung in Nordnigeria – Mauretanien: Pol. Entwicklung – Liberia: Seeschiffahrt – Nigeria: Indigenisierung
Heft 82/2	Marokko: Innenpolitik, EG-Assoziierung – Nigeria: Prioritäten sozialwiss. Forschung – Außenpolitik und Erdöl
Heft 82/3	VR Kongo: Ernährungspolitik – Mauritius: Ferntourismus – Liberia: Innenpolitik – Reg. wirtsch. Zusammenarbeit – EG-ECOWAS – Afroarabische Zusammenarbeit
Heft 83/1	Afrika: Ländliche Produktionssysteme – Traditionelle Erziehungsmuster – Zaire: Stabilität – Lesotho: Industrie – Elfenbeinküste: Entwicklungsplan
Heft 83/2	Äthiopien: Agrarreform – Ghana: Wirtschaft – Stadtentwicklung: Lusaka – Nordkamerun: Islam – Afrika, Ghana-Togo: Grenzen
Heft 83/3	Senegal: Wahlen – Elfenbeinküste: Entwicklungsweg – Südafrika: Kirchen + Staat – Zimbabwe: Bildungssystem – Pastoral-nomadischer Sektor

Jahresabonnement (3 Hefte) DM 55,– zuzüglich Versandkosten
Einzelheft: DM 20,–
Bezugsquelle: Afrika Verlag, Postfach 86, 8068 Pfaffenhofen/Ilm

INSTITUT FÜR AFRIKA-KUNDE